Jahrbuch für Recht und Ethik

Annual Review of Law and Ethics

Band 24

Jahrbuch für Recht und Ethik

Annual Review of Law and Ethics

Im Jahre 1993 begründet von B. Sharon Byrd †,
Joachim Hruschka und Jan C. Joerden

Herausgegeben von

Joachim Hruschka · Jan C. Joerden

Band 24

Duncker & Humblot · Berlin

Jahrbuch
für Recht und Ethik

Annual Review
of Law and Ethics

Band 24 (2016)

Themenschwerpunkt:

Neue Entwicklungen in Medizinrecht und -ethik
New Developments in Medical Law and Ethics

Herausgegeben von

Joachim Hruschka
Jan C. Joerden

Duncker & Humblot · Berlin

Bibliografische Information der Deutschen Nationalbibliothek

Die Deutsche Nationalbibliothek verzeichnet diese Publikation in
der Deutschen Nationalbibliografie; detaillierte bibliografische Daten
sind im Internet über http://dnb.d-nb.de abrufbar.

Empfohlene Abkürzung: JRE
Recommended Abbreviation: JRE

Alle Rechte, auch die des auszugsweisen Nachdrucks, der fotomechanischen
Wiedergabe und der Übersetzung, für sämtliche Beiträge vorbehalten
© 2016 Duncker & Humblot GmbH, Berlin
Druck: Das Druckteam Berlin
Printed in Germany

ISSN 0944-4610
ISBN 978-3-428-15055-7 (Print)
ISBN 978-3-428-55055-5 (E-Book)
ISBN 978-3-428-85055-6 (Print & E-Book)

Gedruckt auf alterungsbeständigem (säurefreiem) Papier
entsprechend ISO 9706 ∞

Internet: http://www.duncker-humblot.de

**Vorwort**

Der vorliegende Band des *Jahrbuches* stellt die ethischen und rechtlichen Fragen neuerer, vor allem auch technischer Entwicklungen in der Medizin (etwa in den Bereichen der vorgeburtlichen Testung, der Neonatologie, der Uterustransplantation, des Genome Editing und der Demenzrisiko-Prädiktion mittels Biomarkern) in den Mittelpunkt. Darüber hinaus werden aber auch klassische Fragestellungen von Medizinethik und -recht (etwa aus den Bereichen der Leihmutterschaft, der religiös motivierten Beschneidung von Kindern, der Forschung am Menschen, der Voraussetzungen einer wirksamen Einwilligung in einen medizinischen Eingriff, des Zusammenhangs von Menschenwürde und Lebensrecht, der gerechten Organverteilung, der Sterbehilfe sowie einer Ethik der Fürsorge) erneut aufgegriffen und diskutiert. Dem schließt sich ein „Diskussionsforum" des *Jahrbuchs* an, in dem zusätzliche Themen aus dem Bereich „Recht und Ethik" erörtert werden, diesmal mit zwei Beiträgen zu der Frage der Begründung von Tierrechten und zu Hegels Rechtsphilosophie.

Für ihre Mitwirkung bei der Herstellung der Druckvorlagen für diesen Band ist den Mitarbeiterinnen und Mitarbeitern des Lehrstuhls für Strafrecht und Rechtsphilosophie an der Europa-Universität Viadrina Frankfurt (Oder), insbesondere Frau *Susen Pönitzsch*, Frau *Carola Uhlig*, Frau *Lydia Ludolph*, Frau *Luisa Wittner* und Herrn *Vladyslav Rak* zu danken. Frau *Carola Uhlig* danken wir zudem wieder sehr für die sorgfältige Erstellung der Register. Für die zuverlässige technische Betreuung der Drucklegung im Verlag Duncker & Humblot sind wir Frau *Susanne Werner* zu herzlichem Dank verpflichtet.

Die Internet-Seiten des *Jahrbuchs für Recht und Ethik* finden Sie wie üblich unter folgender Adresse:

      **http://www.rewi.europa-uni.de/de/lehrstuhl/sr/
      intstrafrecht/_projekte/jre/index.html**

Dort sind auch weitere Informationen zum *Jahrbuch* erhältlich – insbesondere die englische bzw. deutsche Zusammenfassung der Artikel und Bestellinformationen.

                                                                    *Die Herausgeber*

# Inhaltsverzeichnis – Table of Contents

### Recht und Ethik am Beginn menschlichen Lebens –
### Medical Law and Ethics at the Beginning of Human Life

*Erwin Bernat*: „Leihmutterschaftstourismus" und seine Folgen – eine österreichische Zwischenbilanz .................................................................. 3

*Roger Brownsword / Jeff Wale*: The Development of Non-Invasive Prenatal Testing: Some Legal and Ethical Questions ..................................... 31

*Dorothee Dörr*: Zum Umgang mit Errungenschaften der Neonatologie – Reflexionen aus der Praxis ............................................................. 49

*Christoph Wolf / Jörg Scheinfeld*: Zur Beschneidung kindlicher Genitalien ............. 67

### Neue Medizin- und Biotechnologien –
### New Medical and Biological Technologies

*Joachim Boldt*: Ethische Prinzipien zur Beurteilung von neuen Biotechnologien. – Ein Vergleich von drei Stellungnahmen ..................................... 99

*Hartmut Kreß*: Xenotransplantation und Uterustransplantation – Neuland in der Transplantationsmedizin. Ethischer Klärungs- und gesetzlicher Regelungsbedarf ......... 113

*Giovanni Rubeis / Florian Steger*: Genome Editing in der Pränatalmedizin. Eine medizinethische Analyse .................................................. 143

*Susanne Beck / Silke Schicktanz*: „Wer viel weiß, hat viel zu sorgen"? – Zur Prädiktion von Altersdemenz mittels Biomarker: ethische und rechtliche Fragestellungen ...... 161

### Angemessene medizinische Behandlung von Menschen –
### Adequate Medical Treatment of Humans

*Daniela Demko*: Forschung am Menschen und ihre ethischen und rechtlichen Legitimationsvoraussetzungen aus Sicht der Medizinethik und des Völkerstrafrechts – Der Beitrag der Medizinethik zur Auslegung völkerstrafrechtlicher Bestimmungen zur Strafbarkeit wegen Kriegsverbrechen durch Versuche am Menschen ................. 193

*Gunnar Duttge*: Die fremdnützige Forschung an Nichteinwilligungsfähigen – Perspektiven der neuen EU-Verordnung zu klinischen Arzneimittelprüfungen ............... 223

*Giovanni Maio*: Grundelemente einer Care-Ethik ....................................... 241

*Wolfgang Mitsch*: .Einwilligung und Einwilligungssurrogate – insbesondere bei ärztlichen Heileingriffen ...................................................... 253

Inhaltsverzeichnis – Table of Contents

*Henning Rosenau*: Informed consent – Illusion oder Realität im Medizinrecht? ........ 265

*Markus Rothhaar*: Entkopplung von Menschenwürde und Lebensrecht? Zur Kritik eines verfassungsrechtlichen Dogmas ........................................................... 291

*Ulrich Schroth/Elisabeth Hofmann*: Organverteilung als normatives Problem ......... 309

*Mark Schweda/Claudia Wiesemann*: Die zeitliche Dimension des menschlichen Lebens und ihre medizinethische Relevanz .................................................. 327

### Recht und Ethik am Ende menschlichen Lebens – Law and Ethics at the End of Human Life

*Raphael Cohen-Almagor*: Patient's Autonomy, Physician's Convictions and Euthanasia in Belgium ........................................................................ 343

*Michael Lindemann/Paul Mevis*: Recent Developments in the Legislation and Case-Law on Euthanasia and Assisted Suicide – A Comparative Analysis of the Situation in Germany and the Netherlands ................................................... 357

*Fuat S. Oduncu/Gerrit Hohendorf*: Zum richtigen Umgang mit Todeswünschen im Kontext der aktuellen Debatte um Sterbehilfe und Sterbebegleitung in Deutschland ....... 389

### Diskussionsforum – Discussion Forum

*Georg Geismann*: Kants Moralphilosophie und die Pflichten in Ansehung der Tiere und der vernunftlosen Natur überhaupt ..................................................... 413

*Kenneth R. Westphal*: Hegel, Naturrecht und Moralkonstruktivismus .................. 451

### Tagungsbericht – Conference Report

Polnisch-deutsch-japanisch-türkische Tagung „Strafrechtlicher Reformbedarf" vom 14. bis zum 19. Sept. 2015 in Rzeszów und Kraków ................................ 487

### Rezension – Recension

Raphael Cohen-Almagor, Confronting the Internet's Dark Side: Moral and Social Responsibility on the Free Highway (*Ben Wagner*) ...................................... 495

**Autoren- und Herausgeberverzeichnis** ................................................. 497

**Personenverzeichnis/Index of Names** ................................................. 501

**Sachverzeichnis/Index of Subjects** ................................................... 505

**Hinweise für Autoren/Information for Authors** ..................................... 511

**Recht und Ethik am Beginn menschlichen Lebens –
Medical Law and Ethics at the Beginning of Human Life**

## „Leihmutterschaftstourismus" und seine Folgen – eine österreichische Zwischenbilanz

Erwin Bernat

### I.

1. In Österreich wurde die Fortpflanzungsmedizin schon im Jahre 1992 umfassend geregelt. Das Fortpflanzungsmedizingesetz (FMedG)[1] beinhaltet nicht nur administrativ-prozedurale Regeln, die an den Arzt, die Wunscheltern sowie an Keimzellenspender gerichtet sind.[2] Dieses Gesetz hat auch das Abstammungsrecht des Allgemeinen Bürgerlichen Gesetzbuchs (ABGB) novelliert[3] und Normen verankert, die die Praxis gewisser Methoden medizinisch unterstützter Fortpflanzung kategorisch – also ausnahmslos – verbieten.[4] Zwar wurde das österreichische Fortpflanzungsmedizinrecht im Jahre 2015 im Gefolge von zwei Urteilen des Europäischen Gerichtshofes für Menschenrechte (EGMR)[5] und einem Erkenntnis des österreichischen Verfassungsgerichtshofes (VfGH)[6] durch das

---

[1] Bundesgesetz, mit dem Regelungen über die medizinisch unterstützte Fortpflanzung getroffen (Fortpflanzungsmedizingesetz – FMedG) sowie das Allgemeine Bürgerliche Gesetzbuch, das Ehegesetz und die Jurisdiktionsnorm geändert werden, BGBl. 1992/275.

[2] Siehe dazu im Einzelnen *Bernat*, „Das Fortpflanzungsmedizingesetz: Neue Rechtspflichten für den österreichischen Gynäkologen", Gynäkologisch-geburtshilfliche Rundschau 33 (1993) 2 ff.

[3] Dazu *Lurger*, „Das Abstammungsrecht bei medizinisch assistierter Zeugung nach der deutschen Kindschaftsrechtsreform im Vergleich mit dem österreichischen Recht", DEuFamR 1 (1999) 210 ff.; *Schwimann*, „Neues Fortpflanzungsmedizinrecht in Österreich", StAZ 1993, 169 ff.; *V. Steininger*, „Interpretationsvorschläge für die neuen Normierungen im ABGB über die väterliche Abstammung", ÖJZ 1995, 121 ff.; *ders.*, „Juristisch elternlose Kinder?", ÖJZ 1999, 707 ff.

[4] Überblick zum FMedG in der Stammfassung bei *Bernat*, „Das Fortpflanzungsmedizingesetz – ein erster Tour d'Horizon", JAP 1992/93, 38 ff.

[5] Siehe EGMR 19.2.2013 (GK), 19.010/07, *X u. a./Österreich*, EF-Z 2013, 115 m. Anm. v. *Simma* = iFamZ 2013, 70 m. Anm. v. *Pesendorfer*; EGMR 3.11.2011 (GK), 57.813/00, *S.H. u. a./Österreich*, EF-Z 2012, 24 m. Anm. v. *Bernat* = iFamZ 2012, 5 m. Anm. v. *Vašek* = RdM 2012, 70 m. Anm. v. *Pöschl*; siehe *Bernat*, „S.H. et al. gegen Österreich: Ein Schritt vorwärts, ein Schritt zurück", in: Österreichische Juristenkommission (Hrsg.), Gesundheit und Recht – Recht auf Gesundheit, Wien: Linde 2013, S. 163 ff.

[6] VfGH 10.12.2013, G 16/2013 ua, RdM 2014, 65 m. Anm. v. *Kopetzki* = MedR 2014, 567 m. Anm. v. *Bernat*; weiterführend *Bernat*, „Österreichisches Fortpflanzungsmedizingesetz: Diskriminierung lesbischer Frauen mit Kinderwunsch?", GesR 2015, 17 f.

Fortpflanzungsmedizinrechts-Änderungsgesetz 2015 (FMedRÄG 2015)[7] deutlich liberalisiert, am Verbot der Leihmutterschaft hat das FMedRÄG 2015 aber nicht gerüttelt.[8] Freilich, dieses Verbot lässt sich aus dem Wortlaut der gesetzlichen Bestimmungen nicht *direkt* ablesen, denn weder das Wort „Leihmutter" noch das Wort „Leihmutterschaft" ist Bestandteil des FMedG. Indes war es der klare Wille des österreichischen Gesetzgebers, *jede* Form von Leihmutterschaft, also nicht nur „full-", sondern auch „partial surrogacy"[9] zu verbieten.[10] Das Verbot kann aus einer Basiswertung des FMedG, dem *Subsidiaritätsgrundsatz*, abgeleitet werden. Danach darf der Arzt die Methoden der medizinisch unterstützten Fortpflanzung[11] grundsätzlich nur im Fall von medizinischer Indikation anwenden,[12] also nur dann, wenn „nach dem Stand der Wissenschaft und Erfahrung alle anderen möglichen und den Ehegatten oder Lebensgefährten zumutbaren Behandlungen zur Herbeiführung einer Schwangerschaft durch Geschlechtsverkehr erfolglos gewesen oder aussichtslos sind" (§ 2 Abs. 2 Ziff. 1 FMedG). Hingegen werden alleinstehende Frauen von der Inanspruchnahme der Methoden der *medizinisch*

---

[7] Bundesgesetz, mit dem das Fortpflanzungsmedizingesetz, das Allgemeine Bürgerliche Gesetzbuch, das Gentechnikgesetz und das IVF-Fonds-Gesetz geändert werden (Fortpflanzungsmedizinrechts-Änderungsgesetz 2015 – FMedRÄG2015), BGBl. I 2015/35.

[8] Überblick zum Inhalt des FMedRÄG 2015 bei *Bernat*, „Das Recht der Fortpflanzungsmedizin im Wandel", JAP 2015/16, 45 ff.; *Eder-Rieder*, „Medizinisch unterstützte Fortpflanzung nach dem FMedRÄG 2015. Neuerungen und Erweiterungen", EF-Z 2016, 127 ff.; *Ferrari*, „Künstliche Fortpflanzung im österreichischen Recht", in: Dutta/Schwab/Henrich/Gottwald/Löhnig (Hrsg.), Künstliche Fortpflanzung und europäisches Familienrecht, Bielefeld: Gieseking 2015, S. 181 ff.

[9] „Full surrogacy" liegt vor, wenn ein mit den Keimzellen der Wunscheltern in vitro gezeugter Embryo auf die zur Schwangerschaft bereite Leihmutter übertragen wird. Nach der Geburt soll das Kind seinen genetischen Eltern „herausgegeben" werden. Bei „partial surrogacy" wird die Leihmutter mit Samen des Wunschvaters künstlich inseminiert. Das Kind, das sie den Wunscheltern nach der Geburt „herausgeben" soll, ist also genetisch ihr eigenes. In der älteren englischsprachigen Literatur wird für „full surrogacy" auch der Begriff „gestational surrogacy" und für „partial surrogacy" der Begriff „traditional surrogacy" verwendet; siehe schon *Bernat*, Rechtsfragen medizinisch assistierter Zeugung, Frankfurt a.M.: Peter Lang 1989, S. 243 f.; *Spivack*, „The law of surrogate motherhood in the United States", Am. J. Comp. L. 58 (2010) 97 (98).

[10] Siehe schon die amtlichen Erläuterungen zur Regierungsvorlage des FMedG i.d. Stammfassung, 216 BlgNR 18. GP, S. 11: „Die ‚Eizellenspende', die Spende entwicklungsfähiger Zellen, die ‚Samenspende' bei einer In-vitro-Fertilisation und ähnlich komplizierte Verfahren sollen ebenso wie *jede Form der ‚Leihmutterschaft'* unzulässig sein." (Hervorhebung vom *Verf.*) – Das FMedRÄG 2015 legalisierte allerdings die Verwendung gespendeter Samen- und Eizellen bei einer IVF; vgl. nur *Bernat* (op. cit. Fn. 8) 46 f. Auch die amtlichen Erläuterungen zur Regierungsvorlage des FMedRÄG 2015, 445 BlgNR 25. GP, S. 1 betonen, dass die Leihmutterschaft „weiterhin" unzulässig sei.

[11] Diese Methoden werden in § 1 Abs. 2 FMedG demonstrativ aufgezählt.

[12] Neben der medizinischen hat der Gesetzgeber eine sozialmedizinische Indikation anerkannt: Eine medizinisch unterstützte Fortpflanzung ist auch dann zulässig, wenn „ein Geschlechtsverkehr zur Herbeiführung einer Schwangerschaft den Ehegatten oder Lebensgefährten wegen der ernsten Gefahr der Übertragung eine schwere Infektionskrankheit auf Dauer nicht zumutbar ist" (§ 2 Abs. 2 Ziff. 2 FMedG).

unterstützten Fortpflanzung selbst bei Vorliegen einer medizinischen Indikation ausgeschlossen.[13] Wer als Arzt eine medizinisch unterstützte Fortpflanzung durchführt,[14] die nach § 2 FMedG unzulässig ist, begeht eine Verwaltungsübertretung, die mit Geldstrafe bis zu € 50.000,–, bei Uneinbringlichkeit mit Ersatzfreiheitsstrafe bis zu 14 Tagen zu ahnden ist.[15]

Leihmütter mögen zwar verheiratet sein oder eine nichteheliche Lebensgemeinschaft unterhalten, ihre Fortpflanzungsfähigkeit ist aber regelmäßig nicht beeinträchtigt. Im Gegenteil, die Dienste einer Leihmutter können nur dann zum gewünschten Ziel führen, wenn sie wenigstens fähig ist, ein Kind auszutragen. Aufgrund des Subsidiaritätsgrundsatzes ist es freilich den meisten Frauen gar nicht möglich, sich als Leihmütter zur Verfügung stellen. Denn ein Arzt dürfte einer zur Leihmutterschaft bereiten Frau einen aus den Keimzellen der Wunscheltern entstandenen Embryo nur dann implantieren, wenn diese Frau an tubarbedingter Sterilität und ihr Partner an impotentia generandi leidet. Die Legalität von „partial surrogacy" hinge allein von der Zeugungsunfähigkeit des Partners der Leihmutter ab.

Aufgrund der soeben beschriebenen Rahmenbedingungen könnte sich in Österreich ein Leihmütter-Markt – realistisch betrachtet – nur *contra legem* bilden. Da die Verwaltungsstrafbestimmungen des FMedG[16] aber sicherlich präventive Wirkung entfalten, nimmt es nicht weiter wunder, dass sich ein solcher Markt bislang noch nicht gebildet hat und sich in Zukunft vermutlich auch nur dann bilden würde, wenn der Gesetzgeber das Verbot der Leihmutterschaft beseitigte oder doch zumindest entschärfte.

Eine weitere Hürde für das Entstehen eines österreichischen Leihmütter-Marktes ist das österreichische Abstammungsrecht. Nach § 143 ABGB ist „Mutter [...] die Frau, die das Kind geboren hat".[17] Das Ziel der Wunscheltern, das Kind nach dessen Geburt sofort als das ihre zu „bekommen", scheitert also an dieser abstammungsrechtlichen Regel, die Bestandteil des zwingenden Rechts ist und selbst im Fall einer Eizellen- oder Embryonenvertauschung ohne Einschränkungen gilt.[18]

---

[13] Der Grundsatz, dass medizinisch unterstützte Fortpflanzung nur im Fall von medizinischer (§ 2 Abs. 2 Ziff. 1 FMedG) oder sozialmedizinischer Indikation (§ 2 Abs. 2 Ziff. 2 FMedG) in Anspruch genommen werden darf, erfährt durch die Öffnung der Fortpflanzungsmedizin für lesbische Paare (§ 2 Abs. 2 Ziff. 3 FMedG) eine gesellschaftspolitisch nicht unumstrittene Ausnahme; dazu *Fischer-Czermak*, „Medizinisch unterstützte Fortpflanzung für lesbische Paare", EF-Z 2014, 61 ff.; *Bernat*, „Gleichgeschlechtliche Eltern", EF-Z 2015, 60 ff.

[14] Zur Frage der Legalität der sog. „Becherspende" („Heiminsemination") siehe *M. Steininger*, Reproduktionsmedizin und Abstammungsrecht. Fortpflanzung und Elternschaft als Rechtsgeschäft?, Wien: Jan Sramek Verlag 2014, S. 50, 225.

[15] Siehe im Einzelnen § 23 Abs. 1 Ziff. 1 lit. a) i. V. m. § 23 Abs. 2 Ziff. 1 FMedG.

[16] Siehe §§ 22–25 FMedG.

[17] Ebenso § 1591 BGB und Art. 252 Abs. 1 Schweizerisches ZGB.

[18] Kritik bei *Coester-Waltjen*, Die künstliche Befruchtung beim Menschen – Zulässigkeit und zivilrechtliche Folgen. Gutachten B für den 56. DJT 1986, München: Beck 1986, S. 112 ff.

Nach gegenwärtiger Rechtslage müsste die Wunschmutter das Kind adoptieren (§ 191 ABGB), um die rechtliche Stellung als Mutter wenigstens derivativ zu erlangen. Der Wunschvater könnte das mit seinem Samen gezeugte Wunschkind ebenfalls adoptieren oder versuchen, ein Vaterschaftsanerkenntnis (§§ 145, 147 ABGB) abzugeben. Selbst wenn sich also, was ganz und gar unwahrscheinlich ist, in Österreich eine Frau fände, die als Leihmutter infrage kommt, weil sie (gemeinsam mit ihrem Partner) die Hürden, die der Subsidiaritätsgrundsatz aufstellt, „nimmt", würden die Wunscheltern wohl regelmäßig davor zurückschrecken, sich auf eine Leihmutterschafts-Vereinbarung einzulassen, weil das Versprechen der Leihmutter, das Kind nach der Geburt zur Adoption durch die Wunscheltern freizugeben, mit rechtlichen Mitteln nicht erzwingbar ist.[19]

2. Die unter I. 1. beschriebene Rechtslage entspricht im Kern der Rechtslage in der weit überwiegenden Zahl aller europäischen Rechtsordnungen:[20] Die Leihmutterschaft ist – mitunter sogar *qua* Verfassung – verboten,[21] der Arzt, der das gesetzliche Verbot missachtet, muss in einigen Ländern, anders als in Österreich, mit justizstrafrechtlichen Sanktionen rechnen.[22] Aus diesem Grund weichen europäische Paare, deren Heimatrecht die Leihmutterschaft verbietet, seit etlichen Jahren in Länder aus, deren Rechtsordnung die entgeltliche Indienstnahme einer Leihmutter durch ausländische Wunscheltern gestattet oder toleriert. Dazu zählen v.a. Länder außerhalb Europas wie beispielsweise Indien,[23] die amerikanischen Gliedstaaten Kalifornien[24] und Georgia[25] sowie der mexikanische Bundesstaat Tabasco.[26] Innerhalb Europas

---

[19] Dazu und zu den Leistungsstörungen, die im Zuge der Abwicklung von Leihmutterschafts-Vereinbarungen auftreten können, *Bernat* (op. cit. Fn. 9), S. 249 ff.; *Coester-Waltjen* (op. cit. Fn. 18), S. 92 ff.

[20] Einen aktuellen Überblick verschaffen die Landesberichte in: *Trimmings/Beaumont* (Hrsg.), International Surrogacy Arrangements. Legal Regulation at the International Level, Oxford/Portland: Hart Publishing 2013 (siehe dazu die Rezension von *Fenton-Glynn*, in: Journal of Private International Law 10 [2014] 157 ff.); *Dutta/Schwab/Henrich/Gottwald/Löhnig* (Hrsg.), Künstliche Fortpflanzung und europäisches Familienrecht, Bielefeld: Gieseking 2015 (siehe dazu die Rezension von *Bernat*, in: FamRZ 2015, 2115 f.).

[21] Siehe etwa Art. 119 Abs. 2 lit. d) der Bundesverfassung der Schweizerischen Eidgenossenschaft: „[A]lle Arten von Leihmutterschaft sind unzulässig."

[22] Siehe etwa § 1 Abs. 1 Nr. 7 des deutschen Embryonenschutzgesetzes: „Mit Freiheitsstrafe bis zu drei Jahren oder mit Geldstrafe wird bestraft, wer es unternimmt, bei einer Frau, welche bereit ist, ihr Kind nach der Geburt Dritten auf Dauer zu überlassen (Ersatzmutter), eine künstliche Befruchtung durchzuführen oder auf sie einen menschlichen Embryo zu übertragen."

[23] Siehe VG Berlin 15.4.2011, 23 L 79.11, IPrax 2012, 548; VG Köln 20.2.2013, 10 K 6710/11, StAZ 2014, 180; *Malhotra/Malhotra*, „All aboard for the fertility express", Commonwealth Law Bulletin 38/1 (2012) 31 ff.; *Pande*, „At least I'm not sleeping with anyone: Resisting the stigma of commercial surrogacy", Feminist Studies 36 (2010) 292 ff.

[24] Siehe BGH 10.12.2014, XII ZB 463/13, BGHZ 203, 350 = FamRZ 2015, 240 m. Anm. v. *Helms* = NZFam 2015, 112 m. Anm. v. *Zwißler* = NJW 2015, 479 m. Anm. v. *Heiderhoff* = JZ 2016, 202 m. Anm. v. *Dethloff*; AmtsG Neuss 14.5.2013, 45 F 74/13, FamRZ 2014, 1127.

[25] Siehe VfGH 14.12.2011, B 13/11–10, VfSlg. 19.596/2011 = RdM 2012, 104 m. Anm. v. *Bernat* = StAZ 2013, 62.

[26] Siehe *Lamm*, Mexico, in: Trimmings/Beaumont (Hrsg.) (op. cit. Fn. 20), S. 257 ff.

dürfen Ausländer in der Ukraine[27] und Griechenland[28] ihr Kind von einer Leihmutter austragen lassen.[29] Der „Leihmutterschaftstourismus" hat sich aber auch im Raum Asien-Pazifik zu einem einträglichen Geschäftszweig entwickelt.[30]

Das Geschäftsmodell funktioniert wie folgt: Ein Paar, dessen Heimatrecht die Leihmutterschaft verbietet, nimmt regelmäßig über das Internet oder eine Vermittlungsagentur Kontakt mit einem ausländischen Zentrum für Reproduktionsmedizin auf, von dem bekannt ist, dass es Wunscheltern auf kommerzieller Basis mit der Hilfe einer Leihmutter zum eigenen Kind verhelfen kann. Ist der Kontakt einmal hergestellt und haben sich die Wunscheltern grundsätzlich dazu entschlossen, die Dienste einer ausländischen Leihmutter in Anspruch zu nehmen, dann kommt es, anders als noch ausgangs des 20. Jahrhunderts, regelmäßig zur Vereinbarung von „full surrogacy". Die künstliche Insemination (in vivo) der Leihmutter („partial surrogacy") wird kaum mehr praktiziert.[31] Nach dem Recht des Staates, in dem die Leihmutter (wenigstens vorübergehend) ihren gewöhnlichen Aufenthalt hat, erwerben die Wunscheltern nach der Geburt des Kindes in aller Regel sofort den Status rechtlicher

---

[27] Siehe VfGH 11.10.2012, B 99/12, RdM 2013, 38 m. Anm. v. *Bernat* = NZ 2014, 288; AmtsG Friedberg 1.3.2013, 700 F 1142/12, FamRZ 2013, 1994.

[28] Siehe *Zervogianni*, „Künstliche Fortpflanzung im griechischen Recht", in: Dutta/ Schwab/Henrich/Gottwald/Löhnig (Hrsg.) (op. cit. Fn. 20), S. 217; die Rechtslage in Russland scheint unklar zu sein: *Khazova*, Russia, in: Trimmings/Beaumont (Hrsg.) (op. cit. Fn. 20), S. 311 ff.

[29] Siehe auch *Dutta*, „Künstliche Fortpflanzung in ‚Anbieterrechtsordnungen' – ein Blick über Europa hinaus", in: Dutta/Schwab/Henrich/Gottwald/Löhnig (Hrsg.) (op. cit. Fn. 20), S. 355 ff.

[30] Vgl. aus der internationalen Literatur bloß *Boeli-Woelki*, „‚(Cross border) surrogate motherhood: We need to take action now!", in: Essays in Honour of Hans van Loon, Cambridge: Intersentia 2013, S. 47 ff.; *Büchler/Maranta*, „Leihmutterschaft im internationalen Verhältnis: Der aktuelle Stand in der Schweiz", FamPra.ch 2015, 354 ff.; *Busby*, „Of surrogate mother born: Parentage determinations in Canada and elsewhere", Canadian J. Women & L. 25 (2013) 284 ff.; *Johnson/Blyth/Hammarberg*, „Barriers for domestic surrogacy and challenges of transnational surrogacy in the context of Australians undertaking surrogacy in India", J. L. & Med. 22 (2014) 136 ff.; *Keyes*, „Cross-border surrogacy agreements", Australian J. Family L. 26 (2012) 28 ff.; *Newson*, „Compensated transnational surrogacy in Australia: Time for a comprehensive review", Medical J. of Australia 204 (2016) 33 ff.; *Ryznar*, „International commercial surrogacy and its parties", John Marshall L. Rev. 43 (2010) 1009 ff.

[31] Dadurch wird vermieden, die Leihmutter zur „Herausgabe" eines genetisch eigenen Kindes zu verpflichten. Dementsprechend ist in einigen Rechtsordnungen nur „partial surrogacy", nicht aber „full surrogacy" verboten; siehe dazu aus der Sicht des Rechts des Staates Israel *Halperin-Kaddari*, „Redefining parenthood", Cal. W. Int'l L. J. 29 (1999) 313 (331 ff.). *Kaiser*, „Elternglück durch Fremdspende und Leihmutterschaft?", in: FS Brudermüller, München: Beck 2014, S. 357 (364) meint, dass das im deutschen Embryonenschutzgesetz verankerte Verbot von „full surrogacy" mit der deutschen Verfassung „kaum zu vereinbaren" sei, spricht sich aber für ein Verbot von „partial surrogacy" aus, „da es hier – auch bei Vaterschaft des Wunschvaters – zu großen Konflikten gerade deswegen kommt, weil nicht die Wunschmutter, sondern die Ersatzmutter genetische und biologische Mutter des Kindes ist." I. d. S. schon *Krimmel*, „The case against surrogate parenting", Hastings Center Report 13/5 (1983) 35: „I see no insurmountable moral objections to [full surrogacy]. [...] I would argue, however, that [partial surrogacy] does pose a major ethical problem."

Eltern – also ohne Umweg über ein Vaterschaftsanerkenntnis bzw. eine Adoption. Diese originäre abstammungsrechtliche Verbindung zwischen dem Kind und seinen genetischen Eltern kann – technisch betrachtet – entweder durch ein förmliches Gerichtsverfahren oder ohne ein solches – durch verfahrensfreien Verwaltungsakt – hergestellt werden. Welcher Weg nun tatsächlich zur originär begründeten Elternschaft der Wunscheltern führt, ergibt sich häufig durch ein spezielles Gesetz, das die „Angebotsrechtsordnung"[32] zur Regelung von Leihmutterschaft verankert hat.

Wenn die Dienstleistungen der ausländischen Leihmutter ihren Zweck erfüllen sollen, dann muss das Kind den Wunscheltern auch aus der Sicht der „Nachfragerechtsordnung"[33] rechtlich zugeordnet werden können. Ob dies möglich ist, bestimmen die Regeln des internationalen Zivilverfahrensrechts und – aushilfsweise – des internationalen Privatrechts dieser Rechtsordnung.

Wird das Kind den Wunscheltern sowohl aus der Sicht der „Angebotsrechtsordnung" als auch aus der Sicht der „Nachfragerechtsordnung" zugeordnet, treten in der Regel keine Konflikte auf. Konflikte sind hingegen vorprogrammiert, wenn das biologische Band zwischen den Wunscheltern und ihrem Kind nur von der „Angebotsrechtsordnung", nicht hingegen von der „Nachfragerechtsordnung" als rechtliches Band Anerkennung findet. Dieses Fazit ist schon für die Wunscheltern höchst unerfreulich, weil sie viel Zeit und Geld in das Projekt „Wunschkind" investiert haben, dieses aber – jedenfalls fürs erste – nach dem Recht ihres Heimatlandes nicht „behalten" dürfen. Noch viel unerfreulicher ist diese Rechtslage freilich für das Kind, denn es droht ihm die Gefahr, „zwischen zwei Stühlen durchzufallen" und – schlimmstenfalls – als Waisenkind aufwachsen zu müssen.[34]

## II.

1. Die rechtlichen Probleme, die das Austragen eines Kindes durch eine ausländische Leihmutter für in Österreich niedergelassene Wunscheltern nach sich ziehen kann, machen zwei Entscheidungen des österreichischen VfGH deutlich, die 2011 und 2012 ergangen sind. Zuvor fanden die Rechtsfragen, die sich im Gefolge des „Leihmutterschaftstourismus" stellen, in Österreich keinerlei Aufmerksamkeit.

*Fall 1:*[35] V. ist italienischer Staatsangehöriger und M. Österreicherin. Die beiden leben in Österreich und haben zwei Kinder, die von ihnen abstammen. Diese

---

[32] Begriff bei *Dutta* (op. cit. Fn. 29), S. 355 ff. – Die „Angebotsrechtsordnung" ist das Recht des Staates, in dem die Leihmutter ihre Dienste leistet.

[33] Begriff bei *Dutta*, ibid. – Die „Nachfragerechtsordnung" ist das Recht des Staates, in dem die Wunscheltern ihren gewöhnlichen Aufenthalt haben.

[34] Siehe etwa VG Köln 20.2.2013, 10 K 6710/11, StAZ 2014, 180: Dem von einer indischen Leihmutter geborenen Kind zweier deutscher Staatsangehöriger wurde mangels Bestehens der deutschen Staatsangehörigkeit die Einreise nach Deutschland verweigert.

[35] VfGH 14.12.2011, B 13/11, VfSlg. 19.596/2011 = RdM 2012, 104 m. Anm. v. *Bernat* = StAZ 2013, 62.

Kinder wurden im amerikanischen Gliedstaat Georgia von einer Leihmutter ausgetragen und dort am 19.8.2006 bzw. am 10.4.2009 geboren. Vor ihrer Geburt wurde durch Beschluss eines sachlich zuständigen Gerichts dieses amerikanischen Gliedstaats festgestellt, dass V. der genetische und rechtmäßige Vater („genetic and legal father") und M. die genetische und rechtmäßige Mutter („genetic and legal mother") des jeweiligen zu erwartenden Kindes sei und dass weder die Leihmutter noch deren Ehemann genetische oder rechtmäßige Eltern der Kinder seien. Die Kinder erhielten aufgrund gleichlautender Geburtsurkunden je einen Staatsbürgerschaftsnachweis (v. 5.9.2006 bzw. 30.4.2009), aus dem hervorgeht, dass sie die österreichische Staatsbürgerschaft besitzen. – Nachdem im Zuge der Beantragung des Kinderbetreuungsgeldes hervorgekommen ist, dass die Kinder, die von V. und M. abstammen, von einer amerikanischen Leihmutter geboren worden sind, eröffnete der Magistrat Wien das Verfahren zur Überprüfung der Staatsbürgerschaft beider Kinder und erließ am 15.11.2010 einen Bescheid, worin festgestellt wird, dass die beiden Kinder weder durch Abstammung von M. noch auf andere Art (V. ist Italiener!) die österreichische Staatsbürgerschaft erworben hätten: Ihre Mutter sei ja aufgrund des § 143 ABGB nicht M., sondern eine Staatsangehörige der Vereinigten Staaten von Amerika.

*Fall 2:*[36] V. und M. sind österreichische Staatsbürger. Die beiden leben in Österreich und haben Zwillinge, die von ihnen abstammen. Diese Kinder wurden von einer ukrainischen Leihmutter in der Ukraine ausgetragen und im Juni 2010 in der Ukraine geboren. Auf der Grundlage ukrainischer Geburtsurkunden stellte ein österreichisches Standesamt den Zwillingen österreichische Geburtsurkunden aus, in denen M. als ihre Mutter und V. als ihr Vater eingetragen sind. Im Gegensatz zum Fall, der zum Erkenntnis des VfGH v. 14.12.2011[37] führte, wurde die Elternschaft von V. und M. in der Ukraine nicht im Wege eines gerichtlichen Verfahrens, sondern bloß durch Registrierung im Geburtenbuch festgestellt. Diese Praxis beruht offenbar auf einer unmittelbaren Anwendung von Art. 123 Abs. 2 des Familiengesetzbuchs der Ukraine durch die ukrainischen Personenstandsbehörden. Die Bestimmung hat folgenden Wortlaut: „Im Fall einer Übertragung der Leibesfrucht, die von den Ehegatten unter Anwendung von Reproduktionstechnologien erzeugt wurde, in den Organismus einer anderen Frau sind die Ehegatten die Eltern des Kindes." – Nachdem hervorgekommen ist, dass die Kinder von einer ukrainischen Leihmutter ausgetragen worden sind, stellte die Wiener Landesregierung mit Bescheid v. 7.12.2011 fest, dass sie nicht österreichische Staatsbürger sind: Ihre Mutter sei ja aufgrund des § 143 ABGB nicht M., sondern eine Staatsangehörige der Ukraine.

Der VfGH gab der Bescheidbeschwerde der Kinder und ihrer genetischen Eltern (Art. 144 B-VG) in beiden Fällen statt und stellte fest, dass die Beschwerdeführer im verfassungsgesetzlich gewährleisteten Recht auf Achtung des Familienlebens

---

[36] VfGH 11.10.2012, B 99/12 ua, RdM 2013, 38 m. Anm. v. *Bernat* = NZ 2014, 288.

[37] VfGH 14.12.2001, B 13/11, VfSlg. 19.596/2011 = RdM 2012, 104 m. Anm. v. *Bernat* = StAZ 2013, 62.

(Art. 8 EMRK)[38] bzw. im ebenfalls verfassungsgesetzlich gewährleisteten Recht auf Gleichheit aller Staatsbürger vor dem Gesetz (Art. 7 B-VG)[39] verletzt worden seien. Die Entscheidungen des VfGH beruhen im Wesentlichen auf zwei Überlegungen: Zum einen verstoße die Leihmutterschaft ungeachtet des Umstandes, dass sie in Österreich durch eine Norm des Verwaltungsstrafrechts verboten ist,[40] nicht gegen den ordre public. Und zum anderen seien nicht nur die amerikanischen Gerichtsbeschlüsse, sondern auch die auf Grundlage des ukrainischen Geburtenregisters ausgefertigten Geburtsurkunden anerkennungsfähig.

2. Die Auffassung, dass die Leihmutterschaft nicht gegen den ordre public verstoße, entspricht dem Geist der Rechtsprechung des EGMR, der das im französischen Recht verankerte Verbot, zwischen dem biologischen Vater und seinem im Wege der Leihmutterschaft im Ausland gezeugten Kind rechtlich ein Vater-Kind-Verhältnis herzustellen, sogar als Verletzung des Rechts eines solchen Kindes auf Achtung seines Privat- und Familienlebens (Art. 8 der Europäischen Menschenrechtskonvention [EMRK]) beurteilt.[41] Zuletzt hat auch der BGH betont, dass allein aus dem Umstand, dass eine ausländische Entscheidung im Fall der Leihmutterschaft die rechtliche Elternschaft zu dem Kind den Wunscheltern zuweist, „jedenfalls dann kein Verstoß gegen den ordre public [folge], wenn ein Elternteil – im Unterschied zur Leihmutter – mit dem Kind genetisch verwandt ist."[42] Folgt man dieser

---

[38] So der VfGH im Erk. v. 11.10.2012, B 99/12 ua, RdM 2013, 38 m. Anm. v. *Bernat* = NZ 2014, 288.

[39] So der VfGH im Erk. v. 14.12.2011, B 13/11, VfSlg. 19.596/2011 = RdM 2012, 104 m. Anm. v. *Bernat* = StAZ 2013, 62.

[40] Siehe dazu oben unter I. 1.

[41] Vgl. EGMR 26.6.2014, 65.192/11, *Mennesson/Frankreich*, NLMR 2014, 221 m. Anm. v. *Czech* = FamRZ 2014, 1525 m. Anm. v. *Frank*; EGMR 26.6.2014, 65.941/11, *Labassée/Frankreich*, FamRZ 2014, 1526 m. Anm. v. *Frank*; siehe zu diesen beiden Fällen auch *Lagarde*, „Die Leihmutterschaft: Probleme des Sach- und des Kollisionsrechts", ZEuP 2015, 236 (238 ff.); *Ferrand*, „Aktuelles zum französischen Familienrecht 2010–2011", FamRZ 2011, 1446 (1448); *ders./Francoz-Terminal*, „Entwicklungen im französischen Familienrecht 2013–2014", FamRZ 2014, 1506 (1507).

[42] BGH 10.12.2014, XII ZB 463/13, BGHZ 203, 350 = FamRZ 2015, 240 m. Anm. v. *Helms* = NZFam 2015, 112 m. Anm. v. *Zwißler* = NJW 2015, 479 m. Anm. v. *Heiderhoff* = JZ 2016, 202 m. Anm. v. *Dethloff*; zu dieser Entscheidung *Coester-Waltjen*, „Ausländische Leihmütter – Deutsche Wunscheltern", FF 2015, 186 ff.; *Henrich*, „Leihmütter: Wessen Kinder?", IPrax 2015, 229 ff.; *Mayer*, „Verfahrensrechtliche Anerkennung einer ausländischen Abstammungsentscheidung zugunsten eingetragener Lebenspartner im Falle der Leihmutterschaft", StAZ 2015, 33 ff.; *Rauscher*, „Anerkennung zweier Väter kraft kalifornischer Leihmuttervereinbarung", JR 2016, 97 ff.; *Suhr*, „Ausländische Leihmutterschaft: Eintragung homosexueller Lebenspartner als rechtliche Eltern in das Geburtsregister", Der Gynäkologe 48 (2015) 473 ff.; wie BGHZ 203, 350 nun auch OLG Düsseldorf 7.4.2015, II-1 UF 258/13, NJW 2015, 3382 = NZFam 2015, 865 m. Anm. v. *Frie*; a.A. aber das Schweizerische Bundesgericht in einem Entscheid v. 21.5.2015, 5A_748/2014, BGE 141 III 312; dazu kritisch *Büchler/Maranta* (op. cit. Fn. 30) 236 ff.; *Hotz*, „Kritik am ersten kollisionsrechtlichen Leihmutterschaftsurteil des Bundesgerichts, II. zivilrechtliche Abteilung, vom 21. Mai 2015 (BGer 5A_748/2014)", AJP 2015, 1325 ff.; antikritisch hingegen *Thomale*, „Anerkennung kalifornischer Leihmutterschaftsdekrete in der Schweiz", IPrax 2016, 177.

Beurteilung, dann läge – *argumento a maiore ad minus* – auch dann kein Verstoß gegen den ordre public vor, wenn, wie in den österreichischen Fällen, die Keimzellen beider Wunscheltern zum Entstehen des Kindes beigetragen haben.

Die ordre public-Klausel des Internationalen Zivilverfahrensrechts und des Internationalen Privatrechts verhindert das „Eindringen" normativer Standards in das Recht des Forumstaates, die mit den Grundwertungen dieses Rechts ganz und gar unvereinbar sind.[43] Eine „schlichte Unbilligkeit des Ergebnisses" der ausländischen Entscheidung oder des ausländischen Sachrechts genügt für die Verletzung des österreichischen ordre public ebenso wenig „wie der bloße Widerspruch zu zwingenden österreichischen Vorschriften."[44] Indes geht es im jetzigen Zusammenhang gar nicht um die Frage, ob „die Leihmutterschaft", die – aus österreichischer Sicht – im Ausland stattgefunden hat, gegen den österreichischen ordre public verstößt. Die Strafnormen, die das österreichische FMedG verankert hat, führen nur zur Strafbarkeit von in Österreich begangenen Verwaltungsübertretungen.[45] Ein Arzt, der außerhalb des Bundesgebietes der Republik Österreich einen aus den Keimzellen der Wunscheltern entstandenen Embryo auf eine Leihmutter überträgt, handelt demzufolge – gleichgültig ob er die österreichische Staatsbürgerschaft oder die Staatsangehörigkeit eines anderen Staates besitzt – aus der Sicht des österreichischen Rechts ebenso wenig verboten wie die in Österreich ansässigen Wunscheltern. Die Beteiligten verletzen allenfalls Regeln der konventionellen Sozialmoral, die in Österreich vorherrschend sein mögen. Auf dieses Werturteil kommt es freilich überhaupt nicht an.[46] Entscheidend ist im jetzigen Zusammenhang nämlich ausschließlich die Frage, ob die *abstammungsrechtlichen Folgen*, die das fremde Recht an die Geburt des von einer Leihmutter ausgetragenen Kindes knüpft, zu einer „unerträglichen Verletzung tragender Grundwertungen der österreichischen Rechtsordnung"[47] führen. In den beiden Fällen, die der VfGH zu beurteilen hatte,[48] waren die Wunscheltern die genetischen Eltern des Kindes. Hätte die Natur diesen Personen keinen Streich gespielt, wären deren Kinder wohl durch Ge-

---

[43] Siehe § 6 des BG über das internationale Privatrecht (IPRG), § 81 Ziff. 3 der Exekutionsordnung (EO), § 91a Abs. 2 Ziff. 1 des Außerstreitgesetzes (AußStrG); § 611 Abs. 2 Ziff. 8 der Zivilprozessordnung (ZPO).

[44] So der österreichische OGH in einer Entscheidung v. 30.5.2005, 8 Ob 60/05i (unveröffentlicht); weiterführend *Schwimann*, Grundriß des internationalen Privatrechts, Wien: Manz 1982, S. 47 ff.; *ders.*, Internationales Privatrecht einschließlich Europarecht[3], Wien: Manz 2001, S. 44 ff.; *Lurger/Melcher*, Internationales Privatrecht, Wien: Verlag Österreich 2013, S. 18 ff.

[45] Siehe § 2 des Verwaltungsstrafgesetzes.

[46] Das übersieht *Thomale*, Mietmutterschaft. Eine international-privatrechtliche Kritik, Tübingen: J.C.B. Mohr (Paul Siebeck) 2015, S. 31.

[47] OGH 8.6.2000, 2 Ob 158/00z, immolex 2001, 10 m. Anm. v. *Kovanyi* = wobl 2001, 186; siehe nochmals § 6 IPRG sowie § 81 Ziff. 3 EO, § 91a Abs. 2 Ziff. 1 AußStrG und § 611 Abs. 2 Ziff. 8 ZPO.

[48] VfGH 14.12.2011, B 13/11, VfSlg. 19.596/2011 = RdM 2012, 104 m. Anm. v. *Bernat* = StAZ 2013, 62; VfGH 11.10.2012, B 99/12 ua, RdM 2013, 38 m. Anm. v. *Bernat* = NZ 2014, 288.

schlechtsverkehr entstanden.⁴⁹ Dann hätten sie ihren genetischen Eltern ohne jeden Zweifel auch rechtlich zugeordnet werden *müssen*. Diese Erkenntnis ist trivial und in allen Rechtsordnungen unbestritten: Eltern im Rechtssinn sind *grundsätzlich* jene Personen, deren Keimzellen zur Entstehung des Kindes geführt haben. Ordnet das fremde Recht Kinder, die von einer Leihmutter geboren werden, den Urhebern der Keimzellen, also den Wunscheltern zu, dann knüpft es an den Realakt der Geburt dieser Kinder die gleichen abstammungsrechtlichen Folgen, die an die koitale Zeugung von Kindern geknüpft werden: Es ordnet diese Kinder ihren genetischen Eltern so zu, als wären sie vom genetischen Vater im Koitus mit der genetischen Mutter gezeugt worden. Dass das fremde Recht, das die Leihmutterschaft erlaubt, mit dieser Regelung eine Lösung erzielt, die mit § 143 ABGB („Mutter ist die Frau, die das Kind geboren hat") in Konflikt gerät, ist demgegenüber unerheblich, weil diese Regel gar nicht zu den unverzichtbaren Grundelementen der österreichischen Rechtsordnung zählt.⁵⁰ Das Gegenteil ist der Fall: Das Verbot der Leihmutterschaft greift i. V. m. § 143 ABGB wohl in einen Kernbereich des vom Völkerrecht und der österreichischen Verfassung geschützten Anspruchs der Wunscheltern auf Achtung ihres Privatlebens (Art. 8 Abs. 1 EMRK⁵¹) ein,⁵² so dass jedenfalls in Fällen, wie sie vom VfGH entschieden worden sind, die rechtliche Elternschaft der Wunscheltern nicht am österreichischen ordre public scheitert.⁵³ Diese Auffassung wird – mutatis mutandis – auch zum deutschen Recht überwiegend vertreten.⁵⁴

---

⁴⁹ Die Frage, ob diese – hypothetisch durch Geschlechtsverkehr gezeugten Kinder – tatsächlich *dieselben* Kinder wären, die von der ausländischen Leihmutter geboren worden sind, spielt im gegebenen Zusammenhang keine Rolle. Sie ist freilich zu verneinen; siehe dazu *Parfit*, „Rechte, Interessen und mögliche Menschen", in: Leist (Hrsg.), Um Leben und Tod. Moralische Probleme bei Abtreibung, künstlicher Befruchtung, Euthanasie und Selbstmord, Frankfurt a. M.: Suhrkamp 1990, S. 384 ff.

⁵⁰ Vgl. *Simitis*, Gute Sitten und ordre public. Ein kritischer Beitrag zur Anwendung des § 138 Abs. 1 BGB, Marburg: N.G. Elwert Verlag 1960, S. 93.

⁵¹ Die EMRK steht in Österreich kraft Art. II Ziff. 7 des BVG vom 4.3.1964, BGBl Nr. 59, im Rang eines Verfassungsgesetzes.

⁵² Siehe schon *Bernat*, „Das Recht der medizinisch assistierten Zeugung 1990 – eine vergleichende Bestandsaufnahme", in: Bernat (Hrsg.), Fortpflanzungsmedizin. Wertung und Gesetzgebung. Beiträge zum Entwurf eines Fortpflanzungshilfegesetzes, Wien: Verlag Österreich 1991, S. 65 (85 ff.); *ders.*, RdM 2012, 108; *Lindner*, „Verfassungsrechtliche Aspekte eines Fortpflanzungsmedizingesetzes", in: Rosenau (Hrsg.), Ein zeitgemäßes Fortpflanzungsmedizingesetz für Deutschland, Baden-Baden: Nomos 2012, S. 127 (147 f.); *Kaiser* (op. cit. Fn. 31), S. 364; zuletzt *Czech*, Fortpflanzungsfreiheit. Das Recht auf selbstbestimmte Reproduktion in der Europäischen Menschenrechtskonvention, Wien: Jan Sramek-Verlag 2015, S. 29, 214 f.

⁵³ So auch im Ergebnis *Lurger*, „Das österreichische IPR bei Leihmutterschaft im Ausland – das Kindeswohl zwischen Anerkennung, europäischen Grundrechten und inländischem Leihmutterschaftsverbot", IPrax 2013, 282 (287); *Aspöck*, „Anerkennung der Leihmutterschaft in Österreich!?", Zak 2013, 371; *Herndl*, „Die Abstammung des Kindes einer Leihmutter und ihre Auswirkungen im internationalen Erbrecht", NZ 2014, 253 (257); *Bernat*, RdM 2012, 108.

⁵⁴ Siehe neben BGH 10.12.2014, XII ZB 463/13, BGHZ 203, 350 = FamRZ 2015, 240 m. Anm. v. *Helms* = NZFam 2015, 112 m. Anm. v. *Zwißler* = NJW 2015, 479 m. Anm. v. *Heiderhoff* = JZ 2016, 202 m. Anm. v. *Dethloff*: AmtsG Neuss 14.5.2013, 45 F 74/13, BeckRS 2014, 01983; *Sturm*, „Dürfen Kinder ausländischer Leihmütter zu ihren genetischen Eltern nach

3. a) Die Ausführungen des VfGH zur Anerkennungsfähigkeit der amerikanischen Gerichtsbeschlüsse sowie der auf der Grundlage des ukrainischen Geburtenregisters ausgefertigten Geburtsurkunden sind weit weniger überzeugend ausgefallen als seine Beurteilung „der Leihmutterschaft" im Lichte des österreichischen ordre public. Ja, dem VfGH wurde nicht zu Unrecht der Vorwurf gemacht, seiner rechtlichen Beurteilung mangele es in diesem Punkt an Problembewusstsein.[55]

Die von einer ukrainischen Leihmutter geborenen Kinder wurden den österreichischen Wunscheltern bloß durch einen verfahrensfreien Verwaltungsakt (Registrierung im Geburtenbuch) zugeordnet. Mit Blick auf die allgemeinen Regeln des österreichischen internationalen Zivilverfahrensrechts liegt daher von vornherein kein anerkennungsfähiger Rechtsakt vor, weil das österreichische internationale Zivilverfahrensrecht dem Grunde nach nur die verfahrensrechtliche Anerkennung *gerichtlicher* Entscheidungen regelt.[56] Im Fall der von der ukrainischen Leihmutter geborenen Kinder ist folglich das auf ihre Abstammung anwendbare Recht nach den Regeln des österreichischen Kollisionsrechts zu ermitteln.[57]

b) Anders mag die Rechtslage im Fall der beiden Kinder zu beurteilen sein, die von einer Leihmutter im amerikanischen Gliedstaat Georgia ausgetragen und geboren worden sind. In diesem Fall wurden die genetischen Eltern der Kinder (eine Österreicherin und ein Italiener) durch *Gerichtsbeschluss* („Order of Declaratory Judgment") als rechtmäßige Eltern (besser: als Eltern im Rechtssinn) anerkannt. Fraglich ist allerdings, ob die Entscheidungen des amerikanischen Richters nach §§ 79 ff. EO anerkennungsfähig sind, weil die Anerkennungsfähigkeit nach dem

---

Deutschland verbracht werden?", in: FS Kühne, Frankfurt a.M.: Verlag Recht und Wirtschaft GmbH 2009, S. 919 (931); *Dethloff*, „Leihmütter, Wunscheltern und ihre Kinder", JZ 2014, 922 (926); *Helms*, in: Münchener Kommentar zum Bürgerlichen Gesetzbuch⁶, 2015, Art. 19 EGBGB Rn. 58; *ders.*, „Künstliche Fortpflanzung und Internationales Privatrecht", in: Dutta/Schwab/Henrich/Gottwald/Löhnig (Hrsg.) (op. cit. Fn. 20), S. 77 f.; *Mayer*, „Sachwidrige Differenzierungen in internationalen Leihmutterschaftsfällen", IPrax 2014, 57 (59); *dies.*, „Ordre public und Anerkennung der rechtlichen Elternschaft in internationalen Leihmutterschaftsfällen", RabelsZ 78 (2014) 552 (571 ff.); *Heiderhoff*, „Der gewöhnliche Aufenthalt von Säuglingen", IPrax 2012, 523, (525 f.); *Henrich* (op. cit. Fn. 42) 231 (noch zurückhaltender *ders.*, „Das Kind mit zwei Müttern [und zwei Vätern] im internationalen Privatrecht", in: FS Schwab, Bielefeld: Gieseking 2005, S. 1142 [1149]); *Kaiser*, „Die mögliche Aufspaltung der Mutterschaft bei medizinisch assistierter Zeugung und ihre rechtliche Einordnung", Zeitschrift für Familienforschung, Sonderheft 2011, 239 (252); *Witzleb*, „‚Vater werden ist nicht schwer?' Begründung der inländischen Vaterschaft für Kinder aus ausländischer Leihmutterschaft", in: FS Martiny, Tübingen: J.C.B. Mohr (Paul Siebeck) 2014, S. 203 (229); a.A. aber *Benicke*, „Kollisionsrechtliche Fragen der Leihmutterschaft", StAZ 2013, 101 (110 ff.); *Looschelders*, „Alternative und sukzessive Anwendung mehrerer Rechtsordnungen nach dem neuen internationalen Kindschaftsrecht", IPrax 1999, 420 (423) und jüngst – mit wenig überzeugenden Argumenten – *Thomale* (Fn. 46), S. 26 ff.

[55] So *Heiderhoff*, „Rechtliche Abstammung im Ausland geborener Leihmutterkinder", NJW 2014, 2673 (2678, Fn. 37).

[56] Siehe § 79 Abs. 2 i. V. m. § 85 EO; *Garber*, in: Angst/Oberhammer (Hrsg.), EO³, § 79 EO Rn. 9.

[57] Siehe dazu unter II. 4.

Wortlaut des § 79 Abs. 2 i. V. m. § 85 EO auf dem Prinzip der Gegenseitigkeit beruht und die „Gegenseitigkeit durch Staatsverträge oder durch Verordnungen verbürgt" sein muss.[58] Weder hat Österreich völkerrechtliche Verträge abgeschlossen, die die Anerkennungsfähigkeit von Gerichtsentscheidungen betreffend den familienrechtlichen Status eines von einer ausländischen Leihmutter geborenen Kindes zum Gegenstand haben, noch gibt es in Österreich Rechtsregeln des internationalen Zivilverfahrensrechts, die diesen Fragenkomplex autonom regeln. Eine Stütze gewinnt das Erkenntnis des österreichischen VfGH zum Fall der von einer amerikanischen Leihmutter im Staate Georgia geborenen Kinder allerdings durch eine Entscheidung des Obersten Gerichtshofs (OGH) v. 27. 11. 2014.[59] Danach sollen die §§ 91a ff. AußStrG (verfahrensrechtliche Anerkennung ausländischer Entscheidungen über die Adoption eines Kindes)[60] beruhende Anerkennung mit Entscheidungsfähigkeit von ausländischen Abstammungsentscheidungen herangezogen werden.[61] Diese Auffassung ist nicht unplausibel[62] und kann auch auf eine ausländische Entscheidung erstreckt werden, die den familienrechtlichen Status eines von einer

---

[58] Nach *Schwimann* (Landesbericht Österreich, in: Bergmann/Ferid [Hrsg.], Internationales Ehe- und Kindschaftsrecht, 124. Lieferung, S. 93 [Fn. 39]; *ders.* [op. cit. Fn. 44], S. 163) verbietet sich aufgrund des Wortlauts des § 79 Abs. 2 EO die autonome, also nicht auf Gegenseitigkeit (Staatsverträge oder Verordnungen) beruhende Anerkennung von Entscheidungen ausländischer Gerichte in Personen- und Familienrechtssachen; a.A. Bundesministerium für Justiz, Erlass v. 5. 2. 1991, GZ 20.124/1-I 9/91, ÖStA 1991, 49 ff.; *Hoyer/Loewe*, in: Neumann/Lichtblau (Hrsg.), Kommentar zur EO I[4], S. 771 f.; *Jakusch*, in: Angst (Hrsg.), EO[2], § 79 Rn. 5.; *Garber*, in: Angst/Oberhammer (Hrsg.), EO[3], § 79 Rn. 23; *Edlbacher*, „Wann ist ein ausländisches Vaterschaftsfeststellungsurteil in Österreich rechtswirksam?", ÖStA 1973, 16 ff.; *Schütz*, „Anerkennung ausländischer Entscheidungen in Status-, Vormundschafts- und Pflegschaftssachen österreichischer Staatsbürger", ÖStA 1986, 4 ff.

[59] OGH 27. 11. 2014, 2 Ob 238/13h, iFamZ 2015, 86. – Diese Entscheidung wurde unlängst vom 8. Senat des OGH bestätigt (OGH 27. 5. 2015, 8 Ob 53/15z, iFamZ 2015, 172): Die Anerkennungsregeln der §§ 91a ff. AußStrG seien „aufgrund der besonderen Sachnähe als geeignete Analogiegrundlage zur Anerkennung ausländischer Entscheidungen in Abstammungsangelegenheiten heranzuziehen".

[60] Diese Regeln wurden durch Art. IV des Familienrechts-Änderungsgesetzes 2009 (FamRÄG 2009), BGBl I 2009/75, verankert.

[61] Im Rechtsstreit, der zur Entscheidung des OGH v. 27. 11. 2014, 2 Ob 238/13h, iFamZ 2015, 86 führte, ging es um die Frage der verfahrensrechtlichen Anerkennung einer Entscheidung eines kenianischen Gerichts, mit der die Vaterschaft festgestellt worden ist.

[62] Vor Inkrafttreten der §§ 91a ff. AußStrG (siehe Fn. 60) wurden ausländische Entscheidungen, die den Personen- oder Familienstand betreffen, nach Maßgabe der §§ 79 ff. EO für anerkennungsfähig gehalten. Entgegen dem Wortlaut des § 79 Abs. 2 EO bestand das Höchstgericht – im Einklang mit der ganz überwiegenden Lehre (siehe die in Fn. 58 nachgewiesenen Autoren) – aber nicht auf Einhaltung des Erfordernisses der Gegenseitigkeit (Staatsverträge oder Verordnungen); siehe zuletzt OGH 18. 12. 1998, 6 Ob 24/98t, EvBl. 1999/97 (Feststellung der Vaterschaft durch ein bosnisch-herzegowinisches Gericht); OGH 25. 6. 2002, 5 Ob 131/02d (unveröffentlicht) (Adoptionsentscheidung eines bulgarischen Gerichts). Der Verzicht auf das Prinzip der Gegenseitigkeit begründet der OGH in seiner E v. 25. 6. 2002, 5 Ob 131/02d (unveröffentlicht), ausschließlich mit dem Prinzip des Kindeswohls: „[D]as allen anderen Wertungen vorrangige Wohl des minderjährigen Wahlkindes [soll] nicht dadurch in Frage gestellt werden […], dass die Anerkennung einer ausländischen Adoptionsentscheidung an der mangelnden

Leihmutter geborenen Kindes festschreibt. Mit Blick auf die von einem Richter in Georgia erlassenen Beschlüsse, die der VfGH im Erkenntnis v. 14.12.2011[63] auf den Prüfstand stellte, gelangt man bei analoger Anwendung der §§ 91a ff. AußStrG zu folgendem Ergebnis: Die Anerkennung der amerikanischen Gerichtsbeschlüsse dient dem Wohl der Kinder, deren genetische Eltern sich nichts sehnlicher wünschen, als eigene Kinder zu haben. Sie verstößt auch nicht gegen den verfahrensrechtlichen ordre public (§ 91a Abs. 2 Ziff. 1 AußStrG).[64] Da die amerikanische Leihmutter die Kinder nach der Geburt offenbar freiwillig an die genetischen Eltern herausgegeben hat, ist nicht entscheidend, ob ihr rechtliches Gehör in den beiden Verfahren, die im amerikanischen Gliedstaat Georgia stattgefunden haben, gewahrt worden ist (§ 91a Abs. 2 Ziff. 2 AußStrG).[65] Den Beschlüssen des amerikanischen Richters hätte die Anerkennung allerdings versagt werden müssen, wenn dieser Richter bei spiegelbildlicher Anwendung der österreichischen Regeln über die internationale Zuständigkeit nicht zuständig gewesen wäre (§ 91a Abs. 2 Ziff. 4 AußStrG) („Spiegelbildprinzip").[66] Hiefür ist § 108 Abs. 3 der Jurisdiktionsnorm (JN) (inländische Zuständigkeit in Abstammungssachen) maßgeblich. Nach dieser Bestimmung ist die „inländische Gerichtsbarkeit für [Abstammungsangelegenheiten] gegeben, wenn das Kind, der festgestellte oder festzustellende Vater oder die Mutter des Kindes österreichischer Staatsbürger ist oder das Kind oder der festgestellte oder festzustellende Vater seinen gewöhnlichen Aufenthalt im Inland hat." Bei spiegelbildlicher Anwendung des § 108 Abs. 3 JN ist der Richter des amerikanischen Gliedstaates Georgia nicht unzuständig gewesen, weil jeder Mensch, der auf amerikanischem Boden geboren wird, kraft seiner Geburt automatisch die Staatsangehörigkeit der Vereinigten Staaten von Amerika erwirbt (ius soli).[67] – Der VfGH ist im Erkenntnis v. 14.12.2011 also zu einem Ergebnis gekommen, das auf der Grundlage des österreichischen internationalen Zivilverfahrensrechts durchaus vertretbar erscheint.

4. Scheitert die Anerkennung der gerichtlichen Entscheidung des ausländischen Richters an den Voraussetzungen des § 91a AußStrG oder des § 108 Abs. 3 JN oder wird das von der ausländischen Leihmutter im Ausland geborene Kind den Wunscheltern nur durch einen verfahrensfreien Verwaltungsakt zugeordnet, muss die Frage,

---

Gegenseitigkeit scheitert." – Diese rechtsethische Wertung ist direkt in §§ 91a ff. AußStrG eingeflossen, wo auf Aufnahme des Gegenseitigkeitserfordernisses bewusst verzichtet worden ist.

[63] VfGH 14.12.2011, B 13/11, VfSlg. 19.596/2011 = RdM 2012, 104 m. Anm. v. *Bernat* = StAZ 2013, 62.

[64] Siehe dazu unter II. 2.

[65] Ob das rechtliche Gehör der Leihmutter in den Verfahren, die zu den am 3.8.2006 und am 10.2.2009 ergangenen „Orders of Declaratory Judgment" geführt haben, gewahrt wurde, lässt sich dem Erkenntnis des VfGH v. 14.12.2001, B 13/11-10, VfSlg. 19.596/2011 = RdM 2012, 104 m. Anm. v. *Bernat* = StAZ 2013, 62 nicht entnehmen.

[66] Vgl. dazu *Spitzer*, in: Gitschthaler/Höllwerth (Hrsg.), AußStrG, § 91a Rn. 4.

[67] Siehe Amendment XIV (1868) Section 1 Satz 1 der Verfassung der Vereinigten Staaten von Amerika: „All persons born or naturalized in the United States, and subject to the jurisdiction thereof, are citizens of the United States and of the State wherein they reside."

welche Personen die rechtlichen Eltern dieses Kindes aus österreichischer Sicht sind, nach den Regeln des österreichischen Kollisionsrechts geprüft werden.

a) Nach der klassischen Konzeption des Kollisionsrechts, die auf Friedrich Carl von Savigny zurückgeht, ist das Internationale Privatrecht reines Rechtsanwendungsrecht.[68] Es regelt „Sachverhalte mit Auslandsberührung" (§ 1 Abs. 1 IPRG) nicht unmittelbar, sondern dadurch, dass es eine der berührten Rechtsordnungen für anwendbar erklärt. Der Fall mit Auslandsberührung wird auf der Grundlage jener Rechtsordnung gelöst, auf die die kollisionsrechtliche Regel „verweist". Im Grunde ist das IPR hinsichtlich des materiellen Entscheidungsergebnisses also „wertneutral", es ist kein „politisches Recht".[69] Daher ist es überhaupt nicht außergewöhnlich, wenn eine Norm des österreichischen Kollisionsrechts das Sachrecht eines anderen Staates für anwendbar erklärt, dessen einschlägige Normen eine ganz andere Moral inkorporieren als die entsprechenden österreichischen Sachrechtsnormen. Die Basiswertung, dass es dem IPR nur darum gehe, „die räumlich beste Rechtsordnung"[70] auszuwählen, gilt allerdings nicht uneingeschränkt. Sie wird vom IPR mehrfach durchbrochen[71] und vom „kollisionsrechtlichen Anerkennungsprinzip" (Theorie von der Rechtslagenanerkennung)[72] ergänzt. Nach dem „kollisionsrechtlichen Anerkennungsprinzip" „wird eine im Ausland aufgrund eines privaten oder eines behördlichen Aktes geschaffene Rechtslage unabhängig von der Anwendung der eigenen Kollisionsnormen des Anerkennungsstaates und auch unabhängig von der Frage des im Ursprungsstaat angewandten Rechts im Anerkennungsstaat als wirksam betrachtet."[73] Indes ist es de lege lata fragwürdig, diese Theorie auf die Fälle zu übertragen, in denen das von der Leihmutter geborene Kind seinen Wunscheltern nur durch einen (verfahrensfreien) Verwaltungsakt zugeordnet wird.[74] Einerseits sind die wenigen Regeln des geltenden Rechts, denen

---

[68] *Friedrich Carl von Savigny*, System des heutigen Römischen Rechts, Bd. VIII, 1849, S. 1 ff. (Wiederabdruck in: Picone/Wengler [Hrsg], Internationales Privatrecht, Darmstadt: Wissenschaftliche Buchgesellschaft 1974, S. 2 ff.).

[69] Vgl. *Rehbinder*, „Zur Politisierung des Internationalen Privatrechts", JZ 1973, 151 ff.

[70] *Rehbinder*, ibid., 151.

[71] Siehe etwa § 4 Abs. 2, § 6, § 9 Abs. 1 Satz 2 IPRG. Nach diesen Bestimmungen wird dem österreichischen Recht teilweise aus Gründen der Effizienz, teilweise aus moralischen Überlegungen der Vorzug gegeben.

[72] Dazu *Coester-Waltjen*, „Anerkennung im Internationalen Personen-, Familien- und Erbrecht und das Europäische Kollisionsrecht", IPrax 2006, 392 ff.; *dies*, „Das Anerkennungsprinzip im Dornröschenschlaf?", in: FS Jayme I, München: Sellier 2004, S. 121 ff.; *Lurger*, „Anerkennung im internationalen Familien- und Erbrecht", in: Studiengesellschaft für Wirtschaft und Recht (Hrsg.), Anerkennungs-/Herkunftslandprinzip in Europa, Wien: Linde 2009, S. 139 ff.; *Mansell*, „Anerkennung als Grundprinzip des Europäischen Rechtsraums. Zur Herausbildung eines europäischen Anerkennungs-Kollisionsrechts: Anerkennung statt Verweisung als neues Strukturprinzip des Europäischen Internationalen Privatrechts?", RabelsZ 70 (2006) 651 ff.

[73] *Coester-Waltjen* (op. cit. Fn. 72) 393.

[74] Kritisch auch *Neumayr*, „Doppelstaatsbürgerschaft – doppelte Freude oder doppelte Last?", ZfV 2015, 257 (259 f.).

die Theorie von der Rechtslagenanerkennung zugrundeliegt,[75] nicht verallgemeinerungsfähig,[76] und andererseits würde man durch eine allzu großzügige Anerkennung von Rechtslagen „ein kollisionsrechtliche Erwägungen ganz außer Acht lassendes und damit viel zu breites Einfallstor für ausländisches Recht öffnen."[77] Aus diesem Grund wird in Österreich wohl überwiegend die Meinung vertreten, dass die Lösung ausländischer Leihmutterschaftsfälle dann, wenn im Ausland keine anerkennungsfähige gerichtliche Entscheidung ergangen ist, über den Weg der kollisionsrechtlichen Verweisungsnormen gefunden werden muss.[78]

b) Keine Rechtsordnung kann wollen, dass ein Kind seiner genetischen Mutter, die das Kind haben will, vorenthalten und vielleicht sogar zum *filius nullius* wird, nur weil seine genetischen Eltern das im Forumstaat geltende Verbot der Leihmutterschaft umgangen haben.[79] Deshalb sollte sich die Auslegung der für Leihmutterschaftsfälle einschlägigen kollisionsrechtlichen Normen stets am verfassungsrechtlich garantierten Anspruch auf Achtung des Privat- und Familienlebens (Art. 8 EMRK) orientieren.[80] An diesem Anspruch haben sowohl die genetischen Wunscheltern als auch ihr von einer ausländischen Leihmutter geborenes Kind teil.

c) Im österreichischen Recht mangelt es an einer kollisionsrechtlichen Regel, die bestimmt, nach welchem Recht die Frage „Wer ist Mutter eines Kindes?" zu beurteilen ist, wenn ein Kind, das aus der Eizelle der Wunschmutter stammt, von einer ausländischen Leihmutter im Ausland ausgetragen und geboren wird. Im Schrifttum wird erwogen, § 21 IPRG analog heranzuziehen.[81] Die Bestimmung regelt, nach welchem Recht die „Voraussetzungen der Ehelichkeit eines Kindes und deren Bestreitung [...] zu beurteilen" sind.[82] Bei gemeinsamem Personalstatut der

---

[75] Vgl. etwa Art. 23 Abs. 1 Satz 1 des Haager Übereinkommens über die internationale Adoption (HÜIntAdop) v. 29. 5 1993, BGBl. III 1993/145: „Eine Adoption wird in den anderen Vertragsstaaten kraft Gesetzes anerkannt, wenn die zuständige Behörde des Staates, in dem sie durchgeführt worden ist, bescheinigt, dass sie gemäß dem Übereinkommen zustande gekommen ist."

[76] Ebenso *Heiderhoff* (op. cit. Fn. 55) 2678; a.A. *Lurger* (op. cit. Fn. 53) 287 f., die die Beachtung des „kollisionsrechtlichen Anerkennungsprinzips" in Leihmutterschaftsfällen u.a. unter dem Blickwinkel der Personenfreizügigkeit (Art. 21 AEUV) anmahnt. Zur Rolle der Personenfreizügigkeit im Namensrecht einlässlich *V. Lipp*, „Die ‚Anerkennung' des ausländischen Namens eines Bürgers der Europäischen Union – Von ‚Konstantinidis' bis ‚Runevič-Vardyn/Wardyn'", in: Essays in Honour of Spyridon Vrellis, Athen: Nomiki Bibliothiki 2014, S. 539 ff.

[77] *Heiderhoff* (op. cit. Fn. 55) 2678.

[78] *Bernat*, RdM 2012, 107 ff.; *ders.*, RdM 2013, 38 f.; *Herndl* (op. cit. Fn. 53) 253 ff.; *Aspöck* (op. cit. Fn. 53) 371 ff.

[79] So auch unmissverständlich *Sturm* (op. cit. Fn. 54), S. 930 f.

[80] Vgl. *Verschraegen* in: Rummel (Hrsg.), Kommentar zum ABGB³, 2004, § 21 IPRG Rn. 1: „Im Kindschaftsrecht muss nicht nur formal korrekt angeknüpft werden, sondern – in einem zweiten Schritt – muss jede Entscheidung daraufhin überprüft werden, ob sie dem Wohl des Kindes dient oder ob sie dem Kindeswohl zumindest nicht entgegensteht."

[81] *Lurger* (op. cit. Fn. 53) 284.

[82] Mit dem Kindschafts- und Namensrechts-Änderungsgesetz, BGBl. I 2013/15, hat der Gesetzgeber die Unterscheidung zwischen ehelichen und nichtehelichen Kindern im ABGB

potenziellen Eltern ist dieses maßgebend (§ 21 Satz 1 IPRG); haben die potenziellen Eltern kein gemeinsames Personalstatut, „das Personalstatut des Kindes zum Zeitpunkt der Geburt" (§ 21 Satz 2 IPRG). Die Erwägung, § 21 IPRG in Leihmutterschaftsfällen mit Auslandsberührung analog anzuwenden, ist m.E. grundsätzlich weiterführend. § 21 IPRG beantwortet im Kern die Frage, welches Sachrecht der österreichische Richter anzuwenden hat, wenn geklärt werden muss, ob ein Kind, das während aufrechter Ehe seiner Mutter geboren wird, rechtlich als Kind des Muttergatten zu beurteilen ist. Im Fall einer Leihmutterschaft mit Auslandsberührung stellt sich eine ähnliche Frage: Welches Recht hat eine österreichische Behörde anzuwenden, wenn bestimmt werden muss, ob die im Ausland ansässige Leihmutter oder die Wunschmutter (mit Wohnsitz in Österreich) Mutter im Rechtssinn ist? Wendet man § 21 Satz 1 IPRG zur Klärung dieser Frage analog an, dann ist der entscheidende Anknüpfungspunkt das Personalstatut der Wunschmutter und das Personalstatut der Leihmutter – nicht aber (auch) das Personalstatut des Wunschvaters. Dass der Gesetzgeber bei § 21 IPRG das gemeinsame Personalstatut der Mutter und ihres Ehemannes als ersten Anknüpfungspunkt gewählt hat, kann zum einen auf die empirische Erkenntnis, dass der Muttergatte das Kind in der überwiegenden Zahl aller Fälle auch tatsächlich gezeugt hat,[83] und zum anderen auf den Erfahrungssatz „mater semper certa est" zurückgeführt werden. Der Status des Ehemannes der Wunschmutter spielt indes dort, wo entschieden werden muss, welche von zwei Frauen Mutter im Rechtssinn ist, gar keine Rolle.[84] § 21 Satz 1 IPRG kommt folglich auch dann zur Anwendung, wenn die Wuscheltern nicht miteinander verheiratet sind. Auch in diesem Fall ist fürs erste zu fragen, ob die Wunschmutter und die Leihmutter Angehörige ein und desselben Staates sind. Diese Frage wird in den allermeisten Fällen zu verneinen sein. Die Ausnahme bestätigt allerdings die Regel. Man denke etwa an den Fall, den der VfGH mit Erkenntnis v. 11.10.2012[85] entschieden hat, und wandle ihn leicht ab: Eine ukrainische Staatsangehörige mit Wohnsitz in Österreich und ihr österreichischer Partner beschließen, einen aus ihren Keimzellen entstandenen Embryo von einer ukrainischen Staatsangehörigen in der Ukraine austragen und das Kind dort auf die Welt bringen zu lassen. In diesem Fall besteht allein schon aufgrund des gemeinsamen Personalstatuts der beiden Frauen, aber auch aufgrund der Geburt des Kindes in

---

aufgegeben. Im Zuge dieser Novelle wurde aber offenbar vergessen, §§ 21 ff. IPRG sprachlich entsprechend anzupassen; siehe etwa *Neumayr*, in: Koziol/Bydlinski/Bollenberger (Hrsg.), Kurzkommentar zum ABGB⁴, 2014, § 21 IPRG Rn. 2.

[83] Als Folge dieser Erkenntnis gilt in den meisten Rechtsordnungen die Pater-est-quem-nuptiae-demonstrant-Regel; siehe dazu *Bürge*, „Rechtsvereinheitlichung im Laufe der Jahrhunderte: Die gesetzliche Empfängniszeit von 302 Tagen – Fast ein Nachruf", JuS 2003, 425 ff.; *Frank*, „Abstammung und Status", in: Ramm/Grandke (Hrsg.), Zur Familienrechtspolitik nach der Wiedervereinigung, Köln: Carl Heymanns Verlag KG 1991, S. 71 ff.; *Gaul*, „Die pater-est-Regel der §§ 1591, 1592 BGB in ihrer herkömmlichen Bedeutung und in der Reformdiskussion", in: FS Gernhuber, Tübingen: J. C. B. Mohr (Paul Siebeck) 1993, S. 619 ff.; *Rauscher*, „Vaterschaft auf Grund Ehe mit der Mutter", FPR 2002, 352 ff.

[84] A.A. offenbar *Lurger* (op. cit. Fn. 53) 285.

[85] VfGH 11.10.2012, B 99/12 ua, RdM 2013, 38 m. Anm. v. *Bernat* = NZ 2014, 288.

der Ukraine eine wesentlich stärkere Beziehung (vgl. § 1 Abs. 1 IPRG) zum ukrainischen als zum österreichischen Recht.

d) Scheidet die analoge Anwendung des § 21 Satz 1 IPRG aus, weil die Leihmutter und die Wunschmutter nicht demselben Staat angehören, ist eine analoge Anwendung des § 21 Satz 2 IPRG in Erwägung zu ziehen. Nach dieser Bestimmung „ist das Personalstatut des Kindes zum Zeitpunkt [seiner] Geburt maßgebend." Die zentrale Frage lautet daher: Welche Staatsangehörigkeit erwirbt ein Kind, das von einer ausländischen Leihmutter im Ausland geboren worden ist, aber, genetisch betrachtet, das Kind einer österreichischen Wunschmutter und ihres Partners ist?

Kinder werden mit dem Zeitpunkt ihrer Geburt Österreicher, wenn in diesem Zeitpunkt „ihre Mutter" oder „ihr Vater" Staatsbürgerin bzw. Staatsbürger der Republik Österreich ist (§ 7 des Staatsbürgerschaftsgesetzes, StbG). Die Legaldefinition der Begriffe „Mutter" bzw. „Vater" übernimmt das StbG aus dem Abstammungsrecht des ABGB. Somit entsteht bei grenzüberschreitenden Leihmutterschaftsfällen dann, wenn die Wunschmutter und die Leihmutter verschiedene Staatsangehörigkeiten besitzen, ein Zirkelschluss: Ob das Kind (auch) die österreichische Staatsbürgerschaft besitzt, die im Fall eines Doppelstaatsbürgers ausschlaggebend ist,[86] weiß man erst, nachdem geklärt worden ist, ob es der Leihmutter oder der genetischen Mutter zugeordnet ist. Und ob es der Leihmutter oder der genetischen Mutter zugeordnet ist, weiß man erst, nachdem geklärt worden ist, welchem Staat es angehört.

Wie entkommt man dem Dilemma, das durch diese Zirkelverweisung (§ 21 Satz 2 IPRG verweist auf § 7 StbG und § 7 StbG wieder zurück auf § 21 Satz 2 IPRG) entsteht? Für die Falllösung bieten sich mehrere Möglichkeiten an.

aa) Man beurteilt den Fall im Lichte des Günstigkeitsprinzips, das sowohl im IPRG,[87] im durch Staatsverträge verankerten Kollisionsrecht,[88] aber auch in der Rom I- und der Rom II-Verordnung[89] ausdrücklich anerkannt worden ist. Die Berücksichtigung des Günstigkeitsprinzips steht in Fällen von „Leihmutterschaftstourismus" ganz im Dienste der Wahrung des Kindeswohls:[90] Wenn das Kind nach

---

[86] Siehe § 9 Abs. 1 Satz 2 IPRG: „Hat eine Person neben einer fremden Staatsangehörigkeit auch die österreichische Staatsbürgerschaft, so ist diese maßgebend."

[87] Siehe § 8 Halbsatz 2 IPRG (allgemeines Formstatut); § 16 Abs. 2 Halbsatz 2 IPRG (Form bei Eheschließung im Ausland).

[88] Siehe Art. 1 des Haager Übereinkommens v. 5.10.1961, BGBl. 1963/295, über das auf die Form letztwilliger Verfügungen anzuwendende Recht (favor testamenti); Art. 9 des Haager Übereinkommens v. 4.5.1971, BGBl. 1975/387, über das auf Straßenverkehrsunfälle anzuwendende Recht.

[89] Siehe Art. 6 Abs. 2 der Verordnung (EG) Nr. 593/2008 des Europäischen Parlaments und des Rates vom 17.6.2008 über das auf vertragliche Schuldverhältnisse anzuwendende Recht (Rom I-VO), ABl. Nr. L 177/6 v. 4.7.2008, S. 1 ff; Art. 18, 21 der Verordnung (EG) Nr. 864/2007 des Europäischen Parlaments und des Rates v. 11.7.2007 über das auf außervertragliche Schuldverhältnisse anzuwendende Recht (Rom II-VO), Abl. Nr. L 199/40 v. 31.7.2007, S. 1 ff.

[90] Das Günstigkeitsprinzip war in § 21 Satz 2 IPRG i. d. F. vor Inkrafttreten des KindRÄG 2001 (BGBl. I 2000/135) mit Blick auf Ehelichkeitsvermutung/Ehelichkeitsanfechtung aus-

dem Personalstatut der Wunschmutter der Leihmutter, nach dem Personalstatut der Leihmutter aber der Wunschmutter zugeordnet wird, so kommt das Personalstatut der Leihmutter zur Anwendung. – Die österreichische Wunschmutter darf folglich das von der Leihmutter geborene Kind „behalten", wenn es ihr nach dem Recht des Staates, dem die Leihmutter angehört, rechtlich zugewiesen wird.

bb) Ist die Leihmutter nicht eine Angehörige jenes Staates, in dem sie das Kind der Wunscheltern empfangen, ausgetragen und geboren hat („Angebotsrechtsordnung"), sondern eine Angehörige eines Staates, in dem eine der „Nachfragerechtsordnung" entsprechende abstammungsrechtliche Regelung verankert ist,[91] dann führt das Günstigkeitsprinzip niemals zu einem Verweis auf die (für das Kind „günstigen") Regelungen der „Angebotsrechtsordnung". In der Literatur wird mit Blick auf den direkten Anwendungsfall des § 21 Satz 2 IPRG gefordert, gar nicht erst zu versuchen, die Zirkelverweisung zwischen § 21 Satz 2 IPRG und § 7 StbG aufzulösen,[92] sondern das Personalstatut des Kindes in analoger Anwendung des § 9 Abs. 2 IPRG[93] durch Ermittlung seines gewöhnlichen Aufenthalts zu bestimmen.[94] Diese Auffassung hat viel für sich, weil § 21 Satz 2 IPRG i. V. m. § 7 StbG und § 9 Abs. 2 IPRG ein gemeinsamer Tatbestand verbindet: die Schwierigkeit bzw. Unmöglichkeit der Ermittlung der Staatsangehörigkeit einer Person.

---

drücklich verankert: „Bei verschiedenem Personalstatut ist dasjenige Personalstatut maßgebend, das für die Ehelichkeit günstiger ist." Vgl. dazu *Lurger*, „Kollisionsrechtliche Gerechtigkeit und Ehelichkeitsbestreitung durch einen türkischen Vater", JAP 1992/93, 178 ff. – Die Ersetzung des § 21 Satz 2 IPRG i. d. F. BGBl. 1978/304 durch § 21 Satz 2 IPRG i. d. F. des KindRÄG 2001 (BGBl. I 2000/135) verdankt sich freilich Gründen, die im Hinblick auf die Frage, welche Rechtsordnung im Fall von „Leihmutterschaftstourismus" bestimmen soll, ob die genetische Mutter oder die Leihmutter Mutter im Rechtssinn ist, gar nicht maßgeblich sein können. Ja, die amtlichen Erläuterungen zur Regierungsvorlage KindRÄG 2001 (BGBl. I 2000/135), 296 BlgNR 21. GP, S. 110 f. bringen sogar deutlich zum Ausdruck, dass das Günstigkeitsprinzip als sachgerechte Ergänzung des Prinzips der kollisionsrechtlichen Gerechtigkeit aufzufassen sei: „Die in § 21 [Satz 2] IPR-Gesetz [i. d. F. BGBl. 1978/304] vorgesehene Anknüpfung an das für die Ehelichkeit des Kindes günstigere Recht ist gerechtfertigt, wenn es für das Kind grundsätzlich vorteilhafter ist, als ehelich zu gelten als als nichtehelich. Die rechtliche Bedeutung dieser Unterscheidung nimmt mit fortschreitender Gleichstellung unehelicher Kinder mit ehelichen auch in anderen Rechtsordnungen ab oder besteht überhaupt nicht (mehr), sodass schon deswegen dieses Anknüpfungskriterium fraglich geworden ist."

[91] In Griechenland sollen nach einer im Jahre 2011 veröffentlichten Studie der griechischen Bioethikkommission 54% aller Leihmütter Ausländerinnen sein, hauptsächlich aus osteuropäischen Ländern (*Zervogianni*, in: Dutta/Schwab/Henrich/Gottwald/Löhnig [Hrsg.] [op. cit. Fn. 20], S. 219).

[92] Vgl. indes *Musil/Preuß*, „Das neue internationales Ehelichkeitsrecht. Das Personalstatut des Kindes als Anknüpfungsmerkmal im Abstammungsrecht", ÖJZ 2003, 676 ff.; *Adensamer*, „Änderung des internationalen Abstammungsrechts durch das KindRÄG 2001 – besonders zur Wechselbezüglichkeit von § 21 IPRG und § 7 StbG", in: FS Hopf, Wien: Manz 2007, S. 1 ff.; *Bundesministerium für Justiz*, Erlass v. 5. 5. 2003, 36225/5-IV/7/03, ÖStA 2003, 59 f.

[93] § 9 Abs. 2 IPRG lautet: „Ist eine Person staatenlos oder *kann ihre Staatsangehörigkeit nicht geklärt werden*, so ist ihr Personalstatut das Recht des Staates, in dem sie den gewöhnlichen Aufenthalt hat." (Hervorhebung E. B.)

[94] So *Lurger/Melcher* (op. cit. Fn. 44), S. 99.

Im einen Fall (§ 21 Satz 2 IPRG i. V. m. § 7 StbG) ist es aus rechtlichen Gründen schwierig bzw. unmöglich, deren Personalstatut zu ermitteln, im anderen Fall (§ 9 Abs. 2 IPRG) wohl überwiegend aus tatsächlichen Gründen. Die Auffassung, dass im Fall verschiedenen Personalstatuts der Eheleute das Personalstatut des Kindes nach dessen gewöhnlichem Aufenthalt analog § 9 Abs. 2 IPRG zu bestimmen sei, lässt sich auf den Fall des von einer Leihmutter im Staatsgebiet einer „Angebotsrechtsordnung" geborenen Kindes unschwer übertragen. Somit stellt sich die Frage, wo ein von einer Leihmutter im Land A. („Angebotsrechtsordnung") geborenes Kind seinen gewöhnlichen Aufenthalt hat, wenn dieses Kind kurz nach seiner Geburt gemeinsam mit seinen genetischen (und aus der Sicht der „Angebotsrechtsordnung" auch rechtlichen) Eltern in das Land N. („Nachfragerechtsordnung") verbracht wird, um dort seinen ständigen Wohnsitz zu begründen. In einer solchen Situation nimmt die bislang ganz herrschende Meinung in Deutschland an, dass das von der Leihmutter im Land A. geborene Kind keinen gewöhnlichen Aufenthalt im Land A. begründet haben kann.[95] Der Begriff „gewöhnlicher Aufenthalt" wird nirgends definiert, obwohl er im Europäischen Recht zentraler Anknüpfungspunkt für die Zuständigkeit und das anzuwendende Recht ist.[96] Da ein Säugling selbst noch keinen gewöhnlichen Aufenthalt begründen kann, teilt er den gewöhnlichen Aufenthalt seiner Bezugsperson, die in aller Regel seine Mutter ist.[97] Die ursprüngliche Bezugsperson des von der Leihmutter geborenen Kindes ist aber nicht die Frau, mit der das Kind genetisch verwandt ist, sondern seine Geburtsmutter: Die körperliche Verbundenheit des Kindes mit der Leihmutter durch Schwangerschaft und Geburt überwiegt bis zu seiner Übergabe an die Wunscheltern seine genetische Zugehörigkeit.[98] Dieses Interpretationsergebnis steht nicht nur im Einklang mit dem verfassungsrechtlich verbürgten Anspruch der Wunscheltern und des Kindes auf Achtung ihres Privat- und Familienlebens (Art. 8 Abs. 1 EMRK), sondern scheint mit Blick auf Art. 8 Abs. 1 EMRK sogar geboten zu sein.[99]

---

[95] I. d. S. *Benicke* (op. cit. Fn 54) 107; *Dethloff* (op. cit. Fn. 54) 929; *Heiderhoff* (op. cit. Fn. 54) 525; *Henrich* (op. cit. Fn. 54), S. 1147. – Das Kollisionsrecht Deutschlands knüpft das Personalstatut des Kindes ganz allgemein an dessen gewöhnlichen Aufenthalt an; siehe Art. 19 Abs. 1 Satz 1 EGBGB: „Die Abstammung eines Kindes unterliegt dem Recht des Staates, in dem das Kind seinen gewöhnlichen Aufenthalt hat."

[96] Siehe etwa Art. 3 Abs. 1 lit. a) der Verordnung (EG) Nr. 2201/2003 des Rates vom 27.11.2003 über die Zuständigkeit und die Anerkennung und Vollstreckung von Entscheidungen in Ehesachen und in Verfahren betreffend die elterliche Verantwortung und zur Aufhebung der Verordnung (EG) Nr. 1347/2000 (Brüssel IIa-VO/EuEheVO), ABl. Nr. L 338 v. 23.12.2003, S. 1 ff.; Art. 4 Abs. 1 Rom I-VO; Art. 4 Abs. 2 Rom II-VO; vgl. *Siehr*, „Kindesentführung und EuEheVO", IPrax 2012, 316 (317).

[97] *Siehr*, ibid.; vgl. EuGH 22.12.2010, Rs. C-497/10 PPU, FamRZ 2011, 617 m. Anm. v. *Henrich*; BGH 9.2.2011, XII ZB 182/08, FamRZ 2011, 542 m. Anm. v. *Helms*.

[98] So im Ergebnis auch *Coester-Waltjen* (op. cit. Fn 42) 189; vgl. auch *Helms*, in: Dutta/Schwab/Henrich/Gottwald/Löhnig (Hrsg.) (op. cit. Fn. 20), S. 65 (Fn. 22).

[99] Siehe nochmals *Verschraegen* in: Rummel (Hrsg.), Kommentar zum ABGB³, 2004, § 21 IPRG Rn. 1.

e) Für eine Berücksichtigung des Rechts, in dem die Leihmutter das Kind zur Welt bringt – und in dem regelmäßig auch der Vertrag mit den Wunscheltern abgeschlossen wird –, spricht schließlich das Motiv, das den Gesetzgeber zur Anknüpfung an das Recht des Registerorts beim Tatbestand Eingehung einer eingetragenen Partnerschaft (§ 27a IPRG) bewogen hat. In den amtlichen Erläuterungen zu dieser Bestimmung heißt es:

> „Würde auch für die Begründung der eingetragenen Partnerschaft auf das Personalstatut der Partner verwiesen oder auf das Recht ihres gewöhnlichen Aufenthaltsorts, so wären in vielen Fällen in Österreich lebende ausländische Staatsangehörige oder im Ausland lebende Österreicher von der Begründung einer eingetragenen Partnerschaft ausgeschlossen, wenn das Recht des Personalstatuts oder des gewöhnlichen Aufenthalts eine eingetragene Partnerschaft nicht kennt."[100]

Auch die Berücksichtigung des in § 27a IPRG verankerten Rechtsgedankens, der den Grundsatz der stärksten Beziehung (§ 1 Abs. 1 IPRG) auf etwas andere Weise zum Ausdruck bringt als das Günstigkeitsprinzip oder die analoge Anwendung des § 9 Abs. 2 IPRG, entspricht eindeutig dem Wohl des Kindes: Nur die Sachrechtsnormen der „Angebotsrechtsordnung" erlauben es der Wunschmutter, das Kind als das ihre zu behalten.

5. Ich habe mich bislang noch nicht mit der Frage beschäftigt, wer (rechtlicher) Vater eines von einer ausländischen Leihmutter geborenen Kind ist. Die Klärung dieser Frage ist freilich recht einfach.

a) Liegt eine anerkennungsfähige ausländische Gerichtsentscheidung vor, die dem Wunschvater die Stellung als (rechtlicher) Vater zuweist, dann ist dieser Mann auch aus der Sicht der „Nachfragerechtsordnung" der Vater des von der ausländischen Leihmutter geborenen Kindes. Die beiden vom VfGH entschiedenen Fälle[101] legen nahe, dass dies regelmäßig der Partner der Wunschmutter sein wird.

b) Liegt hingegen keine (anerkennungsfähige) Gerichtsentscheidung vor, die dem Wunschvater die Stellung als (rechtlicher) Vater zuweist, dann muss mithilfe der Regeln des Kollisionsrechts des Forumstaates entschieden werden, ob der Wunschvater tatsächlich der (rechtliche) Vater des Kindes ist. Allerdings ist zu beachten, dass Männer nur deshalb Väter werden, weil sie zur Mutter des Kindes in einer bestimmten Beziehung stehen.[102] Zur Feststellung der Vaterschaft kann es in Leihmutterschaftsfällen daher erst kommen, nachdem ermittelt worden ist, ob das Kind der Leihmutter oder der genetischen Mutter zugeordnet ist: Ist die Wunschmutter rechtliche Mutter und mit dem Wunschvater verheiratet, kommt

---

[100] 485 BlgNR 24. GP, S. 17.

[101] Siehe nochmals VfGH 14.12.2011, B 13/11, VfSlg. 19.596/2011 = RdM 2012, 104 m. Anm. v. *Bernat* = StAZ 2013, 62 und VfGH 11.10.2012, B 99/12 ua, RdM 2013, 38 m. Anm. v. *Bernat* = NZ 2014, 288.

[102] *Dolgin*, Defining the Family: Law, Technology, and Reproduction in an Uneasy Age. New York: NYU Press 1997, S. 98, zit. nach *Storrow*, „Parenthood by pure intention: Assisted reproduction and the functional approach to parentage", Hastings L. J. 53 (2002) 597 (658).

§ 21 IPRG unmittelbar zur Anwendung, ist sie das nicht, § 25 IPRG.[103] Fragen der *analogen* Anwendung des § 21 IPRG stellen sich im gegebenen Zusammenhang also nicht.

## III.

Das österreichische internationale Zivilverfahrensrecht und das österreichische Kollisionsrecht stehen der Entfaltung des „Leihmutterschaftstourismus" wenig bis gar nicht entgegen. Diese Bestandsaufnahme ist, wie auch immer man zur Frage der Leihmutterschaft stehen mag, durchaus erfreulich. Sie verdankt sich nicht zuletzt einer verfassungskonformen Interpretation des österreichischen internationalen Abstammungsrechts: Sowohl die Basiswertung des Art. 8 Abs. 1 EMRK als auch der Grundsatz der Wahrung des Kindeswohls gebieten eine Interpretation dieser Rechtsmaterie, die es erlaubt, dem Interesse aller Beteiligten zu entsprechen, also die Wunscheltern auch aus der Sicht der österreichischen Rechtsordnung in elterliche Verantwortung zu nehmen.[104] Möglicherweise setzt diese Erkenntnis in absehbarer Zeit einen Neuorientierungsprozess in Gang, an dessen Ende die (wenigstens teilweise) Auflockerung des Verbots der Leihmutterschaft steht.[105] Daher möchte ich am Ende dieses Aufsatzes zwei Fragen diskutieren. *Erstens*: Ist die Leihmutterschaft aus moralischen Gründen tatsächlich verbotswürdig? *Und zweitens*: Lässt sich die Leihmutterschaft mit den Grundlagen des österreichischen Abstammungsrechts überhaupt in Einklang bringen?

1. Mit dem Verbot der Leihmutterschaft wollte der österreichische Gesetzgeber insbesondere „die drohende Belastung, Ausbeutung und Ausnützung der" Leihmutter unterbinden.[106]

a) Die Leihmutter willigt in einen – aus ihrer Sicht – fremdnützigen Eingriff ein, der zur Schwangerschaft und Geburt eines Kindes führen soll. Allerdings ist die freiwillige Übernahme der physischen Belastung und der Risiken, die mit der Schwangerschaft und der Geburt eines Kindes einhergehen, moralisch durchaus vertretbar. Diese Belastung und diese Risiken sind ja sozialadäquat – und daher können sie durch vertragliche Einigung von der genetischen Mutter auf die Leihmutter überwälzt werden. Der Fall ähnelt dem Fall der Organspende einer lebenden Person, die meist sogar zu einer bleibenden Gesundheitsbeeinträchti-

---

[103] Auf die Problematik des § 21 Satz 2 IPRG (verschiedenes Personalstatut der Ehegatten) wurde oben unter II. 4. b) hingewiesen; siehe nochmals *Lurger / Melcher* (op. cit. Fn. 44), S. 99; *Musil / Preuß* (op. cit. Fn. 92) 676 ff.; *Adensamer* (op. cit. Fn. 92), S. 1 ff.; *Bundesministerium für Justiz* (op. cit. Fn. 92) 59 f.

[104] Dies betonen auch nachdrücklich *Lurger / Melcher* (op. cit. Fn. 44), S. 102 f.

[105] Dazu sehr kritisch *Stormann*, in: Schwimann / Kodek (Hrsg.), ABGB Praxiskommentar, Ergänzungsband zu Bd. 1, 2013, § 143 Rn. 3.

[106] So die amtlichen Erläuterungen zur Regierungsvorlage des FMedG i.d. Stammfassung: 216 BlgNR 18. GP, S. 11.

gung auf Seite des Spenders führt, während Schwangerschaft und Geburt eines Kindes die Gesundheit der Gebärenden regelmäßig weit weniger beeinträchtigen.[107]

Mehr Gewicht hat indes das Argument, die Leihmutter müsse vor dem fremdnützigen Austragen des Kindes bewahrt werden, weil ihr die „Herausgabe" dieses Kindes an die Wunscheltern nicht zumutbar sei. Ist die Leihmutter de lege ferenda tatsächlich verpflichtet, das Kind an die genetischen Eltern „herauszugeben", dann mag es schon sein, dass sie ihr gegebenes Versprechen bereut und durch seine Erfüllung *psychisch* belastet wird. Allerdings ist zu bedenken, dass die Leihmutter im Fall von „full surrogacy" gar kein eigenes, sondern ein Kind der Wunscheltern austrägt. Die Trauer, die sich als Folge des „Verlusts" dieses Kindes einstellen mag, ist vergleichbar mit der Trauer über den „Verlust" eines Pflegekindes, das der leiblichen Mutter zurückgestellt wird. Im Gegensatz zu Frauen, die im Zeitpunkt der Geburt ihres Kindes die Wahl haben, ob sie es behalten oder zur Adoption freigeben wollen, hat die Leihmutter den genetischen Eltern schon vor Zeugung des Kindes versprochen, es ihnen nach der Geburt „herauszugeben". Aus moralischer Sicht ist es daher nicht geboten, die Leihmutterschaft zu verbieten, um die Leihmutter vor der Trauer über den „Verlust" des Kindes zu schützen.[108] In der weit überwiegenden Zahl aller Fälle wird es auch zu keinen traumatischen Reaktionen auf Seite der Leihmutter kommen.[109]

b) Gegen die Leihmutterschaft wird auch ins Treffen geführt, sie führe zu einer Ausbeutung von Frauen, die sich gegen Entgelt verpflichten, das Kind der Wunscheltern auszutragen und es ihnen nach der Geburt „herauszugeben". Häufig wird in der Diskussion der Begriff Ausbeutung vom Begriff Zwang nicht sonderlich genau unterschieden; nicht selten werden die beiden Begriffe so verwendet, als hätten sie die gleiche Bedeutung.

Dass die Leihmutter einem rechtlichen Zwang ausgesetzt ist, das Kind nach der Geburt seinen genetischen Eltern „herauszugeben", versteht sich von selbst, wenn die Leihmutterschaft legalisiert und von der in § 143 ABGB verankerten Regel („Mutter ist die Frau, die das Kind geboren hat") eine Ausnahme gemacht wird. In einem solchen Fall wäre das Kind ja unmittelbar nach der Geburt der Wunschmutter zugeordnet. Diese Zuordnung könnte freilich von der Einhaltung gewisser administrativ-prozeduraler Auflagen abhängig gemacht werden (etwa von der Errichtung eines Notariatsakts oder der gerichtlichen Genehmigung des Leihmutterschaftsvertrages).

---

[107] Paradigmatisch: die Nierenspende; vgl. § 8 des BG über die Transplantation von menschlichen Organen (Organtransplantationsgesetz – OTPG), BGBl. I 2012/108.

[108] Ebenso *Hill*, „What does it mean to be a ‚parent'? The claims of biology as the basis for parental rights", N. Y. U. L. Rev. 66 (1991) 353 (407 ff.).

[109] *Hill*, ibid., 406 (Fn. 284); *Parker*, „Surrogate motherhood, psychiatric screening and informed consent, baby selling and public policy", Bull. Am. Acad. Psychiatry & Law 12/1 (1984) 21 ff.

Führt ein solcher Zwang zur „Herausgabe" des Kindes notwendigerweise zur Ausbeutung der Leihmutter? Beurteilen wir folgendes Szenario: Lotte ist 28 Jahre alt und gehört jener Bevölkerungsgruppe an, die am wenigsten über Geld, Güter und Bildung verfügt. Sie hat lediglich einen Pflichtschulabschluss und arbeitet schon seit Längerem als Reinigungsfachfrau eines Unternehmers, der einen Busbahnhof betreibt. Ihr Arbeitgeber zahlt ihr einen Monatslohn i. d. H. von € 1200,–. Lena, Lottes 26-jährige Schwester, hat auch nur einen Pflichtschulabschluss. Sie ist alleinerziehende Mutter zweier Kinder. Ihre ersten beiden Schwangerschaften hat sie sehr genossen – und deshalb entscheidet sich Lena, als Leihmutter zu arbeiten. Für das Austragen und die Geburt eines Kindes, das genetisch von den Wunscheltern abstammt, werden ihr von einem Zentrum für Reproduktionsmedizin € 10.800,– angeboten. Der Lohn soll in monatlichen Raten i. d. H. von € 1200,– ausbezahlt werden. (Wir wollen annehmen, dass sowohl Lotte als auch Lena für die vertraglich geschuldete Arbeit einen angemessenen Lohn erhalten.) Lena weiß, bevor sie den Leihmutterschaftsvertrag unterzeichnet, dass sie das Kind nach dessen Geburt umgehend an die Wunscheltern „herausgeben" muss. – Das Reinigen von Busbahnhöfen ist sozial anerkannt, das Austragen und Gebären eines Kindes für Personen, die die genetischen Eltern des Kindes sind, hingegen nicht. Diese *Tatsache* liefert freilich nicht einmal einen schwachen Anhaltspunkt für eine unterschiedliche moralische Beurteilung der beiden Schwestern. Allein von einer Tatsache darf ja bekanntlich nicht auf ein Sollen geschlossen werden.

Manche Autoren bewerten die Dienstleistung einer Leihmutter als unmoralisch, weil durch diese Dienstleistung ein angeblich unveräußerlicher Teil der menschlichen Persönlichkeit vermarktet werde. Das Austragen und Gebären von Kindern für Wunscheltern sei, so wird behauptet, in jedem Fall „market inalienable", also unabhängig davon, ob die Dienstleistungen der Leihmutter gegen Entgelt oder unentgeltlich erbracht werden. Margaret Radin, eine amerikanische Rechtswissenschafterin, schreibt in einem oftmals rezipierten Aufsatz:

> „Universal commodification undermines personal identity by conceiving of personal attributes, relationships, and philosophical and moral commitments as monetizable and alienable from the self. A better view of personhood should understand many kinds of particulars – one's politics, work, religion, family, love, sexuality, friendships, altruism, experiences, wisdom, moral commitments, character, and personal attributes – as integral to the self. To understand any of these as monetizable or completely detachable from the person – to think, for example, that the value of one person's moral commitments is commensurate or fungible with those of another, or that the ‚same' person remains when her moral commitments are subtracted – is to do violence to our deepest understanding of what it is to be human."[110]

Es stellt sich indes die Frage, ob wir auf ein Prinzip zurückgreifen können, das uns angibt, welche menschlichen Eigenschaften vermarktet werden dürfen – und welche nicht. Weder Radin noch sonst jemandem ist es bislang gelungen, die Gel-

---

[110] *Radin*, „Market-Inalienability", Harvard L. Rev. 100 (1987) 1849 (1905 f.).

tung eines solchen Prinzips mit Argumenten unter Beweis zu stellen, die universell gültig sind. Dass es sogar, wie Radin meint, unzulässig sein soll, „personal attributes" zu vermarkten, ist freilich gänzlich kontraintuitiv, weil menschliche Qualitätsmerkmale seit jeher in commercio stehen. Ja, immer dann, wenn ein Arbeitsvertrag, ein freier Dienstvertrag oder ein Werkvertrag abgeschlossen wird, geschieht dies aufgrund menschlicher Qualitätsmerkmale. Und diese Merkmale sind sehr vielfältig: das äußere Erscheinungsbild, das dem Model zum Auftrag verhilft, die Fähigkeit des Künstlers, die Künste zu entwickeln und zu erschließen, Intelligenz, Geschicklichkeit – und vieles anderes mehr. Warum soll die Fähigkeit, einen Busbahnhof zu reinigen, nicht aber die Fähigkeit, ein (genetisch fremdes) Kind auszutragen und zu gebären, kommerzialisiert werden dürfen?[111] Ja, wenn schon die Vermarktung des Körpers der Prostituierten nicht nur gebilligt,[112] sondern deutlich anerkannt[113] wird, dann sollte es Frauen nicht a priori verboten sein, ihre Gebärfähigkeit in den Dienst von Personen zu stellen, die sich nicht auf „natürliche Weise" fortpflanzen können.[114]

c) Einige europäische Staaten haben bis dato das Verbot der Leihmutterschaft tatsächlich schon gelockert oder ganz beseitigt. Dazu zählen Griechenland, die Ukraine, England und Wales.[115] Soweit ich richtig sehe, wird allerdings das von der

---

[111] Vgl. zur Frage der Kommerzialisierbarkeit menschlicher Organe *Bernat*, Marketing of human organs? in: Mazzoni (Hrsg.), A Legal Framework for Bioethics, The Hague: Kluwer Law International 1998, S. 161 ff.

[112] Siehe OGH 18.4.2012, 3 Ob 45/12g, JBl. 2012, 450 = RZ 2012, 208 m. Anm. v. *Gröger*: „Berücksichtigt man […], dass die Prostitution in Österreich nicht nur nicht verboten ist, sondern landesgesetzliche Vorschriften eingehend die Rahmenbedingungen für die Ausübung der Prostitution und des Bordellbetriebs regeln, lassen sich aus dem geltenden Recht keine Rückschlüsse auf für das Sittenwidrigkeitsurteil gemäß § 879 Abs. 1 ABGB maßgebliche Moralvorstellungen ziehen." Zustimmend *Schoditsch*, „Zivilrecht und Prostitutionsverhältnisse. Handlungsbedarf für den Gesetzgeber?", ÖJZ 2013, 53 ff.; *Klausberger*, „Contra bonos mores? Zur Sittenwidrigkeit sexueller Handlungen gegen Entgelt", NZ 2014, 400 ff.; vgl. schon *Weitzenböck*, „Die geschlechtliche Hingabe gegen Entgelt", JAP 1990/91, 14 ff.

[113] Siehe § 1 Satz 1 deutsches ProstG: „Sind sexuelle Handlungen gegen ein vorher vereinbartes Entgelt vorgenommen worden, so begründet diese Vereinbarung eine rechtswirksame Forderung."

[114] So schon *Fechner*, „Nachträge zu einer Abhandlung über Menschenwürde und generative Forschung und Technik", in: Günther/Keller (Hrsg.), Fortpflanzungsmedizin und Humangenetik – Strafrechtliche Schranken?, Tübingen: J.C.B. Mohr (Paul Siebeck) 1987, S. 37 (55): „Wenn die Prostitution rechtlich toleriert und fiskalisch besteuert wird, kann die Austragung eines Kindes für andere nicht wegen Sittenwidrigkeit einem Verbot anheimfallen. Prostitution ist eine primitive Form der Triebbefriedigung in Gestalt des Objektgebrauchs von Frauen. Leihmutterschaft ist Dienst an werdendem Leben, an den zukünftigen Eltern und an der Allgemeinheit."

[115] Siehe *Zervogianni*, in: Dutta/Schwab/Henrich/Gottwald/Löhnig (Hrsg.) (op. cit. Fn. 20), S. 216 ff.; *Druzenko*, „Ukraine", in: Trimmings/Beaumont (Hrsg.) (op. cit. Fn. 20), S. 357 ff.; *Scherpe*, „Künstliche Fortpflanzung im Recht von England und Wales", in: Dutta/Schwab/Henrich/Gottwald/Löhnig (Hrsg.) (op. cit. Fn. 20), S. 313 ff. In den Niederlanden und in Belgien wird Leihmutterschaft zwar stillschweigend geduldet, aber nicht eigenständig geregelt; siehe *Reuß*, „Künstliche Fortpflanzung im niederländischen Recht", in: Dutta/

Leihmutter ausgetragene Kind nur im griechischen und im ukrainischen Recht unmittelbar nach seiner Geburt den Wunscheltern zugeordnet, während die Wunscheltern in England und Wales für den Erwerb der Elternstellung nach der Geburt des Kindes eine sog. „parental order" benötigen, deren Erteilung eine Art abgekürztes Adoptionsverfahren vorausgeht.[116] Durch diese Reformschritte könnten auch in anderen Ländern legislatorische Entwicklungen in Gang gesetzt werden, die zu einer globalen Neuorientierung im Abstammungsrecht führen.

2. Lässt sich eine Regelung, die das von der Leihmutter ausgetragene Kind den Wunscheltern schon unmittelbar nach seiner Geburt zuordnet, zumindest dann mit den Grundlagen des österreichischen Abstammungsrechts in Einklang bringen, wenn nicht die Leihmutter, sondern die Wunschmutter genetische Mutter des Kindes ist?

Der abstammungsrechtliche Status einer Person wird im österreichischen Recht durch Regeln bestimmt, die der Disposition der Beteiligten grundsätzlich entzogen sind. Der in § 143 ABGB verankerte Rechtssatz macht das mehr als deutlich: „Mutter ist die Frau, die das Kind geboren hat." Allerdings finden sich im österreichischen Abstammungsrecht auch Regeln, die es Männern freistellen, sich durch bloßen Willensakt an ein nicht von ihnen gezeugtes Kind zu binden. In diesen Fällen wird ein Auseinanderfallen von Zeugung und rechtlicher Zuordnung vom Gesetzgeber ganz bewusst in Kauf genommen, wenn nicht gar gefördert: Gibt ein Mann wissentlich ein falsches Vaterschaftsanerkenntnis ab, kann er die statusrechtliche Bindung zwischen sich und dem Kind nicht mehr beseitigen.[117] Das gleiche gilt, wenn ein Kind in eine Ehe hineingeboren wird und der Muttergatte, der kraft einer Vermutungsregel als sein Vater gilt,[118] die Frist zur Anfechtung der Vaterschaft verstreichen lässt, obwohl er weiß oder wissen musste, dass er das Kind nicht gezeugt haben konnte.[119] Schließlich führt auch die Adoption des Kindes zur Vaterschaft durch bloßen Willensakt.[120] In all diesen Fällen ist nicht die Zeugung, sondern der Wille das konstitutive Element für das Entstehen einer familienrechtlichen Bindung.

---

Schwab/Henrich/Gottwald/Löhnig (Hrsg.) (op. cit. Fn. 20), S. 135; *Pintens*, „Künstliche Fortpflanzung im belgischen und französischen Recht", in: Dutta/Schwab/Henrich/Gottwald/Löhnig (Hrsg.) (op. cit. Fn. 20), S. 121 f.

[116] *Scherpe*, ibid., S. 315 ff.

[117] § 154 Abs. 1 Ziff. 3 lit. b) ABGB e contrario.

[118] § 144 Abs. 1 Ziff. 1 ABGB.

[119] § 153 ABGB.

[120] Darauf, dass der Grundsatz der biologischen Abstammung im Kindschaftsrecht nicht lückenlos verwirklicht ist, wird in der Literatur häufig hingewiesen; siehe nur *Coester-Waltjen*, „Die Vaterschaft für ein durch künstliche Insemination gezeugtes Kind", NJW 1983, 2059 f.; *Ranner/Bernat*, „Heterologe Insemination und Zivilrecht", ÖÄZ 39 (1984) 1345 ff.; *Storrow* (op. cit. Fn. 102) 597 ff.; *Hill* (op. cit. Fn. 108) 353 ff.; *Shultz*, „Reproductive technology and intent-based parenthood: An opportunity for gender neutrality", Wisconsin L. Rev. 1990, 297 ff.; *Garrison*, „Law making for baby making: An interpretive approach to the determination of legal parentage", Harvard L. Rev. 113 (2000) 835 ff.

Das österreichische FMedG hat das Recht eines Mannes, Vater allein durch Willensakt zu werden, sogar noch erweitert. Stimmt ein Mann der künstlichen Befruchtung seiner nichtehelichen Lebensgefährtin mit Samen eines Dritten in Form eines Notariatsaktes zu, so verdrängt er den Samenspender und wird von Gesetzes wegen so gestellt, als hätte er das Kind gezeugt (§ 148 Abs. 3 ABGB).[121] Diese Regelung sorgt dafür, dass sich der Lebensgefährte der Mutter nach der Geburt des Kindes nicht mehr aus seiner familienrechtlichen Verantwortung stehlen kann. Weigert er sich, ein Vaterschaftsanerkenntnis abzugeben, so kann er auf Antrag des Kindes (§ 148 Abs. 1 Satz 2 ABGB) im Außerstreitverfahren als Vater festgestellt werden.[122]

Die Wertung, die § 148 Abs. 3 ABGB zum Ausdruck bringt, sollte die Richtschnur für eine Korrektur des § 143 ABGB im Fall von Leihmutterschaft sein. Der folgende Größenschluss liegt wohl auf der Hand: Wenn es der Gesetzgeber einem Mann, der das Kind gar nicht gezeugt hat, ermöglicht, die Vaterschaft durch bloßen Willensakt zu erlangen, dann erscheint es im Fall von Leihmutterschaft naheliegend, dass die Wunschmutter, von der das Kind abstammt, rechtlich so gestellt wird, als hätte sie das Kind ausgetragen und geboren. Orientiert sich der Gesetzgeber an der Wertung des § 148 Abs. 3 ABGB, dann wird er die abstammungsrechtliche Korrektur des § 143 ABGB freilich mit der Einhaltung einer besonderen Form (bspw. mit der Errichtung des Leihmutterschaftsvertrages in Form eines Notariatsaktes) bzw. mit der Durchführung eines besonderen Verfahrens (bspw. mit der Durchführung eines Außerstreitverfahrens zur Genehmigung des Leihmutterschaftsvertrages) verknüpfen: Die Wunschmutter, von der das Kind abstammt, erlangt die rechtliche Stellung als Mutter nur dann, wenn eine besondere Form eingehalten oder ein besonderes Verfahren durchgeführt worden ist. Die rechtliche Stellung der Leihmutter wäre jener des Samenspenders anzupassen: Samenspender können nicht als Vater der mit ihrem Samen gezeugten Kinder festgestellt werden (§ 148 Abs. 4 ABGB). Allerdings hat das Kind ab vollendetem 14. Lebensjahr das gegen die Krankenanstalt gerichtete Recht, Auskunft über die Personalien des Spenders zu erhalten, so dass es mit diesem Mann in persönlichen Kontakt treten kann (§ 20 Abs. 2 FMedG).[123] Abstammungsrechtlich bleibt

---

[121] Einlässlich dazu *Bernat*, „Das Fortpflanzungsmedizingesetz: Neue Aufgaben für das Notariat", NZ 1992, 244 (245); *Schwimann* (op. cit. Fn. 3) 180; *Pichler*, „Probleme der medizinisch assistierten Fortpflanzung", ÖA 1993, 53 (54).

[122] Siehe §§ 81 ff. AußStrG; Einzelheiten bei *Bernat*, „Das österreichische Abstammungsrecht im Kontext der medizinisch unterstützten Fortpflanzung. Eine Bestandsaufnahme nach Inkrafttreten des Fortpflanzungsmedizinrechts-Änderungsgesetzes 2015", in: Coester-Waltjen/Lipp/Schumann/Veit (Hrsg.), „Kinderwunschmedizin" – Reformbedarf im Abstammungsrecht? 13. Göttinger Workshop zum Familienrecht 2014, Göttingen: Universitätsverlag Göttingen 2015, S. 65 (76 f.).

[123] Dazu einlässlich *Husslein/Bernat*, „Das durch Samenspende gezeugte Kind und die ärztliche Verschwiegenheitspflicht", RdM 2014, 329 ff.; *T. Maier*, „Samenspende: Das Recht des Kindes auf Kenntnis seiner Abstammung", EF-Z 2014, 52 ff.; *Bernat*, „Der anonyme Vater im System der Fortpflanzungsmedizin: Vorfindliches, Rechtsethik und Gesetzgebung", in: Bernat

das Kind freilich ein für alle Mal jenem Mann zugeordnet, der der künstlichen Befruchtung mit Spendersamen in Form eines Notariatsaktes zugestimmt hat. Daraus kann man ableiten: Abstammungsrechtlich ist die Leihmutter dem Kind gegenüber eine Fremde. Ob das Kind berechtigt sein soll, in Erfahrung zu bringen, wer die Frau ist, die es ausgetragen und geboren hat, erscheint indes zweifelhaft, weil die Leihmutter mit dem Kind der Wunschmutter im Fall von „full surrogacy" genetisch ja nicht verwandt ist.

Da das österreichische Recht die Zeugung mit Samen eines Dritten zulässt, ohne dass der künstlichen Befruchtung eine Prüfung vorangehen muss, ob „das angestrebte Kind in guten Verhältnissen aufwachsen wird",[124] sollte eine entsprechende Prüfung auch nicht vor Abschluss des Leihmutterschaftsvertrages angeordnet werden. Allein der Umstand, dass „künstlich" gezeugte Kinder *Wunschkinder* sind, lässt vermuten, dass die Gesellschaft keinen Anlass hat, sich um deren Wohlergehen besonders zu sorgen. Eine Langzeitstudie, die im Vereinigten Königreich durchgeführt worden ist, bestätigt diese Vermutung.[125] Die Autoren dieser Studie haben das Leben der unterschiedlichsten Wunschkind-Familien verglichen: Familien mit Kindern, die ihr Leben einer Eizellspende verdanken; Familien mit Kindern, die von einer Leihmutter geboren worden sind; und schließlich Familien mit Kindern, die ohne Beteiligung der Reproduktionsmedizin – „ganz natürlich" – gezeugt worden sind. Das Ergebnis zu dem diese Studie kam, ist im Lichte individualpsychologischer Erkenntnisse wenig überraschend:

> „Research on these families suggests that concerns about adverse outcomes for parenting and child development are largely unfounded. Although less is known about nontraditional families formed through reproductive donation than about traditional families, these new family types likely are not at risk for parenting or child-adjustment problems. Overall, findings suggest that the absence of a genetic or gestational connection between parents and children does not have an adverse effect on the quality of parent-child relationships or children's adjustment."[126]

Nachdem der Gesetzgeber im Jahre 1992 die In-vitro-Fertilisation mithilfe gespendeter Ei- und Samenzellen verboten hatte, vergingen mehr als zwei Jahrzehn-

---

(Hrsg.), Die Reproduktionsmedizin am Prüfstand von Recht und Ethik, Wien: Manz 2000, S. 161 ff.

[124] So für den Fall einer Zeugung mit Spendersamen § 3 des schwedischen Gesetzes über Insemination, SFS 1984: 1140; Abdruck einer deutschen Übersetzung bei *Bernat* (Hrsg.), Lebensbeginn durch Menschenhand. Probleme künstlicher Befruchtungstechnologien aus medizinischer, ethischer und juristischer Sicht, Graz: Leykam 1985, S. 250 f.

[125] *Golombok/Readings/Blake/Casey/Marks/Jadva*, „Families created through surrogacy: Mother-child relationships and children's psychological adjustment at age 7", Developmental Psychology 47 (2011) 1579 ff.

[126] *Golombok*, „Families created by reproductive donation: Issues and research", Child Development Perspectives 7 (2013) 61; siehe schon *Somerville*, „Birth technology, parenting and ‚deviance'", Int'l J. of Law & Psychiatry 5 (1982) 123 (153): „We need to carefully analyze what we are doing and why before we deny or regulate claims of persons we label as ‚deviant' either to reproduce children or to have the custody of or access to children."

te, bis es zur Beseitigung dieser Verbote durch das FMedRÄG 2015 kam.[127] Es steht zu hoffen, dass die in Österreich politisch Verantwortlichen in absehbarer Zeit den nächsten Schritt setzen und das Verbot der Leihmutterschaft ernsthaft überdenken.[128]

## Summary

The practice of surrogacy is proscribed by law in Austria as well as in the majority of all European countries. This is why an unknown number of Austrian couples who, due to infertility, cannot become parents by natural means, travel to a country whose jurisdiction allows or tolerates this practice. There, the surrogate brings the baby (who is conceived in vitro with the gametes of the commissioning couple) to term and relinquishes him after delivery to his genetic parents ("full surrogacy"). After the couple and its newborn have returned to their home country, the question arises, however, whether the decision of the foreign legal system (assigning parentage to the commissioning couple) is recognized by the couple's law of domicile. The author explains the problems that arise from "surrogacy tourism" in the context of Austria's legal system. Two relevant cases have already been decided by the Austrian Constitutional Court in 2011 and 2012. This court is of the opinion that surrogacy, although banned by Austria's Act on Reproductive Medicine (1992), does not violate Austria's *ordre public*. Therefore, judgments that are issued by a foreign judge – holding that the child is legally a child of the commissioning couple – must be recognized in Austria under specific conditions. The author appreciates these judicial developments and is of the opinion that they may well serve as an argument favoring a liberalization of Austria's substantive law on surrogacy.

---

[127] Siehe *Bernat* (op. cit. Fn. 8) 45 ff.; *Eder-Rieder* (op. cit. Fn. 8) 127 ff.; *Ferrari* (op. cit. Fn. 8), S. 181 ff.; *Barth/Erlebach* (Hrsg.), Handbuch des neuen Fortpflanzungsmedizinrechts, Wien: Linde 2015; *Mayrhofer*, in: Neumayr/Resch/Wallner (Hrsg.), Gmundner Kommentar zum Gesundheitsrecht, Wien: Manz 2016, § 3 FMedG Rn. 2 ff.

[128] In der Tendenz ähnlich für deutsches Recht *Gassner/Kersten/Krüger/Lindner/Rosenau/Schroth*, Fortpflanzungsmedizingesetz. Augsburg-Münchener-Entwurf (AME-FMedG), Tübingen: J.C.B. Mohr (Paul Siebeck) 2013, S. 61 ff.; *Müller-Terpitz*, „ESchG 2.0" – Plädoyer für eine partielle Reform des Embryonenschutzgesetzes, ZRP 2016, 51 (54); siehe auch *Funcke*, Leihmutterschaftsfamilien. Rechtsbeschlüsse und soziale Praktiken, NZFam 2016, 207 ff.

# The Development of Non-Invasive Prenatal Testing: Some Legal and Ethical Questions

Roger Brownsword* and Jeff Wale**

## I. Introduction

Early in 2016, following a successful trial led by Professor Lyn Chitty at Great Ormond Street Hospital,[1] the UK National Screening Committee announced that it would recommend the cautious piloting of non-invasive prenatal testing (NIPT) within the existing screening pathway for Down syndrome.[2] So long as NIPT is used only as an additional test for the trisomies within an existing screening pathway, the procedure (and return of results) is, if not entirely unproblematic, at least relatively uncontroversial.[3] Indeed, if NIPT lives up to its promise, reducing the number of more invasive tests and, with that, the number of babies lost during pregnancy, many will see it as a positive development.

However, in principle, NIPT might be used to provide extensive genetic information about the fetus,[4] as well as about the mother's own health status.[5] Already,

---

\* King's College London and Bournemouth University. Roger Brownsword, who is a member of the UK National Screening Committee, wishes to make it clear that the views expressed in this paper in no sense represent the views of the Committee.

\*\* Bournemouth University.

[1] http://www.rapid.nhs.uk/about-rapid/evaluation-study-nipt-for-down-syndrome/.

[2] See *J. Gallagher*, 'Safer Down's test backed for NHS use' (http://www.bbc.co.uk/news/health-35311578).

[3] In the UK, cell-free fetal DNA testing has been available as a service to hospital trusts since 2001 to determine fetal RhD status in high risk sensitised women, and the test is also available in some NHS hospitals for fetal sex determination where there is clinical justification: see *Caroline Wright*, Cell-free fetal nucleic acids for non-invasive prenatal diagnosis: report of the UK expert group (Executive Summary), Cambridge, PHG Foundation, 2009, available at: http://www.phgfoundation.org/download/ffdna/ffDNA_report_executivesummary.pdf. For recent Prime Ministerial comment on the implementation of NIPT see http://jerseyeveningpost.com/news/uk-news/2016/05/04/dna-test-for-downs-syndrome-must-be-done-in-the-right-way-says-david-cameron/ (last accessed May 9, 2016).

[4] For example, Sequenom's MaterniT 21 PLUS 'can tell you if you are having a boy or a girl, and screens for both common and rare chromosomal abnormalities. The test screens for trisomy 21 (Down syndrome), trisomy 18 (Edwards syndrome), trisomy 13 (Patau syndrome), and many others that can affect your baby's health': see https://sequenom.com/tests/reproductive-health/maternit21-plus#patient-overview (last accessed April 25, 2016).

the[5] prospect of such a test exacerbates concerns about the 'medicalisation' of pregnancy, the 'commodification' of life, the 'trivialisation' of decisions about abortion, the 'routinisation' of prenatal testing, and the 'stigmatisation of disability'; and, as NIPT is rolled out, it will surely provoke a new round of questions relating to what a pregnant woman has a right to know, or not to know.[6]

Since the benefits of NIPT cannot be realised without returning the primary results of the test to the mother (so that, if the result is negative, she can decide not to proceed with an amniocentesis test or with chorionic villus sampling), the woman's right to know is likely to be contested only in relation to secondary or incidental findings.[7] On the other hand, the right not to know might be an issue for all results – and this is likely to become more contentious as genetic information is widely relied on in health care and freely circulated in clinics and hospitals. In that context, it should not be assumed that those women who really do not wish to know will be recognised as having a protective right.

Our paper is in four principal parts. In the first part, the general plausibility of a claimed right to know and right not to know is considered; in the second, with a view to developing an improved understanding of these rights, a number of responses and counter-responses to those who advance such claims are explored; in the third, the possible relevance to these issues of recent medical law jurisprudence in the United Kingdom – particularly, the landmark decision of the UK Supreme Court in *Montgomery v Lanarkshire Health Board*[8] – is assessed; and, in the fourth, we consider how far a 'right to know' might be constrained by a 'lawful and proper purpose' proviso.

## II. The Plausibility of a Claimed Right to Know and Right not to Know

With rapid developments in human genetics, while some humans might wish to know more about their own genetic profile, other humans might prefer not to inquire and not to be told.[9] Before long, advocates for those who so wish and for those who so prefer press for recognition of respectively 'a right to know' and 'a right not to know'. No doubt, asserting these interests in knowing and not knowing as 'rights' can make good political sense.[10] However, some might question the plausibility of these claims.

---

[5] See, *K. Oswald*, 'Prenatal blood test detects cancer in mothers-to-be', (2015) Bionews 739 at http://www.bionews.org.uk/page_503998.asp.

[6] Generally, see *R. Chadwick*, *M. Levitt*, and *D. Shickle* (eds), The Right to Know and the Right Not to Know, Cambridge, Cambridge University Press, 2014.

[7] There might also be questions about the use of public funds for such purposes; but, for the purposes of our discussion, we can assume that the introduction of NIPT within the existing screening pathway will be cost-neutral.

[8] [2015] UKSC 11.

[9] For an early appreciation of the issues arising from these developments and differences, see *Nuffield Council on Bioethics*, Genetic Screening: Ethical Issues, London, 1993.

## 1. The Plausibility of the Claimed Rights: in General and in Particular Circumstances

On the face of it, the proposition that there is a *general* 'right to know' as well as a 'right not to know' seems both vague and implausible. Simply because A would like to know something about B (e. g., about B's genetic profile) it surely does not follow (absent special circumstances) that A has a claim-right against B, or against others who have the information in question, that the information should be disclosed. After all, the whole point of recognising a right to informational privacy and confidentiality is to *deny* that there is a general right to know. Similarly, simply because A would prefer *not* to know something about B, it surely does not follow (absent special circumstances) that A has a claim-right against B, or against others, that they should not disclose the information to A.

If we concede that there is no *general* right to know, we might nevertheless argue that, in some particular contexts (such as insurance and employment) or special circumstances (such as B making the equivalent of an easy rescue by passing on potentially life-saving information to A[11]), there is a reasonable expectation that certain information will be disclosed (and, thus, a prima facie right to know). Similarly, we might argue that there are some special circumstances (for example, where A does not want to know about a close relative's genetic profile because this information might have implications for A's health and well-being) where there is a reasonable expectation that certain information will not be disclosed to us (and, thus, a prima facie right not to know).

With regard to the use of NIPT, the fact that the context is medical and that the test is genetic might seem to be less important than the fact that the woman's claimed rights relate to her 'personal' information. This is not a case of A seeking information about B or, conversely, resisting the disclosure of information about B; the information in respect of which A claims a right to know, or not to know, is about herself or her baby. If anyone has a right to know, or not to know, about herself or her baby, it is surely A.[12]

While it might be accepted that A has a plausible right to know, or not to know, in relation to information that is 'personal' (in the sense of being information about A) – possibly, with the rider that the information should be non-trivial, or that having or not having the information might impact negatively on A's physical or psy-

---

[10] For an important discussion, see *Stuart A. Scheingold*, The Politics of Rights: Lawyers, Public Policy, and Political Change, Ann Arbor, University of Michigan Press, 1974.

[11] In the context of biobanking, see *Deryck Beyleveld* and *Roger Brownsword*, 'Research Participants and the Right to be Informed', in Pamela R. Ferguson and Graeme T. Laurie (eds), Inspiring a Medico-Legal Revolution (Essays in Honour of Sheila McLean), Farnham, Ashgate, 2015, 173.

[12] Arguably, in relation to the health status of the baby, the father, too, has strong claims to know, or not to know; but, in the event of a conflict between the mother and the father (one wanting to know, the other not wanting to know), we might expect the mother's interests to prevail.

chological well-being – there is a tricky question about whether A's rights extend to information about her baby. For the purposes of settling the scope of A's rights, should we treat information about A's baby as equivalent to information about A?

## 2. Is the Mother to be Identified with her Baby?

If A is to be identified with her baby, then information about A's baby seems to fall within the scope of A's personal information; information about A's baby is information about A. However, is a mother to be so identified with her baby?

Characteristically, from the perspective of a rights-ethic, a human fetus is not yet a direct holder of rights (any protection that it enjoys is indirect or 'precautionary'); and this view is strongly supported by the jurisprudence of the European Court of Human Rights.[13] It might also be thought to be relevant that, because the use of NIPT becomes feasible towards the end of the first trimester of the pregnancy, the information that it yields comes at a time when the baby is not independently viable and when, where legal systems permit abortions, a woman's right to terminate her pregnancy is likely to be least constrained. On the other hand, rival ethics, such as those espoused by utilitarians and duty-based dignitarians will regard a 12–13 week fetus as having directly protected interests[14]; and, in *Attorney General's Reference No 3 of 1994*[15], while the Court of Appeal ruled that, prior to birth, the fetus should be 'viewed as an integral part of the mother'[16], the House of Lords disagreed, saying that, as between a mother and her 22–24 week old fetus, 'the relationship was one of bond, not identity. The mother and the foetus were two distinct organisms living symbiotically, not a single organism with two aspects.'[17] What should we make of these different views?

Arguably, the key to this is that, so long as the mother is recognised as having a right to terminate her pregnancy, and so long as the NIPT results are relevant to her decision, she has the right to know about the status of her baby. Even if the baby is not integral to the mother, even if information about the baby is not the same as information about the mother, it would be incongruous to recognise the mother's right to terminate but to deny her access to information that is relevant to that decision.

Turning to the mother's right *not* to know, how should we view such a claim where the information concerns, not herself as such, but her baby? The context here

---

[13] *Vo v France* (Application no. 53924/00) (Grand Chamber, July 8, 2004); *Evans v United Kingdom* (Application no. 6339/05) (Grand Chamber, April 10, 2007).

[14] See, e.g., *Roger Brownsword*, 'Bioethics Today, Bioethics Tomorrow: Stem Cell Research and the "Dignitarian Alliance"' (2003) 17 University of Notre Dame Journal of Law, Ethics and Public Policy 15; and Rights, Regulation and the Technological Revolution, Oxford, Oxford University Press, 2008, Ch. 2.

[15] [1996] QB 581 (CA); [1997] 3 All ER 936 (HL).

[16] [1996] QB 581, 598.

[17] [1997] 3 All ER 936, at 943d (per Lord Mustill).

is likely to be somewhat different to that assumed above. One possibility is that this is a special case where the mother claims the right not to know about her baby's status (e.g., whether the baby has the markers for Huntington's Disease) because she does not wish to know about her own status.[18] Here, the fact that the baby might be characterised as a distinct organism does not weaken the mother's interest in not knowing. The circumstances, however, might be otherwise; possibly, this is a mother who does not wish to know because, quite simply, she has decided to continue with the pregnancy regardless of the test results. If this is so, the resistance to the mother's claim might not be so much that, at the time of the NIPT, the baby is already a distinct organism but that, once born, he or she might have expensive health care needs. If the family will cover the costs, that might be fine; but, if not, some might object that the mother's right not to know comes at too high a public price.

### 3. Another Way of Formulating the Mother's Right to Know

There is one other thought: perhaps the mother's claimed rights should not be formulated in terms of her 'personal' information but, rather, in terms of information that she reasonably needs to have, or not to have, for the sake of her physical or psychological well-being. In other words, the rights protect the mother's interest in her physical or psychological well-being rather than relating to some kind of informational proprietary interest. The logic of this is that, even if it is conceded that information about the baby is information about another, or about someone other than the mother, this is irrelevant because the mother's rights rest on her own physical and psychological well-being. Given the connection, biologically and emotionally, between a mother and her 12–13 week baby, it is plausible to think that the mother has a reasonable expectation that she should be permitted to know, or not to know, about the NIPT results as they relate to her baby and, in consequence, as they directly and intimately concern her own well-being.

Already, in trying to assess the relevance of the baby's distinct identity relative to the mother, we are getting ahead of ourselves. At this stage, it is enough to say that, while a general right to know or a general right not to know is implausible, there are reasons for thinking that, in the context of pregnancy screening, the claimed rights have a sufficient plausibility to put the burden on to those who would deny them.

---

[18] However, we note that it might be possible, if not necessarily straightforward, to inform the mother about the baby's status without also informing her about her own status: see *Deryck Beyleveld, Oliver Quarrell*, and *Stuart Toddington*, 'Generic Consistency in the Reproductive Enterprise: Ethical and Legal Implications of Exclusion Testing for Huntington's Disease' (1998) 2 Medical Law International 135.

## III. Responding to A's Claimed Right to Know and Right Not to Know

Let us suppose that, in the context of the use of NIPT, A (a pregnant woman) claims a right to know, or not to know, against B (the screener). While, as we have seen already, the precise scope of each claimed right is somewhat unclear, this is just one of a number of potentially contentious points. In principle, there are a number of responses open to B and counter-responses open to A. We can sketch five such exchanges between B and A.

### 1. NIPT and Pregnancy Screening is a Rights-Free Zone

B might assert that public screening programmes are rights-free zones. This is not to suggest that screeners have no ethical commitments; B simply denies that 'respecting the rights of others' is the relevant test of doing the right thing. Rather, the justification for proposed public health interventions or practices is that they promise to promote the general utility; and, in clinical settings, medical professionals strive to avoid doing any harm as well as trying to do some good for patients. In response, there are many things that A might say. However, perhaps it suffices to point out that, so long as the practice is to 'invite' individuals to be screened, the clear implication is that individuals have a prior *right* not to be screened. It follows that, if the default position in relation to current practice is that individuals have a right not to be conscripted, then this undermines any claim that screening is a rights-free zone.

### 2. The Particular Rights are not Recognised

Even if it is conceded that pregnant women who are screened have some rights, B might object that the claimed rights are simply not recognised.

In response A might look for international legal support. For example, A might point to Article 10.2 of the Convention on Human Rights and Biomedicine (according to which 'Everyone is entitled to know any information collected about his or her health'; and, moreover, 'the wishes of individuals not to be so informed shall be observed') as well as Article 5(c) of the UNESCO Declaration on the Human Genome (which endorses the 'right of every individual to decide whether or not to be informed of the results of genetic examination and the resulting consequences'). However, the United Kingdom has not signed up to the former Convention which, in any event, leaves it unclear whether fetal data (obtained from the maternal blood) falls within the ambit of 'his or her health'; and the latter Declaration, while not to be ignored, is largely symbolic and aspirational and, arguably, something of an ethical cocktail, mixing liberal rights with rather conservative dignitarian ideas.[19]

---

[19] For the latter, see e.g., Article 4 (no financial gain to be made from the human genome in its natural state) and Article 11 (prohibiting practices, such as human reproduc-

A might also appeal to the jurisprudence of the domestic common law. What the case-law indicates is that, if the screeners have voluntarily assumed a responsibility for the return (or the non-return) of NIPT results, or if this is settled custom and practice, A's claim should be reasonably straightforward. However, absent such evidence, the critical legal question seems to be whether it would be 'fair, just, and reasonable' to place screeners under the claimed duties – apparently, restating the original question of whether the claimant's expectation is a reasonable one. Whether or not the decision of the UK Supreme Court in *Montgomery v Lanarkshire Health Board* might impact on this is a matter to which we will return later in the paper.

More ambitiously, A might argue that the claimed rights are immanent within our existing understanding of such concepts as agency, property, and privacy (and our understanding of their associated rights). For example, A might argue that we already presuppose that each agent has a critical interest in the free construction of his or her personality.[20] In an age of burgeoning genetic information, some agents, preferring to be aware of risks and to manage them, will want to know as much as they can about the details of their genetic profile; but others will prefer not to anticipate their futures and to cross whatever bridges have to be crossed as and when they meet them. While the former will claim a right to know, the latter will insist on a right not to know.

A might also plead both property and the protean concept of privacy in support of the claimed rights.[21] For example, A might argue that she has proprietary rights in relation to the blood used for the NIPT – a controversial claim to be sure[22] – which then reaches through to the information derived from the test. Or, if we treat privacy as a right to maintain a state of psychological separateness, or a right not to be subject to unwilled 'intrusions', or as a right to be let alone, any one of these versions seems to support the idea that, via the right not to know, A should be enti-

---

tive cloning, that are contrary to human dignity). Generally, see *Deryck Beyleveld* and *Roger Brownsword*, Human Dignity in Bioethics and Biolaw, Oxford, Oxford University Press, 2001, and *Roger Brownsword*, 'Human Dignity from a Legal Perspective' in M. Duwell, J. Braavig, R. Brownsword, and D. Mieth (eds), Cambridge Handbook of Human Dignity, Cambridge, Cambridge University Press, 2014, 1.

[20] Cf., too, the approach to 'best interests' in *Aintree University Hospitals NHS Foundation Trust v James* [2013] UKSC 67 (where the significance of a particular patient's attitude is emphasised).

[21] Compare *R (Tracey) v Cambridge University Hospitals NHS Foundation Trust and others* [2014] EWCA Civ 822 (for the application of privacy to a patient's right to be consulted about a DNACPR order).

[22] See, e.g., *Rohan Hardcastle*, Law and the Human Body: Property Rights, Ownership and Control, Oxford, Hart, 2007; *Roger Brownsword*, 'Property in Human Tissue: Triangulating the Issue', in Michael Steinman, Peter Sykora, and Urban Wiesing (eds), Altruism Reconsidered: Exploring New Approaches to Property in Human Tissue, Aldershot, Ashgate, 2009, 93; and *Sarah Devaney*, 'Tissue Providers for Stem Cell Research: the Dispossessed' (2010) 2 Law, Innovation and Technology 165.

tled to resist the intrusion of unwanted information about herself.[23] Whether or not A also has a right to resist the intrusion of unwanted information about her baby is, as we have seen, another matter.

We have seen already, in the previous part of the paper, that there is more than one way of plausibly articulating the claimed rights; and, whatever we now make of the conceptual arguments just sketched, there is more than enough in them to put the burden of rebuttal back upon B.

### 3. A has Given a Covering Consent in Relation to the Claimed Rights

B might argue that, although A has the claimed rights, she has authorised (by giving her consent to) acts that would otherwise violate the rights. Provided that A has given a valid consent – that is to say, provided that A has the requisite capacity to consent, provided that the consent is given freely and on an informed basis, provided that the consent is clearly signalled, and provided that B's act is within the scope of the authorisation[24] – then B should prevail. Needless to say, there is plenty of room for A to contest B's interpretation of these provisos. Moreover, in practice, pregnant women might find it difficult to opt-out from a screening pathway. To the extent that the norm is to return the primary results of the NIPT, this might be relatively unproblematic. However, if the NIPT consent forms state either that no incidental findings will be returned or that all findings will be returned, and if asking a patient to sign off on these terms is all very routine, A might claim that she was 'nudged'[25] towards these terms in a way that undermines the idea that her 'consent' was freely given.

### 4. The Information in Question Falls Outside the Scope of the Recognised Rights

In our earlier discussion of the possibly distinct identity of, on the one hand, the mother and, on the other, her baby, we have already seen that the scope of the claimed rights is moot. Additionally, though, B might argue – particularly with regard to the right to know – that the information at issue is of such uncertain significance that A could not act upon it; and, hence, it lies outside the scope of the right. Or, it might be argued that A intends to apply the information for some improper (or even unlawful) purpose which again takes the case beyond the scope of the right.

---

[23] Compare, *G. Laurie*, 'Privacy and the Right Not to Know: A Plea for Conceptual Clarity', in Chadwick et al (fn. 6) 38.

[24] See *Deryck Beyleveld* and *Roger Brownsword*, Consent in the Law, Oxford, Hart, 2007.

[25] Seminally, see *Richard H. Thaler* and *Cass R. Sunstein*, Nudge: Improving Decisions About Health, Wealth and Happiness, New Haven, Yale University Press, 2008 where, of course, the opportunity to opt-out is seen as preserving free choice; more recently, though, compare the more nuanced discussion in *Cass R. Sunstein*, Choosing Not To Choose, Oxford, Oxford University Press, 2015.

Recognising the potential uncertainty of genetic information, the different degrees of seriousness of findings, and different grades of actionability, A might concede that the scope of the right needs to be fine-tuned. For example, A might accept that, guided by such considerations as the relative certainty, reliability, and actionability of the results together with the seriousness and treatability of the condition, we might place findings on one of three lists: (1) a 'white list' (results should be returned), (2) a 'grey list' (results may be returned), and (3) a 'black list' (results should not be returned).[26]

That said, even if the information is clearly actionable, a proviso for lawful and proper use seems appropriate. This is a matter to which we will return in the final part of the paper.

### 5. A's Right is Overridden by a Higher Order Right (or by a Compelling Consideration of the 'Public Interest')

Finally, B might argue that A's right to know or not to know is overridden by a higher ranking conflicting right or by some compelling consideration of the public interest. If we assume that A's claimed rights relate to her physical and psychological well-being, these are rights that protect vital agency interests and they will not be easily outranked by either conflicting rights[27] or by the public interest. A's rights 'trump' routine justifications and, if B's public interest arguments are to operate as 'super-trumps', this presupposes an emergency of some kind and not simply the balance of convenience.

That said, while it is quite difficult to think of public interest reasons that might override a mother's prima facie right to know, it is not so difficult to imagine scenarios in which, for public health reasons, the State pleads a compelling public interest against the mother's right *not* to know. When communities are struggling to contain and control the spread of Ebola or the Zika virus, mothers might have additional responsibilities which mean that they are not entitled to insist on their prima facie right not to know. It bears repetition, though, that while the mother's rights

---

[26] Compare *S. M. Wolf et al*, 'Managing incidental findings and research results in genomic research involving biobanks and archived data sets' (2012) 14 Genetics in Medicine 361.

[27] We might note the decision in *ABC v St George's Healthcare NHS Trust* [2015] EWHC 1394 (QB) where the claimant, who was pregnant at the relevant time, sued the defendants, complaining that they had failed to inform her that her father had been diagnosed with Huntington's Disease. Had the claimant been so informed, she would have known that she was at risk of having the disease and, knowing that her children would also be at risk, she would have terminated the pregnancy. Somewhat surprisingly, the claim was struck out on the ground that, because the defendants obtained the information about the father's health status in confidence, it would not be fair, just, and reasonable to impose on them a duty to inform the daughter. However, it is not clear whether the court (i) declined to recognise a prima facie duty to inform or (ii) recognised a (weak) prima facie duty to inform but treated it as outweighed by a (stronger) conflicting duty of confidence. Either way, the claimed right to know is not assisted; but, in the context of NIPT, such a right is unlikely to run up against a conflicting right to confidentiality.

are only prima facie, they nevertheless are *rights* and, as Ronald Dworkin famously declared, what is special about rights is that they need to be taken seriously.[28]

No doubt, the arguments between those who claim the right to know or not to know and those who oppose such claims will continue – there will be many 'battles', legal and ethical, to be won and lost. However, at this point, we can move on to consider a major development in the jurisprudence of medical law in the United Kingdom, a development which at first blush seems to assist the proponents of these rights.

## IV. After *Montgomery*

For many years, according to the so-called *Bolam* test,[29] English law has recognised that doctors may respond to a negligence claim by showing that a responsible body of medical opinion (not necessarily the mainstream view) supports their actions (or omissions). However, when doctors discuss with their patients the investigatory and treatment options and risks therein, such a defence seems to have been eliminated by the decision of the UK Supreme Court in *Montgomery v Lanarkshire Health Board*. After *Montgomery*, the law is predicated on a new approach to the doctor/patient relationship.

### 1. The New Approach

The principal question in *Montgomery* was whether a pregnant woman who was a diabetic, and whose pregnancy was regarded as high-risk requiring intensive monitoring, should have been informed that there was a risk of shoulder dystocia and given the option of delivery by Caesarean Section. Instead, as the court narrated the story,[30] she was not made aware of this particular risk; the risk eventuated during an attempted vaginal delivery that went horribly wrong; and, as a result, the baby was born with severe disabilities. The lower courts, following the *Bolam* principle, held that the acts of the consultant obstetrician and gynaecologist, who was by her own admission reluctant to steer women towards a Caesarean Section, was sufficiently supported by medical practice. However, the UK Supreme Court, resoundingly rejecting the *Bolam* test, held that the relationship between clinicians and patients must be rights-respecting rather than paternalistic and that patients have a right to be informed about their options (together with their relative benefits and risks).

Rewriting the legal framework, the Supreme Court recognised, first, that 'patients are now widely regarded as persons holding rights, rather than as the passive recipients of the care of the medical profession'.[31] Secondly, the Court noted that

---

[28] *Ronald Dworkin*, Taking Rights Seriously, London, Duckworth, 1978.

[29] *Bolam v Friern Hospital Management Committee* [1957] 2 All ER 118.

[30] For some critical comments on this version of the story, see *Jonathan Montgomery* and *Elsa Montgomery* 'Montgomery on informed consent: an inexpert decision?' (2016) 42 J Med Ethics 89.

[31] *Montgomery v Lanarkshire Health Board* [2015] UKSC 11, para 75.

patients, while not medical experts, are not wholly uninformed. Accordingly, it would be 'a mistake to view patients as uninformed, incapable of understanding medical matters, or wholly dependent upon a flow of information from doctors', from which it followed that it would now be 'manifestly untenable' to make this 'the default assumption on which the law is to be based'.[32] Thirdly, professional guidance to doctors already reflects these changes by encouraging 'an approach based upon the informed involvement of patients in their treatment'.[33] Signalling a distinct movement away from medical paternalism and patient-dependence, the new approach is built on mutual rights and responsibilities, treating patients 'so far as possible as adults who are capable of understanding that medical treatment is uncertain of success and may involve risks, accepting responsibility for the taking of risks affecting their own lives, and living with the consequences of their choices'.[34] In short, patients have a right to make their own judgments of what is in their best interests; and it is the responsibility of doctors not to override these judgments but to assist patients by ensuring that their choices are suitably informed.

Without doubt, the headline story in *Montgomery* is that the doctor/patient relationship is now predicated on the rights paradigm rather than ethical paradigms that prioritise professional duties or paternalistic responsibilities or that centre on maximising utility or minimising distress. As Lady Hale, giving a separate but fully concurring judgment, expressed it:

> A patient is entitled to take into account her own values, her own assessment of the comparative merits of giving birth in the "natural" and traditional way and of giving birth by caesarean section, whatever medical opinion may say, alongside the medical evaluation of the risks to herself and her baby…Gone are the days when it was thought that, on becoming pregnant, a woman lost, not only her capacity, but also her right to act as a genuinely autonomous human being.[35]

Moreover, in addition to noting the growing culture of consumer rights, the court remarked on the increasing influence in judicial thinking of the importance of respecting human rights: 'Under the stimulus of the Human Rights Act 1998, the courts have become increasingly conscious of the extent to which the common law reflects fundamental values'.[36]

## 2. Montgomery and the Right to Know

As with any potentially landmark decision in the law of negligence, lawyers can read the ratio of *Montgomery* in more than one way. Those who wish to minimise

---

[32] Ibid., para 76.
[33] Ibid., para 78.
[34] Ibid., para 81.
[35] Ibid., paras 115–116.
[36] Ibid., para 80. Compare, e. g., *R (Tracey) v Cambridge University Hospitals NHS Foundation Trust and others* [2014] EWCA Civ 822.

the impact of the decision will read it narrowly; those who wish to build on it will read it more broadly. Nevertheless, after *Montgomery*, we suggest that it is reasonable to assume that, at all stages of a pregnancy, whether in the ante-natal screening clinic or in the delivery room, a woman has a right to be informed about the options that are available to her. It follows that, once NIPT is embedded in the screening pathway, pregnant women will have a right to know about the availability of the test, and to be informed about the risks and consequences of having the test. The fact that *Montgomery* supports the right to know in relation to the primary results is probably not especially significant – because they will be returned anyway. The real question is whether *Montgomery* supports a more extended application of the right to know.

Suppose, for example, an NIPT screen reveals a potentially life-threatening condition that affects the mother. While *Montgomery* does not directly support the woman's right to be informed, it certainly does not weigh against it and, arguably, by analogy with the easy rescue, she is entitled to be informed.[37] Similarly, *Montgomery* does not directly support the woman's right to be informed if NIPT reveals information about the fetus other than that relating to the trisomies. Nevertheless, with the courts realising the importance of the common law being in line with fundamental values, a court might in future start with the proposition that, if a woman wishes to access information about the genetic profile of her baby, she has a right to do so. This would suggest that the health service has a responsibility to return to the woman whatever test results are (i) relatively easy to interpret, (ii) clear as to their clinical significance, and (iii) material to the woman's decision – the *Montgomery* test of materiality being 'whether, in the circumstances of the particular case, a reasonable person in the patient's position would be likely to attach significance to the risk, or the doctor is or should reasonably be aware that the particular patient would be likely to attach significance to it'.[38] Presumably, no reasonable person would want information on the black list; but, what would be the legal position if a particular woman (unreasonably) did want all results, on all lists, to be returned? If the scope of a right to be informed follows closely the contours of the *Montgomery* case, it might well be that it extends only to results on the 'white list'. However, if the reference point for a right to be informed is not restricted by *Montgomery*, it might be that it extends to the grey list or even to the full spectrum of results including data on the black list.

## 3. Montgomery and the Right not to Know

In *Montgomery*, we read that '[a] person can of course decide that she does not wish to be informed of risks of injury (just as a person may choose to ignore the information leaflet enclosed with her medicine).'[39] This might be read as saying no

---

[37] Compare, *Roger Brownsword*, 'The Ancillary Care Responsibilities of Researchers: Reasonable but Not Great Expectations' (2007) 35 Journal of Law, Medicine and Ethics 679.

[38] *Montgomery v Lanarkshire Health Board* [2015] UKSC 11, para 87.

[39] Ibid., para 85.

more than that a person who has the right to know may elect not to inform themselves; and, given that *Montgomery* is concerned with providing rather than not providing information – at any rate, subject to a short reservation for the so-called 'therapeutic privilege'[40] – this might be all that the Court means. Accordingly, we need to be careful not to make too much of *Montgomery* in relation to the claimed right not to know.

Although *Montgomery* is hard to interpret on the right not to know, we do know that this right is only likely to become a real issue where the practice is to return findings. Provided that the options that are available are set out and a woman then rejects an option for the return of findings, the thinking in *Montgomery* suggests that, on the one side, health care professionals must restrain any paternalistic impulses that they might have, and, on the other, the woman must live with the consequences of her decision. Yet, as Hank Greely has provocatively suggested,[41] it might not be quite so easy to turn back the tide of genetic information. For example, the costs and inconvenience of administering a right not to know might not be trivial, professionals might find it difficult to accept that they should act as though patients know best when in their expert judgment they manifestly do not, and the community might think that prospective parents should not be permitted to shirk their responsibilities by claiming a right not to know. In this respect, the reproductive culture of communities in the future might be far more risk-averse.

### V. A Proviso for 'Lawful and Proper Purposes'

Let us suppose that a woman claims a right to the return of NIPT results that are reasonably reliable and actionable. However, she makes no secret of her intention to use the results for a purpose that is plainly unlawful (for example, for the purpose of *unlawful* sex selection). In such circumstances, there are good reasons for the screeners to withhold the results – or, at any rate, to withhold results that reveal the sex of the baby. Where the woman does not declare her intention to use the results for an unlawful purpose, or where the woman forms her unlawful intention only at a later stage, the circumstances are more complex. Notwithstanding that there are some hard cases, the easy cases prompt the thought that the woman's right to know needs to be qualified by a 'lawful and proper purpose' proviso.

Assuming such a proviso, we take it that the easy cases are those in which the woman's known purpose is either 'both lawful and (by common consent) proper' or 'both unlawful and (by common consent) improper'. The intermediate cases are those where the woman's known purpose is either 'lawful but (as some would have it) improper' or 'unlawful but (as some would have it) proper'. An example of the

---

[40] Ibid., paras 88–91.

[41] *Henry T. Greely*, The End of Sex and the Future of Human Reproduction, Cambridge, Mass., Harvard University Press, 2016; and nb *Robert C. Green et al*, 'ACMG Recommendations for Reporting of Incidental Findings in Clinical Exome and Genome Sequencing' (2013) 15 Genetics in Medicine 565.

former might be where a woman is simply curious to know the sex of her baby, with no intention to apply the information for an unlawful purpose.[42] From a rights perspective, there is no good reason to resist or restrict her right to know on the ground that her purpose, albeit lawful, is improper (any more than there would be reason to resist her right *not* to know on the ground that it would be improper for her to decline to have this information). Moreover, after *Montgomery*, such restrictive moral paternalism would be difficult to defend. An example of the latter might be where the woman intends to apply the information for unlawful sex selection purposes, but some (possibly some rights theorists) regard the purpose as proper. This might give rise to a dilemma for a screener who sympathises with the woman's purpose but we assume that, in most cases, the fact that the purpose is unlawful will be the dominant consideration.

Thus far, we have assumed that the legal position will be clear; we will know whether the mother's purpose is lawful or unlawful. However, legal systems are rarely clear and comprehensive in all respects and there might be grey areas where the legal position is contestable. Accordingly, using the English legal system as our reference point, what kind of information and what kind of reproductive purposes might be questionable?

To start with the kind of information, a mother might claim a right to know about genetic anomaly or the health of her developing child. She might extend that claim to knowledge about gender or more trivial genetic information[43] about the fetus. If the purpose of such a claim is to inform and make a straightforward choice between the continuation and termination of the pregnancy, it might matter what type of information is being sought through the screening process. In England and Wales, there is no unfettered legal right to demand an abortion on any basis, even if the practical realities are that abortions may be available on demand, at least, within the first 24 weeks of the pregnancy.[44] Certainly, if a woman can persuade the assessing doctors that continuation of the pregnancy would involve a greater risk to her 'physical or mental health'[45] than a termination, it would provide a lawful basis for any subsequent abortion providing the pregnancy has not exceeded its 24th week.[46] It is also easy to imagine a scenario where the doctors are willing to certify that information about the health or genetic profile of the developing child is or will be likely to impact on the well-being of the pregnant woman. However, there is no explicit statutory or other legal endorsement of abortion where the sole criterion is the gender of, or other trivial information about, the fetus.[47]

---

[42] Z. *Deans*, A. J. *Clarke*, and A. J. *Newson*, 'For your interest? The ethical acceptability of using non-invasive prenatal testing to test "purely for information"' (2015) 29 Bioethics 19.

[43] For example, the colour of the child's hair.

[44] By virtue of s1(1)(a) Abortion Act 1967. For a discussion of the issues, see *Emily Jackson*, 'Abortion, Autonomy and Prenatal Diagnosis' (2000) 29 Social and Legal Studies 467, at 470–471.

[45] Or that of any existing children of the family.

[46] (Fn. 44).

With regard to the kind of reproductive purposes that a mother might have, the Abortion Act 1967 also provides a lawful basis to terminate a pregnancy (at any stage) if two doctors form the opinion, in good faith, that there '*is a substantial risk that if the child were born it would suffer from such physical or mental abnormalities as to be seriously handicapped'*.[48] There is considerable uncertainty about the precise meaning of this provision in terms of risk and purpose.[49] The section certainly links abnormality with a serious degree of disability and therefore we can reasonably state that this lawful ground does *not* include minor handicap or disability within its scope.[50] It is also arguable that there is doubt about the legal basis of abortions where the sole criterion is uncertain and/or future disability.[51] So it would seem plausible to constrain the exercise of a right to know where it is understood that information is being sought for the sole purpose of terminating a pregnancy on the grounds of gender, trivial information, minor abnormality or uncertain/future disability. Of course, there is the practical problem here – such intentions or purposes are unlikely to be disclosed or even formulated prior to the availability of test results. Even if it were a requirement that women should provide advance assurances as to the future usage of test results,[52] such promises would offer little security and, in any event, they surely would prove unworkable or unenforceable.

Further, even if we were to assume that a woman has a right to know about the health/genetic profile of her developing child irrespective of purpose, there might still be arguments against a State facilitating that right,[53] unless it is likely to be connected to a lawful and proper purpose. Such arguments might include consistency in the public narrative around the exercise of reproductive autonomy.[54] So, even if a pregnant woman has the right to know some trivial information about her developing child, a State may not want to directly or indirectly support or encourage choices[55] that ultimately are unlawful. Doing so could communicate confused

---

[47] See for eg., *Department of Health*, Guidance in Relation to the Requirements of the Abortion Act 1967, London, HMSO, 2014, para 25 at 10.

[48] S1(1)(d) Abortion Act 1967.

[49] For a more detailed discussion, see *S. McGuinness*, 'Law, Reproduction, and Disability: Fatally "Handicapped"?' (2013) 21 Medical Law Review 213.

[50] However, the case of *Jepson v Chief Constable of West Mercia Police Constabulary* [2003] EWHC 3318 (Admin) provides an illustration of the difficulties in defining the boundaries of s1(1)(d).

[51] For a discussion of the issues, see *A. Grubb*, 'The New Law of Abortion: Clarification or Ambiguity' [1991] Criminal Law Review 661.

[52] See for example, the suggestion by *A. Hall, A. Bostanci*, and *S. John*, Ethical, Legal & Social Issues Arising from Cell-Free Fetal DNA Technologies, Cambridge, PHG Foundation, 2008 in Wright (fn. 3) at 37.

[53] Through the funding of access to this information.

[54] For a fuller discussion of the arguments, see *J. Wale*, 'Don't forget the legal framework: the public provision of non-invasive prenatal testing in England & Wales' (2016) Medical Law International available from http://mli.sagepub.com/content/early/2016/04/27/0968533216646154?papetocn (last accessed May 3, 2016).

[55] E.g., terminations of the pregnancy.

and inconsistent messages to the public and challenge the legitimacy of any connected legal framework.[56] Of course, information might be claimed for many purposes and it may not be a simple case of deciding whether to continue or terminate the pregnancy. There may very well be cases where the information sought could equally enable the pregnant woman to ready herself psychologically and physically for the arrival of a child with a particular disability or health condition. A mother might also want to test for conditions that are treatable or otherwise remedial during the pregnancy.[57] So, in practical terms, it may prove difficult to separate out the 'lawful and proper' from the 'unlawful and improper' purpose.

Summing up, we can say that the interpretation, application, and enforcement of the proviso will present problems where the background law on reproductive choices is unclear, where there is a lack of fit between what the law permits or prohibits and what the community judges to be a proper or an improper purpose, where the woman's purposes are not known (do screeners have a right to know?), and where a woman, not having an unlawful intention at the time of the test, subsequently applies the results for an unlawful purpose.

## VI. Concluding Remarks

As the piloting of NIPT in the UK national screening programme proceeds, and with the Nuffield Council on Bioethics having very recently announced a new Working Party to consider the ethical issues raised by potential future uses of NIPT,[58] we can be confident that public debate about the ethical and legal questions raised by this test has only just begun. Drawing on our discussion in this paper, what would be our starting points for debating a pregnant mother's claimed right to know or not to know the results of such a test with regard to her own health status or (if it is distinguishable) that of her baby?

First, the claim that there is a general, unqualified, right to know and not to know is implausible. Nevertheless, there are some contexts and some circumstances in which a party may plausibly claim that they reasonably expect certain information to be disclosed or not to be disclosed. To the extent that the claimed rights to know or not to know draw on reasonable contextual and circumstantial expectations, the rights claims themselves then pass a threshold of plausibility.

---

[56] For example, the legal framework that regulates *ex vivo* embryo testing and implantation which, in the UK, does not permit selection on the sole basis of gender unless there is a genetic condition related to sex and the selection is being made to avoid the risk of that condition (see Schedule 2 para 1ZA of the Human Fertilisation and Embryology Act 1990).

[57] E.g., testing for rhesus status.

[58] http://nuffieldbioethics.org/news/2016/new-project-on-non-invasive-prenatal-testing/ (last accessed April 19, 2016). For a very helpful background paper, see *Vardit Ravitsky*, 'Non-Invasive Prenatal Testing (NIPT): Identifying Key Clinical, Ethical, Social, Legal and Policy Issues': available at http://nuffieldbioethics.org/wp-content/uploads/NIPT-background-paper-8-Nov-2015-FINAL.pdf (last accessed April 27, 2016).

Secondly, because the mother is claiming the right to know and not to know in relation to information that concerns her own health and well-being, or that concerns the status of her baby, her claims have to be taken seriously. Insofar as the mother's claimed rights hinge on information about the baby being equivalent to information about herself (the baby being treated, in effect, as an integral part of the mother), there is a debate to be had about whether such an equivalence holds. However, if the mother claims the rights relative to information about the health status of her baby on the ground that such information, albeit not directly about herself, touches and concerns her own physical and psychological well-being, then these claims are no longer vulnerable to the objection that the baby is not an integral part of the mother.

Thirdly, if the burden shifts to those who wish to contest the mother's prima facie rights, there are many points on which such resistance might focus, including questions about the most compelling articulation of the rights (in terms of an agent's interest in their basic well-being, or in terms of a proprietary interest, or in terms of a personality interest, and so on), and about the scope and weight of these rights as well as about their relationship with public health and public interest considerations.

Fourthly, it is not at all clear that the basis of the right to know is the same as that of the right not to know. Perhaps, the most plausible common basis for these claimed rights is that the mother has a fundamental interest in defining her identity (as one who wishes to be genetically informed or as one who does not wish to be identified with such information).

Fifthly, it is also not clear whether the two claimed rights, so to speak, articulate symmetrically. For example, we have suggested that it might be difficult to find compelling public interest reasons for denying a woman a right to know the results of an NIPT, but that there might be public health and other reasons for overriding her right not to know about both her own and her baby's health status.

Sixthly, the decision in *Montgomery* points towards a possible framework for a qualified maternal right to know. The position is less clear in relation to the mother's right not to know – and it might well be that this is the right that, in practice, encounters more resistance. Furthermore, there are likely to be practical and resource implications for any State that chooses to facilitate a right not to know.

Seventhly, any right to know (qualified or not) may be subject to some restriction or constraint represented by a proviso that requires that the mother's purpose is 'lawful and proper'. Although there might be some easy cases for the application of this proviso, we should not assume that, in practice, its enforcement will always be straightforward.

Finally, it is perhaps worth repeating that while, in the early days of human genetic screening and testing, it might be the right to know that is in the spotlight, as health care comes to routinely rely on genetic information it might be the right not to know that is more hotly contested.

## Zusammenfassung

Der Beitrag besteht aus vier Hauptteilen. Im ersten Teil wird die allgemeine Plausibilität eines behaupteten Rechts auf Information und eines Rechts auf Nichtinformation erörtert. Im zweiten Teil richtet sich der Blick darauf, ein besseres Verständnis dieser Rechte zu entwickeln, indem eine Reihe von Einwänden und Gegeneinwänden gegen diejenigen, die solche Rechte behaupten, untersucht wird. Im dritten Teil wird die mögliche Relevanz dieser Thematik im Zusammenhang mit der jüngeren medizinrechtlichen Rechtsprechung im Vereinigten Königreich, insbesondere unter Berücksichtigung der Grundsatzentscheidung des *UK Supreme Court* im Fall *Montgomery* v *Lanarkshire Health Board* ([2015] UKSC 11), beurteilt. Im vierten Teil wird schließlich erwogen, inwieweit ein „Recht auf Information" durch eine Bestimmung über die rechtmäßigen und legitimen Zwecke beschränkt werden könnte.

# Zum Umgang mit Errungenschaften der Neonatologie – Reflexionen aus der Praxis

Dorothee Dörr

## I. Einführung

Zu den beeindruckenden Fortschritten, die in den vergangenen Jahrzehnten in der Neonatologie erzielt wurden, zählt die sukzessive Verschiebung der extrauterinen Lebensfähigkeitsgrenze von Frühgeborenen. Das Spektrum der Therapiemöglichkeiten wurde durch den Ausbau der neonatologischen Intensivmedizin grundlegend erweitert; dadurch wurde die Überlebensrate dieser Kinder erhöht. In entsprechend ausgerüsteten Zentren gehört die Versorgung extrem unreifer Frühgeborener, die in der *Grauzone der Überlebensfähigkeit*, um die 23. Schwangerschaftswoche mit einem Geburtsgewicht um 500 g zur Welt kommen, längst zum Behandlungsangebot. Wurde zunächst der Erfolg der Neonatologie anhand der kontinuierlichen Steigerung der Überlebensraten bemessen, so musste nachfolgend umfassender über die Auswirkungen dieser intensivmedizinisch geprägten Medikalisierung des extrauterinen Lebensbeginns diskutiert werden. Behandlungsteams und Eltern sehen sich vor erhebliche moralische Entscheidungskonflikte gestellt, wenn zwischen invasiver, lebenserhaltender bzw. palliativer, Sterben-zulassender Therapie zu wählen ist. Zwar wird an der Verbesserung der prä- und perinatalen Prognostizierbarkeit des Outcome gearbeitet, jedoch weisen Nutzen/Schaden bzw. *futility*-Abwägungen, in die auch prospektive Bewertungen der potentiell erreichbaren Lebensqualität der einzelnen Kinder einfließen, auf die Verantwortung hin, die im Rahmen des *shared decision making* von den Entscheidungsträgern zu übernehmen ist. Dieser Beitrag bietet zunächst Einblick in die Praxis der Neonatologie am Beispiel der Behandlung extrem Frühgeborener. Außerdem werden Fragen zur ärztlichen Verantwortungsübernahme angesprochen, die unter den Bedingungen der regelhaft durchgeführten individuellen Heilversuche zu leisten ist und sich beweist in der Förderung wertschätzender Kommunikationskultur und in der Integration ethischer Fallbesprechungen in die Entscheidungspraxis.

## II. Einblick in die Behandlung extrem unreifer Frühgeborener

### 1. Grundlagen

Seit ca.10 Jahren ist die Rate der Frühgeborenen, d.h. der Kinder, die vor der 37. Schwangerschaftswoche (SSW) nach Gestationsalter[1] geboren werden, mit ca. 9% aller Geburten in Deutschland stabil.[2] Die Zahl der extremen Frühgeburten, das sind Geburten vor der 28. SSW, ist in diesem Zeitraum um 65% gestiegen und entspricht zur Zeit 0,6% aller Geburten in Deutschland.[3] Mit Hilfe der neonatologischen Intensivmedizin wurde die Grenze der Überlebensfähigkeit der Frühgeborenen vorverlegt, und entscheidend Einfluss auf ihre Überlebenswahrscheinlichkeit genommen.[4] Nach wie vor sinkt diese mit abnehmendem Gestationsalter, gleichzeitig steigt die Morbiditätsrate und -schwere bei den Überlebenden.[5] Das Gestationsalter relativiert sich als Einflussgröße, und die Prognose lässt sich deutlich besser einschätzen, wenn folgende vier Faktoren einbezogen werden: Geburtsgewicht, Lungenreife, Geschlecht und ob es sich um Mehrlings- oder Einlingskinder handelt.[6]

Dennoch bleibt zu klären, welche Kriterien für die individuellen Therapiezielentscheidungen in der Praxis tatsächlich maßgeblich sind. Grundsätzlich stellt sich in der Neonatologie die Frage, welche Umstände bzw. welche (prognostizierten) Morbiditätszustände dafür sprechen, prä-, peri- oder neonatal lebenserhaltend vorzugehen und wann das Zulassen des Sterbens der Lebenserhaltung vorgezogen werden soll.[7] Darüberhinaus ist gemäß ethisch-juristischer Vorgaben zu entscheiden, wie die praktische Umsetzung des Therapieziels jeweils erfolgen soll.[8] So konnten im Wesentlichen folgende Strategien und Vorgehensweisen in der Praxis unterschieden werden: *statistical approach* (peripartaler Verzicht auf lebenserhaltende Maßnahmen aufgrund statistischer Outcome-Daten – in Schweden favorisiert), *wait until certainty* (Beginn intensivmedizinischer Therapie bis der Patient als sterbend erachtet wird – in USA favorisiert*), individualised prognostic strategy* (Beginn lebenserhaltender Maßnahmen und in der Folge kurzfristige Evaluationen des Therapieziels – in UK favorisiert).[9]

---

[1] Per definitionem der Zeitraum vom 1. Tag der letzten Regelblutung der Mutter bis zur Geburt des Kindes.

[2] Vgl. *Schleußner*.

[3] Ebd.

[4] *Barton* et al.

[5] *Tyson* et al., Saigal et al.

[6] *Dupont-Thebodeau* et al.

[7] s. dazu Ausführungen von *Kipnis*.

[8] Besonders kritisch wird die Sterbehilfepraxis, die im „Groningen Protocol" beschrieben wird, s. *Verhagen* 2005, in der Öffentlichkeit diskutiert. Auf die in Deutschland und international geführte *Sterbehilfedebatte* kann im Rahmen dieses Beitrags nicht eingegangen werden, s. dazu die Grundsätze der BÄK.

[9] *Cuttini* et al., *Rhoden, Paris* et al.

In den publizierten Studien, die über die sinkende Mortalität – bei stagnierender Morbidität – berichteten, wurde geraume Zeit weder auf den Sterbezeitpunkt noch auf die Todesumstände eingegangen. Insbesondere wurde nicht berücksichtigt, ob und aus welchem Grund palliative Therapiemaßnahmen eingeleitet wurden.[10] Dabei können Mortalitätsraten deutlich unterschätzt werden, wenn lediglich die Kinder, die auf die Intensivstation aufgenommen wurden, nicht jedoch die peripartal verstorbenen angeführt werden.[11] Folglich konnte es zu systematischen Fehlinterpretationen der veröffentlichten Outcome-Statistiken und zu einer eingeschränkten Vergleichbarkeit der untersuchten Kohorten kommen.[12] So liefert erst der Einblick in die Entscheidungspraxis der proaktiven bzw. verzichtenden Haltung bzgl. wiederbelebungs- und intensivmedizinischer Maßnahmen[13] allmählich umfassendere Erkenntnisse, die gerade im Hinblick auf die Formulierung prognostischer Aussagen über das Outcome unverzichtbar sind.[14] Die kritische Durchsicht und Dateninterpretation der bisherigen Outcome-Statistiken, auf deren Basis Handlungsleitlinien formuliert werden,[15] ist wiederum maßgebend für die Bewertung neonatologischer Handlungsoptionen, für die ärztliche Beratung der betroffenen Eltern und, letztlich, langfristig richtungsweisend für die zukünftige Ausrichtung der Neonatologie.[16] In diesem Zusammenhang stellt sich zudem die Frage, inwiefern Follow-up Studien zum Outcome ehemaliger extrem Frühgeborener aus den 1980er/1990er Jahren im Hinblick auf Prognoseaussagen über die zukünftige Lebensqualität derzeit geborener Kinder aussagekräftig sein können, da Behandlungs- und Versorgungssituationen nur eingeschränkt vergleichbar sind.

Die Durchsicht der existierenden Leitlinien der Fachgesellschaften zeigt, dass derzeit kein Konsens zum Umgang mit Frühgeborenen im Grenzbereich der extrauterinen Lebensfähigkeit besteht.[17] Die Expertengremien verweisen in den jeweiligen Leitlinien auf unterschiedliche Grauzonen, im Wesentlichen bezugnehmend auf das Gestationsalter,[18] innerhalb derer sowohl palliative als auch kurative

---

[10] *Arnold* et al.

[11] Ebd. *Doyle* et al. haben in einer vergleichenden follow-up Studie zu extremen Frühgeburten in Melbourne Victoria, nach dem Mortalitätsrückgang, in Folge der neonatologischen *Maximaltherapie*, einen erneuten Mortalitätsanstieg festgestellt, der vermutlich auf den Effekt des zunehmenden Einsatzes palliativmedizinischer Maßnahmen zurückzuführen ist.

[12] Dazu ausführlich *Guillén* et al. 2011, *Barrington*.

[13] *Cuttini* et al.. *Streiner* et al. und *van Zuuren* et al. zum spürbaren Unterschied für die Beteiligten, ob peripartal auf lebensverlängernde Maßnahmen verzichtet wird oder ob Behandlungsmaßnahmen nach längerer Intensivtherapie eingestellt werden.

[14] s. *Arnold* et al.

[15] s. *Seri* et al., beispielhaft für die Entwicklung von Entscheidungsalgorithmen.

[16] *Verhagen* 2010.

[17] *Guillén* et al. 2015, *Binepal* et al.

[18] s. *Guillén* zur Problematik des Bezugs auf das Gestationsalter als (einzigen) Prognoseparameter.

Ansätze gerechtfertigt sein können.[19] Verschiedentlich wurde darauf hingewiesen, dass die festgestellten Unterschiede in den Empfehlungen auf weltanschaulichen Wertungen beruhen, die entsprechend innerhalb der Ärzteschaft vertreten werden.[20] Darüberhinaus weisen selbst Zentren für Peri- und Neonatologie innerhalb der einzelnen Länder unterschiedliche Sterblichkeitsraten extrem Frühgeborener auf, die sich nicht durch patientenseitige Faktoren oder unterschiedliche Qualitätsstandards dieser Zentren erklären lassen.[21] Innerhalb einer Grauzone, die Kinder eines Gestationsalters zwischen der vollendeten 22. und der vollendeten 24. SSW betrifft, hängt die Sterblichkeitsrate von der sozio-kulturell geprägten Entscheidungs- und Handlungspraxis der Mediziner ab.[22] Demnach haben extrem Frühgeborene *a priori*, in Abhängigkeit von Geburtsland und -klinik, eine unterschiedliche Überlebenswahrscheinlichkeit.[23]

Durch rapide wachsenden Erkenntnisgewinn, sowie zunehmende Inanspruchnahme prä- und perinatal-diagnostischer sowie -therapeutischer Möglichkeiten, sehen sich Schwangere heute vor Entscheidungen gestellt, deren Umsetzung erheblich Einfluss auf das kindliche Outcome nimmt. Bereits während des Schwangerschaftsverlaufs sind Entscheidungen zu treffen, ob eine konsequente proaktive Lebenserhaltung des Foetus praktiziert wird, welche Geburtsart angestrebt werden soll und ob die Geburt in einem Krankenhaus mit Perinatalzentrum geplant wird. So müssen sich Mütter bzw. Eltern zusammen mit den fachübergreifend behandelnden Teams in enger Absprache auf verantwortungsvolle Behandlungsregimes einigen.[24]

Wegweisend heißt es in den „Gemeinsamen Empfehlungen zur Behandlung Frühgeborener an der Grenze der Lebensfähigkeit" der einschlägigen Deutschen medizinischen Fachgesellschaften: „Jedes Kind hat einen Anspruch auf eine Behandlung und Betreuung, die seinen individuellen Bedürfnissen angemessen sind, unabhängig von seinen Lebens- und Überlebensaussichten ... Der Arzt darf keine Behandlungen durchführen, wenn diese medizinisch nicht oder nicht mehr im Hinblick auf ein definiertes Therapieziel indiziert sind ... Solche Maßnahmen können von Eltern ... nicht eingefordert werden ... Bei ungünstiger oder zweifelhafter Prognose lassen sich Aussagen zur Aussichtslosigkeit medizinischer Maßnahmen ... nur

---

[19] Die Fachgesellschaften in den USA und Großbritannien sprechen sich für ein Gestationsalter zwischen der vollendeten 23. und 24. SSW aus, in Frankreich, Niederlande und der Schweiz wird die Untergrenze bei der 24. SSW angesetzt. In Deutschland, Österreich, Italien und Japan liegt die Empfehlung für die Untergrenze bei der vollendeten 22. bzw. Beginn der 23. SSW. s. AWMF-Leitlinienregister, *Berger* 2011 et al., *Ancel* et al.

[20] *Janvier* et al. 2014, *Dupont-Thibodeau* et al. zur Verwendung wertender Begriffe wie *futility* oder *beneficial* in Leitlinien.

[21] *Steurer* et al. zur Praxis andere Patientenkollektive der Neonatologie betreffend, ebenso *Janvier* 2007.

[22] *Cuttini* 2000, Berger 2010 und *Cummings* et al., 2015, *Arzuaga* et al.

[23] Vgl. hierzu *Berger* 2010.

[24] *Chiswick* et al., *Cummings* et al.

unter Einbezug des elterlichen Wertehorizontes treffen, auf dessen Grundlage die Eltern das Wohl des Kindes definieren."[25] In Anlehnung an die „Grundsätze zur ärztlichen Sterbebegleitung" der BÄK heißt es: „Eine ärztliche Verpflichtung zur Lebenserhaltung besteht nicht unter allen Umständen."[26]

Folgendes anonymisiertes Fallbeispiel dient der Veranschaulichung wiederkehrender Behandlungsverläufe und Entscheidungssituationen.

## 2. Klinische Fallskizze

Lisa und Jonathan wurden als extrem unreife frühgeborene Zwillinge nach Entbindung per Sectio in der 23. + 2 SSW mit einem Geburtsgewicht von respektive 420 g und 540 g auf die Intensivstation der Neonatologie aufgenommen. Die Schwangerschaft war durch künstliche Befruchtung zustande gekommen. Bei drohender Frühgeburt waren die Eltern darüber aufgeklärt worden, dass die Kinder nur durch maximale Intensivtherapie, die zudem über einen längeren Zeitraum durchzuführen sei, überlebensfähig seien. Für die Kinder wurden unterschiedliche Überlebenschancen zwischen 15–20% prognostiziert. Sollten die Kinder überleben, sei höchstwahrscheinlich mit schweren Beeinträchtigungen zu rechnen. Die Ärzte klärten über die Möglichkeiten der palliativen Begleitung der Kinder auf. Die Eltern wünschten, dass für das Überleben beider Kinder alles medizinisch Mögliche getan werde. Dementsprechend wurden die Kinder peri- und postpartal behandelt. Jonathan starb zehn Tage nach seiner Geburt, nachdem ausgeprägte peri- und intraventrikuläre Hirnblutungen diagnostiziert wurden, die aller Voraussicht nach zu schwersten neurologischen und kognitiven Entwicklungsstörungen geführt hätten. Die Entscheidung zur Therapieänderung, von Lebenserhaltung zu *Comfort Care*, wurde vom Ärzteteam gemeinsam mit den Eltern und im Konsens mit dem Pflegeteam getroffen. Bei Lisa ergab sich kein Hinweis auf Hirnschädigungen, jedoch prägte die Entwicklung einer nekrotisierenden Enterocolitis den komplizierten Behandlungsverlauf. Ausgeprägte Darmdurchblutungsstörungen führten zu Darmperforationen. Es wurden mehrfache Laparotomien und Darmresektionen durchgeführt. Es entwickelten sich Fisteln im Bereich des Magen-Darm-Traktes, die dazu führten, dass Lisa ausschließlich parenteral ernährt wurde und die verbleibenden Darmabschnitte nicht ihre reguläre Funktion aufnehmen konnten. Darm- und Gallenflüssigkeit entleerten sich in den Bauchraum; die daraus resultierenden großflächigen Entzündungsprozesse konnten durch Antibiose und Drainagen nicht ausreichend saniert werden. Es kam zur Ausbildung einer schweren Sepsis mit Lungenfunktionsstörung und rezidivierenden Pneumonien. Während der mehrmonatigen Behandlung auf der Intensivstation wurde der Zustand von Lisa durchgehend als

---

[25] Gemeinsame Empfehlungen der Deutschen Gesellschaft für Neonatologie und Pädiatrie et al.

[26] *BÄK* 2010.

kritisch erachtet, jedoch traten auch Phasen der Besserung ein, die insbesondere den Eltern das Gefühl der Hoffnung vermittelten, dass ihre Tochter die Zeit auf der Intensivstation überleben würde. Lisa war außerdem unter Analgosedierung mitunter wach und reagierte auf Zuwendung. Für das Behandlungsteam, das in der Zeit eine enge Beziehung und Bindung zu Lisa hergestellt hatte, bestand Klärungsbedarf bezüglich der Frage, ob die als schwer belastend eingestuften Maßnahmen, die Lisa zugemutet wurden, durch eine realistische zukünftige Lebensperspektive zu rechtfertigen seien. Nachdem sich mehrfach Phasen der Zustandsbesserung und der erneuten Verschlechterung alterniert hatten, waren die meisten Teammitglieder der Ansicht, dass eine längerfristige Erholung Lisas nicht erreichbar sei. Es wurden mehrfach ethische Fallbesprechungen im Team durchgeführt, sämtliche Informationen eingeholt, und alle, die an der Behandlung beteiligt waren, angehört. So konnten Argumente aus Sicht der Ärzte und der Pflege mehrfach intensiv ausgetauscht werden. Ein Entscheidungskonsens im Team ermöglichte es, in den engmaschig anberaumten Gesprächen mit den Eltern eine Empfehlung aus medizinischer Sicht auszusprechen und im Sinne einer partizipativen Entscheidungsfindung einen Konsens mit den Eltern herzustellen. Schließlich wurde bewusst eine Therapiezieländerung vorgenommen und die palliative Symptomkontrolle ohne weitere intensivmedizinische Eskalation angeordnet. Lisa starb nach dreimonatiger Behandlung auf der NICU in den Armen ihrer Mutter.

### III. Fürsorgeverantwortung in der Neonatologie

*1. Entscheidungsbedingungen im Rahmen individueller Heilversuche*[27]

Die Konstante in der Medizin, dass Entscheidungen unter Unsicherheit zu treffen sind, wird in der hochspezialisierten Neonatologie auf besondere Weise offensichtlich. Zusätzlich zu den bereits angeführten Umständen werden bei den Patienten meistens parallel vielfältige invasive Verfahren und Medikamente eingesetzt;[28] dies geschieht meistens außerhalb deren Zulassungsbestimmungen.[29] Gängige Praxis ist notgedrungen und regelmäßig, mangels valider Alternativen, der *Off-Label Use*, *Off-Licence Use* oder der *Compassionate Use* von Medikamenten im Rahmen individueller Heilversuche bzw. therapeutischer Experimente, um das Patienten-

---

[27] Bei individuellen Heilversuchen handelt es sich um die zulassungsüberschreitende Anwendung von Arzneimitteln bzw. Medizinprodukten, die nach Stand der Wissenschaft und basierend auf der ärztlichen Therapiefreiheit, jedoch nicht im Rahmen klinischer Prüfungen, eingesetzt werden. s. *Lipp*, S. 517 ff. Dies kann *Off-Label Use* von Arzneimitteln oder Medizinprodukten bedeuten, die zugelassen sind, jedoch nicht für die jeweilige Bevölkerungsgruppe, Indikation, Dosierung bzw. Applikation, oder, im Falle des *Compassionate Use* und *Off-Licence Use*, bisher nicht zugelassen sind.

[28] *Barrington* 2014 zu den bisher wenig untersuchten Wechselwirkungen zwischen den verschiedenen Organsystemen in Abhängigkeit von intensivmedizinischen Interventionen.

[29] European Medicines Agency Report.

kollektiv der Neugeborenen nicht vom potentiellen Nutzen existierender medizinischer Behandlungsoptionen auszuschließen.[30] Dieser Zustand ist einerseits der Tatsache geschuldet, dass Forschung an Nichteinwilligungsfähigen aus ethischen Gründen restriktiv gehandhabt wird.[31] Dazu kommt ein geringes Interesse der Pharmaindustrie, sich an der kostenintensiven Finanzierung von Studien zur Prüfung und Entwicklung von Arzneimitteln und Medizinprodukten für vergleichbar kleine Patientenkollektive zu engagieren.

Folglich werden gerade diesen vulnerablen Patienten viele Maßnahmen zugemutet, die nicht hinsichtlich der anerkannten Auflagen bzgl. Wirksamkeitsnachweis und Sicherheitsrisiken überprüft sind. Der Gesetzgeber hat den Regulierungsbedarf erkannt, und entsprechende Schritte der Umstrukturierung des pädiatrischen Zulassungswesens durch die zuständigen Behörden sind eingeleitet,[32] wodurch für Ärzte zumindest für die notwendige Rechtssicherheit gesorgt ist. Dennoch sehen sie sich am Krankenbett beim Einsatz nicht etablierter Medikamente und Verfahren mit Fragen der moralischen Verantwortung und der Vertretbarkeit ihres Handelns konfrontiert, die über die juristisch relevante Einhaltung professioneller Sorgfaltspflichten hinausgehen.[33] In der Praxis ergibt sich zusätzlich eine Grauzone, welche die Frage des Übergangs von individuellen Heilversuchen zur klinischen Forschung betrifft.[34] Beim individuellen Heilversuch ist der Ansatz wissenschaftlich oder aufgrund empirischer Erfahrung des Behandelnden durch ein anfängliches Plausibilitätsurteil zu legitimieren;[35] der Arzt ist jedoch verpflichtet, die Ausgangshypothese des Versuchs in einem angemessenen zeitlichen Rahmen (wiederholt) zu evaluieren.[36] Sofern die Wiederholung der Versuche für sinnvoll erachtet und geplant wird, wäre der Übergang von Versuchsbehandlung zu klinischer Studie gegeben. In der Praxis ergeben sich freilich für Ärzte derzeit (notwendigerweise) Erwägungs- und Handlungsfreiräume.[37] Es bleibt festzustellen, dass weiterhin großer Bedarf an Förderung qualitativ hochwertiger Forschung besteht, um Neonatologie auf einem hohen evidenzbasierten Niveau betreiben zu können.

---

[30] s. Deklaration von Helsinki, Ziffer 37: „... können unerprobte Behandlungen durch den Arzt angewendet werden, wenn keine bekannte Behandlungsform existiert oder diese ineffektiv war ...".

[31] WMA, „Deklaration von Helsinki" 2013 Ziff. 20.

[32] s. die Anpassung des BMG „Erlass zur Änderung des Erlasses über die Einrichtung einer Kommission für Arzneimittel für Kinder und Jugendliche nach § 25 Abs. 7 a des Arzneimittelgesetzes vom 30.9.2013" für den Bereich der Zulassungsentscheidungen für Kinder.

[33] s. *Werner* zum Verantwortungsbegriff.

[34] s. *Lipp*, S. 528 ff.

[35] Nach dem Vortrag von Prof. *D. Hart* anlässlich der Fortbildungsveranstaltung des Arbeitskreises Medizinischer Ethik-Kommissionen in Berlin am 16.6.2015.

[36] WMA „Deklaration von Helsinki" 2013, Ziff. 37.

[37] Die Anforderungen die in der „Deklaration von Helsinki" 2013, Ziff. 37. benannt werden, sind mitunter in der Praxis nur schwer umsetzbar.

Unter den anspruchsvollen Bedingungen der neonatologischen Praxis muss den Behandelnden generell ein großer therapeutischer Ermessensspielraum überlassen werden. Dies erfordert von ihnen starkes moralisches Verantwortungsbewusstsein, das insbesondere als Fürsorgeverantwortung[38] bei der Prüfung der verfügbaren Handlungsoptionen im individuellen Fall zum Tragen kommt. Die Einzelfallentscheidungen werden gelenkt von Fachwissen, Erfahrung, Intuition und dem fachübergreifenden kollegialen Austausch mit Experten. So umfasst die ärztliche Verantwortung sowohl das Einbringen der Fachkompetenz, die in erster Linie auf die Prüfung der medizinischen Indikation zielt – im Sinne einer Prüfung, ob bestimmte medizinische Maßnahmen geeignet bzw. wirksam sind, um ein bestimmtes Ziel zu erreichen.[39] In zweiter Linie sind sie an der Abwägung beteiligt, ob die Maßnahmen vor dem Hintergrund des Allgemeinzustandes des Patienten sinnvoll sind bzw. zu wünschenswerten Therapiezielen führen.[40] Bei Entscheidungen zwischen Lebenserhaltung und Zulassen des Sterbens von Frühgeborenen wird deutlich, vor welchen Schwierigkeiten Ärzte und Eltern stehen, wenn sie im *besten Interesse des Kindes*[41] bzw. dem *Kindeswohl* entsprechend entscheiden sollen – schließlich können diesbezüglich keine (früheren) Willensäußerungen der Betroffenen herangezogen werden.[42]

Kennzeichnend für die komplexen Entscheidungsbedingungen in der Neonatologie sind demgemäß Unsicherheiten in der Einschätzung von Auswirkungen intensivmedizinischer Therapie auf die mittel- und langfristige Entwicklungsprognose von Neonaten. So muss die eingehende Prüfung der Zusammenhänge zwischen einzelnen Entscheidungsvorgängen, der möglichen Handlungsfolgen und der Beeinflussbarkeit der Entscheidungsprozesse, gerade bei Einschätzung und Bewertung von Entscheidungsrisiken und -gefährdungen Dritte betreffend, äußerst gewissenhaft erfolgen.[43] In diesem Kontext könnten Erkenntnisse aus dem Bereich der Risikoethik[44] Hinweise geben für die Gestaltung probabilistisch fundierter Entscheidungsalgorithmen auf deren Basis Prognoseaussagen entstehen. Eine differenzierte Auseinandersetzung im Umgang mit risikobehaftetem klinischem Handeln ist gerade in der Neonatologie unter dem Aspekt der Verantwortung geboten. Den Behandelnden ist fraglos Verantwortung für die Gestaltung therapeutischer Entscheidungsprozesse zuzuschreiben. Sie tragen zudem Verantwortung für ihre eige-

---

[38] *Werner*, S. 543.

[39] *Marckmann*, S. 15 ff.

[40] Ebd.

[41] s. *Chiswick* et al.

[42] In der Praxis wird mitunter versucht, das Kind in Therapiezielfindungen einzubeziehen, indem Zustandsänderungen als Lebenswillensäußerungen des Kindes interpretiert werden, dies soll der Entlastung der Entscheidungsträger dienen.

[43] *Blanco* über die Kenntnisse von Behandelnden über Outcome-Daten im Rahmen von Aufklärungsgesprächen mit Eltern.

[44] *Nida-Rümelin* 2012, *Birnbacher/Wagner*, S. 435 ff.

nen Überzeugungen[45] und die damit einhergehende intentionierte Einflussnahme auf Behandlungs- und Entscheidungsprozesse.

## 2. Behandlungsverantwortung durch Kommunikationsgestaltung

Soll eine gelingende Patientenversorgung nach zeitgemäßen Gesichtspunkten erreicht werden, kommt der Kommunikationskultur, die unter den Akteuren in der Klinik gepflegt wird, eine Schlüsselfunktion zu. Juristisch wie ethisch sind im Rahmen der ärztlichen Behandlung diverse Vorgaben zu beachten bezüglich Einhaltung und Erfüllung der Aufklärungspflicht durch den Arzt, die für das Zustandekommen der informierten Einwilligung des Patienten bzw. dessen Stellvertreters führen.[46] Jedoch bleibt gerade im Bereich der Kommunikation von Diagnosen und Prognosen viel Ausgestaltungsfreiraum.[47] Das Arzt-Patient-(Eltern)-Verhältnis wird geprägt von gesellschaftlichen Konventionen[48] über Auslegung und Bedeutung des Autonomieprinzips und der ärztlichen Fürsorgeverantwortung. Das in Deutschland anerkannte Konzept des partnerschaftlichen Arzt-Patient-Verhältnisses, das sich durch partizipative Entscheidungsfindung – *shared-decision making* –[49] auszeichnet, sieht sich herausgefordert in der Auseinandersetzung mit Einstellungen von Eltern aus Ländern mit vorherrschendem paternalistischem Arztbild. Neben partikularen und kulturgegebenen Besonderheiten können selbstverständlich auch Sprachbarrieren für Verständigungsschwierigkeiten sorgen. Dazu kommen Unterschiede bei der Auslegung des elterlichen Sorgerechts, des Kindeswohls bzw. des *child's best interest*,[50] die im Einzelfall zu klären sind.[51]

In der Praxis kann es typischerweise bei Fragen über den *Sinn* lebenserhaltender Therapien zu Dissens zwischen Eltern, Behandelnden und/oder innerhalb des Teams kommen. Es können unterschiedliche Wahrnehmungen über Zustand und Prognose bestehen und darüber, ob ein Kind als sterbend eingeschätzt wird. Hier gilt es sorgfältig zu unterscheiden zwischen Mitteilungen zu medizinischen Fakten, zur Überlebenswahrscheinlichkeit, zu möglichen Einschränkungen bei Überleben und zu persönlichen Lebensqualitätsbeurteilungen, denn solche Werturteile werden nicht selbstverständlich von Eltern übernommen. Vielmehr sind

---

[45] *Nida-Rümelin*, 2011, S. 33 ff.

[46] s. *Katzenmeier* S. 103 ff.

[47] *Schöne-Seifert*, S. 88 ff.

[48] Ebd.

[49] s. *Sandman/Munthe* für eine differenzierte Analyse des shared decision making Modells. *Racine.*

[50] Ebd. sowie *Chiswick.*

[51] *Paulmichl* et al. zum Einfluss unterschiedlicher Werthaltungen auf die Kommunikation über *best interest of the child.*

die Eltern zu beteiligen an individualethischen Überlegungen zur Einschätzung der Lebensqualität ihres Kindes – wie hinlänglich aus Studien hervorgeht.[52] Aus ethischer Sicht sind sowohl Verzicht als auch Durchführung medizinischer Behandlungen begründungsbedürftig – d. h. es ist ausnahmslos darzulegen, warum lebenserhaltende Therapie als sinnlos, nutzlos bzw. *futile*[53] erachtet wird. In diesem Zusammenhang sei hier auf die Einflussnahme durch *Framing* hingewiesen und auf die Machtausübung, die im Rahmen kommunikativen Handelns stattfinden kann.[54]

Ärztliche Aufklärungsgespräche werden zunehmend untersucht hinsichtlich der wertenden Begriffswahl und der durch die *Wertaussagen* bzw. *Wertsprache* erzeugten Beeinflussung des Entscheidungsprozesses.[55] Beispielsweise können bestimmte Zustände *a priori* als aussichtslos kategorisiert werden; dies soll dazu führen, dass lebenserhaltende Behandlungen von den Eltern nicht in Betracht gezogen werden.[56] Werden die Hintergrundannahmen hierzu jedoch nicht ausreichend reflektiert und entsprechend expliziert, sondern als selbstevident vorausgesetzt, wird es für Eltern sehr schwer, informierte Entscheidungen zu treffen bzw. im Sinne des *shared decision making* an einer gemeinsam getragenen Entscheidungsfindung zu partizipieren.

Zu Recht wird derzeit auf die Förderung der Kommunikationskompetenzen von Medizinern Wert gelegt. Es werden entsprechende Trainings angeboten – so ist beispielsweise der Einsatz von Schauspielpatienten etabliert. Gleichzeitig soll eingeübt werden, über das eigene ärztliche Rollenverständnis und die angemessene Haltung im Umgang mit Menschen in existentiell bedrohlichen Situationen nachzudenken. Diese Haltung sollte auf Wahrheits-[57] und Wahrhaftigkeitsansprüche ausgerichtet werden, die für gelingende wertschätzende Kommunikation wesentlich ist.[58] Herausragende Bedeutung kommt fraglos der Vorbildfunktion leitender Ärzte für die Einstellung und das Verhalten jüngerer und in untergeordneter Position arbeitender Kollegen zu. In nächster Zukunft sind Veränderungen der Zusammensetzung ärztlicher Teams zu erwarten, bedingt durch den wachsenden Anteil an Medizinerinnen, die dann auch vermehrt in führenden Positionen anzutreffen sein sollten, und die zunehmende Zahl zugewanderter Ärzte. Auch die Einführung und intensivierte Nutzung der Telemedizin wird sich auf die Kommunikationskultur in der Medizin auswirken.

---

[52] *McHaffie* et al. 2001, *Streiner* et al., *Kaempf* et al.

[53] Dazu *Racine*. Auch *Gampel* zur ausführlichen ethischen Auseinandersetzung mit dem Begriff futility.

[54] *Kettner/Kraska* zur Theorie kommunikativen Handelns und kommunikativer Macht.

[55] *Wilkinson* et al. zur Verwendung des Begriffs *lethal* in pränatalen Entscheidungssituationen.

[56] Ebd. und *Dupont-Thibodeau* et al.

[57] Zu Bedürfnissen von Eltern nach wahrheitsgemäßer Aufklärung., s. *Cummings* et al. für pränatale Aufklärung.

[58] s. *Nida-Rümelin* 2011, S. 35 ff.

Entgegen der häufig vorgebrachten Meinung, dass Konflikte aufgrund mangelhafter Kommunikation zwischen den Akteuren entstehen und dann irrtümlich als ethische Konfliktsituationen eingeschätzt werden, wird hier die Auffassung vertreten, dass gerade erst moralische Urteilsunsicherheiten zu Kommunikationsstörungen führen, die auf vielfältige Weise symptomatisch werden.[59] Genauso können Unsicherheiten bzgl. juristischer Situationseinschätzungen und möglicher Konsequenzen, z. B. nach iatrogenen Komplikationen bzw. Behandlungsfehlern, zu Kommunikationshemmnissen führen. In der Praxis treten zweifellos vielfältige Interessenkonflikte auf, die moralisch geleitete Handlungsmotivationen durchaus verdrängen können.

### 3. Entscheidungspraxis in moralischen Konfliktsituationen

In konfliktgeladenen Entscheidungssituationen kann klinische Ethikberatung helfen, eine konsensfähige Lösung zu finden.[60] Die existierenden Beratungsmodelle zielen auf eine Strukturierung der Entscheidungsprozesse ab, die sich zunächst durch die Rekonstruktion der medizinischen und pflegerischen Situation und die eingehende Analyse und Abwägung ethischer Prinzipien[61] auszeichnet.[62] Basierend auf der Überprüfung von Kohärenz und Konsistenz der Argumente soll eine wohlbegründete Entscheidungsfindung, nach Möglichkeit unter Konsensherstellung, herbeigeführt werden. In diesen Prozess sind fach- und berufsgruppenübergreifend alle behandelnden Teammitglieder einzubeziehen; die Argumentation soll transparent und nachvollziehbar gestaltet sein. Auf die Wahrnehmung der Perspektive der Eltern ist zu achten; zuweilen kann auch eine Ethikberatung der Eltern sinnvoll sein. Häufig ist zunächst eine ethische Teambesprechung hilfreich, um anschließend die partizipative Entscheidungsfindung zwischen Team und Eltern anzustreben. Es ist ferner genau darauf zu achten, dass die Entscheidungsbefugnis nicht von den Entscheidungsträgern an die Ethikberatung delegiert wird. Ethikberatung soll zu einer spürbaren Entlastung der Beteiligten in (sich abzeichnenden) Konfliktsituationen führen und ihnen Unterstützung bieten bei der Wahrnehmung ihrer Behandlungsverantwortung. Für die verschiedenen Berufsgruppen sind Zuständigkeitsbereiche definiert; dementsprechend sind sie für ihr Handeln und die daraus resultierenden Konsequenzen verantwortlich.

Wenn Teammitglieder sich an Be-Handlungen beteiligen (müssen), die im Widerspruch zu ihren moralischen Überzeugungen stehen, kann sich moralisches

---

[59] *Paulmichl* et al.
[60] AEM 2010, sowie Beiträge in *Frewer* et al.
[61] Bioethische Prinzipien nach *Beauchamp/Childress*.
[62] *Steinkamp/Gordijn/Neitzke*, S. 15 ff., METAP Modell in *Albisser* et al. 2012, *Marckmann* 2015.

Unbehagen einstellen.⁶³ Dies wirkt sich negativ sowohl auf intrapersonaler Ebene, als auch hinsichtlich des Teamzusammenhalts aus, welches dadurch signifikant geschwächt wird.⁶⁴ Hier kann Ethikberatung als teamstärkendes Instrument verstanden und eingesetzt werden.

Die Interventionen durch Ethikberatung vor Ort sind insbesondere zweckmäßig, wenn Ethikberater sowohl fundiertes medizinisches Sachverständnis für die Fachkonversation als auch die notwendige ethische Expertise mitbringen, um eine ethische Reflexion und Argumentation in die mitunter sehr emotional geprägten Diskussionen einzubringen. Ethikberater werden somit als *facilitators* eingesetzt, die wesentlich zur Erleichterung der Entscheidungsprozesse beitragen können, indem sie als teamexterne Personen ein förderliches Setting für einen konstruktiven Meinungsaustausch herstellen.

Verantwortungsbewusster Einsatz von High-tech-Medizin muss auf eine solide Strukturierung der komplexen Entscheidungsprozesse setzen; es sind ethische Entscheidungsgrundlagen bzw. Prinzipien zu benennen, die für Abwägung und Austausch von Handlungsgründen herangezogen werden. Für die Bewertung möglicher Handlungsfolgen durch den Einsatz von Technik in der Neonatologie ist die Abwägung der Auswirkungen auf die betroffenen Patienten und deren Familien entscheidend. Es liegt in der Verantwortung der Beteiligten, für die bestmögliche Entscheidung unter den vorgegebenen Bedingungen und unter Rückgriff auf die verfügbaren Ressourcen zu sorgen. Klinische Ethikberatung sollte hierfür zur Verfügung stehen und zum Einsatz kommen.

## IV. Zusammenfassung

Fortschritte in der Neonatologie beeindrucken in besonderer Weise dadurch, dass neue Perspektiven zu Lebensbeginn (bis hin zur Überwindung vormals als unumstößlich erachteter extrauteriner Lebensfähigkeitsgrenzen) eröffnet werden. Verfügbarkeit und Anwendung verfeinerter medizinischer Techniken und die Abstimmung mit Pränatal- und Peripartalmedizin bieten diesen Kindern immer bessere Überlebenschancen. Gerade bei extremen Frühgeburten um die beginnende 23. SSW hängt die Überlebenswahrscheinlichkeit der Kinder vielfach von Entscheidungen ab, die von den medizinischen Experten gelenkt und in einem Entscheidungsprozess mit den Eltern, teilweise bereits pränatal oder peripartal, getroffen werden. Die Entscheidungsspanne reicht von Lebenserhaltung mittels ausgedehnter invasiver Intensivtherapie und ggf. langfristiger medizinischer Intensiv-Heimversorgung, bis hin zur palliativmedizinischen Begleitung und dem Zulassen des kindlichen Sterbens. Die Entscheidungsfindung sollte sich auf Befun-

---

⁶³ s. *Prentice* et al. zu *moral distress* in neonatologischen Teams. Generell besteht ein Bedürfnis der Pflegepersonen nach angemessener Berücksichtigung der Beziehungsebene bei moralischen Fragen im Sinne der Care-Ethik, s. *Gilligan*, S. 351 ff.

⁶⁴ *Bruce* et al.

de und Prognosekriterien stützen können, die auf evidenzbasierten Daten beruhen. Dennoch bleibt den Akteuren Freiraum für verantwortungsbewusste Übertragung dieser Daten auf den Einzelfall, indem sie die Bedürfnisse des Kindes und dessen Familie wahrnehmen und einschätzen. Schnell expandierende medizinische Versorgungsangebote und die Tatsache, dass Daten zum Outcome der Patienten kritisch zu interpretieren sind, erschweren es, Prognosen im Einzelfall zu formulieren.

In der Neonatologie herrscht ein notorischer Mangel an qualitativ hochwertiger Studiendaten, da einerseits die Forschung an Nichteinwilligungsfähigen aus ethischen Gründen restriktiv gehandhabt wird und andererseits geeignete Sponsoren meist kein Interesse daran zeigen, sich für klinische Studien in einem Bereich mit vergleichsweise kleinen Patientenkollektiven zu engagieren. Dies führt bis heute dazu, dass *Off-label-Use* von Medikamenten betrieben wird, um Neonate an den Möglichkeiten der modernen Medizin teilhaben zu lassen. Es bleibt festzuhalten, dass in der hochspezialisierten Neonatologie individuelle therapeutische Heilversuche gängige Praxis sind. Da nicht-erprobte oder empirisch validierte Verfahren eingesetzt werden und auf Sicherheits- und Wirksamkeitsnachweis verzichtet wird, ist die ohnehin in Grenzfällen komplexe Risiko-Nutzenabwägung bei der Beurteilung der Auswirkungen verfügbarer medizinischer Optionen zusätzlich erschwert.

Vor diesem Hintergrund stellen sich Fragen der moralischen Verantwortung für ärztliches, pflegerisches oder elterliches Handeln in Verbindung mit der jeweiligen Auslegung des Fürsorgeprinzips, des Kindeswohls und der elterlichen Autonomie. Den Behandelnden fällt besondere Verantwortung für die Gestaltung des Entscheidungsprozesses zu. Darüber hinaus tragen sie Verantwortung für ihre persönlichen grundsätzlichen Wertemaßstäbe und Einstellungen zu Lebenserhaltung bzw. Sterbebegleitung, da sie dadurch großen Einfluss auf die Überlebenschancen der Kinder und die adäquate, würdevolle Sterbebegleitung nehmen. Die Verantwortung der Mediziner liegt nicht allein in der Vorgabe und Anwendung geeigneter Entscheidungsalgorithmen, sondern umfasst auch die Verantwortungsübernahme für die Bedingungen, unter denen die komplexe gemeinsame Entscheidungsfindung von Behandelnden und Eltern zustande kommen muss, da dadurch kindliches (und familiäres) Outcome maßgeblich beeinflusst werden.

Verantwortungsübernahme für eine gelingende Kommunikation zwischen den Beteiligten ist ein wesentlicher Bestandteil der Behandlungsverpflichtung der Mediziner. Dazu zählt auch das Engagement für eine kooperationsfördernde Gesprächskultur innerhalb des jeweiligen Behandlungsteams, die nicht zuletzt einen adäquaten Umgang mit Fehlern umfasst, sowie ein umsichtiger Aufbau der Beziehung zwischen Team und Eltern, die für die Übernahme ihrer elterlichen Fürsorgefunktion unter den Bedingungen der Intensivmedizin Unterstützung benötigen. Eine partizipative Entscheidungsfindung zwischen Ärzten und Eltern impliziert die Bemühung um sprach- und kultursensible Verständigung unter Nutzung aller sinnvollen und erhältlichen Ressourcen. Hier ist auf institutioneller und Organisationsleitungsebene für die entsprechenden Rahmenbedingungen zu sorgen. Veränderungen der kulturellen Vielfalt in der Gesellschaft betreffen zunehmend auch die Akteure in der medizinischen Versorgung. So wird gerade im Arzt-Patient-Eltern-Pflege-Verhältnis der Bedarf an tragfähigen kultursensiblen Kommunikationsstrategien immer offensichtlicher. Darüber hinaus gilt es z. B., die Nutzung von Telemedizin und fachlich fundierter Online-Entscheidungstools in Behandlungsabläufe zu integrieren, um betroffene Familien bestmöglich zu unterstützen.

Den Teams der hochspezialisierten Neonatologie sollte eine professionelle klinische Ethikberatung zur Verfügung stehen, um ihnen Unterstützung für verantwortungsvolles Entscheiden in ethischen Konfliktsituationen zu bieten. Ethikberater können als *facilitators* den Entscheidungsprozess begleiten und strukturieren und für ein geeignetes Setting für den Austausch und die Abwägung ethischer Werturteile bei den Beteiligten sorgen. Die ethische Expertise sollte eingesetzt werden, um den Entscheidungsträgern Handlungsfähigkeit durch realitätsbezogene Konfliktlösungsfindungen zu ermöglichen. Dabei gilt es, unter verschiedenen Konstellationen moralischen Forderungen gerecht zu werden bei der Bewertung medizinischer Optionen im Hinblick auf wünschenswerte Konsequenzen für die unmittelbar individuell Betroffenen bzw. für die Gesellschaft. Aus ethischer Sicht ist Ärztinnen und Ärzten die Verantwortung für die eigenen moralischen Überzeugungen zuzuschreiben. Da diese durchaus in therapeutische Entscheidungen einfließen, ist von ihnen die wiederholte Reflexion über die eigene Werteskala zu fordern. Ethische Fallbesprechungen bieten Behandlungsteams die Chance, der Begründungsverpflichtung für Entscheidungen über Lebensverlängerung bzw. Begrenzung lebenserhaltender Maßnahmen im Austausch mit Kolleginnen und Kollegen, Patientinnen und Patienten und deren Sorgeberechtigten nachzukommen.

*Dank*: Während meiner vierjährigen Tätigkeit in der Klinischen Ethikberatung an der Universitätsmedizin Mannheim hatte ich die Chance, das Team der Neonatologischen Klinik zu begleiten. Mein Dank gilt allen Teammitgliedern, die mir ihr Vertrauen entgegengebracht und mir in vielen Gesprächen beeindruckende Einblicke in ihre außerordentlich verantwortungsvolle Arbeit erlaubt haben. Insbesondere danke ich Suhan Demirakca, Steffen Hien, Julia Reinhard, Thomas Schaible und Monika Schindler für den wertvollen Gedankenaustausch.

## Summary

Interventions at the limits of infant viability are considered to be the most impressive achievements in neonatology of the past decades. Today extreme-low-birth weight prematures, of 23 weeks of gestation and birth-weight around 500g, are no longer exceptional patients in neonatology intensive care units. Following the success of neonatology, which was first measured mostly in terms of increased survival rates, there was need to foster discussion about the consequences of such intensive medicalization of the beginning of extrauterine life. The question concerned in the first place the impact on outcome and quality of life of survivors and their families. Medical teams and parents experience major moral conflicts when they have to decide between life sustaining treatment and foregoing or withdrawal of intensive care and delivery of comfort care for the newborn. Thus, shared decision making is determined by uncertainties concerning prognostic outcome estimation of the individual child and on this basis weighting benefits against risks and futility. This article provides insights in the practice of neonatology, stressing on treatment circumstances in the care of extreme prematures. It focusses on the medical responsibilities while, out of necessity *off-label use* of pharmaceuticals is regularly performed. Finally, it emphasizes the significance of thoroughly considered communication and the role of clinical ethics consultation.

## Literatur

Akademie für Ethik in der Medizin e. V.: Standards für Ethikberatung in Einrichtungen des Gesundheitswesens, Ethik in der Medizin, 22, 2010, S. 149–153.

*Albisser Schleger*, Heidi/*Mertz*, Marcel/*Meyer-Zehnder*, B./*Reiter-Theil*, Stella (Hrsg.): Klinische Ethik – METAP. Leitlinie für Entscheidungen am Krankenbett. 2012, Heidelberg/Berlin/New York, Springer.

*Ancel*, Pierre-Yves/*Goffinet*, Francois: Survival and Morbidity of Preterm Children Born at 22 Through 34 Weeks' Gestation in France in 2011. Results of the EPIPAGE-2 Cohort Study, JAMA Pediatr. 169, 3, 2015, S. 230–238.

*Arnold*, Cody/*Tyson*, John E.: Outcomes following periviable birth, Seminars In Perinatology, 38, 2014, S. 2–11.

*Arzuaga*, Bonnie/*Adam*, Huda/*Ahmad*, Mahada et al.: Attitudes towards the resuscitation of periviable infants: a national survey of American Muslim physicians, Acta Paediatrica, 105, 2016, S. 260–267.

*Barrington*, Keith J.: Management during the first 72 h of age of the periviable infant: An evidence-based review. Seminars in Perinatology 2014, 38, S. 17–24.

*Barton*, L./*Hodgman*, J. E.: The contribution of withholding or withdrawing care to newborn mortality, Pediatrics, 116, 2005, S. 1487–1491.

*Beauchamp*, Thomas L./*Childress*, J. F. (Hrsg.): Principles of Biomedical Ethics, Oxford University Press, New York, Oxford, 2013.

*Berger*, Michael: Decisions in the Gray Zone: Evidence-Based or Culture-Based? The Journal of Pediatrics, 156, 2010, S. 7–9.

*Berger*, Thomas M./*Bernet*, Vera/*El Alama*, et al.: Perinatal care at the limit of viability between 22 and 26 completed weeks of gestation in Switzerland. 2011 Revision of the Swiss recommendations, Swiss Med Wkly, 141: w 13280, 2011, S. 1–13.

*Binepal*, N./*Lemyre*, B./*Dunn*, S.: Systematic Review and Quality Appraisal of International Guidelines on Perinatal Care of Extremely Premature Infants, Curr Pediatr Rev, 11, 2, 2015, S. 126–134.

*Birnbacher*, Dieter/*Wagner*, Bernd: „Risiko", in: Düwell, Marcus/Steigleder, Klaus (Hrsg.): Bioethik. Eine Einführung, 2003, Frankfurt a. M., Suhrkamp, S. 435–446.

*Blanco*, Fermin / *Suresh*, Gautham / *Howard*, Diantha: Ensuring Accurate Knowledge of Prematurity Outcomes for Prenatal Counseling, Pediatrics, 115, 2005, S. 478–487.

*Bruce*, Courtenay R. / *Miller*, Susan M. / *Zimmerman*, Janice L.: A Qualitative Study Exploring Moral Distress in the ICU Team: The Importance of Unit Functionality and Intrateam Dynamics, Critical Care Medicine, 43, 4, 2015, S. 823–831.

Bundesärztekammer: Grundsätze der Bundesärztekammer zur ärztlichen Sterbebegleitung, Deutsches Ärzteblatt, 108, 7, 2011, S. A346 – A348.

*Chiswick*, Malcolm: Infants of borderline viability: Ethical and clinical considerations, Seminars in Fetal and Neonatal Medicine, 13, 2008, S. 8–15.

*Cummings*, James and COMMITTEE ON FETUS AND NEWBORN: Antenatal Counseling Regarding Resuscitation and Intensive Care Before 25 Weeks of Gestation, Pediatrics 2015, 136, S. 588–595.

*Cuttini*, M. / *Nadai*, M. / *Kaminski*, M. et al.: End-of-life decisions in neonatal intensive care: physicians' self-reported pracices in seven European countries, The Lancet, 355, 2000, S. 2112–2118.

Deutsche Gesellschaft für Neonatologie / Deutsche Gesellschaft für Gynäkologie und Geburtshilfe / Deutsche Gesellschaft für Kinder- und Jugendmedizin / Deutsche Gesellschaft für Perinatale Medizin / Akademie für Ethik in der Medizin, Gemeinsame Empfehlungen zum Umgang mit Frühgeborenen an der Grenze der Lebensfähigkeit, AWMF-Leitlinien-Register Nr. 024/019, 4. 2014, S. 1–14.

*Doyle*, L. W. / *Roberts*, G. / *Anderson*, P. J. et al.: Changing long-term outcomes for infants 500–999 g birthweight in Victoria, 1979–2005, Arch Dis Child Fetal Neonatal Ed., 96, 2011, F443–F447.

*Dupont-Thibodeau*, Amelie / *Barrington*, Keith / *Farlow*, Barbara / *Janvier*, Annie: End-of-life decisions for extremely low-gestational-age infants: Why simple rules for complicated decisions should be avoided, Seminars in Perinatology, 38, 2014, S. 31–37.

European Medicines Agency (EMA): Report on the survey of all paediatric uses of medicinal products in Europe, 2009, www.ema.europa.eu/docs/en_GB/document_library/ Report/2011/01/WC500101006.pdf

*Frewer*, Andreas / *Bruns*, Florian / *May*, Arndt T. (Hrsg.): Ethikberatung in der Medizin, 2012, Berlin / Heidelberg, Springer.

*Gampel*, Eric, Does professional autonomy protect medical futility judgments?, Bioethics, 20, 2, 2006, S. 92–104.

*Gilligan*, Carol: Care Ethik, In: Horster Detlef, Texte zur Ethik, Stuttgart, Reclam, 2012, S. 351–360.

*Guillén*, Úrsula / *DeMauro*, S. / *Ma*, L. et al. Survival rates in extremely low birthweight infants depend on the denominator: avoiding potential for bias by specifying denominators. Am J Obstet Gynecol, 205, 329, 2011, S. e1–e7.

*Guillén*, Úrsula / *Weiss*, Elliott M. / *Munson*, David: Guidelines for the Management of Extremely Premature Deliveries: A Systematic Review, Pediatrics, 136, 2, 2015, S. 343–350.

*Janvier*, Annie / *Bauer*, Karen Lynn / *Lantos*, John D.: Are newborns morally different from older children?, Theoretical Medicine and Bioethics, 28, 2007, S. 413–425.

*Janvier*, Annie/*Barrington*, Keith J./*Aziz*, Khalid et al.: CPS position statement for premature birth: Simple rules for complicated decisions, Paediatrics & Child Health, 19, 1, 2014.

*Kaempf*, J. W./*Tomlinson*, M. W./*Tuohey*: Extremely premature birth and the choice of neonatal care versus palliative comfort care: an 18-year single-center experience. Journal of Perinatology, 36, 2016, S. 190–195.

*Katzenmeier*, Christian: Aufklärungspflicht und Einwilligung, In: Laufs, Adolf/Katzenmeier, Christian/Lipp, Volker (Hrsg.), Arztrecht, München, C.H. Beck, 7. Auflage 2015, S. 103–158.

*Kettner*, Matthias/*Kraska*, Matthias: Arzt-Patient-Asymmetrien im Rahmen einer Theorie kommunikativen Handelns, In: Vollmann, Jochen/Schildmann, Jan/Simon, Alfred, Klinische Ethik. Aktuelle Entwicklungen in Theorie und Praxis, 2009, Frankfurt a.M., Campus, S. 243–259.

*Kipnis*, Kenneth: Harm And Uncertainty in Newborn Intensive Care, Theoretical Medicine and Bioethics, 28, 2007, S. 393–412.

*Lemyre*, B./*Daboval*, T./*Dunn*, S. et al.: Shared decision making for infants born at the threshold of viability: a prognosis-based guideline, J Perinatol., 2016, doi:10.1038/jp.2016.81

*Lipp*, Volker: Heilversuch und medizinische Forschung, In: Laufs, Adolf/Katzenmeier, Christian/Lipp, Volker (Hrsg.), Arztrecht, München, C.H. Beck, 7. Auflage 2015, S. 501–560.

*Marckmann*, Georg: Im Einzelfall ethisch gut begründet entscheiden: Das Modell der prinzipienorientierten Falldiskussion, In: Marckmann Georg (Hrsg.): Praxisbuch Ethik in der Medizin, Berlin, Medizinisch Wissenschaftliche Verlagsgesellschaft, 2015, S. 15–22.

*McHaffie*, Hazel E./*Lyon*, Andrew J./*Hume*, Robert: Deciding on treatment limitation for neonates: the parents' perspective, Eur J Pediatr, 160, 2001, S. 339–344.

*Neitzke*, Gerald: Formen und Strukturen Klinischer Ethikberatung, In: Vollmann Jochen/Schildmann Jan/Simon Alfred, Klinische Ethik. Aktuelle Entwicklungen in Theorie und Praxis, 2009, Frankfurt a.M., Campus, S. 37–56.

*Nida-Rümelin*, Julian: Verantwortung, Stuttgart, Reclam, 2011.

*Nida-Rümelin*, Julian/*Rath*, Benjamin/*Schulenburg*, Johann (Hrsg.): Risikoethik, Berlin/Boston, de Gruyter, 2012.

*Parikh:* Evidence-based treatment decisions for extremely preterm newborns, Pediatrics, 125, 2010, S. 813–816.

*Paris*, John J./*Schreiber*, Michael D./*Moreland*, Michael P.: Parental refusal of medical treatment for a newborn, Theoretical Medicine and Bioethics, 28, 2007, S. 427–441.

*Paulmichl*, Katharina/*Hattinger-Jürgenssen*, Erna/*Maier*, Barbara: Decision-making at the border of viability by means of values clarification: a case study to achieve distinct communication by ordinary language approach, J. Perinatal Medicine, 39, 2011, S. 595–603.

*Prentice*, T./*Janvier*, A./*Gillam*, L. et al.: Moral distress within neonatal and paediatric intensive care untis: a systematic review, Arch Dis Child, 2016 ahead of print doi:10.1136/archdischild-2015-309410.

*Racine*, Eric/*Shevell*, Michael: Ethics in Neonatal Neurology: When is Enough, Enough?, Pediatric Neurology, 40, 2009, S. 147–155.

*Rhoden*, Nancy: Treating Baby Doe: The Ethics of Uncertainty. The Hastings center Report, 1986, Vol. 16, 4, S. 34–42.

*Saigal*, Saroi/*Doyle*, L. W.: An overview of mortality and sequelae of preterm birth from infancy to adulthood, Lancet, 371, 2008, S. 261–269.

*Sandman*, Lars/*Munthe*, Christian: Shared Decision Making, Paternalism and Patient Choice, Health Care Analysis, 18, 2010, S. 60–84.

*Schleußner*, Ekkehard: Drohende Frühgeburt. Prävention, Diagnostik und Therapie, Deutsches Ärzteblatt, 110, 13, 2013, S. 227–236.

*Schöne-Seifert*, Bettina: Grundlagen der Medizinethik, Stuttgart, Kröner, 2007, S. 88 ff.

*Seri*, I./*Evans*, J.: „Limits of viability: definition of the gray zone" Journal of Perinatology 28, 2008, S. 4–8.

*Steuer*, Martina A./*Adams*, Mark/*Bacchetti*, Peter et al.: Swiss medical centres vary significantly when it comes to outcomes of neonates with a very low gestational age, Acta Paediatrica, 104, 9, 2015, S. 872–879.

*Steinkamp*, Norbert/*Gordijn*, Bert (Hrsg.): Ethik in Klinik und Pflegeeinrichtung, 3. Aufl. 2010.

*Streiner*, David L./*Saigal*, Saroj/*Burrows*, Elizabeth et al.: Attitudes of Parents and Health Care Professionals Toward Active Treatment of Extremely Premature Infants, Pediatrics, 108, 1, 2001, S. 152–157.

*Tyson*, Jon E./*Parikh*, Nehal A. /*Langer*, John. et al.: Intensive care for extreme prematurity: moving beyond gestational age, New England J Med., 358, 16, 2008, S. 1672–1681.

*Van Zuuren*, Florence J./*van Manen*, Eeke: Moral dilemmas in neonatology as experienced by health care practitioners: A qualitative approach, Medicine, Health Care and Philosophy, 9, 2006, S. 339–347.

*Verhagen*, Eduard A./*Janvier*, Annie/*Leuthner*, Steven R. et al.: Categorizing neonatal deaths: a crosscultural study in the United States, Canada and the Netherlands, J Pediatr, 156, 2010, S. 33–37.

*Verhagen*, Eduard/*Sauer*, Pieter J. J.: The Groningen Protocol – Euthanasia in Severly ill Newborns, New Engl J Med, 352, 10, 2005, S. 959–962.

*Werner*, Micha H.: Verantwortung, In: Düwell Marcus/Hübenthal Christoph/Werner Micha H. (Hrsg.), Handbuch Ethik, Stuttgart/Weimar, Metzler, 2006, S. 541–548.

*Wilkinson*, Dominic/*de Crespigny*, Lachlan/*Xafis*, Vicki: Ethical language and decision-making for prenatally diagnosed lethal malformations, Seminars in Fetal & Neonatal Medicine, 19, 2014, S. 306–311.

World Medical Association: Declaration of Helsinki – Ethical Principles for Medical Research Involving Human Subjects, Revision 2013, wma.net/en/30publications.

# Zur Beschneidung kindlicher Genitalien

Christoph Wolf und Jörg Scheinfeld

## I. Einleitung

In unvordenklichen Zeiten haben Eltern begonnen, aus Gründen der Aggressionskontrolle oder der Hygiene und später aus Gründen der Religion oder als Initiationsritus das Messer an die Genitalien ihrer Kinder zu legen.[1] Die heutigen westlichen Kulturen hatten sich daran gewöhnt, medizinisch nicht indiziertes Abschneiden der Penisvorhaut gutzuheißen oder zu tolerieren, dagegen jedwede Form der medizinisch nicht indizierten Genitalverletzung bei weiblichen Kindern ethisch und rechtlich zu verpönen.[2] Das spiegelte lange Zeit der allgemeine Sprachgebrauch: Waren Mädchen betroffen, sprach man von „Verstümmelung" der Genitalien, waren Jungen betroffen, war die Rede von „Beschneidung" des Penis. Genau der historischen Entwicklung und dem überkommenen Sprachgebrauch entspricht nun die deutsche Rechtslage, nach der sich wegen eines Verbrechens strafbar macht, „wer die äußeren Genitalien einer weiblichen Person *verstümmelt*" (§ 226a StGB), wohingegen insbesondere Eltern eine wirksame Einwilligung erklären können, die demjenigen eine rechtliche Erlaubnis gibt, der *lege artis* eine „medizinisch nicht erforderliche *Beschneidung* des nicht einsichts- und urteilsfähigen männlichen Kindes" vornimmt (§ 1631d I BGB). Nicht wenige Autoren sehen darin eine willkürliche Ungleichbehandlung.[3] Jedenfalls aber wirkt der Gesetzgeber mit der Gestattungsnorm des § 1631d BGB einer Entwicklung entgegen, die

---

[1] Zum geschichtlich-kulturellen Hintergrund der Jungenbeschneidung *Franz*, in: Franz (Hrsg.), „Die Beschneidung von Knaben – Ein trauriges Vermächtnis", Göttingen: Vandenhoeck & Ruprecht, 2014, S. 130, 133 ff.; *Marx/Moll*, „Die Zirkumzision von der Antike bis heute – Eine medizinhistorische Übersicht", in: ZfME 2014, 3 ff.; zur Mädchenbeschneidung *Graf*, „Weibliche Genitalverstümmelung aus Sicht der Medizinethik", Göttingen: V&R Unipress, 2013, S. 23 ff., 39 ff.

[2] Das Verpönen erstreckt(e) sich auf manche Eingriffe an erwachsenen Frauen, sie sind aber – da eigenverantwortlich agierende Rechtssubjekte betroffen sind – nicht unser Thema.

[3] Vgl. nur *Enders*, „Recht ist was allgemein ist", in: Nolte/Poscher/Wolter (Hrsg.), Die Verfassung als Aufgabe von Wissenschaft, Praxis und Öffentlichkeit – Freundesgabe für Bernhard Schlink zum 70. Geburtstag, Heidelberg: C.F. Müller, 2014, S. 291, 307 f.; *Eschelbach*, Beck'scher Onlinekommentar StGB, § 223 (Stand: 13.6.2016) Rn. 9; *Fischer*, Strafgesetzbuch, 63. Auflage, München: C.H. Beck, 2016, § 226a Rn. 4 ff.; *Mandla*, „Gesetz über den Umfang der Personensorge bei einer Beschneidung des männlichen Kindes", in: FPR 2013, 244, 247; *Walter*, „Der Gesetzentwurf zur Beschneidung – Kritik und strafrechtliche Alternative", in: JZ 2012, 1110 ff.

in vielen Zivilgesellschaften, unter Medizinern und Medizinethikern und in der Rechtswissenschaft eingesetzt hatte: Eine ethisch begründete Ablehnung jedweder Form der – ohne Heilungssinn verübten – Beschneidung kindlicher Genitalien, seien nun Mädchen oder Jungen betroffen.

Unser Beitrag zeigt zunächst auf, dass ein ethisches Umdenken *in puncto* Jungenbeschneidung auf vielen gesellschaftlichen Ebenen eingesetzt hatte (II.), skizziert sodann das einfache Recht mit Blick auf die Ungleichbehandlungen zwischen Jungen- und Mädchenbeschneidung (III.) und analysiert die Versuche einer Legitimation dieser Ungleichbehandlung (IV.); am Ende ziehen wir rechtsethische und rechtspolitische Schlussfolgerungen (V.).

## II. Die Tendenz einer Neubewertung der Jungenbeschneidung

### 1. Medizin und Medizinethik

„It's painful. It's abusive. It's traumatic. And if anybody who is not in a covenant does it, I think they should be put in prison. I don't think anybody has an excuse for mutilating a child, depriving them of their glans penis. We don't have rights to other people's bodies and a baby needs to have its rights protected. I think anybody who circumcises a baby is an abuser, unless it's absolutely medically advised because of some complication that a urologist says 'this baby has to be circumcised.' Otherwise, what for?" Schmerzhaft und traumatisch ist die Jungenbeschneidung und allenfalls dann ethisch vertretbar, wenn medizinische Gründe sie erzwingen – dies sagt kein Mediziner, sondern der jüdische Säuglingsbeschneider Rabbi Hershy Worch.[4] Genau diese Bewertung der Säuglingsbeschneidung machte sich in den letzten Jahrzehnten unter den Medizinern breit. Dachte man noch bis in die 1970er Jahre, Neugeborene hätten ein weit geringeres Schmerzempfinden, und beschnitt man deshalb etwa in den USA neugeborene Jungen in einer qualvollen Operation ohne Narkose, so ist mittlerweile klar, dass Neugeborene ein Schmerzempfinden haben, und wahrscheinlich sogar ein weit stärkeres als Erwachsene, denn gewisse neuronale Strukturen, die den Schmerz beim Erwachsenen unterdrücken helfen, sind bei ihnen noch nicht ausgereift.[5] Was Rabbi Worch durch ständige Anschauung bei den von ihm durchgeführten Beschneidungen erfahren hat, ist mittlerweile unter Medizinern anerkannt.[6]

Neue Erkenntnisse gewann die Medizin auch über die nähere Beschaffenheit und Funktion der Vorhaut. Es handelt sich bei der Vorhaut nicht – wie die irreführende

---

[4] Vgl. das Interview in dem Dokumentarfilm „Cut – Slicing Through the Myths of Circumcision" von *Eliyahu Ungar-Sargon*; zum Zitat siehe http://www.noharmm.org/CArabbi%20admits.htm.

[5] *Schäfer/Stehr*, „Zur medizinischen Tragweite einer Beschneidung", in: Franz (Fn. 1), S. 109, 121 ff.

[6] Von der Schmerzempfindlichkeit der Neugeborenen ging auch der Gesetzgeber aus (Gesetzesentwurf zu § 1631d BGB, BT-Drucksache 17/11295, S. 8).

Bezeichnung nahelegen könnte – um ein verzichtbares Etwas, sie ist vielmehr „Teil des Hautorgans und erfüllt wichtige Funktionen zum Schutz der sehr empfindlichen Eichel."[7] Doch damit nicht genug. Eine wichtige weitere Einsicht gewann man – und hier sollten Politiker, Eltern, Jungenbeschneider und Rechtsethiker fernab aller sonst noch denkbaren Beschneidungsfolgen einen Moment innehalten – mit dem Wissen, dass es sich bei der Vorhaut um eine bedeutsame *erogene Zone* handelt![8] So heißt es von medizinischer Seite: Die Vorhaut ist ein einzigartiges, „besonders spezialisiertes Gewebe am Übergang von Schleimhaut und normaler Haut", vergleichbar etwa noch „den Augenlidern, den kleinen Schamlippen, dem Anus oder den Lippen".[9] Und weiter: „Der Einfluss einer intakten Vorhaut auf das sexuelle Erleben kann kaum überschätzt werden. Der Verlust an sensibler Haut [bei einer Beschneidung] ist erheblich: Bei einer korrekt durchgeführten Zirkumzision werden bis zu 50% der am Penis befindlichen Haut entfernt. Dabei handelt es sich aufgrund seiner nervalen Ausstattung um den sensibelsten Teil. Dies hat einen spürbaren und messbaren Sensibilitätsverlust zur Folge".[10] Der Sensibilitätsverlust wird zwar unter Verweis auf sich widersprechende Studien bestritten,[11] doch ist die Annahme – gelinde gesagt – unplausibel, das Abtrennen des hochsensiblen Gewebes führe nicht zu einem Sensibilitätsverlust.[12] Es muss vielmehr „als gesichert angesehen werden, dass das Entfernen der sensibel stark innervierten Vorhaut zu einem relevanten Verlust an (sexueller) Sensibilität führt, auch wenn der Effekt im Einzelnen schwer zu messen ist."[13]

Daraus erhellt denn auch: „Die Beschneidung kann zur erektilen Dysfunktion beitragen, indem sie [...] Blutleitungen zerstören kann"; die Vorhautentfernung führt manchmal, „wie die Schilderungen vieler Betroffener zeigen, zu erheblichen Einschränkungen des sexuellen Erlebens und zu psychischen Belastungen".[14] Rechenschaft geben müssten sich Eltern und Beschneider auch über den Umstand, dass der Eingriff das Masturbieren stark erschwert.[15] In psychosexueller Hinsicht ist weiter relevant, dass der Penis „ein mit zentraler psychischer Bedeutung besetz-

---

[7] *Hartmann* (Präsident des Bundesverbandes der Kinder- und Jugendärzte), Stellungnahme im Rechtsausschuss zum Entwurf des § 1631d BGB (2012), S. 1.

[8] Siehe schon *Winkelmann*, „Proceedings of the Staff Meetings of The Mayo Clinic", Volume 34 (1959), 39.

[9] *Schäfer/Stehr* (Fn. 5), S. 109, 110 unter Verweis auf *Cold/Taylor*, „The prepuce", British Journal of Urology 83 (1999), 34 ff.

[10] *Schäfer/Stehr*, ebenda, S. 109, 116.

[11] *Pekárek*, „Ein evidenzbasierter Blick auf die Beschneidungsdebatte", in: ZIS 2013, 514 ff.

[12] Vgl. noch bei *Stücker*, „Evidenz ohne Ethik": http://hpd.de/node/17669; zustimmend *Herzberg*, „Der Abwägungsgedanke und der ‚evidenzbasierte Blick' in der Beschneidungsdebatte", in: ZIS 2014, 56, 62 f.; ferner *Mandla* (Fn. 3), FPR 2013, 244, 249.

[13] *Schäfer/Stehr* (Fn. 5), S. 109, 117.

[14] *Hartmann* (Fn. 7), S. 1.

[15] *Manok*, „Die medizinisch nicht indizierte Beschneidung des männlichen Kindes – Rechtslage vor und nach Inkrafttreten des § 1631d BGB unter besonderer Berücksichtigung der Grundrechte", Berlin: Duncker & Humblot, 2015, S. 38.

tes Körperteil" ist.[16] Das birgt insbesondere bei Beschneidungen im Alter von fünf bis sieben Jahren, also in der „ödipalen Phase", mehrere Entwicklungsrisiken.[17] Man lese nur die rückblickende Bewertung eines als Kind beschnittenen Mannes: „Man wird vergewaltigt und kann es nicht vergessen."[18]

Neben diese Erkenntnis trat unter Medizinern die weitere, dass es keine präventiv-medizinischen Vorteile hat, männliche Personen (im Kindesalter) zu beschneiden: „Tatsächlich lässt sich zeigen, dass Inzidenz und Prävalenz der meisten sexuell übertragbaren Krankheiten durch eine Zirkumzision nicht wesentlich beeinflusst wird [...] Aus medizinischer Sicht kann daher einer Routinezirkumzision kein präventiver Charakter zugesprochen werden. Für alle sexuell übertragbaren Krankheiten existieren präventive Maßnahmen, die deutlich einfacher und sicherer sind: Die Benutzung von Kondomen, die einen nahezu hundertprozentigen Schutz vor allen sexuell übertragbaren Krankheiten bietet ... Vor allem aber besteht bei sexuell übertragbaren oder als Folge von sexueller Aktivität auftretenden Erkrankungen kein Grund, die Zirkumzision in einem Alter durchzuführen, in dem der Junge noch nicht sexuell aktiv ist und er noch nicht selbst über die von ihm bevorzugte Art und Weise der Prävention entscheiden kann."[19] Da das Beschnittensein aufgrund des damit einhergehenden Sensibilitätsverlustes Männer von der Nutzung von Kondomen abhält,[20] wird ein effektiver Schutz gerade vereitelt, wie sich an dem Umstand ablesen lässt, dass die USA trotz hoher Beschnittenenrate eine besonders hohe AIDS-Rate haben.[21]

In seiner Stellungnahme im Rechtsausschuss im Jahr 2012 hatte Wolfram Hartmann, Präsident des Bundesverbandes der Kinder- und Jugendärzte, den Parlamentariern ferner klarzumachen versucht, dass die Abtrennung der Vorhaut vom kindlichen Penis mitnichten der harmlose Eingriff ist, als der er in der seinerzeitigen Beschneidungsdebatte dargestellt worden ist. Die Mitglieder seines Ärzteverbandes konnten zahlreiche Folgekomplikationen des Eingriffs benennen, mit denen die beschnittenen Jungen in den Praxen vorstellig wurden.[22] Das passt zu

---

[16] *Loewenich*, „Medizinethische Aspekte der rituellen Genitalbeschneidung nicht einwilligungsfähiger Jungen", in: Franz (Fn. 1), S. 75, 78; dazu näher *de Klerk*, „Die Bedeutung der Kastrationsangst und der Beschneidung in Freuds Werk und Leben", in: Franz (Fn. 1), S. 190 ff.

[17] Näher beschrieben von *Franz* (Fn. 1), S. 130, 157 ff.

[18] So die Äußerungen eines Patienten (*Franz*, ebenda, S. 130, 131).

[19] *Schäfer/Stehr* (Fn. 5), S. 109, 120 f.; die Aufschiebbarkeit des Eingriffs betont bereits *Putzke*, „Die strafrechtliche Relevanz der Beschneidung von Knaben", in: Putzke u. a. (Hrsg.), „Strafrecht zwischen System und Telos – Festschrift für Rolf Dietrich Herzberg zum 70. Geburtstag", Tübingen: Mohr Siebeck, 2008, S. 669 ff., 690.

[20] Vgl. http://pro-kinderrechte.de/#5: Viele beschnittene Männer „berichten, dass sie mit Kondom beim Geschlechtsverkehr kaum noch etwas spüren".

[21] *Herzberg*, „Ethische und rechtliche Aspekte der Genitalbeschneidung", in: Franz (Fn. 1), S. 267, 302.

[22] *Hartmann*, (Fn. 7), S. 4 f.; vgl. etwa noch die Auflistung der Aufklärungsinhalte bei *Putzke*, „Die Beschneidungsdebatte aus Sicht eines Protagonisten", in: Franz (Fn. 1), S. 319, 340 ff.

einer amerikanischen Studie, wonach 400 von 9.000 beschnittenen Jungen (4,7%) *nachoperiert* werden mussten.[23]

Aus diesen medizinischen und ethischen Gründen empfiehlt weltweit kein einziger Ärzteverband eine routinemäßige Jungenbeschneidung, die allermeisten Ärzteverbände lehnen die medizinisch nicht indizierte Jungenbeschneidung auf Basis des ethischen Prinzips des *nihil nocere* ab.[24]

## 2. Zivilgesellschaft

In der öffentlichen deutschen Beschneidungsdebatte, die vom Kölner Urteil entfacht worden war, hatten Vertreter jüdischer und muslimischer Verbände versucht, eine gewisse Einhelligkeit in der Bewertung und religiösen Wichtigkeit der Jungenbeschneidung zu suggerieren. Doch ist die Beschneidung selbst im Judentum umstritten, und zwar seit Jahrhunderten. Im Jahr 1845 schrieb etwa der bedeutende Vertreter des Reformjudentums Abraham Geiger in einem Brief an den liberalen Rabbiner Leopold Luz, der den Ritus aus Angst vor einer Spaltung des Judentums erhalten wollte: Die Beschneidung „bleibt ein barbarischer Akt, der den Vater mit Angst erfüllt, die Wöchnerin in krankhafte Spannung versetzt, und das Opferbewusstsein, das sonst dem Akte eine Weihe gab, ist doch bei uns verschwunden, wie es denn, als ein rohes keine Befestigung verdient".[25] Diese Einschätzung teilten in der Geschichte viele intellektuelle Juden,[26] und sie findet heute unter jüdischen Eltern immer mehr Anhänger. Prägnant ist der Kommentar einer Leserin zu einem seinerzeitigen Artikel im Tagesspiegel: „In der Beschneidungsdebatte geht es darum, sich selbst erklären zu müssen, weshalb man den natürlichen Schutzinstinkt der Eltern gegenüber ihren Neugeborenen mittels Gruppenzwang durchbricht, um [...] das Urvertrauen des Neugeborenen in den von seinen Eltern gewährten Schutz vor Leid und Tod zu verletzen [...]. Die Beschneidung stellt einen Bruch innerhalb der wichtigsten zwischenmenschlichen Beziehung dar, die es gibt. Es gibt wohl keinen größeren Verstoß gegen natürliche menschliche Empfindungen als die Verletzung eines entblößten und ohnmächtig ausgelieferten Säuglings durch seine Eltern. Hierin liegt die unfreiwillige Selbstanklage, die hinter jeder Verteidigung dieses Brauches durchschimmert: Dass man die Beschneidung durchführt, obwohl sie sich falsch anfühlt [...]. Zurück bleibt das Gefühl, dass unter uns vermeidbares Leid und Unrecht geschieht."[27]

---

[23] Siehe bei *Merkel*, „Stellungnahme vor dem Rechtsausschuss", S. 6.

[24] Vgl. die Übersicht auf: http://www.beschneidung-von-jungen.de/home/stellungnahmen-von-aerztegesellschaften.html?L=0%2527A%252#Inhalt (zuletzt besucht am: 15.6.2016); *Frisch* u. a., „Cultural Bias in the AAP's 2012 Technical Report and Policy Statement on Male Circumcision", in: Pediatrics 2013, 796.

[25] Zitiert nach *Segal*, „Die Beschneidung aus jüdisch-humanistischer Perspektive", in: Franz (Fn. 1), S. 211, 217.

[26] Siehe auch dazu bei *Segal*, ebenda, S. 211, 215 ff.; aktuell *Goldman*, Questioning Circumcision: A Jewish Perspective, Vanguard Publications Boston 1997.

Dass das Beschneidenlassen des Sohnes sich falsch anfühlt, lässt heute viele jüdische Eltern die Beschneidung ablehnen. So schätzt man, dass selbst in Israel, wo der soziale Druck auf Eltern hin zur Jungenbeschneidung recht stark ist, etwa drei Prozent der israelischen Säuglinge nicht beschnitten werden.[28] Die Gruppe der unbeschnittenen jüdischen Jungen wächst kontinuierlich. Und dass sich das Beschnittensein falsch anfühlt, haben viele Betroffene leidvoll erfahren. Deshalb organisieren sie sich in zahlreichen Ländern in Betroffenenvereinen und richten ihre Stimme gegen die Praxis der Jungenbeschneidung.[29] Die Aufklärung über Funktion und Nutzen der Vorhaut führte auch in den USA, wo Neugeborene zuvor jahrzehntelang routinemäßig beschnitten wurden, zu einem deutlichen Rückgang der Jungenbeschneidung.[30] Unterstützung erhält diese Gegenbewegung von Filmemachern, die mit eindrucksvollen Dokumentationen die gegen die Jungenbeschneidung sprechenden Gründe streng sachlich und nachhaltig sichtbar machen.[31]

## 3. Recht und Rechtswissenschaft

Von der Strafrechtspraxis ist die medizinisch nicht indizierte Jungenbeschneidung früher weitgehend ignoriert worden. Verbreitung und Üblichkeit des Eingriffs sorgten wohl in Verbindung mit Irrtümern über Funktion und Wichtigkeit des erogenen Körperteils dafür, dass der Eingriff von den Staatsanwaltschaften toleriert wurde. Das war allerdings schon damals zumindest deswegen falsch, weil die allermeisten Beschneidungen nicht auf einer wirksamen Einwilligung der Eltern beruhten: Kaum ein Jungenbeschneider hatte die hohen Anforderungen erfüllt, die an die Aufklärung des Einwilligungsberechtigten bei diesem medizinisch nicht indizierten Eingriff zu stellen waren und zu stellen sind.[32] Doch erst die gründliche Studie Holm Putzkes aus dem Jahr 2008[33] führte dazu, dass sich die Rechtswissenschaft mit der Frage näher befasste. Die Argumente Putzkes und Schlehofers[34] hat sich dann im Jahr 2012 das Landgericht Köln zu eigen gemacht, als es die medizinisch nicht indizierte Jungenbeschneidung trotz Einwilligung der Eltern zum

---

[27] Zitiert nach *Herzberg*, „Die Beschneidung gesetzlich gestatten?", in: ZIS 2012, 486, 504.

[28] *Segal*, (Fn. 25), S. 211, 222.

[29] Für Deutschland siehe www.beschneidung-von-jungen.de.

[30] *Frisch* u. a., (Fn. 24), 796.

[31] Siehe die im Internet (kostenpflichtig) verfügbaren Filme „Circumcision" von *Ari Libsker*, „It's a boy" von *Victor Schonfeld* und „Cut – Slicing Through the Myths of Circumcision" von *Eliyahu Ungar-Sargon*.

[32] Vgl. bei *Herzberg* (Fn. 21), S. 267, 294; *Scheinfeld*, „Erläuterungen zum neuen § 1631d BGB – Beschneidung des männlichen Kindes", in: HRRS 2013, 268, 276 ff.

[33] *Putzke* (Fn. 19), S. 669 ff.; anders *Fateh-Moghadam*, „Religiöse Rechtfertigung? Die Beschneidung von Knaben zwischen Strafrecht, Religionsfreiheit und elterlichem Sorgerecht", in: RW 2010, 115 ff.

[34] *Schlehofer*, in: „Münchener Kommentar zum Strafgesetzbuch", Band 1, 2. Auflage, München: C.H. Beck, 2011, Vorbemerkung zu den §§ 32 ff. Rn. 143.

Körperverletzungsunrecht erklärte (§ 223 I Fall 2 StGB) und damit den Anlass gab für die Verabschiedung des § 1631d BGB.[35] Dieser Entscheidung haben zahlreiche Praktiker und Rechtswissenschaftler zugestimmt und sie mit ergänzenden Argumentationen gestützt.[36] Ihre Position lässt sich auf folgenden gemeinsamen Nenner bringen: Das Abtrennen der Vorhaut vom Penis des Kindes ist ein erheblicher Eingriff in die Körperintegrität und sogar in den Intimbereich. Strafrechtlich erfüllt der Akt zumindest den Tatbestand des § 223 I StGB. Verfassungsrechtlich betrachtet werden mehrere Grundrechte des beschnittenen Kindes verletzt: Das Recht auf körperliche Unversehrtheit (Art. 2 II 1 GG), das Persönlichkeitsrecht des Kindes durch Eingriff in die sexuelle Selbstbestimmung (Art. 2 I mit Art. 1 I GG) und bei religiöser Beschneidung das Recht auf negative Religionsfreiheit durch das Prägen des Körpers mit einem unauslöschlichen religiösen Identifikationsmerkmal (Art. 4 I GG).[37] Eine Rechtfertigung des Eingriffs scheidet aus, weil den Eltern für die Rechtswirksamkeit ihrer Einwilligung die Dispositionsbefugnis fehlt. Eine Legitimation für einen solch tiefen und unumkehrbaren Eingriff in den Körper gibt weder die Religionsfreiheit (Art. 4 I, II GG) noch das elterliche Erziehungsrecht (Art. 6 II 1 GG) – die präventiv-medizinische Sinnlosigkeit der Jungenbeschneidung steht der Annahme elterlicher „Pflege" entgegen, der tiefe, unumkehrbare und gewaltsame Eingriff in den genitalen Intimbereich der reifenden Persönlichkeit des Kindes verbietet die Annahme zulässiger „Erziehung" (dabei sind die Risiken des Eingriffs nicht einmal berücksichtigt).[38] Dass die Jungenbeschneidung das Kindeswohl nicht gefährde, darf auch der Gesetzgeber nicht begründungslos herbeifingieren, wie er es mit § 1631d BGB versucht hat; diese Gestattungsvorschrift ist mit den genannten Grundrechten der Jungen unvereinbar und als verfassungswidrig vom Bundesverfassungsgericht für nichtig zu erklären.[39]

---

[35] Landgericht Köln, NJW 2012, 2128 ff.

[36] Etwa: *Czerner*, „Staatlich legalisierte Kindeswohlgefährdung durch Zulassung ritueller Beschneidung zugunsten elterlicher Glaubensfreiheit?" in: ZKJ 2012, 374 ff.; *Eschelbach* (Fn. 3), § 223 Rn. 35 ff.; *Herzberg*, „Rechtliche Probleme der rituellen Beschneidung", in: JZ 2009, 332 ff.; *derselbe*, „Religionsfreiheit und Kindeswohl", ZIS 2010, 471 ff.; *Scheinfeld* (Fn. 32), HRRS 2013, 268 ff.; *Walter* (Fn. 3), JZ 2012, 1110, 1115. Ablehnend allerdings etwa: *Bartsch*, „Anmerkung zu LG Köln", in: StV 2012, 604 ff.; *Beulke/Dießner*, „(...) ein kleiner Schnitt für einen Menschen, aber ein großes Thema für die Menschheit", in: ZIS 2012, 338 ff.; *Rox*, „Anmerkung zu LG Köln", in: JZ 2012, 806 ff.

[37] Zum Teil wird auch eine Verletzung der Menschenwürde bejaht, etwa von *Eschelbach* (Fn. 3), § 223 Rn. 35; *Jerouscheck*, „Beschneidung und das deutsche Recht", in: NStZ 2008, 313, 319; *Grams*, „Verfassungswidrige Legalisierung ‚Gesetz über den Umfang der Personensorge bei einer Beschneidung des männlichen Kindes' (aus nicht-medizinischen Gründen)", GesundheitsRecht 2013, 332, 334; *Herzberg*, „Ist die Beschneidungserlaubnis mit dem Grundgesetz vereinbar?", in: JZ 2016, 350, 354 f.; *Scheinfeld*, „Die Knabenbeschneidung im Lichte des Grundgesetzes", in: Franz (Fn. 1), S. 358, 388 f.

[38] Vgl. bei *Scheinfeld* (Fn. 32), HRRS 2013, 268 f., 271 ff.; *derselbe* (Fn. 37), S. 358, 364 f., 370 ff.

[39] Verfassungsgemäßheit bescheinigen dem § 1631d BGB dagegen etwa: *Germann*, „Die Verfassungsmäßigkeit des Gesetzes über den Umfang der Personensorge bei einer Beschneidung des männlichen Kindes vom 20.12.2012", in: MedR 2013, 407 ff.; *Hörnle*, „Gutachten C

## 4. Politik

Der aufgezeigten Entwicklung in Medizin, Medizinethik, Gesellschaft und Rechtspraxis tritt der deutsche Gesetzgeber mit § 1631d BGB kurzer Hand entgegen und vermutet, dass der Akt der Jungenbeschneidung – anders als die Mädchenbeschneidung – bei *lege-artis*-Ausführung in der Regel im Wohl des Kindes liege.[40] Das wirft die Fragen auf, inwieweit das Recht dies bei Mädchenbeschneidungen anders sieht und ob sich eine Ungleichbehandlung rechtsethisch legitimieren lässt.

### III. Überblick zum einfachen Recht: Ungleichbehandlungen von Jungen- und Mädchenbeschneidung

#### 1. Die Jungenbeschneidung im einfachen Recht

Der Ende 2012 eingefügte § 1631d BGB ermöglicht es Beschneidern und Eltern, rechtmäßig die Vorhaut vom Penis eines Jungen abzutrennen beziehungsweise abtrennen zu lassen. Die Voraussetzungen dieser Erlaubnisnorm zu erfüllen, ist für den Beschneider nicht so einfach, wie es auf den ersten Blick scheint. So sind bei dem medizinisch nicht indizierten Eingriff hohe Anforderungen an den Umfang der Aufklärung der Einwilligenden zu stellen – über alle Risiken des Eingriffs, auch über Kleinstrisiken, ist aufzuklären;[41] ein Aufklärungsverzicht der Eltern verstößt gegen die Elternpflichten zur treuhänderischen Wahrung des Kindeswohls[42]. Auch die Säuglingsbeschneidung darf nur „ohne unnötige Schmerzen" durchgeführt werden, nur dann wird der Eingriff „lege artis" ausgeführt. Ist damit von Gesetzes wegen eine – nach dem Stand der Wissenschaft –[43] wirksame Anästhesie gefordert, so ist die Anwesenheit eines befähigten Arztes nötig, weil nur er die rechtliche Befugnis zur Verwendung der wirksamen Betäubungsmittel hat. Betäubungsversuche mit Salben und Zäpfchen haben sich als hoffnungslos unzulänglich erwiesen,[44] sie sind nicht kunstgerecht.[45] Nicht kunstgerecht sind ferner Eingriffe außerhalb

---

zum 70. Deutschen Juristentag – Kultur, Religion, Strafrecht – Neue Herausforderungen in einer pluralistischen Gesellschaft", München: C.H. Beck, 2014, S. 46 ff.; *Hörnle/Huster*, „Wie weit reicht das Erziehungsrecht der Eltern? Am Beispiel der Beschneidung von Jungen", in: JZ 2013, 328 ff.; *Rixen*, „Das Gesetz über den Umfang der Personensorge bei einer Beschneidung des männlichen Kindes", in: NJW 2013, 257 ff.; *Steinbach*, „Die gesetzliche Regelung zur Beschneidung von Jungen", in: NVwZ-Extra 9/2013, 1 ff.

[40] *Hardtung*, in: Münchener Kommentar zum Strafgesetzbuch, Band 4, München: C.H. Beck, noch unveröffentlicht, § 226a Rn. 108; *Scheinfeld* (Fn. 32), HRRS 2013, 268, 270.

[41] *Scheinfeld*, ebenda, HRRS 2013, 268, 276 ff.

[42] *Scheinfeld*, ebenda, HRRS 2013, 268, 278.

[43] *Hörnle* (Fn. 39), S. 50.

[44] *Paix/Peterson*, „Circumcision of neonates and children without appropriate anaesthesia is unacceptable practice", Anaesthesia and Intensive Care 2012, 511 ff.

[45] Vgl. noch bei *Merkel*, Stellungnahme im Rechtsausschuss zum Entwurf des § 1631d BGB, S. 3 f.

von hygienisch geeigneten Räumlichkeiten.[46] Das gilt auch für Beschneidungsakte von Personen, die im Sinn des § 1631d II BGB von einer Religionsgemeinschaft zur Beschneidung vorgesehen sind (etwa der Mohel oder der Sünnetci); denn mit Blick auf das Grundrecht des Kindes auf körperliche Unversehrtheit, so der Konsens unter den Juristen,[47] dürfen *in puncto* wirksame Schmerzbetäubung keine Abstriche gemacht werden (erst recht nicht bei den besonders schmerzempfindlichen Neugeborenen); im Zweifel muss die Beschneidung unterbleiben.[48] Aber gleichwohl gilt, dass wenn diese Anforderungen erfüllt werden, die Jungenbeschneidung nach dem Gesetzgeberwillen und – bei Ausblendung der Verfassungsfragen – auch nach dem objektiven Gehalt des § 1631d BGB rechtens ist.

Für Taten, die nicht durch wirksame Einwilligung gerechtfertigt sind, greift zunächst § 223 I StGB, zumindest bei Nichtärzten auch § 224 I Nr. 2 StGB und im Einzelfall für die Eltern §§ 225 I, 25 I Fall 2 StGB (etwa bei von ihnen verlangter Säuglingsbeschneidung nach qualvoll jüdisch-orthodoxem Ritual ohne wirksame Betäubung). Die Verbrechenstrafe, das ist bemerkenswert, bleibt Taten vorbehalten, die zurechenbar eine schwere Folge verursachen, insbesondere eine dauerhafte Entstellung oder den Verlust der Fortpflanzungsfähigkeit (§ 226 StGB).

*2. Die Mädchenbeschneidung im einfachen Recht*

Bei der Mädchenbeschneidung hingegen eröffnet der Verbrechenstatbestand des § 226a I StGB für jedwedes Verstümmeln den Regelstrafrahmen von einem bis zu fünfzehn Jahren Freiheitsstrafe.[49] Rituelle und sonstige gezielte Verletzungen der Genitalien von Frauen und Mädchen kommen in vielerlei Arten vor. Die typisierende Umschreibung der Weltgesundheitsorganisation (WHO), auf die sich auch der deutsche Gesetzgeber bezogen hat,[50] differenziert diesbezüglich zwischen vier Typen der Verstümmelung weiblicher Genitalien. Während bei Typ I von dem Eingriff ausschließlich Klitoriseichel und/oder Klitorisvorhaut betroffen sind (Klitoridektomie), betrifft der Eingriff bei Typ II (auch) die Schamlippen (Exzision). Eingriffe nach Typ III, sogenannte Infibulationen, sind zusätzlich zur Beschneidung durch eine Verengung der Vaginalöffnung gekennzeichnet. Daneben kennt die Klassifikation der WHO einen Typ IV, der alle anderen Verletzungen weiblicher

---

[46] *Hörnle* (Fn. 39), S. 50.

[47] Siehe nur *Hörnle* (Fn. 39), S. 50; *Hörnle/Huster* (Fn. 39), JZ 2013, 334, 339; *Isensee*, „Grundrechtliche Konsequenz wider geheiligte Tradition – Der Streit um die Beschneidung", in: JZ 2013, 317, 324 ff.; *Scheinfeld* (Fn. 32), HRRS 2013, 269, 275 f.; *Yalcin*, „Zur Strafbarkeit der Beschneidung", in: Betrifft Justiz 2012, 380, 385.

[48] *Hörnle*, ebenda, S. 50 f.

[49] Die Notwendigkeit dieser Norm soll hier nicht diskutiert werden. Als bloß oder eher „symbolisches Strafrecht" wird sie eingestuft von: *Eschelbach* (Fn. 3), § 226a Rn. 2; *Fischer* (Fn. 3), § 226a Rn. 2b; *Sotiriadis*, „Der neue Straftatbestand der weiblichen Genitalverstümmelung, § 226a StGB: Wirkungen und Nebenwirkungen", in: ZIS 2014, 320, 337.

[50] Gesetzesentwurf zu § 226a StGB BT-Drucksache 17/13707, S. 6 l. Sp.

Genitalien zu nicht-medizinischen Zwecken erfasst (etwa das rituelle Durchstechen der äußeren Schamlippen). – Eine Rechtfertigung durch Einwilligung der Eltern kommt mangels medizinischer Indikation bei all diesen Formen grundsätzlich nicht in Betracht, denn zumindest fehlt ihnen die Dispositionsbefugnis, weil die Tat in den auch für Eltern unverfügbaren Intimbereich dringt.[51]

### a) Das Merkmal „verstümmeln" in § 226a StGB

Für das genaue Maß der Ungleichbehandlung kommt es dann noch darauf an, wie das Handlungsmerkmal des § 226a I StGB zu deuten ist. Für unser Thema interessiert nun besonders, ob diejenigen Formen der Mädchenbeschneidung, die in der Eingriffsintensität der Jungenbeschneidung entsprechen oder an sie heranreichen, den Verbrechenstatbestand verwirklichen. Judikate dazu gibt es noch nicht. In der Literatur präferieren einige Autoren eine einschränkende systematisch-verfassungskonforme Auslegung des Tatbestandsmerkmals „verstümmelt".[52] Am eindringlichsten argumentiert Hardtung, der zum folgenden Verständnis gelangt: „Das Handlungsmerkmal ,verstümmeln' ist […] so auszulegen, dass damit die objektiv zurechenbare Verursachung einer mittelschweren Gesundheitsschädigung […] gemeint ist", also eine „dauerhafte Schädigung, deren Gewicht und Dauer sich deutlich auf eine schwere Körperverletzung gemäß § 226 zubewegen".[53] Diese Auslegung hätte zur Folge, dass etwa die sogenannte „milde Sunna", also die Entfernung der Klitorisvorhaut (wie von der islamischen Rechtsschule der Schafi'iten praktiziert), *nicht* dem Verstümmeln unterfiele. Den Rechtsanwender zu diesem einschränkenden Verständnis zwingen sollen nach Hardtung systematische Gesichtspunkte: die hohe Strafandrohung und die Gewichtung von einschlägigen Unrechtsaspekten, wie sie sich in den übrigen Körperverletzungstatbeständen ausdrücken; die Vorschrift würde sonst „schon bei vergleichsweise geringem Unrecht Freiheitsstrafe von einem Jahr androhen sowie für vergleichbares Unrecht höhere Strafen als die anderen Körperverletzungsdelikte androhen"; dies gelte etwa für Verletzungen „an den Lippen" oder an „Sinnesorganen", wenn diese Taten nicht § 226 StGB unterfielen.[54]

Aber diese Auslegung überzeugt nicht. Dabei sieht Hardtung schon selber, dass sie den Willen des Gesetzgebers missachtet. Es darf als sicher gelten, dass der die „milde Sunna" als „Verstümmeln" erfasst wissen wollte.[55] Eine solche Tat ist für sich betrachtet auch nicht unverhältnismäßig bestraft mit einem Jahr Freiheitsstra-

---

[51] *Czerner* (Fn. 36), ZKJ 2012, 374, 379; *Eschelbach* (Fn. 3), § 223 Rn. 35.2, § 226a Rn. 7.

[52] *Hardtung* (Fn. 40), § 226a Rn. 34 ff.; *Sotiriadis* (Fn. 49), ZIS 2014, 320, 327; *Lackner/Kühl/Heger*, „Strafgesetzbuch – Kommentar", 28. Auflage, München: C.H. Beck 2014, § 226a Rn. 3; *Wolters*, in: „Systematischer Kommentar zum Strafgesetzbuch", § 226a Rn. 13.

[53] *Hardtung*, ebenda, § 226a Rn. 99 mit Rn. 55.

[54] *Hardtung*, ebenda, § 226a Rn. 91.

[55] Vgl. bei *Eschelbach* (Fn. 3), § 226a Rn. 9. Zwar wollten konkurrierende Gesetzesentwürfe die Tathandlung bezeichnen als „Beschneidung oder Verstümmelung", aber mit der Abkehr

fe (vielleicht auf Bewährung). Zum Vergleich: Wer einem anderen in den Magen boxt und ihm ein Brötchen wegnimmt, um es zu essen, begeht das Verbrechen des Raubes (§ 249 StGB). Der Unrechtsgehalt der „milden Sunna" ist deutlich höher.

Auch zwingt der Vergleich mit anderen Körperverletzungen, die nur den §§ 223, 224 StGB unterfallen, nicht zur Missachtung des Gesetzgeberwillens. So begeht etwa eine gefährliche Körperverletzung und wird mit mindestens sechs Monaten Freiheitsstrafe belegt, wer einem anderen mit einer Schere ein Stück vom Ohrläppchen abschneidet; denn diese Tat verursacht einen hinreichend erheblichen Körperschaden (§ 224 I Nr. 2 Fall 2 StGB).[56] Dazu passt es im Vergleich der Unrechtsgehalte durchaus, wenn die vorsätzliche Entfernung der Klitorisvorhaut, die ja einen erheblicheren Körperschaden herbeiführt, als Verbrechen bestraft wird (§ 226a I StGB). Was Hardtung und manch anderer, der die „milde Sunna" und vergleichbar schwere Eingriffe dem § 226a StGB entzieht, vollständig vernachlässigen, ist das Hinzutreten eines unrechtssteigernden Aspektes: Anders als bei mittelschweren Verletzungen an Armen, Lippen und Sinnesorganen ist bei der Genitalbeschneidung der Intimbereich betroffen, also mit dem primären Geschlechtsorgan etwas Höchstpersönliches und auch für Eltern Unverfügbares.[57] Neben den Schutz der körperlichen Unversehrtheit tritt bei § 226a StGB deshalb der Schutz der sexuellen Selbstbestimmung als Teil des (kindlichen) Persönlichkeitsrechts.[58] Die Verletzung des Intimbereichs wird von den betroffenen Frauen und Mädchen im Verhältnis zur Verletzung anderer Körperregionen als schwerer erlebt. Auch hier ein Vergleich: Wer eine Frau festhält und ihren Genitalbereich streichelt, um sich sexuell zu erregen, wird für diese Tat mit einem Jahr Freiheitsstrafe belegt (§ 177 I Nr. 1 StGB). Daran wird systematisch einsichtig, dass der Gesetzgeber der sexuellen Selbstbestimmung einen sehr hohen Rang beimisst. Allemal vermag dieser – vielfach übersehene – Unrechtsaspekt des Eingriffs in die sexuelle Selbstbestimmung im Verbund mit eintretenden Körperverletzungsfolgen (Fehlen der schützenden Klitorisvorhaut), die Anhebung des Strafrahmens auf das Niveau des § 226a I StGB zu legitimieren. Wenn es im Einzelfall angezeigt ist, kann gemäß § 226a II StGB immer noch ein minder schwerer Fall angenommen werden, womit man im Mindeststrafmaß auf das Niveau des § 224 I Nr. 2 StGB zurückfiele.

Im Ergebnis ist festzuhalten: Verletzende Eingriffe in Genitalien von Mädchen sind auch dann ein „Verstümmeln" und damit vom Verbrechenstatbestand des § 226a StGB erfasst, wenn sie hinsichtlich der Eingriffstiefe der Jungenbeschneidung vergleichbar sind oder gar leicht darunter liegen (etwa die „milde Sunna").[59]

---

davon sollten die milde Sunna und vergleichbare Akte nicht ausgegrenzt werden (a.A. *Lackner/Kühl/Heger* [Fn. 52], § 226a Rn. 3 mit Rn. 1).

[56] Die Rechtsprechung lässt es sogar genügen, dass jemand eine brennende Zigarette auf Brust und Arm des Opfers ausdrückt (BGH NStZ 2002, 86).

[57] Siehe die Nachweise in Fn. 51.

[58] *Eschelbach* (Fn. 3), § 226a Rn. 7; *Hagemeier/Bülte*, „Zum Vorschlag eines neuen § 226a StGB zur Bestrafung der Genitalverstümmelung", in: JZ 2010, 406, 409.

### b) Ungleichbehandlung innerhalb des § 226a StGB

Problematisch erscheint zunächst die aus dem Wortlaut des § 226a StGB folgende Beschränkung des objektiven Tatbestandes auf die Verletzung äußerer Genitalien, da das Unrecht der Verletzung innerer Organe im Vergleich eher noch schwerer wiegt.[60] Dies kann hier aber, weil außerhalb des Untersuchungsgegenstandes liegend, auf sich beruhen. Nachzugehen ist stattdessen der Frage, inwieweit § 226a StGB unter dem Aspekt einer geschlechterspezifischen Ungleichbehandlung zu kritisieren ist. Ausweislich seines Wortlautes erfasst § 226a StGB nur die Verstümmelung der Genitalien einer „weiblichen Person". Die hierin liegende Ungleichbehandlung ist evident: Auch männliche Genitalien können „verstümmelt" werden.[61] Deutlich zu kurz griffe es nun, hinsichtlich einer etwaigen Verstümmelung des männlichen Gliedes nur an Fälle im Sinne einer Folterung oder ähnlicher Gewalttaten zu denken[62] und das Problem eines fehlenden strafrechtlichen Schutzes männlicher Personen durch § 226a StGB auf diesen Bereich beschränkt zu sehen[63]. Nicht aus dem Blick geraten darf nämlich zum einen, dass auch rituelle Jungenbeschneidungen als Genitalverstümmelungen klassifiziert werden können. Dies wird durchaus erkannt und die Penisbeschneidung wird – pauschal – als eher leichte Form der Betroffenheit eingeordnet.[64]

Und zum andern übersieht, wer die schweren Formen der Genitalverstümmelung bei männlichen Personen allein dem Bereich klassischer Gewaltkriminalität zuordnet,[65] dass die dem Grade nach schwereren Formen der Genitalverstümmelung nicht zwangsläufig außerhalb eines rituellen Kontextes im Sinne einer nach bestimmten Regeln durchgeführten „Genitalbeschneidung" liegen müssen. Irrig wäre nämlich die Annahme, rituelle Penisbeschneidungen beschränkten sich auf das Abtrennen der Vorhaut oder schwächere Eingriffe. Bekannt sind tief verletzende Praktiken, beispielsweise das „Aufschneiden der Harnröhre bis an die Peniswurzel bei einigen Aborigines-Stämmen in Australien" oder gar „das regel-

---

[59] Bei welcher Eingriffsintensität exakt die Schwelle zum Tatbestand des § 226a StGB überschritten ist, muss für unser Thema nicht entschieden werden (vgl. dazu bei *Hardtung* [Fn. 40], § 226a Rn. 34 ff.).

[60] Kritisch etwa *Eschelbach* (Fn. 3), § 226a Rn. 4; *Fischer* (Fn. 3), § 226a Rn. 7; akzeptiert wird diese Ungleichbehandlung von *Lackner/Kühl/Heger* (Fn. 52), § 226a Rn. 1 am Ende.

[61] *Eschelbach* (Fn. 3), § 226a Rn. 4; *Hardtung* (Fn. 40), § 226a Rn. 24; *Hörnle* (Fn. 39), S. 49; *Wolters,* „Der kleine Unterschied und seine strafrechtlichen Folgen", in: GA 2014, 556, 571; ferner *Fischer* (Fn. 3), § 226a Rn. 4 m. w. N.

[62] Vgl. hierzu *Eschelbach,* ebenda, § 226a Rn. 4 (Stand: 1.3.2016), der explizit meint, die Ungleichbehandlung einer „ausnahmsweise" auftretenden Verstümmelung des männlichen Gliedes, „etwa im Rahmen einer Folterung", sei sachlich nicht gerechtfertigt; ferner *Fischer,* ebenda, § 226a Rn. 5; *Wolters,* ebenda, 556, 570 f.

[63] So aber irrig *Lackner/Kühl/Heger* (Fn. 52), § 226a Rn. 1.

[64] *Hardtung* (Fn. 40), § 226a Rn. 29.

[65] *Hardtung,* ebenda, § 226a Rn. 29, der hier vornehmlich nur sadistische, bestrafende oder sonst extreme Gewalttaten im Blick zu haben scheint.

rechte Häuten des Penis beim Stamm der Dowayos in Kamerun".[66] Mögen solche Praktiken empirisch betrachtet den Ausnahmefall darstellen und insbesondere für den deutschen Rechtsraum kaum eine Rolle spielen, so ist dennoch ein Sachgrund dafür, dem männlichen Teil der Bevölkerung den Schutz der Strafnorm § 226a StGB vor solchen Verstümmelungen generell vorzuenthalten, nicht ersichtlich. Insbesondere ist die darin liegende Diskriminierung der Jungen und Männer nicht für die Lösung des Problems „rituelle Mädchenbeschneidung" als „zwingend erforderlich" anzusehen, sodass nach den Maßstäben des Bundesverfassungsgerichtes ein Verstoß gegen Art. 3 III GG vorliegt.[67]

### c) Ungleichbehandlung im Verhältnis zu § 1631d BGB

Einer redlichen Diskussion öffnet sich bei unserem Thema erst derjenige, der zunächst einmal anerkennt, was unbestreitbar ist: Es gibt Genitalbeschneidungen an Mädchen, die *in puncto* Eingriffstiefe nicht schwerer wiegen als die Penisvorhautbeschneidung beim Jungen. Dazu zählt die schon genannte „milde Sunna", die Beschneidung der Klitorisvorhaut.[68] Die Vergleichbarkeit mancher Formen der Mädchenbeschneidung mit der Penisvorhautbeschneidung beim Jungen wurde aber vor allem im Gesetzgebungsverfahren konsequent geleugnet. Die Mädchenbeschneidung, hieß es, führe zu lebenslangen erheblichen Beeinträchtigungen und sei kategorial von der Jungenbeschneidung zu unterscheiden.[69] In einer solchen Ausblendung der Vergleichbarkeit von Mädchen- und Jungenbeschneidung liegt ein diskursethischer und intellektueller Tiefpunkt der Beschneidungsdebatte.[70] Bei Licht besehen zwingen uns sowohl die Rechtsethik als auch Art. 3 GG dazu, Ähnlichkeiten zwischen den Akten präzise auszuloten. Um deutlich zu erfassen, auf welches Niveau sich einige Teilnehmer der Debatte herabgeben, wollen wir ihren Standpunkt der „Halbblindheit"[71] einmal umkehren: „Die Jungenbeschneidung ist schlimmer und kategorial von der Mädchenbeschneidung zu unterscheiden, denn beispielsweise hat das Aufschneiden der Harnröhre oder das Häuten des Penis ganz gravierende und lebenslange Folgen, daran reicht im Schweregrad die Abtrennung der Klitorisvorhaut bei weitem nicht heran." Wer derart argumentieren würde für eine Gesetzeslage, die Beschneidungen des kindlichen Penis als Verbrechen be-

---

[66] *Manok* (Fn. 15), S. 27; ferner *Denniston/Hodges/Milos* (Hrsg.), Understanding Circumcision, 2001, Vorwort S. VII f.

[67] *Hardtung* (Fn. 40), § 226a Rn. 29.

[68] *Hardtung*, „Stellungnahme im Rechtsausschuss zum Entwurf des § 226a StGB", 2013, S. 10 f.; *Karim/Hage*, „Jongens wel, meisjes niet", Med Contact, 63 (16), 1536, 1539; *Darby/Svoboda*, „A rose by any other name – Rethinking the similarities and differences between male and female genital cutting", Medical Anthropology Quarterly, 21 (3) 2007, S. 301 ff.; *Walter* (Fn. 3), JZ 2013, 1110, 1112.

[69] Siehe dazu bei *Herzberg* (Fn. 27), ZIS 2012, 486, 491.

[70] *Scheinfeld* (Fn. 37), S. 358, 369.

[71] *Hardtung* spricht zutreffend von der „Halbblindheit des Gesetzgebers" (Fn. 40), § 226a Rn. 29.

straft, die Beschneidung der kindlichen Klitorisvorhaut dagegen erlaubt, dürfte keine Gefolgschaft erwarten. Die Umkehrung der Argumentation offenbart ihre Beliebigkeit und ihre Unhaltbarkeit.

Mit einigem Staunen steht man auch vor einer These, die ein Problem der Gleichbehandlung schlicht leugnet, weil die Regelung des § 1631d BGB sich gerade auf ein primäres Geschlechtsorgan bezieht (den Penis), das es nur bei männlichen Kindern gibt: „Der anatomische Unterschied zwischen Jungen und Mädchen", sagt Germann, „ist weitaus größer als jegliche anatomische Analogie, die teilweise für eine Analogie zwischen der Jungenbeschneidung und der Verstümmelung weiblicher Genitalien bemüht wird."[72] Wäre das richtig, dürfte der Gesetzgeber den sexuellen Missbrauch „an der kindlichen Vagina" verbieten und den „am kindlichen Penis" erlauben; ein Problem der Gleichbehandlung läge wegen der „anatomischen Unterschiede" nicht vor! Nötig und ausreichend für die richtige Beurteilung ist dagegen die Abstraktion, dass alle Beschneidungsformen das primäre Geschlechtsorgan körperlich verletzen und insoweit gleiche Sachverhalte bieten (Art. 3 I, III GG).[73]

Zustimmung verdient daher Walters Analyse, der Gesetzgeber entziehe mit § 1631d BGB „den schwächsten Menschen in einem hochsensiblen Bereich das Recht auf körperliche Unversehrtheit allein auf Grund ihres Geschlechts" – diese Entwicklung ist „neu".[74]

## IV. Legitimationsversuche

### 1. Religionsfreiheit der Eltern (Art. 4 I, II GG)

In der ersten Aufregung nach dem Kölner Urteil haben die Kritiker der Entscheidung ein wenig reflexhaft und unüberlegt abgehoben auf die Religionsfreiheit der Eltern. Dieses Grundrecht, so hieß es bei vielen, legitimiere auch das Eingreifen des Gesetzgebers zugunsten der beschneidungswilligen Eltern.[75] Es lässt sich aber leicht zeigen, dass die Religionsfreiheit, wenn man sie allein betrachtet, für eine Beschneidungserlaubnis nichts hergibt. Das hat einen prinzipiellen Grund: Freiheitsrechte heißen so, weil der Inhaber des Rechts die Freiheit zu bestimmten Handlungen schlicht deshalb hat, weil er diese Handlungen ausführen will.[76] Ein solches Freiheitsrecht kann ersichtlich keine gezielten Eingriffe in den Körper an-

---

[72] *Germann* (Fn. 39), MedR 2013, 412, 423.

[73] *Scheinfeld* (Fn. 37), S. 358, 368 in Fn. 7.

[74] *Walter*, „Die (Zwischen-)Lösung muss ins Strafrecht – Zum Entwurf eines Beschneidungsgesetzes", NJW aktuell 2012, 12.

[75] Etwa *Bielefeldt*, „Der Kampf um die Beschneidung – Das Kölner Urteil und die Religionsfreiheit", Blätter für deutsche und internationale Politik, S. 63 ff.; *Schwarz*, „Verfassungsrechtliche Aspekte der religiösen Beschneidung", in: JZ 2010, 1125 ff.; *Zähle*, „Religionsfreiheit und fremdschädigende Praktiken", AöR 134 (2009), 434 ff.

[76] *Merkel*, „Die Haut eines anderen", Süddeutsche Zeitung, 25./26. 8. 2012.

derer Grundrechtsträger rechtfertigen. Wer sich die Freiheit nimmt, den anderen ohne Not oder Zustimmung zu verletzen, bestreitet ihm die Rechtsgleichheit.[77]

Das wird sofort deutlich, wenn man die Eltern-Kind-Beziehung einmal gedanklich aus dem Beschneidungsszenario herausstreicht. Dazu ein Beispiel: Ein Rabbiner und Mohel nutzt eine günstige Gelegenheit und beschneidet den Sohn einer jüdischen Mutter eigenmächtig und gegen den Willen der Eltern. Religionsrechtlich hat er damit seine religiöse Pflicht erfüllt; denn wenn der Vater seiner Beschneidungspflicht nicht nachkommt, ist religionsrechtlich das Rabbinat zur Vornahme der Beschneidung verpflichtet.[78] Für solch einen Fall käme niemand auf die Idee, eine Rechtfertigung der Körperverletzung auch nur zu erwägen. Dass der Mohel seine religiöse Pflicht erfüllt hat, nutzt ihm überhaupt nichts. Schon gar nicht würde man in eine Abwägung seiner Religionsfreiheit mit den Rechten des Jungen und seiner Eltern eintreten. Diese Rechte setzen sich *a limine* durch: Müssten sie der reinen Willkür des anderen weichen, wären es keine Rechte.[79]

Das wird in anderen Bereichen, wo nicht die Absicht die Einsicht verdrängt, denn auch völlig klar gesehen. Eine Spende von 5.000 €, die die Eltern dem kindlichen Vermögen entnehmen, bleibt strafbare Untreue gemäß § 266 StGB auch dann, wenn sie an die Kirchengemeinde erfolgt, der das Kind angehört und damit der religiösen Tradition der Hergabe „des Zehnten" entspricht; das körperliche Eindringen in eine fremde Wohnung bleibt ein strafbarer Hausfriedensbruch gemäß § 123 StGB, auch wenn es – von Zeugen Jehovas vollzogen – der religiösen Missionierung der Hausherrin dient.[80] Dass ein Ehemann nicht wegen unterlassener Hilfeleistung strafbar ist, wenn er die religiös motivierte Entscheidung seiner Frau, eine lebensrettende Bluttransfusion abzulehnen, aus eigener religiöser Überzeugung respektiert und keinen Arzt herbeiruft,[81] widerlegt die These nicht; denn die Straflosigkeit des Ehemannes hängt in solch einem Fall nicht an der eigenen Religiosität des Ehemannes, sondern an der Eigenverantwortlichkeit der Ehefrau (die auch der Arzt respektieren müsste), wäre die Frau geisteskrank oder handelte es sich um die zehnjährige Tochter des Mannes, beginge er auch bei tiefster Gläubigkeit das Unrecht der unterlassenen Hilfeleistung (§ 323c StGB).[82]

---

[77] *Scheinfeld* (Fn. 37), S. 358, 371; ähnlich *Isensee* (Fn. 47), JZ 2013, 317, 322.

[78] *Gotzmann*, „Jenseits der Aufregungen – Zur Konstruktion des Jüdischen in der Beschneidungsdebatte", in: Franz (Fn. 1), S. 228, 251 f.

[79] Diese Sicht beginnt sich durchzusetzen: *Enders* (Fn. 3), S. 291, 296; mit zahlreichen Nachweisen *Hörnle* (Fn. 39), S. 46 mit Fußnote 188; dagegen heben *Beulke/Dießner* (Fn. 36), ZIS 2012, 338 ff. irrig auf die Religionsfreiheit des Kindes selber ab, die Eltern übten sie nur in Stellvertretung aus (gegen sie zutreffend *Herzberg* [Fn. 27], ZIS 2012, 486, 492 f.; *Hörnle/Huster* [Fn. 39], JZ 2013, 328, 329).

[80] Beispiele von *Herzberg* (Fn. 36), ZIS 2010, 471, 475; *derselbe* (Fn. 27), ZIS 2012, 486, 491 f.

[81] BVerfGE 32, 98.

[82] BVerfGE 32, 98, 114; siehe auch *Enders* (Fn. 3), S. 291, 306.

Für unser Thema ist schließlich mitentscheidend, dass eine Eingriffslegitimation, die an die Religionsfreiheit der Eltern geknüpft wird, eine Differenzierung zwischen Jungenbeschneidung und Mädchenbeschneidung nicht zu tragen vermag. Für diejenigen Verletzungen der Genitalien eines Mädchens, die religiös motiviert sind und die nicht schwerer wiegen als die Penisvorhautbeschneidung, müsste die Religionsfreiheit der Eltern oder des Beschneiders ebenfalls eine Legitimation hergeben. Wie etwa das Beispiel der Schafi'iten zeigt, liegen den Mädchenbeschneidungen zum Teil dieselben religiösen Motive wie den Jungenbeschneidungen zugrunde. Die gläubigen Eltern müssten also – ginge es allein um Religionsfreiheit – unabhängig vom Geschlecht ihrer Kinder und unabhängig von der Stärke und sozialen Relevanz der religiösen Gruppe strikt gleichbehandelt werden.[83] Als Grund für eine Differenzierung wird zwar zum Teil darauf verwiesen, dass Mädchenbeschneidungen das Moment der Entwürdigung innewohne, weil die Mädchen als „unrein" oder „triebhaft" angesehen werden.[84] Zum einen ließe sich dies schon nicht einwenden gegen alle Riten und Glaubensrichtungen, so haben etwa die schon erwähnten Schafi'iten für die Beschneidung ihrer Söhne und Töchter dieselben religiösen Motive; ihr Beschneiden der kindlichen Klitorisvorhaut richtet sich insbesondere nicht gegen die weibliche Sexualität. Und zum andern würden die von Hörnle angeführten Aspekte, wenn ausschlaggebend, ebenso zur Untersagung der jüdischen Beschneidung führen: „Die Vorhaut", so lässt sich ein Mohel *in puncto* „Unreinheit" der Unbeschnittenen vernehmen, „ist etwas Verabscheuungswürdiges, und deshalb schneiden wir sie ab."[85] Und auch richtet sich der jüdische Beschneidungsritus gegen die natürliche männliche Sexualität: „Die Beschneidung", sagt Citron, „zügelt das sexuelle Verlangen, was dem Menschen mehr Kraft gibt, es zur richtigen Zeit und für die richtigen Zwecke einzusetzen und sich von unangemessener sexueller Aktivität fernzuhalten".[86]

Zu all diesen normativen Erwägungen tritt der – vom Judaisten Gotzmann betonte – empirische Umstand, dass gerade in Deutschland die meisten jüdischen Gemeinden und ihre Mitglieder „fast gänzlich areligiös" sind.[87] Für sie wäre die Legitimation über die Religionsfreiheit ohnehin nicht zu haben.

---

[83] BVerfGE 108, 282, 298; 32, 98, 106.

[84] So argumentiert für manche Riten der Mädchenbeschneidung *Hörnle* im Rahmen ihres Ansatzes über das elterliche Erziehungsrecht (Fn. 39), S. 55.

[85] So im Film „Circumcision" von *Ari Libsker* (im Internet kostenfrei zugänglich); für den Islam vgl. bei *Jerouscheck*, „Beschneidung und das deutsche Recht. Historische, medizinische, psychologische und juristische Aspekte", in: NStZ 2008, 313, 314; *Kelek*, „Akt der Unterwerfung", in: Der Spiegel 2012 (51), 74, 75.

[86] *Citron*, „Die Mizwa der Beschneidung (1. Teil)", http://www.de.chabad.org/parshah/article_cdo/aid/2085833/jewish/Die-Mizwa-der-Beschneidung-1-Teil.htm.

[87] *Gotzmann* (Fn. 78), S. 228, 253.

## 2. Erziehungsrecht der Eltern (Art. 6 GG)

a) Es bleibt die Frage, ob denn immerhin das Erziehungsrecht eine Differenzierung zwischen erlaubter Jungenbeschneidung und verbotener Mädchenbeschneidung rechtfertigen kann.[88] Ausgangspunkt weiterer Überlegungen muss das dreipolige Verhältnis Eltern-Kind-Staat sein. „Pflege und Erziehung der Kinder", so heißt es in Art. 6 II GG, „sind das natürliche Recht der Eltern", aber zugleich „die zuvörderst ihnen obliegende Pflicht". Das Bundesverfassungsgericht fasst beides unter dem Begriff der „Elternverantwortung" zusammen und es konkretisiert diese Elternverantwortung wie folgt: Das Kind ist „nicht Gegenstand elterlicher Rechtsausübung, es ist Rechtssubjekt und Grundrechtsträger, dem die Eltern schulden, ihr Handeln an seinem Wohl auszurichten".[89] Das Kind hat einen damit korrespondierenden Achtungsanspruch: Weil das elterliche Bestimmungsrecht im Interesse des Kindes eingeräumt ist, muss eben dieses „Kindeswohl letztlich bestimmend sein und Vorrang vor den Elterninteressen haben".[90] Über die Einhaltung dieser Grundsätze wacht der Staat in Ausübung seines Wächteramtes (Art. 6 II GG).

Allerdings gilt für die Bestimmung, was im Wohl des Kindes liegt, zunächst einmal das Elternprimat; die Eltern haben eine weitreichende Entscheidungsmacht. So dürfen sie beispielsweise entscheiden, welcher Religion das Kind angehört oder auf welche Schule es geht oder ob es geimpft wird oder nicht. Erst wenn das Kindeswohl gefährdet ist, darf der Staat eingreifen. Solange diese Grenze nicht erreicht ist, haben die Eltern einen Abwehranspruch gegen den Staat. Ist aber das Kindeswohl gefährdet, hat das Kind gegenüber dem Staat einen Schutzanspruch; diesem Schutzanspruch des Kindes entspricht eine Schutzpflicht des Staates; und die Erfüllung dieser Pflicht gibt dem Staat dann im Verhältnis zu den Eltern ein Eingriffsrecht. Ein Beispiel bietet die bloß prophylaktische Entfernung der kindlichen Gaumenmandeln. Eine solche Operation dürfen die Eltern nicht veranlassen, weil sie nicht im Kindeswohl liegt.[91] Der Staat schützt das Kind vor einem solchen Eingriff mit der Strafnorm des § 223 StGB; die Eltern machen sich durch solcherart Gesundheitsprophylaxe zumindest strafbar wegen Anstiftung zur Körperverletzung.[92]

---

[88] Vernachlässigen kann man das Recht zur „Pflege". Es ist zwar versucht worden, ein Beschneidungsrecht der Eltern aus möglichen präventiv-medizinischen Vorteilen abzuleiten (*Fateh-Moghadam* [Fn. 33], RW 2010, 136 ff.). Doch ist das Vorliegen dieser Vorteile unter Medizinern hoch umstritten und vor allem setzen sie erst mit Geschlechtsreife des Jungen ein, sodass es nicht erforderlich ist, das Persönlichkeitsrecht des Jungen zu übergehen, und man ihm deshalb den Eingriff nicht ungefragt aufzwingen darf, bevor er selber eigenverantwortlich entscheiden kann (vgl. schon oben unter II.1. im Text vor Fn. 19; pointiert dazu auch *Gotzmann*, ebenda, S. 228, 235).

[89] BVerfGE 121, 69, 93.

[90] *Robbers*, in: v. Mangoldt/Klein/Starck, Kommentar zum Grundgesetz, 6. Auflage, München: Vahlen, 2010, Art. 6 Rn. 149.

[91] *Isensee* (Fn. 47), JZ 2013, 317, 321.

[92] Speziell zur Jungenbeschneidung *Schlehofer* (Fn. 34), Vorbemerkungen zu §§ 32 ff. Rn. 144.

Wird der Schutzanspruch des Kindes im Einzelfall aktiviert, bleibt dem Staat aber grundsätzlich ein Beurteilungsspielraum, innerhalb dessen er entscheiden darf, welche Maßnahme den nötigen Schutz bietet: „Die Verfassung gibt den Schutz als Ziel vor, nicht aber seine Ausgestaltung im einzelnen".[93] Es gilt aber auch: „Die Vorkehrungen, die der Gesetzgeber trifft, müssen für einen angemessenen und wirksamen Schutz ausreichend sein und zudem auf sorgfältigen Tatsachenermittlungen und vertretbaren Einschätzungen beruhen"; ein gewisses Schutzniveau darf der Staat nicht unterschreiten, sonst verstößt er gegen das Untermaßverbot.[94]

b) Will man diesen Maßstab für ein Interventionsrecht des Staates auf die Frage der Beschneidung kindlicher Genitalien anwenden, so muss man sich zunächst von einem verbreiteten Irrtum fernhalten. Manche Autoren, die dem Staat das Interventionsrecht absprechen, verweisen für ihre Sicht auf das gängige Verständnis des § 1666 BGB, wonach gerichtliche Maßnahmen wegen „Gefährdung des Kindeswohls" erst zulässig sind, wenn *erhebliche* Schädigungen drohen, was für die Beschneidung bestritten wird.[95] Dieser Einwand übersieht zweierlei: Zum einen tritt mit der Verletzung des kindlichen Genitalbereichs ein *erheblicher* Schaden bereits ein. Insbesondere bei der Jungenbeschneidung geht mit der Vorhaut eine erogene Zone und der sensibelste Teil des Penis verloren, was neben anderem das Masturbieren erschwert. Das genügt – wenn man es sich denn nur bewusst macht – gewiss dafür, gerichtliche Maßnahmen nach § 1666 BGB anzuordnen, wie es im Jahr 2013 der Familiensenat des Oberlandesgerichtes Hamm getan hat.[96] Die Schwelle des § 1666 BGB würden wohl alle zweifellos überschritten sehen, wenn Eltern sich anschickten, ihre Tochter einem ähnlich schweren Eingriff zu unterziehen (etwa einer Klitorisvorhautbeschneidung).

Zum andern wird die Besonderheit gezielter körperlicher Verletzungen im Verhältnis zu sonstigen (auch psychischen) Beeinträchtigungen nicht berücksichtigt.[97] Verletzen die Eltern aktiv die körperliche Integrität des Kindes, ist dies für den Staat leicht zu erkennen. Dagegen sind (schleichende) psychische Beeinträchtigungen oder sich physisch auswirkende Unterlassungen der Eltern (etwa im Bereich Ernährung) oft nur mit einem genauen Beobachten der familiären Lebensverhältnisse zu entdecken, wovor der Staat, weil er ein freiheitlicher und kein Überwacherstaat ist, natürlich zurückschreckt. Man kann es auch so sagen: Selbstverständlich darf der Gesetzgeber den Eltern mit § 223 StGB verbieten, ein Piercing an der Vorhaut des dreijährigen Sohnes oder der dreijährigen Tochter anbringen zu lassen, auch wenn das auf die psychische Entwicklung des Kindes weiter keinen Einfluss haben sollte. Erst recht darf der Staat dann natürlich untersagen, die Vorhaut des Kindes

---

[93] BVerfGE, 88, 203, 245.
[94] BVerfGE, 88, 203, 245; 121, 69, 92.
[95] So etwa der Gesetzesentwurf zu § 1631d BGB, BT-Drucksache 17/11295, S. 18 re. Sp. oben.
[96] OLG Hamm, NJW 2013, 3662.
[97] Näher *Merkel/Putzke*, „After Cologne: male circumcision and the law. Parental right, religious liberty or criminal assault", in: Journal of Medical Ethics 2013, 444 f.

abzutrennen – sei es die der Klitoris beim Mädchen oder die des Penis beim Jungen. Das Beispiel zeigt zudem auf, dass die angeblich einschlägige Schwelle des § 1666 BGB eine Differenzierung zwischen Jungenbeschneidung und Mädchenbeschneidung nicht erklären und nicht legitimieren kann. Wäre der Eingriff der Penisvorhautbeschneidung zu leicht, um ein Interventionsrecht des Staates auszulösen, dann würde dies ebenso gelten für die Klitorisvorhautbeschneidung.

c) Unter denjenigen, die das elterliche Recht zur *lege artis* ausgeführten Jungenbeschneidung aus Art. 6 II 1 GG abzuleiten unternehmen, stellen Hörnle und Huster die strengsten Voraussetzungen auf.[98] Ihre Argumentation verläuft so: Der auf ethische Neutralität verpflichtete Staat dürfe Eltern grundsätzlich nicht verwehren, ihre Sicht vom „guten Leben" auf ihr Kind zu übertragen.[99] Sei der Akt der Sohnesbeschneidung „unverzichtbarer Bestandteil eines Gesamtkonzepts vom guten Leben", habe der Staat das zu respektieren und dürfe nicht intervenieren.[100] Nach diesem Ansatz kommt es also auf die genauen Motive der beschneidungswilligen Eltern an. Mit der Gesetzesbegründung sehen es die Autoren so, dass den Eltern die Legitimation zur Einwilligung in die Beschneidung ihres Sohnes fehlt, wenn sie das Motiv der „Masturbationsunterdrückung" verfolgen; da nütze es den Eltern gegebenenfalls auch nicht, „dass die Regulierung von Sexualität unter Einschluss eines strikten Verbots der Masturbation zu den für sie und ihre Kinder verbindlichen religiösen Verboten gehöre"; vielmehr wäre in einem solchen Fall „auf den Unterschied hinzuweisen, der zwischen ‚Erziehungsziele befördern' und *‚unabdingbar für die Zugehörigkeit zur religiösen Gemeinschaft'*" bestehe.[101] Denn § 1631d BGB gebe den Eltern die Beschneidungserlaubnis nicht für die schlichte Förderung religiöser Erziehung, sondern ermögliche den Eltern nur, ihre „Basisannahmen vom guten Leben für das Kind umzusetzen", weshalb eine Legitimation – auch verfassungsrechtlich – ausscheide, wenn das Beschnittensein nicht „Bedingung für die Zugehörigkeit zur Religionsgemeinschaft" sei.[102]

Was ist von diesem Ansatz zu halten? Zunächst ist man irritiert, wenn im gleichen Atemzug die Rede ist vom „guten Leben" und dem, was dazugehören darf: der fremdbestimmte Verlust hochsensiblen erogenen Gewebes im Intimbereich. Lässt man das beiseite und wendet man sich den Kriterien zu, so wird schnell deutlich, dass nach ihnen die genaue Betrachtung der Motive der beschneidungsaffinen Eltern weiten Teilen der Juden und Muslime die Beschneidung versagt. Für liberal-areligiöse Juden etwa, die einfach der Tradition und der Beschneidungskultur folgen wollen, greift die Legitimation nicht, denn „unverzichtbarer Bestandteil"

---

[98] *Hörnle/Huster* (Fn. 39), JZ 2013, 328 ff.; ähnlich *Steinbach* (Fn. 39), NVwZ-Extra 9/2013, 1 ff.; das Erziehungsrecht noch weiter interpretierend *Germann* (Fn. 39), MedR 2013, S. 412 ff.; *Höfling*, „Die Entscheidung über die Beschneidung männlicher Kinder als Element des verfassungsrechtlichen Elternrechts", in: GesundheitsRecht 2013, 463 ff.

[99] *Hörnle/Huster*, ebenda, JZ 2013, 328, 330, 334.

[100] *Hörnle/Huster*, ebenda, 328, 334 f.

[101] *Hörnle/Huster*, ebenda, 328, 338 – Hervorhebung von uns.

[102] *Hörnle/Huster*, ebenda, 328, 338.

im eigenen Konzept des guten Lebens ist die Beschneidung für sie so wenig, wie für das von Hörnle und Huster genannte amerikanische Ehepaar, das mit der Beschneidung des Sohnes einfach nur den „Gewohnheiten seiner Heimat"[103] folgen möchte. Und die aus dem Erziehungsrecht abgeleitete Befugnis greift auch nicht für den muslimischen Vater, der in einem Dokumentarfilm auf die Frage, warum er denn seinen Sohn beschneiden möchte, die Antwort gibt: „Aus religiösen Gründen. Ich kenne nicht die genaue Begründung. Aber es gibt eine." Derlei unreflektiertes Befolgen der Tradition hat nicht die nötige Wichtigkeit, wie Hörnle und Huster sie einfordern. So dürfte dieses Legimitationskonzept für zahlreiche jüdische und muslimische Eltern nicht einschlägig sein.

Aber eröffnet das Legitimationskonzept überhaupt einen Anwendungsbereich? Dazu müsste die Beschneidung für Juden und Moslems nach den Kriterien der Autoren „unverzichtbarer Bestandteil" des Gesamtkonzeptes vom guten Leben sein, also im Judentum und im Islam „unabdingbar sein für die Zugehörigkeit zur religiösen Gemeinschaft". Für den Islam dürfte es wohl immer schon unumstritten gewesen sein, dass die Beschneidung nicht konstitutiv ist für die Zugehörigkeit des Jungen zur Religionsgemeinschaft,[104] nicht einmal gibt es ein fixes Alter des Jungen für die Prozedur[105]. Und auch im Judentum ist sie es nicht. So schrieb bereits im 19. Jahrhundert ein jüdischer Rechtsanwalt: „Die Albernheit, dass das unbeschnittene Kind kein Jude sei und man nicht wisse, wohin es gehöre, bringt ja die einigermaßen kundige Orthodoxie selbst nicht mehr zu Markte, sondern sie redet bloß von der Unterlassungssünde des Vaters".[106] Und aktuell betont der Judaist Gotzmann, dass ein männliches jüdisches Kind „keine religiöse Pflicht" hat, sich beschneiden zu lassen, diese Pflicht entsteht erst mit dem Erreichen des 13. Lebensjahres; vorher besteht die Verpflichtung nur für den Vater, und wenn der sie zu erfüllen sich weigert, für das Rabbinat.[107] Wer dies nicht verdrängt, erkennt auch, dass der Säugling einer jüdischen Mutter nicht erst in die jüdische Gemeinschaft integriert werden muss und dass es in Wahrheit gar nicht um das Kindeswohl geht. „Anders als die staatliche Gesetzgebung dies den eigenen Vorgaben entsprechend rationalisiert", sagt Gotzmann, „wird von jüdisch-orthodoxer Seite genau das gefordert, was der Staat nicht zugeben kann: Nämlich dass im Interesse der religiösen Pflicht

---

[103] *Hörnle / Huster*, ebenda, 328, 338.

[104] *Putzke* (Fn. 19), S. 699, 700 unter Verweis auf *Raack / Doffing / Raack*, Recht der religiösen Kindererziehung, München: dtv 2003, S. 59, 131.

[105] *Engin*, „Die deutsche Beschneidungsdebatte: Anmerkungen aus muslimischer Perspektive", in: Heil/Kramer (Hrsg.), „Beschneidung: Das Zeichen des Bundes in der Kritik – zur Debatte um das Kölner Urteil", Berlin: Metropol Verlag, 2012, S. 256; *Ilkilic*, „Islamische Aspekte der Beschneidung von minderjährigen Jungen", in: Zeitschrift für medizinische Ethik 2014, 63, 65; *Putzke* (Fn. 19), S. 699. 703.

[106] *Segal* (Fn. 25), S. 211, 216; ferner *Veltri*, „(Kein) Konflikt zwischen den Grundprinzipien: Wohl des Menschen und der jüdischen Brauch der Beschneidung", in: Heil/Kramer (Hrsg.), Beschneidung: Das Zeichen des Bundes in der Kritik – zur Debatte um das Kölner Urteil, Berlin: Metropol Verlag, 2012, S. 205, 212.

[107] *Gotzmann* (Fn. 78), S. 228, 251.

des Vaters, also des Erziehungsberechtigten, und eben nicht zugunsten des Kindes, dessen Beschneidung erlaubt werden müsse."[108] Damit dürfte auch ein weiteres von Hörnle und Huster aufgestelltes Kriterium nicht erfüllt sein, denn die Eltern setzen demnach mit der Beschneidung nichts „für das Kind" um, sondern lediglich „für sich selber". Das Kind hat mit unversehrtem Penis religionsrechtlich keinen Nachteil und hat daher auch kein zuschreibbares Interesse, den schmerzhaft-verletzenden Akt zu dulden, statt im Alter von 13 Jahren (oder später) selber über die Vornahme zu entscheiden.[109]

Nach allem ergibt sich für das Legitimationskonzept, wie Hörnle und Huster es konkretisiert haben, dass die Lebenswirklichkeit mit den tatsächlichen religiösen Verhältnissen keine Anwendungsfälle übrig lässt, in denen Eltern ihre Sicht vom guten religiösen Leben nicht auch ohne die Beschneidung an ihr Kind weitergeben können.[110]

d) Darüber hinaus lassen sich gegen ein Pochen auf das Erziehungsrecht der Eltern weitere durchschlagende Einwände erheben. So kann man vor allem für die Säuglingsbeschneidung anzweifeln, dass sie sich dem grundgesetzlichen Begriff der „Erziehung" aus Art. 6 II 1 GG subsumieren lässt. Zwar muss man zur Elternverantwortung das Elternrecht zählen, „die Religionszugehörigkeit ihrer Kinder festzulegen" (§ 1 des Gesetzes zur religiösen Kindererziehung). Aber für diese Festlegung ist die Beschneidung, wie wir gesehen haben, in der jüdischen Religion nicht erforderlich. Das religiöse *Erziehungs*recht dürfte daher im Fall der Säuglingsbeschneidung am Ende gar nicht betroffen sein. Denn „Erziehung" wird ausgeübt *im Vermitteln* von Wissen, Verhaltensregeln und Glaubensüberzeugungen.[111] Wie sollte dann ein acht Tage alter Junge *mit einem operativ-verletzenden Eingriff* in diesem Sinn „erzogen" werden?[112]

e) Versteht man dennoch das Beschneiden des kindlichen Genitals als „Erziehung", entpuppt sich das Erlaubnisgesetz entweder als Fremdkörper[113], der ein rechtsethisch und juridisch unvertretbares Hinwegsehen über handgreifliche Wertungswidersprüche fordert, oder als – von manchen bislang nicht recht erkannter – normativer Sprengsatz, der rechtliche Gewissheiten beseitigt und dem Rechtsanwender Konsequenzen abverlangt, die zu ziehen sich kaum jemand bereitfindet und die ohnehin verfassungsrechtlich versperrt sind. Einen rechtsethisch indiskutablen Fremdkörper würde die Erlaubnisnorm bilden, wenn alle anderen gewaltsamen (religiösen) Erziehungsakte verboten blieben (§§ 1631 II BGB, 223 StGB),

---

[108] *Gotzmann*, ebenda, S. 228, 252.

[109] Vgl. auch das Interview mit *Stephan Kramer*, „Die Jüdische Gemeinde muss über Beschneidung reden", Süddeutsche Zeitung vom 12.10.2012 (Zugriff: 26.6.2016), http://www.zeit.de/gesellschaft/zeitgeschehen/2012-10/beschneidung-gesetzentwurf.

[110] *Herzberg* (Fn. 21), S. 267, 274 ff.

[111] BVerfGE 93, 1, 17.

[112] *Eschelbach* (Fn. 3), § 223 Rn. 35.4.; vgl. auch *Merkel* (Fn. 76), Süddeutsche Zeitung vom 25./26.8.2012.

[113] *Herzberg* (Fn. 21), S. 267, 317.

nur der eine nicht, das Abtrennen einer erogenen Zone vom Genital eines Jungen. Eine solche Rechtslage hätte freilich – mangels Sachgrundes für eine Differenzierung – vor Art. 3 I GG keinen Bestand.[114]

Ist demnach der Weg für ein religiöses Sonderrecht verwehrt, bliebe nur noch, die in § 1631d BGB steckende Wertung konsequent durchzuhalten: Zahlreiche von Eltern gutgeheißene Körperverletzungen, die nicht schwerer wiegen als die Jungenbeschneidung, müssten als rechtmäßig angesehen werden, wenn die Eltern ein zumindest gleich großes Interesse an der Durchführung dieses Aktes haben wie manche Eltern am Beschneiden ihres Sohnes. Das würde freilich bestehende gesetzliche Wertungen aushebeln, etwa die der §§ 8, 8a, 19 I TPG, wonach einem Minderjährigen nicht zur Rettung des leukämiekranken Nachbarkindes Knochenmark entnommen werden darf. Denn wenn die Eltern eines zehnjährigen Jungen diesem ihre Sicht vom guten Leben weitergeben wollen und dazu für sie die unverzichtbare Gewissenshaltung zählt, dass man in Not geratenen Menschen zumutbare Hilfe leistet, dann müsste diese Erziehungsmaßnahme „samaritanischer Lebensrettung" im Vergleich zur Jungenbeschneidung erst recht zulässig sein.[115] Es ließen sich zahlreiche weitere Szenarien entwerfen.

Thematisch am nächsten an der Jungenbeschneidung bleibt man, wenn man wiederum die Klitorisvorhautbeschneidung einbezieht, und hier lohnt sich neuerdings ein genaueres Betrachten der von § 1631d BGB angestoßenen Entwicklung. Meinte Herzberg im Jahr 2012 noch, als einen Argumentationsanker benennen zu dürfen, dass im Streit um die Jungenbeschneidung „die Ablehnung jeder Form der weiblichen Beschneidung, auch der mildesten, eine höchst erfreuliche Gemeinsamkeit" sei,[116] so hat § 1631d BGB diesen Konsens beseitigt. Anfangs hatten zwar viele Befürworter des § 1631d BGB geglaubt, mit einer Verleugnungstaktik Erfolg zu haben, indem sie die Mädchenbeschneidungen selbst in den leichtesten Formen als mit der Jungenbeschneidung für „schlechterdings unvergleichbar" erklärten.[117] Doch wurde der normative Druck, den der Gleichheitssatz entfaltet, schnell zu groß, sodass sich mittlerweile tatsächlich Juristen *nolens volens* bereitfinden, für eine Gleichbehandlung von Penisvorhautbeschneidung und etwa der Klitorisvorhautbeschneidung einzutreten und also letztere – aus Gründen der Systemgerechtigkeit – als erlaubt zu bewerten, wenn sie denn *lege artis* durchgeführt worden ist.[118] Bei Wolters heißt es dazu: Vor dem normativen Hintergrund des § 1631d BGB könne „es schlicht nicht nachvollzogen werden, warum eine religiös oder kulturell veranlasste, auf die Klitorisvorhaut beschränkte Beschneidung mit Strafe bewehrt sein soll."[119]

---

[114] *Herzberg* (Fn. 27), ZIS 2012, 486, 491; *Scheinfeld* (Fn. 32), HRRS 2013, 268, 270.
[115] Näher *Scheinfeld* (Fn. 37), S. 358, 381 f.
[116] *Herzberg* (Fn. 27), ZIS 2012, 486, 491.
[117] Vgl. die Kritik daran bei *Herzberg*, ebenda, 486, 491.
[118] *Hörnle* (Fn. 39), S. 55 f.; *Steinbach* (Fn. 39), NVwZ-Extra 9/2013, 1, 7; *Wolters* (Fn. 61), GA 2014, 557, 570.
[119] *Wolters*, ebenda, 557, 570.

So konsequent das ist, so verfehlt ist es – nicht nur in ethischer Hinsicht. Der entscheidende Mangel liegt in der Prämisse, § 1631d BGB als einen gültigen Fixpunkt zu akzeptieren, von dem aus man nach Gleichbehandlung und Systemgerechtigkeit streben sollte und dürfte. Ein solcher Fixpunkt wäre der Paragraph nur, wenn er nicht unverhältnismäßig und verfassungswidrig in die Grundrechte des beschnittenen Jungen eingriffe, wie er es aber tatsächlich tut. So gesehen ist es „ein wahrer Segen, dass der Gesetzgeber wenigstens die Mädchen in Ruhe gelassen hat."[120] In Umsetzung des Gleichbehandlungsgebotes nun auch noch den Genitalbereich der Mädchen preiszugeben, besteht kein Anlass, davor sollte man vielmehr zurückschrecken. Dennoch verweisen die Verfechter einer analogen Anwendung des § 1631d BGB auf einen entscheidenden Punkt: Rechtsstaatlich ist die Erlaubnis zur Jungenbeschneidung nicht zu haben ohne die Erlaubnis der (religiös motivierten) Beschneidung der Klitorisvorhaut von Mädchen und vergleichbarer Eingriffe.

Die Verfassungswidrigkeit der Beschneidungserlaubnis belegt sehr schön der Umstand, dass in allen Stellungnahmen, die der Elternverantwortung aus Art. 6 II 1 GG (mit Art. 4 GG) die Befugnis zur Jungenbeschneidung entnehmen, sich in der Begründung dieselbe Lücke findet: Man gibt sich keine Rechenschaft über die genaue Schwere des Eingriffs, insbesondere wird geflissentlich ignoriert oder fahrlässig übersehen, dass es sich bei der Penisvorhaut um eine erogene Zone handelt. Möchte man wirklich den Satz unterschreiben: „Eltern dürfen vom Genital ihres Kindes eine erogene Zone, ja sogar den sensibelsten Teil abtrennen lassen"? Von den Verteidigern des Beschneidungsgesetzes hat diesen Satz jedenfalls kein einziger niedergeschrieben und auch die Begründung des Gesetzesentwurfs bleibt dieses Bekenntnis schuldig. Stattdessen blickt man auf mögliche andere Folgen und erklärt für entscheidend die Höhe der Gefahren bedeutsamer Folgeschäden, die der Jungenbeschneidung innewohnen (etwa Blutungen, Nekrotisierung des Gewebes, Tod des Beschnittenen),[121] ganz so, als wäre der Verlust hochsensibel-erogenen Gewebes nicht Körperschaden genug.

Ein weiterer aufschlussreicher blinder Fleck liegt darin, dass für die jüdische Säuglingsbeschneidung die Tiefe des Eingriffs *in puncto* Umfang der Vorhautabtrennung nicht hinterfragt wird. Wurde in den Anfängen des Judentums nur die Spitze der Vorhaut entfernt, führten die Rabbiner später die radikale Form der vollständigen Vorhautabtrennung ein (*Periah*), und zwar allein deswegen, weil manche beschnittene Männer durch Langziehen des Vorhautrestes erfolgreiche Restitutionsversuche unternommen hatten; das sollte verhindert werden.[122] Der tiefe Eingriff, wie er jetzt im Judentum praktiziert wird, hat also gar keinen religionsrechtlichen Hintergrund, sondern soll das Geprägtsein mit dem religiösen

---

[120] *Herzberg* (Fn. 21), S. 267, 315.

[121] So kommt *Germann* (Fn. 39), MedR 2013, 412, 420 zu dem Resümee: es gebe keine hinreichenden Evidenzen für bedeutsame Gesundheitsrisiken; zahlreiche weitere Nachweise bei *Enders* (Fn. 3), S. 291, 292 in Fn. 7.

[122] Vgl. bei *Segal* (Fn. 25), S. 211, 213.

„Stempel"[123] für Lebzeiten sichern. Warum setzt sich kein Apologet des § 1631d BGB damit auseinander, obwohl doch so viel die Rede ist von „praktischer Konkordanz" und vom „Optimieren" der Grundrechte beider Seiten? Weil er damit eingestehen müsste, was auf der Hand liegt: die illegitime Verletzung des Persönlichkeitsrechtes und des Rechtes auf negative Religionsfreiheit des Säuglings.[124]

Für die Verpönung der Mädchenbeschneidung hatte bis vor kurzem die Einsicht genügt, dass Eltern ihre Kinder im Intimbereich überhaupt nicht verletzen dürfen. Man hatte nicht gefragt, welche Folgen die im Vergleich milden Eingriffe neben dem Substanzverlust noch haben können oder welches Elterninteresse an der Zufügung der Verletzung besteht, und schon gar nicht ist man in eine Abwägung eingetreten mit der Religionsfreiheit und dem Erziehungsrecht der Eltern. Diese Sicht ist immer noch gültig, und zwar für Mädchen und Jungen gleichermaßen: „Da es um Unverfügbares im Intimbereich geht, spielen Abwägungsfragen hier entgegen einem Mythos, der unter Ignorierung des Vorliegens einer schwer wiegenden Verletzung im Intimbereich mit irreversiblen Folgen aufrecht erhalten wird, ohnehin keine Rolle", vielmehr gilt, „dass eine nicht medizinisch indizierte Beschneidung im Intimbereich prinzipiell das Kindeswohl gefährdet".[125] Vom Erziehungsrecht kann sie nicht gedeckt sein.

### 3. Kulturkampfverhinderung und Rücksichtnahmepflicht

In seiner verfassungsrechtlichen Bewertung des § 1631d BGB gelangt der Staatsrechtler Isensee zu dem – sich mit der These dieses Aufsatzes deckenden – Ergebnis, dass das Gesetz „dem Untermaß der grundrechtlichen Schutzpflicht für das Kind" nicht genügt, und er konstatiert, das Thema Beschneidung liege in einer „Tabuzone".[126] Bemerkenswerterweise stützt letztere Aussage in Isensees Argumentation nicht etwa erstere, sondern soll umgekehrt erklären, warum dem Gesetz trotz seines verfassungsrechtlichen Scheiterns „ein Stück politische Weisheit"[127] innewohnt. Nicht ganz klar wird dabei, ob und welche *rechtlichen* Schlüsse Isensee daraus ziehen will, insbesondere welchen exakten *rechtlichen* Sinn die Ausführungen vor dem Hintergrund des von ihm erkannten verfassungsrechtlichen Scheiterns des Gesetzes überhaupt noch haben sollen. Farbe bekennt Isensee jedenfalls nicht, wenn er hinter seine Überschrift „Tabuvorbehalt praeter constitutionem" ein Fragezeichen setzt und im Text davon spricht, das *Gesetz* entscheide sich für Frie-

---

[123] Davon spricht Oberrabbiner *Metzger* 2012 in der Bundespressekonferenz (http://www.sueddeutsche.de/politik/oberrabbiner-in-berlinrabbi-metzger-zieht-die-grenzen-der-beschneidung-1.1446407).

[124] Näher begründet von *Scheinfeld* (Fn. 37), S. 358, 364 ff.; *derselbe* (Fn. 32), HRRS 2013, 268, 269.

[125] *Eschelbach* (Fn. 3), § 223 Rn. 35.2, 35.7 – unter Verweis auf *Czerner* (Fn. 36), ZKJ 2012, 374, 378.

[126] *Isensee* (Fn. 47), JZ 2013, 317, 327.

[127] *Isensee,* ebenda, 317, 327.

den und gegen einen Kulturkampf.[128] Offen bleibt auch, was es rechtlich betrachtet damit auf sich haben soll, dem unter etwaigen „verfassungsrechtlichen Gewissensbissen" leidenden Gesetzgeber eine Hypothese anzubieten, in der er „Trost suchen" können soll.[129] Am Ende kann Isensee aber wohl nur intendieren, mittels seiner Hypothese das Verdikt der Verfassungswidrigkeit *abzuwenden*.[130]

Die von Isensee erkannte „politische Weisheit"[131] soll im Kern jedenfalls in dem begründet sein, was Merkel bereits für den hiesigen Kontext als das „wirkliche Problem der Rechtspolitik" beschrieben hat, nämlich die Pflicht des deutschen Gesetzgebers zur besonderen Sensibilität gegenüber jeglichen jüdischen Belangen von Gewicht.[132] Auch Merkel will an dem Bestehen einer solchen Pflicht zu Recht nicht rütteln, obwohl er das Gesetz als „jüdisch-muslimisches Sonderrecht" bewertet und als „Sündenfall des Rechtsstaats" schilt.[133] Dass Merkel damit richtig liegt, die Argumentation Isensees mit der „Hypothese eines ungeschriebenen Tabuvorbehalts von materiell verfassungsrechtlicher Qualität" das geltende Recht dagegen nicht zu legitimieren vermag, sei noch kurz dargelegt.

In seiner – bemerkenswerterweise zentral auf die Beschneidenden und nicht etwa die zu Beschneidenden fokussierten – Argumentation, gebraucht Isensee Formulierungen, die stark negativ konnotiert sind, damit aber den Blick auf eine sachgerechte Lösung des hier untersuchten Problems tendenziell verstellen. So schreibt Isensee beispielsweise vom in Deutschland zu vermeidenden „Kampf mit der jüdischen Kultur", dem „bösen Schein" einer Unterdrückung jüdischen und mittelbar auch muslimischen Lebens und der Sicherung eines nationalen Tabus einer Rechtsanwendung, die die Gefühle der Juden kränken könnte.[134] Abhebend darauf, wofür das Wort „Kulturkampf" als historischer Begriff eigentlich steht, nämlich für den politischen Streit mit der katholischen Kirche im späten 19. Jahrhundert, spricht Isensee dann noch von der Drangsalierung religiösen Lebens und der Spaltung der Gesellschaft „durch obrigkeitliche Fortschrittsoktroi".[135] Gegen diese Gefahren wolle sich der Gesetzgeber wehren; einen Kulturkampf dürfe es in Deutschland nicht mehr geben.[136] Die Entscheidung zwischen „rechtsstaatlicher Konsequenz" und „Wahrung des religiösen wie des gesellschaftlichen Friedens" sei mit § 1631d BGB zu Gunsten Letzterem gefallen.[137] So plausibel diese Argumentation auf den

---

[128] *Isensee*, ebenda, 317, 327.

[129] *Isensee*, ebenda, 317, 327.

[130] Auf die Vagheit der Aussage *Isensees* weist implizit auch *Herzberg* hin (Fn. 21), in: Franz (Fn. 1), S. 267, 313 („Wenn ich Isensee richtig verstehe, so entscheidet er sich zwar noch nicht, […]").

[131] *Isensee* (Fn. 47), JZ 2013, 317, 327.

[132] *Merkel* (Fn. 76), Süddeutsche Zeitung, 25./26. 8. 2012; auch *Enders* (Fn. 3), S. 291, 307.

[133] *Merkel*, ebenda.

[134] *Isensee* (Fn. 47), JZ 2013, 317, 327.

[135] *Isensee*, ebenda, 317, 327.

[136] *Isensee*, ebenda, 317, 327.

[137] *Isensee*, ebenda, 317, 327.

ersten Blick erscheint und so sehr man zunächst geneigt sein mag, ihr zu folgen, so wenig kann sie einem näheren Hinsehen standhalten und die gegenwärtige Gesetzeslage legitimieren. Der „Trost", den Isensees Überlegungen dem Gesetzgeber spenden wollen, kann allenfalls ein schwacher sein.

Zunächst ruft die Argumentation Isensees implizit den unberechtigten Anschein hervor, dass derjenige, der Jungenbeschneidungen als strafbares Unrecht erachtet, die jüdische Kultur bekämpfen, unterdrücken und drangsalieren, das historisch berechtigt gewachsene nationale Tabu der Beleidigung der Gefühle von Juden abschwächen, eine Spaltung der Gesellschaft befördern und damit letztlich einen Kulturkampf heraufbeschwören will. Diese Terminologie erscheint überzogen scharf und droht jedes Sachargument von Beginn an zu diskreditieren. Auch sind die Bedrohungsszenarien, die Isensee skizziert, zumindest überzeichnet. Dass durch ein strafrechtliches Beschneidungsverbot eine Spaltung der Gesellschaft einsetzen und ein innergesellschaftlicher Kulturkampf ausbrechen würde, steht nicht ernsthaft zu erwarten.[138] Realistisch erscheint allenfalls die Befürchtung, dass Beschneidungen im Ausland durchgeführt werden könnten.

Zudem drohen Isensees Ausführungen den Eindruck hervorzurufen, die strafrechtliche Erfassung der Ausübung kultureller und religiöse Bräuche stellte im geltenden Recht einen Fremdkörper oder doch zumindest ein völliges Novum dar. Ein solcher Eindruck wäre unzutreffend. Er verwischt, dass dem geltenden Recht ohnehin Elemente eines „Kulturkampfes" im Sinne einer strafrechtlichen Begrenzung der Ausübung kultureller und religiöser Bräuche immanent sind.[139] Man denke beispielsweise an das Verbot, die Beschneidung ohne effektive Schmerzbehandlung auszuführen[140] oder auch an § 226a StGB, der jegliche Form der Genitalverstümmelung bei Frauen unter Strafe stellen will[141] und damit Verhalten verpönt, das in anderen Kulturen einen integralen Bestandteil des jeweiligen kulturellen Selbstverständnisses darstellt. Genau genommen richtete sich das Recht immer schon gegen die in Deutschland *gelebte Kultur* der Jungenbeschneidung, denn die meisten religiösen Beschneidungen erfüllten nicht die Anforderungen an Hygiene, Schmerzbekämpfung und Kunstgerechtheit, die § 1631d BGB jetzt explizit aufstellt und die immer schon galten; und vor allem fehlte es fast immer an einer wirksamen Einwilligung, weil die Eltern des Jungen nicht so umfassend aufgeklärt wurden, wie es das Recht bei medizinisch nicht indizierten Eingriffen verlangt.[142]

Zudem tritt bei Isensee völlig in den Hintergrund, zu wessen Lasten die Entscheidung zwischen „rechtsstaatlicher Konsequenz" und „Friedenswahrung" durch den

---

[138] Vgl. etwa bei *Gotzmann* (Fn. 78), S. 228, 229.
[139] So bereits *Scheinfeld* (Fn. 32), HRRS 2013, 268, 273.
[140] Vgl. hierzu bereits oben unter III.1.
[141] Vgl. hierzu bereits oben unter III.2.
[142] Siehe dazu bei *Herzberg* (Fn. 21), S. 293 ff.; schon deshalb kann man nicht veranschlagen, dass dieser Ritus bislang „unbeanstandet" geblieben ist (dies ist aber ein Faktor für *Enders* [Fn. 3], S. 291, 307).

Gesetzgeber getroffen wurde, nämlich zu Lasten derjenigen männlichen Kinder, denen ein Teil ihres Körpers abgeschnitten wird. Und darauf muss es ankommen. Die betroffenen Kinder sind in der Beschneidungsdebatte – in den treffenden Worten Merkels gesprochen – „aussichtslos ohne öffentliche Lobby geblieben".[143] Es ist bemerkenswert, wie schnell man bereit ist, gerade diese *konkret* gefährdeten Kinderinteressen an körperlicher Integrität entgegen „rechtsstaatlicher Konsequenz" zur Vermeidung unter anderem eines „bösen Scheins" und potentieller „Gefühlskränkungen" zu opfern. Richtiger wäre das Gegenteil: nämlich Rechtsstaatlichkeit durchzuhalten und gegen widerstreitende kulturelle und religiöse Auffassungen zu verteidigen – zumal zum Nutzen der Schwächsten. So richtig es also ist, dass eine Verpflichtung zur besonderen Rücksichtnahme auf jüdische Belange besteht, so wenig folgt daraus, dass die Beschneidung von Jungen straflos sein muss. Wechselt man den beinahe reflexhaft eingenommen Blickwinkel und nimmt den rechtsethisch gebotenen des Kindes ein, so stellt sich die Frage: Warum soll jüdischen Jungen der grundrechtliche Schutz ihres Persönlichkeitsrechts und ihrer körperlichen Unversehrtheit vorenthalten bleiben? Droht damit nicht umgekehrt, und dies ist keinesfalls zynisch gemeint, dass sich die Erfüllung der Pflicht zur Berücksichtigung jüdischer Belange gerade *gegen* kindliche Mitglieder dieser Glaubensgemeinschaft richtet, indem gerade auch *für sie* eine Ausnahmevorschrift geschaffen wird, die ihnen Schutz vor erheblichem Körperschaden entzieht? (Die Nebenwirkung ganz beiseite, dass die Rücksichtnahme auf die erwachsenen Juden die muslimischen Kinder gleich mit ans Messer liefert.)

Wenn Isensee in seinem Aufsatz abschließend mahnt, in Deutschland dürfe es keinen Kulturkampf mehr geben, so ist ihm zu entgegnen, dass nicht ein solcher Kulturkampf – verstanden im Sinne eines Kampfes um die Wahrung der Grundrechte des Individuums – um jeden Preis zu vermeiden ist, sondern zu vermeiden sind Gesetze, die – wie von ihm selbst festgestellt – nicht „dem Untermaß der grundrechtlichen Schutzpflicht für das Kind"[144] genügen. Anlass für ein schlechtes Gewissen des Gesetzgebers besteht trotz dieser Legitimationsversuche also weiterhin.[145]

## V. Folgerungen für Rechtsethik und Rechtspolitik

Die Parlamentarische Versammlung des Europarates hat bereits im Oktober 2013 eine Resolution initiiert[146] und ein Umdenken angeregt: Ebenso wie die ge-

---

[143] *Merkel* (Fn. 76), Süddeutsche Zeitung vom 25./26.8.2012.

[144] *Isensee* (Fn. 47), JZ 2013, 317, 327.

[145] Die Einschätzung *Merkels* aus 2012 („Anlass genug für ein schlechtes Gewissen des Gesetzgebers.") bleibt von trauriger Aktualität, vgl. *Merkel* (Fn. 76), Süddeutsche Zeitung vom 25./26.8.2012.

[146] Resolution 1952 (2013) – Auszug: „Die Parlamentarische Versammlung ist besonders besorgt über den Bereich der Verletzung der körperlichen Unversehrtheit von Kindern, deren Befürworter dazu neigen, die Verfahren als vorteilhaft für die Kinder darzustellen trotz

nitale Verstümmelung von Mädchen sei die Beschneidung von Jungen Grund für „besondere Besorgnis". Die Staaten sollten einen Konsens anstreben, dass verletzende Praktiken wie Piercen, Tätowieren, Beschneiden *et cetera* erst erfolgen dürfen, wenn das Kind selbstbestimmt mitentscheiden kann.

Das Implementieren des § 1631d BGB sowie des § 226a StGB in das geltende Recht haben zu einem entgegengesetzten Rechtszustand geführt, der zudem von einer gravierenden und illegitimen Ungleichbehandlung im Sinne einer Schlechterstellung männlicher Kinder gekennzeichnet ist. Der Gesetzgeber enthält ihnen im Hinblick auf Verstümmelungen im Genitalbereich einen strafrechtlichen Schutz im doppelten Sinne vor: Einerseits ist die Jungenbeschneidung vom Verbrechenstatbestand des § 226a StGB ausdrücklich nicht erfasst, und andererseits legitimiert § 1631d BGB unter bestimmten Voraussetzungen die intimbereichsverletzende Körperverletzung nach § 223 StGB oder gar § 224 StGB. Diese Gesetzeslage verstößt gegen das Grundgesetz (Art. 2 II 1 GG, Art. 2 I mit 1 I GG, Art. 4 I GG, Art. 3 I, III GG).

Dass § 1631d BGB darüber hinaus nicht vereinbar ist mit der UN-Menschenrechtserklärung, dem Internationalen Pakt über bürgerliche und politische Rechte (IPBR), der UN-Kinderrechtskonvention und der EMRK, kann daher nicht überraschen. Manok hat dies in seiner monographischen Untersuchung überzeugend dargelegt.[147] Als zentral verletzte Norm erweist sich hierbei Art. 24 Abs. 3 UN-KRK, der die Vertragsstaaten und so auch Deutschland verpflichtet, für die Kindergesundheit „schädliche Bräuche" abzuschaffen und alle hierfür wirksamen und geeigneten Maßnahmen zu treffen. Da die Schädlichkeit der Jungenbeschneidung in Anbetracht der medizinischen Forschungsergebnisse aus jüngerer Zeit nicht ernsthaft in Abrede gestellt werden kann (sich der Brauch also zumindest mittlerweile als ein schädlicher erwiesen hat), ist nicht zu übersehen, dass sich der Gesetzgeber mit den jüngeren Gesetzesänderungen in Widerspruch setzt zu seinen Verpflichtungen aus der Kinderrechtskonvention.

Auch darf der Gesetzgeber sich nicht erst einmal zurückziehen und dem Bundesverfassungsgericht die Entscheidung über das Kindeswohl durch eine etwaige Nichtigkeitserklärung des § 1631d überlassen. Stattdessen ist er selber Garant für die Achtung kindlicher Grundrechte und verfassungsrechtlich aufgefordert, sie durch entsprechende gesetzliche Vorschriften zu schützen, auch vor ihren Eltern (Art. 6 II 2 GG). Gerade zur Erfüllung dieser ohnehin bestehenden Pflicht hatte sich das Parlament mit der Ratifizierung der Kinderrechtskonvention selbst noch mal angehalten, denn in Art. 3 KRK heißt es: „Bei allen Maßnahmen, die Kinder betreffen, gleichviel ob sie von öffentlichen oder privaten Einrichtungen der sozialen Fürsorge, Gerichten, Verwaltungsbehörden oder Gesetzgebungsorganen

---

eindeutiger Beweise für das Gegenteil. Dazu gehören unter anderem die weibliche Genitalverstümmelung, die Beschneidung von Jungen aus religiösen Gründen, die frühkindliche medizinische Intervention bei intersexuellen Kindern und das Angebot oder der Zwang für Kinder, sich Piercings, Tätowierungen oder plastischer Chirurgie zu unterziehen."

[147] *Manok* (Fn. 15), S. 174 ff., seine Ergebnisse zusammenfassend auf S. 190.

getroffen werden, ist das *Wohl des Kindes* ein Gesichtspunkt, der *vorrangig zu berücksichtigen* ist." Bei Verabschiedung des § 1631d BGB hat sich das Parlament leider gerade nicht am Wohl des Kindes orientiert und ihm den Vorrang gegeben, sondern den Interessen der Erwachsenen. Dies zeigt sich eindrucksvoll nicht nur in der Freigabe des kindlichen Intimbereichs, sondern noch hinein bis in die konkrete Ausgestaltung der Beschneidungsbefugnis in § 1631d II BGB: Der Gesetzgeber bewertet die Beschneidung durch den Arzt als im Vergleich zu der durch den Mohel oder den Sünnetci sicherer, wie man daran erkennt, dass ab einem Kindsalter von sechs Monaten nur noch der Arzt beschneiden darf. Es gibt keinen Sachgrund dafür, der sich am Kindeswohl orientiert, gerade bei den Schwächsten, den Neugeborenen, die aus Gesetzgebersicht unsichereren Operateure zuzulassen. Es gibt nicht einmal zwingende religiöse Gründe, die sich auf das Kind beziehen, sondern nur, wie Gotzmann darlegt, das Bestreben des Rabbinats, die als verdienstvoll eingestufte Tätigkeit der Säuglingsbeschneidung möglichst vielen Personen und nicht nur jüdischen Ärzten zu eröffnen.[148] Das vom Gesetzgeber durchgängig verfolgte Prinzip ist klar: Die Erwachseneninteressen gehen vor.

Uneingeschränkt zuzustimmen ist deshalb Manok, der als das zentrale Motiv für den Erlass des § 1631d BGB „offensichtliche Gründe politischer Opportunität" ausmacht und darauf verweist, dass eine solche Motivlage – so nachvollziehbar sie vor dem geschichtlichen Hintergrund sein mag – den Gesetzgeber nicht davon entbindet, die verfassungsgemäßen Vorgaben zu beachten.[149] Zumindest nachdenklich stimmen muss es die Parlamentarier doch, wenn der jüdische Rabbi Hershy Worch Beschneidungsakte als „abusive" erkennt und sich gar selbst als „abuser" stigmatisiert, dies aber mit seiner Religiosität entschuldigt: „I'm an abuser. I do abusive things because I'm in covenant with God. And ultimately God owns my morals. He owns my body. And he owns my past and my future and that's the meaning of this covenant; that I agreed to ignore the pain and the rights and the trauma of my child to be in this covenant." Der Gesetzgeber darf Leiden und Rechte und Traumata von Kindern nicht *ignorieren*, sondern muss alle Kinder, unabhängig von ihrem Geschlecht, vor Verletzungen im Intimbereich schützen.

## Summary

Any circumcision of female genitals is expressly penalized by German Law (§§ 223, 226a German Criminal Code [StGB]) unless it is medically indicated. In contrast, since 2012, it expressly authorizes parents of sons to have them circumcised without medical indication (§ 1631d German Civil Code [BGB]). The article illustrates that there have been tendencies for a long time in the subsystems medicine, society and law to condemn both circumcision of female and male genitals ethically and legally. This welcome development in child protection has recently

---

[148] *Gotzmann* (Fn. 78), S. 228, 256.
[149] *Manok* (Fn. 15), S. 190.

been thwarted through the enactment of § 1631d BGB by the German legislator. The authors show that in doing so not only a major case of unequal treatment between the circumcision of female and male genitals has been legalized, but also an alien matter has been incorporated into the German legal system casting doubt on numerous normative certainties. They call for legal ethics that submit to the fundamental principle of the avoidance of inconsistency and, in addition, a legal policy which takes the childrens' subjective rights seriously.

**Neue Medizin- und Biotechnologien –
New Medical and Biological Technologies**

# Ethische Prinzipien zur Beurteilung von neuen Biotechnologien. Ein Vergleich von drei Stellungnahmen

Joachim Boldt

In kurzer Folge sind in den letzten Jahren und Jahrzehnten neue Technowissenschaften entstanden. Informationstechnologie und Big Data, Nanotechnologie und Nanobiotechnologie, Synthetische Biologie und Genomedierung sind Beispiele dafür. Diese neuen Technologien sind aus mehreren Gründen eine Herausforderung für die politische Entscheidungsfindung, ihre angemessene rechtliche Einbettung und die ethische Beurteilung.

Erstens haben diese Technologien eine Vielzahl von Anwendungsmöglichkeiten. Nanotechnologien können zur Oberflächenveredelung von Werkstoffen eingesetzt werden, in Kleidung, oder auch zu therapeutischen Zwecken in der Medizin. Synthetische Biologie umfasst Anwendungen in der grünen Gentechnik ebenso wie in der Medizin oder in der industriellen Produktion nützlicher Substanzen wie z. B. Biokraftstoffen. Einheitliche Regelungs- und Bewertungsrahmen für *die* Nanotechnologie oder *die* Synthetische Biologie zu schaffen, ist deshalb schwer, weil sie jeweils eine Spannbreite im Zweifelsfall ganz unterschiedlich zu bewertender Anwendungen abdecken.

Zweitens entstehen gesellschaftliche Debatten um neue Technologien inzwischen oft schon zu einem Zeitpunkt, zu dem noch gar nicht abzusehen ist, ob und in welcher Form sich die jeweilige Technologie etablieren wird. Stattdessen beherrschen auf der einen Seite Erwartungen und Hoffnungen und auf der anderen Seite Befürchtungen das Bild. So gilt den einen die Nanotechnologie als Instrument, um demnächst die Welt „Atom für Atom" zu gestalten,[1] und Synthetische Biologie wird als Technologie einer zweiten Genesis ausgerufen.[2] Dagegen stehen Befürchtungen, die Nanotechnologie könne dazu führen, dass sich selbst replizierende Miniroboter die Erde in Form eines grauen Schleims unter sich ersticken[3] und Biohacker unkontrolliert mit den Methoden der Synthetischen Biologie terroristisch aktiv werden. Bei solchen extrem unterschiedlichen Erwartungen und Szenarien

---

[1] *National Science and Technology Council*, Nanotechnology. Shaping the World Atom by Atom, Washington D.C., 1999. http://www.wtec.org/loyola/nano/IWGN.Public.Brochure/IWGN.Nanotechnology.Brochure.pdf. Letzter Zugriff am 15.06.2016.

[2] *George Church, Ed Regis*, Regenesis. How synthetic biology will reinvent nature and ourselves, New York: Basic Books, 2012.

[3] *Eric Drexler*, Engines of Creation, Anchor Books: New York, 1986, S. 171.

fällt es schwer, verlässliche Vorhersagen über die Entwicklung einer Technologie zu treffen, auf denen dann rechtliche und ethische Regelungen aufbauen könnten.

Diesen Herausforderungen zum Trotz ist es dennoch zweifellos sinnvoll, dass insbesondere in der ethischen Debatte frühzeitig auf neu entstehende Technologien reagiert wird. Nur so lassen sich Fehlentwicklungen vermeiden und ethisch und gesellschaftlich wünschenswerte Entwicklungen bestärken. Es gilt deshalb, für diese *upstream bioethics* einen konzeptuellen Rahmen zu schaffen, der möglichst früh auf unterschiedlich gelagerte ethisch relevante Aspekte einer neuen Technologie aufmerksam machen kann.

Im Bereich der Medizinethik hat sich ein Ansatz etabliert, der das recht gut ermöglicht. Die sogenannte *Vier-Prinzipien-Ethik* benennt *Achtung der Patientenautonomie*, *Patientenwohl* („beneficence"), *Nicht-Schaden* („non-maleficence") und *Gerechtigkeit* („justice") als ethische Leitbegriffe, mit deren Hilfe ethische Problemstellungen in der Medizin und ärztliches und pflegerisches Verhalten analysiert und bewertet werden können.[4]

Die Vier-Prinzipien-Ethik ist in vielerlei Hinsicht kritisiert worden. Berechtigt ist zum Beispiel der Hinweis darauf, dass die vier Prinzipien zu jeweils unterschiedlichen Bewertungsergebnissen führen können und dann unklar ist, welches Prinzip höher gewichtet werden soll. Dennoch leistet der Vier-Prinzipien-Ansatz für eine Übersicht über unterschiedliche ethische Aspekte medizinischer Tätigkeiten wertvolle Dienste. Genau dies ist das zentrale Desiderat für die ethische Bewertung neu entstehender Technologien.

Im Folgenden soll analysiert werden, wie ein solches Prinzipienschema für neu entstehende Biotechnologien aussehen könnte. Mit der Synthetischen Biologie, der Nanobiotechnologie und der Genomedierung sind auf diesem Gebiet eine Reihe neuer Technologie entstanden, die ethisch breit diskutiert wurden und zu denen eine Reihe von institutionellen ethischen Stellungnahmen existieren. Drei solche Stellungnahmen sollen auf ihre ethischen Leitprinzipien hin untersucht, ausgewertet und verglichen werden.

Das ist erstens die 2009 publizierte Stellungnahme *Ethics of synthetic biology* der der Europäischen Kommission zugeordneten *European Group on Ethics in Science and New Technologies* (EGE). Die Stellungnahme wurde 2008 vom damaligen Präsidenten der EU-Kommission, José Manuel Barroso, bei der EGE in Auftrag gegeben.[5]

Zweitens geht es um die Stellungnahme *New Directions. The Ethics of Synthetic Biology and Emerging Technologies*, die Ende 2010 von der US-amerikanischen

---

[4] *Tom L. Beauchamp, James F. Childress*, Principles of biomedical ethics, New York: Oxford University Press, 2013⁷.

[5] *European Group on Ethics in Science and New Technologies to the European Commission,* Ethics of synthetic biology, Brüssel, 2010. http://ec.europa.eu/archives/bepa/european-group-ethics/docs/opinion25_en.pdf. Letzter Zugriff am 15.06.2016.

*Presidential Commission for the Study of Bioethical Issues* (PCBI) herausgegeben wurde.[6] Sie entstand auf Aufforderung von US-Präsident Obama. Anlass war die kurz zuvor veröffentlichte Studie der Forschergruppe um J. Craig Venter, in der die erfolgreiche Implantierung eines komplett synthetisch hergestellten bakteriellen Genoms in eine andere bakterielle Zelle beschrieben wird.

Drittens ist von Interesse die Veröffentlichung *Emerging biotechnologies: technology, choice and the public good* des *Nuffield Council on Bioethics* aus Großbritannien aus dem Jahr 2012.[7] Der Nuffield Council ist institutionell zu vergleichen mit dem Deutschen Ethikrat.

## I. Ethics of Synthetic Biology (EGE)

Im Bericht der EGE wird betont, dass es wichtig sei, einen in sich konsistenten ethischen Rahmen für die Bewertung neuer Technologien zu etablieren. Ausgangspunkt dafür ist für die EGE der Begriff der Menschenwürde. Das überrascht insofern etwas, da die Anwendungsfelder der Synthetischen Biologie zwar inzwischen auch in die Medizin reichen, 2009 vor allem aber Modifikation und Neukonstruktion bakterieller Genome betrafen, die dann zum Beispiel zur Produktion von Energieträgern eingesetzt werden können.

Wie dem auch sei, nach Einschätzung der EGE lassen sich aus der Achtung vor der Menschenwürde jedenfalls weitere ethische Prinzipien ableiten, darunter auch ein Schutzprinzip für Tiere und Umwelt. Dies wird in dem Bericht jedoch nicht durchgeführt. Stattdessen folgt auf die Nennung der Menschenwürde und ihrer zentralen Rolle eher unverbunden eine Liste von ethischen Normen, die von besonderer Bedeutung für die Beurteilung neuer Biotechnologien sein sollen. Dazu zählt die EGE die Art und Weise, wie in der Synthetischen Biologie die Begriffe „Leben" und „Natur" verwendet werden, Transparenz und gesellschaftliche Teilhabe bei der Entwicklung des Feldes, und weitere Aspekte, die für die jeweiligen Anwendungsfelder spezifisch sind.[8]

Im weiteren Verlauf des Textes bezieht sich die EGE jedoch auch auf dieses Schema nicht explizit zurück. Letztlich strukturieren folgende Themen die Stellungnahme: *Biosafety, Biosecurity, Governance, geistiges Eigentum, Dialog zwischen Wissenschaft und Gesellschaft* und schließlich das Thema *Forschungsförderung*. In dieser Liste mischen sich materielle ethische Fragehinsichten mit prozedura-

---

[6] *Presidential Commission for the Study of Bioethical Issues*, New Directions. The Ethics of Synthetic Biology and Emerging Technologies, Washington D.C., 2010. http://bioethics.gov/cms/synthetic-biology-report. Letzter Zugriff am 15.06.2016.

[7] *Nuffield Council on Bioethics*, Emerging biotechnologies: technology, choice and the public good. London, 2012. http://nuffieldbioethics.org/project/emerging-biotechnologies/. Letzter Zugriff am 15.06.2016.

[8] *European Group on Ethics in Science and New Technologies to the European Commission*, Ethics of synthetic biology, Brüssel, 2010, S. 39 f.

lethischen Themen und schließlich auch mit Themen, die eher dem Bereich der Mittel zuzurechnen sind, mit deren Hilfe eine einmal festgestellte ethisch gute Entwicklungsrichtung einer Technologie dann befördert werden kann. Zur ersten Kategorie gehört die Frage nach *Biosafety* (das heißt dem Schutz vor einem möglichen Schaden durch die Technologie als unbeabsichtigte Folge ihres Gebrauchs) ebenso wie die nach *Biosecurity* (dabei geht es um den Schutz vor böswilligem, terroristischem Missbrauch der Technologie). Auch der Umgang mit geistigem Eigentum lässt sich zu dieser Kategorien zählen. Zur zweiten Kategorie dagegen gehören die Themen *Dialog Wissenschaft-Gesellschaft* und zu einem Teil auch *Governance*, nämlich in solchen Bereichen, wo es um prozedurale Vorgaben für Technologiebegleitung geht. Zur dritten Kategorie gehört erstens die *Governance*, insofern sie einen nach ethischen Kriterien festgelegten Regulierungsrahmen in concreto absichern soll, und die *Forschungsförderung* als Mittel zur Stärkung bestimmter Forschungsrichtungen.

Die EGE folgt mit den Einträgen *Biosafety*, *Biosecurity* und *geistiges Eigentum* einem Schema, wie es häufig in Übersichtsarbeiten zu ethischen Aspekten der Synthetischen Biologie anzutreffen ist. Auch das Thema *Dialog Wissenschaft-Gesellschaft* findet dort häufig Erwähnung. In einer Stellungnahme, die der Politikberatung dient, ist es naheliegend, diese Fragehinsichten dann mit Hinweisen zu den politischen Instrumenten zu verbinden, die eine gute, verantwortungsvolle Technologieentwicklung sicherstellen und befördern können. Kritisch anzumerken ist jedoch zur Liste der EGE, dass sich hinter den Oberbegriffen eine Reihe von ethischen Fragen und Kontroversen verbergen, die bei bloßer Nennung dieser Oberbegriffe unreflektiert und unbeachtet bleiben.

Zum Bespiel ist zu fragen, wem ein ethisch relevanter unbeabsichtigter Schaden zugefügt werden kann. Geht es hier nur um Schaden für den Menschen oder fällt auch ein Schaden für nicht-menschliche Lebewesen ins Gewicht? Ebenso ist zu fragen, wie im Fall von Schadenrisiken bzw. Nutzenwahrscheinlichkeiten zu verfahren ist. Welches Risiko rechtfertigt den Stopp einer neuen Entwicklung? Welcher potentielle Nutzen wiegt welches Risiko auf? Diese Liste ließe sich fortsetzen.

Die EGE widmet sich an verschieden Stellen des Textes durchaus diesen Fragen. So wird auf die Debatte zwischen anthropozentrischen und biozentrischen („eco-centric") Positionen in der Ethik verwiesen und es wird argumentiert, dass auch ein biozentrischer Ansatz nicht zu einer radikalen Opposition gegen Synthetische Biologie führen muss, sondern Abwägungen zulassen kann.[9] Im Abschnitt zu *Biosafety* wird außerdem das Vorsorgeprinzip („precautionary principle") eingeführt und erläutert.[10] Es wird betont, dass auch dieses Prinzip nicht einfach den Status quo und das Nichtstun präferiere, da auch Passivität Risiken beinhalten könne. Allerdings führt dieses Prinzip die EGE dazu, unter anderem langfristig ange-

---

[9] Ebd., S. 41
[10] Ebd., S. 42 f.

legte Untersuchungen zum Einfluss synthetisch-biologischer Organismen auf die Umwelt zu fordern, bevor solche Organismen zur Anwendung in der freien Natur zugelassen werden.

Neben einem rechtlichen Fokus, der sich in der Aufnahme und Entfaltung des Themas *geistiges Eigentum* zeigt, steht die EGE damit in ethischer Hinsicht insgesamt naturbewahrenden und technologiekritischen Positionen nahe, bemüht sich aber gleichzeitig darum, die prinzipielle Vereinbarkeit dieser Positionen mit technologischem Fortschritt und der Anwendung und Weiterentwicklung neuer Technologien aufzuzeigen. Die Pole und Aspekte der ethischen Debatte werden aber nicht systematisch auf den Begriff gebracht, so dass die EGE-Stellungnahme letztlich keinen Katalog ethischer Normen zur Bewertung neuer Technologien anbietet. Das Potential, aus den Verweisen auf Menschenwürde, biozentrische und anthropozentrische Ethik, Sicherheits- und Risikofragen und dem Vorsorgeprinzip eine Liste von ethischen Prinzipien abzuleiten, die das Spektrum möglicher ethischer Fragerichtungen auf mittlerer, operationalisierbarer Ebene abdecken, wird nicht ausgeschöpft.

## II. New Directions (PCBI)

Der Report der PCBI stellt sich diese Aufgabe dagegen ganz explizit. Es soll nicht nur eine Beurteilung zu ethischen Fragen einer Biotechnologie, in diesem Fall der Synthetischen Biologie, geliefert werden, sondern gleichzeitig soll damit ein Vorschlag gemacht werden, wie ein universell einsetzbares ethisches Bewertungsschema für neue Biotechnologien aussehen kann.

Die PCBI bemüht sich nicht darum, dieses Schema aus übergeordneten ethischen Theorien oder grundlegenden ethischen Normen abzuleiten. Anders als die EGE, die mit einem Verweis auf die zentrale Bedeutung der Menschenwürde einsetzt, präsentiert die PCBI unmittelbar eine Liste von fünf Prinzipien, mit deren Hilfe alle wesentlichen ethischen Aspekte neuer Biotechnologien erfasst werden können sollen. Auf dieser Liste finden sich folgende Einträge: *gesellschaftliches Wohl* („public beneficence"), *Stellvertreterverantwortung* (das schwierig zu übersetzende „responsible stewardship"), *geistige Freiheit und Verantwortung* („intellectual freedom and responsibility"), *demokratische Entscheidungsfindung* („democratic deliberation") und *Gerechtigkeit und Fairness* („justice and fairness").

Diese Liste ist erkennbar an die bewährten vier Prinzipien der Medizinethik angelehnt. *Autonomie* findet sich wieder in *geistiger Freiheit und Verantwortung*, *Wohltun* und *Nicht-Schaden* entsprechen dem *gesellschaftlichen Wohl*, *Gerechtigkeit* findet sich wieder in *Gerechtigkeit und Fairness*. Ergänzend kommen die Prinzipien *Stellvertreterverantwortung* und *demokratische Entscheidungsfindung* hinzu. Mit der *Stellvertreterverantwortung* wird dabei der Bereich der Auswirkungen einer Technologie auf die Umwelt und auf folgende Generationen in den Blick genommen.

Trennt man, wie im Fall der EGE, zwischen inhaltlich bewertenden Prinzipien und prozeduralen Prinzipien, die die Frage betreffen, wie ein gesellschaftlicher Entscheidungsfindungsprozess ablaufen sollte, dann gehört zu letzterem offensichtlich das Prinzip *demokratische Entscheidungsfindung*. Als Erweiterung zu den aus den vier medizinethischen Prinzipien bekannten Fragerichtungen, bleibt dann das Prinzip der *Stellvertreterverantwortung*. Hier können längerfristige Auswirkungen einer Biotechnologie auf die Umwelt und auch Auswirkungen auf kommende Generationen zur Sprache kommen, was für den Fall von Biotechnologien natürlich eine naheliegende und sinnvolle Erweiterung der Prinzipienliste ist. Außerdem erfährt das Prinzip der *Autonomie* eine Erweiterung. Im medizinischen Kontext ist es als Abwehrrecht gedacht, das besagt, dass jeder Patient das Recht hat, auf Behandlungen zu verzichten, auch wenn sie aus medizinischer Sicht indiziert sind. Hier wird es nun als Forschungsfreiheitsrecht verstanden, das nur durch den etwas unspezifischen Zusatz, dass es mit „Verantwortung" auszuüben sei, begrenzt wird.[11] Auch dies ist eine naheliegende, wenn auch sicherlich nicht die einzig mögliche Anpassung des medizinethischen Autonomieprinzips an das Feld der Biotechnologien.

Geht man den philosophisch-ethischen Grundlagen dieser Prinzipienliste nach, dann fällt vor allem auf, dass die PCBI den Blick nicht nur auf individuelle Rechte (geistige Freiheit) und das Abwägen von Nutzen und Schaden (gesellschaftliches Wohl) richtet. Neben diese Ansätze tritt die Vorstellung, dass man auch in seinem freien Handeln verantwortlich bleibt (geistige Freiheit *und* Verantwortung) und dass diese Verantwortung sich auch auf Erhaltung und Bewahrung der Umwelt und das Wohl kommender Generationen bezieht, über deren konkrete Interessen nichts bekannt sein kann. Diese letzteren Perspektiven fordern letztlich Vorsicht im Handeln und ein Gespür für die Grenzen des eigenen Wissens und der eigenen Fähigkeiten. Dieser vorsichtigen Haltung steht die Haltung mutigen und tatkräftigen Voranschreitens entgegen, die im Prinzip von Forschungsfreiheit und wissenschaftlicher Kreativität zum Ausdruck kommt.

Man könnte in diesem Sinn die Prinzipien der PCBI mit philosophisch-ethischen Ansätzen korrelieren, die jeweils unterschiedliche Schwerpunkte bei der Frage der ethischen Bewertung neuer Technologien setzen. *Geistige Freiheit* gibt den Geist einer Philosophie wieder, die den Wert der Entfaltung individueller Kreativität und Tatkräftigkeit betont, wie es angelsächsische politische Theorien häufig tun. Das Prinzip *gesellschaftliches Wohl* entspricht einem utilitaristischen Ansatz zur Maximierung von Nutzensummen. *Gerechtigkeit und Fairness* lässt sich in Kantisch inspirierten Gerechtigkeitstheorien verankern. *Stellvertreterverantwortung* wiederum lässt sich mit Umweltethiken, auch biozentrischen Umweltethiken, und Ethiken intergenerationeller Verantwortung in Verbindung bringen. Das prozedural ausgerichtete Prinzip der demokratischen Entscheidungsfindung schließlich lässt sich in Ethiken des Diskurses und kommunikativen Handelns begründen.

---

[11] *Presidential Commission for the Study of Bioethical Issues*, New Directions. The Ethics of Synthetic Biology and Emerging Technologies, Washington D.C., 2010, S. 141–148.

Mit ihrer Liste deckt die PCBI also ein weites Spektrum ethischer Fragerichtungen und Schwerpunktsetzungen ab, die berücksichtigt und zwischen denen abgewogen werden soll. Damit kann man diese Liste durchaus als Explizierung von unterschiedlichen Werthaltungen verstehen, auf die die EGE nur implizit referiert hat. PCBI und EGE sind sich im Versuch, zwischen solchen unterschiedlichen Schwerpunktsetzungen abzuwägen und zu vermitteln, dabei durchaus nah.

Zwar wendet sich die PCBI bei der Vorstellung und Diskussion der Stellvertreterverantwortung gegen das Prinzip der Vorsicht. Dort werden das *precautionary principle* und das *proactive principle* als einander entgegengesetzte Extreme eingeführt.[12] Während das *precautionary principle* verlange, dass die Unschädlichkeit einer Technologie bewiesen sei, bevor sie eingeführt wird, schaue das *proactive principle* nur auf den potentiellen Nutzen einer Technologie. Als vermittelnden Terminus führt die PCBI dann *umsichtige Wachsamkeit* („prudent vigilance") ein.[13] Diese Einstellung soll Bestandteil der Stellvertreterverantwortung sein. Umsichtige Wachsamkeit verbinde Vorsicht im Handeln mit dem positiven und kreativen Streben neue nutzbringende Technologien voranzubringen.

Dies mag auf den ersten Blick so aussehen, als wären sich in diesem Punkt die PCBI und die EGE, die für das *precautionary principle* eintritt, uneinig. So, wie die EGE das *precautionary principle* erläutert, passt es aber doch recht gut zur *prudent vigilance* der PCBI. Auch die EGE möchte das *precautionary principle* nicht als Fortschrittsverhinderungsprinzip verstehen, das so lange greift, bis die Unbedenklichkeit einer Technologie zweifelfrei bewiesen ist. Hier sind der EGE zufolge zum Beispiel Abwägungen zwischen den Risiken des Handelns und des Unterlassens von Handlungen möglich. Es lassen sich also doch große Überschneidungen zwischen dem *precautionary principle* der EGE und der *prudent vigilance* der PCBI ausmachen.

Letztlich bleibt es deshalb bei dem Befund, dass die PCBI mit ihrer Prinzipienliste eine ähnlich abwägende Position vertritt wird die EGE, dies aber im Fall der PCBI in der Liste der Prinzipien direkt kenntlich wird. Insofern handelt es sich bei dieser Prinzipienliste um einen ethischen Rahmen, der durchaus auch für die politische, rechtliche und kulturelle Situation in Europa anschlussfähig ist.

## III. Emerging Biotechnologies (Nuffield Council)

Der Bericht des Nuffield Council unterscheidet sich von den Stellungnahmen der EGE und der PCBI zunächst durch einen deutlich sozialwissenschaftlichen Theoriehintergrund. Während die PCBI unmittelbar angewandt ethisch diskutiert und die EGE mit dem Begriff der Menschenwürde (und des geistigen Eigentums) Philosophie und Rechtswissenschaft als Bezugspunkte hat, versteht der Nuffield

---
[12] Ebd., S. 124.
[13] Ebd., S. 124.

Council neu entstehende Biotechnologien in erster Linie als gesellschaftliche und soziale Phänomene, die mit den Mitteln der Sozialwissenschaften zu beleuchten sind, um ihnen adäquat begegnen zu können. Daraus ergibt sich eine Argumentation, die eng mit den Begriffen *Framing* und *Diversität* verbunden ist.

Der Nuffield Council betont, wie EGE und PCBI auch, dass Voraussagen über die Entwicklung und Nutzen und Schaden von neuen Biotechnologien mit großen Unsicherheiten behaftet sind. Daraus zieht er nun aber, anders als EGE und PCBI, den weiterführenden Schluss, dass nicht nur die Technologie selber und ihre potentiellen Folgen zu beurteilen und ethisch zu gestalten sind, sondern auch die Art und Weise, wie eine neue Technologie begrifflich gefasst wird, in welche Tradition sie gestellt wird, welche Anwendungsfelder in den Vordergrund gestellt werden und ähnliches, also das *Framing* der neuen Technologie, soll Gegenstand ethischer Beurteilung und Gestaltung sein.[14]

Diese Forderung verbindet sich mit der Annahme, dass es nicht die eine richtige Weise gibt, eine Technologie und ihren Wert zu verstehen.[15] Zum Beispiel kann eine Technologie, die verspricht, das Altern zu verzögern und längeres Leben zu ermöglichen, für den einen nutzbringend erscheinen, der andere erkennt darin hingegen nur eine schädliche Technologie, die zu Überbevölkerung und Ungerechtigkeit führt.[16] Beide Werthaltungen wären laut Nuffield Council prima facie bei einer Beurteilung der Technologie zu berücksichtigen. Hinzu kommt, so nimmt der Nuffield Council an, dass eine neue Technologie selten ohne Konkurrenz ist, wenn es um die Frage geht, wie ein gesellschaftliches Problem gelöst oder gesellschaftlicher Nutzen geschaffen werden kann. Es gibt üblicherweise alternative Technologien oder soziale Mittel, die ebenfalls zur Lösung dieser Probleme beitragen könnten.[17] Diese *Diversitäten* von Werthaltungen und alternativen Technologien gelte es abzubilden und abzuwägen, so der Council.

Aus diesen Anfangsüberlegungen leitet der Nuffield Council eine zu großen Teilen prozedural ausgerichtete Liste ethischer Haltungen und Prinzipien ab. Ergänzt wird sie von drei Prinzipien, die diese prozeduralen Prinzipien in materieller Hinsicht ergänzen. Diese drei Prinzipien sind *Gleichheit* („equity"), *Solidarität* („solidarity") und *Nachhaltigkeit* („sustainability").[18]

*Gleichheit* ist nicht, wie man vielleicht vermuten könnte, das Äquivalent des Councils zum Prinzip der Gerechtigkeit der PCBI. Es ist dagegen dem Council zufolge vor allem als ein Prinzip zum Schutz individueller Interessen auszulegen. Es beinhalte die Vorstellung, dass dieser prinzipielle Schutz letztlich auch im Sinne von Gruppeninteressen ist, auch wenn bestimmte individuelle Interes-

---

[14] *Nuffield Council on Bioethics*, Emerging biotechnologies: technology, choice and the public good. London, 2012, S. 50–53.
[15] Ebd., S. 45 und S. 47.
[16] Ebd., S. 45.
[17] Ebd., S. 17 f.
[18] Ebd., S. 64.

sen diesen Gruppeninteressen in concreto entgegengesetzt sein können. Dieser Schutz betrifft insbesondere die unterschiedliche Bewertung des Nutzens und Schadens einer Biotechnologie, zeigt sich aber, laut Council, auch in Vorgaben zum Schutz geistigen Eigentums und in Regularien, die dem Aufrechterhalten eines freien Marktes gelten. Im Vergleich mit der Liste der PCBI entspricht das Prinzip der Gleichheit deshalb im Kern dem Prinzip der geistigen Freiheit und Verantwortung, ist aber nicht auf den Bereich der Wissenschaft begrenzt, wie die Verweise auf geistiges Eigentum, den freien Markt und den Schutz individueller Werthaltungen zeigen.

*Solidarität* ist eine interessante Variation des Prinzips der Gerechtigkeit und Fairness, wie es die PCBI und die vier medizinethischen Prinzipien einführen. Wie dieses Prinzip soll Solidarität vor dem Entstehen einer sozialen Kluft und ähnlichen nicht zu rechtfertigenden sozialen Ungleichheiten schützen. Betont wird darüber hinaus aber mit diesem Begriff eine positive Verpflichtung zur Hilfe für sozial benachteiligte Individuen und Gruppen. Es stehe für eine gemeinsame, „geteilte Menschlichkeit"[19] und ein Wissen darum, dass individuelle Unterschiede in Status und Fähigkeiten lediglich kontingenter Natur sind. Damit geht Solidarität über das Prinzip der Gerechtigkeit hinaus und fordert nicht nur Schutz vor Entwicklungen, die zu Ungerechtigkeit führen können, sondern auch den aktiven Einsatz für Benachteiligte, die berücksichtigt und besser gestellt werden sollen.

*Nachhaltigkeit* schließlich schließt sich eng an bekannte Definitionen und Erläuterungen zu diesem Begriff an. Es geht um eine intergenerationelle Erweiterung der Gleichheitsperspektive, die langfristige Folgen einer Technologie mit berücksichtigt. Dazu gehört auch die Frage, ob mit der Technologie ein Schaden für Ökosysteme und Umwelt einhergehen könnte, der die Lebensgrundlagen späterer Generationen beeinträchtigt. Nachhaltigkeit im Sinne des Nuffield Council lässt sich deshalb mit dem Prinzip der Stellvertreterverantwortung der PCBI parallelisieren, auch wenn der Council noch stärker als die PCBI ganz auf die Folgen einer Technologie für den Menschen abzielt. Der Schaden an einem Ökosystem ist aus dieser Perspektive nur dann ein relevanter Schaden, wenn er Auswirkungen auf das Wohlergehen von Menschen hat.

Auffällig ist im Vergleich zur Liste der PCBI an dieser Stelle, dass der Nuffield Council kein eigenes Äquivalent zum Prinzip gesellschaftlichen Wohls anbietet. Offensichtlich ist es so, dass der Council das Prinzip der Gleichheit so umfassend verstehen will, dass es auch diesen Aspekt mit umfasst. Das jedenfalls lässt sich vermuten, weil der Council Nachhaltigkeit als zeitliche, intergenerationelle Erweiterung des Gleichheitsprinzips einführt. Hier unterscheidet der Council diese beiden Prinzipien also entlang der Merkmale „kurzfristig" versus „langfristig". Gleichzeitig aber soll Gleichheit, wie erwähnt, auch für den Schutz individueller Interessen stehen. Hier ist das entscheidende Merkmalspaar also „individuell" versus „gruppenbezogen". Damit deckt Gleichheit sowohl kurzfristiges als auch indi-

---

[19] Es stehe für eine „shared humanity", ebd., S. 64.

viduelles Wohl ab. Will man diese Doppelung der Bezüge vermeiden, dann ist die größere Differenzierung, die die PCBI hier vornimmt, zweifellos hilfreich.

Großes Gewicht legt der Nuffield Council auf prozedurale Prinzipien. Er unterscheidet sechs solcher Prinzipien, die als diskursethische „Anwendung" der drei materiellen Prinzipien eingeführt werden. Die prozeduralen Prinzipien sind: *Offenheit und Inklusion* („openness and inclusion"), *Zurechenbarkeit* („accountability"), öffentlicher Diskurs („public reasoning"), *Aufrichtigkeit* („candour"), *Ermöglichung* („enablement") und *Vorsicht* („caution").[20]

*Offenheit und Inklusion* verlangt, dass Informationen über neue Biotechnologien zugänglich sind und dass unterschiedliche Werthaltungen respektiert werden. *Zurechenbarkeit* zielt darauf ab, dass klar zu erkennen ist, wer für die Governance einer neuen Technologie verantwortlich ist, und dieses Prinzip verlangt außerdem, dass diese Verteilung von Verantwortung mit den Regeln demokratischer Entscheidungsmacht übereinstimmt. Das Prinzip *öffentlicher Diskurs* steht für eine gesellschaftliche Debatte, in der die Akteure auf das Auffinden von Gemeinsamkeiten und geteilten Überzeugungen ausgerichtet sind, statt individuelle oder gruppenspezifische Vorteile zu suchen. *Aufrichtigkeit* wird als Tugend beschrieben, die die ehrliche Benennung von Unsicherheiten fordert, die in Bezug auf die Folgen einer neuen Biotechnologie bestehen können. *Ermöglichung* meint, dass in der Debatte um eine neue Biotechnologie alternative, soziale oder technische Verfahren angemessen darzustellen sind. *Vorsicht* schließlich bezieht sich auf die Verpflichtung, mit steigendem Grad an Unsicherheit die Folgen einer Biotechnologie betreffend mehr Informationen einzuholen, mehr unterschiedliche Perspektiven auf die Technologie zu berücksichtigen und mehr alternative Verfahren zu bedenken.

Diese Ausdifferenzierung von ethischen Haltungen und Hinsichten, die eine möglichst offene und von Zwängen, Machtimbalancen und Einzelinteressen freie Debatte und Entscheidungsfindung ermöglichen soll, beeindruckt. Gerade im Bereich neuer Biotechnologien, der nicht zuletzt von ökonomischen Interessen vieler Akteure geprägt ist, lohnt es sich, die Forderung nach offener und demokratischer Entscheidungsfindung konkreter auszubuchstabieren.

Kritischer ist anzumerken, dass die Verbindung der drei Prinzipien *Gleichheit*, *Solidarität* und *Nachhaltigkeit* mit den prozeduralen Prinzipien, so wie sie der Nuffield Council konzipiert, nicht in jeder Hinsicht überzeugen kann. Anders als bei EGE und PCBI werden die prozeduralen Prinzipien nicht an eine Liste materieller Prinzipien ergänzend angehängt, sondern sie werden als „Anwendungen" dieser Prinzipien präsentiert.[21] Das heißt im Umkehrschluss, dass die prozeduralen Prinzipien allein für eine ethische Bewertung neuer Biotechnologien ausreichen müssten. Es ist schwer zu sehen, wie das funktionieren kann, weil zum Beispiel der Wert von Nachhaltigkeit im prozeduralen Verfahren nur dann zum Tragen kommt, wenn es eine Interessengruppe gibt, die für diesen Wert einsteht. Ist das nicht der

---

[20] Ebd., S. 67–71.
[21] Ebd., S. 67.

Fall, müsste dieses Prinzip aktiv in die Debatte eingebracht und verteidigt werden, was die prozeduralen Prinzipien des Nuffield Council aber nicht vorsehen. Denkbar wäre, die drei Grundprinzipien des Nuffield Council als Bedingungen zu rekonstruieren, die erfüllt sein müssen, damit es einen freien Diskurs heute und in Zukunft geben kann. Dann hätte man eine Rechtfertigung dafür, diesen Prinzipien im Rahmen von Prozeduren der Entscheidungsfindung Geltung zu verschaffen, und zwar insbesondere dann, wenn innerhalb der Prozeduren Entscheidungen fallen, die sich gegen zum Beispiel Nachhaltigkeit richten. Zum egalitär-demokratischen Geist der Stellungnahme des Nuffield Council würde diese Rekonstruktion allerdings nicht mehr nahtlos passen.

In diesem Zusammenhang ist auffällig, dass der Nuffield Council dazu tendiert, Werthaltungen (und damit Werte) einzelner Gruppen zwar einerseits im Sinne der Inklusion als ernstzunehmende und zu berücksichtigende Interessen anzusehen. Andererseits jedoch sollen diese zum Beispiel kulturell oder religiös verwurzelten Werthaltungen aber nicht verallgemeinerbar oder objektivierbar sein. Prinzipien wie Solidarität oder Nachhaltigkeit werden vom Council als allgemeinverbindliche Werte eingeführt, die Überzeugung vom Wert alles Lebendigen dagegen wird als Gruppeninteresse subsumiert. Es besteht bei dieser Einhegung von gruppenspezifischen Werthaltungen die Gefahr, dass unterschätzt wird, dass auch über Werthaltungen von Individuen und Gruppen diskutiert werden kann und dass sich solche Haltungen ändern können. Der öffentliche Diskurs ist insofern nicht nur ein Platz des Ausgleichens unterschiedlicher Interessen und Werte, sondern auch des Angleichens unterschiedlicher Interessen und Werte aneinander. Im Rahmen der Diskussion von Biotechnologien gibt es schon deshalb prinzipiell ein Potential für solche angleichenden Entwicklungen, weil viele Wertfragen in Fragen langfristiger Folgen übersetzt werden können und damit zum Teil auch auf rein faktischer Ebene zugänglich werden.

## IV. Fazit

Aus ethischer Sicht bietet die PCBI eine Liste von Prinzipien an, die ein breites Spektrum von Werten, Haltungen und auch philosophisch-ethischen Traditionen abdeckt. Das Spannungsverhältnis von Freiheit und wissenschaftlich-technischer Kreativität auf der einen Seite und Verantwortung für das Wohl der Gesellschaft, kommender Generationen und der Umwelt kommt in den Prinzipien von geistiger Freiheit und Verantwortung, gesellschaftlichem Wohl, Stellvertreterverantwortung und Gerechtigkeit gut zum Ausdruck. Diesem Spektrum fügen die Überlegungen des Nuffield Council auf bedenkenswerte Weise Elemente hinzu, die die Relation des Individuums zu anderen, Hilfspflichten und die Verbundenheit zwischen Individuen generell in den Blick nehmen. Dies kommt sowohl im Prinzip der Gleichheit als auch dem Prinzip der Solidarität zum Ausdruck. Bei der PCBI kann man dies im Kompositum von *geistiger Freiheit und Verantwortung* gespiegelt sehen und auch im Prinzip der intergenerationellen Stellvertreterverantwortung. Dennoch konturiert der Nuffield Council letztlich deutlicher, dass Biotechnologien in einem Machtgefüge entstehen, dessen Kräften im Rahmen gesellschaftlicher und demokratischer Entscheidungsfindung oft entgegen gearbeitet werden muss. Der Council stellt klar, dass dieses Aufbrechen von Machtdynamiken eine ethische Aufgabe ist. Für eine Fusion der beiden Ansätze wäre es deshalb wünschenswert, diesen Aspekt im Rahmen der ersten vier PCBI-Prinzipien sichtbarer zu verankern. Auch die Erweiterung des Prinzips geistiger Freiheit auf den nicht-wissenschaftlichen Bereich erscheint sinnvoll.

Darüber hinaus bietet der Nuffield Council eine ausdifferenzierte Liste von prozeduralen Prinzipien und Tugenden an, die einen Rahmen abstecken innerhalb dessen der Diskurs um neue Biotechnologien unter Berücksichtigung aller Interessen und unter Berücksichtigung alternativer technischer und sozialer Verfahren vollzogen werden kann. Anders als der Council selbst vorschlägt, sollte man diese Prinzipien eher als Ergänzung zu den vorgenannten materiellen Prinzipien, nicht als deren Anwendung verstehen. Ob man dann die Liste des Nuffield Council auf einer Ebene mit den materiellen Prinzipien aufführt oder ob man nicht besser ein übergeordnetes Prinzip wie *demokratische Entscheidungsfindung* einführt und die prozeduralen Prinzipien des Nuffield Council dort als untergeordnete Punkte benennt, ist letztlich eine Geschmacksfrage.

Die EGE hat zu dieser Diskussion vor allem zwei Aspekte beizutragen. Erstens bleibt der Versuch, ausgehend von der Menschenwürde die ethischen Problemstellungen um neue Biotechnologien systematisch zu entfalten, interessant, auch wenn er von der EGE nicht wirklich durchgeführt wird. Ein übergeordneter, allgemeiner Bezugspunkt für die Liste ethischer Prinzipien könnte, – abgesehen davon, dass er das philosophische Bedürfnis nach Ordnung und Konsistenz befriedigt –, als gemeinsamer Orientierungspunkt dienen, wenn es zu Konflikten zwischen diesen Prinzipien kommt. Gleichzeit besteht aber auch die Gefahr, dass ein solcher übergeordneter Orientierungspunkt de facto bestehende Uneinigkeit nur rhetorisch verdeckt und dadurch gerade nicht zu deren fairer Auflösung beitragen kann. Man wird auf pragmatischer Ebene wohl auch mit einer Liste von Prinzipien zurechtkommen können, die kein übergeordnetes Leitprinzip kennen, insbesondere dann, wenn diese Prinzipien kohäsiv wirkende Ideen von Solidarität und Gleichheit beinhalten.

Zweitens diskutiert die EGE als einzige der drei untersuchten Institutionen ernsthaft biozentrische Ethikansätze und philosophische und ethische Fragen zum Lebensbegriff und zum Wert des Lebens. Dass es sich bei den Objekten der Biotechnologie um Lebewesen handelt, spielt dagegen für die PCBI und den Nuffield Council kaum eine Rolle. Dies mag verständlich sein, solange sich Biotechnologie vor allem mit einzelligem Leben wie Bakterien und Hefen befasst. Es gibt allerdings keine prinzipielle technische Hürde, die sicherstellt, dass das in Zukunft auch so bleibt. Neue Verfahren wie CRISPR/Cas, Genomedierung und Projektideen wie das „Human Genome Project – Write" zeigen, wie schnell die Bio- und Gentechnologie auch höhere Organismen und den Menschen erreichen kann.

Die Dringlichkeit, Antworten auf die Frage zu finden, welchem Leben wir welchen Wert zuschreiben, wird zunehmen auch in ethischen Prinzipien zur Beurteilung neuer Biotechnologien abgebildet werden müssen.

## Summary

In recent years, a number of new biotechnologies such as synthetic biology and genome editing have emerged. The need for ethical evaluation of these technologies has been voiced very early and a large number of commentaries, reports and papers has been published since then. Nonetheless, in contrast to the realm of medicine, there is no consensus on how a generally acceptable ethical evaluation scheme of biotechnologies should look like. In this paper, three reports on biotechnologies are analyzed and compared with regard to the ethical principles they utilize. These three reports are: *Ethics of synthetic biology,* written by the *European Group on Ethics in Science and New Technologies* (EGE); *New Directions. The Ethics of Synthetic Biology and Emerging Technologies*, published by the *Presidential Commission for the Study of Bioethical Issues* (PCBI); and *Emerging biotechnologies: technology, choice and the public good* published by the *Nuffield Council on Bioethics*. The PCBI report basically builds upon and broadens the four principles approach of medical ethics. The Nuffield Council adds to this a special focus on issues of power and its distorting effects on public discourse and decision-making. In addition, the Council stresses the ethical demand to act in solidarity. The EGE, in turn, spells out the general importance of the principle of human dignity and claims that other principles important for the evaluation of biotechnologies, such as protection of the environment, can be derived from it.

# Xenotransplantation und Uterustransplantation

Neuland in der Transplantationsmedizin.
Ethischer Klärungs- und gesetzlicher
Regelungsbedarf

Hartmut Kreß

## I. Problemexposition

In den zurückliegenden Jahren ist die Transplantationsmedizin akademisch, öffentlich und gesundheitspolitisch kontrovers diskutiert worden. Zur Debatte standen die Überzeugungskraft des Hirntodkriteriums, die Tragfähigkeit alternativer Entnahmevoraussetzungen, vor allem des Herz-Kreislauf-Stillstands, Allokationsprobleme oder das Fehlverhalten in Kliniken („Transplantationsskandal"). Ein in der Bundesrepublik Deutschland unzureichend gelöstes Problem ist die Zuständigkeit für die Regulierungen. Zu kritisieren ist, dass der Bundesärztekammer, einer privatrechtlichen Organisation, zu weitgehende Befugnisse überlassen worden sind.[1] Künftige Diskurse zur Transplantationsmedizin werden inhaltlich nochmals andere Themen zu bewältigen haben. Zu ihnen gehört die Bewertung von Xenotransplantationen und von Uterustransplantationen. Diese Handlungsoptionen befinden sich zurzeit in der Erforschungsphase (Xenotransplantation) oder im Experimentalstadium (Uterusübertragung). Sie verdanken sich der zunehmenden Verflechtung der Transplantationsmedizin mit sonstigen Zweigen medizinischer Forschung und Anwendung, etwa der Reproduktionsmedizin und Gynäkologie, der Humangenetik sowie der Genetik im Allgemeinen und der Tierzucht, und sind im Kontext der Stammzellforschung zu sehen.

Bei der Xenotransplantation geht es um Organübertragungen vom Tier, vor allem vom Schwein auf den Menschen (diskordante Organübertragung) zum Zweck der Lebensrettung von Patienten, bei der Uteruschirurgie um eine allogene Transplantation unter Menschen, um einer Frau einen Kinderwunsch zu erfüllen. Beides berührt die ethischen Grundlagen der Transplantationsmedizin sowie wesentliche Fragen des Menschenbilds. Der hierdurch entstehende Regulierungsbedarf darf in

---

[1] Vgl. *Höfling/Lang*: „Richterrechtliche Disziplinierung der Transplantationsmedizin?", in: Neue Juristische Wochenschrift 67 (2014), S. 3398–3404; aus Sicht des Vf.s: *Kreß*, „Die Erklärungs- oder Entscheidungslösung. Zweckmäßige Weichenstellung für die Organentnahme nach dem Hirntod oder dilatorischer Kompromiss?", in: Hilpert/Sautermeister (Hrsg.), Organspende – Herausforderung für den Lebensschutz, Freiburg i. Br.: Herder 2014, S. 281–293, hier S. 291 ff.

der Bundesrepublik Deutschland nicht beiseitegeschoben werden. Denn die bisherigen Bestimmungen des Transplantationsrechts werden nicht ausreichen. Dies ist am Schluss des vorliegenden Beitrags (Abschnitt V.) zur Sprache zu bringen. In einem Ausblick (Abschnitt VI.) wird ferner unterstrichen, dass die medizinisch-naturwissenschaftliche Forschung sich um Alternativen bemühen sollte.

Zunächst sind der Sachstand und hauptsächliche Problemaspekte der Xenotransplantation (Abschnitt II.) und danach der Uterusverpflanzung darzulegen (Abschnitt III.). Hiervon ausgehend sollen die beiden Handlungsoptionen, auch im Vergleich zueinander, im Licht einschlägiger Kriterien ethisch bewertet werden (Abschnitt IV.).

## II. Die Option der Xenotransplantation

### 1. Pragmatischer Aspekt: Zur Realisierbarkeit und zur Risikoproblematik

Zurzeit intensiviert sich die Forschung, die sich mit der Übertragung tierischer Organe auf den Menschen befasst.[2] Bislang ist man noch nicht in der Lage, vollständige Organe zu transplantieren. In dieser Hinsicht haben sich in der Vergangenheit schwere Rückschläge ereignet. Im Jahr 1984 scheiterte in den USA der Versuch, einem Baby durch Einsetzen eines Pavianherzens das Leben zu retten. Immerhin ist jedoch spruchreif, tierisches Gewebe für den Herzklappenersatz oder vom Schwein gewonnene Inselzellen zur Therapie von Diabetes zu nutzen. Ein Schlüsselhindernis für die Übertragung tierischer Organe auf den Menschen bildet das Risiko, auf diesem Weg unbeherrschbare Infektionen auszulösen. Eine Xenozoonose würde unter Umständen nicht nur den Organempfänger selbst bedrohen, sondern könnte Ausmaße einer Epidemie annehmen und zahlreiche Menschen in Lebensgefahr bringen. Derzeit zeichnen sich Fortschritte ab, das Risiko zu beherrschen. Mit Hilfe neu verfügbarer gentechnologischer Verfahren, der CRISPR/Cas9-Methode bzw. der genom-editing-Technologie, rückt es näher, potenzielle Spendertiere so zu verändern und zu züchten, dass die Gefahr gebannt wird.[3]

Falls sich das Sicherheitsproblem tatsächlich einmal als beherrschbar erweisen sollte, bleiben gleichwohl gravierende Punkte diskussionsbedürftig. Sie betreffen die Tiere, denen Organe explantiert werden sollen, sowie die menschlichen Personen, die gegebenenfalls die Adressaten von Xenotransplantationen wären.

---

[2] Zur Übersicht: *Sautermeister*, Xenotransplantation, in: Hilpert/Sautermeister (Hrsg.) (Fn. 1), S. 360–372.

[3] Vgl. *Reardon*: „Gene-editing record smashed in pigs", in: Nature News v. 6.10.2015, doi:10.1038/nature.2015.18525. – Ein aktueller Forschungserfolg zum längeren Überleben des Herzens vom Schwein im Pavian: *Mohiuddin* et al.: „Chimeric 2C10R4 anti-CD40 antibody therapy is critical for long-term survival of GTKO.hCD46.hTBM pig-to-primate cardiac xenograft", in: Nature Communications v. 5.4.2016, doi:10.1038/ncomms11138; vgl. „Xenotransplantation: Herzspende aus München", 6.4.2016, online unter www.transplantation.de (Abruf am 9.4.2016).

## 2. Tierethik: Vernutzbarkeit von Tieren für gesundheitliche Zwecke des Menschen?

Im Kern ist zu fragen, ob oder inwieweit Tiere für gesundheitliche Belange des Menschen gentechnisch verändert, in beträchtlichem Umfang in Zucht gehalten und dann zur Lebensrettung bzw. zur gesundheitlichen Wiederherstellung von Menschen vernutzt, getötet und „ausgeschlachtet" werden dürfen. Käme es so weit, würde dies den Alltag der Transplantationsmedizin stark verändern. Bislang werden transplantierbare Organe entweder lebenden Erwachsenen oder Hirntoten entnommen, die hierdurch zu Organ-„Spendern" werden. Unter einer Spende ist eine freiwillige Gabe oder eine Zuwendung zu verstehen, für die kein Ausgleich erwartet wird. Bei der Lebendspende von Organen, etwa bei der Hergabe einer Niere, liegt auf der Hand, warum von „Spende" die Rede ist. Doch auch dann, wenn das Organ einem hirntoten Menschen entstammt, ist der Begriff der Spende angebracht. Sofern nach dem Hirntod ein Organ entnommen wird, ist vorauszusetzen, dass die betreffende Person zu Lebzeiten explizit oder wenigstens implizit eingewilligt oder dass sie zumindest nicht widersprochen hat. In Europa beruht die Explantation je nach Gesetzeslage – Zustimmungs-, Erklärungs-, Widerspruchslösung – in unterschiedlicher Form auf der vorherigen Willensbildung urteilsfähiger Menschen. Diese sind gegebenenfalls stillschweigend, durch den Verzicht auf Widerspruch, dazu bereit, postmortal ein Organ als Teil ihrer selbst einer anderen Person ohne Gegenleistung zukommen zu lassen.

Demgegenüber können Tiere nicht als Organspender bezeichnet werden. Diese Diktion wird zwar verwendet.[4] Sie ist jedoch irreführend und sachlich unzutreffend. Denn Tiere vermögen keinen Entschluss oder Willensakt zur Hergabe von Organen zu bekunden. Von ihnen Organe zu gewinnen, heißt vielmehr, dass Menschen über sie verfügen und sie instrumentalisieren. Dies geschieht im direkten Zugriff der Tierzüchter und Transplantationsmediziner, indirekt gegebenenfalls durch die auf ein Organ wartenden Patienten.

Legt man den heutigen Stand der Tierethik zugrunde, muss diese Aussicht Skepsis auslösen. Sicherlich: Kulturgeschichtlich war es üblich gewesen, Tiere für die menschliche Gesundheit zu verzwecken. Einschlägig ist die Pharmaziegeschichte. Zwar war es früher nicht denkbar, Tieren chirurgisch Gewebe oder Organe zu entnehmen, um sie Menschen zu implantieren. Aber man nutzte sie als Quelle von biologischem Material, das für Menschen verwertet wurde. Aus der frühen Neuzeit belegen Arzneibücher, dass man nicht nur den menschlichen Körper, sondern auch Tiere für eine „materia medica" hielt. In dem Apothekenlehrbuch des Frankfurter Stadtarztes Johann Schröder („Artzney-Schatz", lat. 1641, dt. 1686, engl. 1669) hieß es, die Tierlehre der Apotheker sei eine „Kunst, die da weiset, wie man die Thier in der Artzney gebrauchen solle, damit die Gesundheit des menschlichen Leibes dardurch erhalten oder wiedergebracht werde".[5] Den Hintergrund boten die

---

[4] Vgl. bereits *Dahl*: „Xenotransplantation. Tiere als Organspender für Menschen?", Stuttgart: Hirzel 2000.

vorneuzeitliche Naturphilosophie, die Diätetik und Viersäftelehre sowie Zauber und Alchemie. Kulturgeschichtlich ist die Nutzung von Tieren und Tierbestandteilen für die menschliche Gesundheit bis in die orientalische und griechische Antike zurückzuverfolgen. Zudem sah man Tiere mythologisch und religiös als Retter von Menschen an. Wenn noch in der Neuzeit Tiere als Arzneimittel verwertet wurden, wirkte hierin auch das ehemalige religiös-numinose Verständnis vieler Tiere nach.[6]

In der Gegenwart sind diese Traditionen ferngerückt. Der Vernutzbarkeit von Tieren für den Menschen werden durch Tierschutzargumente Schranken gesetzt. Juristisch erfolgte ein Bruch mit der römischen Rechtstradition, als im Jahr 1990 in Deutschland zivilrechtlich durch einen neuen § 90a BGB festgelegt wurde, dass Tiere prinzipiell nicht mehr nur als Sachen einzustufen sind. Der Gesetzesbegründung zufolge haben sie als Mitgeschöpfe zu gelten.[7] Im Schweizer Tierschutzgesetz, das 2008 in Kraft trat, ist sogar von ihrer Würde die Rede. Seit der Moderne beschäftigt sich auch die Ethik eingehender mit Tieren. Dabei haben sich zugunsten eines schonenden Umgangs mit ihnen zwei Begründungstypen herauskristallisiert. Dem anthropozentrisch begründeten Tierschutz gemäß sind Menschen es sich selbst, ihrer Humanität und Selbstachtung schuldig, Tiere nicht unnötig zu schädigen. Darüber hinaus votiert der sog. ethische Tierschutz für eine Wertschätzung von Tieren um ihrer selbst willen, weil sie ähnlich wie Menschen schmerz- und leidensfähig seien.[8] Zusätzlich zur Mitleidsethik wurde eine voluntaristische Argumentation entwickelt, die darauf abhob, dass analog zu Menschen ebenfalls nichtmenschlichen Tieren ein élan vital, ein vitales Interesse am Leben und Überleben zuzuschreiben sei. Daher sei es unangemessen, sie als bloßes Mittel zu betrachten, welches sich für die Bedürfnisse oder Interessen von Menschen verzwecken lasse. Den voluntaristischen Ansatz hat klassisch Albert Schweitzer in seiner Kulturphilosophie („Kultur und Ethik", 1923) dargelegt. Daher hielt er z.B. Doppelversuche mit Tieren oder ihre Verwendung für bloße Demonstrationszwecke für unzulässig. Er bewertete jedes, auch das sachlich legitimierbare medizinische Tierexperiment als Schuldigwerden und unterstrich die Notwendigkeit, sich um Alternativen zu bemühen. Auf der Grundsatzebene betonte er die Solidarität von Lebewesen über die Gattungsgrenze hinweg.[9]

Seitdem sind die Kriterien, die den Tierverbrauch einschließlich medizinisch bedingter Tierversuche eindämmen sollen, philosophisch noch anderweitig fun-

---

[5] Zit. nach *Kopp*: „Menschenfleisch. Der menschliche Körper als Arzneimittel", Luzern: Zentral- und Hochschulbibliothek 2014, S. 44 f.

[6] Vgl. *Meyer*: „19./20. Jahrhundert", in: Dinzelbacher (Hrsg.), Mensch und Tier in der Geschichte Europas, Stuttgart: Alfred Kröner 2000, S. 404–568, hier S. 474.

[7] Vgl. *Gerick*: „Recht, Mensch und Tier", Baden-Baden: Nomos 2005, S. 87 f.

[8] Zu heutigen Aspekten dieser schon im 18. Jahrhundert von Jeremy Bentham vertretenen Position vgl. *Hafner*: „Und wenn Spinnen Schmerzen empfänden?", in: Horizonte – Das Schweizer Forschungsmagazin Nr. 97, 2013, S. 19–21.

[9] Vgl. *Schweitzer*: Gesammelte Werke in fünf Bänden, Bd. 2, München: C.H.Beck o.J., bes. S. 377 ff., 388 ff.

diert und präzisiert worden.[10] Sie fanden ihre Verdichtung in der Formel „replacement, reduction, refinement"[11], die 2010 in der einschlägigen EU-Richtlinie rezipiert wurde.[12] Dies ist zu berücksichtigen, wenn aktuell die Nutzung von Tieren, konkret insbesondere von Schweinen, als Ressource von Organen abzuwägen ist (diskordante Xenotransplantation).[13] Sie werden genetisch verändert, d.h. partiell vermenschlicht, damit die Organe, die ihnen nach der Tötung entnommen werden, für menschliche Empfänger infektionsrisikofrei und möglichst immunkompatibel sind. Zunächst sind umfangreiche Tierversuche vorzunehmen, unter anderem mit Schafen oder Pavianen. In Zukunft würde für einen größeren transplantationsmedizinischen Gebrauch gegebenenfalls eine beträchtliche Zahl von genetisch modifizierten und insoweit humanisierten Schweinen auf Vorrat verfügbar gehalten werden müssen. Eine derartige gezielte Herstellung, Züchtung, Testung und Haltung von Tieren als Ressource für Organe, die dem Menschen nutzen sollen, steht freilich im Gegensatz zur normativen Logik des neueren Tierschutzgedankens, die auf eine Reduzierung des Tierverbrauchs in Richtung Null abzielt.[14] Ethisch ist sie sehr zwiespältig. Nichtmenschlichen Tieren wird beträchtliches Leiden zugefügt. Sie werden zu Bioreaktoren degradiert, so dass ihr vitales Interesse, ihr „Wille zum Leben" und ihr Eigenwert weitgehend desavouiert werden. Zusätzlich ist die Chimärismusproblematik zu sehen.[15]

Um einen derartigen Durchgriff auf Tiere zu rechtfertigen, bedarf es triftiger Argumente. Sie lassen sich nur auf dem Weg auffinden, dass man auf das Interesse der potenziellen menschlichen Nutznießer von Xenotransplantationen abhebt. Das Bild, das sich unter diesem Blickwinkel ergibt, bleibt jedoch seinerseits getrübt.

### 3. Patientenethischer Aspekt:
### Wahrung individueller Identität?

Für Patienten, denen von Tieren stammende Zellen oder Gewebe sowie eventuell Organe implantiert werden, geht es um Lebensrettung und um ihre Gesundheit. Weil Leben und Gesundheit elementare Werte sowie fundamentale Güter der menschlichen Existenz darstellen, können in der Perspektive schwerkranker, vom Tod bedrohter Menschen in der Tat gewichtige, überaus dringliche Gründe dafür sprechen, sich ein tierliches Organ implantieren zu lassen.

---

[10] Z.B. neoaristotelisch in Martha Nussbaums Buch „Die Grenzen der Gerechtigkeit", dt. 2010; vgl. *Schmitz* (Hrsg.), Tierethik, Frankfurt a. M.: Suhrkamp 2014, S. 214.

[11] Vgl. *Ferrari*: „Tierversuch. 3R-Prinzipien und Alternativmethoden", in: Ferrari/Petrus (Hrsg.): Lexikon der Mensch-Tier-Beziehungen, Bielefeld: transcript 2015, S. 383 f.

[12] Vgl. Richtlinie 2010/63/EU des Europäischen Parlaments und des Rates v. 22.9.2010 zum Schutz der für wissenschaftliche Zwecke verwendeten Tiere, Art. 47.

[13] Vgl. z.B. *Reichart* et al.: „Discordant cardiac xenotransplantation: broadening the horizons", in: European Journal of Cardio-Thoracic Surgery 45 (2014), S. 1–5.

[14] Vgl. Richtlinie 2010/63/EU (Fn. 12), Erwägungsgrund 10.

[15] Zu einer aktuellen Zuspitzung dieser Problematik s. unten bei Fn. 18.

Dennoch ist eine Schatten- oder Kehrseite vorhanden. Patienten müssten bereit sein, existenziell einen beträchtlichen Preis zu entrichten. Sofern Xenotransplantationen zunächst als klinische Versuche erfolgen, hätten sie in besonderem Maß das Risiko von Scheitern und Schädigung auf sich zu nehmen. Würde Xenotransplantation – hypothetisch – einmal zur klinischen Routine, wären nicht nur die physischen Belastungen zu sehen, die jede Organübertragung mit sich bringt. Vielmehr würden die Patienten zu Individuen mit Zellen von verschiedenen Spezies, d. h. zu Chimären.

Hinsichtlich des Seinsstatus und der subjektiven Identität der menschlichen Organempfänger ist daher das Problem des Chimärismus zu bedenken. Dies gilt abgesehen davon, dass das Phänomen der Chimärenbildung auch bezogen auf die Tiere zu reflektieren ist, die als Ressource transplantierbarer Organe gezüchtet und humanisiert werden. Schon jetzt sind humanisierte Tiere in Forschungslabors weit verbreitet, vor allem humanisierte Mäuse. In der kulturellen Vergangenheit lösten die mythologische Vorstellung oder bildliche Darstellung von Chimären, von Mensch-Tier-Mischwesen – z. B. Mischwesen aus Mensch einerseits, Pferd, Löwe, Ziege, Schlange, Fisch andererseits – oftmals Angst und Entsetzen aus.[16] Hiervon ist eine zwecks Xenotransplantation realisierte Züchtung von Tieren abzugrenzen. Bei ihr ist freilich zu gewährleisten, dass keine Tiere mit menschlichen Genen oder Eigenschaften entstehen, die sich fortpflanzen können, und dass keine umfassende Vernetzung und keine Humanisierung im Zentralnervensystem eines Tieres bewirkt werden.[17] Sonst bestünde die Gefahr, dass die Gattungsidentität als Verstehenshorizont für das Menschsein und die Abgrenzbarkeit von Mensch und Tier fraglich würden. Konkret ist sehr kritisch zu prüfen, ob – wie es jetzt in ersten Anläufen erfolgt – humane menschliche Stammzellen zwecks späterer Organgewinnung bereits in ein tierisches Embryonalstadium eingebracht werden dürfen. Bei diesem speziellen Verfahren („Embryokomplementierung") besteht die Gefahr einer nicht kalkulierbaren und eventuell zu weitgehenden Vermenschlichung von Tieren.[18]

Doch auch bei den Patienten, die nach einer Xenotransplantation mit Zellen unterschiedlicher Arten leben, wird ein Interspezieschimärismus erzeugt. Phänotypisch, in ihrem Erscheinungsbild, und in ihrer Persönlichkeit bzw. ihrer geistig-mentalen Existenz bleiben sie zweifellos Menschen. Es „entsteht kein neuartiges Lebewesen"[19]; die Implantation des tierlichen Organs bedeutet keinen Durchgriff

---

[16] Vgl. *Kretschmer*: „Lexikon der Symbole und Attribute in der Kunst", Stuttgart: Philipp Reclam 2008, S. 212 ff.

[17] Vgl. *Kreß:* „Menschenwürde – aktuelle Probleme von Stammzellforschung und Reproduktionsmedizin – Status des Embryos", in: ethica 13 (2005), S. 227–252, hier S. 235–241; *Akademien der Wissenschaften Schweiz:* „Interspezies-Mischwesen: Aspekte des Tierschutzes", 2009, online: www.akademien-schweiz.ch/dms/D/Publikationen/Stellungnahmen/2009/SN_Interspezies_Mischwesen_d.pdf (Abruf am 9.4.2016).

[18] Kritisch hierzu auch die US-Gesundheitsbehörde NIH; vgl. *Vogel:* „Major grant in limbo, NIH revisits ethics of animal-human chimeras", in: Science News v. 14.10.2015, doi:10.1126/science.aad4708; *Regalado:* „Streit um Mischwesen", in: Technology Review 2016, 5, S. 10 f.

[19] *Siep*: Konkrete Ethik, Frankfurt a. M.: Suhrkamp 2004, S. 341.

auf ihr Gehirn als Ort von Empfinden und Bewusstsein. Die Personalität und geistig-mentale Identität von Patienten wären direkt erst dann betroffen, wenn statt einer Nieren-, Leber- oder Herztransplantation eine Gehirngewebetransplantation vorgenommen würde. Nun sind Gehirnzellen oder ist Gehirngewebe bereits transplantiert worden, jedoch nicht von Tieren auf Menschen[20], sondern zwischen Menschen. In Schweden ist Patienten zwecks Parkinson-Therapie Gehirngewebe implantiert worden, das nach zeitlich koordinierten Schwangerschaftsabbrüchen aus menschlichen Feten stammte.[21] Bei den Patienten wurde hierdurch ein Chimärismus innerhalb der Spezies Mensch bewirkt (Intraspezieschimärismus). Eine derartige Verpflanzung von Gehirngewebe unter Menschen bedarf abgesehen von ihren medizinischen Implikationen der ethischen Abwägung, namentlich in Hinsicht auf die Identität und Persönlichkeit der Patienten, in die allogenes Gehirngewebe transferiert wurde.[22] Sofern es allerdings darum geht, speziesübergreifend Niere, Leber oder Herz insbesondere eines Schweins in einen Menschen einzupflanzen, ist das Gehirn des menschlichen Empfängers nicht direkt betroffen, so dass seine Persönlichkeit und personale Identität unberührt bleiben.

Dennoch lässt sich die Problematik der Chimärenbildung nicht einfach ad acta legen. Denn es bleibt offen, ob Identität, Abgrenzbarkeit und Selbstverständnis der Gattung Mensch ideell oder symbolisch relativiert würden, wenn tierische Organe im Rahmen einer – zurzeit noch hypothetischen – transplantationsmedizinischen Routine in Menschen eingesetzt würden. Zudem ist von Belang, ob einzelne Patienten, die ein Organ tierischer Herkunft erhalten, subjektiv in ihrer Identität verunsichert werden. Nun können schwerwiegende medizinische Eingriffe generell psychosomatische Effekte auslösen. Dies trifft gerade auch für Organtransplantationen zu. So können beim Organempfänger Zweifelsfragen zu seinem eigenen Selbstverständnis und zu seiner Beziehung zu einem humanen Organspender aufbrechen, der, von dem übertragenen Organ repräsentiert, „in" der eigenen Person gespürt wird.[23] Subjektiver Zweifel und Identitätsprobleme sind erst recht bei Xenotransplantationen vorstellbar, und dies nochmals verstärkt deswegen, weil sie kulturell bislang unvertraut sind. Zugespitzt gesagt: Nachdem einem Menschen ein tierisches Herz implantiert wurde, kann ihn theoretisch jeder Herzschlag daran erinnern, von einem artfremden Organ abhängig geworden zu sein, das in ihm „lebt".

Letztlich ist daher – auf die Gefahr der persönlichen Fehleinschätzung und Selbsttäuschung hin – die subjektive Urteilsfindung des betroffenen Patienten maß-

---

[20] Eine Ausnahme, die sich medizinisch nicht durchgesetzt hat: *Fink* et al.: „Porcine xenografts in Parkinson's disease and Huntington's disease patients: preliminary results", in: Cell Transplantation 9 (2000), S. 273–278.

[21] Vgl. *Winkler/Kirik/Björklund*: „Cell transplantation in Parkinson's disease: how can we make it work?", in: Trends in Neurosciences 28 (2005), S. 86–92.

[22] Vgl. *Kreß:* „Medizinische Ethik", Stuttgart: Kohlhammer 2. erw. Aufl. 2009, S. 51–54.

[23] Hierzu autobiographisch vor dem Hintergrund einer Leberimplantation *Wagner:* „Leben", Reinbek: Rowohlt 2014; vgl. *Wüstenhagen:* „Organspende. ‚Ich spüre dich bei jedem Atemzug'", in: Zeit Online v. 29.3.2016, www.zeit.de/zeit-wissen/2016/02/organspende-interview-david-wagner (Abruf am 9.4.2016).

gebend, ob er eine ihm medizinisch angebotene Xenotransplantation für vertretbar, für erträglich und für mit seiner Identität vereinbar hält. Bevor der Eingriff erfolgt, müsste ein Patient im Sinn seines Selbstbestimmungsgrundrechts und seiner subjektiven Wahrnehmung der eigenen Persönlichkeit hierzu eine wohlerwogene Entscheidung treffen. Dass es in solchen Fällen eine besonders anspruchsvolle Herausforderung ist, zu einem informed consent zu gelangen, liegt auf der Hand.

Vor diesem Hintergrund wird eine bestimmte Teilfrage der Xenotransplantation nochmals schwieriger, nämlich die Übertragung von Organen aus Tieren an Minderjährige.

### 4. Eine Spezialfrage: Kinder als Adressaten von Xenotransplantationen?

Angehörige bestimmter Menschengruppen sind prinzipiell nicht in der Lage, einer Organübertragung persönlich zuzustimmen und den informed consent zu erteilen. Zu den Nichteinwilligungsfähigen können alte Menschen gehören. Bei hinfälligen Patienten in hohem Lebensalter, die sich nicht selbst zu äußern vermögen, wird die Implantation eines Organs aber ohnehin medizinisch nicht mehr indiziert sein. Kompliziert stellt sich die Sachlage für Kinder dar. Im Rahmen der Transplantationsmedizin können sie sowohl in die Situation eines Organgebers als auch in die eines potenziellen Organempfängers geraten.[24] Was ihre Rolle als Quelle oder als Ursprung von Organen anbetrifft, so sind in der Bundesrepublik Deutschland im letzten Jahrzehnt jährlich ca. fünfzig Kindern nach ihrem Hirntod Organe explantiert worden. Dies ist nach deutschem Recht aufgrund einer Zustimmung der Eltern statthaft. Es liegt nahe, dass die Bitte eines Arztes an Eltern, in die Organentnahme bei ihrem hirntoten Kind einzuwilligen, für sie in ihrer Situation, im Angesicht des Todes ihres Kindes, in aller Regel eine schier unerträgliche Belastung bildet.

Eigentlich besteht in der Bundesrepublik Deutschland die Voraussetzung für eine Organentnahme nach dem Hirntod allerdings darin, dass der Spender sich zu Lebzeiten hierzu selbst eine Meinung gebildet und er vorab eingewilligt hat.[25] Wenn ersatzweise die Angehörigen für ihn entscheiden, sollen sie sich nach seinem mutmaßlichen Willen richten. Von Kindern, insbesondere von kleineren Kindern kann naturgemäß jedoch noch keine Willensäußerung vorliegen und auch kein mutmaßlicher Wille rekonstruiert werden. Daher erzeugt die Entnahme von Organen aus Kindern ein Dilemma, mit dem man sich in Deutschland im Schrifttum so gut wie gar nicht und in den Gesetzesmaterialien allenfalls randständig beschäftigt

---

[24] Ausführlicher und zum Folgenden mit weiteren Einzelnachweisen *Kreß*: „Organentnahme nach dem Hirntod bei Kindern. Ethische und rechtliche Gratwanderung", in: Medizinrecht 33 (2015), S. 855–860.

[25] Anders die Rechtslage z. B. in Österreich; vgl. *Bruckmüller*: „Hirntod und Organentnahme aus medizin(straf)rechtlicher Sicht", in: Körtner/Kopetzki/Müller (Hrsg.): Hirntod und Organtransplantation, Wien: Verlag Österreich 2016, S. 49–65.

hat. Einerseits werden Organe hirntoter Kinder benötigt, um mit ihrer Hilfe anderen schwerkranken Kindern das Leben zu retten. Andererseits ist es äußerst fragwürdig, ihnen Organe zu entnehmen, weil sie keine Willensbekundung abgegeben haben und diese sich auch nicht erschließen lässt.

Theoretisch liegt daher der Gedanke nahe, es könne einen Ausweg eröffnen, statt hirntoten Minderjährigen vielmehr Tieren Organe zu explantieren, um schwer erkrankte Kinder zu retten. Hier bricht jedoch sofort neuer, weiterer Zweifel auf. Ist es vertretbar, aus Tieren stammende Organe in kranke Kinder einzupflanzen? Mit der Übertragung von Organen menschlicher Herkunft auf Kinder hat man medizinisch insgesamt ermutigende Erfahrungen gemacht.[26] Dies gilt ungeachtet dessen, dass noch immer Forschungslücken dazu zu schließen sind, wie sich das Leben mit einem fremden Organ auf die psychische und die kognitive Entwicklung der kindlichen Empfänger langfristig auswirkt.[27] Geht es statt menschlicher Transplantationsorgane nun um die Implantation von Organen tierischer Herkunft, dann sind zunächst die medizinisch-pädiatrischen Probleme zu diskutieren, etwa die Immunverträglichkeit, das Mitwachsen von Organen mit den heranwachsenden Kindern, die Notwendigkeit von Retransplantationen.[28] Darüber hinaus ist zu bedenken, was eine derartige Organübertragung für die kindlichen Empfänger kognitiv, psychisch, psychosozial sowie alltagsweltlich bedeuten würde. Wie würden Dritte einem Kind mit einem tierischen Organ begegnen? Die Frage ist auch deshalb nicht von der Hand zu weisen, weil in der Bevölkerung belegbar die Meinung anzutreffen ist, der Ursprung eines Organs – in diesem Fall wäre es ein Tier – lebe im Empfänger irgendwie weiter.[29] Vor allem ist von Belang, was das Leben mit dem Organ eines Tiers für das Selbstbild des heranwachsenden Kindes besagen würde. Im Übrigen würden ihm auch Hypotheken zu seinem späteren Verhalten und seiner Lebensführung auferlegt, eventuell bis hin zu seinem späteren Sexual- und Fortpflanzungsverhalten.[30]

Insbesondere kleinere Kinder sind nicht in der Lage, in einen derartigen Eingriff – die Einpflanzung eines einem Tier entstammenden Organs – persönlich einzuwilligen. Daher hätten die Eltern stellvertretend für sie zu entscheiden. Das Beispiel der fehlgeschlagenen Xenotransplantation in das „Baby Fae" im Jahr 1984

---

[26] Zu Nachweisen vgl. *Kreß* (Fn. 24), S. 859 Fn. 51.

[27] Hinweise bei *Kaller* et al.: „Attention and executive functioning deficits in liver-transplanted children", in: Transplantation 90 (2010), p. 1567–1573; *Behnke-Hall* et al.: „Pädiatrische Herztransplantation 2011", in: Transplantationsmedizin 23 (2011), S. 16–25, hier S. 23.

[28] Vgl. *Cooper* et al.: „Report of the xenotransplantation advisory committee of the international society for heart and lung transplantation", in: The Journal of Heart and Lung Transplantation 19 (2000), S. 1125–1165, hier S. 1141.

[29] Spiegelbildlich hierzu ist die oben (Fn. 23) erwähnte Selbstdeutung von Transplantierten zu sehen, in ihnen mache sich das Sein des Organspenders bemerkbar. Ausgewogen zu dem Themenfeld *Ederer*: „Leben mit dem Organ eines anderen: Erfahrungen und Sichtweisen von Organempfängern", in: Körtner/Kopetzki/Müller (Hrsg.) (Fn. 25), S. 161–171.

[30] Vgl. *Glantz*: „Ethical issues in xenotransplantation research with children", in: Xenotransplantation 14 (2007), S. 355–356, hier S. 356.

weckt in dieser Hinsicht Skepsis.[31] Zu den Problemen einer stellvertretenden Entscheidung von Eltern gehört, dass sie möglicherweise aus eigenen Motiven, etwa aus ihrer – nachvollziehbaren – Verzweiflung heraus zu einem Transplantationsentschluss gelangen, den sie im Interesse des Kindes besser nicht hätten treffen sollen.[32] Auf jeden Fall sind an solche Entscheidungen ethisch hohe Maßstäbe anzulegen. Sollte die Einpflanzung tierischer Organe in Kinder zukünftig in Grenzfällen als statthaft angesehen werden, bedarf es gesetzlicher Vorgaben über die Rahmenbedingungen und ist der Aufbau psychosozialer Beratung und Begleitung für die Betroffenen erforderlich.

Im Ergebnis ergibt sich eine Schieflage. An sich wäre es durchaus wünschenswert, Organe, die auf Kinder übertragen werden, aus Tieren zu explantieren. Hierdurch könnte dem Dilemma der Organgewinnung aus hirntoten Kindern oder einer – in der Bundesrepublik rechtlich unzulässigen – Lebendorganspende von Minderjährigen entgegengewirkt werden. Auf der anderen Seite ist äußerst fraglich, ob man einem Patienten im Kindesalter ein Organ tierischer Herkunft einpflanzen darf oder dieses gar tun soll. Denn das Empfängerkind kann nicht selbst zustimmen, jedenfalls wenn es sich um ein jüngeres Kind handelt. Die wohldurchdachte persönliche Zustimmung ist eigentlich die Voraussetzung dafür, eine Xenotransplantation zu realisieren und einem Menschen ein Organ tierischer Provenienz zu implantieren.

Auf solche Fragen wird später (in Abschnitt IV.) zurückzukommen sein. Jetzt ist eine weitere Handlungsoption der Transplantationsmedizin zu thematisieren, nämlich die Uterustransplantation. Die Verpflanzung der Gebärmutter einer Frau in eine andere Frau überschneidet sich mit der Xenotransplantation insofern, als sie ebenfalls neuartig und unvertraut ist. In der Sache treten zum Teil analoge Probleme zutage, so dass im Folgenden die Gliederungsstruktur des voranstehenden Abschnitts wiederkehrt und die Darlegung erneut unter den Aspekten der Tierethik, der Patientenethik und der Belange von Kindern erfolgt (in den Abschnitten III.2. bis III.4.).

---

[31] Vgl. *Hammer/Thein*: „Xenotransplantation als Möglichkeit des Organersatzes", in: Krukemeyer/Spiegel (Hrsg.), Chirurgische Forschung, Stuttgart: Thieme 2005, S. 332–348, hier S. 344.

[32] Vgl. *Glantz* (Fn. 30), S. 355.

## III. Uterustransplantation. Medizintechnologische Innovation im Schnittfeld von Organtransplantation und Fortpflanzungstherapie

*1. Heutiger Sachstand und ethische Annäherung: Künstliche Erzeugung von Bedürfnissen oder human bahnbrechender medizinischer Fortschritt?*

Inzwischen rückt es technisch näher, einer Frau, der die Gebärmutter fehlt, zur Schwangerschaft und zu einem genetisch eigenen Kind verhelfen zu können. Dies geschieht in Kooperation von Transplantationschirurgie und Fortpflanzungsmedizin. In einen implantierten, von einer anderen Frau gespendeten Uterus wird ein extrakorporal erzeugter Embryo transferiert, der kryokonserviert worden ist und genetisch von der Uterusempfängerin und ihrem Partner stammt. Erstmals ist auf dieser Basis im Jahr 2014 in Schweden ein Kind geboren worden. Seitdem haben sich Fehlschläge ereignet, sind aber auch einige – wenige – weitere Geburten erfolgt und ist eine internationale Gesellschaft gegründet worden, die der Fortentwicklung und Verbreitung des Verfahrens dient.[33] Nach Interessensbekundungen in den USA, China[34] oder Großbritannien werden jetzt in Deutschland an mehreren Universitäts- bzw. Klinikstandorten Uterustransplantationen erwogen. Zurzeit ist das Verfahren noch experimentell.

Vorab sei die Problemfrage aufgeworfen, ob diese medizintechnologische Innovation sekundär Bedürfnisse weckt oder ob es sich um eine Methode handelt, die bahnbrechend ist, da sie tatsächlichen, menschlich authentischen Bedarf abdeckt. Theoretisch können von ihr Frauen profitieren, die sich ein Kind wünschen, obwohl ihnen – den seltenen Krankheiten zuzuordnen – von Geburt an die Gebärmutter fehlt (Mayer-Rokitansky-Küster-Hauser-Syndrom) oder wenn sie aufgrund von schweren Krankheiten oder einer früheren Entbindung keinen Uterus mehr besitzen. Hochgerechnet auf die Gesamtbevölkerung käme man in Großbritannien auf die Zahl von 12.000 Frauen im gebärfähigen Alter, die von dem Verfahren profitieren könnten.[35] Ferner wird vom potenziellen Interesse von 1,5 Millionen Frauen weltweit gesprochen.[36] Die Zahlenangaben sind allerdings trügerisch, weil nicht jede Frau ein eigenes Kind wünscht, schon gar nicht auf der Basis dieses Verfahrens, das gesundheitlich risikoträchtig, ethisch diskussionsbedürftig und mit einem fünf- bis sechsstelligen Eurobetrag höchst kostenintensiv ist.

---

[33] Vgl. *Schott/Sohn/Rom*: „Internationale Gesellschaft für Uterustransplantation", in: Geburtshilfe und Frauenheilkunde 76 (2016), S. 122.

[34] „Chinas erste Uterustransplantation: Mutter spendet an Tochter", 27.11.2015, online: german.china.org.cn/txt/2015-11/27/content_37180492.htm (Abruf am 9.4.2016).

[35] Vgl. *Dickens*: „Legal and ethical issues of uterus transplantation", in: International Journal of Gynecology and Obstetrics 133 (2016), p. 125–128, hier S. 125.

[36] Vgl. *Brännström*: „Uterus transplantation", in: Current Opinion in Organ Transplantation 20 (2015), p. 621–628, hier S. 621.

Innerhalb der Transplantationsmedizin ist die Uterusübertragung als neue Handlungsart einzustufen. Anders als die Xenotransplantation überspringt sie nicht die Speziesgrenze. Als neuartig präsentiert sie sich in anderer Hinsicht, und zwar in zwei Punkten.

a) Bislang kam Organtransplantationen der Sinn zu, dem Organempfänger in ausweglos gewordener Lage das Leben zu retten und seine hochgradig bedrohte Gesundheit möglichst weitgehend wiederherzustellen. Diesem Zweck dient z. B. die Übertragung von Herz, Niere, Lunge oder Leber. Ferner kann die Wiederherstellung von Basisfunktionen der Lebensführung angestrebt sein, etwa der Sehfähigkeit bei Hornhauttransplantationen. Im Sonderfall der Hand- oder Gesichtstransplantation besteht das Ziel darin, einem schwer in Mitleidenschaft gezogenen Menschen wieder soziale Kontakte und Kommunikation zu ermöglichen. Der Zweck der Uterustransplantation ist ein prinzipiell anderer. Anstelle von Lebensrettung oder der Therapie lebensbedrohlicher Krankheiten und schwerster Schädigungen soll der Empfängerin ein bestimmter biographischer Wunsch erfüllt werden. Es geht um ihren unerfüllten Kinderwunsch. Unter Umständen ist für sie auch das Anliegen leitend, den Kinderwunsch ihres Partners zu erfüllen.[37] Oder, im Schrifttum[38] und in Interviews mit Betroffenen[39] als Motiv immer wieder belegt: Im Vordergrund steht das persönliche Bestreben, trotz des fehlenden Uterus selbst eine Schwangerschaft zu erleben. Es handelt sich daher um sog. wunscherfüllende Medizin.

b) Sodann unterscheidet sich eine Uterustransplantation von bisheriger Transplantationsmedizin in einem weiteren wesentlichen Punkt. Der Eingriff betrifft nicht nur die Organempfängerin, sondern gleichfalls eine dritte Person, nämlich das Kind, das mit Hilfe der implantierten Gebärmutter nach künstlicher Befruchtung ausgetragen werden soll. Aus dem für die Transplantationsmedizin charakteristischen Dual der Betroffenen – Organspender und Organempfänger – wird eine Trias: Organspenderin, Organempfängerin und das Kind als „Resultat" der transplantationschirurgischen Intervention.

In medizinischer Literatur gelangte das Verfahren bereits ausführlich zur Sprache, wohingegen ethische und erst recht juristische Erwägungen bislang ein Desiderat bilden. Als Erstes ist ein Aspekt zu nennen, der nicht die Schlüsselfrage ausmacht, aber keinesfalls außer Acht gelassen werden darf.

---

[37] So nach eigener Aussage das Motiv einer Frau, die auf die Durchführung des Verfahrens in Erlangen hofft; vgl. *Berndt*: „Gespendetes Glück", in: Süddeutsche Zeitung v. 19./20. 3. 2016, S. 51.

[38] Vgl. nur *Catsanos/Rogers/Lotz*: „The ethics of uterus transplantation", in: Bioethics 27 (2013), S. 65–73, hier S. 65.

[39] So z. B. die Frau, bei der im März 2016 die Implantation eines Uterus in der Cleveland Clinic/Ohio gescheitert ist; vgl. The Associated Press v. 8. 3. 2016: „Womb transplant recipient grateful for chance at pregnancy".

## 2. Tierethik: Verhältnismäßigkeit von Tierversuchen zum Zweck der Uterustransplantation?

Der Durchführung von Uterustransplantationen bei Menschen müssen Tierversuche vorausgehen, einschließlich der Erprobung der Operationstechnik an Tieren. Für Letzteres sollen in Deutschland jetzt Schafe verwendet werden.[40] Bevor das Verfahren in Schweden erstmals realisiert wurde, war auf verschiedene Tierarten und auch auf Primaten zugegriffen worden. Hierbei sind Versuchsprimaten zu Tode gekommen.[41]

Dies steht in Kontrast dazu, dass insbesondere dem Zugriff auf Primaten tierethische und rechtliche Bedenken entgegenstehen. Es wurde bereits erwähnt[42], dass in Europa forschungs- und rechtspolitisch große Anstrengungen unternommen werden, Tierversuche zu reduzieren. Für die Medikamentenentwicklung und -prüfung lässt sich dies durch Zellkulturen erreichen, die aus biologischem Material von Tieren oder von Menschen generiert werden. Die Bundesrepublik Deutschland nimmt diesbezüglich eine Nachzüglerrolle ein, da im Inland bis heute strafbewehrt untersagt ist, humane embryonale Stammzelllinien als Ersatz für Tierversuche zu nutzen oder überhaupt nur gezielt zu beforschen.[43] Davon abgesehen wird das Anliegen, Tierversuche so weit wie möglich zu substituieren, auch in Deutschland vom Ansatz her bejaht.[44]

Andererseits ist zu sagen, dass medizinisch begründete Tierversuche in definierten Fällen nach wie vor vertretbar, gegebenenfalls sogar geboten erscheinen. Dies ist vor allem dann der Fall, wenn es um die Sicherheit von Patienten oder von Probanden geht[45], und namentlich auch vor der routinemäßigen Anwendung reproduktionsmedizinischer Methoden. Daher war es ein Gegenstand kritischer

---

[40] Ein entsprechender Antrag wurde in Erlangen gestellt; vgl. *Berndt* (Fn. 37). Zu früheren Versuchen in Erlangen unter Verwendung der Uteri von Schafen: *Dittrich* et al.: „Uterus cryopreservation in the sheep: one step closer to uterus transplantation", in: Vivo 24 (2010), S. 629–634.

[41] Vgl. *Kreß:* „Uterustransplantation und In-vitro-Fertilisation mit nachfolgender Schwangerschaft. Ethisch-rechtliche Abwägung – Notwendigkeit transplantationsrechtlicher Klärung", in: Medizinrecht 34 (2016), S. 242–247, hier S. 243, mit Nachweisen. Der Beitrag enthält auch zu den anderen Aspekten des Themas weiterführende Belegangaben.

[42] s. oben bei Fn. 12 und 14.

[43] Vgl. *Kreß*, „Forschung an pluripotenten Stammzellen", in: Medizinrecht 33 (2015), S. 387–392, hier S. 390 f.

[44] Vgl. *Ferrari* (Fn. 11), S. 384.

[45] Indirekt wird dieser Sachverhalt an dem Tod eines Probanden und der Schädigung weiterer Personen bei einer Medikamententestung 2016 in Frankreich deutlich. Nach ersten Untersuchungsergebnissen sei ursächlich, dass die Zulassungsbehörde die Erprobung der Medikamente nicht als Hochrisikotest eingestuft hatte und es dann formal zulässig war, die vorherige Schädigung von Versuchstieren durch die getestete Substanz beiseitezuschieben; vgl. *Meyer*, „Tödlicher Medikamententest in Frankreich. Ursache gefunden", in: Deutschlandfunk v. 1.4. 2016, online: www.deutschlandfunk.de/toedlicher-medikamententest-in-frankreich-ursache-gefunden.676.de.html?dram:article_id=349976 (Abruf am 9.4.2016).

Diskussion, ob das reproduktionsmedizinische Verfahren der Intrazytoplasmatischen Spermieninjektion (ICSI) vor seiner Einführung hinreichend mit Tierversuchen evaluiert worden war. Dies in Rechnung gestellt, bricht trotzdem die Frage auf, ob speziell für die Erprobung von Uterustransplantationen ein hoher Tierverbrauch einschließlich des Zugriffs auf Primaten angemessen und verhältnismäßig ist. Denn die Gebärmutterübertragung dient nicht der Lebensrettung, sondern – nur – der Erfüllung biographischer Wünsche. Ferner kommt sie, anders als etwa die ICSI-Methode, letztlich nur einem eher kleinen Kreis potenzieller Nutznießerinnen zugute.

Das Problem der Verhältnismäßigkeit stellt sich noch erheblich nachdrücklicher, sobald patientenethische Aspekte betrachtet werden.

### 3. Patientenperspektive: Zumutbarkeit der Organentnahme gegenüber der Organspenderin?

Bei der Xenotransplantation ergaben sich patientenbezogene Probleme angesichts der potenziellen Organempfänger.[46] Die Option der Uterustransplantation ist in dieser Hinsicht im Prinzip unproblematisch. Sofern eine Frau sich einen fremden Uterus implantieren lässt, möchte sie sich einen biographischen Wunsch erfüllen – das Erleben einer Schwangerschaft und die Geburt eines genetisch eigenen Kindes – und ist willens, hierfür sehr hohe Belastungen zu ertragen. Dies wird durch ihr Selbstbestimmungsgrundrecht gedeckt. Die kritischen Rückfragen an die patientenethische Verhältnismäßigkeit von Uterustransplantationen brechen auf, wenn man an die Frauen denkt, denen der Uterus explantiert wird. Zurzeit werden zwei Wege beschritten, um an Organe zu gelangen.

#### a) Lebendspende

Vorstellbar ist, einer lebenden Spenderin den Uterus zu explantieren, so wie es in Schweden praktiziert wird. Hierbei ist wiederum eine Alternative vorhanden: eine anonyme Spende oder eine Spende unter Nahestehenden. Für beides ist zu unterstellen, dass die Spenderin nach Information und Aufklärung die Einwilligung erteilte. Einer – wie vorauszusetzen ist: nichtkommerziellen, sondern altruistisch motivierten – anonymen Spende einer Gebärmutter wird zudem eine psychologische Begutachtung der Spenderin vorauszugehen haben. Solche Fälle werden voraussichtlich stets seltene Ausnahmen bleiben. In der Bundesrepublik Deutschland sind Lebendspenden von Organen in Form von Fremdspenden gesetzlich untersagt. Dass das Verbot in diesem rigoristischen Zuschnitt nicht überzeugt, bleibe an dieser Stelle ausgeklammert.[47] Vielmehr ist jetzt eine andere Form der Lebendspende

---

[46] s. oben Abschnitt II.3.: „Patientenethischer Aspekt: Wahrung individueller Identität?".

[47] Vgl. *Schroth*: „Ethik und Recht der Nierenlebendspende", in: Jahrbuch für Recht und Ethik Bd. 15, Berlin: Duncker & Humblot 2007, S. 395–412.

eines Uterus zu betrachten, nämlich dergestalt, dass die Spenderin der Frau nahesteht, die eine Schwangerschaft erleben bzw. ein Kind gebären möchte. Die Spenderin kann z. B. die Schwester, Mutter, Schwiegermutter oder eine Freundin sein.

Zu dieser Version der Uteruslebendspende drängen sich Einwände auf. Zum Vergleich ist zu bedenken, dass nicht nur feministisch-ethisch[48], sondern auch medizinisch[49] angestrebt wird, um des Wohls der Patientinnen willen die Zahl medizinisch indizierter chirurgischer Gebärmutterentfernungen abzusenken. Sofern nun die Entnahme eines Uterus zwecks Spende zur Debatte steht, liegt überhaupt keine medizinische Indikation vor. Vielmehr handelt es sich um wunscherfüllende Medizin zugunsten der Empfängerin. Für die Spenderin bedeutet der Eingriff zwar nicht den Verlust eines Organs, das lebenswichtig wäre. Der Eingriff ist jedoch aufwändig, risikoträchtig und irreversibel. Auch dann, wenn die Spenderin sich jenseits der Menopause befindet und selbst keine Kinder mehr austragen kann, kann sich die Explantation auf ihre Psyche und Sexualität belastend auswirken. Ein sozialer Problemaspekt ist darin zu sehen, dass in einer Familie zumindest indirekt und subtil Druck zu entstehen droht, einer Angehörigen, der der Uterus fehlt, das Organ durch Spende zur Verfügung zu stellen. Sollte schließlich tatsächlich ein Kind geboren werden, kommen potenziell konfliktträchtige Familien- und Beziehungsstrukturen zustande. Dies kann etwa dann gegeben sein, wenn die Großmutter des Kindes durch die Hergabe ihrer Gebärmutter zugleich in gewisser Weise dessen Mutter ist und sie deshalb (Vor-)Rechte bei der Erziehung des Kindes und im Umgang mit ihm beansprucht.

Grundsätzlich ist die Lebendorganspende unter Nahestehenden in der Bundesrepublik Deutschland rechtlich statthaft. Die Zulässigkeit ist jedoch von Gesetzes wegen limitiert. Eine Lebendspende ist de lege lata nur erlaubt, wenn ihr Zweck darin besteht, das Leben des Organempfängers zu retten, bei ihm eine „schwerwiegende Krankheit" zu heilen, deren Verschlimmerung zu verhüten oder die auf ihr beruhenden Beschwerden zu lindern.[50] Für die gesetzliche Beschränkung der Lebendspende auf schwerwiegende Krankheiten beim Empfänger („Empfängerindikation") spricht das Argument, dass hierdurch Personen, die als Spender in Frage kommen, vor überdehnten Wünschen anderer geschützt werden.[51] Unter schwerwiegenden Krankheiten sind gesundheitliche Bedrohungen wie Tumorbildung, Schlaganfall, Herzinfarkt zu verstehen.[52] In diesem Sinne ist es in der Bundesrepublik zulässig, angesichts von drohendem Nierenversagen die Lebendspende einer Niere oder

---

[48] Vgl. *Buse*: „‚... als hätte ich ein Schatzkästlein verloren.' Hysterektomie aus der Perspektive einer feministisch-theologischen Medizinethik", Berlin: LIT 2003.

[49] Vgl. *Robert Koch Institut:* „Hysterektomie", in: GBE kompakt. Zahlen und Trends aus der Gesundheitsberichterstattung des Bundes 5 (2014), 1, S. 8.

[50] Vgl. Gesetz über die Spende, Entnahme und Übertragung von Organen und Geweben (Transplantationsgesetz – TPG), § 8 Absatz 1 Nr. 2.

[51] Vgl. *Middel/Scholz*, in: Spickhoff (Hrsg.), „Medizinrecht", München: C.H.Beck 2. Aufl. 2014, zu TPG § 8, Rdnr. 5.

[52] Vgl. *Spickhoff*: ebd., zu SGB V § 34, Rdnr. 5.

bei Leberschädigung eines Kindes eine Teilleberspende vorzunehmen. Im Unterschied hierzu lässt sich eine durch fehlenden Uterus bedingte Kinderlosigkeit freilich nicht als „schwerwiegende" Krankheit einstufen. Zwar hat die Weltgesundheitsorganisation den unerfüllten Kinderwunsch als Krankheit bewertet. Dies trifft insofern auch zu, als er für die Betroffenen häufig Krankheitswert besitzt[53] und psychisches Leiden verursacht. Ein unerfüllter Kinderwunsch berührt aber nicht die Grundlagen der physischen Existenz und des (Weiter-)Lebens als solche. Wenn man Krankheitstypen und -ausformungen abstuft, ist er im Sinn des Transplantationsgesetzes daher nicht als „schwerwiegend" genug für die Inanspruchnahme einer Lebendspende anzusehen. Sofern sich trotzdem die Meinungsbildung in der Bundesrepublik Deutschland künftig dahingehend entwickeln sollte, die Lebendspende einer Gebärmutter unter Nahestehenden für vertretbar zu halten, müsste das Transplantationsgesetz entsprechend abgeändert, geöffnet und neu gefasst werden.

### b) Uterusentnahme aus hirntoten Spenderinnen

Eine Alternative zur Lebendorganspende bietet die Uterusexplantation nach dem Hirntod einer Frau. Auch hier sind medizinische Problempunkte vorhanden, die auf die ethische Bewertung durchschlagen. So wäre es an sich wünschenswert, dass das Alter der Verstorbenen und ihrer Gebärmutter nicht zu hoch ist. Andererseits wird zu bedenken gegeben, es sei für eine Schwangerschaft mit Hilfe des transplantierten Organs nachteilig, wenn die Hirntote vorher selbst noch kein Kind ausgetragen habe.[54]

Der Sache nach ist die postmortale Explantation eines Uterus von den bisherigen Formen der Organentnahmen nach dem Hirntod kategorial abzugrenzen. Die Organentnahme dient nicht der Lebensrettung oder der Therapie schwerer Krankheit, sondern lediglich der Erfüllung biographischer Wünsche. Für den Fall, dass die Organentnahme und -übertragung, der anschließende Transfer eines Embryos in die austragende Frau und die anschließende Schwangerschaft erfolgreich verlaufen, würde die hirntote Frau indirekt zur Mutter eines Kindes. Aus Achtung vor ihren Persönlichkeitsrechten, die postmortal fortwirken, darf die Nutzung eines ihr entnommenen Organs für reproduktive Zwecke Dritter aber nur dann geschehen, sofern sie dies tatsächlich gewollt und sie einen solchen Zweck zuvor explizit bejaht hat. Dies gilt erst recht, weil das Heranwachsen in dem ihr entstammenden Uterus beim Fetus Schäden bewirken kann.[55] Wenn Dritte – Transplantations- sowie Reproduktionsmediziner und die Organempfängerin – sie durch die Uterusexplantation postmortal in die Rolle versetzen, zu einer Geburt beizutragen, und sie indi-

---

[53] Vgl. *Paul*: „Gesundheit und Krankheit", in: Schulz et al. (Hrsg.), Geschichte, Theorie und Ethik der Medizin, Frankfurt a. M.: Suhrkamp 2006, S. 131–142, hier S. 140.

[54] Vgl. *Dickens* (Fn. 35), S. 127; *Brännström* (Fn. 36), S. 624.

[55] s. den nachfolgenden Teilabschnitt 4: „Ein Kernproblem: Vertretbarkeit des Verfahrens im Blick auf das erhoffte Kind?".

rekt zur Mutter eines Kindes werden lassen, darf nicht davon abstrahiert werden, wie ihre persönliche Einstellung zum Austragen eines Kindes gewesen war. Denn die subjektive Einstellung einer Frau zur Fortpflanzung ist „personnah"; die reproduktive Autonomie gehört zum Kern ihrer personalen Identität.[56] Sie muss sich deshalb selbst dazu geäußert haben, ob sie postmortal einem Kind zur Geburt verhelfen möchte, und sollte dabei mit bedacht haben, dass das Verfahren für das Kind Gefahren birgt. Vom Transplantationsgesetz wird die Gebärmutterentnahme nach dem Hirntod bislang nicht erfasst.[57] Rechtsethisch ist zu unterstreichen: Nicht nur die Lebendspende eines Uterus, sondern auch die Explantation aus dem Körper einer Hirntoten bedarf der wohlinformierten expliziten Zustimmung der Spenderin.

Hierfür ist auch ein weiterer Punkt essentiell. Lässt sich das Verfahren der Uterustransplantation im Blick auf das Kind verantworten, das auf dieser Grundlage geboren werden soll?

## 4. Ein Kernproblem: Vertretbarkeit des Verfahrens im Blick auf das erhoffte Kind?

Ein Schlüsselproblem ist darin zu sehen, ob ein Embryotransfer in einen implantierten Uterus mit dem Kindeswohl in Einklang steht. Sofern ein Kind in einem fremden Organ ausgetragen wird, ist ein Kaiserschnitt vonnöten und bestehen Gefahren unter anderem von Präklampsie oder Frühgeburtlichkeit sowie Zusatzrisiken aufgrund der Immunsuppression, die wegen des fremden Organs während der Schwangerschaft durchzuführen ist.[58] Nach der Geburt des Kindes wird der Uterus wieder explantiert werden, um der Frau die weitere Medikamentierung zu ersparen. Grundsätzlich sind Daten verfügbar, die die Realisierbarkeit von Schwangerschaften unter Immunsuppressiva dokumentieren. Die Daten resultieren aus der Erfahrung mit Frauen, die – erstmals 1958 – mit gespendeter Niere oder seit 1978 mit gespendeter Leber schwanger wurden.[59] Die Aussicht, dass ein Kind gesund geboren wird, ist für organtransplantierte Frauen prinzipiell vorhanden, selbst wenn Risiken wie erhöhte Tumorgefährdung gegeben sind. Grundrechtlich und ethisch ist allerdings der vorwirkende Gesundheitsschutz des erhofften Kindes zu beach-

---

[56] Vgl. *Gassner/Kersten/Krüger/Lindner/Rosenau/Schroth*: Fortpflanzungsmedizingesetz. Augsburg-Münchner-Entwurf, Tübingen: Mohr Siebeck 2013, S. 31; *Kreß* (Fn. 22), S. 185 f.

[57] Zur Notwendigkeit einer Novellierung des Transplantationsgesetzes für den Fall, dass eine postmortale Uterusspende in Deutschland spruchreif werden sollte: *Kreß* (Fn. 41), S. 245 f., 247, und unten Abschnitt V: „Rechtlicher bzw. gesetzlicher Klärungsbedarf", Teilabschnitt 2: „Zu Uterustransplantationen".

[58] Vgl. z. B. *Olausson* et al.: „Ethics of uterus transplantation with live donors", in: Fertility and Sterility 102 (2014), S. 40–43, hier S. 41 f.; *Farrell/Falcone*: „Uterine transplant: new medical and ethical considerations", in: Lancet 385 (2015), S. 581–582.

[59] Vgl. *Inci*: „(Nach-)Betreuung transplantierter Frauen in der fertilen Lebensphase", Gesellschaft für Gynäkologie und Geburtshilfe in Berlin, Vorträge v. 18.11.2015, online unter http://ggg-b.de/index.php?lang=de&site=vortraege (Abruf am 9.4.2016).

ten. Zu bedauern ist daher das Fehlen von Daten über die Langzeitentwicklung von Kindern, die von immunsupprimierten Frauen geboren wurden.[60] In dem Spezialfall der Uterustransplantation, die mit reproduktiver Zielsetzung vorgenommen wird, kommt noch hinzu, dass das Kind extrakorporal erzeugt wurde. Deshalb sind die – für sich genommen in der Regel moderaten[61] – Risiken der In-vitro-Fertilisation mit einzukalkulieren. Sodann sollte nicht außer Acht gelassen werden, wie sich das Heranwachsen in einem implantierten Uterus, bei dem Nervenverbindungen zur austragenden Frau fehlen, im Sinn pränataler Psychologie auf einen Fetus auswirken mag.

Insgesamt bleibt es uneindeutig, inwieweit das neue Verfahren im Blick auf die Gesundheit und das Wohl des Kindes medizinisch tatsächlich verantwortbar ist. Zum Vergleich: Unter den Auswirkungen von Immunsuppressiva haben auch Kinder zu leiden, denen nachgeburtlich ein Organ implantiert wurde.[62] Doch handelt es sich in diesem Fall um eine Operation, die das Leben von bereits geborenen Kindern retten soll, so dass solche Negativfolgen wohlbegründet in Kauf zu nehmen sind. Zur Uterustransplantation hingegen verstärkt sich die Skepsis noch mehr, sobald außermedizinische Faktoren mit bedacht werden. Wenn ein Kind mit derart hohem medizinisch-technischem Aufwand überhaupt erst geboren werden soll, ist nicht auszuschließen, dass bei seinen Erzeugern ein Kinderwunsch überwertig geworden ist und sich verselbständigt hat. Das Kind wäre dann weniger um seiner selbst willen als vielmehr um der Lebensführung, des „lifestyle" und des Lebensplans seiner Erzeuger willen zur Welt gebracht worden.

Solche Gesichtspunkte werden später nochmals eine Rolle spielen.[63] Summarisch ist jetzt zunächst festzuhalten: Mit den beiden soeben umrissenen Optionen der Xenotransplantation und der Uterustransplantation betritt die Transplantationschirurgie sowohl medizinisch-technisch als auch ethisch neues Terrain. Daher ist zu beiden Verfahren eine ethische Reflexion geboten, die im nachfolgenden Abschnitt IV. vorgetragen wird. Aus ihr resultieren Schlussfolgerungen, die den rechtlichen Klarstellungsbedarf betreffen (hierzu Abschnitt V.).

---

[60] Vgl. *Walldorf/Dollinger/Seufferlein*: „Schwangerschaft unter Immunsuppression", in: Internist 52 (2011), S. 1178–1184, hier S. 1184.

[61] Vgl. *Ludwig/Ludwig*: „Schwangerschaften nach assistierter Reproduktion", in: Diedrich/Ludwig/Griesinger (Hrsg.), Reproduktionsmedizin, Berlin: Springer 2013, S. 547–563; recht skeptisch indessen: *Scherrer* et al.: „Systemic and pulmonary vascular dysfunction in children conceived by assisted reproductive technologies", in: Circulation 125 (2012), S. 1890–1896.

[62] Vgl. *Weber/Zepp*: „Transplantation solider Organe im Kindes- und Jugendalter", in: Monatsschrift Kinderheilkunde 160 (2012), S. 333 f.

[63] s. unten Abschnitt IV.6.: „Grenzziehung III: Kindeswohl und vorwirkende Kinderrechte".

## IV. Neuland in der Transplantationsmedizin: Xeno- und Uterustransplantationen in ethischer Bewertung

Nachfolgend werden die Themenkomplexe der Xeno- und der Uterustransplantation, die voranstehend getrennt behandelt wurden, gemeinsam und im Vergleich zueinander betrachtet. Dies dient dazu, sie unter mehreren – im Folgenden: sechs – Aspekten auf ihre jeweilige ethische Vertretbarkeit hin zu befragen. Dabei ist auf offene Punkte und Diskussionsbedarf aufmerksam zu machen.

### 1. Lebensrettung und Gesundheitsschutz

Als Ausgangspunkt für eine ethische Bewertung beider Verfahren ist das Anrecht jedes Menschen auf Leben, auf den Schutz seiner Gesundheit und auf gesundheitliche Versorgung zu nennen, das für die Medizinethik tragend ist und menschen- und verfassungsrechtlich als fundamentales Grundrecht anerkannt wird.[64] Das individuelle Grundrecht auf Gesundheitsschutz greift insbesondere dann, wenn Leben oder Gesundheit unmittelbar oder schwerwiegend gefährdet sind. In solchen Fällen hat es den Rang eines starken Anspruchsrechtes, dem Staat und Gesellschaft Genüge zu leisten haben, soweit es irgend realisierbar und vertretbar ist. Auf dieser Basis lassen sich Xenotransplantationen, die angesichts akuter Bedrohung das Leben von Patienten und ihre Gesundheit retten sollen, trotz der genannten Bedenken prinzipiell legitimieren.

Die Uterustransplantation hingegen ist in diesem Licht sehr zurückhaltend zu bewerten. Ihren Hintergrund bilden keine im engen Sinn schwerwiegenden gesundheitlichen Bedrohungen und keine ausweglosen Erkrankungen, sondern der Wunsch, biographische Anliegen und subjektive Lebensplanungen zu realisieren. Eine Legitimierbarkeit, die sich auf das Grundrecht auf Gesundheit stützt, fällt – sofern es sich überhaupt in Anschlag bringen lässt – für Uterusverpflanzungen daher ganz erheblich schwächer aus als für Patienten, die in existenziellen Not- und Grenzsituationen ein menschliches Spenderorgan empfangen oder die in Zukunft gegebenenfalls eine Implantation eines tierischen Organs auf sich nehmen.

### 2. Individuelle Selbstbestimmung und psychosoziale Beratung

Unabdingbare Voraussetzung für die Inanspruchnahme sowohl einer Xeno- als auch einer Uterustransplantation muss die wohlinformierte Zustimmung der Patientin bzw. des Patienten sein, und zwar – was die Uterusübertragung angeht – auf Spenderinnen- sowie auf Empfängerinnenseite. Nun handelt es sich um neuartige Angebote moderner Medizin, die existentiell und ethisch Schattenseiten aufweisen: bei der Xenotransplantation etwa die ethisch fragwürdige Instrumentalisie-

---

[64] Vgl. *Kreß* (Fn. 22), S. 80–116, mit weiteren Nachweisen.

rung von Tieren, bei der Uterustransplantation unter anderem die Belastung potenzieller Organspenderinnen.

Angesichts dessen stellt es für Patientinnen und Patienten eine hohe Herausforderung dar, zu einem verantwortungsbewussten persönlichen Entschluss zu gelangen. So schwierig ihre Entscheidungsfindung auch sein mag: In einer demokratischen Gesellschaft mit liberalen Verfassungsnormen ist es unangemessen, wenn der Staat seinen Bürgerinnen und Bürgern ihre persönlichen Entscheidungsrechte und -möglichkeiten versagt. In der Bundesrepublik Deutschland hat sich in der medizinrechtlichen Gesetzgebung in dieser Hinsicht ein staatlicher Neopaternalismus ausgebildet, der ganz nachdrücklich zu kritisieren ist. Ein Fehlweg wurde z. B. beschritten, als der Gesetz- bzw. der Verordnungsgeber festlegte, dass über die individuelle Inanspruchnahme der Präimplantationsdiagnostik anstelle der Betroffenen letztlich staatlich eingesetzte Ethikkommissionen entscheiden.[65] Auch zu weiteren Sachverhalten sind Einschränkungen und strafrechtliche Verbote statuiert worden, die zu kritisieren sind.[66] Eine Alternative besteht darin, Patientinnen und Patienten bei ihrer eigenständigen Entscheidungsfindung zu unterstützen, indem psychosoziale Beratung zur Verfügung steht und eine geeignete Beratungsinfrastruktur ausgebaut wird. Für komplizierte Konfliktsituationen und für den Fall, dass Dritte betroffen sind – dies trifft vor allem auf die Uterustransplantation zu –, ist an eine verpflichtende psychosoziale Beratung zu denken. Obwohl gegen das Modell der psychosozialen Pflichtberatung Einwände erhoben werden[67], sollte nicht verkannt werden, dass hiermit das Selbstbestimmungsrecht keineswegs zwangsläufig konterkariert wird. Dies gilt jedenfalls dann, wenn Betroffene aus einem pluralistischen Beratungsangebot das ihnen zusagende auswählen können und wenn das Beratungsgespräch vonseiten der Beraterin bzw. des Beraters ergebnisoffen geführt wird.

### 3. Seitenblick: Persönliche Religionsfreiheit

Unter das persönliche Selbstbestimmungsgrundrecht ist im Übrigen ebenfalls die individuelle Religions- und Weltanschauungsfreiheit zu subsumieren. Dieser Sachverhalt wird häufig übersehen oder in seiner Tragweite unterschätzt. Eine Pointe besteht darin, dass Einzelne aufgrund ihrer persönlichen Religionsfreiheit auch zu Entschlüssen gelangen können und dürfen, die mit der offiziellen, „amt-

---

[65] Vgl. *Kreß*: „Gesetz zur Regelung der Präimplantationsdiagnostik. Ernüchterung und Korrekturbedarf nach fünf Jahren", in: Gynäkologische Endokrinologie 14 (2016), S. 131–134.

[66] Vgl. *Kreß*: „Medizinisch assistierter Suizid – Regulierungsbedarf im Strafrecht? Kritische Gesichtspunkte zur Neufassung von § 217 StGB in ethischer, grundrechtlicher und rechtspolitischer Hinsicht", in: Jahrbuch für Wissenschaft und Ethik Bd. 20, Berlin: de Gruyter 2016, S. 29–49, mit Hinweisen auf problematischen staatlichen medizinrechtlichen Paternalismus auch über § 217 StGB hinaus.

[67] Vgl. *Franz*: „Beratung nach § 219 StGB", in: Busch/Hahn (Hrsg.): Abtreibung, 2015, S. 257–277.

lichen" oder vorherrschenden Lehrmeinung ihrer Religion nicht in Einklang stehen. Nimmt man dies ernst, müsste im Schrifttum und in öffentlichen Debatten oftmals sehr viel präziser argumentiert werden, als es üblich ist. Um das Postulat an Uterustransplantationen zu exemplifizieren: Zurzeit werden im medizinischen Schrifttum Gebärmutterübertragungen erstaunlich häufig ausgerechnet religiös gerechtfertigt, indem gesagt wird, aus religiöser Sicht gebe es für Frauen ohne Uterus keine Alternative.[68] Dabei wird darauf angespielt, dass im Islam die Adoption von Kindern – als Alternative zur Uterustransplantation – verboten ist.[69]

Beim überlieferten islamischen Nein zur Adoption handelt es sich aus heutiger Sicht jedoch um ein historisch zu relativierendes, rational inakzeptabel gewordenes Vorurteil.[70] Daher verdient es Respekt und Unterstützung, wenn eine muslimische Frau oder ein Paar sich auf der Grundlage ihrer persönlichen Selbstbestimmung und ihrer individuellen Religionsfreiheit gegen die Uterustransplantation und für eine Adoption entschließt. Es kommt auf ihre eigene Sicht und nicht auf „offizielle" religiöse Lehren an. Letztere sollten heutzutage oftmals bewusst überwunden werden und dürfen im Schrifttum keinesfalls pauschal herangezogen werden, um z.B. eine Notwendigkeit von Gebärmuttertransplantationen zu begründen.

## 4. Grenzziehung I: Das Nichtschadensprinzip

Aus den voranstehenden Erwägungen resultiert als Zwischenfazit: Aus Gründen des Gesundheitsschutzes und der Lebensrettung lässt sich ethisch und grundrechtlich die Option der Xenotransplantation deutlich stärker legitimieren als die Uterusübertragung. Zur Uterustransplantation erwachsen überdies wesentliche Vorbehalte daraus, dass eigene Wünsche und Ansprüche, hier: der Kinderwunsch, ihre Grenze an den wohlverstandenen Interessen und Rechten anderer finden. Medizinethisch gesagt ist der Grundsatz „primum nil nocere" (Nichtschadensprinzip) zu berücksichtigen. Insofern ist es fragwürdig, dass der Frau, die das Organ hergeben soll, Schaden zugefügt und Lasten auferlegt werden.[71] Dies gilt erst recht, weil

---

[68] Z.B. *Lefkowitz/Edwards/Balayla*: „The Montreal criteria for the ethical feasibility of uterine transplantation", in: Transplant International 25 (2012) S. 439–447, hier S. 439 f.; *Brännström* (Fn. 36), S. 621.

[69] Zu diesem religiösen Verbot *Atighetchi*: „Islamic tradition and medically assisted reproduction", in: Molecular and Cellular Endocrinology 169 (2000), S. 137–141, hier S. 139.

[70] Der Zentralrat der Muslime begründet das Verbot von Adoptionen damit, dass hierdurch eine „Verfälschung der natürlichen Ordnung" erfolge und „die Familienordnung" durcheinandergebracht werde: „Dem Adoptivkind (ob Junge oder Mädchen) wird der vertraute Zugang zu Familienangehörigen des anderen Geschlechts ermöglicht, den er/sie nicht haben darf"; ZMD/Zentralrat der Muslime, „I. Ehe und Familie, 4. Wie steht der Islam zur Adoption?", online: www.islam.de/1641.php (Abruf am 9.4.2016). Vgl. *Rohe*: „Das islamische Recht", München: C.H.Beck 2009, S. 97, 362.

[71] s. oben Abschnitt III.3.: „Patientenperspektive: Zumutbarkeit der Organentnahme gegenüber der Organspenderin?".

es bei dieser Form der Transplantation nicht um Lebensrettung und die Therapie bedrohlicher Krankheiten, sondern – nur – um die Erfüllung persönlicher biographischer Anliegen geht, die je nach Einzelfall auch zwiespältig und psychologisch bzw. psychosozial aufarbeitungsbedürftig sein können.

Darüber hinaus sind für beide neuen transplantationsmedizinischen Verfahren Grenzziehungen aufgrund von weiteren Leitideen der Ethik zu nennen.

### 5. Grenzziehung II: Tierschutz sowie das Selbstverständnis des Menschseins

Die beiden Innovationen der Transplantationsmedizin berühren den Tierschutz in unterschiedlicher Weise. Zur Uterustransplantation ist die Fragwürdigkeit der Tierexperimente hervorzuheben, die vorbereitend durchgeführt werden müssen.[72] Zur Xenotransplantation stellen sich andere Rückfragen. Würde sie zur klinischen Routine, hieße dies, dass Tiere genetisch modifiziert und als Bioreaktoren instrumentalisiert werden – im Kontrast zur heutigen tierschutzorientierten Ethik und Rechtspolitik, die auf die deutliche Reduzierung des Tierverbrauchs dringt.[73]

In Verbindung mit der Frage nach dem Verhältnis von Mensch und Tier sind Xenotransplantationen zusätzlich unter dem Aspekt zu erörtern, dass sie Unsicherheiten über das Verständnis des Menschseins selbst und über die Menschenwürde wachrufen oder verstärken könnten. In dieser Hinsicht existieren ohnehin in zunehmendem Maß Unschärfen und Abgrenzungsschwierigkeiten. Es steht nicht mehr eindeutig fest, wann das Menschsein zeitlich beginnt und wann es endet. Die heutigen ethischen und rechtlichen Reflexionen über den Anfang und das Ende des menschlichen Lebens müssen sich auf fließende Übergänge einstellen. Dies führt bezogen auf den Lebensanfang zum Denkmodell der graduell abgestuften, sukzessiv ansteigenden Würdezuschreibung vorgeburtlichen Lebens in Korrelation zur Stufe seiner Entwicklung zum individuellen Menschen.[74] In Bezug auf das Lebensende kam es z. B. zur Kritik am Hirntod als Kriterium für den Todeszeitpunkt.[75] Derartige Unschärfen über die zeitliche Abgrenzbarkeit und die zeitlichen Ränder des Menschseins werden durch die Xenotransplantation um eine anders gelagerte Ungewissheit ergänzt, die die Definierbarkeit von Menschsein im Gegenüber zu nichtmenschlichem Leben anbelangt. Zwar stellt eine Xenotransplantation

---

[72] s. oben Abschnitt III.2.: „Tierethik: Verhältnismäßigkeit von Tierversuchen zum Zweck der Uterustransplantation?".

[73] s. oben Abschnitt II.2.: „Tierethik: Vernutzbarkeit von Tieren für gesundheitliche Zwecke des Menschen?". – Nicht nachvollziehbar ist es, weitreichende Tierexperimente zwecks Chimärenherstellung durch Segnungshandlungen vorschnell religiös zu überhöhen, wozu sich Papst Franziskus bereit erklärt haben soll; vgl. *Regalado*: „Pope Francis said to bless human-animal chimeras", in: MIT Technology Review v. 27.1.2016.

[74] Zusammenfassend hierzu *Kreß* (Fn. 22), S. 169 ff.

[75] Vgl. *Stoecker*, Das Hirntod-Problem, in: Körtner/Kopetzki/Müller (Hrsg.) (Fn. 25), S. 77–91.

das „Mensch"-Sein eines Patienten nicht real in Frage. Dennoch kann bei Betroffenen subjektiv Zweifel aufbrechen.[76]

Zum Vergleich: Zweifel an der Identität des Menschseins findet an anderen Sachverhalten noch sehr viel deutlicheren Anhalt. In Großbritannien werden zu Forschungszwecken Mensch-Tier-Mischwesen – Zybride – hergestellt, bei denen in eine entkernte tierische Eizelle ein menschlicher somatischer Zellkern eingefügt worden ist. Solche Entitäten sind in ihren ersten Entwicklungstagen eher – oder sogar im Wesentlichen, überwiegend – als Tiere einzustufen, und zwar aufgrund des epigenetischen Stellenwerts der Oozyte für die Morphogenese. Nach einer faktisch wohl unrealistischen, hypothetisch aber vorstellbaren Geburt wären sie dann jedoch als Menschen zu bezeichnen. Die Gründe dafür lauten, dass der Zybrid genetisch ganz überwiegend mit dem humanen Zellkern übereinstimmt, der in die Eizelle eingefügt worden war, und dass er im Verlauf seines vorgeburtlichen Werdens zunehmend von diesem humanen Kerngenom geprägt wird.[77] Bei Zybriden kommt mithin beides zusammen: die Verwischung der Abgrenzbarkeit des Menschseins erstens in zeitlicher Hinsicht sowie zweitens in Hinsicht auf die Gattungszugehörigkeit.

Auf Patienten, in die das Organ eines Schweins eingesetzt wurde und die hierdurch zu sekundären Chimären werden, trifft dies nicht zu. Durch die Organübertragung werden ihr Status als Mensch, ihre Gattungszugehörigkeit und ihre Menschenwürde objektiv oder ontologisch nicht beeinträchtigt. Dennoch lässt sich nicht beiseiteschieben, dass für Betroffene Identitätszweifel aufzubrechen drohen (subjektiver Aspekt) und dass gesamtgesellschaftlich die Vorstellungen über das Menschsein und dessen Gattungsidentität ins Wanken geraten könnten (kulturell-symbolischer Aspekt).[78] Hieraus ergibt sich die Schlussfolgerung, dass Xenotransplantationen – sofern sie technisch spruchreif werden sollten – möglichst nicht zum Regelfall der lebensrettenden Transplantationsmedizin werden und quantitativ eingegrenzt bleiben sollten.

### 6. Grenzziehung III: Kindeswohl und vorwirkende Kinderrechte

Darüber hinaus sind Grenzziehungen zu bedenken, die sich aus dem Schutzanspruch von Kindern und aus ihren vorwirkenden Grundrechten ergeben. In der Bundesrepublik Deutschland ist es generell versäumt worden, den transplanta-

---

[76] s. oben Abschnitt II.3.: „Patientenethischer Aspekt: Wahrung individueller Identität?".

[77] Vgl. *Bobsien*: „Die Zulässigkeit von Herstellung, Nutzung, Import und Implantation nukleozytoplasmatischer Mensch-Tier-Hybride aus rechtlicher und rechtspolitischer Sicht", Berlin: Duncker & Humblot 2016, S. 328 f., 331 ff., 524.

[78] Zu Anschlussfragen zum Begriff der Gattungswürde vgl. *Joerden*: „Der Begriff ‚Menschheit' in Kants Zweckformel des kategorischen Imperativs und Implikationen für die Begriffe ‚Menschenwürde' und ‚Gattungswürde'", in: Kaufmann/Sosoe (Hrsg.), Gattungsethik – Schutz für das Menschengeschlecht?, Frankfurt a. M.: Peter Lang 2005, S. 177–192.

tionsmedizinischen Umgang mit Kindern hinreichend zu erörtern.[79] Angesichts der Xenotransplantation als eines innovativen Handlungsansatzes ergibt sich nun die Frage, ob und unter welchen Bedingungen Kindern, die selbst noch nicht einzuwilligen vermögen, Organe tierischer Herkunft implantiert werden dürfen. Welcher Aspekt wiegt schwerer? Eröffnet sich eine begrüßenswerte Chance, auf die – bedenkliche – Explantation von Organen aus hirntoten Kindern verzichten zu können, oder überwiegen die Lasten, die dem Transplantatempfänger, einem mit einem Tierorgan lebenden Kind, physisch sowie psychisch und psychosozial zugemutet werden?[80]

Zu Uterustransplantationen erwachsen aus Argumenten des Kindeswohls andere kritische Rückfragen. Es geht um das physische und das psychosoziale Wohl von Kindern, die in einer transplantierten Gebärmutter herangewachsen sind. Mit ungewöhnlichem medizinischem Aufwand und extrem hohen Kosten, mit Belastungen für Dritte, die das Organ spenden sollen, und unter Inkaufnahme von Fehlschlägen und ungeklärten Risiken möchte eine Frau in Gang bringen, dass sie eine Schwangerschaft mit einem genetisch eigenen Kind erlebt. Es ist in manchen Fällen nicht von der Hand zu weisen, dass der diesem „Projekt" zugrundeliegende Kinderwunsch übermächtig oder überwertig geworden ist und sich verselbständigt hat. Das Kind wird möglicherweise mehr aus Gründen der Lebensplanung der Frau bzw. des Paares und weniger um seiner selbst willen zur Welt gebracht. Dass und wie sich ein Kinderwunsch – verleitet durch Angebote der Medizin – verselbständigen kann, lässt sich zum Vergleich aus Berichten über kommerzielle Leihmutterschaften ablesen.[81] Sofern ein Kind zum bloßen Projekt elterlicher Wünsche und Lebensentwürfe wird, bietet dies für seine Aussichten auf eine unbefangene, von überdehnten Vorerwartungen unbelastete Entwicklung keine günstige Voraussetzung.

Auf der Grundsatzebene ist daran zu erinnern, dass im 19. und beginnenden 20. Jahrhundert in der Ethik und Pädagogik der Kategorische Imperativ Immanuel Kants gezielt so umformuliert worden ist, dass dieser die Würde, den Eigenwert und die Selbstzwecklichkeit gerade auch von Kindern ins Licht rückt.[82] Die kultur-

---

[79] Vgl. *Kreß* (Fn. 24), S. 857.

[80] s. hierzu ausführlich oben Abschnitt II.4.: „Eine Spezialfrage: Kinder als Adressaten von Xenotransplantationen?".

[81] Um zu einem Kind zu kommen, erteilen Frauen mit Kinderwunsch paradoxerweise sogar den Auftrag, dass der austragenden Frau (Leihmutter) eine gespendete Eizelle eingesetzt wird; zusätzlich werden Befruchtungen dann noch mit gespendeten Samenzellen vorgenommen; vgl. *Meyer-Spendler*: „Ein schmaler Grat. Erfahrungen mit Leihmutterschaft in den USA", Mörfelden: FamART 2015, S. 31, 68 f.

[82] Vgl. *Diesterweg*: „Ueber den Gebrauch der Kinder zur Fabrik-Arbeit. Aus pädagogischem Gesichtspunkte betrachtet", in: Rheinisch-westfälische Monatsschrift für Erziehung und Volksunterricht 5 (1826), S. 161–190, hier S. 161 ff.; *Schleiermacher*: „Pädagogische Schriften 1. Die Vorlesungen aus dem Jahr 1826", hrsg. v. Weniger, Frankfurt a. M.: Ullstein 1983, S. 372, 450; *Simmel*: „Schulpädagogik. Vorlesungen, gehalten an der Universität Straßburg 1915/16", hrsg. v. Rodax, Konstanz: Universitätsverlag 1999, S. 88.

geschichtlichen Traditionen, die das Kind unter die Gewalt des Vaters (pater familias) gestellt und als Eigentum der Eltern bewertet hatten[83], sind in der Aufklärung überwunden worden, indem die Subjektivität und Individualität von Kindern zur Geltung gebracht wurde.[84] Es wäre kinderrechtlich, kulturethisch und sozialpsychologisch bedenklich, wenn die heutige Medizin dazu beitrüge, diesen humanen Fortschritt zu konterkarieren. Das medizinische Angebot der Uterusübertragungen suggeriert eine Erfüllbarkeit von Kinderwünschen und eine Macht über Kinder, durch die diese zum lifestyle-Projekt und hiermit erneut zu einer Art von verfügbarem Eigentum degradiert zu werden drohen.

Abschließend sind – diese ethischen Erwägungen und Bewertungen rezipierend – rechtliche Schlussfolgerungen zu nennen. Ein Schweigen des Gesetzgebers zu den transplantationsmedizinischen Innovationen ist nicht vertretbar, schon allein weil sie Grundrechte berühren und deshalb die juristische Wesentlichkeitstheorie in Anschlag zu bringen ist.

## V. Rechtlicher bzw. gesetzlicher Klärungsbedarf

### 1. Zu Xenotransplantationen

Wann die voranstehend erörterten neuen transplantationsmedizinischen Verfahren in der Breite anwendbar sind, ist offen. Ganz ungewiss ist, ob oder wie Xenotransplantationen klinisch tatsächlich spruchreif werden. Ihr Sinn wird damit begründet, sie böten geradezu den Königsweg, um dem derzeitigen Mangel an Spenderorganen abzuhelfen. Sollte das Verfahren künftig einmal beherrschbar und nutzbar sein, könnte indessen der fragwürdige Effekt eintreten, dass die Bereitschaft von Menschen zur Organspende noch weiter absinkt. Angesichts der Fraglichkeiten, die die Gewinnung von Organen aus Tieren insgesamt aufwirft[85], wird darüber zu diskutieren und wird gesetzlich zu regeln sein, wie sich der Tierschutz wahren lässt und welche Grenzen für Züchtungsmethoden zu setzen sind; sodann: wie die Allokation der Tieren entnommenen Organe erfolgen soll, ob Xenotransplantationen gegebenenfalls geradezu zum Regelfall des Organersatzes werden sollten und ob es bei der Vorrangklausel für die Organentnahme aus Hirntoten bleiben kann und soll, die das deutsche Transplantationsgesetz seit 1997 enthält; und Weiteres.

Aufgrund des aktuellen Diskussionsstandes ist an dieser Stelle insbesondere jedoch auf die Rechtslage zur Uterustransplantation einzugehen. Das Verfahren ist derzeit experimentell. Dennoch sind Vorankündigungen zu hören, es solle auch in Deutschland angeboten werden. Daher besteht zu ihm rechtlicher Klärungsbedarf.

---

[83] Vgl. *Surall*: „Ethik des Kindes", Stuttgart: Kohlhammer 2009, S. 35 ff.

[84] Vgl. *Baader/Eßer/Schröer* (Hrsg.): „Kindheiten in der Moderne", Frankfurt a. M.: Campus 2014.

[85] s. oben Abschnitt II.: „Die Option der Xenotransplantation".

## 2. Zu Uterustransplantationen

Es wurde bereits angesprochen, dass die Lebendspende eines Uterus in der Bundesrepublik Deutschland zurzeit nicht statthaft ist und dass für den Fall einer Zulassung das Transplantationsgesetz geändert werden müsste.[86] Hier sei nun der Regelungsbedarf zur postmortalen Uterusspende hervorgehoben. Zurzeit (März 2016) wird geäußert, eine Uterusexplantation aus einer hirntoten Frau werde vom Transplantationsgesetz abgedeckt. Es sei lediglich erforderlich, dass ihre Angehörigen zustimmen.[87] Dieser Einschätzung ist ausdrücklich zu widersprechen. Die Organspendeausweise, die gegenwärtig vorliegen, wurden von ihren Unterzeichnerinnen in der Annahme abgefasst, eine Organentnahme nach dem Hirntod komme schwerkranken Menschen zugute und diene der Lebensrettung. Es ist mit den postmortal fortwirkenden Selbstbestimmungs- und Persönlichkeitsrechten von hirntoten Frauen nicht vereinbar, aus anderen als den ihnen bekannten Gründen auf ihren Körper zuzugreifen und ihnen mit Fortpflanzungsabsichten ihren Uterus zu entnehmen. Durch die 2012 in Kraft getretene, im Einzelnen sicherlich inkonsistente[88] Entscheidungs- oder Erklärungslösung hat der Gesetzgeber erneut bekräftigt, wie hoch der Stellenwert der Willensbekundung zu veranschlagen ist, die Menschen zu Lebzeiten persönlich über Organspenden nach ihrem eventuellen Hirntod treffen. Zur postmortalen Uterusspende sind zusätzlich die oben betonten Gründe des Persönlichkeitsschutzes – die Identitätsrelevanz und Personnähe der reproduktiven Autonomie – zu berücksichtigen, denen gemäß eine Frau vorab selbst bekunden muss, ob sie bereit ist, nach ihrem Tod durch die Übertragung ihres reproduktiven Organs indirekt zur Mutter eines Kindes zu werden.[89]

Im Ergebnis heißt dies: Für den Sonderfall der Entnahme des Uterus nach dem Hirntod ist in der Bundesrepublik Deutschland – abweichend von der derzeit geltenden erweiterten Zustimmungs- bzw. der Erklärungslösung – gesetzlich eine enge Zustimmungslösung einzuführen. Es muss das vorherige explizite schriftliche Einverständnis der Spenderin vorliegen. Deren Voraussetzung sollte sein, dass Frauen, die eine solche Spende in Betracht ziehen, eingehend informiert und beraten worden sind. Für die deutsche Gesetzgebung zur Transplantationsmedizin wird es zweifellos einen erheblichen Einschnitt markieren, zur Uterustransplantation eine gesonderte Regulierung, eben die enge Zustimmungslösung, zu beschließen. Jedoch ist es nicht haltbar, die Differenz zwischen einer Uterusübertragung und den anderen, bisher praktizierten Formen der Organtransplantation zu überspielen und die transplantationsmedizinische Innovation der Gebärmutterübertragung kurzerhand so auszulegen, dass sie von den bestehenden gesetzlichen Vorgaben gedeckt sei.

---

[86] s. oben bei Fn. 50–53.

[87] So Axel Rahmel, Vorstand der Deutschen Stiftung Organtransplantation, wiedergegeben von *Berndt* (Fn. 37).

[88] Vgl. *Kreß* (Fn. 1), S. 281 ff., 287 ff.

[89] s. oben Abschnitt III.3.b): „Uterusentnahme aus hirntoten Spenderinnen", bes. bei Fn. 55–57.

De lege ferenda sind ferner weitere Klarstellungen erforderlich. Nachdem in einem gespendeten Uterus ein Kind ausgetragen worden ist, muss das Organ wieder explantiert werden, um der Frau nach der Geburt die weitere Immunsuppression zu ersparen. Theoretisch kann dieser Uterus dann an eine andere Frau weitergegeben werden, der ebenfalls die Gebärmutter fehlt.[90] Die Doppelverwendung des Uterus bedarf der rechtlichen Regulierung. Dies gilt schon allein deswegen, weil zu Dominospenden in der Bundesrepublik zurzeit keine Rechtsklarheit herrscht.[91]

Davon abgesehen ist eine Schwangerschaft nach Uterusübertragung in Deutschland nur durchführbar, nachdem gesetzlich geklärt worden ist, dass reproduktionsmedizinisch eine Vorratsbefruchtung von Embryonen tatsächlich zulässig ist. In Schweden waren für die erste Geburt, die nach dem Embryotransfer in einen implantierten Uterus erfolgte, zuvor elf Embryonen kryokonserviert worden.[92] Die diesbezüglichen gesetzlichen Vorgaben in der Bundesrepublik Deutschland (Problematik der „Dreierregel") sind auch aus anderen Gründen reformbedürftig.[93]

Anders gelagert: Es ist ohnehin unabweisbar, dass sich der Gesetzgeber mit der sog. Leihmutterschaft befasst.[94] Aus einer Reihe von Gründen empfiehlt es sich, im Inland eine nichtkommerzielle, altruistisch motivierte Leihmutterschaft zuzulassen.[95] Sie ist präzisierend als Schwangerschaftsspende zu bezeichnen und bietet zur Uterusspende eine Alternative, die für die Beteiligten in etlichen Fällen weniger belastend sein könnte. Verglichen mit dem dauerhaften Verlust der Gebärmutter bei einer Uterusspende stellt eine Frau bei einer Schwangerschaftsspende ihren Uterus nur temporär zur Verfügung.

## VI. Ausblick: Suche nach Alternativen

Zum Neuland, das die Transplantationsmedizin mit der Xeno- und der Uterustransplantation betritt, besteht insgesamt also nicht nur ethischer Klärungs-, sondern gleichfalls gesetzlicher Handlungsbedarf. Der Staat ist verpflichtet, Rechtssicherheit zu gewährleisten.[96]

---

[90] Vgl. *Dickens* (Fn. 35), p. 128.

[91] Vgl. *Gutmann/Wiese*: Die Domino-Transplantation von Organen, in: Medizinrecht 33 (2015), S. 315–321.

[92] Vgl. *Brännström* et al.: „Livebirth after uterus transplantation", in: Lancet 385 (2015), S. 607–616, hier S. 607.

[93] Vgl. *Günther/Taupitz/Kaiser*: Embryonenschutzgesetz, Stuttgart: Kohlhammer 2. neu bearb. Aufl. 2014, zu § 1 Abs. 1 Nr. 2 EschG, Rdnr. 20, sowie vor allem zu § 1 Abs. 1 Nr. 5 EschG.

[94] Vgl. *Gassner* et al. (Fn. 56), S. 61 ff.; *Kreß*: „Samenspende und Leihmutterschaft", in: Familie Partnerschaft Recht 19 (2013), S. 240–243; *Dethloff*: „Leihmütter, Wunscheltern und ihre Kinder", in: Juristenzeitung 69 (2014), S. 922–932.

[95] Im Unterschied zur kommerziellen Leihmutterschaft, die oben (Fn. 81) kritisch erwähnt wurde. Der oben geschilderte Sachverhalt bezieht sich auf Erfahrungen in Kalifornien.

[96] Dabei ist ebenfalls an die überfällige Novellierung des Stammzellgesetzes zu denken. Im Kontext der hier vorgetragenen Überlegungen ist von Belang, dass gesetzlich erlaubt wird, hu-

Angesichts der Bedenken, die gegen die beiden hier erörterten transplantationsmedizinischen Innovationen bestehen, ist sodann die Konsequenz zu ziehen, dass Handlungsalternativen ins Auge zu fassen sind. Dabei ist die Forschung an pluripotenten Stammzellen von Interesse. Aktuell zeichnen sich Fortschritte ab, mit Hilfe humaner induzierter und humaner embryonaler Stammzelllinien Zellen, Gewebe und Organoide schaffen zu können, die letztlich dem Organersatz dienen sollen.[97] Stammzellforschung und auf ihr beruhende regenerative Medizin könnten einen Ausweg eröffnen aus Dilemmata, die aus der Übertragung der Organe von Tieren in Menschen oder aus Uterusverpflanzungen rühren.

Insofern weist es in die richtige Richtung, wenn in Schweden als langfristig denkbare Alternative zur Lebendspende von Uteri auf Stammzellen hingewiesen und entsprechende Forschung initiiert wird.[98] Theoretisch ist vorstellbar, dass eine aus Stammzellen generierte Gebärmutter ethisch, rechtlich und existenziell weniger Probleme mit sich bringt als die zurzeit im Vordergrund stehenden Methoden der Gebärmuttertransplantation. In Anbetracht ihrer ethischen Ambivalenz wäre es wünschenswert, wenn die Optionen der Xeno- und der Uterustransplantation – sollten sie breiter anwendbar werden – nur passager, zeitlich begrenzt praktiziert und nur überbrückungsweise genutzt werden.

## Summary

Currently, far-reaching innovations are emerging in the field of transplantation medicine, namely xenotransplantation and uterus transplantation. The former is still at a research stage whilst the latter, that is uterus transplantation on the basis of the removal of the uterus from a living donor or from a donor after cerebral death, is in the first stages of testing. Both these procedures concern fundamental questions of medical ethics. This article discusses the aforementioned procedures considering aspects of animal protection, health protection and the personal rights of patients. Furthermore, it seeks to examine possible implications such procedures may have on how we deal with children. With respect to xenotransplantation, the

---

mane embryonale Stammzelllinien künftig als Ersatz für Tierversuche beforschen und nutzen und sie inländisch klinisch verwenden zu dürfen (Aufhebung des Anwendungsverbotes); vgl. *Kreß* (Fn. 43), S. 389 ff.

[97] Aus der Fülle der zurzeit erscheinenden Literatur: *Lancaster/Knoblich*: „Organogenesis in a dish: Modeling development and disease using organoid technologies", in: Science 345 (2014), S. 283 ff., doi:10.1126/science.1247125; *Yin* et al.: „Engineering Stem Cell Organoids", in: Cell Stem Cell 18 (2016), S. 25–38; *Orqueda/Giménez/Pereyra-Bonnet*: „iPSCs: A Minireview from Bench to Bed, including Organoids and the CRISPR System", in: Stem Cells International 2016 (2016), Article ID 5934782; „Ersatzorgane aus der Petrischale", in: idw Informationsdienst Wissenschaft v. 7. 6. 2016, online: https://idw-online.de/de/news653816 (Abruf am 8. 6. 2016).

[98] Vgl. *Brännström:* „The Swedish uterus transplantation project: the story behind the Swedish uterus transplantation project", in: Acta Obstetricia et Gynecologica Scandinavica 94 (2015), S. 675–679, hier S. 678.

question must be raised, whether one day it will be permissible to transplant organs from animals to sick children. Regarding uterus transplantations, it must be considered whether this procedure is responsible towards a child in terms of the psychosocial problems and a high-risk pregnancy. – Meanwhile, there are plans to carry out uterus transplantations in Germany, too. They must be considered as a new type of organ transplantation that are not covered by the existing German Transplantation Law. German legislature must introduce new provisions regarding the harvesting of uteri from brain-dead women, including a narrowly defined consent solution.

# Genome Editing in der Pränatalmedizin.
## Eine medizinethische Analyse

Giovanni Rubeis und Florian Steger

### I. Einleitung

Am 1.2.2016 erhielt die Entwicklungsbiologin Dr. Kathy Niakan vom Francis Crick Institute in London die Erlaubnis der Human Fertilisation and Embryology Authority (HFEA), das Genom menschlicher Embryonen zu Forschungszwecken zu verändern.[1] Konkret geht es bei dem Forschungsprojekt von Niakan um die Frühentwicklung in den ersten Tagen nach der Befruchtung. Dazu werden überzählige Embryonen verwendet, die im Rahmen einer In-Vitro-Fertilisation (IVF)-Behandlung erzeugt und gespendet wurden. Der erste Versuch soll sein, das Regulator-Gen OCT4 (auch POU5F1) zu blockieren. Dieses Gen ist in Zellen aktiv, die im weiteren Entwicklungsverlauf den Embryo bilden, während andere Zellen die Plazenta aufbauen. Die Versuche sollen abgeschlossen werden, wenn die befruchteten Eizellen das Blastozystenstadium erreicht haben, also jeweils bis zu 256 Zellen enthalten. Nach sieben Tagen sollen die Versuche beendet und die Embryonen zerstört werden. Es handelt sich hierbei um Grundlagenforschung, die Aufschlüsse über die Prozesse der Ausdifferenzierung von Stammzellen sowie über Ursachen und Mechanismen der Unfruchtbarkeit liefern soll. Ein unmittelbarer therapeutischer Nutzen ergibt sich daraus noch nicht.

Bereits seit mehreren Jahrzehnten werden Methoden zur gezielten Modifikation von Genen erprobt. Maßnahmen wie die Geninaktivierung durch homologe Rekombination oder durch RNA-Interferenz haben sich als äußerst aufwändig, kostenintensiv oder unzuverlässig erwiesen.[2] Das Forschungsprojekt der Niakan-Gruppe stellt den vorläufigen Höhepunkt einer Entwicklung in der Biomedizin und der Biotechnologie dar, die sich seit etwa zehn Jahren abzeichnet.[3] Die Verfahren des Genome Editing, des gezielten und kontrollierten Eingriffs ins Genom, wurden in dieser Zeitspanne immer weiter verbessert. Die Verwendung sogenannter Genscheren (Restriktionsendonukleasen) erlaubt die punktgenaue Veränderung eines

---

[1] *Callaway*, Ewen, UK scientists gain licence to edit genes in human embryos, in: Nature 530 (2016). 18.doi:10.1038/nature.2016.19270.

[2] *Gaj*, Thomas/*Gersbach*, Charles A./*Barbas*, Carlos F. III, ZFN, TALEN and CRISPR/Cas-based methods for genome engineering, in: Trends Biotechnol. 31 (7) (2013), 397–405. doi:10.1016/j.tibtech.2013.04.004.

[3] *Chandrasegaran*, Srinivasan/*Carroll*, Dana: Origins of Programmable Nucleases for Genome Engineering, in: J Mol Biol. 2015. doi:10.1016/j.jmb.2015.10.014 [Epub ahead of print].

beliebigen Abschnitts im Erbgut. Dies gilt auch für das Genom von komplexen Organismen wie etwa Säugetieren, deren molekulargenetische Eigenschaften bislang derartige Eingriffe erschwerten.[4] Synonym mit Genome Editing wird daher häufig der Begriff der Genchirurgie verwendet.

Im Folgenden werden zunächst einzelne Verfahren und Anwendungsbereiche des Genome Editing beschrieben. In einem weiteren Schritt werden die Risiken und die ethischen Aspekte angeführt. Der Schwerpunkt der anschließenden ethischen Analyse liegt auf der Pränatalmedizin, wobei die Forschung an menschlichen Embryonen, die Gentherapie und das Enhancement thematisiert werden. Abschließend wird ein Fazit für die Praxis gezogen, das auch rechtliche Handlungsempfehlungen enthält.

## II. Verfahren des Genome Editing

Zunächst wurden Zinkfinger-Nukleasen (ZFN) eingesetzt, um gezielte Doppelstrangbrüche in der DNA hervorzurufen.[5] Der daraufhin einsetzende Reparaturprozess der DNA kann genutzt werden, um Gene auszutauschen, einzusetzen oder zu löschen. Einen weiteren Entwicklungsschritt stellte die Verwendung von transkriptionsaktivatorartigen Effektornukleasen (TALEN) dar.[6] Xanthomonas-Bakterien nutzen TALEN-Proteine, um ihre DNA in Pflanzenzellen einzubringen. Das TALEN-Verfahren beruht auf demselben Prinzip. Wie beim ZFN-Verfahren wird auch mittels TALEN zunächst ein Einschnitt in die DNA durchgeführt. Beim Reparaturvorgang, der daraufhin einsetzt, wird die gewünschte DNA-Sequenz eingebaut. Diese bewirkt, dass Gene modifiziert beziehungsweise an- oder abgeschaltet werden. Die beiden Verfahren haben zwar Erfolge gezeigt, sich aber auch als aufwändig und kostenintensiv erwiesen. Erst durch die Entwicklung des CRISPR/Cas9-Verfahrens (clustered regularly interspaced short palindromic repeats – CRISPR-associated proteins) ist ein ebenso effizientes wie kostengünstiges Instrument des Genome Editing verfügbar.[7] CRISPR/Cas9 beruht auf Enzymen, mit denen sich bestimmte Bakterien gegen eindringende Viren verteidigen. Die DNA der Viren wird an einer bestimmten Stelle durch Nuklease-Enzyme zerschnitten, die von einer RNA-Sequenz geleitet werden. Durch diesen zielgenauen

---

[4] *Nationale Akademie der Wissenschaften Leopoldina / Deutsche Forschungsgemeinschaft / acatech – Deutsche Akademie der Technikwissenschaften / Union der deutschen Akademien der Wissenschaften,* Chancen und Grenzen des genome editing. The opportunities and limits of genome editing, Halle (Saale) 2015, 7.

[5] *Urnov,* Fyodor D. / *Miller,* Jeffrey C. / *Lee,* Ya-Li et al., Highly efficient endogenous human gene correction using designed zinc-finger nucleases, in: Nature 435 (2005), 646–651.

[6] *Hockemeyer,* Dirk / *Wang,* Haoyi / *Kiani,* Samira et al., Genetic engineering of human pluripotent cells using TALE nucleases, in: Nature biotechnology 29 (2011), 731–734. doi:10.1038/nbt.1927.

[7] *Jinek,* Martin / *Chylinski,* Krzysztof / *Fonfara,* Ines et al., A programmable dual-RNA-guided DNA endonuclease in adaptive bacterial immunity, in: Science 337 (6096) (2012), 816–821.

Strangbruch in der viralen DNA wird das Virus zerstört, ohne die bakterielle DNA zu beschädigen. Beim CRISPR/Cas9-Verfahren macht man sich diesen Mechanismus zunutze, um punktgenau in das Genom einzugreifen.

Bei den meisten bisherigen Verfahren der Genmanipulation werden Fremdsequenzen in das Genom eines Organismus eingeführt, also Abschnitte aus der DNA anderer Organismen. Beim Genome Editing hingegen werden die Genabschnitte eines Organismus modifiziert oder entfernt, ohne dass dafür Fremdsequenzen notwendig wären. Im Ergebnis ist meist nicht unterscheidbar, ob die Veränderungen im Genom durch natürliche Mutation oder menschliche Eingriffe entstanden sind.[8]

### III. Anwendungsbereiche des Genome Editing

Für die Verfahren des Genome Editing gibt es verschiedene Anwendungsbereiche. Dazu gehört die Grüne Gentechnik, das heißt die gentechnische Veränderung von Pflanzen. Genome Editing lässt sich einsetzen, um transgene Pflanzen zu erzeugen, die resistent gegen Schädlinge oder Herbizide sind.[9] Des Weiteren können die genannten Verfahren auf die Züchtung von Nutztieren angewendet werden, um eine höhere Krankheitsresistenz, eine gesteigerte Produktivität sowie eine höhere Vermehrungsrate zu erreichen.[10] Auch lassen sich Schädlinge derart modifizieren, dass sie Krankheitserreger nicht mehr übertragen. Somit wäre etwa eine Bekämpfung des Malaria-Erregers mittels Verfahren des Genome Editing denkbar.[11]

Im medizinischen Bereich ergeben sich vielfältige Anwendungsmöglichkeiten.[12] Das Anwendungspotential der neuen Verfahren des Genome Editing wird vor allem in der Gentherapie gesehen.[13] Die Behandlung von Krebserkrankungen,[14]

---

[8] *Nationale Akademie der Wissenschaften Leopoldina/Deutsche Forschungsgemeinschaft/ acatech – Deutsche Akademie der Technikwissenschaften/Union der deutschen Akademien der Wissenschaften,* Chancen und Grenzen des genome editing. The opportunities and limits of genome editing, Halle (Saale) 2015, 8.

[9] *Feng,* Zhengyan/*Zhang,* Botao/*Ding,* Wona et al., Efficient genome editing in plants using a CRISPR/Cas system. Cell Research (2013) 23, 1229–1232. doi:10.1038/cr.2013.114.

[10] *Proudfoot,* Chris/*Carlson,* Daniel F./*Huddart,* Rachel et al., Genome edited sheep and cattle, in: Transgenic Res. 1 (2015), 147–153. doi:10.1007/s11248-014-9832-x.

[11] *Windbichler,* Nikolai/*Menichelli,* Miriam/*Papathanos,* Philippos Aris et al., A synthetic homing endonuclease-based gene drive system in the human malaria mosquito, in Nature 473 (7346) (2011), 212–215. Published online 2011 Apr 20. doi:10.1038/nature09937.

[12] *Porteus,* Matthew, Genome Editing: A New Approach to Human Therapeutics, in: Annual Review of Pharmacology and Toxicology 56 (2016), 163–190. doi:10.1146/annurev-pharmtox-010814-124454.

[13] *Gori,* Jennifer L./*Hsu,* Patrick D./*Maeder,* Morgan L. et al., Delivery and Specificity of CRISPR/Cas9 Genome Editing Technologies for Human Gene Therapy, in: Human Gene Therapy 26 (7) (2015), 443–451. doi:10.1089/hum.2015.074.

[14] *Tang,* Huibin/*Shrager,* Joseph B, CRISPR/Cas-mediated genome editing to treat EGFR-mutant lung cancer: a personalized molecular surgical therapy, in: EMBO Molecular Medicine (2016). doi:10.15252/emmm.201506006.

hämatologischen Erkrankungen[15] oder HIV/AIDS[16] ist in naher Zukunft möglich. Einen weiteren Anwendungsbereich stellt die Transplantationsmedizin dar. Mittels Genome Editing lassen sich Xenotransplantate dergestalt modifizieren, dass Infektionen und andere Abstoßungsreaktionen verringert werden können.[17] Da die therapeutischen Maßnahmen auf jeden Patienten individuell zugeschnitten sind, lassen sich Verfahren des Genome Editing als wichtige Perspektive einer individualisierten Medizin auffassen.[18]

Schließlich ist die Pränatalmedizin zu nennen, die im weiteren Verlauf des Beitrages den Fokus der Betrachtung darstellen wird. Wie das eingangs genannte Beispiel des Forschungsprojekts von Niakan zeigt, werden Verfahren des Genome Editing in der Infertilitätsforschung eingesetzt. Weitere klinische Anwendungen im Rahmen der Pränatal- und Reproduktionsmedizin sind ebenso denkbar, wie in der Folge noch auszuführen sein wird.[19]

## IV. Risiken und ethische Herausforderungen

Zu den Risiken des Genome Editing gehören sogenannte Off-Target-Effekte oder Aussetzer. Damit bezeichnet man fehlerhafte Wirkungen der Nukleasen, die als Genscheren eingesetzt werden. Ein Off-Target-Effekt liegt vor, wenn die DNA an der falschen Stelle zerschnitten wird. Zwar lassen sich diese unerwünschten Effekte vor allem durch verfeinerte CRISPR/Cas9-Verfahren minimieren,[20] doch bleibt ein schwer zu kalkulierendes Restrisiko. Auch müssen die molekularen Wirkmechanismen der verwendeten Nukleasen eingehender erforscht werden, um unerwünschte Nebenwirkungen zu minimieren. In diesem Zusammenhang ist auch auf epigenetische Effekte zu verweisen, bezüglich derer die Forschung sich noch in den Anfängen befindet.[21]

---

[15] *Pellagatti*, Andrea,/*Dolatshad*, Hamid/*Yip*, Bon Ham et al., Application of genome editing technologies to the study and treatment of hematological disease, in: Advances in Biological Regulation 60 (2016), 122–134.

[16] *Hu*, Wenhui/*Kaminski*, Rafal/*Yang*, Fan et al., RNA-directed gene editing specifically eradicates latent and prevents new HIV-1 infection, in: Proc Natl Acad Sci U S A. 111 (31) (2014), 11461–11466. doi:10.1073/pnas.1405186111.

[17] *Iwase*, Hayato/*Liu*, Hong/*Wijkstrom*, Martin, Pig kidney graft survival in a baboon for 136 days: longest life-supporting organ graft survival to date, in: Xenotransplantation 22 (2015), 302–309.

[18] Vgl. *Steger*, Florian, Individualisierte Medizin. Einige Anmerkungen aus medizinethischer Perspektive, in: Steger, Florian (Hrsg.): Medizin und Technik. Risiken und Folgen technologischen Fortschritts. Münster 2013, 89–103.

[19] Vgl. *Steger*, Florian/*Joerden*, Jan C./*Kaniowski*, Andrzej M. (Hrsg.), Ethik in der Pränatalen Medizin. Studien zur Ethik in Ostmitteleuropa, Bd. 17. Frankfurt am Main 2016.

[20] *Slaymaker*, Ian M./*Gao*, Linyi/*Zetsche*, Bernd et al., Rationally engineered Cas9 nucleases with improved specificity, in:Science. 351 (6268) (2016), 84–88.

[21] *Nationale Akademie der Wissenschaften Leopoldina/Deutsche Forschungsgemeinschaft/acatech – Deutsche Akademie der Technikwissenschaften/Union der deutschen Aka-*

Zu diesen wissenschaftlich-technischen Aspekten tritt ein gesellschaftlich-rechtlicher Risikofaktor. Gerade die Tatsache, dass immer einfachere und kostengünstigere Verfahren des Genome Editing verfügbar sind, erlaubt es auch Amateuren[22] außerhalb zertifizierter Institutionen, die Technologie anzuwenden. Die Folge ist ein unkontrolliertes Biohacking.[23]

Des Weiteren ergeben sich ethische Bedenken hinsichtlich des Genome Editing.[24] Hier gilt es, die Forschung an somatischen menschlichen Zellen in vitro, die somatischen Gentherapie und die Keimbahntherapie zu unterscheiden.[25] Als ethische Richtlinien sind der Schutz vor unzumutbaren Risiken, das Recht auf körperliche Selbstbestimmung und eine etwaige Instrumentalisierung des zukünftigen Individuums zu diskutieren. Ein Instrumentalisierungsverbot ist implizit im deutschen Recht ausgedrückt. Nach dem Embryonenschutzgesetz (EschG) ist es unzulässig, Embryonen für Forschungszwecke zu erzeugen, zu klonen oder zu töten. Hier muss eingeräumt werden, dass das Stammzellgesetz (StZG) in § 4 eine Ausnahmeregelung vorsieht, wonach die Forschung an aus dem Ausland importierten Stammzellen erlaubt ist, sofern diese vor dem 1.5.2007 gewonnen wurden. Grundsätzlich kann man aber davon ausgehen, dass das Verbot der Instrumentalisierung das zentrale Argument der gesetzlichen Vorgaben ist.[26] Zudem muss das Dammbruch- oder slippery slope-Argument berücksichtigt werden, wonach Eingriffe in das menschliche Genom auch für außermedizinische Zwecke eingesetzt werden können. Demnach ließe sich Genome Editing auch dann anwenden, wenn keine medizinische Indikation vorliegt. Hier sind vor allem das Human Enhancement und die damit verbundenen ethischen und sozialen Bedenken angesprochen.[27] Im Allgemeinen wird eine weitere Forschung hinsichtlich der medizinischen Anwendungen begrüßt, während Eingriffe in die Keimbahn abgelehnt werden. Das geht bis hin zur Forderung nach einem Moratorium hinsichtlich der Keimbahnforschung.[28] Somit ergeben sich auch

---

demien der Wissenschaften, Chancen und Grenzen des genome editing. The opportunities and limits of genome editing, Halle (Saale) 2015, 10.

[22] Wo im Folgenden zur besseren Übersichtlichkeit die maskuline Formulierung verwendet wird, sind selbstverständlich Frauen wie Männer gleichermaßen gemeint.

[23] *Merrimana*, Ben, „Editing": A Productive Metaphor for Regulating CRISPR, in: The American Journal of Bioethics Volume 15 (2015), 62–64.

[24] *Berlin-Brandenburgische Akademie der Wissenschaften (BBAW)*, Genomchirurgie beim Menschen – Zur verantwortlichen Bewertung einer neuen Technologie. Eine Analyse der Interdisziplinären Arbeitsgruppe Gentechnologiebericht, Berlin 2015, 8.

[25] Ibid., 9.

[26] Vgl. dazu *Joerden*, Jan C., Menschenwürde als juridischer Begriff, in: Joerden, Jan C./Hilgendorf, Eric/Thiele, Felix (Hrsg.), Menschenwürde und Medizin. Ein interdisziplinäres Handbuch, Berlin 2013, 217–240.

[27] Vgl. *Schöne-Seifert*, Bettina/*Talbot*, Davinia (Hrsg.), Enhancement. Die Ethische Debatte. Paderborn 2009; *Viehöver*, Willy/*Wehling*, Peter (Hrsg.), Entgrenzung der Medizin. Von der Heilkunst zur Verbesserung des Menschen? Bielefeld 2011.

[28] *Berlin-Brandenburgische Akademie der Wissenschaften (BBAW)*, Genomchirurgie beim Menschen – Zur verantwortlichen Bewertung einer neuen Technologie. Eine Analyse der Interdisziplinären Arbeitsgruppe Gentechnologiebericht, Berlin 2015, 8 f.

forschungsethische Fragen.[29] Konkret geht es hierbei um die Freiheit der Wissenschaft, deren Einschränkung gut begründet sein muss.

Eine kategorische Argumentation im Sinn einer pauschalen Ablehnung oder pauschalen Zustimmung wird der ethischen wie auch der medizinisch-wissenschaftlichen Komplexität des Sachverhalts nicht gerecht. Vielmehr ist eine differenzierte Betrachtung geboten, die Nutzen und Risiken der konkreten Verfahren und Anwendungsmöglichkeiten pragmatisch gegeneinander abwägt.[30] Einen wichtigen Schritt in diese Richtung stellt das Eskalationsmodell dar.[31] Nach diesem Modell werden die einzelnen gentherapeutischen Verfahren nach ihrer ethischen Vertretbarkeit abgestuft. Als ethisch unbedenklich gilt die Substitutionstherapie, bei welcher gentechnisch erzeugte Proteine oder Gewebe eingesetzt werden. Stufe zwei ist die somatische Gentherapie. Die Keimbahntherapie und das therapeutische Klonen bilden Stufe drei. Das Enhancement wird auf der höchsten Eskalationsstufe vier eingeordnet und gilt als ethisch nicht vertretbar. Das Eskalationsmodell sieht neben der Forschung an menschlichen Embryonen als Grundlage der Gentherapie vor allem die mangelnde Verlässlichkeit und die damit verbundenen Risiken als ethische Probleme an. Vor dem Hintergrund der neuen Verfahren des Genome Editing ist diese Argumentation nur noch bedingt stichhaltig, da sich eine immer stärkere Präzision der Verfahren und damit verbunden eine Minimierung der Risiken abzeichnet. Dadurch wird eine medizinische Anwendung am Menschen sowohl wahrscheinlicher als auch sicherer. Die Einstufung einzelner Verfahren gemäß dem Eskalationsmodell ist aufgrund der aktuellen Entwicklungen nicht mehr trennscharf. Es bedarf daher einer ethischen Reflexion, die vor dem Hintergrund der Innovationen im Bereich des Genome Editing sowohl detailliert als auch pragmatisch vorgeht.

## V. Genome Editing und Pränatalmedizin

Die Pränatalmedizin steht im Fokus der ethischen Betrachtung hinsichtlich des Genome Editing. Das ergibt sich einerseits daraus, dass die entsprechende Grundlagenforschung mittlerweile an menschlichen Embryonen durchgeführt wird. Andererseits gehören Eingriffe in die Keimbahn zu den zentralen Anwendungsmöglichkeiten, was ebenfalls in das Gebiet der Pränatalmedizin fällt. Genome Editing

---

[29] *Nationale Akademie der Wissenschaften Leopoldina/Deutsche Forschungsgemeinschaft/acatech – Deutsche Akademie der Technikwissenschaften/Union der deutschen Akademien der Wissenschaften,* Chancen und Grenzen des genome editing. The opportunities and limits of genome editing, Halle (Saale) 2015, 4.

[30] Die Unterscheidung von kategorischer und medizinethisch-pragmatischer Argumentation hinsichtlich gentherapeutischer Fragen wurde eingeführt in: *Bayertz,* Kurt, Drei Typen ethischer Argumentation, in: Sass, Hans-Martin, Genomanalyse und Gentherapie. Ethische Herausforderungen in der Humanmedizin, Berlin [et al.] 1991, 291–316.

[31] *Hacker,* Jörg/*Rendtorff,* Trutz/*Cramer,* Patrick et al.: Biomedizinische Eingriffe am Menschen. Ein Stufenmodell zur ethischen Bewertung von Gen- und Zelltherapie, Berlin 2009, 47 ff.

lässt sich neben der Gentherapie auch im Rahmen der medizinisch assistierten Fortpflanzung einsetzen. Somit ist auch die Reproduktionsmedizin ein denkbares Anwendungsfeld, das hier als Teilbereich der Pränatalmedizin verstanden wird.

Im Kontext der Pränatalmedizin lassen sich drei ethische Aspekte hinsichtlich des Genome Editing anführen: 1. Die forschungsethischen Aspekte der Grundlagenforschung an menschlichen Embryonen. 2. Ethische Aspekte der Gentherapie. 3. Ethische Aspekte bezüglich des Genome Editing in der Reproduktionsmedizin.

## 1. Forschungsethische Aspekte

Zunächst ist zu klären, ob beziehungsweise unter welchen Bedingungen die Forschung an menschlichen Embryonen ethisch zulässig ist. Dabei sind die genannten ethischen Richtlinien zu beachten. Zu fragen ist, ob unvertretbare Risiken, eine Instrumentalisierung oder eine Zweckentfremdung der Forschung vorliegen. Zunächst muss man unterscheiden zwischen der Forschung, bei welcher Embryonen zu Schaden kommen oder vernichtet werden und derjenigen, auf welche das nicht zutrifft. Im ersten Fall, bei der sogenannten verbrauchenden Embryonenforschung, werden häufig die SKIP-Argumente angeführt.[32] Das Akronym setzt sich aus den Anfangsbuchstaben der einzelnen Typen von Argumenten zusammen, die sich auf das Würdeprinzip beziehen und dieses unterschiedlich ausformulieren. Nach dem Speziesargument kommt allen Angehörigen der menschlichen Gattung eine unhintergehbare Würde zu. Embryonen werden als Angehörige der Gattung Mensch angesehen, wodurch auch ihre Würde geschützt werden muss. Das Kontinuitätsargument besagt, dass dem Embryo von Beginn an Würde zukommt und dieser daher auch von Beginn an schützenswert ist. Laut dem Identitätsargument besteht ein Identitätsverhältnis zwischen dem geborenen Menschen und dem Embryo. Da der geborene Mensch als Person Würde besitzt, trifft dies auch auf den Embryo zu. Laut dem Potentialitätsargument kommt dem Embryo Würde zu, da er sich zu einer Person entwickeln kann.

Die SKIP-Argumente gehen im Wesentlichen davon aus, dass Embryonen zu schützen sind, weil es sich bei ihnen um entwicklungsfähiges, menschliches Leben handelt. Im Kontext der forschungsethischen Fragen hinsichtlich des Genome Editing reicht es nicht aus, sich pauschal auf eines oder mehrere der SKIP-Argumente zu berufen. Es bedarf hierbei einer differenzierten ethischen Beurteilung, die auf die spezifischen Bedingungen einzelner Forschungsvorhaben abgestimmt ist. Im Folgenden soll eine solche Beurteilung anhand von zwei Beispielen durchgeführt werden.

Es ist davon auszugehen, dass die Freigabe der Forschung an menschlichen Embryonen durch die HFEA in Großbritannien eine heftige Kontroverse nach sich

---

[32] *Damschen*, Gregor / *Schönecker*, Dieter (Hrsg.), Der moralische Status menschlicher Embryonen. Pro und contra Spezies-, Kontinuums-, Identitäts- und Potentialitätsargument, Berlin 2002.

ziehen wird. Das zeigen die aktuellen Debatten im Spannungsfeld von Genome Editing und Embryonenforschung. Schon im Jahr 2015 hatten chinesische Forscher an der Sun Yat-sen Universität in Guangzhou das CRISPR/Cas9-Verfahren an nicht lebensfähigen menschlichen Embryonen erprobt[33] und damit eine Welle der Kritik ausgelöst.[34] Konkretes Ziel war es, das β-Globin-Gen HBB zu modifizieren, das durch eine Mutation zur β-Thalassämie führt. Bei dieser erblichen Erkrankung wird das Hämoglobin im Blut nicht in ausreichender Konzentration hergestellt. Zwar erwies sich das CRISPR/Cas9-Verfahren als effektiver im Vergleich zu herkömmlichen Methoden, zeigte allerdings nach wie vor erhebliche Off-Target-Effekte. Die Forschungsgruppe spricht sich daher für eine weitere Grundlagenforschung aus, bevor das Verfahren zur Anwendung gebracht werden kann.

In dem genannten Versuch der chinesischen Forschungsgruppe wurden 3PN-Zygoten verwendet, das heißt befruchtete Eizellen, die drei Vorkerne (Protonuclei) aufweisen. Es handelte sich dabei um überzählige Zygoten einer Behandlung mittels IVF. Da 3PN-Zygoten eine geringe Entwicklungswahrscheinlichkeit aufweisen, werden sie im Rahmen einer IVF-Behandlung gewöhnlich nicht eingepflanzt, sondern entweder verworfen oder kyrokonserviert. Aus biomedizinsicher Sicht handelt es sich bei Vorkernstadien, worunter auch die 3PN-Zygoten fallen, zwar um befruchtete Eizellen, nicht aber um Embryonen. Man spricht daher auch von Prä-Embryonen. Dennoch findet das Embryonenschutzgesetz (EschG) hier Anwendung. Nach § 1 Abs. 1 Nr. 2 EschG ist es untersagt, eine befruchtete Eizelle zu einem anderen Zweck weiterzuentwickeln, als eine Schwangerschaft bei der Frau herbeizuführen, von der sie stammt. Nach deutschem Recht ist es demnach unzulässig, 3PN-Zygoten zu Forschungszwecken zu verwenden. Hier ist jedoch anzumerken, dass die 3PN-Zygoten nicht mit dem Ziel erzeugt wurden, der Forschung zugeführt zu werden. Als überzählige Prä-Embryonen würden sie ohnehin nicht weiter verwendet, um eine Schwangerschaft herbeizuführen, sondern vernichtet. Aus ihnen würde sich daher auch dann kein Embryo entwickeln, wenn man sie nicht für Forschungszwecke verwendete. Eine Instrumentalisierung liegt nicht vor. Eine Verwendung dieser Vorkernstadien zu Forschungszwecken kann künftig einen gesellschaftlichen Nutzen erbringen und ist daher der Vernichtung vorzuziehen. Dies gilt für alle Vorkernstadien, die nicht entwicklungsfähig oder für die Vernichtung bestimmt sind. Die SKIP-Argumente greifen in diesen Fällen nicht. Auch ist das Ziel der Forschung klar definiert, weshalb nicht von einer Zweckentfremdung auszugehen ist. Aus ethischer Sicht lässt sich somit argumentieren, dass die Forschung an besagten Vorkernstadien zulässig ist.

Bei der Forschung an entwicklungsfähigen Embryonen ist ebenfalls eine detaillierte ethische Betrachtung anstelle einer pauschalen Verurteilung oder Zustimmung gefragt. Bedingungen und Ziele einzelner Forschungsvorhaben sind

---

[33] *Liang*, Puping/*Xu*, Yanwen/*Zhang*, Xiya et al., CRISPR/Cas9-mediated gene editing in human tripronuclear zygotes, in: Protein&Cell 6 (2015), 363–372.

[34] *Cyranoski*, David/*Reardon*, Sara, Embryo editing sparks epic debate, in: Nature 520 (2015), 593–595.

zu hinterfragen. Dies lässt sich am Beispiel des Forschungsprojekts von Niakan zeigen. Der Lizenzierungsbericht der HFEA gibt Aufschluss über die Rahmenbedingungen und Zielsetzungen des Projekts.[35] Demnach zielt das Projekt darauf, die molekularen Eigenschaften von menschlichen Embryonen vor der Einpflanzung mit humanen embryonalen Stammzelllinien zu vergleichen, die Gewinnung und Erhaltung menschlicher Stammzellen zu optimieren und Stammzellen abzuleiten, um frühe embryonale Entwicklungsprozesse und eventuelle medizinische Anwendungen modellieren zu können. Die HFEA-Lizenz schreibt vor, dass die für das Projekt freigegebenen Embryonen nur zu diesen Forschungszielen verwendet werden dürfen. Untersagt ist es, die Embryonen zu verpflanzen. Außerdem dürfen die Embryonen maximal bis zur Ausbildung des Primitivstreifens (gewöhnlich 14 Tage nach der Befruchtung) entwickelt werden. Als überzählige Embryonen einer IVF-Behandlung wurden sie von den behandelten Paaren gespendet. Hier schreibt die HFEA eine umfassende Aufklärung und Beratung der Spender vor.

Die Bedingungen und Ziele des Forschungsprojekts sind hinreichend klar, um eine ethische Beurteilung durchführen zu können. Die verwendeten Embryonen wurden nicht zum Zweck der Forschung erzeugt. Zudem handelt es sich um überzählige Embryonen, die nicht für eine weitere Verwendung im Rahmen einer IVF-Behandlung bestimmt sind, sondern vernichtet würden. Der mögliche Einwand einer Instrumentalisierung wird dadurch entkräftet. Die Zustimmung der Spender ist eingeholt und diese erhalten eine entsprechende Aufklärung und Beratung. Es wird sichergestellt, dass die Embryonen ausschließlich für die klar definierten Forschungsziele verwendet werden. Diese Forschungsziele haben über die Schaffung neuen Wissens hinaus einen Nutzen für die Allgemeinheit, da letztlich praktische Anwendungen in der klinischen Medizin daraus resultieren sollen. Nimmt man diese Faktoren zusammen, ist das Forschungsprojekt ethisch vertretbar.

Diese beiden Beispiele zeigen, dass eine kategorische Festlegung hinsichtlich der Forschung an menschlichen Embryonen mittels Genome Editing nicht zielführend ist. Unter Berücksichtigung der genannten Richtlinien, ergänzt um forschungsspezifische Aspekte wie dem klar erkennbaren Nutzen und der Transparenz der Forschung sowie der umfassenden Aufklärung und Beratung involvierter Personen (hier der Embryonenspender) ist jedes Forschungsprojekt einzeln zu prüfen.

## 2. Gentherapie

In der Gentherapie wird großes Anwendungspotential für das Genome Editing gesehen. Gentherapeutische Verfahren zielen darauf, Fehler im Genom zu beheben, die Erkrankungen verursachen.[36] Dazu werden Gene oder deren Bestandteile

---

[35] Lizensierungsbericht der HFEA vom 14.1.2016, http://www.hfea.gov.uk/10187.html (abgerufen am 1.3.2016).

[36] *Domasch*, Silke/*Fehse*, Boris, Gentherapie in Deutschland. Eine Einführung, in: Fehse, Boris/Domasch, Silke (Hrsg.), Gentherapie in Deutschland: eine interdisziplinäre Bestandsauf-

gezielt in menschliche Zellen eingebracht. Man spricht daher auch von Gentransfer. Zu den Anwendungsmöglichkeiten der Gentherapie gehören unter anderem monogene Erkrankungen, Krebserkrankungen, Immunerkrankungen und kardiovaskuläre Erkrankungen.

Zu den Möglichkeiten, die das Genome Editing in gentherapeutischer Hinsicht bietet, gehört das Verfahren, adulte Körperzellen zu reprogrammieren. Die Reprogrammierung kann eingesetzt werden, um künstliche Stammzellen zu gewinnen.[37] Das Resultat sind induzierte pluripotente Stammzellen (iPS-Zellen). Der Vorteil von iPS-Zellen liegt darin, dass zu ihrer Erzeugung kein embryonales Gewebe gewonnen werden muss. Es werden keine Embryonen geschädigt, da iPS-Zellen aus adulten Körperzellen abgeleitet werden. Die Verwendung von iPS-Zellen ist bislang in Deutschland gesetzlich nicht eindeutig geregelt. Das StZG findet hier keine Anwendung, da es sich um pluripotente, nicht aber totipotente Zellen handelt. Da keine Embryonen für den Herstellungsprozess herangezogen werden, ist auch das EschG nicht anwendbar.

Für eine ethische Betrachtung ist zwischen somatischer Gentherapie und Keimbahntherapie zu unterscheiden. Bei der somatischen Gentherapie findet der Gentransfer in Körperzellen des Patienten statt. Die Maßnahme zielt auf Erkrankungen desjenigen Patienten, auf welchen die Gene oder Genbestandteile übertragen werden. Bei der Keimbahntherapie sind die Keimzellen des Patienten Ziel des Gentransfers. Die Gentherapie wirkt dadurch nicht allein auf den behandelten Patienten, sondern auch auf dessen mögliche Nachkommen.

Des Weiteren ist zu unterscheiden zwischen einer medizinisch indizierten Gentherapie und einem Gentransfer, der zur Steigerung der Leistungsfähigkeit oder einer sonstigen Verbesserung des Genoms führt.[38] Gentherapeutische Eingriffe, die weder präventiv noch kurativ gegen Erkrankungen eingesetzt werden, sondern auf Verbesserung zielen, werden als Enhancement, gelegentlich auch als Gendoping bezeichnet.

### a) Somatische Gentherapie

Grundsätzlich gelten für die somatische Gentherapie dieselben ethischen Richtlinien wie für andere Therapieformen. Eine Therapie darf nur nach einer umfassenden Aufklärung des Patienten und mit dessen Zustimmung durchgeführt werden. Des Weiteren dürfen nur Verfahren mit vertretbaren Risiken zum Einsatz

---

nahme (Forschungsberichte/Interdisziplinäre Arbeitsgruppen, Berlin-Brandenburgische Akademie der Wissenschaften; 27), Berlin 2011, 31–40, 35.

[37] *Li*, Hongmei Lisa/*Fujimoto*, Naoko/*Sasakawa*, Noriko et al., Precise Correction of the Dystrophin Gene in Duchenne Muscular Dystrophy Patient Induced Pluripotent Stem Cells by TALEN and CRISPR-Cas9, in: Stem Cell Reports 4 (2015), 143–154.

[38] *Domasch*, Silke/*Fehse*, Boris, Gentherapie in Deutschland. Eine Einführung, in: Fehse, Boris/Domasch, Silke (Hrsg.), Gentherapie in Deutschland: eine interdisziplinäre Bestandsaufnahme (Forschungsberichte/Interdisziplinäre Arbeitsgruppen, Berlin-Brandenburgische Akademie der Wissenschaften; 27), Berlin 2011, 31–40, 35 f.

kommen. Viele gentherapeutische Verfahren, die Methoden des Genome Editing nutzen, befinden sich noch in einem experimentellen Stadium. Eine klinische Anwendung dieser Verfahren ist erst dann zulässig, wenn sie die entsprechenden wissenschaftlichen Kriterien erfüllen.

Abgesehen von diesen allgemeinen Überlegungen wird oft ein Argument angeführt, das sich spezifisch auf den Eingriff ins menschliche Genom bezieht. Gentherapeutische Verfahren werden als Eingriff in die Naturordnung beziehungsweise in die Schöpfung gedeutet. Dahinter steht das Konzept der Unverfügbarkeit des Natürlichen. Dieses Argument lässt sich in zweifacher Hinsicht zurückweisen. Zum einen greifen therapeutische Verfahren immer in natürliche Prozesse ein. Eine konsequente Befolgung des Arguments würde zur absurden Konsequenz führen, auf sämtliche Formen der Therapie zu verzichten. Zum anderen baut dieses Argument auf weltanschaulichen, meist religiösen Prämissen auf, denen unter den Vorzeichen eines Wertepluralismus keine Allgemeingültigkeit zukommt. Das Genome Editing als Verfahren einer somatischen Gentherapie erweist sich somit als ethisch unbedenklich, sofern diejenigen Richtlinien eingehalten werden, die auch für andere therapeutische Verfahren gelten.

### b) Keimbahntherapie

Die Keimbahntherapie steht im Fokus der ethischen Debatten um gentherapeutische Verfahren und ist daher auch für die Auseinandersetzung mit dem Genome Editing von zentraler Bedeutung. Bislang wurden therapeutische Eingriffe in die Keimbahn nur am Tiermodell erprobt, in der Regel an Mäusen,[39] aber auch schon an Primaten (Javaneraffen).[40] Insofern ist davon auszugehen, dass eine Anwendung auch beim Menschen möglich ist. Denkbar wäre eine Behandlung von Patienten mit erblichen Erkrankungen, die mit hoher Wahrscheinlichkeit auf kommende Generationen übertragen werden. Hier sind beispielsweise Chorea-Huntington oder Sichelzellen-Anämie zu nennen.[41] Die genetische Modifikation von Keimbahnzellen hat nicht allein Auswirkungen auf das Individuum, das sich der Behandlung unterzieht. Die Keimbahntherapie wirkt auch auf kommende Generationen. Diese Tatsache ist an sich kein Argument gegen einen Eingriff in die Keimbahn. Sofern dieser Eingriff therapeutische Ziele verfolgt, mithin die Heilung oder Prävention von genetisch bedingten Erkrankungen, entsteht für kommende Generationen kein Schaden. Es ist vielmehr davon auszugehen, dass ein kurativer oder präventiver Eingriff in die Keimbahn auch in ihrem Interesse ist.

---

[39] *Wang*, Haoyi / *Yang*, Hui / *Shivalila*, Chikdu S. et al., One-step generation of mice carrying mutations in multiple genes by CRISPR/Cas-mediated genome engineering, in: Cell 153 (4) (2013), 910–918. doi:10.1016/j.cell.2013.04.025.

[40] *Niu*, Yuyu / *Shen*, Bin / *Cui*, Yiqiang et al., Generation of Gene-Modified Cynomolgus Monkey via Cas9/RNA-Mediated Gene Targeting in One-Cell Embryos, in: Cell 156 (2014), 836–843.

[41] *Miller*, Henry I., Germline therapy: we're ready, in: Science 348 (6241) (2015), 1325.

Nach deutschem Recht ist jeder Eingriff in die Keimbahn nach § 5 EschG strafbewehrt untersagt. In der ethischen Debatte herrscht ebenfalls die Tendenz vor, jeglichen Eingriff in die Keimbahn abzulehnen. Auch hier begegnet man den drei Haupteinwänden, die für das Genome Editing im Allgemeinen zentral sind: vor dem Hintergrund des momentanen Forschungsstandes unkalkulierbare Risiken und Nebenwirkungen,[42] Würdeverletzung des zukünftigen Individuums durch Instrumentalisierung[43] und Gefahr des Dammbruchs.[44]

Der Verweis auf unkalkulierbare Risiken und Nebenwirkungen ist die zentrale gesetzgeberische Begründung für das Verbot von Keimbahninterventionen im EschG.[45] Von vielen Seiten wird daher ein Forschungsmoratorium bezüglich Eingriffen in die menschliche Keimbahn gefordert.[46] Wie bereits hinsichtlich der somatischen Gentherapie festgehalten, ist der Verweis auf die Risiken und Nebenwirkungen ein berechtigter Einwand. Ein therapeutisches Verfahren darf erst beim Menschen angewendet werden, wenn es die erforderlichen Standards erfüllt. Ein Moratorium muss allerdings so gestaltet sein, dass es die Forschung nicht vollkommen hemmt.[47]

Weniger nachvollziehbar ist der Einwand, wonach die Keimbahntherapie eine Verletzung der Würde des zukünftigen Individuums und somit eine Instrumentalisierung darstelle. Zwar trifft es zu, dass eine Keimbahntherapie ohne die informierte Einwilligung des mitbetroffenen zukünftigen Individuums erfolgt, doch erweist sich dieser Einwand als nicht stichhaltig. Schließlich erfolgen die Fetalchirurgie oder die Therapie von Säuglingen ebenfalls ohne die informierte Zustimmung der Patienten und diese ist auch bei Kindern nicht rechtlich bindend.[48] Es ist zudem nicht zu erkennen, worin eine Instrumentalisierung bestehen soll. Die Keimbahntherapie kommt dem zukünftigen Individuum zu Gute und wird nicht zu einem Zweck durchgeführt, der seinen Interessen zuwiderläuft.

Ein wesentlicher Teil der ethischen Einwände stützt sich auf das Dammbruch-Argument. Demnach führe die Anwendung von Verfahren zu therapeutischen

---

[42] *Baltimore*, David/*Berg*, Paul/*Botchan*, Michael et al., A prudent path forward for genomic engineering and germline gene modification, in: Science 348 (6230) (2015), 36–38. 18 ff.

[43] *Sutton*, Agneta, A case against germ-line therapy, in: Ethics & Medicine 29 (1) (2013), 17–22.

[44] *Lanphier*, Edward/*Urnov*, Fyodor/*Ehlen*, Sarah et al., Don't edit the human germ line, in: Nature 519 (2015), 410–411. doi:10.1038/519410a.

[45] *Berlin-Brandenburgische Akademie der Wissenschaften (BBAW),* Genomchirurgie beim Menschen – Zur verantwortlichen Bewertung einer neuen Technologie. Eine Analyse der Interdisziplinären Arbeitsgruppe Gentechnologiebericht, Berlin 2015, 17.

[46] Ibid., 8 f.; *Baltimore*, David/*Berg*, Paul/*Botchan*, Michael et al., A prudent path forward for genomic engineering and germline gene modification, in: Science 348 (6230) (2015), 36–38.

[47] *Nationale Akademie der Wissenschaften Leopoldina/Deutsche Forschungsgemeinschaft/ acatech – Deutsche Akademie der Technikwissenschaften/Union der deutschen Akademien der Wissenschaften,* Chancen und Grenzen des genome editing. The opportunities and limits of genome editing, Halle (Saale) 2015, 4.

[48] Vgl. dazu *Steger*, Florian/*Ehm*, Simone/*Tchirikov*, Michael (Hrsg.), Pränatale Diagnostik und Therapie in Ethik, Medizin und Recht. Berlin/Heidelberg 2014.

Zwecken unweigerlich zur Anwendung in medizinisch nicht-indizierten Fällen. Eingriffe in die Keimbahn mit dem Ziel einer genetischen Optimierung (Enhancement) würden unerwünschte soziale, politische und rechtliche Folgen mit sich bringen.[49] Gerade in den deutschen Debatten ist die Warnung vor der Eugenik von zentraler Bedeutung. Hier muss jedoch angemerkt werden, dass der Begriff der Eugenik ein zielgerichtetes staatliches Handeln beschreibt, mithin eine politische Kategorie darstellt. Es ist nicht zielführend, diesen Begriff auf das Handeln von Individuen anzuwenden. Zum einen wird dadurch das Phänomenen nicht klar beschrieben, zum anderen wird der Begriff der Eugenik verwässert. Des Weiteren lässt sich einwenden, dass ein derartiger Dammbruch keineswegs mit Notwendigkeit erfolgen muss. Mit den entsprechenden rechtlichen Bestimmungen und klaren Regelungen für die Anwendung in Einzelfällen lässt sich einer unerwünschten Ausweitung auf medizinisch nicht-indizierte Fälle vorbeugen. Als Beispiel lässt sich der Umgang mit der PID heranziehen.

Neben der ablehnenden Haltung gegenüber Keimbahninterventionen gibt es auch Stimmen, die sich für eine therapeutische Anwendung aussprechen.[50] Das zentrale Argument besteht darin, dass durch eine Ablehnung der Keimbahntherapie wissentlich das Leid von Patienten in Kauf genommen wird. Aus medizinethischer Sicht läuft eine Ablehnung der Keimbahntherapie daher dem ärztlichen Heilauftrag zuwider. Somit muss nicht die Befürwortung, sondern die Ablehnung dieser Verfahren ethisch gerechtfertigt werden. Wägt man die vorgebrachten Argumente hinsichtlich unkalkulierbarer Risiken, Würdeverletzung beziehungsweise Instrumentalisierung und Dammbruch mit dem zu erwartenden Nutzen ab, zeigt sich, dass eine kategorische Ablehnung der Keimbahntherapie nicht haltbar ist. Sofern ein konkretes Verfahren der Keimbahntherapie nachweislich geringe Risiken mit sich bringt und unter der Bedingung einer medizinischen Indikation ist ein entsprechender Eingriff ethisch vertretbar. Dazu müssen diese Kriterien allerdings für jedes einzelne Verfahren geprüft werden. Somit ist nicht die Keimbahntherapie als solche ethisch vertretbar oder unzulässig, sondern eine ethische Bewertung muss spezifisch für jedes Verfahren durchgeführt werden. Hier ist nicht der Ort, jedes einzelne Verfahren durchzugehen, zumal bislang vieles noch nicht umsetzbar ist. Die drei eben genannten Richtlinien lassen sich als Instrument für eine weitere Betrachtung aufgreifen.

### c) Enhancement

Das Dammbruch-Argument zielt hinsichtlich des Genome Editing in der Gentherapie im Wesentlichen auf das Enhancement. Demnach würde eine Zulassung dieser Verfahren bei medizinischer Indikation unweigerlich auch eine Ausweitung auf Fälle mit sich bringen, bei denen es um eine Verbesserung der genetischen

---

[49] Für einen Überblick vgl. *Schöne-Seifert,* Bettina / *Talbot,* Davinia (Hrsg.), Enhancement. Die Ethische Debatte. Paderborn 2009.

[50] *Miller,* Henry I., Germline therapy: we´re ready, in: Science 348 (6241) (2015), 1325.

Ausstattung geht. Genome Editing könnte dazu verwendet werden, um genetisch bedingte oder wesentlich mitbedingte Eigenschaften zu optimieren. Hier werden Intelligenz, Gesundheit oder Leistungsfähigkeit genannt. Selbst wenn man dieser Argumentation zustimmt, muss die Frage geklärt werden, warum eine medizinisch nicht-indizierte Anwendung von Verfahren des Genome Editing abzulehnen ist. Schließlich werden manche medizinische Eingriffe, die nicht der Heilung oder Prävention von Erkrankungen dienen, als ethisch zulässig angesehen, was ein Verweis auf die plastische Chirurgie belegt.[51] Gegen das Enhancement lassen sich einerseits ethische, andererseits gesellschaftspolitische Argumente anführen.

Zunächst muss auf einer wissenschaftlich-technischen Ebene festgehalten werden, dass die Machbarkeit der Optimierung bestimmter Eigenschaften fragwürdig ist. Intelligenz oder Gesundheit sind nicht allein genetisch bedingt. Einzelne Merkmale wie Augen- oder Haarfarbe könnten sich mithilfe des Genome Editing festlegen lassen. Aus ethischer Sicht liegt bei der vorgeburtlichen Festlegung bestimmter Merkmale eine unzulässige Instrumentalisierung vor. Das zukünftige Individuum wird auf die Zwecke und Normvorstellungen anderer Personen festgelegt. Damit wird das Recht auf freie Entfaltung der Persönlichkeit verletzt. Anders als bei der Behebung eines schädlichen Gendefekts kann beim Enhancement nicht davon ausgegangen werden, dass dieser Eingriff im Interesse des künftigen Individuums geschieht. Des Weiteren ist ein derartiger Eingriff immer mit Risiken verbunden. Diese Risiken in Kauf zu nehmen, ist nur dann gerechtfertigt, wenn eine medizinische Notwendigkeit für den Eingriff besteht. Ein rein verbessernder Eingriff rechtfertigt die Risiken nicht.[52] Somit ist der Einsatz von Verfahren des Genome Editing mit dem Ziel des Enhancement aus ethischer Sicht abzulehnen.

In gesellschaftspolitischer Hinsicht stellt sich vor allem die Frage, wem das Enhancement zugänglich ist und wer ausgeschlossen bleibt. Da es sich um eine medizinisch nicht-indizierte Maßnahme handelt, sei davon auszugehen, dass die Solidargemeinschaft dafür nicht aufkommen wird. Somit müssten die Personen, die das Enhancement durchführen lassen wollen, mit eigenen Mitteln dafür aufkommen. Hier bestünde die Gefahr, dass es zu einer Zwei-Klassen-Gesellschaft kommt, zusammengesetzt aus Personen, die sich das Enhancement leisten können, und aus Personen, denen die nötigen Mittel fehlen. Unter der Voraussetzung, dass Eigenschaften optimiert werden können, die einen gesellschaftlichen oder ökonomischen Vorteil mit sich bringen, entstünden so schwerwiegende Probleme der sozialen Gerechtigkeit. Diese Argumentation ist weniger stichhaltig als die ethischen Einwände, da sie auf Mutmaßungen und fragwürdigen Voraussetzungen beruht. Erstens ist es, wie angeführt, aus wissenschaftlich-technischen Gründen fraglich, ob ein gezieltes Enhancement von bestimmten Eigenschaften (im Gegensatz zu

---

[51] *Lenk*, Christian, Gentransfer zwischen Therapie und Enhancement, in: Fehse, Boris/Domasch, Silke (Hrsg.), Gentherapie in Deutschland: eine interdisziplinäre Bestandsaufnahme (Forschungsberichte/Interdisziplinäre Arbeitsgruppen, Berlin-Brandenburgische Akademie der Wissenschaften; 27), Berlin 2011, 209–226, 209.

[52] Ibid., 223.

Merkmalen) tatsächlich machbar ist. Zweitens könnte die Verfügbarkeit von immer kostengünstigeren Methoden des Genome Editing dazu führen, dass auch das Enhancement einer breiten Mehrheit der Menschen zugänglich wird. Auch ist eine solidargemeinschaftliche Kostendeckung nicht undenkbar, wenn auch wenig wahrscheinlich. Diese Form der Argumentation muss daher zwar in Betracht gezogen werden, erweist sich jedoch als schwächer als die ethische Argumentation.

## 3. Reproduktionsmedizin

Genome Editing könnte in absehbarer Zeit auch in der Reproduktionsmedizin eingesetzt werden. So ließen sich etwa durch Keimbahntherapie genetische Defekte beheben, die zu Beeinträchtigungen der Fertilität führen.[53] Dadurch könnten den Patienten belastende Verfahren der assistierten Reproduktion wie etwa die Oozytenstimulation erspart bleiben. Vermutlich könnte auch die Zahl von Abbrüchen nach Pränataldiagnostik (PND) gesenkt werden.

Eine weitere Anwendungsmöglichkeit besteht in der bereits angesprochenen Reprogrammierung von somatischen Zellen zu iPS-Zellen mittels Genome Editing. Aus iPS-Zellen lassen sich Keimzellen ableiten und somit sowohl Eizellen als auch Samenzellen erzeugen.[54] Es ist denkbar, auf diesem Weg hergestellte Keimzellen zur medizinisch assistierten Fortpflanzung zu nutzen. In der einschlägigen Debatte wird die reproduktive Anwendung von iPS-Zellen meist abgelehnt.[55] Auch hier gilt es, die einzelnen Anwendungsmöglichkeiten differenziert zu betrachten. Das beschriebene Verfahren ermöglicht es Personen, die bislang auf eine Eizellspende oder Samenspende angewiesen sind, mittels IVF ein Kind zu zeugen, das mit beiden Reproduktionspartnern genetisch verwandt ist. Zudem ist eine Eizellspende in medizinischer Hinsicht belastend für Spenderin und Empfängerin, aus ethischer Sicht zumindest umstritten und überdies in vielen Ländern, darunter auch Deutschland, rechtlich untersagt. Eine Anwendung von Verfahren des Genome Editing zu Reproduktionszwecken würde die eben erwähnten medizinischen und ethischen Schwierigkeiten umgehen.

Mittels Genome Editing lassen sich auch beide Typen von Keimzellen aus den iPS-Zellen eines Individuums herstellen. Würde man diese kombinieren, wäre das Resultat ein Klon des Individuums, von welchem die Keimzellen stammen. Durch die gezielte Festlegung auf die genetische Identität mit dem Individuum, von welchen die Keimzellen stammen, wird die freie Entwicklung der Persönlichkeit des

---

[53] *Sugarman*, Jeremy, Ethics and germline gene editing, in: EMBO reports (2015) 16, 879–880. doi:10.15252/embr.201540879.

[54] *Hayashi*, Yohei / *Saitou*, Mitinori / *Yamanaka*, Shinya, Germline development from human pluripotent stem cells toward disease modeling of infertility, in: Fertility and Sterility 97 (6) (2012), 1250–1259.

[55] *Berlin-Brandenburgische Akademie der Wissenschaften, Deutsche Akademie der Naturforscher Leopoldina – Nationale Akademie der Wissenschaften*, Neue Wege der Stammzellforschung. Reprogrammierung von differenzierten Körperzellen, Berlin 2009, 8 f.

künftigen Individuums verletzt. Hinzu kommt das hohe Risiko von Fehlbildungen, das bei diesem Verfahren besteht. Diese wie jede andere Form des reproduktiven Klonens ist daher aus ethischer Sicht abzulehnen.

## VI. Fazit für die Praxis

Aus den ethischen Überlegungen ergeben sich Handlungsempfehlungen für die Praxis. Zunächst ist hier eine grundsätzliche pragmatische Haltung gegenüber den Verfahren des Genome Editing zu nennen, die einer kategorischen Haltung vorzuziehen ist. Die Komplexität sowohl der biomedizinischen und technischen als auch der ethischen Aspekte des Genome Editing entzieht sich einer pauschalen Zustimmung oder Ablehnung. Der pragmatische Zugang ermöglicht es, jedes einzelne Verfahren nach seinen Nutzen und Risiken sowie seinen erwünschten wie unerwünschten Auswirkungen zu beurteilen. Der Bezugsrahmen einer solchen pragmatischen Reflexion ist nicht die abstrakte Theorieebene, sondern der klinische Bereich. Das Genome Editing muss im Kontext der biomedizinischen Forschung und der ärztlichen Praxis gesehen werden. Zwar bedarf es einer differenzierten Betrachtung der einzelnen Verfahren, jedoch können daraus auch allgemeine Richtlinien abgeleitet werden. Als Orientierungspunkte dienen dabei der Schutz vor unverhältnismäßigen Risiken und Nebenwirkungen, das Instrumentalisierungsverbot sowie das Bewusstsein möglicher unerwünschter Ausweitungen von Verfahren auf medizinisch nicht-indizierte Anwendungen. Verfahren des Genome Editing sind dann als grundsätzlich zulässig zu erachten, wenn dadurch erstens sichergestellt ist, dass sich mögliche Risiken und Nebenwirkungen in einem vertretbaren Rahmen bewegen und vom zu erwartenden Nutzen überwogen werden; zweitens geborene oder zukünftige Individuen nicht zu Zwecken gebraucht werden, die außerhalb ihrer eigenen Interessen liegen; drittens einer Ausweitung auf medizinisch nicht-indizierte Anwendungen vorgebeugt wird. Aus rechtlicher Sicht ist es nicht möglich, jeden einzelnen Fall gesondert zu behandeln. Hier sind allgemeine Normen notwendig. Durch die eben genannten Richtlinien lässt sich die ethische Betrachtung des Einzelfalls mit der Rechtsebene verbinden. Vor dem Hintergrund der ethischen Reflexion ist das deutsche Recht hinsichtlich des Genome Editing zu revidieren. An die Stelle des bisherigen kategorischen Verbots sowohl der Forschung als auch der klinischen Anwendung sollte eine differenzierte rechtliche Regelung treten. Das Recht sollte dem aktuellen Forschungsstand in der Biomedizin entsprechen. Ein Forschungsmoratorium ist nur dann akzeptabel, wenn es sich auf klar definierte Verfahren bezieht und sich an den genannten Richtlinien orientiert. Die Forschung zum beziehungsweise mittels Genome Editing im Allgemeinen darf dadurch nicht zum Erliegen kommen. Konkret bedeutet das, dass die Forschung an Vorkernstadien und Embryonen freizugeben ist, die im Rahmen einer IVF erzeugt und nicht zur Herbeiführung einer Schwangerschaft verwendet werden. Bedingung ist die umfassende Aufklärung und informierte Einwilligung der Spender.

Bislang sind die Verfahren des Genome Editing zu wenig ausgereift, um sie im Rahmen einer Gentherapie einzusetzen. In absehbarer Zeit ist mit der Entwicklung verlässlicher, relativ risikoarmer und kostengünstiger Verfahren zu rechnen. Für diese Übergangs- beziehungsweise Anfangsperiode bietet sich eine rechtliche Regelung analog zur Gesetzgebung hinsichtlich der PID an. Die PID ist in Deutschland laut dem Gesetz zur Regelung der Präimplantationsdiagnostik (Präimplantationsdiagnostikgesetz -PräimpG) grundsätzlich verboten, in streng begrenzten Einzelfällen jedoch nicht rechtswidrig. Eine derartige Regelung empfiehlt sich auch für Verfahren des Genome Editing, bis diese sich etabliert haben. Die streng begrenzten Einzelfälle wären einerseits durch biomedizinisch-technische Standards der Zuverlässigkeit, andererseits durch die genannten Richtlinien zu definieren. Für die entsprechende Beurteilung der Einzelfälle können die vorhandenen Ethikkommissionen herangezogen werden, die gemäß § 4 Präimplantationsdiagnostikverordnung (PIDV) eingerichtet wurden.

## Summary

Methods of targeted genome modification have been in use for several decades. Procedures such as the gene inactivation through homologous recombination or through RNA interference have shown to be laborious, expensive or unreliable. Within the last years, new methods of genome editing on the basis of restriction nucleases, so called gene-scissors, have proven cost-efficient and successful. The use of zinc finger nucleases, transcription activator-like effector nucleases (TALEN) and especially clustered regularly interspaced short palindromic repeats (CRISPR/Cas9) allows the precise modification of any section of the DNA. It is the aim of this paper to describe the methods and fields of application of genome editing and to analyze its ethical implications. The focus is on prenatal medicine, whereby research on human embryos, gene therapy, and human enhancement are discussed. The paper closes with recommendations for practice.

## „Wer viel weiß, hat viel zu sorgen"?[1]

### Zur Prädiktion von Altersdemenz mittels Biomarker: ethische und rechtliche Fragestellungen

Susanne Beck und Silke Schicktanz

### I. Einleitung

#### 1. Demographische und medizinische Hintergründe

Der demographische Wandel in den Industrienationen, auch in Deutschland, führt zu einem stetig wachsenden Anteil an alternden Menschen. Aus gesundheitspolitischer Sicht sind für die Zukunft besonders alterskorrelierte Erkrankungen und deren Behandlung von Bedeutung. Die Altersdemenz, mit den zwei häufigsten Formen der Alzheimer Erkrankung und der Vaskulären Demenz, gehört ganz besonders dazu. Sie gilt als erhebliche Herausforderung.[2] In Deutschland sind derzeit schätzungsweise 1,5 Mio Menschen an Demenz erkrankt.

Unter Demenz versteht man ein progressives, chronisches Syndrom, das die kognitiven Funktionen wie Gedächtnis, Lernen, Sprache, Entscheidungskompetenz, Planungs- und Urteilsvermögen sukzessiv vermindert. Dennoch ist die Lebenserwartung von Demenzkranken nur wesentlich geringer als die von nicht erkrankten Personen.[3] Es existiert bis dato keine Therapie und vorhandene Medikamente können nur gewisse Symptomerleichterung bringen.

In der aktuellen Forschung zeichnet sich ein interessanter Paradigmenwechsel ab: Derzeit wird sowohl international (z.B. im National Institute on Ageing in den USA) als auch national (siehe „Kompetenznetzwerk Demenz" des Deutschen Forschungszentrum für neurodegenerative Erkrankungen (DZNE)) die Früherkennung und Prädiktion mittels sogenannter Biomarker intensiv beforscht.

---

[1] *Lessing*, Gotthold E., Nathan der Weise. Ein dramatisches Gedicht, in fünf Aufzügen, Berlin 1779, hrsg. v. Bremer, Kai/Hantzsche, Valerie, Ditzingen 2013.

[2] Vgl. *World Health Organization/Alzheimer's Disease International*, Dementia – A public health priority, Geneva 2012. Vgl. auch *Organisation für wirtschaftliche Zusammenarbeit und Entwicklung*, Addressing dementia. The OECD response. OECD health policy studies, Paris 2015.

[3] Vgl. *Weyerer*, Siegfried, Gesundheitsberichterstattung des Bundes. Heft 28. Altersdemenz, Berlin 2005.

Das Ziel dieser Prädiktionsforschung ist, in Zukunft wesentlich früher mit Therapien ansetzen zu können, wobei die Erkrankung nun als ein Kontinuum theoretisch konzipiert wird mit sehr langer, asymptomatischer Vorlaufszeit.[4] Unter Biomarker werden hier im Folgenden alle physiologischen Untersuchungen gefasst, mittels der asymptomatische bzw. prodromale Stadien der Alzheimer Demenz mit hoher Wahrscheinlichkeit identifiziert werden sollen. Dabei werden genetische Biomarker diskutiert (wie das Vorkommen des Allels APOE ε4[5] aber auch vaskuläre Risikofaktoren).[6] Neurologische Biomarker umfassen PET (Positron Emission Tomographie)-Untersuchungen von beta-amyloid Plaques (Aβ)[7], cerebrospinale Flüssigkeitsuntersuchungen (CSF Level von beta-amyloid (Aβ) und von total- and phosphorylated-tau[8] oder funktionale und anatomische MRI (Magnetic Resonance Imaging)-Messungen des Hippocampus.[9] Viele der physiologischen Biomarker werden mit dem Stadium des ‚mild cognitive impairment' (MCI) in Verbindung gebracht.[10] Da die meisten Untersuchungen durchaus zeit- und kostenintensiv oder invasiv sind, werden für breites Screening auch einfache neuro-psychologische Kognitionstest (e. g. MiniMental-State (MMSE)[11] sowie Bluttests als sogenannte

---

[4] Vgl. *Albert*, Marilyn S./*DeKosky*, Steven T./*Dickson*, Dennis u. a., The diagnosis of MCI due to AD. Recommendations from NIA and AAWG, in: Alz Dement 7:3 (2011), 270–279. Vgl. auch *Sperling*, Reisa/*Mormino*, Elizabeth/*Johnson*, Keith, The evolution of preclinical Alzheimer's disease. Implications, in: Neuron 84:3 (2014), 608–622. Vgl. auch *Le Couteur*, David G./*Doust*, Jenny/*Creasey*, Helen u. a., Political drive to screen for predementia. Not evidence based and ignores the harms, in: BMJ 347 (2013), f5125.

[5] Vgl. *Keage*, H. A. D./*Matthews*, F. E./*Yip*, A. u. a., APOE and ACE polymorphisms and dementia risk in the older population over prolonged follow-up. 10 years of incidence in the MRC CFA Study, in: Age Ageing 39:1 (2010), 104–111.

[6] Vgl. *Kivipelto*, Miia/*Ngandu*, Tiia/*Fratiglioni*, Laura u. a., Obesity and vascular risk factors at midlife and the risk of dementia and Alzheimer disease, in: Arch Neurol 62:10 (2005), 1556–1560.

[7] Vgl. *Nordberg*, Agneta/*Carter*, Stephen F./*Rinne*, Juha/*Drzezga*, A. u. a., A European multicentre PET study of fibrillar amyloid in Alzheimer's disease, in: Eur. J. Nucl. Med. Mol. Imaging 40:1 (2013), 104–114.

[8] Vgl. *Landau*, Susan M./*Frosch*, Matthew P., Tracking the earliest pathologic changes in Alzheimer disease, in: Neurology 82:18 (2014), 1576–1577. Vgl. auch *Visser*, Pieter J./*Verhey*, Frans/*Knol*, Dirk L. u. a., Prevalence and prognostic value of CSF marker of AD pathologies, in: Lancet Neurology 8:7 (2009), 619–627.

[9] Vgl. *Filippi*, Massimo/*Agosta*, Frederica/*Barkhof*, Frederik u. a., EFNS task force. The use of neuroimaging in the diagnosis of dementia, in: Eur J of Neurology 19:12 (2012), 1487–1501.

[10] Vgl. *Prestia*, Annapaola/*Caroli*, Anna/*van der Flier*, Wiesje M. u. a., Prediction of dementia in MCI patients based on core diagnostic markers for Alzheimer disease, in: Neurology 80:11 (2013), 1048–1056. Vgl. auch *Petrella*, J. R./*Sheldon*, F. C./*Prince*, S. E. u. a., Default mode network connectivity in stable vs progressive mild cognitive impairment, in: Neurology 76:6 (2011), 511–517.

[11] Vgl. *Jessen*, Frank/*Wiese*, Brigitte/*Bickel*, Horst u. a., Prediction of dementia in primary care patients, in: PLOS ONE 6:2 (2011), e16852. Vgl. auch *Palmqvist*, Sebastian/*Hertze*, Joakim/*Minthon*, Lennart u. a., Comparison of brief cognitive tests and CSF biomarkers in predicting Alzheimer's disease in mild cognitive impairment. Six-year follow-up study, in: PLOS ONE 7:6 (2012), e38639.

„low-cost-low-risk"[12] Tests eruiert. Dabei ist sowohl die Validierung als auch der Zusammenhang zwischen verschiedenen Biomarkern an vielen Stellen noch Gegenstand der Forschung, also bisher nicht eindeutig geklärt.[13]

Trotz gewisser Unwägbarkeiten zeichnet sich mit diesen Untersuchungen ein wichtiger Trend ab, denn dieser Paradigmenwechsel soll langfristig gesundheitspolitisch von einem aktuellen Fokus auf Pflege hin zur Prävention der Demenz führen.

Man geht davon aus, dass als Risikofaktor für eine Konversion in eine symptomatische Demenz die sogenannten frühen prodromalen Stadien des MCI dienen.[14] Hierbei werden klinisch *Subjective* oder *Mild Cognitive Impairment* (SCI/ MCI) unterschieden. Unter MCI versteht man „leichte kognitive Störung" (Mild Cognitive Impairment) als ein Risikosyndrom einer Demenz konzeptualisiert. MCI ist definiert als „subjektive und objektivierbare kognitive Einbuße bei erhaltener Alltagskompetenz".[15] Unter SCI versteht man hingegen nur die subjektive Wahrnehmung von kognitiven Einschränken, die mit den vorhandenen Tests nicht objektiviert werden können.

Diese beiden Stadien sind laut aktuellster S3-Leitlinien[16] nicht behandlungsbedürftig. Die Anzahl der Patienten in Gedächtniskliniken, die mit einer SCI oder MCI Diagnose konfrontiert werden, scheint dennoch zu steigen, wie eine von uns durchgeführte Umfrage ermittelte.[17] Nicht jeder, der mit einem Risikofaktor wie MCI oder entsprechenden Biomarkern diagnostiziert wurde, wird auch auf jeden Fall erkranken. Das bedeutet angesichts der weiten sozialen und psychischen Bedeutung, die mit der Diagnose auf Demenz/Demenzverdacht einhergeht, eine besondere Herausforderung an Einsatz und Kommunikation von Risikoeinstufungen, wie sie im Folgenden weiter ausgeführt wird. Hinzu kommt eine eher grundsätzliche gerontologisch-theoretische Kritik an sowohl Konzepten der prodromalen De-

---

[12] *Mapstone*, Mark/*Cheema*, Amrita K./*Fiandaca*, Massimo S. u. a., Plasma phospholipids identify antecedent memory impairment in older adults, in: Nat Med 20 (2014), 415–418.

[13] Vgl. *Jack*, Clifford R./*Knopman*, David S./*Jagust*, William J. u. a., Tracking pathophysiological process in AD. Updated model of dynamic biomarkers, in: Lancet Neurology 12:2 (2013), 207–216. Vgl. auch *Albert*/*DeKosky*/*Dickson* (Fn. 4).

[14] Vgl. *Hampel*, Harald/*Lista*, Simone/*Teipel*, Stefan J. u. a., Perspective on future role of biological markers in clinical therapy trials of AD, in: Biochem Pharma 88:4 (2014), 426–449.

[15] *Deutsche Gesellschaft für Psychiatrie und Psychotherapie*/*Deutsche Gesellschaft für Neurologie*, S3-Leitlinie „Demenzen" (Langversion – 1. Revision, August 2015). Konsentierungsversion für öffentliche Kommentierung, Berlin 2015, unter: https://www.dgppn.de/filead min/user_upload/_medien/download/pdf/kurzversion-leitlinien/REV_S3-leitltlinie-demenzen. pdf (abgerufen am 25.5.2016).

[16] Vgl. *Deutsche Gesellschaft für Psychiatrie und Psychotherapie*/*Deutsche Gesellschaft für Neurologie*, Die Leitlinie Demenzen 2016. Punkt für Punkt, Berlin 2016, unter: http://www. dgn.org/images/red_pressemitteilungen/2016/160127_PM_DGN_DGPPN_S3_LL_Hinter grund.pdf (abgerufen am 25.05.2016).

[17] Vgl. *Schicktanz, Schneider, Kögel*, et al., in Bearbeitung.

menz und des MCI Stadiums[18] als auch an der zunehmenden Medikalisierung des Alterns und der Pathologisierung von altersbedingter „Neurodiversität".[19]

## 2. Zum konstruktiven Verhältnis von Recht und Ethik bei der Reflexion medizinischer Innovationen

Auch wenn Demenz-Biomarker derzeit noch als „Zukunftsmusik" bezeichnet werden und sich wesentlich in der Erforschungsphase befinden, spricht genau das dafür, hier zeitnah ethische, rechtliche und soziale Begleitforschung anzusetzen. Das betrifft sowohl die Perspektive der klinischen Profession, des übergreifenden Ethik- und Rechtsdiskurses als auch die der Betroffenen selbst.[20]

Die Zusammenlegung dieser Perspektiven fußt auf dem komplexen Verhältnis von Ethik und Recht.[21] Beides sind normative Disziplinen, bewerten also menschliche Handlungen, befassen sich unter anderem mit aktuellen gesellschaftlichen Fragen und Debatten und beide versuchen, Lösungen zu finden. Zugleich unterscheiden sie sich nicht nur in ihren Bezugsrahmen – das geltende Recht vs. verschiedene Moraltheorien – sondern auch in ihren Zielen, Fragestellungen und Methoden. Bei den Rechtswissenschaft, versteht man sie primär als die Anwendung der existierenden Gesetze, liegt der Fokus auf den gängigen Auslegungsmethoden (Wortlaut, Systematik, Historie, Telos). Ähnliches gilt bezüglich der Systematisierung von Gesetzen, dem Bilden dogmatischer Figuren für eine bessere Anwendung auf den Einzelfall oder die Auswertung von Rechtsprechung. Doch die Rechtswissenschaft verfolgt typischerweise auch Ziele[22], die denen der Ethik ähneln und produktive Kooperation ermöglichen. So geht es in beiden normativen Disziplinen um eine reflexive Analyse gesellschaftlicher oder individueller Probleme, um eine Sammlung und Gewichtung der jeweils beteiligten Interessen und so ein umfassendes Verständnis des Konflikts. Es geht überdies um die Bewertung bereits gefundener Lösungen – seien es solche des Individuums, des Gesetzgebers oder anderer Institutionen – oder das Entwickeln alternativer Handlungsmöglichkeiten. Die gemeinsame Bearbeitung durch Recht und Ethik eines Problems und Untersuchung bestehender und potentieller Lösungen erlaubt die Verschränkung gesetzlicher

---

[18] Vgl. *Werner*, Perla/*Korczyn*, Amos D., Mild cognitive impairment. Conceptual, ethical and social issues, in: Clin Interv in Aging 3:3 (2008), 413–420. Vgl. auch *Katz*, Stephen/*Peters*, Kevin R., Enhancing the mind? Memory medicine, dementia, and the aging brain, in: J Aging Stud 22:4 (2008), 348–355.

[19] *Lock*, Margaret, The Alzheimer conundrum, Princeton 2013.

[20] Vgl. *Schicktanz*, Silke/*Schweda*, Mark/*Ballenger*, Jesse F. u.a., Before it is too late. Professional responsibilities in late-onset Alzheimer's research and pre-symptomatic prediction, in: Frontiers Hum Neuroscie 8:921 (2014), 1–6.

[21] Vgl. *Hilgendorf*, Eric, Recht und Moral, in: A&K 1 (2001), 72–90.

[22] Vgl. *Neumann*, Ulfrid, Wissenschaftstheorie der Rechtswissenschaft, in: Kaufmann, Arthur/Hassemer, Winfried/Neumann, Ulfrid (Hrsg.), Einführung in die Rechtsphilosophie und Rechtstheorie der Gegenwart, 7. Auflage, Heidelberg 2004, 385–400.

Fragen mit übergesetzlichen Wertungen, tiefgehenden konzeptionellen Analysen und gesellschaftlichen Debatten.[23] Zugleich birgt sie Gefahren der Vermischung verschiedener Ebenen – der derzeitigen Rechtslage, der wünschenswerten Rechtslage, der zu fordernden Verhaltensweise des Einzelnen bzw. der Gesellschaft, etc. Darüber hinaus sind häufig die Methodiken oder hinter den Analysen stehenden Prämissen nicht hinreichend deutlich für die andere Disziplin gekennzeichnet.

Im Bewusstsein dieser Schwierigkeiten soll im Folgenden vor allem eine multidimensionale Problemanalyse der Biomarker-Untersuchung mit dem Ziel der Demenzprädiktion unternommen werden. Auch solche Analysen sind nicht frei von disziplinbegründeten Prämissen und Wertungen. Doch scheint es mittels kritischer Distanz zum eigenen Bezugsrahmen möglich, aus den verschiedenen Perspektiven auf die aktuellen Entwicklungen der Demenzprädiktion zu blicken und so das Problem möglichst genau zu erfassen und die weiterhin zu erforschenden Fragen zu konkretisieren. Die Verknüpfung dieser Dimensionen erlaubt also, vorausschauend mögliche Problemfelder aus individueller und sozialer Sicht zu eruieren und begründete Vorschläge zur Problemlösung kontextspezifisch zu entwickeln.

Dieser systematische Problemaufriss umfasst folgende vier Schwerpunkte: Erstens, welche rechtlichen und ethischen Aspekte bei der Untersuchung und Bekanntgabe solcher prädiktiven Untersuchungsergebnisse zu bedenken sind (II.) und wie sie sich von der Gendiagnostik unterscheiden (III.), zweitens, welche potentiellen Szenarien hinsichtlich des individuellen und familiären Umgangs mit prädiktiven Ergebnissen zu reflektieren sind (IV.), drittens, ob prädiktive Untersuchungen einen neuen Blick auf die Frage von Forschungs- und Patientenverfügungen erlauben (V.), und schließlich wollen wir im Ausblick auf die breiten soziale Implikationen einer Alterspathologisierung, Stigmatisierung oder Überversorgung verweisen, die meist quer zu den üblichen rechtlichen und ethischen Überlegen liegen (VI.).

## II. Untersuchung und Bekanntgabe des Ergebnisses

Zur Ermittlung der Wahrscheinlichkeit, in einem bestimmten Zeitraum an Demenz zu erkranken, bedarf es der Untersuchung des Patienten mittels der oben erwähnten Biomarker. Diese Untersuchung ist teilweise vom geltenden Recht erfasst. Es ist jedoch zu prüfen, ob die Regelungen mit Blick auf eine solche Untersuchung adäquat erscheinen.

---

[23] Vgl. *Schroth*, Ulrich, Ethik und Recht in der Medizin, in: Kaufmann, Arthur/Hassemer, Winfried/Neumann, Ulfrid (Hrsg.), Einführung in die Rechtsphilosophie und Rechtstheorie der Gegenwart, 7. Auflage, Heidelberg 2004, 480–484.

## 1. Einwilligung in körperliche Eingriffe im Anschluss an Aufklärung

Bei der rechtlichen Betrachtung der Untersuchung und Bekanntgabe des Ergebnisses ist derzeit nach der Intensität der körperlichen Eingriffe zu differenzieren. Neuro-psychologische Kognitionstests, die mit keinem Eingriff verbunden sind, bedürfen nach geltender Rechtslage auch keiner klassischen ärztlichen Aufklärung und Einwilligung; zugleich sind natürlich die vertraglichen Pflichten zwischen den Beteiligten und die entsprechenden Selbstverpflichtungen der Profession der Psychologen zu beachten.

Mit Blick auf die minimalinvasiven oder auch stärker invasiven Eingriffe ist der Arzt verpflichtet, den Betroffenen vorab über mögliche körperliche Risiken aufzuklären, denn nur dann ist seine Einwilligung in die Untersuchung wirksam.[24] Hierüber besteht rechtlich und ethisch Einigkeit. Zugleich ist gerade bei einer Untersuchung zu Demenzprädiktion fraglich, ob damit die möglichen Gefahren für den Betroffenen wirklich erfasst sind. Das Wissen um eine potentielle derartige Erkrankung, für die es derzeit noch keine Heilung gibt, kann eine erhebliche psychische Belastung darstellen. Diese Belastung ist vorab für den Betroffenen möglicherweise nicht umfassend erkenn- oder einschätzbar. Im Rahmen von Untersuchungen, die nicht auf genetische Diagnostik zurückgreifen, gibt es derzeit keine Sonderregelungen für den Umgang mit der potentiellen psychischen Belastung; bei der ärztlichen Aufklärung sind aus rechtlicher Perspektive keine Besonderheiten zu beachten, die Einwilligung bezieht sich insofern nur auf mögliche körperliche Verletzungen.

Anders dagegen ist die Situation für die genetische Diagnostik (z. B. auf das Vorkommen des Allels APOE ε4): In §§ 7 ff. GenDG finden sich spezielle Normen für genetische Untersuchungen, auch bezüglich möglicher zukünftiger Erkrankungen, die gerade auch mit Blick auf die mögliche psychische Belastung oder gar soziale Diskriminierung (z. B. durch Arbeitgeber, Versicherungen, soziales Umfeld), die Besonderheit derartigen Wissens, eine vorherige Beratung, eine Mitteilung des Ergebnisses durch bestimmte Personen, etc., verlangen. Auf die Angemessenheit dieser Differenzierung werden wir beim allgemeinen Vergleich zwischen der normativen Einordnung der Demenzprädiktion und der genetischen Diagnostik noch weiter eingehen.

An dieser Stelle ist zunächst festzuhalten, dass die derzeitige Rechtslage bei Aufklärung und Einwilligung in Untersuchungen zur Demenzprädiktion den Fokus mit wenigen Ausnahmen auf die körperlichen Aspekte legt. Die drohenden psychischen Schwierigkeiten oder Diskriminierungspotentiale werden nur erfasst, soweit genetische Biomarker einbezogen werden. Die rechtlich einseitige Fokussierung auf genetische Diagnostik wirft sowohl rechtliche Fragen der Konsistenz als auch ethische Probleme für die informierte Selbstbestimmung von Betroffenen auf.

---

[24] Vgl. *Schroth* (Fn. 23).

## 2. Forschung am Menschen

Bei der Bewertung ist zudem zu berücksichtigen, dass sich die Demenzprädiktion noch in der Erforschungsphase befindet. Einigkeit besteht grundsätzlich darüber, dass bei Untersuchungen für Forschungszwecke strengere Maßstäbe anzulegen sind als für ausschließlich dem Patienten dienende Eingriffe. Untersuchungen nach dem Auftreten der Demenzerkrankung, vgl. dazu unten, sind für Forschungszwecke sogar nicht ohne Weiteres zulässig.

Entsprechende Auflagen finden sich im deutschen Recht explizit in §§ 40 f. AMG und §§ 17 f. MPG. Auch wenn auf die Untersuchung der Biomarker, bei der es gerade nicht um das Testen bestimmter Medikamente oder Medizinprodukte geht, weder AMG noch MPG anwendbar sind, gelten zudem natürlich weiterhin die allgemeinen Grundsätze der Aufklärung und Einwilligung. Die Grenzen ärztlichen Handelns sind nicht nur mit Blick auf ihre zivil- und strafrechtlichen Pflichten, sondern auch auf die selbstverpflichtenden Vorgaben der Bundesärztekammer bzw. Landesärztekammern umzusetzen. Teilweise wird auch vertreten, die Regelungen des AMG auf zumindest einige Konstellationen der Forschung am Menschen analog anzuwenden.[25] Es ist jedenfalls plausibel, die Werte und Differenzierungen, die durch diese Regelungen konkretisiert werden, auf Forschung am Menschen zu übertragen.[26] Diese wäre folgendermaßen, dass grundsätzlich bei der Untersuchung zu Forschungszwecken zwischen eigen- und fremdnütziger Forschung zu differenzieren ist.[27] Eigennützige Forschung (Heilversuch) ist, ebenfalls nach umfassender Aufklärung über die Risiken, grundsätzlich zulässig. Sie unterliegt bestimmten Bedingungen bezüglich ihrer Erforderlichkeit und der zulässigen Gefährlichkeit und bestimmten Kontrollen. Das gilt grundsätzlich auch für die Demenzprädiktion, soweit die Möglichkeit besteht, dass die Beantwortung einer bestimmten Forschungsfrage die Behandlung des konkreten Patienten verbessern könnte. Zudem muss der Betroffene in die Forschung wirksam einwilligen können, was allerdings hier kein Problem darstellen sollte, da er zum Zeitpunkt dieser Untersuchung regelmäßig (noch) einwilligungsfähig ist, d. h. er selbst kann die entsprechende Erklärung abgeben.

Auch fremdnützige Forschung am Menschen (Humanexperiment) ist nicht per se unzulässig, unterliegt aber strengeren Voraussetzungen. Das schlägt sich nicht nur in der Deklaration von Helsinki (1964)[28] nieder, sondern auch im Zivil- und

---

[25] Vgl. *Deutsch*, Erwin: Der Beitrag des Rechts zur klinischen Forschung in der Medizin, in: NJW (1995), 3019–3022.

[26] Vgl. *Hart*, Dieter, Heilversuch, Entwicklung therapeutischer Strategien, klinische Prüfung und Humanexperiment, in: MedR 3 (1994), 94–105.

[27] Vgl. *Hart*, Dieter, Zur Differenzierung zwischen Heilversuch und Humanexperiment, in: MedR 95 (1994), 94.

[28] Beschlossen auf der 18. Generalversammlung des Weltärztebundes in Helsinki, inzwischen in der Fassung der 48. Generalversammlung in Somerset West (1996). Vgl. *World Medical Association*, Declaration of Helsinki. Ethical principles for medical research involving

Strafrecht (potentielle Sittenwidrigkeit der entsprechenden Handlungen ist geregelt in § 138 BGB; § 228 StGB) sowie im ärztlichen Standesrecht. Problematisch ist die Durchführung fremdnütziger Forschung, insbesondere an einwilligungsunfähigen Probanden wie dies bei fortgeschrittener Demenz der anzunehmende Fall wäre, vgl. hierzu unten, V.2.

Für unsere Konstellation der Demenzprädiktion weist die Differenzierung zwischen eigen- und fremdnütziger Forschung einige Schwierigkeiten auf. Es geht ja im derzeitigen Stadium die Ermittlung von Biomarkern vorrangig um die Verbesserung der Prädiktion der Erkrankung (ob und wenn, wann) und der Verlaufsprognose (wie). Im Vordergrund steht gerade nicht die Entwicklung von Heilmethoden[29], von denen konkret Betroffene sehr wahrscheinlich profitieren könnte. Vielmehr steht zum Zeitpunkt der Untersuchung noch gar nicht fest, ob er an der Krankheit leiden wird. Zudem eröffnet auch die Prädiktion oder Früherkennung der Demenz allein keine Heilungsmöglichkeit im klassischen Sinn. Das gilt auch obwohl die dahinter stehende Idee ist, hierdurch neue prospektive Studienkonzepte zu entwickeln, und damit dann längerfristig vielleicht Maßnahmen getroffen werden können, um den Verlauf zu verlangsamen oder die Lebensumstände der Krankheit zu verbessern. Aber diese theoretische Zukunftsszenario darf nicht pauschal als Rechterfertigung für einen konkreten Heilversuch genutzt werden. Zugleich könnte im Interesse des Betroffenen an der Erkrankungsprognose durchaus ein Eigennutz gesehen werden, weil diese Information zur besseren Altersvorsorge (finanziell, häuslich oder sozial) dienen könnte. Diese Überlegungen zeigen, dass sich die Prädiktion von Krankheiten generell nur schwer in die bestehenden Kategorien – also hier Heilversuch oder Humanexperiment – einordnen lässt.

Hinzu kommt eine weitere zentrale Schwierigkeit der Untersuchung von Biomarkern: Es stellt sich die Frage, ob die Aufklärung über die eher geringen körperlichen Risiken der Untersuchung tatsächlich den Kern der Prädiktion erfasst. Statt der drohenden körperlichen Nachteile stehen hier vielmehr andere Aspekte im Vordergrund. Denn negative Folgen treten in diesen Fällen nur selten in Form körperlicher Schäden auf. Problematisch an der Untersuchung eines Betroffenen mit Blick auf eine mögliche zukünftige Demenzerkrankung ist vielmehr die Herausforderung für die Psyche, mit der bloß statistischen Wahrscheinlichkeit umzugehen, dass in einem bestimmten Zeitraum eine unheilbare, den Geist dauerhaft verändernde Krankheit eintreten könnte. Problematisch für die Verarbeitung eines solchen Wissens ist nicht nur, dass es sich eben bloß um statistische Wahrscheinlichkeiten handelt, dass der Zeitraum ein relativ langer sein kann (ca. 5–15 Jahre), sondern auch, dass der Verlauf der Krankheit ein individueller ist. Die derzeitige rechtliche Flankierung ärztlichen Handelns ist, mit Ausnahme genetischer Diagnostik, auf diese Besonderheit nicht eingestellt.

---

human subjects, 1996, unter: http://www.wma.net/en/30publications/10policies/b3/index.html (abgerufen am 26.06.2016).

[29] Dies lässt sich erst beim Einsatz von pharmazeutischen oder anderen Interventionen konkret behaupten.

## 3. Recht auf Nichtwissen

Eng verknüpft mit den möglichen Herausforderungen, die die Kenntnis von Erkrankungswahrscheinlichkeiten mit sich bringt, ist die Problematik um das „Recht auf Nichtwissen".[30] Die Aufklärung in diesem Kontext muss sich gerade darauf beziehen, dass die Belastung für den Betroffenen primär im Wissen um eine künftige Erkrankung liegt, im Umgang mit statistischen Wahrscheinlichkeiten, Risiken, und Ungewissheiten.

### a) Schutz des Betroffenen vor ungewollter Kenntniserlangung

Das Recht auf Nichtwissen wurde bisher vor allem im Kontext der Gendiagnostik diskutiert. Eine zentrale Frage mit Blick auf dieses Recht stellt sich bei Zufallsfunden[31], also ungeplantes Erlangen von Kenntnissen über bestimmte Krankheitsrisiken. In derartigen Situationen ist zu klären, ob und wie der Betroffene hierüber Kenntnis erhalten soll. Grundsätzlich besteht Einigkeit, dass der Betroffene jedenfalls nicht ohne vorherige Befragung mit entsprechenden Erkenntnissen konfrontiert werden darf. Das ist für Gendiagnostik explizit in § 9 Abs. 2 Nr. 5 GenDG geregelt, gilt aber zumindest grundsätzlich auch für andere Erkenntnisse (z. B. Neuroimaging oder Ganzkörper-Magnetresonanztomographie). Zugleich ist es nach Kenntniserlangung kaum noch möglich, den Betroffenen über seinen Wunsch nach Kenntnis zu befragen, denn schon eine derartige Frage würde wohl Verdacht bei ihm erwecken. Alle Zufallsfunde vorher abzufragen, ist ebenfalls schwer vorstellbar.[32]

---

[30] *Birnbacher*, Dieter, Patientenautonomie und ärztliche Ethik am Beispiel der prädiktiven Diagnostik, in: JWE 2 (1997), 105–119, 114. *Damm*, Reinhard, Prädiktive Medizin und Patientenautonomie, in: MedR 17:10 (1999), 437–448, 446. *Regenbogen,* Daniela/*Henn,* Wolfram, Aufklärungs- und Beratungsprobleme bei der prädiktiven genetischen Diagnostik, in: MedR (2003), 152–158, 155. *Duttge*, Gunnar, Das Recht auf Nichtwissen in der Medizin, in: DuD 34 (2010), 34–38. *Taupitz*, Jochen, Das Recht auf Nichtwissen, in: Hanau, Peter/Lorenz, Egon/Matthes, Hans-Christoph (Hrsg.), Festschrift für Günther Wiese zum 70. Geburtstag, Neuwied/Kriftel 1998, 538–602, 583. *Hildt*, Elisabeth, Autonomie in der biomedizinischen Ethik. Genetische Diagnostik und selbstbestimmte Lebensgestaltung, Frankfurt 2006, 234. *Ropers*, Hans H., Genomsequenzierung. Konsequenzen für die prädiktive genetische Diagnostik, in: Duttge, Gunnar/Engel, Wolfgang/Zoll, Barbara, Das Gendiagnostikgesetz im Spannungsfeld von Humangenetik und Recht, Göttingen 2011, 61–68, 68. *Barnikol*, Utako/*Beck*, Susanne/*Schmitz-Luhn*, Björn, Prädiktive Medizin. Rechtliche Perspektiven, in: MedR (2016) (im Erscheinen).

[31] Vgl. *Kollek,* Regine/*Lemke,* Thomas, Der medizinische Blick in die Zukunft. Gesellschaftliche Implikationen prädiktiver Gentests, Frankfurt 2008.

[32] *Heinemann*, Thomas/*Hoppe*, Christian/*Listl*, Susanne u. a., Zufallsbefunde bei bildgebenden Verfahren in der Hirnforschung – Ethische Überlegungen und Lösungsvorschläge, in: DÄBL 104/27 (2007), A1982 – A1987: schlagen eine Lösung für die Verbindung beider Aspekte vor, indem sie für eine Einwilligung in Forschungseingriffe die Bedingung einbeziehen wollen, dass der Patient auch über möglicherweise auftretende Zufallsfunde aufgeklärt werden kann.

### b) Interessen des Betroffenen vs. Interessen Dritter

Der Schutz von Nichtwissen ist besonders problematisch mit Blick auf dritte Personen bzw. ungeborene Kinder.[33] Dritte können eigene Interessen daran haben, die Erkrankungswahrscheinlichkeiten zu erfahren. Das können Angehörige sein, die möglicherweise selbst von der Krankheit betroffen sind oder eine künftige Pflegeverpflichtung planen müssen, die Partner vor einer Familiengründung, der Arbeitgeber vor Einstellung oder die Versicherung vor Vertragsabschluss.[34] Hier besteht ein Konflikt mit dem berechtigten Interesse des Betroffenen an der Geheimhaltung seiner Krankheitsrisiken. Dies gilt insbesondere, da es sich eben nur um bisher nicht manifestierte, sichtbare Risiken handelt, von denen oft ja nicht einmal feststeht, ob sie sich künftig wirklich realisieren werden. Die Interessen des Betroffenen werden derzeit u. a. durch Datenschutzgesetze, das GenDG und § 203 StGB (Strafbarkeit der Verletzung der Schweigepflicht) geschützt.

*Angehörige*

Angehörige könnten selbst ein Interesse haben, Kenntnis von bestimmten Krankheitsdispositionen des Betroffenen zu erlangen, wenn dies bei vererbbaren Krankheiten Aufschluss über die eigenen Risiken gibt. Auch bei einer sporadischen, nicht-erblichen Demenz könnte es im Interesse der Angehörigen liegen, ihre Verpflichtung, den Angehörigen zu pflegen, möglicherweise vorab in ihren Lebensplan zu integrieren. Dem steht zum einen das Recht auf Nichtwissen der Angehörigen selbst entgegen; danach wäre es jedenfalls unzulässig, sie unvorbereitet und ohne Wissen um ihr Interesse an der Prädiktion zu kontaktieren und zu informieren.[35] Zum anderen überwiegt regelmäßig das Recht des Betroffenen auf informationelle Selbstbestimmung. Die Grenze dieses Rechts ist regelmäßig erst erreicht, wenn ein Angehöriger durch Verschweigen in Gefahr der erheblichen Verschlechterung des Gesundheitszustands gerät.[36] Dieses Recht wird zwar durch gelegentlichen Druck in Verwandschaftsbeziehungen bedroht, so dass denkbar ist, dass der Betroffene die Informationen nicht im engsten Sinn freiwillig weitergibt. Derartige innerfamiliäre Beziehungen können jedoch nur in Ausnahmefällen – und ein derartiger ist hier nicht ersichtlich – mittels staatlichen Rechts geregelt werden. Hier sind vielmehr eher ethische Ratschläge sinnvoll, die zum einen ein gesellschaftliches Klima befördern, solche Drucksituationen zu minimieren, oder zum anderen die Profession darauf vorbereiten, solche familiären Situationen mit in die Beratung einzubeziehen.[37]

---

[33] Vgl. *Birnbacher* (Fn. 30), 116. *Damm* (Fn. 30), 440. *Regenbogen/Henn* (Fn. 30), 156. *Duttge* (Fn. 30), 36. *Kollek/Lemke* (Fn. 31), 234. *Hildt* (Fn. 30), 244 ff.

[34] Vgl. *Damm* (Fn. 30), 440 f.

[35] Vgl. *Damm*, Reinhard, Prädiktive Gendiagnostik, Familienverband und Haftungsrecht, in: MedR 32:3 (2014), 139–147, 140 ff.

[36] Vgl. *Duttge* (Fn. 30), 36. Auf einen notwendigen Abwägungsprozess hinweisend vgl. auch *Kollek/Lemke* (Fn. 31), 237.

*Dritte, z. B. Arbeitgeber oder Versicherungen*

Anders dagegen geht das Recht mit dem Druck um, der von außerfamiliären Dritten auf den Betroffenen ausgeübt wird, Ergebnisse von Prädiktionen preiszugeben. Dieser wird als beachtlich, der Betroffene insofern als schutzwürdig angesehen – allerdings derzeit wiederum nur mit Blick auf genetische Prädiktionen.[38] §§ 18 ff. GenDG legen ausdrücklich fest, dass z. B. weder Versicherungen noch Arbeitgeber genetische Untersuchungen oder Analysen verlangen dürfen.

An dieser Stelle lässt sich fragen, wieso gerade die genetische Prognostik eines solchen Schutzes bedarf, d. h. wieso hier Unterschiede zu anderen Vorhersagen über noch nicht manifestierte Krankheiten gemacht werden. Hierfür lassen sich zwar einige Gründe finden, die insbesondere in der (vermeintlichen) Sicherheit und Unveränderlichkeit der genetischen Disposition liegen;[39] gleichzeitig wirkt sich eine Benachteiligung aufgrund eines andersartig festgestellten Krankheitsrisikos beim Betroffenen jedenfalls genauso problematisch aus. Es ist deshalb zu diskutieren, ob diese Überlegungen nicht auf andere Prädiktionen auszuweiten wäre. Denn für eine umfassende Wahrung der Selbstbestimmung ist eben erforderlich, dass der Betroffene auch in der Praxis selbst entscheiden kann, wer welche Informationen über seine Krankheitsrisiken erhält.[40]

c) Recht der Angehörigen und Dritter auf Nichtwissen

Ein weiterer Aspekt des Rechts auf Nichtwissens ist die Frage, inwieweit dieses Recht für Angehörige oder Dritte gilt, inwieweit sie also davor geschützt sind, Krankheitsprognosen ihrer Angehörigen zu erfahren. Da psychische Belastungen in derartigen Fällen auch bei Angehörigen auftreten können, ist die Antwort keineswegs einfach, wie ein erst kürzlich vom BGH entschiedener Fall[41] zeigt: Eine Frau verklagte den Arzt ihres geschiedenen Mannes, mit dem sie zwei Kinder hat, auf Schadensersatz. Der Arzt hatte ihren Ex-Mann wegen Chorea Huntington behandelt, er wurde von ihm mit schriftlicher Erklärung von der ärztlichen Schweigepflicht gegenüber der Klägerin befreit und zur Auskunft über seine Krankheit ermächtigt, was er am nächsten Tag auch tat; unter anderem wies er darauf hin, dass die gemeinsamen Kinder die genetische Anlage der Erkrankung mit einer Wahr-

---

[37] Zum analogen Problem des familiären Drucks bei der Lebendorganspende vgl. *Wöhlke, Sabine*, Geschenkte Organe? Ethische und kulturelle Herausforderungen bei der familiären Lebendnierenspende, Frankfurt 2015.

[38] Vgl. *Duttge* (Fn. 30), 35 f.

[39] Zum Zeitpunkt des Erlasses des GenDG – 2009 – waren nicht genetische Biomarker noch nicht verbreitet. Das ist aber natürlich kein Argument dafür, die entsprechende Gesetzeslage aufrecht zu erhalten.

[40] Vgl. *Katzenmeier*, Christian, Mammographie-Screening. Rechtsfragen weitgehend ungeklärt, in: DÄBL 103:16 (2006), A-1054.

[41] Vgl. *Bundesgerichtshof*, Urteil vom 20. Mai 2014 – Aktenzeichen VI ZR 381/13, in: NJW (2014), 2190–2192.

scheinlichkeit von 50% geerbt hätten. Die Frau fand zunächst keine Einrichtung, die zu einer gentechnischen Untersuchung ihrer minderjährigen Kinder bereit war. Deshalb war sie einige Jahre lang wegen reaktiver Depression dauerhaft krankgeschrieben und nicht in der Lage, einer Erwerbsfähigkeit nachzugehen. Sie machte geltend, der Beklagte habe sie über die Erkrankung ihres geschiedenen Mannes nicht, jedenfalls aber so lange nicht unterrichten dürfen, wie ihr keine Möglichkeit zur Klärung der Übertragung der Erbkrankheit auf ihre Kinder zur Verfügung gestanden habe. Er habe zunächst klären müssen, ob sie überhaupt Kenntnis habe erlangen wollen. Der BGH wies die Klage ab. Auch wenn er grundsätzlich anerkennt, dass *„das allgemeine Persönlichkeitsrecht auch das Interesse des Einzelnen [schützt], nicht mehr über seine genetischen Eigenschaften wissen zu müssen, als er selbst will"*, sieht er den Schaden der Klägerin in diesem Fall als Verwirklichung des allgemeinen Lebensrisikos an – insbesondere, da sie die Information auch auf andere Weise hätte erhalten können. Auch mache sie keine Verletzung ihres eigenen Rechts auf Nichtwissen geltend, da es nicht um ihre genetische Disposition, sondern um die ihrer Kinder ginge.

Implizit hat der BGH in diesem Urteil das Recht auf Nichtwissen grundsätzlich anerkannt. Zugleich wird deutlich, dass dieses Recht inhärente Grenzen aufweist. Gerade das Erlangen von Informationen über die Erkrankung Dritter etwa gehört in den meisten Fällen zum allgemeinen Lebensrisiko des Betroffenen. Das gilt wohl erst recht für Fragen der Demenzprädiktion – diesbezüglich steht nicht einmal sicher fest, ob der Betroffene, geschweige denn, ob seine Angehörigen überhaupt erkranken werden. Die Kenntniserlangung auf Umwegen von einem eigenen Risiko oder dem Risiko anderer wird hier ganz regelmäßig – zumindest aus rechtlicher Perspektive – zum allgemeinen Lebensrisiko gehören. Mit Blick auf die eigenen Erkrankungen und entsprechende Kenntnis aus vom Arzt vorgenommenen Tests dagegen sind, wie bereits dargelegt, die inhärenten Grenzen deutlich schwerer zu bestimmen.

### d) Zwischenfazit

Das Recht auf Nichtwissen ist äußerst komplex; es kollidiert nicht nur regelmäßig mit dem ebenso bedeutsamen Recht darauf, über den eigenen Gesundheitszustand informiert zu werden, sondern weist eine fließende Grenze auf zum – insbesondere vom Recht nicht erfassbaren – allgemeinen Lebensrisiko, von bestimmten Risiken ungewollt Kenntnis zu erlangen. Sein Schutz ist in der Praxis oft schwierig, da die Risiken vorher ja gerade nicht bekannt sind und damit die Abfrage über ein Kenntnisinteresse nicht immer durchführbar ist. Trotz dieser Schwierigkeiten aber stellt es ein ernstzunehmendes Interesse des Patienten bzw. Probanden dar, gerade weil die Kenntnis einer Erkrankungswahrscheinlichkeit eine erhebliche psychische oder soziale Belastung bedeuten kann. Die Diskussion über das Recht auf Nichtwissen spiegelt vor allem die Würdigung der möglichen psychischen Belastung durch das Wissen wider und soll die Möglichkeit eröffnen, hierüber selbst zu entscheiden. Neben Autonomie-Argumenten sprechen auch kognitions- und entscheidungspsychologische Befunde dafür, dass es manchmal lebensklüger ist, bewusst auf Wissen oder Risikovorhersagen zu verzichten.[42]

Es ist auffällig, dass sowohl in der deutschen rechtlichen als auch ethischen Debatte bislang der Fokus sehr eng auf der genetischen Diagnostik lag, wohingegen viele der angesprochenen Probleme für andere Formen der Prädiktion durch nicht-genetische Biomarker zutreffen.

### III. Biomarker im Vergleich zur Gendiagnostik

*1. Ähnlichkeiten zwischen Gendiagnostik und anderen Prognoseverfahren*

Auf den ersten Blick mag es scheinen, als würden Biomarker auf eine späteinsetzende Erkrankung wie die Altersdemenz keine neuen Fragen im Vergleich zur genetischen Testung von spätmanifestierenden neurologischen Erkrankungen wie Chorea Huntington aufwerfen. Viele der Probleme sind vergleichbar, insbesondere die bereits erwähnte psychische Belastung, das Recht auf Nichtwissen, etc. Es ist deshalb zu diskutieren, warum derzeit nur genetische Diagnostik eine besondere Regelung erfährt, warum nur in diesem Bereich das besondere Interesse des Betroffenen, vor ungewollten Informationen und der drohenden psychischen Belastung durch die Kenntniserlangung, geschützt wird. Gerade bei der Demenzprädiktion zeigt sich, dass es für den Betroffenen, für seine Rechte und Interessen, keinen relevanten Unterschied macht, ob die Erkenntnisse mittels genetischer Untersuchung oder auf andere Weise erlangt wurden.

Gewisse Unterschiede könnten möglicherweise in der (vermeintlichen) Sicherheit und Unveränderlichkeit der genetischen Disposition liegen; auch die besondere Verbindung der eigenen Identität mit den genetischen Bedingungen ist hierfür sicherlich relevant.[43] Zugleich ist die Vergleichbarkeit zwischen genetischer Prädiktion und Prädiktion auf Basis anderer Biomarker bezüglich der Auswirkungen auf den Betroffenen derart hoch, dass jedenfalls neu zu hinterfragen ist, ob die Überlegungen aus der Gendiagnostik nicht auf andere Prädiktionen, wie die hier diskutierten, auszuweiten wäre. Mit Blick auf die Ähnlichkeiten spricht viel dafür, die besonderen Voraussetzungen für Aufklärung und Einwilligung, das Erfordernis einer vorherigen Beratung, die Begrenzung des Personenkreises, der das Ergebnis bekannt geben darf, von der Gendiagnostik auf die Untersuchung zur Demenzprädiktion zu übertragen. Dabei wäre zu beachten, dass bei dieser Unter-

---

[42] *Hertwig*, Ralph / *Engel*, Christoph, Homo ignorans. Deliberately choosing not to know, in: PPS 11 (2016), 359–372.

[43] Vgl. *McAllister*, Marion, Personal theories of inheritance, coping strategies, risk perception and engagement in hereditary non-polyposis colon cancer families offered genetic testing, in: Clin Genet 64:3 (2003), 179–89. Vgl. auch *Hauskeller*, Christine / *Sturdy*, Steve / *Tutton*, Richard (Hrsg.), Special issue. Genetics and identity, in: Sociol 47:5 (2013).

suchung fließende Grenzen zwischen Prognose und Diagnose in Verbindung mit einer Behandlung bestehen, da die Tests nicht selten anlassbezogen erfolgen, d. h. wenn erste Anzeichen für die Erkrankung vorliegen. Dieser fließende Übergang aber könnte in die entsprechende Beratung und Betreuung durchaus eingebracht werden.

## 2. Unterschiede und neue Fragen im Kontext der Demenzprädiktion

Beim zweiten Blick auf die Untersuchungen zur Demenzprädiktion sollte überdies deutlich werden, dass es sich in mancherlei Hinsicht um einen neu zu diskutierenden Sonderfall handelt. Das basiert auf dem Umstand, dass sich hier drei soziale Faktoren gegenseitig verstärken: Erstens wird Demenz derzeit als eine der häufigsten und sozial bedrohlichsten Krankheiten im öffentlichen Diskurs bezeichnet, was spezifische Erwartungen und Ängste vermittelt; zweitens wird die Demenz kulturell sehr unterschiedlich interpretiert und die biographischen Erfahrungen (gelungene als auch eher weniger gelungene im Umgang) sind wesentlich verbreiteter als bei seltenen Erkrankungen wie Chorea Huntington; und drittens befindet sich eine ethische und öffentliche Debatte zu diesem Thema noch in den Anfängen.

Als die Verbindung zwischen ApoE-ε4-Allelen und der Alzheimer-Krankheit in den frühen 1990er Jahren nachgewiesen wurde, beratschlagte die US-amerikanische Fachgemeinschaft über Wert und Implikationen der neuen Forschungsergebnisse. In den von 1995 bis 1999 abgehaltenen Fach-Konsensuskonferenzen kam man überein, dass nicht regulär auf ApoE zu testen sei.[44] Auch die deutsche fachärztliche Gemeinschaft folgte diese Richtlinien.[45] Die Hauptargumente gegen genetische Tests auf die Alzheimer Krankheit betreffen die begrenzte Sensitivität und Genauigkeit der ApoE-Testverfahren, da der ApoE-Status allein keine Gewissheit zur An- oder Abwesenheit einer Erkrankung geben kann. Hinzu kommt der Mangel an jedweden Behandlungsmöglichkeiten oder Präventionsmaßnahmen. Zwar befürworten aktuelle Richtlinien Tests zur genetischen Suszeptibilität nach wie vor nicht, jedoch wird den Betroffenen das Recht eingeräumt, die Wahl selbst zu treffen und sich testen zu lassen, wenn sie es wollen – selbst wenn der Therapeut eine gegenteilige Empfehlung ausspricht.[46]

---

[44] Vgl. *American College of Medical Genetics and American Society of Human Genetics Working Group*, Statement on use of apolipoprotein E testing for Alzheimer disease, in: JAMA 274:20 (1995), 1627–1629. *Relkin*, Norman/*Tanzi*, Rudy/*Breitner*, John C. S. u.a., Apolipoprotein E genotyping in Alzheimer's disease, in: Lancet 347:9008 (1996), 1091–1095. *McConnell*, B. K./*Jones*, K. A./*Fatkin*, D. u.a., Dilated cardiomyopathy in homozygous myosin-binding protein-C mutant mice. J. Clin. Invest. 104 (1999), 1235–1244.

[45] Vgl. *Deutsche Gesellschaft für Humangenetik*, Stellungnahme zur genetischen Diagnostik auf Dispositionsfaktoren Für multifaktoriell bedingte Erkrankungen und Entwicklungsstörungen sowie Medikamentenreaktionen, in: Medgen 16 (2014), 115–117.

[46] Vgl. *Howe*, Edmund, What Psychiatrists should know about genes and Alzheimer's disease. Psychiatry 7:10 (2010), 45–51. Vgl. auch *Goldman*, Jill S./*Hahn*, Susan E./*Catania*,

In diesem Sinne gewinnt die individuelle, subjektive Perspektive bei der Bewertung von „Nutzen" Vorrang gegenüber der Vorstellung, dass es hierzu klare, objektive Normen gibt. Diese Liberalisierung muss dennoch nicht völlig losgelöst von ethischen Orientierungswissen stattfinden, denn die dahinterstehende Frage bleibt ja, auf der Basis welcher guten Gründe würde ich selbst das nun wissen wollen – oder lieber darauf verzichten.

### IV. Will ich das wissen und wenn, warum?
### Überlegungen zum individuellen und familiären Umgang
### mit prädiktiven Aussagen zur Altersdemenz

Wie systematische Reviews zur Einstellungsforschung zeigen[47], liegen für Deutschland bislang keine Studien vor, wie Betroffene über derartige Untersuchungen denken. Die Telefonumfrage von *Luck et al.* zum öffentlichen Interesse an einer sehr frühen Demenzdiagnose zeigte allerdings sehr große Bereitschaft für eine Früherkennung – allerdings glaubte auch über die Hälfte der Befragten, dass Demenz heilbar wäre.[48]

In der nordamerikanischen REVEAL-Studie, eine der wenigen bereits publizierten Untersuchungen darüber, wie potentiell Betroffene zu Biomarkern für Altersdemenz denken, wurden erwachsene Kinder von Alzheimer-Patienten gefragt, ob sie an einem genetischen Test auf ApoE-ε4 interessiert seien.[49] Ihnen wurde zudem eine genetische Beratung angeboten, in der sie über die Ungenauigkeit der Informationen zur genetischen Prädisposition und den Mangel an Präventionsmöglichkeiten aufgeklärt wurden. Trotz dieser Beratung hielten über 80% der Teilnehmer_innen am Interesse der genetischen Testung fest. Eine deutsche repräsententative Umfrage in der Bevölkerung fand heraus, dass etwa die Hälfte (47%) an genetischer Risikoabschätzung für die Alzheimer-Krankheit interessiert waren, und nachdem eine genetische Beratung stattgefunden hatte, waren immer noch 38% am Test interessiert.[50]

---

Jennifer W. u. a., Genetic counseling and testing for Alzheimer disease. Joint practice guidelines of the American College of Medical Genetics and the National Society of Genetic Counselors, in: Genet Med 13:6 (2011), 597–605.

[47] *Martin*, Steven/*Kelly*, Sarah/*Khan*, Ayesha u. a., Attitudes towards screening for dementia. A systematic review, in: BMC Geriatr 15:66 (2015). Vgl. auch *Bunn*, Frances/*Sworn*, Katie/*Goodman*, Claire u. a., Psychosocial factors that shape patient and carer experiences of Dementia. A systematic review of qualitative studies, in: PLOS Med 9:10 (2012), 1–12.

[48] *Luck*, Tobias/*Luppa*, Melanie/*Sieber*, Jennifer u. a., Attitudes of the German heneral population toward early diagnosis of Dementia, in: PLOS 7:11 (2012), e50792.

[49] Vgl. *Akinleye*, Ipidapo/*Roberts*, J. Scott/*Royal*, Charmine D. u. a., Differences between african American and white research volunteers in their attitudes, beliefs and knowledge regarding genetic testing for Alzheimer's disease, in: J Genet Couns 20:6 (2011), 650–659.

[50] Vgl. *Illes*, Francisca/*Bernhardt*, T./*Prell*, K. u. a., Einstellung zu genetischen Untersuchungen auf Alzheimer-Demenz, in: Z Gerontol Geriatr 39:3 (2006), 233–239.

Während einige Studien nahelegen, dass vor allem der Glaube an eine Behandlung das Interesse an einer prädiktiven Testung motiviert, legen andere Studie vielmehr psycho-soziale bzw. sozio-ökonomische Beweggründe nahe. Die dahinterstehende Idee ist die der Planung von sozialer Versorgung und mentalen Vorbereitung. In qualitativen Interviewstudien mit erwachsenen Kindern von Betroffenen war der Wunsch, für die Zukunft zu planen, ein wichtiger Beweggrund, an Studien zum ApoE-Test teilzunehmen. Für sie war der Wunsch, planen zu können und die Familie auf das Kommende vorzubereiten von großer Bedeutung.[51]

Mit der Idee der sogenannten „gewonnenen Jahre"[52] und dem sich entsponnenen Diskurs über demografische Szenarien ist es für die meisten von uns fast unmöglich, nicht über das eigene Altern entweder mit überzogenen Wunschvorstellungen („aktiv bis ins hohe Alter") oder Ängsten („im Pflegeheim dahinvegetieren") nachzudenken. Szenarien der Altersdemenz spielen für Letzteres eine große Rolle.

Insgesamt ist daher von großem Interesse, wie potentiell Betroffene selbst die Möglichkeit bewerten, ggf. lange vor dem Eintritt von Krankheitssymptomen einer Demenz (z. T. viele Jahre im Voraus) mit deren möglichen Auftreten konfrontiert zu werden.

Während die oben aufgeworfenen Fragen nach Recht auf Wissen bzw. Nichtwissen vorrangig als professionsethische und -rechtliche verstanden werden, nämlich wie beide Formen des Rechts durch Ärzte und medizinisches Fachpersonal umzusetzen sind, handelt es sich hier also um die Perspektive der Betroffenen. Die ethische Gewichtung der Betroffenenperspektive geht hierbei über eine rein liberale Rücksicht auf individuelle Interessen insofern hinaus, als sie für den Reflexionsdiskurs auch strebensethische Argumentationen hinzufügen will. Diese strebensethischen Überlegungen bauen dabei nicht ausschließlich auf rein philosophietheoretischen Vorannahmen „was ein gutes Leben" sei, auf, sondern verstehen sich eher als spätmoderne Interpretation und Reflexionen auf Alltagsweisheiten, emotionale und biografische Erfahrungen und im Alltag gewonnenen, produktiven Einsichten, wie moralische Identität, Konflikte oder Orientierungswissen konzipiert und unter bestimmten Erfahrungen neuausgehandelt wird.[53] Diese moralisch relevanten Betroffenenperspektiven beanspruchen daher auch keine Universalisierbarkeit, sondern dienen eher reflexiv-dialektischen Gegenüberstellungen von theoretischen Vorüberlegungen oder Experten-Diskursen.[54] In diesem Sinne wird die Betroffenenperspektive vor allem mit Blick auf individuelle und familiäre Er-

---

[51] Vgl. *Hurley*, Ann C./*Harvey*, F. Rose/*Roberts*, J. Schott u. a., Genetic susceptibility for Alzheimer's disease. Why did adult offspring seek testing? Am J Alzheimers Dis Other Demen 20:6 (2005), 374–381.

[52] *Imhof*, Arthur E., Die gewonnenen Jahre, München 1989.

[53] Vgl. *Schultz*, Dawson S./*Flasher*, Lydia V., Charles Taylor, phronesis, and medicine. Ethics and interpretation in illness narrative, in: J J Med Philos 36:4 (2011), 394–409.

[54] *Schicktanz*, Silke/*Schweda*, Mark/*Wynne*, Brian, The ethics of 'public understanding of ethics'—Why and how bioethics expertise should include public and patients' voices, in: Med Health Philos (2012) 2:129–139. Vgl. auch *Schicktanz*, Silke, Zum Stellenwert der Betroffen-

fahrungen zur Demenz bzw. ihrer Prädiktion stark gemacht. Das hier neben der individuellen auch die familiäre Perspektive betont wird, bezieht sich auf zahlreiche Studien, die plausibel machen können, dass chronische Erkrankungen fast immer umfangreiche Auswirkungen auf das enge soziale Umfeld haben.[55] Bei der Demenz kommt hinzu, dass aufgrund der zunehmenden kognitiven Einschränkungen enge Familienangehörige sowohl in die Pflege als auch in Entscheidungen eingebunden sind. Sozialempirische Studien mit Betroffenen, die entweder eine sehr frühe Diagnose oder Prädiktion zur Altersdemenz erhalten haben, vorrangig aus dem nordamerikanischen Raum[56] lassen erste Szenarien denkbar werden, die jedoch unbedingt mit sozialempirische Untersuchungen auch bei uns[57] mit verschiedenen Betroffenen weiterentwickelt bzw. durch deren Einsichten angereichert werden müssen:

Die folgenden Szenarien zu plausiblen Vorstellungen eines „guten Alterns mit dem prädiktiven Information" sind durch zwei Prämissen angereichert: Zum einen unter der wissenschaftstheoretischen, dass diese Aussagen rein statistische Wahrscheinlichkeitsaussagen sind, und daher im Gegensatz zu diagnostischen Aussagen wesentlich komplexer zu verstehen sind. Zum anderen, dass gerade der lange zeitliche Vorlauf neue Aspekte der Planung von Handlungen in Bezug auf die Erkrankung aufwerfen.

Das erste Szenario lässt sich als bewusste Ignoranz beschreiben: Aus individueller Sicht kann es sehr plausibel sein, sich weder mit einem Risikostatus noch einer Frühdiagnostik zu beschäftigen. Hauptmotive dafür sind die Sorge um sich selbst und dass man unter der Last der Prognose an übersteigerten Ängsten, Depressionen oder gar Suizidüberlegungen leiden würde. Hinzu käme, dass pessimistische Grundhaltungen, Tendenzen zur erlernter Hilflosigkeit oder geringer Resilienz sowie fehlende soziale Unterstützung zu individuellen Schaden im Sinne hoher psychischer Kosten mit wenig Nutzen führen. Angesichts fehlender Therapien, aber Vorhandensein eines solidarischen Gesundheitssystems, das bei Krankheitseintritt dann entsprechende Maßnahme zur Pflege ermöglicht, kann dies eine sehr weise Entscheidung sein.

---

heit, Öffentlichkeit und Deliberation im empirical turn der Medizinethik, in: Ethik Med 21:3 (2009), 223–34.

[55] Vgl. *Golics*, Catherine J./*Basra*, Mohammad K./*Finlay*, Andrew Y. u. a., The impact of disease on family members. A critical aspect of medical care, in: J R Soc Med 106:10 (2013), 399–407.

[56] Vgl. sozialempirische Studien von *Beard*, Renée L./*Fox*, Patrick J., Resisting social disenfranchisement. Negotiating collective identities and everyday life with memory loss. Soc Sci Med 66:7 (2008), 1509–1520. Vgl auch *Schicktanz*, Silke/*Kogel*, Friederike, Genetic responsibility revisited, in: Prainsack, Barbara/Schicktanz, Silke/Werner-Felmayer, Gabriele (Hrsg.), Genetics as social practice. Transdisciplinary views on science and culture, Farnham 2014, 199–219.

[57] Da es große kulturelle Unterschiede gerade im Umgang mit Demenz gibt, kann es problematisch sein, Studien aus den USA eins zu eins auf Erfahrungen oder Haltungen von Betroffenen, Patienten oder deren Familien im deutschen Gesundheitssystem zu übertragen.

Das Gegenszenario wird hingegen auf bewusstes Risikomanagement setzen: So scheint es aus der Sicht des guten Alterns auch unter Umständen gerade sinnvoll, sich und sein soziales Umfeld direkt vorzubereiten. Das Wissen um ein erhöhtes Risiko bei fehlender Behandlung könnte dazu führen, sowohl die aktuelle Lebenssituation (finanziell, häuslich, soziale Kontakte) auf potentielle Verbesserung (z. B. Umbaumaßnahmen, Umzug, finanzielle Absicherung und Pflegebereitschaft klären, Patientenverfügung abfassen etc.) für das Kommende zu prüfen und konkrete Maßnahmen in enger Absprache mit den aus der Familie Betroffenen zu ergreifen. Gerade die frühzeitige Auseinandersetzung im engen Familienkreis kann dazu dienen, rechtzeitig abzuklären, welche Familienangehörige sowohl soziale als auch rechtliche Aufgaben übernehmen möchten und welche damit eher überfordert wären. Zugleich sind bestimmte Entscheidung so zu treffen, dass man auch den „best case" im Auge hätte, also die Prognose nicht zutrifft.

Skeptiker wenden hier vielleicht – im Brecht'schen Duktus – ein: *„Ja, mach nur einen Plan/ Sei nur ein großes Licht/ Und mach dann noch 'nen zweiten Plan/ –Gehn tun sie beide nicht!"*. Ob diese Form des Planungs-Nihilismus wirklich überzeugend ist, sei dahin gestellt, gehört doch das Planen zum Grundmuster individueller und sozialer Handlungsorientierung, ohne die auch moralische Vorstellungen zur politischen Gerechtigkeit sinnentleert werden.[58] Daher wäre als drittes moralisches Szenario die prospektiven Verantwortungsübernahme für sich und sein enges Umfeld denkbar. Verantwortung ist dabei nicht allein als retrospektive Schuldzuschreibung zu denken, wie es im juristischen Diskurs üblich ist. Vielmehr geht es hier um prospektives Handeln als Form der Fürsorge um sich selbst und um die einem nahestehenden Personen. Die Idee der prospektiven Verantwortungsübernahme ist vor allem mit Hinblick auf den eher sukzessiven Reflexionsprozess relevant, der den Prozess der Selbstklärung beinhaltet: Was erwarte ich für mich eigentlich vom Alter? Was sind ganz persönliche Ängste, Stereotypen oder Unzulänglichkeiten im Umgang mit Altern und Krankheit, die es sinnvoller Weise selbstkritisch anzugehen gilt? Welche Informationen sind für mich als auch die mir Nahestehenden wichtig und wie kann der Prozess der Auseinandersetzung dazu dienen, das Vertrauensverhältnis untereinander zu stärken und die Sorgen und Ängste des Umfelds mitaufzufangen?

Dabei wäre aus moralpraktischer Sicht besonders wichtig, genauer aus der Alltagsperspektive heraus zu wissen, was die Betroffenen seitens der Professionen an Informationen, Kommunikation, psycho-sozialer Unterstützung und rechtlicher Absicherung benötigen, um solche Wege des guten Alterns mit einer Demenzprognose jeweils für sich zu finden.

---

[58] *Rawls*, John, A theory of justice, Harvard University Press, Cambridge 2005, 407 ff.

## V. Vorsorge für den Eintritt der Einwilligungsunfähigkeit

Die gerade erläuterte Möglichkeit, die eigene Zukunft zu planen, prospektiv Verantwortung übernehmen zu können, die eigenen Angelegenheiten regeln zu können, beinhaltet auch die Vorsorge für die Phase, in der sich der Betroffene aufgrund mangelnder Einwilligungsfähigkeit nicht mehr selbst dazu äußern kann, welche Behandlung er wünscht. In der Situation wird dann regelmäßig auf seinen mutmaßlichen Willen zurückgegriffen.[59] Dieser kann mittels einer Patientenverfügung (§§ 1901a–c BGB) eruiert werden. Die Patientenverfügung ist gerade mit Blick auf Demenzprädiktion von Bedeutung.

Auch wenn diese Verfügungen als Ausdruck des mutmaßlichen Patientenwillens bei der Entscheidung über Aufnahme oder Abbruch von Behandlungen grundsätzlich zu berücksichtigen sind[60], lassen sich durch sie jedoch nicht alle Probleme vermeiden: Ist die Verfügung schon älter oder unspezifisch, kann das ihre Indizwirkung deutlich verringern, und auch dass sich der Betroffene zum Beispiel mit einer bestimmten künftigen Krankheit oder einer möglichen Behandlung nicht intensiv genug befasst hat, kann zu Zweifeln an seiner Verfügung führen.[61]

---

[59] Vgl. *Regenbogen/Henn* (Fn. 30), 154. *Helmchen*, Hanfried/*Lauter*, Hans, Dürfen Ärzte mit Demenzkranken forschen?, Stuttgart 1995, 51. *Bahner*, Beate, Recht im Bereitschaftsdienst. Handbuch für Ärzte und Kliniken, Berlin/Heidelberg 2013, 143 ff. *Jansen*, Scarlett, Forschung an Einwilligungsunfähigen. Insbesondere strafrechtliche und verfassungsrechtliche Aspekte der fremdnützigen Forschung, Berlin 2015, 188. *Katzenmeier*, Christian, Vorbemerkung zu §§ 823 in: Dauner-Lieb, Barbara/Langen, Werner (Hrsg), Bürgerliches Gesetzbuch: BGB Band 2/1 und 2/2, 2. Auflage, Baden-Baden 2012, 115. *Wagner*, Gerhard, §§ 705–853, in: Säcker, Franz R./Rixecker, Roland/Oetker, Hartmut (Hrsg.) u. a., Münchener Kommentar zum Bürgerlichen Gesetzbuch: BGB, Band 6, 6. Auflage, München 2013, 773. *Joecks*, Wolfgang, Körperverletzung, § 223 Rn. 103, in: Joecks, Wolfgang/Miebach, Klaus (Hrsg), Münchener Kommentar zum Strafgesetzbuch, 2. Auflage, München 2012.

[60] Vgl. *Haupt*, M./*Seeber*, H./*Jänner*, M., Patientenverfügungen und Bevollmächtigungen in gesundheitlichen Angelegenheiten älterer psychisch kranker Menschen, in: Nervenarzt (1999), 256–261, 257. *Vollmann*, Jochen, Advance directives in patients with Alzheimer's disease. Ethical and clinical considerations, in: Med Health Care Philos 4:2 (2001), 161–167, 162. *Mona*, Martino, Wille oder Indiz für mutmaßlichen Willen?, in: Ethik Med 20:3 (2008), 248–257, 250 ff. *Bahner* (Fn. 59), 54 f. *Jansen* (Fn. 59), 181. *Schwab*, Martin, § 1901a BGB Rn 44, in: Säcker, Franz R./Rixecker, Roland/Oetker, Hartmut u. a. (Hrsg.), Münchener Kommentar zum Bürgerlichen Gesetzbuch: BGB, Band 5, 6.Auflage, München 2012. *Eser*, Albin/*Sternberg-Lieben*, Detlef: § 223 StGB Rn. 38 g., in: Schönke, Adolf/Schröder, Horst (Hrsg.), Strafgesetzbuch, 29. Auflage, München 2014.

[61] Vgl. *Lötjonen*, Salla, Medical research on patients with dementia – the role of advance directives in European legal instruments, in: Eur J Health Law 13:3 (2006), 235–261, 243. Vgl. auch *Bahner* (Fn. 59), 158.

## 1. Behandlung

Für die Demenzprädiktion könnte man anführen, dass Patientenverfügungen in diesen Fällen sogar ernster zu nehmen seien als im Regelfall, denn der Patient ist insofern bereits mit dieser künftigen Situation konfrontiert, da ein gewisses statistisches Risiko der Manifestation der Krankheit besteht.[62] Zugleich besteht aber in diesen Fällen die Gefahr, die Fähigkeit zu überschätzen, sich in einen späteren Krankheitszustand hineinzuversetzen.[63] Gerade mit Blick auf eine Krankheit, die sich auf den Geist, die Persönlichkeit auswirkt, ist durchaus fraglich, ob der gesunde Mensch mit einer ganz andere Persönlichkeitsstruktur wirklich Aussagen treffen kann über die Wünsche des künftigen demenzerkrankten Menschen, der sich von ihm deutlich unterscheiden wird.[64] Hierfür könnte es hilfreich sein, statt dramatisierende Stereotypen wirken zu lassen, die vor der Abfassung einer Patientenverfügung Stehenden mit der breiten Vielfalt von Demenzerfahrungen zu konfrontieren. Dies wird keine echte Planungssicherheit garantieren, aber zumindest Authentizität und Reflexionsniveaus solcher Dokumente erhöhen und ggf. auch Bevollmächtigte besser in ihren Entscheidungen stützen.

Nach derzeitigem Recht bestehen bereits gewisse Anpassungsmöglichkeiten bei Unklarheiten über die Wirksamkeit der Patientenverfügungen im Einzelfall, d.h. der Verfügung muss nicht immer wortwörtlich gefolgt werden. Nicht selten bestehen Zweifel, dass der Patient bestimmte Handlungsverbote umfassend aussprechen wollte (z.B. tatsächlich unter keinen Umständen an Beatmungsmaschinen angeschlossen werden möchte, selbst wenn dies nur sehr kurzfristig geschehen muss).[65] Zugleich hat der Patient natürlich ein Interesse daran, dass seine vorherigen Überlegungen und Entscheidungen berücksichtigt werden, gerade wenn er um ein bestimmtes Risiko wusste. Die Anpassungsmöglichkeiten dürfen deshalb nicht überstrapaziert werden.

Gerade bei Persönlichkeitsveränderungen, bei denen es unmöglich ist, sich in das zukünftige Ich hineinzudenken und bei den Problemen, mit bloß statistischen Risiken umzugehen, entsteht also ein Dilemma: Zum einen wünschen sich sowohl Arzt als auch Patient eine gewisse Sicherheit bei der Frage, wie mit Patientenverfügungen umzugehen ist, zum anderen kann deren Wirksamkeit immer nur im Einzelfall festgestellt werden.[66] Das geltende Recht kann dieses Dilemma nicht spezi-

---

[62] Vgl. *Kollek/Lemke* (Fn. 31), 48: Erläutern dies am Beispiel der Eisenspeicherungskrankheit.

[63] Eine Untersuchung aus dem Jahre 1998 an alten, psychisch kranken Menschen zeigte, dass diese, statt der eigenen Entscheidung in einer Patientenverfügung, die Entscheidung vorzugsweise auf eine bevollmächtigte Person übertragen wollen, die im Zustand der Einwilligungsunfähigkeit für sie entscheidet: *Haupt/Seeber/Jänner* (Fn. 60), 260.

[64] Vgl. *Haupt/Seeber/Jänner* (Fn. 60), 258. *Vollmann* (Fn. 60), 165. *Lötjönen* (Fn. 61), 241. *Helmchen/Lauter* (Fn. 59), 54.

[65] Vgl. *Mona* (Fn. 60), 252. *Lötjönen* (Fn. 61), 243, stellen dies anhand der Bioethikkonvention fest. *Jansen* (Fn. 59), 177 f.

[66] Vgl. *Vollmann* (Fn. 60), 165. Vgl. auch *Bahner* (Fn. 59), 155.

fischer auflösen als ein Regel-Ausnahme-Verhältnis festzuschreiben: In der Regel ist die Verfügung relevant, in Ausnahmefällen nicht. Dass das vielen Ärzten – und letztlich auch Patienten – zu vage und unsicher ist, ist durchaus nachvollziehbar und ernst zu nehmen, sollte als unhintergehbare Ambivalenz des Planungsinstruments verstanden werden.

Eine Möglichkeit, die Unsicherheit bezüglich der künftigen Entwicklung, der Veränderung der eigenen Persönlichkeit und der Unmöglichkeit eines Sich-Hinein-Versetzens zu verringern, könnte das sogenannte Advance Care Planning[67] sein. Dieses eröffnet einen dynamischeren Prozess, d. h. es wird nicht zu einem einzigen Zeitpunkt eine Patientenverfügung erlassen, die später entweder noch wirksam ist oder nicht mehr, sondern mit dem Betroffenen und seinem engem Umfeld wird immer wieder – auch in Frühstadien der Erkrankung und der schwindenden Einwilligungsfähigkeit – über seinen aktuellen Willen gesprochen. Auch werden spätere Signale für eine Willensänderung in die Überlegungen einbezogen. Eine derartige Anpassung sollte bereits nach der aktuellen Gesetzeslage auch bei Patientenverfügungen erfolgen, ist jedoch in derartigen dynamischen Prozessen sicherlich praktisch besser realisierbar als im Rahmen einer statischen, einmaligen Verfügung.

## 2. Forschung

Doch nicht nur für die Behandlung oder deren Abbruch ist die Einwilligung zentral. Gerade wenn man an Patienten forscht und das ärztliche Handeln nicht primär seiner Heilung oder Symptommilderung ausgerichtet ist, spielt die Wahrung ihrer Selbstbestimmung eine wichtige Rolle.[68] Ein besonderes Problem stellt insofern die Einbindung von Einwilligungsunfähigen, z. B. Demenzerkrankten, dar.[69] Prädiktive Medizin könnte jedoch ermöglichen, vorab nicht nur in Behandlungen, sondern auch in Forschungen einzuwilligen, wenn der Betroffene weiß oder es zumindest für möglich hält, dass er künftig an Demenz erkrankt und damit zu einem späteren Zeitpunkt einwilligungsunfähig wird.[70]

---

[67] Vgl. *Robinson*, L./*Dickinson*, C./*Rousseau*, N. u. a., A systematic review of the effectiveness of advance care planning interventions for people with cognitive impairment and dementia, in: Age Ageing 42:2 (2012), 263–269, 263. *Barnikol*, Utako/*Beck*, Susanne/*Birnbacher*, Dieter u. a., Eine dynamische Form der Patientenverfügung, in: Ärzte Zeitung 17. August (2015). *Brown*, Juliette, Advance care planning in dementia, in: Lancet Psychiatry 2:9 (2015), 774–775. *Coors*, Michael/*Jox*, Ralf/*In der Schmitten*, Jürgen (Hrsg.), Advance Care Planning, Stuttgart 2015.
[68] Vgl. *Lötjönen* (Fn. 61), 241.
[69] Vgl. *Berghmans*, Ron L. P., Advance directives for non-therapeutic dementia research. Some ethical and policy considerations, in: J Med Ethics 24:1 (1998), 32–37, 32. *Lötjönen* (Fn. 61), 238. *Jansen* (Fn. 59), 23 ff.
[70] Vgl. *Berghmans* (Fn. 69), 33. Vgl. auch *Helmchen/Lauter* (Fn. 59), 2. Teilweise wird sich dafür ausgesprochen, dass zunächst Tests an Personen vorzunehmen sind, die sich in einem einwilligungsfähigen Zustand befinden und dann erst Versuche an Personen vorzunehmen,

Auch wenn in Deutschland generell eine hohe Skepsis gegenüber fremdnütziger Forschung an Einwilligungsunfähigen besteht[71] und diese zweifellos ihre Berechtigung hat, ist doch fraglich, ob nicht zum einen die Notwendigkeit einer solchen Forschung stärker berücksichtigt, zum anderen die erwähnte Möglichkeit, vorab in sie einzuwilligen, ausgebaut werden sollte.[72] Es ist denkbar, dass die Entscheidung, ob man in einem bestimmten Zustand an Befragungen oder insbesondere an einer mit körperlichen Eingriffen verbundenen Forschung teilnehmen möchte, schwerer vorab zu treffen ist als die Beantwortung der Frage, welche Behandlungen man in diesem Zustand wünschen könnte. Zugleich erfolgt die Zustimmung in die Forschung ganz ohne Sorge um das eigene Wohlbefinden, soweit die Selbstbestimmung im Moment der Zustimmung sichergestellt ist, also durchaus autonom. Gerade in derartigen, in zumindest manchen Fällen altruistisch motivierte Erklärung kann eine besonders selbstbestimmte Form der Erklärung zu sehen sein.

Zur Absicherung der Selbstbestimmung des Betroffenen wäre insofern über das in den USA bereits übliche Instrument der „Forschungsverfügung"[73] nachzudenken, ähnlich der Patientenverfügung, aber eben auf die Forschung ausgerichtet – gegebenenfalls in einer ähnlich dynamischen, der Krankheit angepassten Form wie das erwähnte Advance Care Planning (d. h. Advance Research Planning).

---

die sich bereits in einem späteren Stadium der Demenzerkrankung befinden. Vgl. *Jürgens*, Andreas, Fremdnützige Forschung an einwilligungsunfähigen Personen, in: KritV 39 (1998), 34–51.

[71] Die Skepsis gründet sich u. a. auf den Missbrauch dieser Möglichkeit zu den Zeiten des Nationalsozialismus und darauf, dass die Patienten selbst nicht von dieser Forschung profitieren. Vgl. *Spranger*, Matthias, Fremdnützige Forschung an Einwilligungsunfähigen, in: MedR 5 (2001), 238–247. *Berghmans* (Fn.69). *Jansen* (Fn. 59), 24. Die Bioethikkonvention knüpft die fremdnützige Forschung in Art. 17 Abs. 2 deshalb an einen gruppenspezifischen Nutzen, die sie lediglich in den Fällen erlaubt, in der sie einer bestimmten Gruppe von Kranken förderlich ist, beispielsweise Alzheimer-Patienten. Die zusätzliche Voraussetzung des minimalen Risikos für den Patienten ist sehr umstritten. Vgl. *Slaughter*, Susan/*Cole*, Dixie/*Jennings*, Eileen o. a., Consent and assent to participate in research from people with dementia, in: Nurs Ethics 14:1 (2007), 27–40.

[72] Vgl. *Slaughter/Cole/Jennings/Reimer* (Fn. 71), 27. *Lötjönen* (Fn. 61), 240 f. *Keyserlingk*, Edward W./*Glass*, Kathleen/*Kogan*, Sandra u. a., Proposed guidelines for the participation of persons with dementia as research subjects, in: Perspect Biol Med 28:2 (1995), 317–362. *Jansen* (Fn.[59]), 24. Vgl. auch die Richtlinie 2001/20/EG des europäischen Parlaments und des Rates schlägt verschiedene Aspekte vor, die bei einer solchen Einwilligung berücksichtigt werden sollten. Für eine Erneuerung der Wissenschaft von der Demenz, wobei Demenzforschung als Sozialforschung, Gesundheitsforschung und Krankheitsforschung jeweils bestimmte Fragen angehen solle und diese Forschung mit der Selbstbestimmung des Demenzkranken in Einklang zu bringen ist. Vgl. *Leidinger*, Friederich, Müssen Demenzkranke ein ‚Sonderopfer für die Forschung' bringen? – Für eine neue Wissenschaft von der Demenz!, in: KritV 81:1 (1998), 88–98.

[73] Vgl. *Sachs*, A. G., Informed consent for research on human subjects with dementia. AGS ethics committee, in: J Am Geriatr Soc 46:10 (1998), 1308–1310. *Helmchen/Lauter* (Fn. 59), 52 ff. *Jansen* (Fn. 59), 176. *Jongsma*, Karin R./*Van de Vathorst*, Suzanne, Dementia research and advance consent. It is not about critical interest. J Med Ethics 41:8 (2015), 708–709.

## VI. Ausblick

Die Vielzahl der rechtlich offenen Fragen und ethischen Aspekten, die mit der Demenzprädiktion und der aktuellen Erforschung von Demenz-Biomarker in Verbindung stehen, rechtfertigen eine spezielle Würdigung dieser Entwicklung. Dies hat zum einen mit dem besonderen Status des Demenz-Syndroms und zum anderen mit der nicht-genetischen Natur der anvisierten Tests zu tun.

Da der Erhalt einer Diagnose eine „Statuspassage" darstellt, welche die Bildung einer Krankheitsidentität initiiert,[74] macht die Einführung neuer Klassifizierungen wie „asymptomatische oder präklinische Erkrankung" mittels Risikotests eine kritische Betrachtung erforderlich. Das ist besonders dringlich angesichts einer Krankheit wie der Demenz, deren Übergänge so unscharf sind und die derzeit immer noch mit einem schwerwiegenden gesellschaftlichen Stigma und sozialer Entmündigung einhergeht.[75]

Ob allerdings wirklich bereits eine Prädiktion auf Altersdemenz mit konkreter sozialer Stigmatisierung einhergeht scheint umstritten. Dies erscheint dort besonders plausibel, wo zusätzlich Vorstellung zur Prävention und Selbstverantwortung propagiert werden. Diese Auseinandersetzung mit der proaktiven Demenzprävention nimmt vor allem im populären und medialen Diskurs zu,[76] obgleich gerade bei Altersdemenz die bislang populär vertretenen Präventionsmaßnahmen wie gesunde Ernährung, Vorbeugung durch körperliche und geistige Aktivitäten wenig spezifisch, wenngleich sicher auch sonst kein Schaden sind. Dennoch ist die Dramatisierung gerade von Demenz als besonders schlimmer Plage durch den vorherrschenden „Hyperkognitivismus"[77] in westlichen Kulturen nicht ganz unschuldig daran.

Unsere Problematisierung der Biomarker-Demenzforschung soll nicht dieser Dramatisierung zutragen, sondern versteht sich im Gegenteil als Versuch, durch systematische rechtliche und ethische Annäherungen an die verschiedenen Dimensionen dieser entgegenzutreten. Das aufgezeigte Forschungsprogramm zeigt, dass sowohl in rechtlicher, ethischer als auch sozialwissenschaftlicher Hinsicht zwar noch viele Fragen offen sind, es ermöglicht aber zugleich die systematische Bearbeitung solcher Fragen und Entwicklung von konkreten Lösungsansätzen für die Praxis – und daran sind ja sowohl das Recht als auch die Ethik interessiert.

---

[74] Vgl. *Glaser*, Barney G./*Strauss*, Anselm L., Status passage, Chicago 1971.

[75] Vgl. *Beard/Fox* (Fn. 56).

[76] Vgl. *Leibing*, Annette, Dementia in the making. Early detection and the body/brain in Alzheimer's disease, in: Swinnen, Aagje/Schweda, Mark (Hrsg.), Popularizing dementia. Public expressions and representations of forgetfulness, Bielefeld 2016, 275–294.

[77] *Post*, S. G., The concept of Alzheimer disease in a hypercognitive society, in: Whitehouse, P. J./Maurer, K./Ballenger, J. F. (Hrsg.), Concepts of Alzheimer's disease. Biological, clinical, and cultural perspectives, Maryland 2000, 245–256, 245.

## Summary

The increasing awareness of dementia has led to a significant shift in research from cure to prediction and prevention. Current research aims at delaying the onset of sporadic dementia through identification and preventive treatment of individuals at risk of developing prodromal dementia (or with mild cognitive impairment). For determining this pre-clinical dementia stage, several new biomarkers (physiological, neuroimaging, psychiatric) are currently under examination. This future trend, including attempts at screening populations, will create new ethical, social and legal challenges.

The article provides an overview of the main ethical and legal issues unsolved regarding the German context. The overview discusses four main stages of decision-making from both disciplinary perspectives: Firstly, the right to know or not to know such predictive results; secondly, the moral virtues and legal obligations of sharing or not sharing such information within the family or third parties; thirdly, the relevance of such information regarding advance care planning or advance research directives; and finally, the socio-cultural dimension of dealing with dementia.

## Literatur

*Akinleye*, Ipidapo/*Roberts*, J. Scott/*Royal*, Charmine D. u. a.: Differences between African American and white research volunteers in their attitudes, beliefs and knowledge regarding genetic testing for Alzheimer's disease, in: Journal of Genetic Counseling 20:6 (2011), 650–659.

*Albert*, Marilyn S./*DeKosky*, Steven T./*Dickson*, Dennis u. a.: The diagnosis of MCI due to AD. Recommendations from NIA and AAWG, in: Alzheimer's & Dementia 7:3 (2011), 270–279.

*American College of Medical Genetics and American Society of Human Genetics Working Group*: Statement on use of apolipoprotein E testing for Alzheimer disease, in: The Journal of the American Medical Association 274:20 (1995), 1627–1629.

*Bahner*, Beate: Recht im Bereitschaftsdienst. Handbuch für Ärzte und Kliniken, Berlin/Heidelberg 2013.

*Barnikol*, Utako/*Beck*, Susanne/*Birnbacher*, Dieter u. a.: Eine dynamische Form der Patientenverfügung, in: Ärzte Zeitung 17. August (2015).

*Barnikol*, Utako/*Beck*, Susanne/*Schmitz-Luhn*, Björn: Prädiktive Medizin. Rechtliche Perspektiven, in: Medizinrecht (2016) (im Erscheinen).

*Beard*, Renée L./*Fox*, Patrick J.: Resisting social disenfranchisement. Negotiating collective identities and everyday life with memory loss. Social Science & Medicine 66:7 (2008), 1509–1520.

*Berghmans*, Ron, L. P.: Advance directives for non-therapeutic dementia research. Some ethical and policy considerations, in: Journal of Medical Ethics 24:1 (1998), 32–37.

*Birnbacher,* Dieter: Patientenautonomie und ärztliche Ethik am Beispiel der prädiktiven Diagnostik, in: Jahrbuch für Wissenschaft und Ethik 2 (1997), 105–119.

*Brown,* Juliette: Advance care planning in dementia, in: The Lancet Psychiatry 2:9 (2015), 774–775.

*Bundesgerichtshof:* Urteil vom 20. Mai 2014 – Aktenzeichen VI ZR 381/13, in: Neue Juristische Wochenschrift (2014), 2190–2192.

*Bunn,* Frances/*Sworn,* Katie/*Goodman,* Claire u.a.: Psychosocial factors that shape patient and carer experiences of Dementia. A systematic review of qualitative studies, in: PLOS Medicine 9:10 (2012), 1–12.

*Casey,* C. M./*Salinas,* K./*Eckström,* E.: Electronic health record tools to care for at-risk older drivers. A quality improvement project, in: The Gerontologist (2015), 128–139.

*Coors,* Michael/*Jox,* Ralf/*In der Schmitten,* Jürgen (Hrsg.): Advance Care Planning, Stuttgart 2015.

*Damm,* Reinhard: Prädiktive Gendiagnostik, Familienverband und Haftungsrecht, in: Medizinrecht 32:3 (2014), 139–147.

– Prädiktive Medizin und Patientenautonomie, in Medizinrecht 17:10 (1999), 437–448.

*Deutsch,* Erwin: Der Beitrag des Rechts zur klinischen Forschung in der Medizin, in: Neue Juristische Wochenschrift (1995), 3019–3022.

*Deutsche Gesellschaft für Humangenetik:* Stellungnahme zur genetischen Diagnostik auf Dispositionsfaktoren Für multifaktoriell bedingte Erkrankungen und Entwicklungsstörungensowie Medikamentenreaktione, in: Medizinische Genetik 16 (2014), 115–117.

*Deutsche Gesellschaft für Psychiatrie und Psychotherapie/Deutsche Gesellschaft für Neurologie:* Die Leitlinie Demenzen 2016. Punkt für Punkt, Berlin 2016, unter: http://www.dgn.org/images/red_pressemitteilungen/2016/160127_PM_DGN_DGPPN_S3_LL_Hintergrund.pdf (abgerufen am 25.05.2016).

– S3-Leitlinie „Demenzen" (Langversion – 1. Revision, August 2015). Konsentierungsversion für öffentliche Kommentierung, Berlin 2015, unter: https://www.dgppn.de/filead min/user_upload/_medien/download/pdf/kurzversion-leitlinien/REV_S3-leiltlinie-de menzen.pdf (abgerufen am 26.5.2016).

*Duttge,* Gunnar: Das Recht auf Nichtwissen in der Medizin, in: DuD – Datenschutz und Datensicherheit 34 (2010), 34–38.

*Eser,* Albin/*Sternberg-Lieben,* Detlef: § 223 StGB Rn. 38g., in: Schönke, Adolf/Schröder, Horst (Hrsg.), Strafgesetzbuch, 29. Auflage, München 2014.

*Europäisches Parlament:* Richtlinie 2001/20/EG des europäischen Parlaments und des Rates, 2001, unter: http://ec.europa.eu/health/files/eudralex/vol-1/dir_2001_20/dir_2001_20_de.pdf (abgerufen am 27.06.2016).

*Filippi,* Massimo/*Agosta,* Frederica/*Barkhof,* Frederik u.a.: EFNS task force. The use of neuroimaging in the diagnosis of dementia, in: European Journal of Neurology 19:12 (2012) 1487–1501.

*Glaser,* Barney G./*Strauss,* Anselm L.: Status passage, Chicago 1971.

*Goldman,* Jill S./*Hahn,* Susan E./*Catania,* Jennifer W. u.a.: Genetic counseling and testing for Alzheimer disease. Joint practice guidelines of the American College of Medical

Genetics and the National Society of Genetic Counselors, in: Genetics in Medicine 13:6 (2011), 597–605.

*Golics*, Catherine J. / *Basra*, Mohammad K. / *Finlay*, Andrew Y. u. a.: The impact of disease on family members. A critical aspect of medical care, in: Journal of the Royal Society of Medicine 106:10 (2013), 399–407.

*Hampel*, Harald / *Lista*, Simone / *Teipel*, Stefan J. u. a.: Perspective on future role of biological markers in clinical therapy trials of AD, in: Biochemistry Pharmacology 88:4 (2014), 426–449.

*Hart*, Dieter: Heilversuch, Entwicklung therapeutischer Strategien, klinische Prüfung und Humanexperiment, in: Medizinrecht 3 (1994), 94–105.

– Zur Differenzierung zwischen Heilversuch und Humanexperiment, in: Medizinrecht 95 (1994), 94.

*Haupt*, M. / *Seeber*, H. / *Jänner*, M.: Patientenverfügungen und Bevollmächtigungen in gesundheitlichen Angelegenheiten älterer psychisch kranker Menschen, in: Nervenarzt (1999), 256–261.

*Hauskeller*, Christine / *Sturdy*, Steve / *Tutton*, Richard (Hrsg.): Special issue. Genetics and identity, in: Sociology 47:5 (2013).

*Heinemann*, Thomas / *Hoppe*, Christian / *Listl*, Susanne u. a.: Zufallsbefunde bei bildgebenden Verfahren in der Hirnforschung – Ethische Überlegungen und Lösungsvorschläge, in: Deutsches Ärzteblatt 104/27 (2007), A1982–A1987.

*Helmchen*, Hanfried / *Lauter*, Hans: Dürfen Ärzte mit Demenzkranken forschen?, Stuttgart 1995.

*Hertwig*, Ralph / *Engel*, Christoph: Homo ignorans. Deliberately choosing not to know, in: Perspectives on Psychological Science 11 (2016), 359–372.

*Hildt*, Elisabeth: Autonomie in der biomedizinischen Ethik. Genetische Diagnostik und selbstbestimmte Lebensgestaltung, Frankfurt 2006.

*Hilgendorf*, Eric: Recht und Moral, in: Aufklärung und Kritik 1 (2001), 72–90.

*Howe*, Edmund: What Psychiatrists should know about genes and Alzheimer's disease. Psychiatry (Edgmont) 7:10 (2010), 45–51.

*Hurley*, Ann C. / *Harvey*, F. Rose / *Roberts*, J. Schott u. a.: Genetic susceptibility for Alzheimer's disease. Why did adult offspring seek testing? American Journal of Alzheimer's Disease and other dementias 20:6 (2005), 374–381.

*Illes*, Francisca / *Bernhardt*, T. / *Prell*, K. u. a.: Einstellung zu genetischen Untersuchungen auf Alzheimer-Demenz, in: Zeitschrift für Gerontologie und Geriatrie 39:3 (2006), 233–239.

*Imhof*, Arthur E.: Die gewonnenen Jahre, München 1989.

*Jack*, Clifford R. / *Knopman*, David S. / *Jagust*, William J. u. a.: Tracking pathophysiological process in AD. Updated model of dynamic biomarkers, in: The Lancet Neurology 12:2 (2013) 207–216.

*Jansen*, Scarlett: Forschung an Einwilligungsunfähigen. Insbesondere strafrechtliche und verfassungsrechtliche Aspekte der fremdnützigen Forschung, Berlin 2015.

*Jessen*, Frank/*Wiese*, Brigitte/*Bickel*, Horst u.a.: Prediction of dementia in primary care patients, in: PLOS One 6:2 (2011), e16852.

*Joecks*, Wolfgang: Körperverletzung, § 223 Rn 103, in: Joecks, Wolfgang/Miebach, Klaus (Hrsg), Münchener Kommentar zum Strafgesetzbuch, 2. Auflage, München 2012.

*Jongsma*, Karin R./*Van de Vathorst*, Suzanne: Dementia research and advance consent. It is not about critical interest. Journal of Medical Ethics 41:8 (2015), 708–709.

*Jürgens*, Andreas: Fremdnützige Forschung an einwilligungsunfähigen Personen, in: Kritische Vierteljahresschrift für Gesetzgebung und Rechtswissenschaft 39 (1998), 34–51.

*Katz*, Stephen/*Peters*, Kevin R.: Enhancing the mind? Memory medicine, dementia, and the aging brain, in: Journal of Aging Studies 22:4 (2008), 348–355.

*Katzenmeier*, Christian: Mammographie-Screening. Rechtsfragen weitgehend ungeklärt, in: Deutsches Ärzteblatt 103:16 (2006), A-1054.

– Vorbemerkung zu §§ 823 ff. Rn. 1, in: Dauner-Lieb, Barbara/Langen, Werner (Hrsg.), Bürgerliches Gesetzbuch: BGB Band 2/1 und 2/2, 2. Auflage, Baden-Baden 2012, 115.

*Keage*, H. A. D./*Matthews*, F. E./*Yip*, A. u.a.: APOE and ACE polymorphisms and dementia risk in the older population over prolonged follow-up. 10 years of incidence in the MRC CFA Study, in: Age and Ageing 39:1 (2010), 104–111.

*Keyserlingk*, Edward W./*Glass*, Kathleen/*Kogan*, Sandra u.a.: Proposed guidelines for the participation of persons with dementia as research subjects, in: Perspectives Biology and Medicine 28:2 (1995), 317–362.

*Kivipelto*, Miia/*Ngandu*, Tiia/*Fratiglioni*, Laura u.a.: Obesity and vascular risk factors at midlife and the risk of dementia and Alzheimer disease, in: Archives of neurology 62:10 (2005), 1556–1560.

*Kollek*, Regine/*Lemke*, Thomas: Der medizinische Blick in die Zukunft. Gesellschaftliche Implikationen prädiktiver Gentests, Frankfurt 2008.

*Landau*, Susan M./*Frosch*, Matthew P.: Tracking the earliest pathologic changes in Alzheimer disease, in: Neurology 82:18 (2014), 1576–1577.

*Le Couteur*, David G./*Doust*, Jenny/*Creasey*, Helen u.a.: Political drive to screen for predementia. Not evidence based and ignores the harms, in: BMJ 347 (2013), f5125.

*Leibing*, Annette: Dementia in the making. Early detection and the body/brain in Alzheimer's disease, in: Swinnen, Aagje/Schweda, Mark (Hrsg.), Popularizing dementia. Public expressions and representations of forgetfulness, Bielefeld 2016, 275–294.

*Leidinger*, Friedrich: Müssen Demenzkranke ein ‚Sonderopfer für die Forschung' bringen? – Für eine neue Wissenschaft von der Demenz!, in: Kritische Vierteljahresschrift für Gesetzgebung und Rechtswissenschaft 81:1 (1998), 88–98.

*Lessing*, Gotthold E.: Nathan der Weise. Ein dramatisches Gedicht, in fünf Aufzügen, Berlin 1779, hrsg. v. Bremer, Kai/Hantzsche, Valerie, Ditzingen 2013.

*Lock*, Margaret: The Alzheimer conundrum, Princeton 2013.

*Lötjonen*, Salla: Medical research on patients with dementia – the role of advance directives in European legal instruments, in: European Journal of Health Law 13:3 (2006), 235 ff.

*Luck*, Tobias/*Luppa*, Melanie/*Sieber*, Jennifer u.a.: Attitudes of the German heneral population toward early diagnosis of Dementia, in: PLOS One 7:11 (2012), e50792.

*Mapstone*, Mark/*Cheema*, Amrita K./*Fiandaca*, Massimo S. u.a.: Plasma phospholipids identify antecedent memory impairment in older adults, in: Nature Medicine 20 (2014), 415–418.

*Martin*, Steven/*Kelly*, Sarah/*Khan*, Ayesha u.a.: Attitudes towards screening for dementia. A systematic review, in: BMC Geriatrics 15:66 (2015).

*McAllister*, Marion: Personal theories of inheritance, coping strategies, risk perception and engagement in hereditary non-polyposis colon cancer families offered genetic testing, in: Clinical Genetics 64:3 (2003), 179–89.

*McConnell*, B. K./*Jones*, K. A./*Fatkin*, D. u.a.: Dilated cardiomyopathy in homozygous myosin-binding protein-C mutant mice. Journal of Clinical Investigation 104 (1999), 1235–1244.

*Mona*, Martino: Wille oder Indiz für mutmaßlichen Willen?, in: Ethik in der Medizin 20:3 (2008), 248–257.

*Neumann*, Ulfrid: Wissenschaftstheorie der Rechtswissenschaft, in: Kaufmann, Arthur/ Hassemer, Winfried/Neumann, Ulfrid (Hrsg.), Einführung in die Rechtsphilosophie und Rechtstheorie der Gegenwart, 7. Auflage, Heidelberg 2004, 385–400.

*Nordberg*, Agneta/*Carter*, Stephen F./*Rinne*, Juha/*Drzezga*, A. u.a.: A European multicentre PET study of fibrillar amyloid in Alzheimer's disease, in: European Journal of Nuclear Medicine and Molecular Imaging 40:1 (2013), 104–114.

*Organisation für wirtschaftliche Zusammenarbeit und Entwicklung*: Addressing dementia. The OECD response. OECD health policy studies, Paris 2015.

*Palmqvist*, Sebastian/*Hertze*, Joakim/*Minthon*, Lennart u.a.: Comparison of brief cognitive tests and CSF biomarkers in predicting Alzheimer's disease in mild cognitive impairment. Six-year follow-up study, in: PLOS One 7:6 (2012), e38639.

*Petrella*, J. R./*Sheldon*, F. C./*Prince*, S. E. u.a.: Default mode network connectivity in stable vs progressive mild cognitive impairment, in: Neurology 76:6 (2011), 511–517.

*Post*, S. G.: The concept of Alzheimer disease in a hypercognitive society, in: Whitehouse, P. J./Maurer, K./Ballenger, J. F. (Hrsg.), Concepts of Alzheimer's disease. Biological, clinical, and cultural perspectives, Maryland 2000, 245–256, 245.

*Prestia*, Annapaola/*Caroli*, Anna/*van der Flier*, Wiesje M. u.a.: Prediction of dementia in MCI patients based on core diagnostic markers for Alzheimer disease, in: Neurology 80:11 (2013), 1048–1056.

*Rawls*, John: A theory of justice, Harvard University Press, Cambridge 2005, 407 ff.

*Regenbogen*, Daniela /*Henn*, Wolfram: Aufklärungs- und Beratungsprobleme bei der prädiktiven genetischen Diagnostik, in: Medizinrecht (2003), 152–158.

*Relkin*, Norman/*Tanzi*, Rudy/*Breitner*, John C. S. u.a.: Apolipoprotein E genotyping in Alzheimer's disease, in: The Lancet 347:9008 (1996), 1091–1095.

*Robinson*, L./*Dickinson*, C./*Rousseau*, N. u.a., A systematic review of the effectiveness of advance care planning interventions for people with cognitive impairment and dementia, in: Age and Ageing 42:2 (2012), 263–269.

*Ropers*, Hans H.: Genomsequenzierung. Konsequenzen für die prädiktive genetische Diagnostik, in: Duttge, Gunnar/Engel, Wolfgang/Zoll, Barbara, Das Gendiagnostikgesetz im Spannungsfeld von Humangenetik und Recht, Göttingen 2011, 61–68.

*Sachs*, A. G.: Informed consent for research on human subjects with dementia. AGS ethics committee, in: Journal of the American Geriatrics Society 46:10 (1998), 1308–1310.

*Slaughter*, Susan/*Cole*, Dixie/*Jennings*, Eileen o. a.: Consent and assent to participate in research from people with dementia, in: Nursing Ethics 14:1 (2007), 27–40.

*Taupitz*, Jochen: Das Recht auf Nichtwissen, in: Hanau, Peter/Lorenz, Egon/Matthes, Hans-Christoph (Hrsg.), Festschrift für Günther Wiese zum 70. Geburtstag, Neuwied/Kriftel 1998, 538–602.

*Schicktanz*, Silke: Zum Stellenwert der Betroffenheit, Öffentlichkeit und Deliberation im empirical turn der Medizinethik, in: Ethik in der Medizin 21:3 (2009), 223–34.

*Schicktanz*, Silke/*Kogel*, Friederike: Genetic responsibility revisited, in: Prainsack, Barbara/Schicktanz, Silke/Werner-Felmayer, Gabriele (Hrsg.), Genetics as social practice. Transdisciplinary views on science and culture, Farnham 2014, 199–219.

*Schicktanz*, Silke/*Schweda*, Mark/*Ballenger*, Jesse F. u. a.: Before it is too late. Professional responsibilities in late-onset Alzheimer's research and pre-symptomatic prediction, in: Frontiers in Human Neuroscience 8:921 (2014), 1–6.

*Schicktanz*, Silke/*Schweda*, Mark/*Wynne*, Brian: The ethics of ‚public understanding of ethics' – Why and how bioethics expertise should include public and patients' voices, in: Medicine, Health Care and Philosophy 15:2 (2012), 129–139.

*Schroth*, Ulrich: Ethik und Recht in der Medizin, in: Kaufmann, Arthur/Hassemer, Winfried/Neumann, Ulfried (Hrsg.), Einführung in die Rechtsphilosophie und Rechtstheorie der Gegenwart, 7. Auflage, Heidelberg 2004, 480–484.

*Schultz*, Dawson S./*Flasher*, Lydia V.: Charles Taylor, phronesis, and medicine. Ethics and interpretation in illness narrative, in: Journal of Medicine and Philosophy 36:4 (2011), 394–409.

*Schwab*, Martin: § 1901a BGB Rn 44, in: Säcker, Franz R./Rixecker, Roland/Oetker, Hartmut u. a. (Hrsg.), Münchener Kommentar zum Bürgerlichen Gesetzbuch: BGB, Band 5, 6. Auflage, München 2012.

*Sperling*, Reisa/*Mormino*, Elizabeth/*Johnson*, Keith: The evolution of preclinical Alzheimer's disease. Implications, in: Neuron 84:3 (2014), 608–622.

*Spranger*, Matthias: Fremdnützige Forschung an Einwilligungsunfähigen, in: Medizinrecht 5 (2001), 238–247.

*Visser*, Pieter J./*Verhey*, Frans/*Knol*, Dirk L. u. a.: Prevalence and prognostic value of CSF marker of AD pathologies, in: The Lancet Neurology 8:7 (2009), 619–627.

*Vollmann*, Jochen: Advance directives in patients with Alzheimer's disease. Ethical and clinical considerations, in: Medicine, Health Care and Philosophy 4:2 (2001), 161–167.

*Wagner*, Gerhard: §§ 705–853, in: Säcker, Franz R./Rixecker, Roland/Oetker, Hartmut (Hrsg.) u. a., Münchener Kommentar zum Bürgerlichen Gesetzbuch: BGB, Band 6, 6. Auflage, München 2013, 773.

*Werner*, Perla/*Korczyn*, Amos D.: Mild cognitive impairment. Conceptual, ethical and social issues, in: Journal of Clinical Interventions in Aging 3:3 (2008), 413–420.

*Weyerer*, Siegfried: Altersdemenz. Gesundheitsberichterstattung des Bundes. Heft 28, Berlin 2005.

*Wöhlke*, Sabine: Geschenkte Organe? Ethische und kulturelle Herausforderungen bei der familiären Lebendnierenspende, Frankfurt 2015.

*World Health Organization/Alzheimer's Disease International*: Dementia – A public health priority, Geneva 2012.

*World Medical Association*: Declaration of Helsinki. Ethical principles for medical research involving human subjects, 1996, unter: http://www.wma.net/en/30publications/10policies/b3/index.html (abgerufen am 26.06.2016).

**Angemessene medizinische Behandlung von Menschen –
Adequate Medical Treatment of Humans**

# Forschung am Menschen und ihre ethischen und rechtlichen Legitimationsvoraussetzungen aus Sicht der Medizinethik und des Völkerstrafrechts

## Der Beitrag der Medizinethik zur Auslegung völkerstrafrechtlicher Bestimmungen zur Strafbarkeit wegen Kriegsverbrechen durch Versuche am Menschen

Daniela Demko

## I. Einleitung

In dem 1946 und 1947 vor dem I. Amerikanischen Militärgerichtshof stattfindenden Nürnberger Ärzteprozess, dem ersten der zwölf sog. Nachfolgeprozesse, die sich dem internationalen Prozess gegen die Hauptverantwortlichen des Zweiten Weltkrieges vor dem Internationalen Militärtribunal anschlossen,[1] hatten sich 23 Angeklagte, darunter 20 Ärzte, wegen verbrecherischer Menschenexperimente und der Euthanasiemorde zu verantworten. Dem, was sich in der kollektivethischen nationalsozialistischen Medizin mit ihren „biologistische(n), NS-ideologisch aufgeladene(n) Züge(n)"[2] *im Allgemeinen* zeigte und sich bei den verbrecherischen Menschenversuchen im Einzelnen *konkretisierte*, nämlich die *menschenverachtende Vorrangstellung der Gesellschaft vor den einzelnen Menschen*, hat sich das Nürnberger Urteil mit dem in ihm enthaltenen Nürnberger Kodex in deutlicher Weise entgegengestellt, und zwar sowohl in *expliziter* Weise in Bezug auf an Menschen durchgeführte medizinische Versuche *im Besonderen* als auch auf einer *symbolischen* Ebene in Bezug auf die Medizin *im Allgemeinen*.[3] Mit der im Nürnberger

---

[1] Siehe dazu US Military Tribunal Nürnberg, Urt. v. 20.8.1947 (Brandt et al., sog. Ärzte-Prozess), in: Trials of War Criminals before the Nuernberg Military Tribunals, Volume II, S. 171 ff.; *Mitscherlich / Mielke*, Wissenschaft ohne Menschlichkeit. Medizinische und eugenische Irrwege unter Diktatur, Bürokratie und Krieg, Heidelberg: Lambert Schneider, 1949; *Taylor*, Die Nürnberger Prozesse, Zürich: Europa Verlag, 1951, S. 53 ff.; *Frewer/Wiesemann* (Hrsg.), Medizinverbrechen vor Gericht, Erlangen/Jena: Verlag Palm & Enke, 1999; *Eckart*, „Fall 1: Der Nürnberger Ärzteprozeß", in: Ueberschär (Hrsg.), Der Nationalsozialismus vor Gericht, Frankfurt am Main: Fischer-Taschenbuch-Verlag, 1999, S. 73 ff.

[2] *Leven*, Geschichte der Medizin, München: C.H. Beck, 2008, S. 61, siehe dort auch die Bezugnahme auf die „gesamte Medizin" (S. 61).

[3] Für die in diesem Text vorgenommene Untersuchung von Fragen zur Forschung am Menschen wird der Begriff der *Medizinethik* – unter Beachtung der bestehenden Überschneidung

Urteil und Kodex deutlich erkennbaren *individualethischen* Ausrichtung,[4] wie sie sich im Erfordernis der freiwilligen Einwilligung und des Schutzes des Wohls der Versuchsperson zeigt, ist ein hier eingeforderter *Richtungswechsel* hin zu einer *menschenwürdeschützenden unbedingten Vorrangstellung des einzelnen Menschen vor Gesellschaft und Wissenschaft* sichtbar, welcher von Bedeutung sowohl für eine individualethische Medizin *im Allgemeinen* als auch für ihre Konkretisierung in Gestalt einer Forschung am Menschen *im Besonderen* ist.[5]

Den diesen *individualethischen* Charakter einer Forschung am Menschen kennzeichnenden *Einzelkriterien* (III.), die sowohl den Nürnberger Kodex als auch die heutige Medizinethik prägen und welche den *kollektivethischen* Ausprägungen der nationalsozialistischen Medizin mit ihren verbrecherischen Menschenexperimenten (II.) entgegengestellt sind, gilt es nachfolgend nachzugehen. Mit Blick auf die Grenzziehung zwischen einer ethischen und rechtlichen Zulässigkeit der Forschung am Menschen einerseits und einer ethischen und rechtlichen und hier sogar nach Völkerstrafrecht strafbaren Unzulässigkeit der Forschung am Menschen andererseits sind diese herausgearbeiteten, den Nürnberger Kodex und die heutige Medizinethik kennzeichnenden *individualethischen Einzelkriterien* sodann in ihrer Bedeutung für die Auslegung und Anwendung *gegenwärtig geltender völkerstrafrechtlicher Bestimmungen* zur Strafbarkeit wegen Kriegsverbrechen, und hier insbesondere der die Versuche am Menschen regelnden Normierungen des IStGH-Statuts und des deutschen Völkerstrafgesetzbuches, zu vertiefen (IV.). Ein damit angesprochenes *Verknüpfungs-*, aber auch *Spannungsverhältnis* zwischen *Ethik* und *Recht*,[6] wie es sich bereits im Nürnberger Ärzteprozeß zeigte, erweist sich hierbei ebenso für das Zusammenwirken zwischen der heutigen Medizinethik und den gegenwärtig geltenden völkerstrafrechtlichen Bestimmungen zu Versuchen am Menschen als relevant. In welcher Weise sich die sich mit Versuchen am Menschen beschäftigenden medizinethischen und völkerstrafrechtlichen Normenkreise *gegenseitig zu beeinflussen* und sich in einem

---

zur Forschungsethik – gewählt. Siehe zur Medizin- und Forschungsethik und zu weiteren bereichsspezifischen Ethikformen näher *Düwell/Hübenthal/Werner* (Hrsg.), Handbuch Ethik, Stuttgart/Weimar: Verlag J.B. Metzler, 2006, S. 243 ff., 253 ff. („Überschneidungen", S. 253), 274 ff. (insbesondere S. 278 f. zur „Forschung am Menschen").

[4] Siehe dazu u.a. *Deutsch*, „Das internationale Recht der experimentellen Humanmedizin", NJW 1978, Heft 12, S. 573: „deutlich von individualethischen Erwägungen beeinflußt".

[5] Siehe dazu u.a. *Schmidt*, „Der Ärzteprozeß als moralische Instanz? Der Nürnberger Kodex und das Problem ‚zeitloser Medizinethik'", in: Frewer/Neumann (Hrsg.), Medizingeschichte und Medizinethik, Frankfurt am Main/New York: Campus Verlag, 2001, S. 358 f.; *Schmuhl*, „Nürnberger Ärzteprozess und ‚Euthanasie'-Prozesse", in: Jütte (Hrsg.), Medizin und Nationalsozialismus, Göttingen: Wallstein Verlag, 2011, S. 277; *Böth*, „Das wissenschaftlich-medizinische Humanexperiment", NJW 1967, S. 1494: „der Mensch im Mittelpunkt".

[6] Siehe dazu auch u.a. *Annas/Grodin*, „Medizinische Ethik und Menschenrechte: Das Vermächtnis von Nürnberg", in: Kolb/Seithe/IPPNW (Hrsg.), Medizin und Gewissen, Frankfurt am Main: Mabuse-Verlag, 1998, S. 251 f., 253 ff.; *Eser*, „Das Humanexperiment. Zu seiner Komplexität und Legitimität", in: Stree/Lenckner/Cramer/Eser (Hrsg.), Gedächtnisschrift für Horst Schröder, München: Verlag C.H. Beck, 1978, S. 195, 208.

*diskursiven Kommunikationsverhältnis einander Hilfestellungen* zur Beurteilung der Zulässigkeit der Forschung am Menschen zu geben vermögen, wird insbesondere mit Bezug auf die Regelungen im IStGH-Statut und im deutschen Völkerstrafgesetzbuch zur Strafbarkeit wegen Kriegsverbrechen anhand ausgewählter Problemstellungen zu vertiefen sein (IV.).

## II. Der kollektivethische Charakter der nationalsozialistischen Medizin und ihrer verbrecherischen Menschenexperimente

Bereits für den Nürnberger Ärzteprozess selbst und den Nürnberger Kodex wurden Aspekte des Verknüpfungs- und Spannungsverhältnisses von Ethik und Recht deutlich, etwa bei der streitigen Beurteilung, ob dem Nürnberger Kodex eine (nur) ethische und/oder auch rechtliche Bedeutung zukommt sowie bei der Kontroverse, ob der Nürnberger Kodex allein für die in Nürnberg verurteilten Ärzte relevant gewesen oder darüber hinausgehend zukunftsbezogen für die generelle Beurteilung der Zulässigkeit von Forschung am Menschen von Bedeutung ist.[7] Auch das Nürnberger Gericht selbst nahm dieses Verknüpfungs- und Spannungsverhältnis von Ethik und Recht in seine Überlegungen auf, indem es im Zusammenhang mit dem Nürnberger Kodex – hierbei die *Verbindung* von Ethik und Recht sichtbar machend – von den *„moralischen, ethischen und juristischen Grundregeln"*[8] sprach, mit denen medizinische Versuche im Einklang zu stehen haben, und neben der Beachtung der Regeln der „ärztlichen Ethik"[9] auch Bezug nahm auf die von den Angeklagten völlig missachteten rechtlichen Regelungen internationaler Abmachungen, der Kriegsgesetze, der allgemeinen, sich aus den Strafgesetzen aller Kulturstaaten ableitenden Strafrechtsgrundsätze, des Kontrollratsgesetzes Nr. 10 und der Völkerrechtsgrundsätze, „wie sie sich aus den unter Kulturvölkern angenommenen Gebräuchen, dem

---

[7] Siehe dazu u. a. *Schmidt* (Fn. 5), S. 338 f., 340 ff., 358 ff.: „besondere Verknüpfung von im Völkerrecht verankerten Menschenrechten *und* Hippokratischer Ethik" (S. 360, Hervorhebung im Original), „ein juristischer Kodex *und* gleichzeitig ein medizinethischer Kodex. Gerade darin liegt seine Stärke." (S. 360, Hervorhebung im Original), *Ergänzungs-* und nicht Ersetzungsverhältnis (*„ergänzten*, und nicht ... *ersetzten"* (S. 361, Hervorhebung im Original)) zwischen „arztzentrierte(r) hippokratische(r) Ethik ..." und „... subjektzentrierten Menschenrechten" (S. 361); *Kamp*, Die Europäische Bioethik-Konvention. Medizinische Versuche an einwilligungsunfähigen Menschen unter besonderer Berücksichtigung der Vorgaben im nationalen und internationalen Recht, Frankfurt am Main: Peter Lang, 2000, S. 110 f.; *Schaupp*, Der ethische Gehalt der Helsinki Deklaration, Frankfurt am Main: Peter Lang, 1993, S. 58 ff.; *Deutsch*, „Die zehn Punkte des Nürnberger Ärzteprozesses über die klinische Forschung am Menschen: der sog. Nürnberger Codex", in: Broda/Deutsch/Schreiber/Vogel (Hrsg.), Festschrift für Rudolf Wassermann, Neuwied/Darmstadt: Hermann Luchterhand, Verlag 1985, S. 71 f., 76 f., 79; *Deutsch* (Fn. 4), S. 573 f.; *Kiriakaki*, „Das Humanexperiment als völkerstrafrechtliches Verbrechen – Vom Nürnberger Kodex zum Rom-Statut für einen Internationalen Strafgerichtshof", ZStW 118 (2006), Heft 1, S. 239.

[8] *Frewer/Wiesemann* (Fn. 1), S. 123 (Hervorhebung Demko).

[9] *Frewer/Wiesemann* (Fn. 1), S. 123.

*Gesetz der Menschlichkeit* und dem Diktat des öffentlichen Gewissens ergeben."[10] Aber auch das *Spannungs*verhältnis zwischen Ethik und Recht zeigte sich in der Urteilsbegründung, indem die Nürnberger Richter darauf hinwiesen, dass sie sich „*rechtsprechenderweise natürlich* mit denjenigen Voraussetzungen (befassen), welche *rein rechtlicher* Natur sind ... oder welche *mindestens mit Rechtsgegenständen so nahe verwandt* sind, daß sie uns in der *Festsetzung der strafrechtlichen Schuld und der Strafe* behilflich sind. Über diesen Punkt *hinauszugehen* würde uns in ein Gebiet *außerhalb unserer Zuständigkeit* führen".[11]

Ist im Nürnberger Ärzteprozess mit dem Nürnberger Kodex auch nicht die Gesamtheit aller ethischen und rechtlichen Voraussetzungen für die Zulässigkeit der Forschung am Menschen aufgestellt – was auch nicht Aufgabe eines Strafgerichts ist, welches sich, wie es ebenso die Nürnberger Richter darlegen,[12] auf die für die strafrechtliche Verurteilung der Angeklagten relevanten Aspekte zu beschränken hat –, so sind mit dem Nürnberger Kodex und seinen zehn Grundprinzipien aber *Mindeststandards* zum Ausdruck gebracht, die es nach dem Kodex für eine straflose zulässige Forschung am Menschen jedenfalls einzuhalten gilt und an deren Verletzung sich eine nicht nur ethische Unzulässigkeit, sondern auch eine (völker-)strafrechtliche Rechtsfolge knüpft.[13] Die den Angeklagten im Nürnberger Ärzteprozess vorgeworfenen Menschenversuche haben in einer das „Gesetz der Menschlichkeit"[14] völlig missachtenden[15] Weise gegen diese im Nürnberger Kodex enthaltenen zentralen Grundregeln für eine ethisch und rechtlich zulässige Forschung am Menschen verstoßen.[16] Der *kollektivethische*, den Menschen der Gesellschaft absolut unterordnende Charakter, der die nationalsozialistische Medizin *insgesamt* kennzeichnete, hat sich in Gestalt der NS-Menschenversuche auf eine sich in ihnen *konkretisierende* Weise verwirklicht.[17] Unter Verstoß gegen die *Autonomie* des Menschen als zentrales Grundmoment der Menschenwürde wurden die NS-Menschenversuche ohne freiwillige Einwilligung der Versuchspersonen

---

[10] *Frewer/Wiesemann* (Fn. 1), S. 126 (Hervorhebung Demko).

[11] *Frewer/Wiesemann* (Fn. 1), S. 125 (Hervorhebung Demko); siehe dazu auch *Deutsch* (Fn. 4), S. 573: „Im Vordergrund stehen ..., wie von den Richtern selbst zugestanden, nicht medizinische, sondern rechtliche Gesichtspunkte".

[12] Siehe dazu die Angaben in der vorangehenden Fn. 11.

[13] Siehe dazu auch u. a. *Schaupp* (Fn. 7), S. 54; *Deutsch* (Fn. 7), S. 76, 79; *Deutsch* (Fn. 4), S. 574 Fn. 40: „... unternehme es ... nicht, alle Fragen zu lösen ..."; *Eser* (Fn. 6), S. 208: „Differenzierung zwischen dem *ethisch-idealen Maximum* und dem *rechtlich unabdingbaren Minimum*" (Hervorhebung im Original).

[14] *Frewer/Wiesemann* (Fn. 1), S. 126.

[15] *Frewer/Wiesemann* (Fn. 1), S. 126: „in völliger Mißachtung", „widersprechen offenbar".

[16] *Frewer/Wiesemann* (Fn. 1), S. 125: „Wir ersehen aus dem Beweismaterial, daß in den vorliegenden medizinischen Experimenten diesen zehn Prinzipien viel öfter in der Nicht[be]achtung als in der Befolgung Aufmerksamkeit geschenkt wurde."

[17] Siehe dazu auch u. a. *Mausbach*, „Thesen zum Nürnberger Ärzteprozess. Charakter des Prozesses, Nachwirkungen und seine Bedeutung für die Zukunft", in: Kolb/Seithe/IPPNW (Hrsg.), Medizin und Gewissen, Frankfurt am Main: Mabuse-Verlag, 1998, S. 261.

durchgeführt[18] und verletzten damit eine zentrale Grundregel für eine zulässige Forschung am Menschen, der der Nürnberger Kodex eine ganz besonders wichtige, von ihm streng verstandene Bedeutung zugemessen hat,[19] heißt es doch gleich im ersten Nürnberger Grundprinzip, dass die „freiwillige Zustimmung der Versuchsperson ... *unbedingt unverzichtbar*"[20] ist. Mit diesen Autonomieverletzungen verbanden sich bei den NS-Menschenversuchen zugleich und ebenfalls eine grundlegende Menschenverachtung zum Ausdruck bringende Verletzungen des – wie es in der Medizinethik formuliert ist – *Wohls* der Versuchspersonen, waren die unter abstoßenden Bedingungen durchgeführten NS-Menschenversuche doch durch große Barbareien, Grausamkeiten, Quälereien, Schmerzen, Verstümmelungen, unnötige Leiden, Verletzungen, dauernde körperliche Schädigungen und den Tod der Versuchspersonen gekennzeichnet.[21] Zudem sind für die Versuchsdurchführung zu beachtende wissenschaftliche Standards missachtet worden, sei es (etwa), dass es an einem wissenschaftlichen Erkenntnisanspruch und einer wissenschaftlichen Begründung für die durchgeführten Menschenversuche überhaupt fehlte und/oder dass die Menschenversuche durch ungeschultes Personal und/oder in einer willkürlichen und die Versuchspersonen vor Verletzungs-/Todesgefahren nicht schützenden Weise vorgenommen wurden.[22]

Nicht nur in der heutigen Medizinethik, sondern auch bereits in den Nürnberger Grundprinzipien verankerte Grundregeln – zu denen u. a. der Schutz der Autonomie und des Wohls der Versuchsperson gehören[23] – für eine zulässige Forschung am Menschen wurden bei den NS-Menschenversuchen auf eine gravierendste Weise verletzt und zutreffend sprachen Mitscherlich/Milke von einer *Medizin und Wissenschaft „ohne Menschlichkeit"*[24] und es findet sich ebenso in der Urteilsbegründung selbst dieser Bezug auf das „Gesetz der *Menschlichkeit*",[25] gegen das die Angeklagten mit ihren Menschenversuchen in offensichtlicher und grundlegender Weise verstoßen haben. Es sind diese „(w)issenschaftliche Entmenschlichung"[26] und das *Negieren des Menschseins*,[27] welche sich in den die Versuchspersonen zu

---

[18] Dazu näher *Frewer/Wiesemann* (Fn. 1), S. 125.

[19] Zum Nürnberger Kodex als einem „deontologischen Modell" (S. 121) und „bedingungslose(n) Modell" (S. 122) und zur Kritik daran siehe *Maio*, Ethik der Forschung am Menschen, Stuttgart-Bad Cannstatt: frommann-holzboog, 2002, S. 121 f.

[20] *Frewer/Wiesemann* (Fn. 1), S. 124 (Hervorhebung Demko).

[21] Dazu näher *Frewer/Wiesemann* (Fn. 1), S. 125 f.

[22] Dazu näher *Frewer/Wiesemann* (Fn. 1), S. 125 f.

[23] Siehe dazu unter III. und IV. 3., 4.

[24] Siehe dazu die Buchtitel „Wissenschaft ohne Menschlichkeit" und „Medizin ohne Menschlichkeit" der Bücher von *Mitscherlich/Mielke* (Fn. 1); *Mitscherlich/Mielke* (Hrsg.), Medizin ohne Menschlichkeit. Dokumente des Nürnberger Ärzteprozesses, Frankfurt am Main: Fischer-Taschenbuch-Verlag, 2012 (Erstausgabe 1960).

[25] *Frewer/Wiesemann* (Fn. 1), S. 126 (Hervorhebung Demko).

[26] *Henke*, „Einleitung: Wissenschaftliche Entmenschlichung und politische Massentötung", in: Henke (Hrsg.), Tödliche Medizin im Nationalsozialismus. Von der Rassenhygiene zum Massenmord, Köln/Weimar/Wien: Böhlau, 2008, S. 9.

"Untermenschen", mehr noch zu "Nicht-Menschen" stigmatisierenden NS-Menschenversuchen im Konkreten und in der nationalsozialistischen Medizin insgesamt zum Ausdruck brachten:

Eingestellt in ihren kollektivethischen Charakter mit "utilitaristische(n) Kalküle(n)"[28] und Bewertungen eines Menschen allein unter Nützlichkeitsaspekten für die Gesellschaft[29] wurden im nationalsozialistischen Menschenbild[30] die Gesellschaft, die sog. *Volksgemeinschaft*[31] für das Ziel eines gesunden "perfekten ,Volkskörper(s)'"[32] in einer die Menschenwürde des Einzelnen verletzenden Weise über den einzelnen Menschen gestellt[33] und es wurde Jedem, der als diesem obersten Ziel des gesunden perfekten Volksganzen (sei es biologisch oder sozial) entgegenstehend angesehen wurde, als *"lebensunwerte(m) Leben(s)"*[34] die Existenzberechtigung abgesprochen. Die "naturwissenschaftliche(n) Medizin",[35] die "Biologisierung des Gesellschaftlichen",[36] die "biopolitische(r) Gesellschaftsformung"[37] und der damit verbundene nationalsozialistische Traum eines „… ‚Lebensraum(s)' eines ‚Neuen Menschen' …"[38] mit einem entsprechend geförderten Fortschrittsglauben und -optimismus[39] der als "Gesundheitsführer des Volkes"[40] in den Dienst der NS-Ideologie gestellten und sich in diesen Dienst stellenden Mediziner[41] ver-

---

[27] Siehe dazu u. a. *Bruns,* Medizinethik im Nationalsozialismus. Entwicklungen und Protagonisten in Berlin (1939–1945), Stuttgart: Franz Steiner Verlag, 2009, S. 16: "das Individuum als schützenswertes Subjekt negieren".

[28] *Kaminsky,* "Die NS-"Euthanasie". Ein Forschungsüberblick", in: Henke (Hrsg.), Tödliche Medizin im Nationalsozialismus. Von der Rassenhygiene zum Massenmord, Köln/Weimar/Wien: Böhlau, 2008, S. 271.

[29] Dazu näher *Kaminsky* (Fn. 28), S. 270; *Dörner,* „‚Ich darf nicht denken.' Das medizinische Selbstverständnis der Angeklagten", in: Ebbinghaus/Dörner (Hrsg.), Vernichten und Heilen. Der Nürnberger Ärzteprozeß und seine Folgen, Berlin: Aufbau-Verlag, 2001, S. 339.

[30] Zum Menschenbild im Zusammenhang mit der Forschung am Menschen siehe u. a. *Körtner,* "Forschungsethik und Menschenbild in Geschichte und Gegenwart", in: Körtner/Kopetzki/Druml (Hrsg.), Ethik und Recht in der Humanforschung, Wien/New York: Springer-Verlag, 2010, S. 1 ff.

[31] Siehe dazu u. a. *Schmuhl,* "Eugenik und Rassenanthropologie", in: Jütte (Hrsg.), Medizin und Nationalsozialismus, Göttingen: Wallstein Verlag, 2011, S. 25; Henke (Fn. 26), S. 13.

[32] *Schmuhl* (Fn. 31), S. 24; siehe auch *Bruns* (Fn. 27), S. 13: "Konzepte einer "Volkskörper-Heilung" …".

[33] Näher dazu u. a. *Henke* (Fn. 26), S. 13; *Dörner* (Fn. 29), S. 339 f.

[34] *Kaminsky* (Fn. 28), S. 271 (Hervorhebung Demko).

[35] *Leven* (Fn. 2), S. 51, siehe dort auch zur Entwicklung der naturwissenschaftlichen Medizin, S. 50 ff.; *Henke* (Fn. 26), S. 11.

[36] *Henke* (Fn. 26), S. 13.

[37] *Henke* (Fn. 26), S. 24, siehe zudem S. 28.

[38] *Schmuhl* (Fn. 31), S. 24; siehe auch *Henke* (Fn. 26), S. 11 f.

[39] Dazu auch *Leven* (Fn. 2), S. 52, 57.

[40] *Leven* (Fn. 2), S. 61.

[41] *Leven* (Fn. 2), S. 57, 61, 65; *Bleker/Schmiedebach,* "Sich der Wahrheit stellen", in: Wiesing (Hrsg.), Ethik in der Medizin. Ein Reader, Stuttgart: Philipp Reclam jun., 2000, S. 52;

knüpften sich mit einer *ausgrenzenden, selektierenden* und *vernichtenden* nationalsozialistischen Volksgemeinschaftsideologie.[42] Diese richtete sich – gestützt auf mehrere Entwicklungslinien[43] – gegen alle diejenigen Menschen, die als Gefahr und „Schädling" für den angestrebten reinen, gesunden und perfekten Volkskörper angesehen wurden: Die mit der *Eugenik* und *Rassenhygiene* und ihrer *Verhütung* sog. „lebensunwerten" Lebens (etwa durch Zwangssterilisationen[44]) verbundene Entwicklung lenkte ihren Blick auf die „menschliche Rasse *allgemein*"[45] und die biologische „Aufartung"[46] durch erwünschtes Erbgut und die „Ausmerzung"[47] von unerwünschtem Erbgut, während mit dem *Rassismus* und der *Rassenideologie* die Besser-/Schlechterstellung *bestimmter*, als höher- bzw. minderwertig angesehener Rassen[48] und eine „‚Aufnordung'"[49] angesprochen waren. Beide jeweils eigenständigen Entwicklungsrichtungen verknüpften sich in der biologistischen und zugleich mit der NS-Ideologie aufgeladenen[50] nationalsozialistischen Medizin.[51] Menschen, welche man als *biologisch (*etwa physisch/psychisch Kranke und Behinderte) oder als *sozial* (etwa sog. Fremdrassige oder Asoziale) entartet und minderwertig einordnete, wurden zum Zwecke der Erhaltung des gesunden Volksganzen verfolgt, entrechtet, selektiert und/oder als sog. „lebensunwertes" Leben vernichtet, wie es sich auch im Rahmen der NS-„Euthanasie" zeigte.[52] Körperlich/geistig kranke und behinderte Menschen sowie Menschen, die im Zuge der „unter sozialdarwinistischen Prämissen stehende(n) ‚Biologisierung des Sozialen'"[53] und der „Verschmelzung von Biowissenschaften mit Biopolitik"[54] als

---

*Toellner*, „Ärzte im ‚Dritten Reich'", in: Wiesing (Hrsg.), Ethik in der Medizin. Ein Reader, Stuttgart: Philipp Reclam jun., 2000, S. 53 f.

[42] Dazu näher u.a. *Schmuhl* (Fn. 31), S. 24 f.; *Kaminsky* (Fn. 28), S. 272.

[43] Siehe dazu und insbesondere zu Eugenik/Rassenhygiene zum einen und zur Rassenideologie zum anderen näher u.a. *Leven* (Fn. 2), S. 57 ff., 60, 66; *Schmuhl* (Fn. 31), S. 24 ff., 30 ff.: Ruhen der „biopolitische(n) Entwicklungsdiktatur des Nationalsozialismus ... auf zwei Säulen: der Erbgesundheits- und der Rassenpolitik" (S. 24); *Henke* (Fn. 26), S. 14 f.; *Obermann-Jeschke*, Eugenik im Wandel: Kontinuitäten, Brüche, Transformationen. Eine diskursgeschichtliche Analyse, Münster: Unrast-Verlag, 2008, S. 102 ff.; zum speziellen Verhältnis zwischen Eugenik und Euthanasie siehe u.a. *Kaminsky* (Fn. 28), S. 269 ff.; *Henke* (Fn. 26), S. 13, 18.

[44] Siehe dazu u.a. *Bock*, „Nationalsozialistische Sterilisationspolitik", in: Henke (Hrsg.), Tödliche Medizin im Nationalsozialismus. Von der Rassenhygiene zum Massenmord, Köln/Weimar/Wien: Böhlau, 2008, S. 85 ff.

[45] *Leven* (Fn. 2), S. 59 (Hervorhebung Demko); siehe dazu auch *Henke* (Fn. 26), S. 14.

[46] *Henke* (Fn. 26), S. 12; ebenso *Schmuhl* (Fn. 31), S. 31; *Leven* (Fn. 2), S. 61.

[47] *Henke* (Fn. 26), S. 12.

[48] Näher dazu *Henke* (Fn. 26), S. 14.

[49] *Schmuhl* (Fn. 31), S. 31.

[50] Dazu auch *Leven* (Fn. 2), S. 61, 65 f.

[51] Siehe dazu die weiterführenden Angaben in Fn. 43.

[52] Zur NS-„Euthanasie" und zu den Opfern siehe u.a. *Kaminsky* (Fn. 28), S. 273 ff.

[53] *Kaminsky* (Fn. 28), S. 271.

[54] *Kaminsky* (Fn. 28), S. 272; siehe auch *Schmuhl* (Fn. 31), S. 24.

sozial unerwünschte Volksgemeinschafts-„Fremde" eingestuft wurden,[55] betrachtete man als bzw. reduzierte man mit Blick auf den Schutz des gesunden Volksganzen auf die zu vernichtende Krankheit selbst[56] unter *Negierung ihres Menschseins*[57] und gab diese als minderwertig, als entartet[58] klassifizierten, zu Objekten, „zu Sachen, zu ‚Untermenschen'"[59] degradierten „Ballastexistenzen"[60] einer menschenverachtenden Verfolgung, Ausgrenzung, Behandlung und Vernichtung – wie es sich auch bei den NS-Menschenversuchen zeigte – preis.

## III. Der individualethische Charakter der heutigen Medizinethik und ihre Einzelkriterien für eine zulässige Forschung am Menschen

Mit den im Nürnberger Kodex verankerten Grundregeln wendete man sich gegen eine solche den einzelnen Menschen unter die Gesellschaft ordnende kollektivethische Medizin und Forschung am Menschen und forderte in einem entschiedenen Richtungswechsel hin zu einer *Individualethik* den unbedingten Vorrang des einzelnen Menschen vor der Gesellschaft und damit auch vor einer „entgrenzte(n), moralisch enthemmte(n)",[61] „schrankenlos fortschrittsbesessenen medizinischen Wissenschaft".[62] Die Achtung des Einzelnen in seinem *Menschsein* – mit einem damit einhergehenden umfassenden Schutz seiner Menschenwürde und der von dieser umfassten Autonomie sowie einem umfassenden Schutz des Einzelnen in seinen weiteren Schutzgütern (wie etwa seinem Leben, seiner Gesundheit und Freiheit) – und eine damit verbundene Vorrangstellung des Einzelnen vor der Gesellschaft haben sich zu einer nicht nur im Nürnberger Kodex sichtbaren, sondern auch die nachfolgend entstandenen ethischen Kodexe und rechtlichen Instrumentarien[63]

---

[55] Siehe auch *Schmuhl* (Fn. 31), S. 25: „‚Gemeinschaftsfremde' und ‚Fremdvölkische'".

[56] Siehe auch *Leven* (Fn. 2), S. 66 zur Wandlung von der „Bekämpfung der Krankheit ... zur Bekämpfung und Vernichtung der Kranken bzw. der als Träger der Krankheit angesehenen Juden".

[57] Siehe dazu auch u. a. *Evans*, Zwangssterilisierung, Krankenmord und Judenvernichtung im Nationalsozialismus: Ein Überblick, in: Henke (Hrsg.), Tödliche Medizin im Nationalsozialismus. Von der Rassenhygiene zum Massenmord, Köln/Weimar/Wien: Böhlau, 2008, S. 37: „... „Minderwertige", die nicht mehr als Menschen anerkannt wurden"; *Eckart*, „Verbrecherische Humanexperimente", in: Jütte (Hrsg.), Medizin und Nationalsozialismus, Göttingen: Wallstein Verlag, 2011, S. 126.

[58] Siehe auch *Friedlander*, „Von der „Euthanasie" zur „Endlösung"", in: Henke (Hrsg.), Tödliche Medizin im Nationalsozialismus. Von der Rassenhygiene zum Massenmord, Köln/Weimar/Wien: Böhlau, 2008, S. 185: „alle, die als minderwertig oder „entartet" betrachtet wurden".

[59] *Ebbinghaus/Dörner*, „Zu diesem Buch", in: Ebbinghaus/Dörner (Hrsg.), Vernichten und Heilen. Der Nürnberger Ärzteprozeß und seine Folgen, Berlin: Aufbau-Verlag, 2001, S. 21.

[60] *Evans* (Fn. 52), S. 37.

[61] *Bruns* (Fn. 27), S. 11.

[62] *Dörner* (Fn. 29), S. 353.

[63] Zu nennen sind hier beispielhaft die Deklaration von Helsinki (und ihre revidierten Fassungen), die Europäische Bioethik-Konvention und der Nürnberger Kodex 1997 (und hier ins-

maßgeblich kennzeichnenden *Grundleitlinie* für eine ethisch und rechtlich zulässige Forschung am Menschen entwickelt.[64] Diese an eine zulässige Forschung am Menschen normativ angelegte *individualethische oberste Grundleitlinie* des Respekts vor dem Einzelnen und der umfassenden Achtung des Einzelnen in seinem Menschsein lässt sich hierbei mit Hilfe verschiedener *Einzelkriterien* – welche sich entsprechend dem nachfolgend dargestellten Vorschlag der Verfasserin in drei Prüfungsebenen einordnen lassen – verfeinern, welchen allen der *Schutz des Menschseins* gemeinsam ist und welche für diesen umfassenden Schutz des Menschseins jeweils an verschiedene Einzel„facetten" des Menschseins anknüpfen.

Unter *Aufnahme* von in der Medizin- und Forschungsethik aufgestellten Prüfungskriterien für eine zulässige Forschung am Menschen, wie sie etwa im *Belmont-Report*[65] oder in der „Prinzipienethik" von *Beauchamp und Childress*[66] entwickelt worden sind, aber auch unter *(teilweiser) Abweichung* hinsichtlich der *Einteilung bzw. Einordnung* dieser Prüfungskriterien sind es nach dem Vorschlag der Verfasserin drei Prüfungsebenen, welche es kumulativ für die Beurteilung einer zulässigen Forschung am Menschen zu beachten gilt.[67] Die forschungs-/medi-

---

besondere seine Punkte 1, 2, 3 und 10); siehe dazu und zu weiteren Kodizes und Bestimmungen etwa *Fangerau*, „Geschichte der Forschung am Menschen", in: Lenk/Duttge/Fangerau (Hrsg.), Handbuch Ethik und Recht der Forschung am Menschen, Berlin/Heidelberg: Springer-Verlag, 2014, S. 169 ff.; die Ausführungen in dem Buch von *Kamp* (Fn. 7); *Magnus*, Medizinische Forschung an Kindern, Tübingen: Mohr Siebeck, 2006, S. 91 ff.; *Fröhlich*, Forschung wider Willen?, Berlin/Heidelberg: Springer, 1999, S. 99 ff.; *Hoppe/Kwisda*, „Bioethikkonvention des Europarates", in: Lenk/Duttge/Fangerau (Hrsg.), Handbuch Ethik und Recht der Forschung am Menschen, Berlin/Heidelberg: Springer-Verlag, 2014, S. 501 ff.; *Wiesing/Ehni*, „Die Deklaration von Helsinki des Weltärztebundes – Ethische Grundsätze für die Forschung am Menschen", in: Lenk/Duttge/Fangerau (Hrsg.), Handbuch Ethik und Recht der Forschung am Menschen, Berlin/Heidelberg: Springer-Verlag, 2014, S. 517 ff.

[64] Zum Verhältnis zwischen dem Nürnberger Kodex und Ethik-Kodizes in ihrem historischen Kontext siehe u.a. *Schmidt* (Fn. 5), S. 335 ff., 361: der Nürnberger Kodex ist „(w)eder ... als Wendemarke in der Geschichte der Medizinethik ... noch als unbedeutend und letztlich ohne Auswirkungen für die medizinische Wissenschaft" (S. 336 f.) zu verstehen und „war keine Neuerfindung" (S. 337), er hatte Einflusswirkung und war „Vorbild" (S. 361) für nationale und internationale Abkommen und die Völkerrechtspraxis (siehe näher S. 361); zur Vorrangstellung des Einzelnen vor Gesellschaft und Wissenschaft siehe etwa *Schaupp* (Fn. 7), S. 302 f.; *Groß*, „Nürnberger Kodex", in: Lenk/Duttge/Fangerau (Hrsg.), Handbuch Ethik und Recht der Forschung am Menschen, Berlin/Heidelberg: Springer-Verlag, 2014, S. 559, 561: „bis heute als Referenzpunkt in forschungs- und bioethischen Diskussionen angesehen und in Anspruch genommen" (S. 561).

[65] Siehe dazu auch u.a. *Michl/Paul*, „Belmont Report", in: Lenk/Duttge/Fangerau (Hrsg.), Handbuch Ethik und Recht der Forschung am Menschen, Berlin/Heidelberg: Springer-Verlag, 2014, S. 495 ff.

[66] Siehe im Einzelnen *Beauchamp/Childress*, Principles of Biomedical Ethics, New York: Oxford University Press, 1979 (mit leichten Modifikationen in immer neuen Auflagen erschienen, neueste 7. Auflage von 2013); siehe dazu auch etwa *Schaupp* (Fn. 7), S. 191 ff.

[67] In ähnlicher Weise wird auf drei Prüfungsbedingungen auch abgestellt bei *Düwell/Hübenthal/Werner* (Fn. 3), S. 256 (angemessenes Nutzen-Kosten-Verhältnis, Einwilligung, Prüfung der Einhaltung wissenschaftlicher, ethischer und rechtlicher Standards durch eine Ethikkom-

zinethischen Prinzipien, welche im *Belmont-Report* in Gestalt von „Autonomie der Person (autonomy/respect for persons)", „Wohltun (beneficence)", „Gerechtigkeit (justice)" sowie mit den Prinzipien von *Beauchamp und Childress* in Gestalt von „Autonomie (respect for autonomy)", „Nichtschaden (non-maleficence)", „Fürsorge (beneficence)", „Gerechtigkeit (justice)" entwickelt worden sind, sind in die von der Verfasserin vorgeschlagenen drei Prüfungsebenen integriert, jedoch (teilweise) in eine andere Zu- und Einordnung gebracht, um die verschiedenen Anknüpfungspunkte für einen wirksamen umfassenden Schutz des *Menschseins* (in seiner Gesamtheit und in seinen z. B. wille- und wohlbezogenen Einzelfacetten) der Versuchsperson sichtbar(er) zu machen und um diese Prüfungskriterien in ein strukturierte(re)s Gesamt- und Zuordnungsverhältnis einzustellen. Dabei sind mit den ersten beiden Prüfungsebenen die das Menschsein berührenden Schutzgüter der Versuchsperson auf eine *unmittelbare* und *direkte* Weise angesprochen, während es auf der dritten Prüfungsebene darum geht, die *tatsächliche Verwirklichung* und *praktische Umsetzung* des Schutzes der das Menschsein kennzeichnenden Schutzgüter (der ersten und zweiten Prüfungsebene) sicherzustellen.[68] Zu allen drei Prüfungsebenen gehört jeweils als eines der sie näher ausformenden Teilelemente ein „Gerechtigkeits"-Kriterium, welches zum einen für die jeweilige Prüfungsebene und die innerhalb dieser zu beachtenden Legitimationsanforderungen weiterführende Vorgaben für eine „gerechte" Ausgestaltung dieser konkreten Prüfungsebene macht sowie welches zum anderen Abwägungs- und Kollisionsregelungen für die Fälle entwickelt, in denen sich im Zusammenhang mit der Forschung am Menschen verschiedene Interessen kollidierend gegenüberstehen. *Zusammengeführt* und *vereint* durch die alle drei Prüfungsebenen kennzeichnende *oberste Grundleitlinie* des Respekts vor dem Einzelnen und der umfassenden Achtung des Einzelnen in seinem Menschsein als notwendige (Grund-)Voraussetzung für die Zulässigkeit einer Forschung am Menschen, welche sich in ihrer Menschenwürde wahrenden *individualethischen* Ausrichtung dem einzelnen Menschen und seinem umfassenden Schutz verpflichtet sieht, sollen hier mit dem *„Schutz der Autonomie"* der Versuchsperson auf der ersten Prüfungsebene, dem *„Schutz des Wohls"* der Versuchs-

---

mission) sowie bei *Fröhlich* (Fn. 63), S. 126, welcher unterscheidet zwischen den *„objektive(n)* Kriterien zum Schutz der Versuchsteilnehmer ...", wozu er die Nutzen-Risiko-Abwägung zählt, den *„...* auf die individuelle *Selbstbestimmungsrecht* des Betroffenen ausgerichtete(n) Schutzkriterien ...", denen er die Einwilligung zuordnet, und den *„... verfahrensförmige(n)* Sicherungen" (Hervorhebung im Original), für welche er die Ethikkommission als Beispiel nennt. Ebenso finden sich das Einwilligungserfordernis, die Nutzen-Risiko-Abwägung und *„(p)rozedurale Absicherungen"* (S. 213, Hervorhebung im Original) wieder bei *Eser* (Fn. 6), S. 207 ff., 213 ff.

[68] Mit Blick darauf, dass die das Menschsein berührenden Schutzgüter der Versuchsperson von der ersten (*„Schutz der Autonomie"*) und zweiten (*„Schutz des Wohls"*) Prüfungsebene *unmittelbar*, hingegen von der dritten (*„Institutionelle Absicherung"*) Prüfungsebene *mittelbar* angesprochen sind, wäre auch ein *zweistufiger*, zwischen *unmittelbarem* und *mittelbarem* Schutz unterscheidender Prüfungsaufbau denkbar, bei dem die erste (die Schutzgüter *unmittelbar* ansprechende) Prüfungsebene wiederum in die zwei Gliederungsebenen des *„Schutzes der Autonomie"* und des *„Schutzes des Wohls"* eingeteilt ist.

person auf der zweiten Prüfungsebene und der „*Institutionellen Absicherung*" auf der dritten Prüfungsebene drei Prüfungsebenen vorgeschlagen werden. Innerhalb dieser drei Prüfungsebenen konkretisieren sich jeweils *notwendige*, aber auch für sich allein jeweils *nicht hinreichende* und daher ein *kumulatives* Zusammenwirken der drei Prüfungsebenen erforderlich machende Legitimationsvoraussetzungen für eine den Menschen in seinem Menschsein umfassend schützende Forschung.[69]

Die erste Prüfungsebene spricht ein „*Wille*"-Moment an, indem sie *unmittelbar* an die *Autonomie* des Menschen als das zentrale Grundelement seiner Menschenwürde anknüpft und den *Schutz der Autonomie des Einzelnen* zu ihrem maßgebenden Prüfungsinhalt erhebt sowie auf diese Weise den vom normativen *Individualismus* gekennzeichneten Prüfungsraum für das Vorliegen einer wirksamen freiwilligen Einwilligung der Versuchsperson nach umfassender Aufklärung eröffnet.[70] Aber nicht nur *einwilligungsfähige* Versuchspersonen sind in dieses *Autonomie-Schutzmoment* aufzunehmen, sondern gerade unter Anknüpfung an dieses und unter Festhalten an diesem für die Zulässigkeit der Forschung am Menschen *zentrale(n)* Prüfungskriterium der *Autonomie* des Menschen sind auch in ihrer Einwilligungsfähigkeit (aus äußeren oder inneren Gründen[71]) *eingeschränkte* Menschen mit Blick auf dieses *Autonomie-Schutzmoment* ernst zu nehmen und in den *Autonomie-Schutzraum* aufzunehmen.[72] Dies dergestalt, dass als Ausfluss des „Gerechtigkeits"-Kriteriums *gesteigerte Schutzkriterien* für die in ihrer Einwilligungsfähigkeit eingeschränkten Versuchspersonen als *zusätzlich* erforderliche forschungslegitimierende Einzelkriterien zu verlangen sind, welche – falls man eine Forschung an in ihrer Einwilligungsfähigkeit eingeschränkten Versuchspersonen überhaupt erlauben (und nicht von vornherein völlig verbieten) möchte – der Sicherung *größter Vorsicht* und *Zurückhaltung* bei einer Forschung an in ihrer Einwilligungsfähigkeit eingeschränkten Versuchspersonen dienen.[73]

---

[69] Siehe dazu u. a. etwa *Eser* (Fn. 6), S. 210, 213.

[70] Zum Einwilligungserfordernis siehe etwa *Maio* (Fn. 19), S. 59 ff.: die Einwilligung der Versuchsperson als „(d)as am meisten anerkannte Instrument zur Legitimierung der Forschung am Menschen" (S. 59), „zentrale(s) Argument" (S. 60), „als die entscheidende Legitimation von Forschung" (S. 61) sowie auf den „Individualismus" (S. 61) hinweisend; *Schaupp* (Fn. 7), S. 118 ff., 308 ff.; *Fröhlich* (Fn. 63), S. 26 ff., 127 ff., 161 ff.; *Fischer*, Medizinische Versuche am Menschen, Göttingen: Verlag Otto Schwartz & Co, 1979, S. 7 ff., 57 ff.; *Bobbert/Werner*, „Autonomie/Selbstbestimmung", in: Lenk/Duttge/Fangerau (Hrsg.), Handbuch Ethik und Recht der Forschung am Menschen, Berlin/Heidelberg: Springer-Verlag, 2014, S. 109 ff.

[71] Siehe dazu etwa *Schweizerische Akademie der Medizinischen Wissenschaften (SAMW)* (Hrsg.), Forschung mit Menschen. Ein Leitfaden für die Praxis, 2015, S. 38 ff.

[72] Siehe dazu ähnlich *Fröhlich* (Fn. 63), S. 126, 180 ff.: Orientierung auch des gesetzlichen Vertreters des Einwilligungsunfähigen am mutmaßlichen Willen des Einwilligungsunfähigen und er „muß damit das Selbstbestimmungsrecht umfassend berücksichtigen" (S. 126).

[73] Zu den zusätzlich erforderlichen Schutzkriterien für in ihrer Einwilligungsfähigkeit eingeschränkte Versuchspersonen gehören etwa der *Verhältnismäßigkeits- und Subsidiaritätsgrundsatz* sowie das Erfordernis von ethisch und rechtlich als ausreichend anzuerkennenden *Autonomie-Surrogaten* (wie z. B. einer stellvertretenden Einwilligung). Solche *Autonomie-Surrogate* sind hierbei aber immer auch in ihrer Bedeutung zu sehen, die fehlende Autonomie der kon-

Mit der kumulativ erforderlichen[74] zweiten Prüfungsebene ist auf ein *„Wohl"*-Moment Bezug genommen und der *Schutz des Wohls* der Versuchsperson als maßgebender Prüfungsinhalt *unmittelbar* angesprochen, worunter das umfassende Wohlergehen der Versuchsperson unter Schutz der Gesamtheit ihrer Schutzgüter und -interessen (etwa von Leben, physischer und psychischer Gesundheit und Unversehrtheit, Freiheit) sowohl in ihrer Einzelheit als auch ihrem Zusammenwirken für ein physisch und psychisch gesundes und autonom geführtes Leben unter Ausschluss von Leiden, Gefährdungen und Verletzungen der Versuchsperson gehören. Auch hier sind es sodann verschiedene Einzelkriterien, wie z.B. die Erfordernisse des *Nichtschadens*/der Schadensvermeidung, der Nutzenmaximierung und Risikominimierung, des Überwiegens von mit der Forschung einhergehen könnendem Nutzen über mögliche Risiken, der *Angemessenheit* des Verhältnisses von Forschungsnutzen und -risiken[75] sowie nicht zuletzt das Erfordernis *gleichmäßiger* und *nicht willkürlicher* Auswahl der Versuchspersonen und Verteilung der Forschungsnutzen/-risiken,[76] welche als Konkretisierungen des „Gerechtigkeits"-Kriteriums zusätzlich in die Prüfung der Zulässigkeit der Forschung einzubeziehen sind.

Für einen sich auch *tatsächlich verwirklichenden* Schutz dieser von der ersten und zweiten Prüfungsebene *unmittelbar* erfassten „Wille"- und „Wohl"-Schutzgüter der Versuchsperson kommen kumulativ auf der dritten Prüfungsebene Sicherungs- und Schutzmaßnahmen hinzu. Mit der *„institutionellen Absicherung"* als dem maßgebenden Prüfungsinhalt der dritten Prüfungsebene spricht diese zwar nicht unmittelbar bzw. nicht direkt, aber auf eine über ihre Sicherungsmaßnahmen *vermittelte* (d.h. mittelbare bzw. indirekte) Weise die bei der Forschung am Menschen zu schützenden Güter und Interessen der Versuchsperson an. Dies in der Form, dass in die dritte Prüfungsebene Sicherungsmaßnahmen aufzunehmen sind, welche für eine *praktische Umsetzung und tatsächliche Gewährleistung* eines *wirksamen* Schutzes der Versuchsperson in ihrem Menschsein und ihren hierfür zu beachtenden „Wille"- und „Wohl"-Schutzgütern Sorge zu tragen haben.[77] Dazu sind

---

kreten Versuchsperson *nie völlig* ersetzen zu können, so dass an diese Surrogate – als Ausdruck gerechtigkeitsbasierter zusätzlicher Prüfungskriterien – ihrerseits gerade zum Schutz der selbst nicht autonom entscheiden könnenden Versuchsperson *besonders hohe* und strenge Anforderungen anzulegen sind. Siehe dazu u. a. *Eser* (Fn. 6), S. 207: „fremdverfügende!"; *Helmchen/Lauter*, „Ethische Probleme bei der biomedizinischen Forschung mit kognitiv beeinträchtigten älteren Menschen", in: Wiesing (Hrsg.), Ethik in der Medizin. Ein Reader, Stuttgart: Philipp Reclam jun., 2000, S. 127 f.; *Maio* (Fn. 19), S. 120 f.; *Kamp* (Fn. 7), S. 30 ff.; *Schweizerische Akademie der Medizinischen Wissenschaften* (Fn. 71), S. 38 ff., 41 ff.

[74] Siehe dazu etwa *Eser* (Fn. 6), S. 207 ff.: „diese(r) „Kumulation" von Einwilligung und Risikoabwägung" (S. 210).

[75] Zu den Nutzen, Risiken und dem Nutzen-Risiko-Verhältnis siehe etwa *Maio* (Fn. 19), S. 74 ff., 86 ff., 114 ff.; *Schaupp* (Fn. 7), S. 303 ff., 323 f.; *Magnus* (Fn. 63), S. 218; *Fröhlich* (Fn. 63), S. 146 ff.; *Fischer* (Fn. 70), S. 14 ff., 61; *Böth* (Fn. 5), S. 1495 f.; *Eser* (Fn. 6), S. 207 ff.

[76] Siehe dazu u. a. *Michl/Paul* (Fn. 65), S. 497.

[77] Siehe dazu u. a. *Eser* (Fn. 6), S. 213: „Jede innere Legitimität wird fragwürdig, wenn sie nicht auch praktisch kontrollierbar ist".

als sich konkretisierender Ausdruck des „Gerechtigkeits"-Kriteriums Prüfungskriterien aufzunehmen (etwa) zur Frage nach eine *größtmögliche* (Ab-)Sicherung des Schutzes der Versuchsperson gewährenden Kontrollmechanismen (z.B. durch unabhängige Begutachtungen durch Ethikkommissionen), des Weiteren zu Fragen nach Aufgaben- und Verantwortungsverteilungen/-zuweisungen, nach genauem Umfang und genauer Ausgestaltung einzuhaltender Wissenschaftsstandards, nach kritischer Reflexion und Dokumentation von Planung und Durchführung des gesamten Forschungsvorhabens, nach Wahrung von Vertrauens- und Informationsrechten der Versuchsperson sowie nach Versicherungs-/Haftungs-/Entschädigungsregelungen für forschungsbedingt eingetretene Schäden.[78]

## IV. Kriegsverbrechen durch Versuche am Menschen und ihre Strafbarkeit nach geltendem Völkerstrafrecht im Lichte heutiger medizinethischer Legitimationsanforderungen an eine zulässige Forschung am Menschen

In welcher Weise diese *individualethischen Einzelkriterien* für eine zulässige Forschung am Menschen, welche den Nürnberger Kodex und die heutige Medizinethik prägen, in die die Versuche am Menschen regelnden gegenwärtigen völkerstrafrechtlichen Normierungen zur Strafbarkeit wegen Kriegsverbrechen[79] Eingang gefunden haben und für die Abgrenzung zwischen nach Völkerstrafrecht straflosen und strafbaren Versuchen am Menschen Bedeutung gewinnen, ist nachfolgend zu untersuchen. Zu vertiefen ist für die Auslegung und Anwendung der – insbesondere unklaren, lückenhaften und/oder umstrittenen – völkerstrafrechtlichen Regelungen hierbei, in welcher Weise im *Verknüpfungs-*, aber auch *Spannungsverhältnis* zwischen *Ethik* und *Recht* wechselseitige Einflussnahmen und Hilfestellungen sowie Gemeinsamkeiten und Unterschiede zwischen dem geltenden Völkerstrafrecht und der heutigen Medizinethik mit Blick auf die zu beurteilende Zulässigkeit der Forschung am Menschen zu beachten sind. Die für die Frage des Vorliegens eines Kriegsverbrechens relevanten völkerrechtlichen und völkerstrafrechtlichen Normen zu Versuchen am Menschen in den Genfer Konventionen, dem IStGH-Statut und dem nationalen (z.B. deutschen und schweizerischen) Völkerstrafrecht nehmen *explizit* weder auf den Nürnberger Kodex noch auf medizinethische Legitimationsanforderungen Bezug. Dennoch finden sich (einige der) im

---

[78] Siehe dazu etwa *Schaupp* (Fn. 7), S. 324 f.; *Magnus* (Fn. 63), S. 220 ff.; *Fröhlich* (Fn. 63), S. 155 ff.; *Fischer* (Fn. 70), S. 19 ff., 62 f., 70 ff.; *Fangerau*, „Ethik der medizinischen Forschung", in: Schulz/Steigleder/Fangerau/Paul (Hrsg.), Geschichte, Theorie und Ethik der Medizin, Frankfurt am Main: Suhrkamp Verlag, 2006, S. 291 f.; *Deutsch* (Fn. 7), S. 75; *Eser* (Fn. 6), S. 213 ff.

[79] Zu beachten ist des Weiteren eine mögliche Strafbarkeit wegen Verbrechen gegen die Menschlichkeit, etwa nach Art. 7 I f), k) IStGH-Statut, siehe dazu u.a. *Kiriakaki* (Fn. 7), S. 243, Fn. 58. Aus Platzgründen beschränkt sich der vorliegende Beitrag auf Ausführungen zu einer möglichen Strafbarkeit wegen Kriegsverbrechen.

Nürnberger Kodex und in der heutigen Medizinethik enthaltene(n) Legitimationsanforderungen und hier insbesondere die sich dem Schutz der *Autonomie* und dem Schutz des *Wohls* widmenden Legitimationskriterien – als die die Schutzgüter der Versuchsperson *unmittelbar* ansprechenden Prüfungsebenen für eine zulässige Forschung am Menschen[80] – *von der Sache her* auch in diesen völkerrechtlichen und völkerstrafrechtlichen Normen wieder. Dabei bestehen zwischen Nürnberger Kodex, heutiger Medizinethik und den völker(straf)rechtlichen Regelungen sowie im Verhältnis zwischen den einzelnen völker(straf)rechtlichen Regelungen neben *Gemeinsamkeiten* auch zahlreiche *Unterschiede* und es sind gerade die damit einhergehenden Fragen zu *unklaren, lückenhaften* und / oder *widersprüchlichen* völker(straf)rechtlichen Regelungen im Umgang mit Versuchen am Menschen, welche für ihre Beantwortung nach möglichen Hilfestellungen in Auseinandersetzung mit den medizinethischen Legitimationskriterien suchen lassen. In welcher Weise ein *ihre jeweiligen Inhalts- und Bewertungskriterien diskursiv austauschendes Kommunikationsverhältnis* zwischen Medizinethik und Völkerstrafrecht entwickelt werden und zur Auslegung von sich mit der Strafbarkeit von Kriegsverbrechen beschäftigenden geltenden völkerstrafrechtlichen Normen beitragen kann, ist anhand ausgewählter Problemstellungen nachfolgend aufzuzeigen.

*1. Begriffszuordnung
der Versuchsformen in der heutigen Medizinethik
und im geltenden Völkerstrafrecht*

Hinsichtlich einer *Definition* von Forschung am Menschen und einer Unterteilung in mögliche *Forschungs-"Formen"* finden sich im Nürnberger Kodex keine weiterführenden Erklärungen und insbesondere differenziert der (hierfür kritisierte[81]) Nürnberger Kodex zumindest *explizit* auch *nicht* zwischen der sog. eigennützigen und fremdnützigen Forschung.[82] In der heutigen[83] Medizinethik hat sich die Unterscheidung zwischen *eigen*nütziger und *fremd*nütziger Forschung[84] durchge-

---

[80] Siehe dazu die Ausführungen unter III.

[81] Siehe zu dieser Kritik und zu weiteren gegenüber dem Nürnberger Kodex geäußerten Kritikpunkten u. a. *Deutsch* (Fn. 7), S. 72, 75 f., 77; *Deutsch* (Fn. 4), S. 573; *Kiriakaki* (Fn. 7), S. 238.

[82] Siehe dazu *Frewer / Wiesemann* (Fn. 1), S. 123 ff.: In allgemein gehaltener Weise ist im Nürnberger Urteil und Kodex lediglich die Rede von „medizinische(n) Versuche(n) ..., „... medizinische(n) Experimente(n) ...", „... Menschenversuche(n)" (S. 123) und von „Versuch" (S. 124), „Versuchsperson" (S. 124) und „Versuchsleiter" (S. 124). Siehe hierzu auch etwa *Kamp* (Fn. 7), S. 108 ff.; *Schaupp* (Fn. 7), S. 58.

[83] Zur auch schon vor dem Nürnberger Kodex bekannten Unterscheidung von Versuchsformen siehe etwa *Fröhlich* (Fn. 63), S. 10.

[84] Geht es bei der *eigen*nützigen Forschung um eine solche, die (neben den für die Wissenschaft und die Gesellschaft relevanten Forschungserkenntnissen, wie sie mit jeder Forschung einhergehen, weshalb teilweise von „auch eigennütziger Forschung" die Rede ist) mit einem *potentiellen Eigennutzen für die konkrete Versuchsperson* verknüpft ist, so fehlt bei der *fremd*-

setzt[85] und es stehen den Schutz der Autonomie und des Wohls der Versuchsperson betreffende Legitimationsanforderungen zur (teils streitigen) Diskussion, u. a. zur Frage, ob an die eigen- und fremdnützige Forschung *unterschiedlich strenge* Legitimationsanforderungen anzulegen sind.[86] Die heutigen völkerstrafrechtlichen Normierungen zu durch Versuche am Menschen begangenen Kriegsverbrechen beantworten Fragen zur Definition des in ihnen verwendeten Versuchsbegriffs und zur Unterteilung in eigen- und fremdnützige Forschung bisher nicht hinreichend klar und vollständig. Neben dem Fehlen einer Versuchsdefinition überhaupt[87] ist in verschiedenen völker(straf)rechtlichen Normierungen und in einer hier teils ungeordnet wirkenden Weise von *biologischen, medizinischen* und/oder *wissenschaftlichen* Versuchen die Rede,[88] ohne die genauen Inhalts- und Unterscheidungsmerkmale dieser Versuchsformen ausreichend deutlich zu machen.[89]

---

nützigen Forschung (welche daher teilweise als „rein fremdnützige Forschung" bezeichnet wird) dieser potentielle Eigennutzen für die konkrete Versuchsperson völlig. Es sind bei der fremdnützigen Forschung allein die Wissenschaft und die Gesellschaft – und in weiterer Unterteilung in *gesellschafts-* und *gruppen*bezogene fremdnützige Forschungen entweder die Gesellschaft allgemein oder eine bestimmte eingegrenzte Gruppe der Gesellschaft –, für welche die durchgeführte (fremdnützige) Forschung von Nutzen sein kann. Siehe dazu u. a. *Düwell/Hübenthal/Werner* (Fn. 3), S. 256, 279: „,auch eigennützige'" (S. 256) Forschung und „,rein fremdnützige'" (S. 256) Forschung; *Eser* (Fn. 6), S. 198 f.; zu verschiedenen Differenzierungsmöglichkeiten für den Versuch näher *Maio* (Fn. 19), S. 48 ff. und mit Blick auf die Unterscheidung zwischen eigen- und fremdnütziger Forschung insbesondere S. 74 ff.; *Kamp* (Fn. 7), S. 34 zum Gruppen-Bezug; *Magnus* (Fn. 63), S. 3 ff. sowie zum Gruppenbezug S. 103, 215 ff.; *Fröhlich* (Fn. 63), S. 9 ff., 15 ff.; zu unterschiedlich verwendeten begrifflichen Bezeichnungen für die verschiedenen Versuchsformen siehe u. a. *Fischer* (Fn. 70), S. 4 f.; *Noack/Hoffstadt/Zotz*, „Therapeutische und nicht-therapeutische Forschung", in: Lenk/Duttge/Fangerau (Hrsg.), Handbuch Ethik und Recht der Forschung am Menschen, Berlin/Heidelberg: Springer-Verlag, 2014, S. 273 ff.; *Fangerau* (Fn. 78), S. 285 ff.: „Begriffsvielfalt" (S. 285).

[85] Siehe dazu etwa *Schaupp* (Fn. 7), S. 325 f.; *Fröhlich* (Fn. 63), S. 18, 119.

[86] Siehe dazu etwa *Maio* (Fn. 19), S. 83 f., 122 ff.; *Magnus* (Fn. 63), S. 4, 213 f.; *Fröhlich* (Fn. 63), S. 119 f., 150 ff. Eine hierbei u. a. streitige Frage ist, ob eine fremdnützige Forschung – und erst recht eine fremdnützige Forschung an in ihrer Einwilligungsfähigkeit eingeschränkten Versuchspersonen – vollständig zu verbieten ist oder ob eine solche gestützt etwa auf altruistische oder solidarpflichtige Erwägungen unter engen (und im Vergleich zur eigennützigen Forschung noch *engeren*) Voraussetzungen, wie z. B. nur bei Vorliegen eines *Gruppen*bezugs und von *nur minimalen* Risiken, zu erlauben ist. Zum Bezug auf Solidaritätsgefühle siehe etwa *Helmchen/Lauter* (Fn. 73), S. 128; Grafenecker Erklärung zur Bio-Ethik, „Besonderer Schutz für nicht einwilligungsfähige Personen", in: Wiesing (Hrsg.), Ethik in der Medizin. Ein Reader, Stuttgart: Philipp Reclam jun., 2000, S. 129 f.; *Magnus* (Fn. 63), S. 98 ff.; *Fröhlich* (Fn. 63), S. 119 ff.

[87] Siehe dazu auch *Werle*, Völkerstrafrecht, Tübingen: Mohr Siebeck, 2012, S. 506 Rn. 1147, 1149; *Zimmermann/Geiß*, in: Joecks/Miebach (Hrsg.), Münchener Kommentar zum Strafgesetzbuch, Band 8: Nebenstrafrecht III/Völkerstrafgesetzbuch, München: Verlag C.H. Beck, 2013, § 8 VStGB, S. 1265 Rn. 197; *Kiriakaki* (Fn. 7), S. 244 f.

[88] Art. 8 II a) ii) IStGH-Statut spricht von „biologische(n) Versuche(n)", hingegen ist in Art. 8 II b) x) und e) xi) IStGH-Statut von „medizinische(n) oder wissenschaftliche(n) Versuche(n) jeder Art" die Rede. Art. 12 II S. 2 GA I und Art. 12 II S. 2 GA II sprechen von „biologische(n) Versuche(n)", Art. 13 S. 3 GA III spricht von „medizinischen oder wissenschaftlichen Versuche(n) irgendwelcher Art" und Art. 32 S. 2 GA IV von „medizinische(n) oder wissen-

Der Gesichtspunkt (zum Ersten), *dass* das geltende Völkerstrafrecht – im Unterschied zum Nürnberger Kodex – nicht nur schlicht von „dem Versuch" spricht, sondern diesen mit mehreren verschiedenen und ihn konkretisierenden (biologischen, medizinischen und wissenschaftlichen) Bezügen verknüpft sowie (zum Zweiten) der Gesichtspunkt, dass in den völker(straf)rechtlichen Bestimmungen das Kriterium eines *Geboten-/Gerechtfertigtseins des Versuchs durch die ärztliche Behandlung der Versuchsperson* und einer *Durchführung des Versuchs im Interesse der Versuchsperson* enthalten ist[90] – und damit ein Kriterium zur *Differenzierung* zwischen Versuchen, bei denen eine Rechtfertigung durch ärztliche Behandlung/eine Durchführung im Interesse der Versuchsperson zu *bejahen* oder zu *verneinen* ist –, erlauben den Schluss, dass vom geltenden Völkerstrafrecht wenn auch nicht explizit, so doch *von der Sache her* die Bedeutung einer *nötigen Unterscheidung* zwischen verschiedenen Formen des Versuchs, einmal *mit* und das andere Mal *ohne* Eigennutzen für die betreffende Versuchsperson wahrgenommen und in die

---

schaftliche(n), nicht durch ärztliche Behandlung einer geschützten Person gerechtfertigte(n) biologische(n) Versuche(n)". In Art. 11 I S. 2 ZP I ist die Rede von einem „medizinischen Verfahren", in Art. 11 II Buchst. b) ZP I von „medizinische(n) oder wissenschaftliche(n) Versuche(n)" und in Art 5 II Buchst. e) ZP II von einem „medizinischen Verfahren". Im deutschen VStGB spricht § 8 I Nr. 8 a) lediglich von „Versuche(n)". Im schweizerischen StGB ist in Art. 264c I Buchst. c von „biologische(n) Versuche(n)" und in Art. 264e I Buchst. a von „medizinischen Verfahren" die Rede. Siehe dazu mit weiteren Hinweisen u.a. *Kiriakaki* (Fn. 7), S. 240 ff., 243 ff., 258 ff.

[89] Siehe dazu auch *Werle* (Fn. 87), S. 506 Rn. 1149: „Die Abgrenzung zu biologischen Versuchen ist unklar"; *Sutter/Vest*, in: Vest/Ziegler/Lindenmann/Wehrenberg (Hrsg.), Die völkerstrafrechtlichen Bestimmungen des StGB, Kommentar, Zürich/St. Gallen: Dike Verlag/Baden-Baden: Nomos Verlag, 2014, Art. 264c, S. 653 Rn. 113: „Wesentliche Unterschiede zwischen biologischen, wissenschaftlichen und medizinischen Experimenten sind (einstweilen) nicht erkennbar"; *Noto/Vest*, in: Vest/Ziegler/Lindenmann/Wehrenberg (Hrsg.), Die völkerstrafrechtlichen Bestimmungen des StGB, Kommentar, Zürich/St. Gallen: Dike Verlag/Baden-Baden: Nomos Verlag, 2014, Art. 264e, S. 741 f., Rn. 17 f.: „geht weder aus dem Statut noch aus den Verbrechenselementen hervor, worin der Unterschied liegt. Die Abgrenzung … bleibt dementsprechend unklar" (S. 741, Rn. 17), „keine materiellen Unterschiede" (S. 742, Rn. 18).

[90] Siehe dazu Art. 8 II b) x) und e) xi) IStGH-Statut, wo es heißt: „durch deren *ärztliche, zahnärztliche oder Krankenhausbehandlung gerechtfertigt* sind oder *in ihrem Interesse durchgeführt* werden". Ebenso spricht Art. 13 S. 3 GA III von „die nicht *durch die ärztliche Behandlung des betreffenden Kriegsgefangenen gerechtfertigt* sind und nicht *in seinem Interesse liegen*", Art. 32 S. 2 GA IV von „nicht *durch ärztliche Behandlung einer geschützten Person gerechtfertigte(n)* biologische(n) Versuche(n)". In Art. 11 I S. 2 ZP I ist die Rede von „das nicht *durch ihren Gesundheitszustand geboten* ist und das nicht *mit den allgemein anerkannten medizinischen Grundsätzen im Einklang steht*, die unter entsprechenden medizinischen Umständen auf Staatsangehörige der das Verfahren durchführenden Partei angewandt würden, denen die Freiheit nicht entzogen ist". Art. 5 II Buchst. e) ZP II spricht von „das nicht *durch ihren Gesundheitszustand geboten* ist und das nicht *mit den allgemein anerkannten* und unter entsprechenden medizinischen Umständen auf freie Personen angewandten *medizinischen Grundsätzen im Einklang steht*". Auch in § 8 I Nr. 8 a) dt. VStGB heisst es: „weder *medizinisch notwendig* sind noch *in ihrem Interesse durchgeführt* werden" und in Art. 264e I Buchst. a chStGB: „das nicht *durch ihren Gesundheitszustand geboten* ist und das nicht *mit allgemein anerkannten medizinischen Grundsätzen im Einklang steht*" (Hervorhebungen Demko).

völkerstrafrechtlichen Bestimmungen aufgenommen wurde. Für eine herzustellende begriffliche Ordnung und Strukturierung der in den völker(straf)rechtlichen Regelungen verwendeten verschiedenen Versuchsbegriffe ließen sich unter Zuhilfenahme von *grammatikalischen*,[91] *systematischen*[92] und *teleologischen* – hier

---

[91] Für die grammatikalische Auslegung lässt sich *anknüpfend* an Definitionselemente (von denen es neben den hier genannten vielzählige weitere und in unterschiedlicher Weise verwendete Definitionselemente gibt) der Begriffe „Biologie", „Medizin" und „Wissenschaft" eine Unterteilung in biologische, eigennützige (medizinische) und fremdnützige (wissenschaftliche) Versuche am Menschen entwickeln: „Biologie" wird (u.a.) mit dem Bereich, Wesen und Charakter des „Lebendigen" (Sp. 943) verbunden, Ritter (Hrsg.), Historisches Wörterbuch der Philosophie, Bd. 1, Basel/Stuttgart: Schwabe & Co Verlag, 1971, Sp. 943. An diesen Aspekt des *Lebens* und *Lebendigen* anknüpfend und diesen hier (da es vorliegend um die Forschung am *Menschen* geht) auf den „Menschen" beziehend, ließe sich der „biologische" Versuch am Menschen als Oberbegriff für alle sich mit dem *Lebendigen des Menschen* beschäftigenden Versuchsformen am *lebenden Menschen* verstehen. Der Begriff „Medizin" wird (u.a.) mit den Inhaltselementen *Gesundheit* und *Krankheit* sowie damit verbundener *Heilung* und *Therapie* verknüpft, siehe dazu näher etwa *Ritter/Gründer* (Hrsg.), Historisches Wörterbuch der Philosophie, Bd. 5, Basel/Stuttgart: Schwabe & Co Verlag, 1980, Sp. 973 ff., 977 ff. Daran anknüpfend ließe sich der „medizinische" Versuch als ein solcher verstehen, der sich – auch hier wieder mit dem konkretisierenden Bezug auf den *Menschen* – aus dem umfassenden Bereich des Lebendigen speziell mit Fragen der *Gesundheit*, *Krankheit* und der *Gesundung/Heilung/Therapie* von Krankheiten befasst, und zwar nicht nur abstrakt, allgemein und losgelöst von der konkreten Versuchsperson, sondern *gerade für* die *Aufrechterhaltung/Wiederherstellung der Gesundheit der konkreten Versuchsperson*, d. h. zu ihrem *Eigennutzen*: Danach würde mit einem „medizinischen" Versuch ein eigennütziger Versuch gemeint sein. Der Begriff der „Wissenschaft" ist mit *Wissen, Erkenntnis* sowie dem *Erlangen und Erfassen von Wissen/Erkenntnis* verbunden, siehe u. a. *Ritter/Gründer/Gabriel* (Hrsg.), Historisches Wörterbuch der Philosophie, Bd. 12, Basel: Schwabe Verlag, 2004, Sp. 903, 908, 910 f., 916. In Anknüpfung daran – hier erneut mit konkretisierendem Bezug auf den *Menschen* – ließe sich unter einem „wissenschaftlichen" Versuch als ein solcher zur Erlangung von Erkenntnissen über mit dem Lebendigen (zu dem u. a. auch Fragen der Gesundheit, Krankheit, Heilung gehören) des Menschen zusammenhängende Fragen verstehen, dem es aber um diese Erkenntniserlangung *an sich* in einem *allgemeinen* Sinne losgelöst von der konkreten Versuchsperson geht, d. h. gerade *nicht* mit speziellem Bezug auf die Gesundung der konkreten Versuchsperson und damit *ohne* Eigennutzen für die konkrete Versuchsperson: Mit einem „wissenschaftlichen" Versuch würde man daher einen fremdnützigen Versuch meinen. Zur *unterschiedlichen* Verwendung der Versuchsbegriffe in der Medizinethik und zu den von der Verfasserin gemachten Einteilungsvorschlägen teils *ähnlichen* Einteilungen der Versuchsbegriffe, wenn auch unter teilweise anderen begrifflichen Bezeichnungen, siehe etwa *Eser* (Fn. 6), S. 198 ff., wo zwischen einer „Heilbehandlung" (S. 198, Hervorhebung im Original), bei der es „primär um Heilung des konkret betroffenen Patienten" (S. 198) geht, und Verfahren zu „ausschließlich (oder jedenfalls primär) ... wissenschaftliche(n) Zwecke(n)" (S. 200, Hervorhebung im Original) unterschieden sowie auf die Differenzierung zwischen „therapeutischer und „nicht-therapeutischer" Forschung" (S. 201) hingewiesen wird; siehe zudem die „Richtlinien für neuartige Heilbehandlung und für die Vornahme wissenschaftlicher Versuche am Menschen", Deutsche Medizinische Wochenschrift, 1931, S. 509, welche zwischen „neuartiger Heilbehandlung" und „wissenschaftlichen Versuchen" differenzieren; auf ein Gerechtfertigt-Sein durch die ärztliche Behandlung eines Kriegsgefangenen und das in seinem Interesse Liegen weist auch Fischer hin, siehe *Fischer*, „Schutz der Kriegsgefangenen", in: Fleck (Hrsg.), Handbuch des humanitären Völkerrechts in bewaffneten Konflikten, München: C.H. Beck, 1994, S. 267; *Fischer* (Fn. 70), S. 4 f.; *Noack/Hoffstadt/Zotz* (Fn. 84), S. 273 ff.; *Fangerau* (Fn. 78), S. 285 ff.

an die in der heutigen Medizinethik anerkannten (eigen- und fremdnützigen) Versuchsformen anknüpfend – Auslegungselementen die Begriffe des biologischen, medizinischen und wissenschaftlichen Versuchs dergestalt konkretisieren, dass sich der *biologische* Versuch als *Ober- bzw. Grundbegriff* für „den" Versuch/„die" Forschung am Menschen unter Einschluss *aller* (eigen- und fremdnützigen) Forschungsformen darstellt,[93] während mit dem *medizinischen* Versuch die *eigennützige* Forschungsform und mit dem *wissenschaftlichen* Versuch die *fremdnützige* Forschungsform gemeint sind.[94]

---

[92] Mit Bezug auf das systematische Auslegungsmoment fällt eine (eine Einordnung von verschiedenen Versuchsformen in einen übergeordneten (biologischen) Versuchsbegriff ermöglichende) auf der „*Dass*"-Ebene bestehende *Gemeinsamkeit* oder zumindest *Ähnlichkeit* der völker(straf)rechtlichen Regelungen zu den biologischen, medizinischen und wissenschaftlichen Versuchen auf: Diese *Gemeinsamkeit/Ähnlichkeit* liegt darin, *dass* die biologischen, medizinischen und wissenschaftlichen Versuche in den völker(straf)rechtlichen Regelungen mit bestimmten absoluten Strafbarkeitsschwellen verbunden sind (welche aber wiederum auf der „Wie"-Ebene mit Unterschieden und Unklarheiten verbunden sind, siehe dazu näher unter IV. 4.). Dies erinnert an den im Zusammenhang mit der *rechtlichen Wirksamkeit* einer Einwilligung einer Person in Eingriffe in ihre Schutzgüter relevanten Gesichtspunkt, *dass* sich eine (wenn auch freiwillige) Einwilligung einer Person in Schutzgüter-Eingriffe dann als *rechtlich unwirksam* erweist (womit die Schwelle für die Strafbarkeit eröffnet wird), wenn die Rechtsordnung den Schutz von anderen Rechtsgütern (z.B. des Lebens der Person) als gegenüber dem Schutz der Autonomie der einwilligenden Person *höherrangig* bewertet: Diskutiert wird eine solche *rechtlich unwirksame* Einwilligung etwa bei einer Einwilligung in den Tod, in eine konkrete Todesgefahr, in schwere/sittenwidrige Gesundheitsverletzungen oder entsprechende Gefahren (wobei sich, dies aber erst auf der „Wie"-Ebene, sodann die Frage stellt, welche dieser Kriterien im konkreten Fall als Schwelle für die rechtliche Unwirksamkeit der Einwilligung und für die Strafbarkeitseröffnung relevant sein sollen). Siehe dazu etwa *Wessels/Beulke/Satzger*, Strafrecht Allgemeiner Teil, Heidelberg: C.F. Müller, 2015, S. 170 Rn. 552, S. 173 ff. Rn. 560 ff.; *Stratenwerth*, Schweizerisches Strafrecht. Allgemeiner Teil I: Die Straftat, Bern: Stämpfli Verlag, 2011, S. 228 ff. Rn. 14 ff.

[93] Darauf mit weiteren Nachweisen ebenso hinweisend *Noto/Vest* (Fn. 89), Art. 264e, S. 741, Rn. 16; siehe zudem die Ausführungen in Fn. 91 und 92. Zu beachten bleibt aber, gerade auch aufgrund der *unklaren* und *uneinheitlichen* Verwendung der Versuchs(form)begriffe und auch des Begriffs des „biologischen" Versuchs in den völker(straf)rechtlichen Regelungen, dass für die jeweils konkrete völkerstrafrechtliche Norm zu ermitteln ist, was sie an genauen Versuchsformen als von dem Begriff des „biologischen" Versuchs jeweils erfasst ansieht. Beispielsweise spricht Art. 8 II a) ii) IStGH-Statut von „Folter oder unmenschliche Behandlung einschließlich biologischer Versuche" und behandelt den biologischen Versuch schon vom Wortlaut („einschließlich") als Unterfall unmenschlicher Behandlung. Art. 264c I Buchst. c chStGB hingegen nennt den biologischen Versuch neben (ohne „einschließlich") Folter und unmenschlicher Behandlung, verbindet („namentlich") alle drei aber durch die Voraussetzung großer Leiden oder schwerer Körper-/Gesundheitsschäden. Mit Bezugnahmen auf die Verbrechenselemente sollen aber allein *nicht-therapeutische* Versuche mit dem Begriff des „biologischen" Versuchs gemeint sein, siehe *Werle* (Fn. 87), S. 501 ff., 505 ff., 507 ff.: „Unterfall" (S. 505 Rn. 1147), „der Versuch nicht therapeutischen Zwecken dient" (S. 506 Rn. 1147) sowie *Sutter/Vest* (Fn. 89), Art. 264c, S. 653 Rn. 112: „nur nicht therapeutisch angelegte Experimente erfasst"; *Kiriakaki* (Fn. 7), S. 244.

[94] Siehe dazu die Ausführungen und weiteren Verweise in Fn. 91 und 92. Diese hier vorgeschlagene Begriffs- und Bedeutungszuweisung zu dem biologischen Versuch (als Oberbegriff) und den Versuchsformen des eigennützigen (medizinischen) und fremdnützigen (wissenschaft-

## 2. Die medizinethische und die für die Strafbarkeit wegen Kriegsverbrechen relevante völkerstrafrechtliche Beurteilung der Zulässigkeit fremdnütziger Versuche am Menschen

Lässt sich die Wahrnehmung der *Relevanz* der *Unterscheidung* zwischen Versuchen *mit* oder *ohne* Eigennutzen für die betreffende Versuchsperson sowohl im Normenkreis der heutigen Medizinethik als auch des geltenden Völkerstrafrechts erkennen und lassen sich *gerade zur besseren Sichtbarmachung* dieser relevanten Unterscheidung die Begriffe des medizinischen und wissenschaftlichen Versuchs unter Zuhilfenahme der Medizinethik der eigen- und fremdnützigen Forschung zuordnen, so ist damit – d.h. mit dem gefundenen Zwischenergebnis, *dass* sich geltendes Völkerstrafrecht mit Regelungen zum (biologischen) Versuch am Menschen *in Differenzierung* zwischen eigennützigen und fremdnützigen Versuchen beschäftigt – aber noch nicht automatisch auch die Folgefrage mitbeantwortet, *in welcher*, möglicherweise unterschiedlichen Weise sich die Strafbarkeit wegen Kriegsverbrechen, begangen durch *eigen*- und/oder *fremd*nützige Versuche, nach Völkerstrafrecht bestimmt. Angesprochen ist vor dem Hintergrund des „*in ihrem Interesse*-Liegens" die Frage, ob sich dieses („*ihr Interesse*") allein auf die *konkret betroffene* Versuchsperson und ihren *individuellen Eigen*nutzen bezieht oder ob hier eine mögliche Öffnung für einen sich auf die *Gruppe* der in der Gewalt einer gegnerischen Partei/einer anderen Konfliktpartei befindlichen Personen beziehenden *Fremd*nutzen angelegt ist.[95]

Damit verbunden ist die Frage, ob – wie es bei (der zu befürwortenden) Annahme des Erfasstseins nur von individuellem Eigennutzen der Fall wäre – ein fremdnütziger Versuch in bewaffneten Konflikten *stets* zu einer Strafbarkeit wegen Kriegsverbrechen führt oder ob – bei einer Öffnung auch für einen sog. Gruppennutzen – fremdnützige Forschung in bewaffneten Konflikten unter bestimmten Voraussetzungen straflos sein kann.[96] Selbst wenn man nun annehmen wollte, dass der Wortlaut der völkerstrafrechtlichen Bestimmungen sich hier (angeblich) nicht eindeutig auf die *konkret betroffene* Versuchsperson und ihren individuellen Eigennutzen bezieht, so führen dann jedenfalls teleologische Auslegungsmomente mit Blick auf den *individualethische*n Charakter der völkerstrafrechtlichen Regelungen zu Versuchen am Menschen, wie er sich in den *autonomie*- und *wohl*bezogenen völkerstrafrechtlichen Kriterien zeigt, im Zusammenwirken mit auch im *medizinethischen Kontext angeführten Bedenken* hinsichtlich einer Zulassung von

---

lichen) Versuchs ist zwar in dieser (hier vorgeschlagenen) Einteilungsform in den völker(straf)rechtlichen Bestimmungen aufgrund ihrer *unklaren* und *uneinheitlichen* Begriffsverwendungen des biologischen, medizinischen und wissenschaftlichen Versuchs nicht konsequent umgesetzt, könnte aber als Hilfe zur Auslegung der jeweiligen völker(straf)rechtlichen Bestimmungen mit Blick auf die Grenzziehung zwischen nach Völkerstrafrecht straflosen und strafbaren Versuchen am Menschen zugrunde gelegt werden.

[95] Siehe dazu mit weiteren Hinweisen und Ausführungen *Kiriakaki* (Fn. 7), S. 247 ff.
[96] Siehe dazu die Ausführungen und Angaben in Fn. 86.

fremdnütziger Forschung an sog. vulnerablen Versuchspersonen[97] zu dem Ergebnis, dass zumindest *in bewaffneten Konflikten* eine fremdnützige Forschung an in der Gewalt einer gegnerischen Partei/einer anderen Konfliktpartei befindlichen Personen *stets als verboten* anzusehen und als Kriegsverbrechen *strafbar* ist:

Gerade die klare Entscheidung für eine *individualethisch* ausgerichtete Forschung mit einem *Vorrang* des Einzelnen vor der Gesellschaft, wie sie im Nürnberger Kodex, in der heutigen Medizinethik und im geltenden Völkerstrafrecht verankert ist, gebietet teleologisch gestützt den zu gewährleistenden umfassenden Schutz der einzelnen Versuchsperson vor kollektivethisch begründeten Einschränkungen seiner zu seinem Menschsein gehörenden individuellen Schutzgüter. Eine Verringerung dieses Schutzes der Versuchsperson, wie sie mit einer Zulassung fremdnütziger Forschung an Gefangenen selbst unter erhöhten Legitimationsanforderungen (z.B. *nur* bei einer *gruppenbezogenen* fremdnützigen Forschung u./o. über das *angemessene* Nutzen-Kosten-Verhältnis *hinausgehend* bei *nur minimalen* Risiken[98]) einhergeht, ist aufgrund der *Zweifel an der Freiwilligkeit der Einwilligung* der Gefangenen und aufgrund der *Gefahr einer missbräuchlichen Ausnutzung* der schwachen Schutzposition der Gefangenen schon zu Friedenszeiten skeptisch zu betrachten.[99] *Erst recht* nun aber und *jedenfalls in bewaffneten Konflikten*, in denen sich die Versuchsperson in den Händen der *gegnerischen* bzw. einer *anderen Konflikt*partei befindet, sind diese Zweifel an der Freiwilligkeit der Einwilligung und sind diese Missbrauchsgefahren noch vielfach höher und lassen sich nicht mehr mit hinreichender Sicherheit ausräumen;[100] zudem kann auch die Eingrenzung auf einen hier nicht hinreichend klar herstellbaren Gruppenbezug und auf nur „minimale Risiken" die Gefangenen jedenfalls im Kontext bewaffneter Konflikte nicht ausreichend schützen.[101] Steht

---

[97] Zu sog. vulnerablen Versuchspersonen siehe etwa *Wild*, „Vulnerabilität", in: Lenk/Duttge/Fangerau (Hrsg.), Handbuch Ethik und Recht der Forschung am Menschen, Berlin/Heidelberg: Springer-Verlag, 2014, S. 297 f.; *Schweizerische Akademie der Medizinischen Wissenschaften* (Fn. 71), S. 38 ff.

[98] Siehe dazu etwa *Schweizerische Akademie der Medizinischen Wissenschaften* (Fn. 71), S. 44.

[99] Siehe dazu etwa *Fischer* (Fn. 70), S. 33 f.; *Amelung*, „Die Einwilligung des Unfreien. Das Problem der Freiwilligkeit bei der Einwilligung eingesperrter Personen", ZStW 95 (1983), Heft 1, S. 5 ff.

[100] Siehe dazu etwa *Böth* (Fn. 5), S. 1495; *Eser*, „„Defences" in Strafverfahren wegen Kriegsverbrechen", in: Schmoller (Hrsg.), Festschrift für Otto Triffterer zum 65. Geburtstag, Wien/New York: Springer-Verlag, 1996, S. 769: „wird man schwerlich von echter Freiwilligkeit sprechen können ... von freiwilliger Teilnahme an einem medizinischen Versuch zu sprechen, wäre blanker Zynismus"; *Kiriakaki* (Fn. 7), S. 249, 253 f., siehe des Weiteren S. 242 f., 247, 257, 260; siehe zudem Nürnberger Kodex 1997 Punkt 2, wo von der Unzulässigkeit von an Menschen in Gefängnissen durchgeführten Medizinversuchen die Rede ist.

[101] Siehe dazu u.a. *Fischer* (Fn. 70), S. 34. Schon eine *hinreichend klar herstellbare und auch begründete* Bestimmung des Gruppen-Begriffs – mit der Frage, ob es um die Gruppe z.B. „der Gefangenen" allgemein oder enger um die der „Gefangenen beider Konfliktparteien" oder der „Gefangenen in den Händen nur einer (und wenn, welcher) der Konfliktparteien" oder der „Kriegsgefangenen" usw. und/oder hinzukommend um bestimmte *spezielle (Gefangenen-) Krankheiten* dieser Gefangenen-Gruppen (und wenn, von welchen) gehen soll – erscheint zwei-

schon für Friedenszeiten die Zulässigkeit von fremdnütziger Forschung an Gefangenen zur kontroversen Diskussion, so hat – auch in einem Lernen aus der Geschichte im Zusammenhang mit den menschenverachtenden kollektivethischen NS-Menschenversuchen, denen sich der Nürnberger Kodex mit seinem streng-individualethischen Schutzanspruch zu recht entschieden entgegengestellt hat – das gegenwärtige Völkerstrafrecht für seinen speziellen Regelungsbereich der hier einschlägigen *Kriegsverbrechen* den *individualethisch* geforderten umfassenden Schutz der Versuchsperson über eine *absolute Strafbarkeit jeglicher fremdnütziger Forschung am Menschen nach Völkerstrafrecht* zu gewährleisten.[102]

### 3. Das medizinethische Autonomie-*Schutzmoment* und seine Bedeutung für die Strafbarkeit wegen Kriegsverbrechen durch Versuche am Menschen nach Völkerstrafrecht

Der zu bejahenden *absoluten Strafbarkeit* wegen Kriegsverbrechen in Bezug auf *fremd*nützige Versuche am Menschen im Rahmen bewaffneter Konflikte steht die Frage gegenüber, wie sich die Strafbarkeit wegen Kriegsverbrechen nach Völkerstrafrecht hinsichtlich *eigen*nütziger (medizinischer) Versuche am Menschen bestimmt und welche der medizinethischen Legitimationskriterien für eine zulässige Forschung am Menschen hierbei auch im geltenden Völkerstrafrecht Berücksichtigung finden (sollten). Das (bereits vor dem Nürnberger Kodex entwickelte[103]) *Autonomie*-Schutzmoment in Gestalt der erforderlichen freiwilligen wirksamen Einwilligung der aufgeklärten Versuchsperson ist im Nürnberger Kodex in einer strengen deontologischen Ausformung[104] und ist ebenso in der heutigen Medizinethik – trotz hier eingeräumter konsequentialistisch begründeter ausnahmsweiser Abweichungsmöglichkeiten von der grundsätzlich nötigen Einwilligung der Versuchsperson[105] – als eine *entscheidende*, weil gerade die *Autonomie* als wesentli-

---

felhaft. Dieselben Zweifel bestehen hinsichtlich einer *hinreichend klar herstellbaren und auch begründeten* Bestimmung des nur „minimalen" Risikos mit Fragen etwa dazu, was „minimale" Risiken schon zu Friedenszeiten und dann erst recht zu Zeiten eines bewaffneten Konflikts sein sollen und ob sich die „Minimal"-Bewertung für Zeiten außerhalb und innerhalb bewaffneter Konflikte voneinander unterscheidet oder sich entspricht. Hinzu kommt mit Blick auf die von der Verfasserin vorgeschlagene dritte Prüfungsebene der „*institutionellen Absicherung*", dass sich eine solche „institutionelle Absicherung" *zu Zeiten eines bewaffneten Konflikts* weder mit Bezug auf das Vorliegen einer tatsächlich freiwilligen Einwilligung der Versuchsperson noch mit Bezug auf die Einhaltung der Wohl-Anforderungen in ausreichendem Masse verwirklichen, kontrollieren und sichern lässt.

[102] Siehe dazu u. a. *Kiriakaki* (Fn. 7), S. 242 f., 247, 249, 253 f., 257, 260 mit weiteren Ausführungen.

[103] Siehe dazu etwa *Deutsch* (Fn. 4), S. 571 f., 573.

[104] Siehe zum Nürnberger Kodex als einem „deontologischen Modell" (S. 121) näher *Maio* (Fn. 19), S. 121 f.; siehe zudem *Kiriakaki* (Fn. 7), S. 237: „*unabdingbare(n)* Zulässigkeitsvoraussetzung für die Vornahme *jeglicher* medizinischer Versuche am Menschen" (Hervorhebung Demko).

[105] Dazu etwa *Maio* (Fn. 19), S. 122 ff.

ches Grundelement der *Menschenwürde* schützende Legitimationsvoraussetzung für eine zulässige Forschung am Menschen fest verankert.[106] In den völker(straf)rechtlichen Regelungen findet sich die *explizite* Aufnahme des Einwilligungserfordernisses in uneinheitlich geregelter Weise wieder: Während einige Bestimmungen der Genfer Konventionen[107] und auch Art. 8 II a) ii), b) x), e) xi) IStGH-Statut das Einwilligungserfordernis *nicht explizit* anführen,[108] wird es von Art. 11 II ZP I aufgegriffen[109] und von § 8 I Nr. 8 a) dt.VStGB ausdrücklich genannt.[110] Dieser *uneinheitlichen expliziten* Nennung des Einwilligungserfordernisses in den völker(straf)rechtlichen Regelungen zu Versuchen am Menschen einerseits stehen andererseits (zum Ersten) die *feste inhaltliche Verankerung* des Einwilligungserfordernisses *im Nürnberger Kodex und in der heutigen Medizinethik* als wichtige Legitimationsbedingung für eine zulässige Forschung am Menschen, (zum Zweiten) der auch durch das heutige *Recht* mit Blick auf ein *frei und selbstbestimmt* geführtes Leben gewährleistete Schutz der Autonomie des Einzelnen als ein zentrales Grundelement des auch *rechtlichen* Menschenwürdebegriffs[111] sowie (zum Dritten) der *universal-menschenrechtsschützende* Charakter – für welchen die „*Subjektstellung* des Individuums"[112] und damit auch dessen Menschenwürde mit ihrem Grundelement der Autonomie des Einzelnen bedeutsam sind – des *Völkerstrafrechts insgesamt* entgegen.[113]

Dies wirft die Frage auf, ob selbst in denjenigen völker(straf)rechtlichen Regelungen zu den Kriegsverbrechen, die das Einwilligungserfordernis nicht explizit nennen, dieses dennoch *von der Sache her* in ihnen enthalten ist, indem das Einwil-

---

[106] Zur maßgeblichen Bedeutung der Autonomie in der heutigen Medizinethik siehe u. a. *Schmitz*, „Eugenik und Mediziner heute – Die Bedeutung der reproduktiven Autonomie", in: Westermann/Kühl/Groß (Hrsg.), Medizin im Dienst der „Erbgesundheit", Berlin: Lit-Verlag, 2009, S. 245: „bedeutende(n) Konstante", „zählt ... zu den tragenden Säulen der medizinischen Ethik"; *Deutsch* (Fn. 7), S. 75: „Lebende Grundsätze", „fortlebende(n) Prinzipien".

[107] Z.B. Art. 12 GA I, Art. 13 GA III, Art. 32 GA IV.

[108] Siehe dazu mit weiteren Ausführungen, u. a. zu den Verbrechenselementen, näher *Kiriakaki* (Fn. 7), S. 246; auch Art. 264c I Buchst. c und Art. 264e I Buchst. a chStGB nennen das Einwilligungserfordernis nicht explizit.

[109] Art. 11 II ZP I: „selbst mit ihrer Zustimmung", siehe im Zusammenhang mit der Blut-/Hautentnahme auch Art. 11 III ZP I: „die Einwilligung freiwillig und ohne Zwang oder Überredung".

[110] Als eine der Strafbarkeitsvoraussetzungen ist in Art. 8 I Nr. 8 a) VStGB aufgeführt, dass die nach dem humanitären Völkerrecht zu schützende Person in die an ihr vorgenommenen Versuche „nicht zuvor freiwillig und ausdrücklich eingewilligt hat". Siehe zudem die explizite Nennung des Einwilligungserfordernisses in § 8 I Nr. 8 b) und c) VStGB.

[111] Siehe dazu u. a. *Demko*, „Humanforschung und Neuroenhancement im Kontext von Ethik, Anthropologie und Recht – Ein Beitrag zur Entwicklung eines menschenwürdebegründeten Menschenbildes", in: Winiger/Becchi/Avramov/Bacher (Hrsg.), Ethik und Recht in der Bioethik, Stuttgart: Franz Steiner Verlag, 2013, S. 189 ff., 191, 195.

[112] *Werle* (Fn. 87), S. 62 Rn. 135 (Hervorhebung Demko).

[113] Zum universal-menschenrechtsschützenden Charakter des Völkerstrafrechts siehe mit weiteren Nachweisen *Werle* (Fn. 87), S. 61 ff. Rn. 135 ff.

ligungserfordernis von anderen in den völker(straf)rechtlichen Regelungen explizit angeführten Kriterien aufgenommen und als eines ihrer *Teilaspekte* in ihnen enthalten ist. Hier rücken die in den völker(straf)rechtlichen Regelungen *ausdrücklich* genannten Erfordernisse des *Geboten-/Gerechtfertigtseins des Versuchs durch die ärztliche Behandlung der Versuchsperson*, des *Im-Einklang-Stehens des Versuchs mit den allgemein anerkannten medizinischen Grundsätzen* und der Durchführung des Versuchs *im Interesse der Versuchsperson* ins Blickfeld,[114] welche alle auf eine zu wahrende *individualethische* und mit einem *individuellen Eigen*nutzen für die konkrete Versuchsperson verbundene Ausrichtung einer zulässigen Forschung am Menschen verweisen. Neben dem *Geboten-/Gerechtfertigtsein des Versuchs durch die ärztliche Behandlung der Versuchsperson*, mit dem der Aspekt einer der Versuchsperson (*eigen*)nützenden möglichen Verbesserung ihrer Gesundheit (und eine Abgrenzung zur fremdnützigen Forschung) angesprochen ist, werden in den völker(straf)rechtlichen Normen zudem die Erfordernisse des *Im-Einklang-Stehens mit den allgemein anerkannten medizinischen Grundsätzen* oder der Durchführung *im Interesse der Versuchsperson* verlangt. Es sind diese beiden Erfordernisse, welche sich als Ausdruck und als „Oberbegriffe" für einen *umfassend zu wahrenden Individualschutz* unter Einschluss des Schutzes der Versuchsperson in *allen* zu ihrem Menschsein gehörenden individuellen Schutzmomenten – und hier damit unter Einschluss des *Autonomie*-Schutzmoments *und* des *Wohl*-Schutzmoments – lesen lassen: Greift man das *in der heutigen Medizinethik fest verankerte* Einwilligungserfordernis für eine zulässige Forschung am Menschen auf, so lässt sich dieses (und auch das ebenso in der heutigen Medizinethik fest verankerte Wohl-Schutzmoment) als Teilaspekt der *allgemein anerkannten medizinischen Grundsätze* und ebenso als Teilaspekt des *Interesses* der Versuchsperson verstehen.

Anknüpfend an die in den völker(straf)rechtlichen Regelungen ausdrücklich genannten Erfordernisse des *Im-Einklang-Stehens mit den allgemein anerkannten medizinischen Grundsätzen* bzw. der Durchführung *im Interesse der Versuchsperson* lassen sich daher *unter Heranziehung von in der heutigen Medizinethik fest verankerten Grund*voraussetzungen für eine zulässige Forschung am Menschen diese beiden autonomie- und wohlbezogenen Schutzmomente in die völker(straf)-rechtlichen Regelungen integrieren. Im Wege teleologischer Auslegung nimmt das geltende, dem Menschenrechtsschutz verpflichtete Völkerstrafrecht auf diese Weise die ebenso dem Schutz des Menschen verpflichtete *individualethische* Ausrichtung der heutigen Medizinethik und die für die Wahrung dieses *Indivi-*

---

[114] Siehe dazu bereits die Ausführungen unter IV. 1. und der dortige Verweis auf die Normen Art. 8 II b) x) und e) xi) IStGH-Statut („durch deren *ärztliche, zahnärztliche oder Krankenhausbehandlung gerechtfertigt* sind oder *in ihrem Interesse durchgeführt* werden"), Art. 13 S. 3 GA III, Art. 32 S. 2 GA IV, Art. 11 I S. 2 ZP I („das nicht *durch ihren Gesundheitszustand geboten* ist und das nicht *mit den allgemein anerkannten medizinischen Grundsätzen im Einklang steht*, die unter entsprechenden medizinischen Umständen auf Staatsangehörige der das Verfahren durchführenden Partei angewandt würden, denen die Freiheit nicht entzogen ist"), Art. 5 II Buchst. e) ZP II, § 8 I Nr. 8 a) dt.VStGB, Art. 264e I Buchst. a chStGB (Hervorhebungen Demko).

*dual*schutzes nötigen *autonomie- und wohl*bezogenen Schutzmomente in sich auf. Damit ist das autonomieschützende *Erfordernis der freiwilligen wirksamen Einwilligung* der Versuchsperson – sei es bereits durch seine explizite Nennung oder im Wege teleologischer Auslegung – auch in die völkerstrafrechtlichen Regelungen zu den Kriegsverbrechen integriert und eine Strafbarkeit wegen Kriegsverbrechen im Zusammenhang mit eigennützigen[115] Versuchen am Menschen (u.a.[116]) dann zu bejahen, wenn es an einer freiwilligen und als wirksam anzusehenden Einwilligung – als einem wesentlichen Teilaspekt der *allgemein anerkannten medizinischen Grundsätze* bzw. der Durchführung *im Interesse der Versuchsperson* – fehlt.

## 4. Das medizinethische Wohl-Schutzmoment und seine Bedeutung für die Strafbarkeit wegen Kriegsverbrechen durch Versuche am Menschen nach Völkerstrafrecht

Als für eine zulässige Forschung am Menschen kumulativ erforderliche Legitimationsvoraussetzung ist bereits im Nürnberger Kodex und ist ebenso in der heutigen Medizinethik neben dem Autonomieschutz auch die Wahrung des *Wohl*-Schutzmoments verlangt.[117] Über mit dem wohlbezogenen Schutz verknüpfte Erfordernisse des *Nichtschadens* und der *Angemessenheit* des Verhältnisses von Forschungsnutzen und Forschungsrisiken sind neben *höheren* Grenzen einer zulässigen Forschung (in Gestalt etwa des Todes oder eines erheblichen/dauerhaften Gesundheitsschadens[118]) auch bereits *niedrigere* und daher *früher* ansetzende Grenzen einer zulässigen Forschung eingeführt, wonach Versuche am Menschen *bereits* bei *unangemessen* zu einander stehenden Forschungsnutzen und Forschungsrisiken als unzulässig anzu-

---

[115] Hinsichtlich der fremdnützigen Forschung wurde (unter IV.2.) bereits die *absolute Strafbarkeit jeglicher fremdnütziger* Versuche am Menschen im Rahmen von bewaffneten Konflikten nach Völkerstrafrecht bejaht. Selbst wenn man aber – entgegen der hier befürworteten absoluten Strafbarkeit – fremdnützige Versuche in bewaffneten Konflikten unter bestimmten Voraussetzungen für zulässig halten möchte, würde dann auch für diese fremdnützigen Versuche das Einwilligungserfordernis eine der notwendigen Legitimationsvoraussetzungen darstellen. Siehe dazu u. a. *Kiriakaki* (Fn. 7), S. 237: „… jeglicher medizinischer Versuche am Menschen, und zwar unabhängig von ihrer therapeutischen oder rein wissenschaftlichen Ausrichtung".

[116] Da das Einwilligungserfordernis eine notwendige, aber allein nicht ausreichende Legitimationsvoraussetzung für eine zulässige und straflose Forschung am Menschen ist, kann eine Strafbarkeit nach Völkerstrafrecht (selbst bei Vorliegen der Einwilligung) auch aus dem Fehlen der anderen Legitimationsvoraussetzungen folgen, welche u. a. mit den *Wohl*-Kriterien in den völkerstrafrechtlichen Anforderungen des *im Interesse der Versuchsperson Liegens* bzw. *des Im-Einklang-Stehens mit den allgemein anerkannten medizinischen Grundsätzen* aufgenommen sind, siehe dazu auch die Ausführungen unter III.

[117] Siehe dazu im Nürnberger Kodex etwa die Grundprinzipien Nr. 4, 5, 6, 7, in denen verschiedene mit dem *Nichtschaden* und dem *Nutzen-Risiko-Verhältnis* verknüpfte *Wohl*-Kriterien für eine zulässige Forschung am Menschen angesprochen sind; siehe zudem die Ausführungen u. a. von der *Schweizerischen Akademie der Medizinischen Wissenschaften* (Fn. 71), S. 49 ff.

[118] Siehe etwa das Grundprinzip Nr. 5 im Nürnberger Kodex, wonach kein Versuch bei der Annahme des Eintritts des *Todes* oder eines *dauernden körperlichen Schadens* durchgeführt werden darf.

sehen sind.[119] Eine solche für einen umfassenden Schutz der Versuchsperson zu begrüßende *Vorverlagerung* der Unzulässigkeit der Forschung unter Anknüpfung an die *Unverhältnismäßigkeit* des Nutzen-Kosten-Verhältnisses (wonach die Forschung bereits unzulässig ist *vor* und *nicht erst bei* der eine unzulässige Forschung *erst später* bejahenden *höheren* Erheblichkeitsschwelle in Gestalt etwa von Tod/Todesgefahr oder von Verletzung/erheblicher Gefahr für die Gesundheit) lassen die die Kriegsverbrechen regelnden geltenden völkerstrafrechtlichen Bestimmungen mit ihren absoluten und höheren Erheblichkeitsschwellen nicht zu:

Zwar findet im Wege teleologischer Auslegung anknüpfend an das *Im-Einklang-Stehen mit den allgemein anerkannten medizinischen Grundsätzen* bzw. die Durchführung *im Interesse der Versuchsperson* auch das Wohl-Schutzmoment unter Einschluss des zu ihm gehörenden Kriteriums der *Angemessenheit* des Nutzen-Kosten-Verhältnisses Eingang in die völkerstrafrechtlichen Regelungen.[120] *Zusätzlich* („und",[121] „indem",[122] „namentlich durch"[123]) zu dieser (über die *allgemein anerkannten medizinischen Grundsätze* bzw. das im *Interesse der Versuchsperson Liegen* erfassten) wohlschützenden *Angemessenheit* des Nutzen-Kosten-Verhältnisses verlangen die völkerstrafrechtlichen Bestimmungen aber das Erreichen einer *höheren* und *absoluten* Erheblichkeitsschwelle,[124] wobei diese Erheblichkeitsschwelle von ihnen aber nicht nur *uneinheitlich*, sondern teils auch verbunden mit *inneren Unklarheiten* festgelegt ist: Art. 8 II b) x) und e) xi) IStGH-Statut – und ebenso Art. 13 S. 2 GA III – verlangen als Voraussetzung für die Strafbarkeit das Erreichen der höheren und absoluten Erheblichkeitsschwelle in Gestalt des *Todes* oder der *ernsthaften/schweren Gefährdung der Gesundheit*, bringen hierbei aber den Verletzungserfolg (Tod) und den Gefährdungserfolg (Gesundheitsgefährdung)

---

[119] Siehe auch dazu bereits der Nürnberger Kodex in seinen Grundprinzipien Nr. 2 („*nicht willkürlich und unnötig*"), 4 (*Vermeidung „alle(r) unnötigen* körperlichen und geistigen Leiden und Verletzungen"), 6 („*niemals die Grenzen überschreiten*, welche sich aus der humanitären Bedeutung des zu lösenden Problems ergeben"), 7 (*Schutz* der Versuchsperson „*gegen selbst die geringste Möglichkeit* der Verletzung, der bleibenden gesundheitlichen Schädigung oder des Todes").

[120] Dazu, dass die *autonomie-* und *wohl*bezogenen Legitimationskriterien in den völkerstrafrechtlichen Anforderungen des *im Interesse der Versuchsperson Liegens* und des *Im-Einklang-Stehens mit den allgemein anerkannten medizinischen Grundsätzen* als deren Teilaspekte enthalten sind, siehe bereits unter IV. 3.

[121] Art. 8 II b) x) und e) xi) IStGH-Statut: „… durchgeführt werden *und* die zu ihrem …" (Hervorhebung Demko). Siehe ebenso das „Insbesondere" in Art. 13 I S. 3 GA III, wonach Satz 2 den „Tod oder eine schwere Gefährdung der Gesundheit" untersagt und dies über den anschließenden Satz 3 und das „Insbesondere" mit den „medizinischen oder wissenschaftlichen Versuche(n)" verbindet. Des Weiteren verlangt auch Art. 11 IV ZP I – über die Gefährdung der Gesundheit und Unversehrtheit durch „ungerechtfertigte Handlungen oder Unterlassungen" in Art. 11 I S. 1 ZP I hinausgehend – für eine schwere Verletzung dieses Protokolls eine *erhebliche* Gefährdung der Gesundheit oder Unversehrtheit („erheblich gefährdet").

[122] § 8 I Nr. 8 a) dt.VStGB, Art. 264e I Buchst. a chStGB.

[123] Art. 264c I Buchst. c chStGB.

[124] Siehe dazu auch *Kiriakaki* (Fn. 7), S. 250 ff.: „zusätzlich" (S. 250).

in einen inhaltlich unklaren Zusammenhang.[125] Vermeidet § 8 I Nr. 8 dt.VStGB diese inhaltliche Unklarheit zwar durch das *übereinstimmende* Erfordernis eines *Gefährdung*serfolges,[126] so wird aber auch hier für die Strafbarkeit das Erreichen der *höheren* und *absoluten* Erheblichkeitsschwelle in Form der *Todes*gefahr oder der Gefahr einer *schweren Gesundheitsschädigung* verlangt.[127]

Nicht jede Forschung am Menschen, die sich medizinethisch aufgrund unangemessenen Nutzen-Kosten-Verhältnisses als unzulässig darstellt, ist damit zugleich auch bereits nach Völkerstrafrecht strafbar: Es stehen sich hier im Verknüpfungs- und Spannungsverhältnis zwischen Ethik und Recht ein *größerer* medizinethischer Normenkreis – welcher schon *früher* und *vor* der höheren absoluten Erheblichkeitsschwelle des Völkerstrafrechts zu einer als unzulässig zu beurteilenden Forschung am Menschen gelangen kann – und ein *kleinerer* völkerstrafrechtlicher Normenkreis – der seine Strafbarkeit erst *später*, und zwar erst bei erreichter höherer absoluter Erheblichkeitsschwelle einsetzen lässt – gegenüber. Mit Blick auf den angestrebten *umfassenden* Schutz der Versuchsperson führt dies zur Frage, ob zur besseren Gewährleistung dieses Schutzanspruchs der medizinethische und völkerstrafrechtliche Normenkreis – im Wege *de lege ferenda* durchzuführender Änderungen der völkerstrafrechtlichen Normen durch Streichung der höheren und absoluten Erheblichkeitsschwelle – einander angeglichen werden sollten. *Für* eine solche Angleichung spricht das Argument eines sich dadurch verstärkenden Schutzes für die Versuchsperson, wonach die Versuchsperson schon bei einem Forschungsnutzen und -risiko *unangemessen* zu einander in Beziehung setzenden Versuch *nicht allein* mittels einer (medizin)*ethischen* Unzulässigkeitsbeurteilung, sondern (einhergehend mit einer dem *Recht* eigenen größeren Verbindlichkeit[128]) auch mittels einer gegenüber dem Straftäter ausgesprochenen *völkerstrafrechtlichen* Rechtsfolge in ihrem Schutzanspruch ernst genommen wird.[129] Dieses *für* eine Angleichung

---

[125] So auch *Kiriakaki* (Fn. 7), S. 250 f. mit weiteren Ausführungen.

[126] Art. 8 I Nr. 8 dt.VStGB: „*Gefahr* des Todes oder einer schweren Gesundheitsschädigung" (Hervorhebung Demko).

[127] Siehe dazu auch *Kiriakaki* (Fn. 7), S. 260. Wiederum anders verzichten Art. 264c I Buchst. c und Art. 264e I Buchst. a chStGB auf den Tod/eine Todesgefahr völlig. Sie stellen – insoweit noch übereinstimmend – allein auf den Körper und die Gesundheit ab, verlangen dann aber in teils unterschiedlicher Weise einmal einen Verletzungs- und das andere Mal einen Gefährdungserfolg. Zum einen heißt es: „grosse(r) Leiden oder schwere Schädigung des Körpers oder der physischen oder psychischen Gesundheit" (Art. 264c I Buchst. c chStGB) bzw. „körperlich schwer schädigt oder in ihrer physischen oder psychischen Gesundheit schwer verletzt …" (Art. 264e I Buchst. a chStGB); zum Anderen ist die Rede von „… oder gefährdet" (Art. 264e I Buchst. a chStGB). Auch Art. 11 I und IV ZP I verlangen nicht den Tod/eine Todesgefahr, sondern stellen auf die „körperliche oder geistige Gesundheit" und bzw. oder die „Unversehrtheit" ab und verlangen für diese einen Gefährdungserfolg: während Absatz 1 auf eine Gefährdung durch ungerechtfertigte Handlungen/Unterlassungen abstellt, fordert Absatz 4 darüber hinausgehend eine *erhebliche* Gefährdung („erheblich gefährdet").

[128] Siehe zum *zwangsweise* durchsetzbaren Recht näher etwa *Seelmann/Demko*, Rechtsphilosophie, München: C.H. Beck, 2014, S. 80 Rn. 6, S. 86 Rn. 16 f., S. 88 f. Rn. 22, S. 272 Rn. 2.

[129] Siehe hierzu auch die Ausführungen von *Kiriakaki* (Fn. 7), S. 251 f.

sprechende Argument hat sich im Rahmen eines sich diskursiv austauschenden Kommunikationsverhältnisses zwischen Medizinethik und Völkerstrafrecht aber zugleich in Beziehung zu setzen mit dem dem Völkerstrafrecht zugewiesenen *spezifischen* und hier auch *restriktiven* Aufgaben- und Zuständigkeitsbereich, welcher *gegen* eine Angleichung der medizinethisch und völkerstrafrechtlich relevanten Erheblichkeitsschwellen sprechen könnte: Für diesen *spezifischen* und *restriktiven* Aufgaben- und Zuständigkeitsbereich des Völkerstrafrechts ist nicht allein zu beachten, was schon für *jeden Straf*rechtsnormenkreis gilt, nämlich sein Einsatz nur als *ultima ratio*-Mittel, sondern darüber hinausgehend ist das Völkerstrafrecht im Allgemeinen und bei den Kriegsverbrechen im Besonderen in verschiedener Hinsicht anknüpfend an ein *Schwere*-Moment in seiner Anwendbarkeit und Gerichtsbarkeit eingeschränkt, sei es etwa durch seinen alleinigen Bezug auf die *core crimes* als die „*schwersten* Verbrechen von internationalem Belang",[130] durch die Zulässigkeitseingrenzung auf „*schwerwiegend* genug"[131] oder die (akzessorische) Anknüpfung der völkerstrafrechtlichen Regelungen zu den Kriegsverbrechen an *schwere*[132] Verstöße gegen das humanitäre Völkerrecht. Diese Konzentration und Eingrenzung des Völkerstrafrechts haben auch bereits die Richter im Nürnberger Ärzteprozess im Zusammenhang mit den von ihnen zu beurteilenden NS-Menschenversuchen gesehen[133] und hier zu recht auf den Gesichtspunkt aufmerksam gemacht, dass das Aufstellen und Erfassen der *Gesamtheit* an medizinethischen Legitimationsanforderungen an eine Forschung am Menschen nicht in den Aufgaben- und Zuständigkeitsbereich des Völkerstrafrechts fällt. In einem sich *ergänzenden Überlagern* eines (größeren) medizinethischen Normenkreises und eines (kleineren) völkerstrafrechtlichen Normenkreises haben sich danach eine schon bei der Unangemessenheit des Nutzen-Kosten-Verhältnisses beginnende *medizinethische Unzulässigkeits*grenze und eine *völkerstrafrechtlich* erst später bei einer höheren absoluten Erheblichkeitsschwelle einsetzende *Strafbarkeits*grenze für Versuche am Menschen miteinander zu verbinden.

## V. Zusammenfassung

Im *Verknüpfungs*- und *Spannungsverhältnis* zwischen *Ethik* und *Recht* haben sich für die Grenzziehung zwischen zulässiger und unzulässiger – und hier sogar nach Völkerstrafrecht wegen Kriegsverbrechen strafbarer – Versuche am Menschen anhand ausgewählter Problemstellungen wichtige Bezugslinien und gegenseitige Einflussnahmen zwischen heutiger Medizinethik und geltendem Völkerstrafrecht gezeigt.

---

[130] Art. 1 S. 2 IStGH-Statut (Hervorhebung Demko); siehe ebenso Absatz 4 der Präambel des IStGH-Statuts.

[131] Art. 17 I Buchst. d IStGH-Statut (Hervorhebung Demko).

[132] Siehe dazu Art. 8 II a), b), c), e) IStGH-Statut; siehe dazu auch u. a. *Werle* (Fn. 87), S. 467 f., Rn. 1057; *Kiriakaki* (Fn. 7), S. 251.

[133] Siehe dazu *Frewer/Wiesemann* (Fn. 1), S. 125.

Nicht nur kann der Normenkreis der Medizinethik dem völkerstrafrechtlichen Normenkreis zu einer inhaltlich klareren Strukturierung – hier bezogen auf die begriffliche Zuordnung der eigen- und fremdnützigen Forschung zu den medizinischen und wissenschaftliche Versuchen am Menschen – verhelfen. Auch bei der sich anschließenden Beurteilung der Zulässigkeit von Versuchen am Menschen stehen Medizinethik und Völkerstrafrecht in einem ihre jeweiligen Inhalts- und Bewertungskriterien diskursiv austauschenden Kommunikationsverhältnis: Es ist ihre teleologische Übereinstimmung in dem ihnen gemeinsamen den *Menschen ins Zentrum* stellenden Schutzanspruch unter umfassender Wahrung der zu seinem Menschsein gehörenden Schutzgüter, welche als sie *einendes Grundanliegen* den Nürnberger Kodex, die heutigen Medizinethik und das geltende Völkerstrafrecht prägt. In Bezug auf die Frage der Zulässigkeit *fremd*nütziger Forschung *im speziellen Kontext bewaffneter Konflikte* hat sich hier die *absolute Strafbarkeit* wegen Kriegsverbrechen als Ausdruck des durch Völkerstrafrecht zu wahrenden *individualethischen* Schutzes der Versuchsperson dargestellt. Das *Grundanliegen* eines den *Menschen* in das Zentrum stellenden umfassenden Schutzes der Versuchsperson in ihrem *Menschsein* lässt für den Individualschutz maßgebende medizinethische Beurteilungskriterien für eine zulässige Forschung am Menschen, zu denen der *Schutz der Autonomie* und der Schutz des *Wohls* der Versuchsperson gehören, auch für das Völkerstrafrecht bedeutsam werden. Das *Autonomie*-Schutz-Moment findet – sei es über eine explizite Nennung oder eine teleologische Auslegung – auf diese Weise Aufnahme auch in die völkerstrafrechtlichen Bestimmungen, die die Strafbarkeit wegen durch Menschenversuche begangenen Kriegsverbrechen regeln. Ebenso hat das *Wohl*-Schutzmoment Eingang in diese gefunden und selbst bei einem Beibehalten eines *unterschiedlichen* (größeren) medizinethischen und (kleineren) völkerstrafrechtlichen Normenkreises im Zusammenhang mit der Festlegung der relevanten (medizinethischen) *Unzulässigkeits*grenze bzw. (völkerstrafrechtlichen) *Strafbarkeits*grenze für Versuche am Menschen ändert dies nichts daran, dass sich – gerade für die Wahrung des dem Völkerstrafrecht und der Medizinethik gemeinsamen *Grundanliegens* eines den *Menschen* in das Zentrum stellenden umfassenden Schutzes der Versuchsperson in ihrem *Menschsein* – das die Strafbarkeit wegen Kriegsverbrechen regelnde Völkerstrafrecht im Rahmen seines Aufgaben- und Zuständigkeitsbereichs mit den in der *heutigen Medizinethik* fest verankerten und sich auch bereits im Nürnberger Kodex ausgeformten *individualethischen* Legitimationsanforderungen an eine zulässige Forschung am Menschen in einer reflektierenden Weise auseinanderzusetzen hat.

## Summary

The present contribution examines the ethical and legal prerequisites for a permissible research on humans, namely from the perspective of medical ethics and the perspective of International Criminal Law. Links, tensions and mutual influences between the normative circles of medical ethics and International Criminal Law are shown by selected problem statements. Furthermore, it will be explained how the development of a former collective ethics to today's approved individual ethics occurred in the context of research on humans and what the importance of the Nuremberg Code was for the said development. In addition, the helpful contribution of present-day medical ethics which it had for the interpretation of the presently applicable international criminal regulations regarding the punishability of war crimes committed as trials on humans is deepened.

# Die fremdnützige Forschung an Nichteinwilligungsfähigen

## Perspektiven der neuen EU-Verordnung zu klinischen Arzneimittelprüfungen

Gunnar Duttge

## I. Das deutsche Recht im Wandel

Seit jeher unterliegt auch die medizinische Forschung der Versuchung, um des erhofften Erkenntnisgewinns willen gegenläufige Belange aus dem Blick zu verlieren. Vielstimmig ist die Kritik an Regelungen, die einzelne Wege zum unendlichen Raum des Wissen-Wollens versperren oder mit aufwendigen verfahrensmäßigen Vorgaben belasten, ebenso wie an Auflagen, die von prüfenden Ethikkommissionen formuliert werden. Dabei scheint mitunter in Vergessenheit zu geraten, dass das bestehende Netz an Normen und sonstigen Kontrollmechanismen nur eine Reaktion auf die Historie schadensträchtiger Missbrauchs- und Unglücksfälle bildet.[1] Um dahingehenden Risiken präventiv entgegenzuwirken, hat die Entwicklungsgeschichte des Medizinrechts wie des ärztlichen Ethos gleichsam ein doppeltes Eintrittstor etabliert: das Erfordernis einer objektiven „Vertretbarkeit" der zu erwartenden Risiken und Belastungen im Verhältnis zum erwarteten Nutzen (§ 40 I S. 3 Nr. 2 AMG, § 20 I S. 4 Nr. 1 MPG, Ziff. 16–18 der Deklaration von Helsinki[2]) sowie eine tragende Mitverantwortlichkeit des betroffenen Probanden durch Erteilung einer informierten Zustimmung (§ 40 I S. 3 Nr. 3a, b, II AMG, § 20 I S. 4 Nr. 2, II MPG, Ziff. 25–27 der Deklaration von Helsinki). Zeigt sich eine der beiden Zugangsschlüssel nur mehr als schwach ausgeprägt, etwa bei Unmöglichkeit einer Autorisierung durch den Betroffenen selbst (mangels Einwilligungsfähigkeit) oder bei von vornherein fehlender Aussicht auf einen unmittelbaren (erheblichen) Eigennutzen, verlangte die bislang vorherrschende Sichtweise nach Art eines „beweglichen Systems"[3] eine besonders starke Ausprägung des jeweils anderen. War dieser Schlüssel jedoch von ebenso schwacher Legitimationskraft, wie es sich paradigmatisch bei der rein fremdnützigen Forschung an Nichteinwilligungsfähigen zeigt, war die „rote Linie" des ethisch noch Akzeptablen für die Mehrheit über-

---

[1] *Fangerau*, Geschichte der Forschung am Menschen, in: Lenk/Duttge/Fangerau (Hrsg.), Handbuch Ethik und Recht der Forschung am Menschen, Heidelberg u. a.: Springer, 2014, S. 169: „keine anthropologische Konstante oder … Naturgesetzlichkeit".

[2] I. d. F. der Revision von Fortaleza (2013).

[3] *Wilburg*, Entwicklung eines beweglichen Systems im bürgerlichen Recht, Graz: Kienreich, 1950.

schritten. So erlaubt etwa § 41 I S. 2 AMG die klinische Arzneimittelprüfung mit einwilligungsunfähigen Notfallpatienten nur bei feststehender Eigennützigkeit („…um das Leben der betroffenen Person zu retten, ihre Gesundheit wiederherzustellen oder ihr Leiden zu erleichtern")[4], während die in § 41 I S. 1 Nr. 2 AMG erwähnte (bloße) „Gruppennützigkeit" zwingend die Einwilligungsfähigkeit des Probanden voraussetzt (siehe auch § 41 III Nr. 1 AMG). Soweit von dieser Grundhaltung Ausnahmen gestattet wurden für Konstellationen mit absolut[5] minimaler Risiko- und Schadensdimension (und Begrenzung der Fremdnützigkeit auf den sog. „Gruppennutzen": § 41 II S. 1 Nr. 2a, d AMG für die Minderjährigen; für alle Probanden: Ziff. 28 der Deklaration von Helsinki), handelt es sich um eine ganz und gar pragmatisch motivierte und bis heute kontrovers diskutierte Grenzverschiebung.

Freilich eröffnet eben diesen Freiraum für nicht indizierte Studien[6] bereits Art. 17 Abs. 2 des Übereinkommens über Menschenrechte und Biomedizin vom 4.4.1997[7]: Danach dürfe „in Ausnahmefällen" medizinische Forschung, selbst wenn sie für die betroffenen Personen nicht von Nutzen sein kann, zugelassen werden, sofern sich selbige nicht mit „vergleichbarer Wirksamkeit" an einwilligungsfähigen Personen durchführen lasse (Subsidiarität), mit ihr voraussichtlich eine wesentliche Erweiterung des wissenschaftlichen Verständnisses jener Krankheit einhergehe, an welcher der Betroffene selbst und/oder andere Personen „derselben Altersgruppe" leiden, und wenn diese Forschung für die Probanden nur minimale Risiken und minimale Belastungen besorgen lasse. Letztgenannte Bedingung hat das Zusatzprotokoll zur biomedizinischen Forschung v. 25.1.2005[8] nicht nur näher zu definieren versucht (Art. 17), sondern zugleich mit der bemerkenswerten Bekräftigung versehen, dass „Erwägungen im Hinblick auf einen möglichen weiteren Nutzen der Forschung […] nicht herangezogen werden [dürfen], um ein höheres Maß an Risiken oder Belastungen zu rechtfertigen (Art. 16 Abs. 2 lit. ii). Ungeach-

---

[4] Ausführlich *Wehage*, Klinische Prüfungen an Notfallpatienten, Göttingen: Universitätsverlag, 2014, S. 95 ff.

[5] Im Unterschied zu der nur relativ verschärften Risiko-Nutzen-Abwägung des § 40 IV Nr. 4, § 41 III Nr. 1 AMG: „…möglichst wenig Belastungen und anderen vorhersehbaren Risiken…", zutr. hervorgehoben von *Fischer*, Der Einfluss der Europäischen Richtlinie 2001 zur Klinischen Prüfung von Arzneimitteln auf Versuche an Kindern und anderen einwilligungsunfähigen Personen, in: Amelung/Beulke u.a. (Hrsg.), Strafrecht, Biorecht, Rechtsphilosophie. Festschrift für Hans-Ludwig Schreiber zum 70. Geburtstag, Heidelberg: C.F. Müller, 2003, S. 685 (693).

[6] Zum Begriff – abweichend von der wohl vorherrschenden Terminologie („Versuche") – aus Gründen der klaren Kennzeichnung rein wissenschaftlicher Forschungen: *Duttge*, Striktes Verbot der Arzneimittelprüfung an zwangsweise Untergebrachten?, in: Ahrens/von Bar u.a. (Hrsg.), Medizin und Haftung. Festschrift für Erwin Deutsch zum 80. Geburtstag, Berlin/Heidelberg: Springer, 2009, S. 119 (131).

[7] *Council of Europe*, Convention for the protection of Human Rights and Dignity oft he Human Being with regard to the application of Biology and Medicine, European Treaty Series/164.

[8] Abrufbar unter www.conventions.coe.int/Treaty/EN/Treaties/Html/195.htm.

tet dieser Bemühungen um eine strenge Begrenzung hat dieser Freiraum zur „Verzweckung" von Probanden zugunsten anderer Bedürftiger wie allgemein der medizinischen Wissenschaft in Deutschland dezidierte Kritik unter dem Aspekt der Menschenwürdegarantie wie des Behindertenschutzes erfahren und war maßgeblicher Grund dafür, dass die Konvention bis heute nicht ratifiziert wurde.[9] Die neue, inzwischen in Kraft getretene und mit unmittelbarer Bindungswirkung versehene EU-Verordnung Nr. 536/2014 über klinische Prüfungen mit Humanarzneimitteln[10] hat diese Bedenken jedoch nicht geteilt und folgt stattdessen dem europäischen „Mainstream", wenn Art. 31, 32 auf die strikte Notwendigkeit eines Eigennutzens verzichten. Wenngleich Art. 31 Abs. 2 ein strengeres nationales Schutzniveau zugunsten von erwachsenen Nichteinwilligungsfähigen weiterhin ermöglicht, ist damit doch der frühere Grundsatz – keine fremdnützige Forschung, die nicht vom betroffenen Probanden selbst autorisiert wurde – zur erklärungsbedürftigen Ausnahme geworden. Dies ist um so augenfälliger, als noch die GCP-Richtlinie 2001/20/EG[11] einen solchermaßen erweiterten Zugriff auf Nichteinwilligungsfähige nur bei Minderjährigen gestattet (vgl. Art. 4 lit. e, im Gegensatz dazu für Erwachsene Art. 5 lit. i: „… begründete Erwartung besteht, dass die Verabreichung des Prüfpräparats einen Nutzen für den betroffenen Patienten hat")[12] und dies eben mit der herausragenden gesamtgesellschaftlichen Wichtigkeit der Entwicklung von Kinderarzneimitteln begründet hatte.[13]

Dass durch diese Entwicklung die deutsche Reservehaltung inzwischen unter Druck geraten ist, zeigt der aktuelle Entwurf eines Vierten AMG-Änderungsgesetzes v. 6.4.2016, mit dem erklärtermaßen die Konsequenzen aus der neuen EU-Verordnung Nr. 537/2014 gezogen werden sollen:[14] Um insbesondere Freiräume für die Arzneimittelforschung im Bereich der degenerativen Erkrankungen zu gewinnen, will § 40b Abs. 4 AMG-E die in Art. 31 Abs. 1 lit. g) vorgesehene (bloße) Gruppennützigkeit übernehmen, sofern der Prüfungsteilnehmer wenigstens „so weit wie möglich in den Einwilligungsprozess einbezogen" wird (Art. 31 Abs. 3) und „eine Patientenverfügung nach § 1901a Absatz 1 Satz 1 des Bürgerlichen Gesetz-

---

[9] Vgl. BT-Drucks. 13/5435, S. 3: Enthaltung „mit Rücksicht auf die noch andauernde Diskussion in Deutschland über die Zulässigkeit fremdnütziger Forschung an einwilligungsunfähigen Personen überhaupt"; s. auch *Fischer* (Fn. 4), S. 690; *Helmchen*, Forschung mit nicht-einwilligungsfähigen Demenzkranken. Ein aktuelles Problem im Lichte der deutschen Geschichte, in: Honnefelder/Streffer (Hrsg.), Jahrbuch für Wissenschaft und Ethik Bd. 4 (1999), S. 127, 137 ff.; *Taupitz/Fröhlich*, Medizinische Forschung mit nicht einwilligungsfähigen Personen – Stellungnahme der Zentralen Ethikkommission, VersR 1997, 911 (912).

[10] Vom 16.4.2014, Amtsblatt der Europäischen Union v. 27.5.2014 (L 158).

[11] Abrufbar unter: http://eur-lex.europa.eu/LexUriServ/LexUriServ.do?uri=OJ:L:2001:121: 0034:0044:DE:PDF.

[12] Siehe deshalb auch *Fischer* (Fn. 4), S. 692 f.: „zwiespältig geregelt".

[13] Erwägungsgrund (3) der Richtlinie 2001/20/EG; siehe im Anschluss auch die Kinderarzneimittel-VO (EG) Nr.1901/2006, dazu etwa *Duttge*, Die Kinderarzneimittel-Verordnung der Europäischen Union: Anliegen, Ziele und Effekte, in: Comparative Law Review (jap.) Vol. 46 (2012), No. 3, S. 41 ff.

[14] BT-Drucks. 18/8034, S. 30.

buches die gruppennützige klinische Prüfung gestattet"[15]. Die dabei kundgetane Versicherung, es werde dadurch doch das Selbstbestimmungsrecht gewahrt und der in Art. 31 Abs. 2 VO eingeräumte nationale Regelungsspielraum gerade genutzt,[16] findet offenbar nicht ungeteilten Glauben; vielmehr ist teilweise von einer „ethisch fragwürdigen Kehrtwende" und einem „Tabubruch" die Rede. Selbst wenn der Deutsche Bundestag das Gesetz demnächst verabschieden sollte, besteht somit triftiger Anlass, das Sachproblem vertiefend mit Blick auf die jeweils zugrunde liegenden rechtsethischen Prämissen zu analysieren.

## II. Rechtsethische Grundlagen

Die Zielsetzung dieser aktuellen Entwicklungstendenz liegt klar zutage: Es sollen die bestehenden Freiräume für die pharmakologische Forschung insbesondere in jenen Bereichen erweitert werden, in denen die klinische Prüfung von Arzneimitteln als notwendige Vorbedingung für deren Zulassung (§§ 21 Abs. 1, 22 Abs. 2 Nr. 3 AMG) wegen der nicht möglichen Legitimierung durch das Selbstbestimmungsrecht der Probanden bislang nur innerhalb enger Grenzen erlaubt war. Tragend ist dabei zum einen der Gedanke, dass auf diese Weise künftigen Patienten eine verbesserte Heilungsperspektive[17] verschafft werden könne; zum anderen soll damit aber zugleich eine Benachteiligung dieser Patientengruppe beseitigt werden, die aufgrund ihrer erhöhten Vulnerabilität (infolge der mangelnden Selbstbestimmungsfähigkeit)[18] besondere Zuwendung verdiene. Beide Argumente zielen auf die erhofften positiven Folgen für künftige Patienten und sind daher konsequentialistischer Natur: Danach resultiert die „Richtigkeit" einer Handlung – sei es des einzelnen Menschen oder eines Gesetzgebers – cum grano salis aus der Voraussicht, dass jene (wahrscheinlich) die denkbar besten Folgen nach sich ziehen wird.[19] Eine konsequentialistische Ethik erstrebt in ihrem Grundtypus die Realisierung bestmöglicher Weltzustände;[20] in der prägnanten Formel *Höffes*: „Handle so, dass

---

[15] BT-Drucks. 18/8034, S. 16.

[16] BT-Drucks. 18/8034, S. 46.

[17] Hier in einem weiten Sinne verstanden, also unter Einschluss möglicher Leidminderung und Verbesserung der Lebensqualität unabhängig von den kurativen Heilungschancen im engeren Sinne.

[18] Zum Begriff der Vulnerabilität zuletzt *Birnbacher*, Vulnerabilität und Patientenautonomie – Anmerkungen aus medizinethischer Sicht, MedR 2012, 560 ff.; s.a. *Knop*, Klinische Prüfungen mit Arzneimitteln in der Schwangerschaft, Göttingen: Universitätsverlag, 2015, S. 199 ff.: „erhöhtes Risiko der Ausbeutung und Ausnutzung".

[19] Grdl. *Anscombe*, Modern Moral Philosophy 32 (1958), 1, 7 ff.; s. auch *Kley*, Teleologische und deontologische Ethik, in: Mastronardi (Hrsg.), Das Recht im Spannungsfeld utilitaristischer und deontologischer Ethik, ARSP-Beiheft Nr. 94 (2004), S. 55 (56); *Nida-Rümelin*, Kritik des Konsequentialismus, München: R. Oldenbourg Verlag, 1993, S. 23 (und S. 84 f. zur Offenheit des Gegenstands moralischer Beurteilung – unter Einbeziehung auch von abstraktgenerellen Regelungen); *Schöne-Seifert*, Ethischer Konsequentialismus und Moralische Rechte, Working Papers of the Centre for Advanced Study in Bioethics 2012/32, S. 3.

die Folgen deiner Handlung bzw. Handlungsregel für das Wohlergehen aller Betroffenen optimal sind"[21]. Mit Blick auf die – behauptete – künftige Beseitigung einer benachteiligenden Praxis ist die Perspektive allerdings insoweit eine besondere, als sich die bezweckte Beachtung des Gebots prinzipieller Gleichbehandlung bzw. seiner Kehrseite – das Verbot der Diskriminierung – für sich betrachtet unschwer als Ausprägung einer deontologischen Ethik rekonstruieren lässt, die ihren Ausgang in der Menschenwürdegarantie des Art. 1 GG nimmt: Der einem jeden[22] Menschen ohne Ansehung von Erscheinungsbild, Befähigungen, Weltanschauung etc. zukommende Achtungsanspruch als „Person" verbietet eine Behandlung, die eben diesen Personenstatus von Grund auf in Frage stellt. Hier bemisst sich die ethische Qualität einer Handlung (als ge- oder verboten) also (zumindest teilweise) folgenunabhängig aus sich selbst heraus, d. h. „intrinsisch"[23], aus deren „inneren Beschaffenheit"[24]. Dies dürfte die angenommene „Richtigkeit" der Zielsetzung verstärken, ändert jedoch nichts an dem konsequentialistischen Charakter aller darauf gerichteten Handlungen: Denn auch teleologische Ethiken sind selbstredend konsequentialistisch.[25]

Nun besteht gewiss kein Zweifel, dass bessere Heilungsperspektiven künftiger Patienten prima vista unbedingt erstrebenswert sind: Sie erhöhen die Lebenschancen und -qualität der künftig an jenen (z.B. degenerativen) Krankheiten Leidenden, was zweifelsohne in deren Interesse liegt und aller Wahrscheinlichkeit nach auch deren Präferenzen[26] entspricht. Etwas an Wertigkeit verliert das Argument allerdings dadurch, dass diese Folgen keineswegs gewiss sind: Schließlich muss dazu erstens der gewonnene rechtliche Freiraum auch tatsächlich genutzt werden, wozu potentielle Verantwortliche für die Durchführung klinischer Prüfungen („Sponsoren", vgl. § 4 Abs. 24 AMG) nicht gezwungen werden können, und zweitens muss die Intensivierung der Forschung auch tatsächlich die erhofften Verbesserungen in der Medikamentenversorgung erbringen. Insoweit leidet eine jede konsequentialistische Argumentation an den unvermeidbaren Unsicherheiten jedweder Zukunftsprognose. Noch gewichtiger ist allerdings der Umstand, dass eine solche zielgerichtete Förderleistung womöglich andere Forschungsaktivitäten auf dem Gebiet der Entwicklung von Arzneimitteln zugunsten anderer Patientengruppen nachteilig beeinflussen könnte: Immerhin sind die Kapazitäten auch der Pharmaindustrie

---

[20] *Ott*, Moralbegründungen, Hamburg: Junius, 2001, S. 94; *Williams*, Ethik und die Grenzen der Philosophie, Hamburg: Rotbuch, 1999, S. 111.

[21] *Höffe*, Einführung in die utilitaristische Ethik, Tübingen: UTB, 2. Aufl. 1992, S. 11.

[22] Zum egalitaristischen Moment des Menschenwürdebegriffes statt vieler nur *Duttge*, Die „Sakralität" des Menschen, in: Demko/Seelmann/Becchi (Hrsg.), Würde und Autonomie, ARSP-Beiheft Nr. 142 (2015), S. 145 (152).

[23] *Nida-Rümelin* (Fn. 19), S. 65; *Quante*, Einführung in die Allgemeine Ethik, Darmstadt: Wissenschaftliche Buchgesellschaft, 2. Aufl. 2006, S. 131.

[24] *Birnbacher*, Analytische Einführung in die Ethik, Berlin/Boston: De Gruyter, 3. Aufl. 2013, S. 116.

[25] *Nida-Rümelin* (Fn. 19), S. 87: „Spezialfall"; *Ott* (Fn. 19), S. 94 f.

[26] Zur Sonderform des „Präferenzutilitarismus" siehe etwa *Birnbacher* (Fn. 22), S. 224 ff.

und noch mehr der akademischen Forscher („investigator initiated trials")[27] nicht unbegrenzt und ist die Entscheidung zugunsten eines konkreten Entwicklungsprojekts stets von einem bewussten Kalkül nach Maßgabe von Aufwand, Erfolgs- und Gewinnaussichten[28] geprägt. Dass in einer solchen Knappheitssituation die Interessen und Wertbelange der durch Erweiterung der jetzigen Handlungsspielräume künftig Bessergestellten im Verhältnis zu anderen (künftigen) Patientengruppen größeres Gewicht beanspruchen können sollen, versteht sich im Lichte des prinzipiellen Gleichheitsgebotes (vgl. Art. 3 Abs. 1 GG) keineswegs von selbst. Da eine konsequentialistische Argumentation stets von einer vorgeordneten objektiven Werteordnung ausgeht,[29] bedürfte diese gesetzgeberische Präferenzentscheidung einer eigenständigen Begründung.

Eine solche könnte der behauptete „Nachteilsausgleich" mit dem Ziel einer wenigstens künftigen Gleichbehandlung liefern. Allerdings bestehen schon einige Zweifel, ob sich die besonderen Schutzmechanismen bei Einbeziehung von Nichteinwilligungsfähigen in klinische Prüfungen überhaupt als „Benachteiligung" dieser Patientengruppe ausweisen lässt. Schließlich erlaubt es das BVerfG durchaus, das Fehlen geistiger oder körperlicher Fähigkeiten zum Anknüpfungspunkt für Unterscheidungen zu nehmen, die gerade dem Wohl des Behinderten dienen.[30] Dies schließt zugleich eine „mittelbare Diskriminierung" aus,[31] abgesehen davon, dass die bestehende Gesetzeslage nach Maßgabe der (Nicht-)Einwilligungsfähigkeit explizit unterscheidet und nicht erst die faktischen Auswirkungen einer formal neutralen Unterscheidung[32] in Rede stehen. Vor allem aber stellte es geradezu einen Selbstwiderspruch dar, die künftige Beseitigung einer – angenommenen – Benachteiligung im Wege einer jetzigen ins Werk setzen zu wollen. Eine solche läge aber nahe, wenn künftig auch Nichteinwilligungsfähige ohne hinreichende eigenverantwortliche Autorisierung – mithin „zwangsweise" – in (reine) Forschungsstudien einbezogen würden, während Einwilligungsfähigen die Freiheit verbürgt ist, sich kompetent gegen ihre Einbeziehung zu entscheiden. Die vorliegend entscheidende Frage lautet daher: Darf es ein Gesetzgeber ermöglichen, dass die für morgen erhoffte verbesserte Medikamentenversorgung auf Kosten der heutigen Probanden bewirkt wird? Denn wenn sich mit der Teilnahme an der klinischen Prüfung tatsächlich keinerlei Perspektive eines Eigennutzens verbindet, bleiben den Studien-

---

[27] Im Überblick: *Harnischmacher*, in: Lenk/Duttge/Fangerau (Fn. 1), S. 591 ff.

[28] Sei es nach ökonomischen oder wissenschaftlichen Belohnungssystemen.

[29] Vgl. etwa *von Kutschera*, Grundlagen der Ethik, Berlin/New York: 2. Aufl. 1999, S. 72.

[30] Siehe BVerfGE 99, 341 (357); s. auch *Kischel*, in: Epping/Hillgruber (Hrsg.), Beck'scher Onlinekommentar Grundgesetz, München: Beck, Stand: 29. Edition, 2016, Art. 3 Rn 236, der in solchen Fällen bereits das Vorliegen einer „Benachteiligung" ablehnt.

[31] Sofern vom Benachteiligungsverbot des Art. 3 Abs. 3 S. 2 GG überhaupt erfasst, was streitig ist, dazu etwa BeckOK/*Kischel* (Fn. 29), Art. 3 Rn 235.

[32] In diesem Sinne der Begriff der „mittelbaren Diskriminierung", siehe etwa *Koch/Nguyen*, Schutz vor mittelbarer Diskriminierung – Gleiches Recht für alle?, EUR 2010, 364 ff. *Langenfeld*, in: Maunz/Dürig (Hrsg.), Grundgesetz. Kommentar, München: Beck, Stand: 76. Erg.Lfg., 2015, Art. 3 Rn 28; zu Art. 3 Abs. 2 GG: BVerfGE 104, 373 (393); 113, 1 (20).

teilnehmern denknotwendig nur die damit einhergehenden Belastungen und die dem Prüfpräparat immanenten Schadensrisiken.

Eben dies beschreibt den grundsätzlichsten Einwand gegen eine – ausschließliche – Orientierung der Handlungsrationalität an den mutmaßlichen Folgen – in der klassischen Formulierung bei *Rawls*: „Es gibt [im Konzept des Utilitarismus, G.D.] im Prinzip keinen Grund, warum größere Vorteile einiger nicht geringere Nachteile anderer aufwiegen sollten; oder, noch wichtiger: warum die Verletzung der Freiheit einiger weniger nicht durch das größere Wohl vieler anderer gutgemacht werden könnte"[33]. Dass Individuen aber nur mehr als „verrechenbare Posten in der Gesamtbilanz"[34] fungieren sollen, dass einzelne um der Steigerung der Nutzensumme willen notfalls geopfert werden dürfen („utilitarian sacrifice"), ist bekanntlich unvereinbar mit der Zuschreibung von Menschenrechten und letzthin mit der Anerkennung einer „unantastbaren Würde" in Bezug auf jedes menschliche Individuum.[35] Nahezu jedwede neuzeitliche Ethik erkennt jedoch an, dass „Personen" mit eigener, „angeborener"[36], d. h. von einem einzelfallbezogenen Akt gesellschaftlicher Anerkennung unabhängigen Rechtssubjektivität ausgestattet sind, die ihnen ein gewisses Maß an Entscheidungs- und Entfaltungsfreiheit in eigenen Belangen garantiert – sei es auf naturrechtlichem, anthropologischem oder sonstigem Begründungsfundament. Diese schützen den Einzelnen insbesondere vor seiner „totalen Vereinnahmung"[37] für kollektive Zwecke, die nach dem konsequentialistischen Kalkül prinzipiell grenzenlos[38] – „um jeden Preis" – verfolgt werden dürften. Diese Eigenwertigkeit des Einzelnen mit eigenem Status, und daraus resultierend seine Freiheitsrechte und seinen im „Autonomie"-Begriff[39] zum Ausdruck kommenden Anspruch auf Achtung und „Autorität"[40] in eigenen Belangen, vermag eine konsequentialistische Theorie – auch in Gestalt des sog. Regelkonsequentialismus oder

---

[33] *Rawls*, Eine Theorie der Gerechtigkeit, Frankfurt am Main: Suhrkamp, 1975, S. 44.

[34] *Ott* (Fn. 19), S. 104.

[35] Statt vieler nur *Hörnle*, Menschenwürde und Lebensschutz, ARSP 2003, 318 (325 ff.): „Verbot einer utilitaristischen Verrechnung von Menschenleben".

[36] Vgl. *Pieper*, Menschenwürde: Ein abendländisches oder universelles Problem? in: Herms (Hrsg.), Menschenbild und Menschenwürde, Gütersloh: Gütersloher Verlagshaus, 2001, S. 19 f.: „angeboren", „unteilbar", „unveräußerlich", „unverrechenbar", „unverlierbar", „unabgeleitet" und „unantastbar".

[37] *Hilgendorf*, Der ethische Utilitarismus und das Grundgesetz, in: Brugger (Hrsg.), Legitimation des Grundgesetzes aus Sicht von Rechtsphilosophie und Gesellschaftstheorie, Baden-Baden: Nomos, 1996, S. 249 (268).

[38] *Williams* (Fn. 20), S. 112: „Die Forderungen, die der Utilitarismus an die Maximierung von Wohlbefinden stellt, sind grenzenlos".

[39] Zu dieser „liberalen Standardauffassung" statt vieler nur *Steinfath/Pindur*, Patientenautonomie im Spannungsfeld philosophischer Konzeptionen von Autonomie, in: Wiesemann/Simon (Hrsg.), Patientenautonomie: Theoretische Grundlagen – praktische Anwendungen, Münster: mentis, 2013, S. 27 ff.; vertiefend *Gerhardt*, Selbstbestimmung. Das Prinzip der Individualität, Stuttgart: Reclam, 1999.

[40] *Seidel*, Personale Autonomie als praktische Autorität, Deutsche Zeitschrift für Philosophie 59 (2011), 897 ff.

Regelutilitarismus[41] – nicht (hinreichend) zu berücksichtigen;[42] hier hat das „Rechte" entweder überhaupt keine Relevanz für das gesollte Streben nach dem „Guten" oder ist diesem jedenfalls untergeordnet. Der „deontologische Vorbehalt" beharrt demgegenüber jedoch darauf, dass das Gute jedenfalls nicht ohne Beachtung des Rechten bzw. nur innerhalb eines „gerechten" Rahmens – und daher eben nicht „um jeden Preis" – angestrebt werden dürfe[43] – nicht von den Normadressaten, aber auch nicht von einem Gesetzgeber. Die daraus erwachsenden Handlungsverbote zu dem Zweck, „sittliche Katastrophen zu verhindern"[44], implizieren im Übrigen denknotwendig eine Differenzierung zwischen aktivem Tun und Unterlassen, wie sie dem common sense wie auch der bestehenden Rechtsordnung (vgl. §§ 13, 323c StGB) ohnehin eigen ist,[45] aber von einer konsequentialistischen Ethik nicht adäquat erfasst werden kann.[46]

Das Vorstehende lässt sich leicht im hiesigen thematischen Kontext veranschaulichen: Sofern der Proband durch seine Teilnahme an der Arzneimittelprüfung keinerlei Benefit erwarten kann, würde sich ihm als vernunftbegabtem Wesen im Falle seiner Einwilligungsfähigkeit unweigerlich die Frage aufdrängen, warum er gleichwohl die Risiken eines noch in der Erprobung befindlichen Medikaments auf sich nehmen sollte. Die Antwort, dass er damit doch künftigen Patienten eine bessere Heilungschance verschaffen könnte, dürfte er im Lichte des Gleichheitsprinzips zurückweisen: denn sie enthält keine Begründung für *seine Inanspruchnahme* im Verhältnis zu anderen geeigneten Probanden wie überhaupt im Verhältnis zu den künftigen Patienten, denen gegenüber sein Recht auf Leben und körperliche Unversehrtheit doch nicht weniger wertvoll ist. Dies gilt selbst dann, wenn das „Opfer" seiner Studienteilnahme begrenzt sein sollte (was sich freilich ex ante i. d. R. nicht verlässlich abschätzen lässt), damit jedoch einer Mehr- oder Vielzahl der künftigen Anderen eine Wohltat verschafft würde. Seit *Taureks* einflussreichem Aufsatz „Should the Numbers Count?"[47] und *Weyma Lübbes*[48] tiefschürfender Analyse des Problems (im Kontext der „Triage") ist nicht mehr

---

[41] Treffend *Düsing*, Fundamente einer Ethik, Stuttgart/Bad Cannstatt: Frommann-Holzboog, 2005, S. 20 f. und 94: „Solche Regeln haben aber keinen strengen Verpflichtungs- oder Notwendigkeitscharakter…".

[42] Im Einzelnen *Nida-Rümelin* (Fn. 19), S. 99 ff., 110.

[43] Klassisch dazu *Rawls* (Fn. 33), S. 48 ff.: „Vorrang des Rechten vor dem Guten".

[44] *Lampe*, Anthropologische Legitimation des Grundgesetzes, in: Brugger (Fn. 37), S. 189 (195).

[45] Siehe etwa *von der Pfordten*, Normative Ethik, Berlin/New York: De Gruyter, 2010, S. 135 ff.; auf die praktischen Fragen der klinischen Medizin bezogen: *Frey/Dabrock*, Tun und Unterlassen beim klinischen Entscheidungskonfliktfall, Bochum: Zentrum für Medizinische Ethik, 2002.

[46] Grdl. *Williams*, Kritik des Utilitarismus, Frankfurt/Main: Klostermann, 1979, S. 56 ff., 73); s. auch *Mulgan*, Understanding Utilitarianism, Stocksfield: Acumen, 2007, S. 138.

[47] In: Philosophy and Public Affairs 6 (1977), 293 ff.

[48] In: Tödliche Entscheidung: Allokation von Leben und Tod in Zwangslage, Münster: mentis, 2004, S. 124 ff.; siehe auch *dies.*, Ethik in der Medizin 2001, 148 (155 ff.).

zu bestreiten, dass jede auf ein quantitatives „Mehr" abhebende Sichtweise einen über Personengrenzen hinweg aggregierenden Zustand des „allgemein Guten" (eines „Gesamtnutzens") mit entsprechendem Eigenwert postulieren muss, der die Wertigkeit der Individualinteressen und -rechte und damit letztlich die Subjektivität des je Einzelnen zwangsläufig untergräbt: Man rettet Menschen eben – anders als Sachen – nicht wegen des Wertes, den ihr Überleben für den Retter hat, sondern weil ihr Leben für sie selbst – für jeden Einzelnen von ihnen – von (überragendem) Wert ist. Infolgedessen achtet die Rechtssubjektivität des Einzelnen nur, wer dessen Entscheidungsfreiheit zur altruistischen Selbstgefährdung respektiert; wer hingegen an seiner Stelle dessen Inanspruchnahme für fremde Zwecke zu bestimmen sucht, handelt nicht mehr als sein Treuhänder, sondern vielmehr nach dem Utilitätsprinzip.[49]

## III. Beschwichtigungen

Hiergegen wird gerne ins Feld geführt, dass der Mensch doch ein „soziales Wesen" sei und dementsprechend eine „Gegenleistung" zugunsten jener Rechtsgemeinschaft, der er selbst angehört, nicht per se menschenwürdewidrig sein könne. Schließlich sei das „Menschenbild" des Grundgesetzes doch nicht das eines „selbstherrlichen" Individuums, sondern zeichne den Rechtsgenossen vielmehr als eine in die Gemeinschaft eingebundene und ihr vielfältig verpflichtete Person. Die – freilich ältere – Rechtsprechung des BVerfG spricht von einem Spannungsverhältnis, welches das Grundgesetz im Sinne der „Gemeinschaftsbezogenheit und Gemeinschaftsgebundenheit der Person" entschieden habe.[50] Hieraus hat etwa *Wehage* erst unlängst – mit Blick auf die medizinische Forschung an und mit Notfallpatienten – den Schluss gezogen, dass die Statuierung einer „Solidaritätspflicht" auch bei Nichteinwilligungsfähigen innerhalb enger Grenzen akzeptierbar sei, weil zur Begründung einer Würdeverletzung nicht der apodiktische Hinweis genüge, es werde dadurch der Proband unweigerlich zum Objekt gemacht.[51] Dies verweist sehr zu Recht auf die seit längerem diskutierten Schwierigkeiten bei der Konkretisierung des Art. 1 GG[52] und insbesondere das Ungenügen[53] der tradierten

---

[49] Wie hier dezidiert zu Art. 17 Abs. 2 der Biomedizinkonvention bereits *Kley* (Fn. 19), S. 55 (66).

[50] BVerfGE 4, 7 (15 f.); 8, 274 (329); 12, 45 (50 f.); 27, 344 (351).

[51] *Wehage* (Fn. 4), S. 171 ff., 194; s. auch *Helmchen/Lauter*, Dürfen Ärzte mit Demenzkranken forschen?, Stuttgart: Thieme, 1995, S. 71; Merkel, in: Bernat/Kröll (Hrsg.), Arzneimittelforschung, S. 171 (189 ff.); *Picker*, Menschenrettung durch Menschennutzung?, JZ 2000, 693 (695 ff.); *Taupitz*, Medizinische Forschung an jungen und alten Menschen, MedR 2012, 583 (586).

[52] Siehe zuletzt statt vieler nur die Beiträge in: *Joerden/Hilgendorf/Petrillo/Thiele* (Hrsg.), Menschenwürde und moderne Medizintechnik, Baden-Baden: Nomos, 2011; *Joerden/Hilgendorf/Thiele* (Hrsg.), Menschenwürde und Medizin. Ein Handbuch, Berlin: Duncker & Humblot, 2013.

*Dürigschen* Objekt- bzw. Instrumentalisierungsformel[54]. Allerdings vermag das Spekulieren um ein diffuses „Menschenbild"[55] diesem Ungenügen nicht abzuhelfen und liegt der Schlüssel letztlich in der Frage, unter welchen Voraussetzungen der „Eigenwert" des Einzelnen von Grund auf in Frage gestellt wird. Solches dürfte jedoch immer dann naheliegen, wenn Personen in ein soziales Setting[56] gebracht werden, das ihrem Integritätsinteresse offensichtlich zuwiderläuft, ohne dass sie dem in Ausübung ihres Selbstbestimmungsrechts zugestimmt haben und ohne dass sie sich hiergegen – etwa durch Inanspruchnahme von Rechtsschutz (vgl. Art. 19 Abs. 4 GG) – zur Wehr setzen können. Letztgenanntes unterscheidet den hiesigen Kontext gerade von den sonstigen – meist unbedenklichen – Konstellationen rechtlichen Zwangs, den Mitglieder einer rechtsstaatlich-liberal verfassten Rechtsgemeinschaft stets zum Gegenstand einer unabhängigen (gerichtlichen) Überprüfung machen können. Wo sich Personen dagegen ohnmächtig dazu benutzt sehen müssen, unter (sicherer oder doch jedenfalls absehbarer) Inkaufnahme von substantiellen Opfern fremden bzw. Gemeinschaftsinteressen dienlich zu sein, verschwindet ihre „Individualität"[57] und „Einzigartigkeit"[58] im verabsolutierten Zugriffsinteresse und würdigt sie zum bloß duldenden Adressaten einer autoritativen „Platzzuweisung" herab. Diese herausgehobene Qualität des fremdnützigen Zwangszugriffs lässt sich mit den Grundprinzipien einer freiheitlichen Verfassungsordnung nicht mehr vereinbaren; denn das Grundgesetz kennt – so zuletzt *Knop* im thematischen Kontext von Arzneimittelprüfungen bei Schwangeren – „keine Verpflichtung des Einzelnen, seine substantiellen Interessen allein zum Zweck des medizinischen Fortschritts zu opfern"[59].

---

[53] Zu diesem Ungenügen überzeugend *Hilgendorf*, Instrumentalisierungsverbot und Ensembletheorie, in: Paeffgen u. a. (Hrsg.), Strafrechtswissenschaft als Analyse und Konstruktion. Festschrift für Ingeborg Puppe, Berlin: Duncker & Humblot, 2011, S. 1653 ff.; siehe zur Deutungsvielfalt auch *Birnbacher*, Annäherungen an das Instrumentalisierungsverbot, in: Brudermüller/Seelmann (Hrsg.), Menschenwürde. Begründung, Konturen, Geschichte, Würzburg: Königshausen & Neumann, 2008, S: 9 ff.

[54] *Dürig*, Der Grundrechtssatz von der Menschenwürde, AöR 81 (1956), 117 ff.

[55] Zur Wandelbarkeit und zum reduktionistischen Charakter einschlägiger Kennzeichnungen näher *Herrgen*, Menschenbilder der Anthropologie, in: Joerden/Hilgendorf/Petrillo/Thiele (Fn 52), S. 297 ff.; s. auch *Böckenförde*, Vom Wandel des Menschenbildes im Recht, Münster: Rhema, 2001.

[56] Zum Begriff *WHO*, European Working Group on Health Promotion Evaluation, 1998, S. 19: „social context in which people engage in daily activities in which environmental, organizational and personal factors interact".

[57] Dazu grdl. *Gerhardt*, Individualität. Das Element der Welt, München: Beck, 2000.

[58] Vertiefend *Eberlein*, Einzigartigkeit. Das romantische Individualisierungskonzept der Moderne, Frankfurt/Main: Campus, 2000.

[59] Treffend *Knop* (Fn. 18), S. 214; ähnlich bereits *Höfling/Demel*, Zur Forschung an Nichteinwilligungsfähigen, MedR 1999, 540 (545); *Kern*, Die Bioethikkonvention des Europarates – Bioethik versus Arztrecht?, MedR 1998, 485 (490); *Spranger*, Fremdnützige Forschung an Einwilligungsunfähigen. Bioethik und klinische Arzneimittelprüfung, MedR 2001, 238 (243 f.).

Manche bestreiten dieses Resultat, weil es „ohne Forschung an Einwilligungsunfähigen für andere, kranke Menschen keine Hoffnung auf Besserung" gebe;[60] ein kategorisches Verbot gehe danach „zu weit, zumal der wissenschaftliche Ertrag für diese Population nicht von der Hand zu weisen ist"[61]. Eben diese dezidierte Fokussierung der kollektiven Nützlichkeit ist es aber, was den „Eigenwert" der betroffenen Probanden restlos zum Verschwinden bringt; mit Recht wird hiergegen deshalb eingewandt, dass es sich verbietet, „vom Bedarf auf die Rechtfertigung zu schließen"[62]. Deshalb betonen andere den Umstand, dass die Einbeziehung der Nichteinwilligungsfähigen doch nur mehr dem Ziel diene, die Chance auf „einen Nutzen für die repräsentierte Bevölkerungsgruppe" zu eröffnen, dem die Probanden angehörten (so jetzt auch § 40b Abs. 4 S. 2 AMG-E)[63]. In den Worten *Gerfried Fischers*: „Von einer Herabwürdigung zum Objekt könnte man nur sprechen, wenn für Versuche, die Einwilligungsfähigen zu Gute kommen und ebenso an diesen erfolgen könnten, einwilligungsunfähige Personen deswegen herangezogen würden, weil sie nicht zu eigenen Entscheidungen [...] fähig sind"; fern liege eine solche Bewertung jedoch, wenn das Opfer „nur von Mitgliedern der Gruppe [scil.: der Einwilligungsunfähigen, *G.D.*] erbracht werden kann und ihr weitaus größere Vorteile bringt"[64]. Dieser sog. „Gruppennutzen" soll einen „legitimatorischen Mittelweg zwischen den Standardkategorien des Eigen- und Fremdnutzens" bahnen, weil für Mitglieder der jeweiligen Gruppe, die einen „gemeinsamen Krankheitsbezug" aufweist, eine „spezifische Verantwortlichkeit" bestehe.[65] Was diese besondere „Verantwortlichkeit" allerdings begründen soll, wenn dem Einzelnen eine bestimmte lebensweltliche Eigenschaft (wie z.B. eine Erkrankung) anhaftet, die auch anderen eigen ist, bleibt unerfindlich; allein durch eine solche Zufälligkeit des Lebens wird nicht schon eine „Schicksalsgemeinschaft" begründet.[66] Ohne Klärung des normativen Grundes, der auch die Zuschreibungskriterien zur Kennzeichnung jener virtuellen „Gruppe" rechtfertigen müsste, handelt es sich aber um einen unzulässigen „naturalistischen Fehlschluss"[67]. Im Übrigen ändert sich aus der individuel-

---

[60] *Elzer*, Die Grundrechte Einwilligungsunfähiger in klinischen Prüfungen – ein Beitrag zum EMRÜ-Biomedizin, MedR 1998, 122, 124 f.; ähnlich *Taupitz*, Biomedizinische Forschung zwischen Freiheit und Verantwortung, Der Entwurf eines Zusatzprotokolls über biomedizinische Forschung zum Menschenrechtsübereinkommen zur Biomedizin des Europarates, Berlin/Heidelberg: Springer, 2002, S. 109 ff.

[61] *Dreier*, in: ders. (Hrsg.), Grundgesetz Kommentar, Tübingen: Mohr Siebeck, 2. Aufl. 2004, Art. 1 I Rn 155.

[62] *Spranger*, MedR 2001, 238 (243); ebenso dezidiert *Wehage* (Fn. 4), S. 173.

[63] Oben Fn. 14.

[64] *Fischer* (Fn. 5), S. 694.

[65] Vgl. *Graf von Kielmansegg*, in: Lenk/Duttge/Fangerau (Fn. 1), S. 208.

[66] So aber die Assoziation bei *Rosenau*, Landesbericht Deutschland, in: Deutsch/Taupitz (Hrsg.), Forschungsfreiheit und Forschungskontrolle in der Medizin, Heidelberg/Berlin/New York: Springer, 2000, S. 63 (85); zutreffende Kritik dagegen bei *Jansen*, Forschung an Einwilligungsunfähigen, Berlin: Duncker & Humblot, 2015, S. 166 ff.

[67] Grdl. *Moore*, Principia Ethica, dt. Übersetzung v. Wisser, Stuttgart: Reclam, 1970, S. 39 ff. (75 f.).

len Perspektive des einzelnen Probanden nichts an der Fremdnützigkeit und damit am Aufopferungscharakter für den medizinischen Fortschritt, auch wenn hiervon nicht das gesamte, sondern nur ein bestimmter Ausschnitt des Kollektivs künftiger Patienten potentiell profitiert.[68] Soweit *Fischer* die schlechthinnige Inakzeptablität des Umgangs mit Nichteinwilligungsfähigen erst bei Vorliegen einer spezifischen „Ausnutzungsabsicht" annehmen will, ist dies augenscheinlich Folge des tradierten, jedoch inzwischen als veraltet geltenden Verständnisses von Art. 1 I GG als „Instrumentalisierungsverbot"[69].

Ein weiterer Beschwichtigungsversuch verweist auf die in allen einschlägigen Regelungen wie auch in allen forschungsfreundlichen Stellungnahmen[70] enthaltene „minimal-risk/minimal-burden"-Formel, die insinuiert, dass der Anwendungsbereich der fremdnützigen Inanspruchnahme der Probanden doch sehr schmal und damit geradezu „bagatellhaft", also de facto irrelevant sei.[71] Die Bioethikkommission beim österreichischen Bundeskanzleramt hat diese Haltung in der Weise verinnerlicht, dass in ihrer einschlägigen Stellungnahme Studien mit „minimalem Risiko" und solche „ohne Risiken" gemeinsam abgehandelt werden.[72] Der Arbeitskreis Medizinischer Ethikkommissionen hatte bereits zu einem früheren Gesetzentwurf sogar angeregt, klinische Prüfungen von Arzneimitteln mit minimalem Risiko und mit minimaler Belastung per Gesetzesdefinition als nichtinterventionelle Prüfungen i. S. d. § 4 Abs. 23 AMG zu klassifizieren.[73] An einer solchen Argumentation ist zweierlei ungereimt: Zum einen bildet es schon denklogisch einen Kategorienfehler, die Verletzung eines deontologischen Prinzips durch eine

---

[68] Wie hier auch *Laufs*, Die neue europäische Richtlinie zur Arzneimittelprüfung und das deutsche Recht, MedR 2004, S. 583 (590); *Wehage* (Fn. 4), S. 33. – Zutreffend ablehnend zu der These, dass in jedem Gruppennutzen auch ein („kleiner") Eigennutzen stecke, *Magnus/Merkel*, Normativ-rechtliche Grundlagen der Forschung an Nichteinwilligungsfähigen, in: Boos/Merkel/Raspe/Schöne-Seifert (Hrsg.), Nutzen und Schaden aus klinischer Forschung am Menschen: Abwägung, Equipoise und normative Grundlagen, Köln: Deutscher Ärzte-Verlag, 2009, S. 109, 115 f.

[69] Siehe oben bei Fn. 53.

[70] Zuletzt z. B. die Ad-hoc-Stellungnahme der *Leopoldina – Nationale Akademie der Wissenschaften* u. a., Klinische Prüfungen von Arzneimitteln am Menschen, Januar 2014, S. 26 f.

[71] In diese Richtung u. a. *Eck*, Die Zulässigkeit medizinischer Forschung mit einwilligungsunfähigen Personen und ihre verfassungsrechtlichen Grenzen, Frankfurt/Main: Peter Lang, 2005, S. 191, 195 ff.; *Magnus*, Medizinische Forschung an Kindern, Rechtliche, ethische und rechtsvergleichende Aspekte der Arzneimittelforschung an Kindern, Tübingen: Mohr Siebeck, 2006, S. 69.

[72] *Bioethikkommission beim Bundeskanzleramt*, Stellungnahme: Forschung an nicht einwilligungsfähigen Personen – unter besonderer Berücksichtigung des Risikobegriffs, Wien 2013, S. 24 ff.

[73] *Arbeitskreis Medizinischer Ethikkommissionen* in der Bundesrepublik Deutschland, Stellungnahme zum Gesetzesentwurf der Bundesregierung – Entwurf eines Gesetzes zur Änderung arzneimittelrechtlicher und anderer Vorschriften – BT-Drucks. 16/12256; Öffentliche Anhörung am 6. Mai 2009, Deutscher Bundestag, Ausschuss für Gesundheit, Ausschussdrucksache 16(14)0514(09)neu, S. 1.

teleologische Argumentation rechtfertigen zu wollen.[74] Sofern die fremdnützige Forschung an Nichteinwilligungsfähigen die „rote Linie" überschreitet, ist es für die Feststellung dieser Grenzüberschreitung gänzlich irrelevant, ob dies in breitem Maße oder nur „ein wenig" geschieht. Auch eine im sachlichen Anwendungsbereich bloß punktuelle Missachtung des Personenstatus bleibt eine solche. Zum andern ist die Verwendung der „Minimum"-Formel auch deshalb widersprüchlich, weil sie doch mit einer Entscheidung des Normgebers verknüpft ist, mit der die medizinische Forschung auf den relevanten Anwendungsgebieten gerade ermöglicht und nicht verhindert werden soll. Es wäre daher ganz und gar unplausibel, wenn hiermit nur solchen Arzneimittelprüfungen die Türe geöffnet wäre, die sich in ihrem Risiko- und Belastungspotential tatsächlich als Marginalie darstellten – was sich bei der Erprobung neuer Medikamente wohl ohnehin nur sehr selten behaupten lassen dürfte. In diesem Lichte zeigt sich nun allerdings klarer, dass die seit langem bekannte, schon von der Zentralen Ethikkommission bei der Bundesärztekammer festgestellte[75] und auch durch noch so wortreiche Umschreibungsversuche (wie Art. 20 des Zusatzprotokolls zur Biomedizinischen Forschung)[76] nicht zu beseitigende Vagheit der Formel aus teleologischer Sicht sogar wünschenswert ist: Denn auf diese Weise lässt sich die Beachtung des Grundsatzes reklamieren und zugleich ermöglichen, dass der Ausnahmebereich mittels des Arguments der Folgerichtigkeit („wer A sagt ...") sukzessive Ausweitungen erfährt. Dass gutgemeinte Appelle zu einer „restriktiven Auslegung"[77] dem effektiv entgegenwirken könnten, erscheint hingegen reichlich fernliegend.

Mutmaßlich aufgrund der fortbestehenden fundamentalen Bedenken folgt der AMG-Änderungsentwurf v. 6.4.2016[78] jedoch nicht dem europäischen Vorbild, sondern will durch Etablierung der „Forschungsverfügung" auf das Legitimationsmodell „Selbstbestimmung" setzen. Inkonsistent ist dabei jedoch, zugleich an der „Minimum"-Formel des Art. 31 Abs. 1 lit. g) ii) EU-Verordnung Nr. 536/2014[79] festhalten zu wollen.[80] Denn wenn die Vorausverfügung tatsächlich eine hinreichende Grundlage dafür böte, die Studienteilnahme als eigenverantwortliche Entscheidung des Probanden begreifen zu können, gäbe es keinen Grund mehr für eine gesteigerte „Risikominimierung". Dadurch würde im Übrigen auch die bishe-

---

[74] Wie hier bereits *Maio*, Philosophische Überlegungen zur Forschung am Menschen mit besonderer Berücksichtigung der Forschung an nicht einwilligungsfähigen Personen, in: Wiesing/Simon/v. Engelhardt (Hrsg.), Ethik in der medizinischen Forschung, Stuttgart: Schattauer, 2000, S. 40 (49).

[75] *Zentrale Ethikkommission bei der Bundesärztekammer*, Stellungnahme: Zum Schutz nicht-einwilligungsfähiger Personen in der medizinischen Forschung, Deutsches Ärzteblatt 94 (1997), A-1011 (1012).

[76] Oben Fn. 8.

[77] *Rosenau* (Fn. 66), S. 86: „in dubio contra experimentum".

[78] Oben Fn. 14.

[79] Oben Fn. 10.

[80] Vgl. BT-Drucks. 18/8034, S. 46: „... soweit ergänzend zu den Voraussetzungen des Artikels 31 Absatz 1 und 3 der Verordnung (EU) Nr. 536/2014 ...".

rige Systematik zerschlagen, die für die Teilnahme von Einwilligungsfähigen an fremdnützigen Studien eben keine explizite[81] Verschärfung der allgemeinen Risiko-Nutzen-Abwägungsklausel vorsieht. Daraus lässt sich implizit erkennen, dass die Entwurfsverfasser ihrer eigenen Legitimationsidee von Grund auf misstrauen; denn an der absoluten Risikogrenze soll sich auch bei einer Vorausverfügung nichts ändern. Dieses Misstrauen ist allerdings durchaus berechtigt: Denn die Erfahrungen und anhaltenden Debatten im Kontext der „Vorsorge am Lebensende" zeigen mittlerweile deutlich die Grenzen der „Patientenverfügung" auf, die eben nicht gleichsam selbstexekutiv ohne interpretierende Vermittlungsinstanzen in die aktuelle Entscheidungssituation hinwirkt.[82] Während in der klinischen Praxis längst ein „Wettlauf um ihre Deutungshoheit" Einkehr gehalten hat,[83] glaubt insbesondere das Zivilrecht und seine höchste fachgerichtliche Instanz – von den Realitäten ungetrübt – weiterhin an die „unmittelbare Bindungswirkung" des „Patientenwillens" (für dessen Kundgabe hinsichtlich der Bestimmtheit „keine überspannten Anforderungen" zu stellen seien)[84]. Jüngst hat der Bundesgerichtshof jedoch stärker als bisher die Wandelbarkeit des Patientenwillens im Zeitlauf zwischen Verfügung und Entscheidungssituation herausgestellt,[85] was jedoch das legitimierende Fundament des Vorausverfügten für sich erheblich in Frage stellt. Jedenfalls zeigt die angefachte interdisziplinäre Debatte um einen strukturierten, kontinuierlichen Prozess der Entscheidungsfindung am Lebensende („Advance Care Planning")[86] überdeutlich das nicht nur praktische, sondern auch legitimatorische Ungenügen der Patientenverfügung als „Einmalakt".

Im hiesigen Kontext kommt der „Forschungsverfügung" ausweislich der Gesetzesmaterialien im Übrigen eine nochmals schwächere Legitimationskraft zu: Nach den Vorstellungen der Entwurfsverfasser soll diese Verfügung in einem ersten Schritt lediglich eine „Grundlage" bieten für die erst hernach erfolgende „Einwilligung nach einer umfassenden Aufklärung in die jeweilige klinische Prüfung durch

---

[81] Wo im Rahmen der Interpretation dieser allgemeinen Abwägungsklausel bei rein wissenschaftlichen Studien allerdings die Grenzen der Disponibilität zu ziehen sind, ist bekanntlich streitig.

[82] Zu den strukturellen Schwächen im Einzelnen *Duttge*, Die Patientenverfügung: Sinngebung, Kritik und offene Fragen, in: Juristische Gesellschaft Bremen (Hrsg.), Jahrbuch 2014, Bremen: Edition Temmen, 2014, S. 66 ff.

[83] *Duttge*, Patientenverfügungen unter ärztlicher Deutungshoheit? In: Intensiv- und Notfallmedizin 2011, 34 ff.

[84] BGH NJW 2014, 3572 ff. m. krit. Anm. *Duttge*, JZ 2015, 43 ff.

[85] BGH, Beschluss v. 6.7.2016 – XII ZB (Rn 35): „In diesem Zusammenhang hat der Bevollmächtigte auch zu hinterfragen, ob die Entscheidung noch dem Willen des Betroffenen entspricht, was die Prüfung einschließt, ob das aktuelle Verhalten des nicht mehr entscheidungsfähigen Betroffenen konkrete Anhaltspunkte dafür liefert, dass er unter den gegebenen Umständen den zuvor schriftlich geäußerten Willen nicht mehr gelten lassen will, und ob er bei seinen Festlegungen diese Lebenssituation mitbedacht hat …".

[86] Siehe dazu die Beiträge in: *Coors/Jox/In der Schmitten* (Hrsg.), Advance Care Planning: Neue Wege der gesundheitlichen Vorausplanung, Stuttgart: Kohlhammer, 2015.

den gesetzlichen Betreuer"[87]. Diese Konzeption weicht jedoch entscheidend vom bisherigen Verständnis der Patientenverfügung ab, weil zu jener bis heute die Annahme vorherrscht, dass schon mit ihr – und nicht erst durch den mit der Aufgabe des Verstehens und Durchsetzens betrauten Stellvertreter (vgl. § 1901a Abs. 1 S. 2 BGB) – die maßgebliche Einwilligungserklärung erfolgt. Wenn der Vorausverfügung im Vorfeld einer Studienteilnahme aber lediglich eine Art Entwurfscharakter zukommt und der „informed consent" allein vom Betreuer verantwortet wird, kann noch weit weniger als bei der Patientenverfügung von einer „selbstbestimmten" Entscheidung des potentiellen Probanden die Rede sein. Ersichtlich soll also, um die Bedenken gegen den fremdnützigen Zugriff auf Einwilligungsunfähige abzumildern, jede auch nur formale Rückführbarkeit der Entscheidung auf irgendeinen Akt des Betroffenen als Ausdruck des „Selbstbestimmungsrechts" deklariert werden; dass die Entwurfsverfasser daran offensichtlich selbst nicht glauben, zeigt die umstandslose Übernahme aller besonderen Anforderungen, die nach der EU-Verordnung Nr. 536/2014 für „gruppennützige klinische Prüfungen" ohne Selbstbestimmungsrechts gelten. Bemerkenswerterweise sind nach dem Vorschlag eines neuen § 40b Abs. 4 S. 3 AMG-E selbst Vorausverfügungen von Minderjährigen nicht ausgeschlossen, soweit diese bei Volljährigkeit voraussichtlich oder möglicherweise einwilligungsfähig sein werden.[88] Wie sich dies freilich mit dem gesetzgeberischen Verweis auf § 1901a Abs. 1 S. 1 BGB[89] vereinbaren lassen soll (der für eine wirksame Patientenverfügung bekanntlich Volljährigkeit verlangt), bleibt das Geheimnis des Gesetzgebers.

## IV. Zukunftsperspektiven

Drei Aspekte sind es vor allem, die mit Blick auf die weitere Entwicklung ernstlich Sorgen bereiten: Erstens ist der Gesetzgeber offenbar nicht mehr imstande, neue Regelungsvorhaben konsistent und ohne Brüche oder gar Wertungswidersprüche in die geltende Rechtsordnung zu implementieren. Dass dieses Unvermögen auch und gerade im Medizin- und Biorecht schädliche Wirkungen entfaltet, lässt sich zur Genüge bereits an anderen Regelungsmaterien[90] studieren. Zweitens scheint der Gesetzgeber zu verkennen, dass die medizinische Forschung zwar selbstredend Freiheit, in einer Zeit wachsender Ökonomisierung aller Lebensver-

---

[87] BT-Drucks. 18/8034, S. 46.

[88] Dies ergibt sich im Umkehrschluss aus der vorgeschlagenen Regelung, die eine „gruppennützige klinische Prüfung" auf Grundlage der Vorausverfügung nur dann ausschließt, wenn Minderjährige „nach Erreichen der Volljährigkeit nicht in der Lage sein werden, Wesen, Bedeutung und Tragweite der klinischen Prüfung zu erkennen und ihren Willen hiernach auszurichten" (Fn. 87).

[89] Siehe oben bei Fn. 15.

[90] Benannt sein beispielhaft nur das Fehlen eines konsistenten Rechtsrahmens im Bereich der Fortpflanzungsmedizin oder an den neuen § 217 StGB im Kontext der „Selbstbestimmung am Lebensende".

hältnisse – der Pharmabereich ist davon ganz sicher nicht ausgenommen – aber auch eine effektive Grenzkontrolle benötigt. Die Verantwortung für eine hinreichende Kontrolle weitreichend auf Ethikkommissionen[91] zu verlagern, dürfte deren Möglichkeiten in jeder Hinsicht überschätzen.[92] Drittens schließlich untergräbt die nur vordergründig verdeckte Neuakzentuierung zugunsten des erfolgsbezogenen Kollektivinteresses im hier behandelten Bereich der Arzneimittelprüfungen mit Nichteinwilligungsfähigen die Patienten- und Probandenrechte wie überhaupt die Geltungskraft des Selbstbestimmungsrechts, das doch gegenüber der hippokratischen Tradition erst mühsam erkämpft und befestigt werden musste. Jedoch ist der „Wert" des Einzelnen in der „personalisierten" Medizin des 21. Jahrhunderts mit ihrer dezidierten Genetisierung und datenbezogenen Vernetzung („Big Data")[93] ohnehin nachhaltig bedroht; im Dunste dieses Zeitgeist steht zu befürchten, dass die begründeten Vorbehalte gegen die seinerzeitige Ratifizierung der Biomedizinkonvention des Europarates alsbald vergessen sein werden.

Deshalb gilt es heute nochmals in Erinnerung zu rufen, was der Tübinger Medizinethiker *Giovanni Maio* in seinen profunden „philosophischen Überlegungen zur Forschung am Menschen" schon vor beinahe zwei Jahrzehnten angemahnt hatte: Wären Bürger hinter dem *Rawlschen* „Schleier des Nichtwissens" mutmaßlich bereit, normativen und sozialen Rahmenbedingungen zuzustimmen, die – und sei es auch nur in eng begrenztem Maße – eine fremdnützige Forschung an Einwilligungsunfähigen erlaubten? Die Antwort liegt auf der Hand: Wenn im ungünstigsten Fall damit gerechnet werden müsste, selbst in die Lage eines Probanden zu geraten, „würde ein rationaler und fairer Mensch [...] niemals [...] zustimmen wollen, dass ihm auch noch weitere Nachteile aufgebürdet würden, die lediglich zukünftigen Personen nützen sollen, ohne sich günstig auf seine ohnehin benachteiligte Situation auszuwirken"[94]. Warum sollten wir also heute einer Rechtsentwicklung zustimmen, die nach rationalen Kriterien gemessen nicht zustimmungsfähig ist?

## Summary

With the new EU regulation No. 536/2014 about clinical trials with medical products for human use a utilitarian attitude finds its way into German medical law. The normative interests of the individual proband – unable to consent – are subordinated to the interest of the collective in a prospectively improved pharma-

---

[91] Zu diesen eingehend *Vogeler*, Ethik-Kommissionen – Grundlagen, Haftung und Standards, Heidelberg u. a.: Springer, 2011.

[92] Zu den hohen verfahrensrechtlichen und personellen Anforderungen, um dem Idealbild einer Ethikkommission nahezukommen, näher *Vöneky*, Recht, Moral und Ethik. Grund und Grenzen demokratischer Legitimation für Ethikgremien, Tübingen: Mohr Siebeck, 2010, S. 584 ff.

[93] Siehe dazu die in MedR 9/2016 abgedruckten Beiträge der jüngsten Tagung der deutschen Medizinrechtslehrer/Innen.

[94] *Maio* (Fn. 74), S. 56.

ceutical supply. The latest draft of a fourth amending law to the AMG of April 6, 2016 (BT-Drucks. 18/8034) seeks to moderate the fundamental concerns about this issue by transferring the instrument of the living will that is traditionally meant for therapeutic provision at the end of life to the participation in clinical drug trials. The subjective-legal legitimation qua autonomous decision that is the purpose of this transfer, however, amounts to nothing more than a formal derivation without even coming close to fulfilling the demands of a truly "autonomous" consent of the probands. Therefore, a – further – weakening of the patient and proband rights in the medium and long term is to be feared.

# Grundelemente einer Care-Ethik

Giovanni Maio

## I. Fürsorge als Verbindung von Tugend und Praxis

Die Ethik der Fürsorge (Care-Ethik) entwickelte sich im bioethischen Bereich vor allem als Kritik am mangelnden Kontextbezug und am rationalistischen Zugang der Prinzipienethik. So verfolgt die Care-Ethik einen Zugang, der sich bewusst von der Prinzipienethik und der Vorstellung, man könne ethische Probleme mittels abstrakter Prinzipien lösen, abgrenzt und stattdessen eigene Konzepte entwickelt. Was ist nun das spezifische Charakteristikum der Care-Ethik? Initiierend für die Formulierung einer Care-Ethik war zweifellos das Buch „In a Different Voice" (1982) von Carol Gilligan. Gilligan verfolgt dort eine Theorie der „zwei Moralen" und stellt Care als eine spezifisch weibliche Tugend bzw. Disposition heraus. Daher wurde die Care-Ethik bislang vor allem in ihrem Verhältnis zur feministischen Ethik gesehen und die Frage nach dem Verhältnis von Care und so genannter „weiblicher Moral" aufgeworfen. Für die medizinethischen Implikationen ist diese Engführung im Blick auf eine „Geschlechterethik" wenig weiterführend. Wichtiger erscheint es, auf die Grundcharakteristika der Care-Ethik zu reflektieren, so etwa auf die von Gilligan unterstrichene Notwendigkeit, für eine Person da zu sein, um Care zu verwirklichen, ihre Betonung des Netzwerks von Beziehungen, das uns mit dem anderen immer schon verbindet, sowie das Primat der inneren Einstellung, der persönlichen Grundhaltung anstelle äußerer Verpflichtungen. Diese von Gilligan radikalisierte Hinwendung zur inneren Einstellung und persönlichen Haltung löste unmittelbare Kritik aus und evozierte alternative Stimmen. So versteht die Politikwissenschaftlerin Joan Tronto Care nicht primär als Tugend, sondern vielmehr als Praxis; sie macht deutlich, dass sich Fürsorge nicht allein durch gute Motive realisiert, sondern erst dann als verwirklicht gelten kann, wenn diese guten Motive beim anderen auch tatsächlich in irgendeiner Form angekommen sind. Dazu hat Tronto ein Vierphasenmodell des Caring entwickelt (siehe Tabelle).

Ein solches Modell ist zunächst aufschlussreich, weil es die Sorge in der Verbindung von Haltung und Handlung, von Einstellung und Aktion verortet. Dennoch können solche (von Trivialität nicht ganz freien) Auflistungen nicht darüber hinwegtäuschen, dass sie keine Theorie oder methodische Reflexion ersetzen können. Es spricht Vieles dafür, die Care-Ethik weniger als eine eigenständige Methode denn als spezifische Perspektive auf ethisch relevante Situationen und Probleme zu verstehen. Eine weitergehende Reflexion können wir bei Paul Ricœur finden.

*Tabelle 1*

**Vierphasenmodell von Tronto mit den korrespondierenden ethischen Elementen einer Care-Ethik, modifiziert nach Coradi 2001**

| Phasen von Caring | Ethische Elemente |
|---|---|
| 1. Anerkennen eines Bedürfnisses (caring about) | 1. Aufmerksamkeit |
| 2. Sorgeprozess (taking care of) | 2. Verantwortlichkeit |
| 3. Direkte Handlung (care-giving) | 3. Kompetenz |
| 4. Reaktion auf den Sorgeprozess (care-receiving) | 4. Resonanz |

## II. Fürsorge nach Paul Ricœur

Paul Ricœur hat in seinem Spätwerk „Das Selbst als ein Anderer" die Fürsorge explizit als einen Teilbereich der ethischen Verpflichtung des Menschen bezeichnet. Er bringt den Gehalt der Fürsorge prägnant auf den Punkt, wenn er betont, dass es der Fürsorge darum ginge, „mit dem Anderen und für ihn" zu sein. Er versteht Fürsorge also einerseits als Interaktion mit dem Anderen und zugleich als Bezogensein auf ihn. Dieser doppelte Bezug führt die zwei wesentlichen Aspekte zusammen. Im Rückgriff auf den Aristotelischen Freundschaftsbegriff hebt Ricœur darauf ab, dass sich Fürsorge in der Gegenseitigkeit konstituiert. So lehnt er den von Emmanuel Lévinas postulierten einseitigen Appell an die Fürsorge, der vom Anderen an uns geht, kategorisch ab und unterstreicht die Reziprozität der Fürsorgebeziehung. Fürsorge richte sich nicht einseitig auf den aus, der die Fürsorge empfängt. Auch der, der sie schenkt, verändert sich durch die Fürsorge, indem er im Angesicht der Fremdheit des Fürsorgeempfängers seinen eigenen Horizont überschreitet. Es ist somit die Fürsorge, die es ihm ermöglicht, seine eigene Identität in der Fremdheit zu finden. In der Fürsorge werden das bisher Selbstverständliche und der durch die Routine vereinseitigte Blick auf die Welt und das eigene Selbst aufgebrochen und demaskiert. Die Fürsorge hat hier nach Ricœur eine Vermittlungsfunktion insofern, als dass der Fürsorgende, um wirklich Sorge walten zu lassen, „in die Fremde" reisen, sich von sich selbst distanzieren muss und auf diese Weise seinen eigenen Stand- und Aussichtspunkt erweitert.[1] Damit bringt Ricœur in origineller Weise die Fürsorge nicht nur mit der Identitätsfindung, sondern zugleich mit dem hohen Gut der Selbstschätzung zusammen: Unser Bild von uns selbst konstituiert sich allererst über den Dialog mit dem Anderen. Indem wir für den Anderen Sorge tragen, erhält unser eigenes Selbst einen Anstrich von Fremdheit, der uns nicht nur dazu verhilft, uns klarer zu sehen, sondern auch dazu, uns mehr zu schätzen. Zur gleichen Zeit ist für Ricœur mit der Fürsorge immer eine Rückerinnerung an unsere eigene Verletzlichkeit verknüpft, und durch diese Mahnung, in der wir uns als mit dem Hilfsbedürftigen „verwandt"

---

[1] In eine ähnliche Richtung geht auch Axel Honneth, wenn er bezogen auf die Gewährung von Fürsorge die Chance auf eine „exzentrische Perspektive" formuliert (Honneth 2003, S. 119).

erfahren, setzt ein Wandlungsprozess im Gebenden ein. Der Empfänger der Fürsorge wird auf diese Weise allein dadurch, dass er seine Hilfsbedürftigkeit zu erkennen gibt, zum Gebenden, indem er den Fürsorgespendenden für Erfahrungen aufschließt, die diesem sonst verwehrt geblieben wären. Das Bewusstsein der „Verwandtschaft" oder „Ähnlichkeit" (wie Ricœur auch sagt) zu dem, der die Fürsorge empfängt, lässt in Verbindung mit der Grundeinstellung einer „Umkehrbarkeit" der Rollen im Fürsorgespendenden das Bestreben aufkommen, einen Ausgleich zur offenkundigen Asymmetrie zu schaffen und eine Gleichheit herzustellen. Fürsorge gilt für Ricœur somit als Motivationsgrundlage für die „Suche nach Gleichheit im Durchgang durch die Ungleichheit" (Ricœur 2005, S. 235). Sie stellt eine Aufforderung zur Egalisierung dar, zur Aufhebung der Einseitigkeit und zur Ermöglichung von Reziprozität. Der Weg dahin macht eine innere Identifikation mit dem Anderen und „das gegenseitige Eingeständnis der Zerbrechlichkeit" (Ricœur 2005, S. 234) notwendig. Fürsorge ist für Ricœur deshalb ein reziprokes Phänomen, weil sie sich erst durch das Antwortgeben realisiert, das heißt durch die Bezugnahme auf eine Aufforderung, die wiederum auf ein aktives Vernehmen und auf eine von Güte und Rücksicht getragene Antwort angewiesen ist. Diese Antwort auf die Anforderung des Anderen beschreibt Ricœur als eine Grundbereitschaft, „durch die das Selbst sich für den Anderen als das Selbst verfügbar macht" (S. 206). Die eigene Verfügbarmachung und die damit verbundene Offenheit für die Besonderheit des Anderen bezeichnet er auch als „Bereitschaft zur Güte" (Ricœur 2005, S. 230). Diese Bereitschaft bildet den Kern der Fürsorge. Der Andere kann zum Initiator einer neuen Situation und Selbsteinschätzung werden, sofern man sich für die Aufforderung, die von ihm ausgeht, aufgeschlossen zeigt. Die damit verbundene Verantwortungsübernahme nennt Ricœur das „Streben nach dem Guten für den Anderen".

An einer Stelle bringt Ricœur diese Konzeption von Fürsorge auch mit dem Begriff der „wohlwollenden Spontaneität" zum Ausdruck. Damit macht er deutlich, dass es in der Fürsorge um eine Interaktion geht, die von einer bestimmten Grunddisposition getragen sein muss: von der Disposition des Wohlwollens. Ricœur bindet seine Konzeption von Fürsorge somit an motivationale Gehalte und emotionale Anteile zurück, die sich in der Unmittelbarkeit des Umgangs mit dem Fürsorgebedürftigen einstellen. Damit wird Fürsorge konzipiert als Verbindung von 1. Reflexivität (Selbsterkenntnis), 2. Intentionalität (Ausgerichtetsein auf den Anderen), 3. Affektivität (Wohlwollen) und 4. Spontaneität (Unmittelbarkeit).

## III. Systematik der Grundelemente einer Fürsorge-Ethik

Nachdem wir im Rückgriff auf Paul Ricœur eine der fundiertesten Fürsorge-Konzeptionen erörtert haben, soll es nun darum gehen, einen allgemeineren Begriff von Care-Ethik zu entfalten. Wir haben ja gesehen, dass es durchaus unterschiedliche Konzeptionen gibt, aber aller Unterschiede zum Trotz lassen sich bei genauerem Hinsehen doch einige Grundcharakteristika herausarbeiten, die die Besonderheit der Care-Ethik verdeutlichen können.

## 1. Anthropologie der Angewiesenheit

Ein zentrales Wesensmerkmal der Care-Ethik ist die ihr zugrunde liegende Anthropologie. Sie wurde ja ursprünglich als Gegenreaktion auf eine Ethikform entwickelt, die (wie die autonomieorientierte Prinzipienethik) das souveräne Individuum mit seinen Abwehrrechten in den Mittelpunkt stellt. Die Care-Ethik negiert die Notwendigkeit des Respekts vor Abwehrrechten selbstverständlich nicht, aber sie geht von einem anderen Menschenbild aus. Es geht ihr darum, weniger die Souveränität eines jeden Einzelnen in den Mittelpunkt zu stellen als vielmehr dessen grundsätzliche Angewiesenheit. Care-Ethik zu betreiben bedeutet anzuerkennen, dass jeder Mensch in einer Grundstruktur der Angewiesenheit lebt, ganz gleich, ob er diese Angewiesenheit bewusst verarbeitet oder ob sie unbewusst bleibt (das war ja auch Gilligans Grundgedanke). Die Care-Ethik nimmt somit ihren Ausgang von dem Bewusstsein der Asymmetrie der Lage, in der sich hilfsbedürftige, der Fürsorge bedürftige Menschen befinden. Ihre Situation ist nicht primär auf Reziprozität ausgerichtet – in ihr kommt vielmehr die grundlegende Angewiesenheit des Menschen zum Ausdruck. Und sie ist es auch, die die Fürsorge als eine Handlungsform notwendig macht, welche eine Antwort auf diese Grundsignatur der Angewiesenheit darstellt. Das Besondere der Care-Ethik liegt aber nicht nur in der Anerkenntnis der Asymmetrie und damit der Angewiesenheit. Sie befreit die Angewiesenheit des Menschen zugleich von ihrer negativen Konnotation: Hilfsbedürftigkeit wird aus sorge-ethischer Perspektive nicht als Unvollkommenheit betrachtet, sondern als Normalität und als paradigmatisch für Beziehungen überhaupt.

Wenn hier von Asymmetrie gesprochen wird, so ist damit keine Zementierung eines wohlwollenden Paternalismus gemeint. Es geht stattdessen um die Anerkenntnis, dass zwar die Situation eine solche der Ungleichheit sein kann, dass dies aber dem Postulat der gleichen Achtung und der Gleichheit der Personen keinen Abbruch tut. Eine Ethik der Fürsorge anerkennt mit anderen Worten den Unterschied im Ausmaß der Souveränität des Menschen in seiner spezifischen Situation, ohne doch die elementare Gleichheit aller Menschen in ihren moralischen Ansprüchen und Anerkennungsverhältnissen auch nur ansatzweise zu relativieren. Vielmehr besteht ihr letztes Ziel (wie wir bei Ricœur gesehen haben) zugleich darin, durch die Gleichheit der Personen hindurch zu einem Ausgleich der Asymmetrie bezogen auf die Souveränität zu gelangen.

## 2. Sein in Beziehung

Die Beziehung spielt für die Care-Ethik in dreifacher Weise eine entscheidende Rolle. Zunächst einmal geht sie von einer Anthropologie aus, die den Menschen nicht nur in seiner Angewiesenheit wahrnimmt, sondern ihn zugleich als ein Wesen interpretiert, das auf Beziehungen zu anderen Menschen ausgerichtet ist. Die Beziehung ist ein zentrales Wesensmerkmal menschlicher Existenz. Zweitens wird der Beziehung eine bedeutsame Rolle bei der Genese ethischer Probleme zugeschrieben, vor allem im Hinblick auf einen Mangel an Beziehungen. Auf diese Weise wird die Beziehung für die Care-Ethik zu einem Wahrnehmungsfenster ethischer Probleme. Und schließlich gilt die Beziehung zugleich als entscheidende Lösungsstrategie für diese Konfliktsituationen. Vor diesem Hintergrund wird verständlich, weshalb die Ethik der Sorge auf die Unverzichtbarkeit menschlicher Verbundenheit zur Lösung ethischer Probleme verweist. Mit diesem relationalen Zugang auf die Ethik ist auch eine Hochschätzung anderer beziehungsstabilisierender Tugenden wie Nachsicht und Verzeihen oder Hingabe und Vertrauen verbunden. Die Care-Ethik impliziert somit eine deutliche Aufwertung der affektiven Verbindung und den Primat interaktiver Handlungen zur Lösung ethischer Konflikte.

Hier bedarf es freilich eines differenzierten Umgangs, denn die Beziehung schablonenhaft als Lösungsstrategie zu propagieren, wäre auch nicht angemessen. Nicht selten ist es gerade die Verstricktheit in Beziehungen, die Patientinnen und Patienten Probleme bereitet, so z.B. wenn sie sich in Abhängigkeitssituationen befinden, aus denen sie durch Unterstützung erst herausgeführt werden müssen, um zu einer Lösung des Problems zu gelangen. Und auch für die Helfenden stellt die Fokussierung auf die Beziehung immer eine Gratwanderung dar, da sie sich davor bewahren müssen, sich durch ein allzu starkes emotionales Engagement sukzessive selbst auszubeuten. Hier zeichnen sich die Grenzen einer Überanstrengung des Lösungspotenzials der Beziehung ab. Gleichwohl gehören die Betonung der moralischen Dimension von Beziehungen und die Hochschätzung beziehungsstabilisierender Tugenden zu den unverzichtbaren Kernmerkmalen einer Ethik der Fürsorge.

## 3. Situationsorientiertheit

Eine zentrale Frage im Blick auf die Care-Ethik ist die nach der Begründung der jeweiligen Handlung oder Reaktion. Während die Prinzipienethik hier deduktiv vorgeht und die Handlung von abstrakten Prinzipien ableitet (und diese auch über die Prinzipien begründet), geht die Care-Ethik einen grundlegend anderen Weg. Sie leitet ihr Handeln nicht von der Abstraktheit einer Regel ab und geht von hier zur Praxis über, sondern sie nimmt die Praxis selbst zum Ausgangspunkt für die Wahl der geforderten Handlung. Sie folgt also keinem deduktiven Modell, sondern nimmt die Unmittelbarkeit und Singularität der jeweiligen Situation als Auftrag wahr, sich für das Handeln zu entscheiden, das in dieser Situation angemessen erscheint. Während also die Prinzipienethik Regeln anwendet, geht es bei der Care-Ethik um eine aus der jeweiligen Situation zu generierende passende Antwort, da der Konkretheit einer Situation durch reine Regelanwendung nicht adäquat begegnet werden kann. Somit wird deutlich, dass es der Care-Ethik schon rein methodisch nicht um das Kriterium der Verallgemeinerbarkeit und um einen Universalismus geht, wie wir das zum Beispiel von der Kantischen Ethik her kennen, sondern vielmehr um die Vergegenwärtigung der Besonderheit und der Unvergleichbarkeit sowohl des Patienten bzw. der Patientin als auch der Situation. An die Stelle der Verallgemeinerbarkeit treten Singularität und Partikularität. Hier kann man eine gewisse Parallele zur hermeneutischen Ethik erkennen, insofern der besondere Blickwinkel der Care-Ethik gerade darin liegt, nach dem Partikularen und somit nach der Besonderheit des anderen zu fragen. Es ist daher kein Zufall, dass sich ausgerechnet der Hermeneutiker Ricœur für eine Fürsorgeethik starkmacht, und es ist auch kein Zufall, dass er – in Anlehnung an die aristotelische Phronesis – die „praktische Weisheit" als die methodische Grundlage ethischer Urteilsfindung benennt. Ricœur geht es ja darum, die Fürsorge als eine Zusicherung zu begreifen, die Unverwechselbarkeit des Anderen vor jedweder Vereinnahmung durch Verallgemeinerungspostulate zu schützen. Die Kernaufgabe der Fürsorge liegt für ihn gerade darin, die Andersheit des Anderen zu retten.

Zusammenfassend kann man diesen Aspekt der Situationsbestimmtheit in drei Elemente aufteilen:

(a) Betonung der Unmittelbarkeit und Würdigung der unmittelbaren Wahrnehmung,

(b) Anerkennung der Singularität der Situation,

(c) Notwendigkeit einer kreativen und nicht bloß regelgeleiteten Lösung des Konfliktes.

Damit stellt die Care-Ethik eine richtungsweisende Alternative zur reinen Zweckrationalität dar.

### 4. Responsivität

Das Besondere der Fürsorge-Ethik liegt nach all dem Gesagten darin, dass sie sich weniger über die Initiative definiert als über die Responsivität. Sie antwortet oder reagiert auf die Aufforderung des auf Hilfe angewiesenen Menschen. Care-Ethik ist primär responsiv orientiert. Es ist der Andere, der zur Sorge ruft. Care-Ethik ist daher mit der Haltung und dem Gestus der Hinwendung verknüpft. Sie setzt die Fähigkeit voraus, sich auf den Anderen zubewegen zu können. Die dazugehörige Grundhaltung ist eine des Hinhörens, der Aufnahmebereitschaft, des rezeptiven Eingehens, ja der tiefen Aufmerksamkeit. Auch hier erkennen wir eine Parallele zur hermeneutischen Ethik, der gegenüber die Fürsorgeethik über das Verstehen hinaus mit dem Impuls zur Veränderung, zur Verwirklichung der Sorge verknüpft ist (Maio 2015). Man könnte diesen Impuls zur Verwirklichung der Sorge als den Impuls zu einer Verwirklichung der Antwort begreifen, zu der die bedrängte Lage des Anderen uns drängt. Emmanuel Lévinas hat die Fürsorge in dieser Hinsicht als ein „In-Anspruch-Genommen-Werden" durch den Anderen bezeichnet.

### 5. Akzeptanz des Unbestimmbaren

Insofern die Care-Ethik gerade keine regelorientierte Ethik sein will und statt der Regel die konkrete Situation zum Ausgangspunkt nimmt, wird auch ein ganz anderer Anspruch an das Resultat des ethischen Urteils gestellt. Geht man von einer deduktiven Ethik aus, wird der Anspruch auf Exaktheit und Eindeutigkeit erhoben, nach dem Motto: Ist es erlaubt oder nicht erlaubt? Gefordert oder nicht gefordert? Richtig oder falsch? Die Care-Ethik denkt nicht in diesen Kategorien, was sie erneut mit der hermeneutischen Ethik verbindet. Sie zeichnet sich vielmehr durch eine Ambiguitätstoleranz aus, denn da sie die Besonderheit der konkreten Situation ernst nimmt, kann sie nicht im Voraus sagen, was richtig und was falsch ist. Die Situation kann bis zuletzt ambivalent bleiben. Ambivalenz stellt für die Care-Ethik jedoch keinen Zustand dar, der mit allen Mitteln aufgehoben werden müsste – das Ernstnehmen, Zulassen und Aushalten von Ambivalenz gehört vielmehr zum methodischen Vorgehen einer Ethik der Fürsorge. Man kann es auch so sagen: Aus der Epistemologie der Besonderheit resultiert eine Akzeptanz der Uneindeutigkeit. Es gibt nicht die eine richtige Lösung, sondern ein Spektrum an Lösungen; es gibt nicht das Richtige, sondern das jeweils Passende, und es gibt auch keine objektive Lösung, die mit einem universalistischen Anspruch verbunden wird. Wir haben es vielmehr mit dem Partikularen und damit jederzeit Fehlbaren zu tun.

*6. Bedeutung des emotionalen Wissens*

Aus den zuletzt genannten Kriterien wird deutlich, dass die Care-Ethik sich von den anderen Ethiken vor allem in der Problemwahrnehmung unterscheidet. Sie nimmt das ethische Problem unter anderen Vorzeichen wahr. Aber diese Vorzeichen haben nicht nur etwas mit den genannten Grundelementen zu tun, sondern fußen noch grundlegender auf einem erweiterten Begriff von Wissen. Die Care-Ethik begnügt sich nicht mit dem verobjektivierbaren und formalisierbaren Faktenwissen, sondern rekurriert zugleich auf etwas, was man als „implizites Wissen" bezeichnen muss. Die tragende Rolle der Beziehung, die Forderung nach einer adäquaten Wahrnehmung der Situation sowie der Vorrang kreativer Lösungsstrategien vor der deduktiven Ableitung machen implizite Wissensformen wie Erfahrungswissen, Situationswissen und Beziehungswissen erforderlich. Die Aufwertung dieser, sich einer formallogischen Herangehensweise entziehenden Wissensformen macht die Essenz der Care-Ethik aus. Es sind Formen des Wissens, die man nicht auswendig lernen kann, sondern die man einüben muss. Die mit der Care-Ethik verbundene Kompetenz ließe sich daher als eine Könnerschaft im Umgang mit Uneindeutigkeit beschreiben. In ihr spielt die Fähigkeit zur Bewältigung von Komplexität eine weitaus konstitutivere Rolle als in den anderen Ethiken. Vielleicht erklärt dies auch, weshalb die Care-Ethik im Medizinbetrieb nach wie vor eher unterschätzt und wenig gefördert wird: Sie setzt einen Kontrapunkt zur betrieblichen Rationalität dar, weil sie eine eigene Rationalität zugrunde legt, für die das Gefühl, die Intuition, das Erspüren eine ebenso große Bedeutung haben wie das Durchrechnen, und in der der Erfahrung ein epistemologischer Wert zuerkannt wird, der in der Strukturlogik der modernen Medizinbetriebe kaum Beachtung findet.

Insofern ist die Care-Ethik fortschrittlicher als so manche Prinzipienethik, weil sie aufräumt mit dem Vorurteil von der Irrationalität des Gefühls, weil sie den Wissensgehalt der Gefühle ernst nimmt und insofern ein implizites Plädoyer für die Aufwertung des emotionalen Wissens darstellt. Die spezifische Herausforderung der Care-Ethik besteht wiederum darin, dieses emotionale Wissen in einer Weise ernst zu nehmen, dass es nicht in einen Kontrast zum kognitiven Wissen gebracht wird. Vielmehr gilt es, beide Wissensformen in eine gesunde Balance zu bringen, dergestalt, dass das emotionale Wissen als schöpferischer Faktor aufgewertet wird, aber das kognitive Wissen im Sinne eines ständigen Überprüfungsmodus auf gleiche Weise präsent bleibt. Die Care-Ethik kann erst dann wirklich fruchten, wenn sie durch emotionales Wissen singuläre kreative Vorgehensweisen ermöglicht, ohne von der Verpflichtung befreit zu sein, diese kreativen Lösungsstrategien mit transparenten und nachvollziehbaren Argumenten nach außen begründen zu müssen.

## 7. Vorrang des Gedeihenlassens

Nicht nur die beschriebene Form von Wissen und Erkenntnis wird durch die Care-Ethik erweitert; aus ihren beschriebenen Kernelementen resultiert zugleich eine alternative Sicht auf den Umgang mit ethischen Problemen. Sofern der Fokus der Care-Ethik auf der Wahrnehmung der Komplexität eines ethischen Problems liegt und diese Komplexität oder Vieldeutigkeit ein eher rezeptives Herangehen erforderlich macht, wird auch die Reaktion auf das Problem nach ganz anderen Kriterien bewertet, als es in einem auf Strukturfunktionalität ausgerichteten Denken geschieht. Ähnlich wie bei der Hermeneutischen Ethik zählt hier nicht das schnelle, selbstsichere Agieren, sondern das tentative Herantasten und Rücksichtnehmen. Dies zieht eine andere Definition von guter Handlung nach sich: Bedachtsamkeit und Umsicht werden hier zu den Leitwerten. Es war die Initiatorin der Care-Ethik-Debatte Carol Gilligan selbst, die das Zögern und die tentative Rücksichtnahme als Indiz für die Fürsorge hervorhob, und auch Paul Ricœur spricht, wie wir oben gesehen haben, explizit von Rücksichtnahme. Gerade weil die Care-Ethik davon ausgeht, dass es keine eindeutigen Lösungen gibt, misst sie dem Zweifel einen ganz anderen Wert bei; die Haltung des tentativen Zögerns hat hier in keiner Hinsicht die negative Konnotation, welche die ubiquitäre Betriebsamkeit der medizinischen Großeinrichtungen erfordert. Auf diese Weise kommt der Care-Ethik auch in Bezug auf das Handeln eine geradezu subversive Kraft zu. Diese subversive Kraft kann sehr heilsam sein, weil aus ihr die Einsicht entspringen kann, dass es zu einer guten Medizin gehört, Dinge nicht nur zu machen, sondern sie auch gedeihen zu lassen. Durch die beschriebene Praxeologie der Behutsamkeit könnten der Wert des Gedeihens neu entdeckt, die Tendenz zum Aktionismus abgeschwächt und eine Denkweise eingeführt werden, die den Unterschied zwischen Medizin (als Fürsorge) und Industrie (als Produktionsstätte) noch deutlicher hervortreten lässt.

## IV. Grenzen der Care-Ethik

Es ist deutlich geworden, dass es der Care-Ethik um die Abkehr von einem universalistischen Anspruch und stattdessen um eine Hinwendung zum Einmaligen und Besonderen geht. Darin stellt sie eine notwendige Korrektur an der gegenwärtig vorherrschenden strukturfunktionalistischen Herangehensweise dar. Dennoch ruft eine Abkehr von universalistischen Ansprüchen unweigerlich den Einwand der Beliebigkeit und des Relativismus auf den Plan. Diesen Vorwurf kann man nur dann entkräften, wenn man sich klarmacht, dass auch das singuläre Entscheiden innerhalb eines vorgegebenen Rahmens stattfindet, der durch die Partikularität der Situation nicht außer Kraft gesetzt wird, sondern als konstituierender Rahmen bestehen bleibt.

Ein zweiter Kritikpunkt ist oben schon angesprochen worden. Die zentrale Bedeutung der Beziehung und der Zuwendung innerhalb der Care-Ethik hat je nach Situation auch ein Zumutungspotenzial, sowohl für das Behandlungsteam als auch für den Patienten. Manchmal möchte ein Patient oder eine Patientin keine Beziehung eingehen, sondern schlicht eine Dienstleistung in Anspruch nehmen. Dieser Einwand lässt sich ansatzweise bereits mithilfe der Care-Ethik selbst entkräften, denn eine richtig verstandene Ethik der Fürsorge müsste ihren konkreten Ausgangspunkt auch in der Weise ernstnehmen, dass sie im Zweifelsfall erkennt, dass diese oder jene Situation einen distanzierteren und eher prinzipien- oder sollensethischer Umgang verlangt. Dies verweist nochmals darauf, dass die Care-Ethik eben einen ganz bestimmten Zugang zu ethischen Problemen nimmt, der nicht der für alle Situationen und medizinethischen Probleme geeignete sein kann und muss. Die Güte der Care-Ethik ergibt sich aus der Güte ihres Einsatzes. Sie wird nur dann als Bereicherung empfunden werden, wenn sie in Bezug auf solche Probleme eingesetzt wird, für die sie tatsächlich die geeignete Methode ist. Versucht man sie dagegen zum Paradigma der Medizinethik zu erheben, verstrickt man sich zwangsläufig in Unzulänglichkeiten, die aber keine Unzulänglichkeiten der Care-Ethik per se sind, sondern Unzulänglichkeiten in der Sorgfalt ihrer Wahl als Methode für ganz bestimmte Zusammenhänge und Situationen.

## V. Schlussfolgerungen

Die Care-Ethik hat sich als eine Reaktion auf die Einseitigkeit der Prinzipienbzw. der Pflichtenethik oder – wie manche es bezeichnen – der Ethik der Gerechtigkeit entwickelt. Dieser Kontext hat zu Polarisierungen verleitet, die den Blick darauf verstellen, dass man sowohl eine Care-Ethik als auch eine Prinzipienethik braucht. Es handelt sich bei ihnen nicht um Alternativmodelle, sie müssen vielmehr in ein komplementäres Verhältnis zueinander gestellt werden. Will man einem Patienten oder einer Patientin innerhalb der Medizin gerecht werden, ist man darauf angewiesen, Prinzipien und Grundrechte zu kennen und die Bedeutsamkeit eines so abstrakten Prinzips wie dem der Menschenwürde im Blick zu haben. Das ist unbestritten. Aber allein dies im Blick zu haben, ist eben keine Gewähr dafür, dem Patienten wirklich zu helfen. Will man ihm in seiner ganz spezifischen Lage helfen, muss man sich auf diese in einer ganz individuellen Weise einlassen und eine Strategie entwickeln, die diesem Menschen wirklich hilft. Eine solche Strategie kann weder auf eine Umsetzung von Regeln reduziert werden noch kann sie sich in subjektiver Beliebigkeit erschöpfen. Sie verlangt das individuelle Eingehen auf einen ganz bestimmten Menschen innerhalb eines vorgegebenen Rahmens. Der Wert der Care-Ethik ist in ihrer Annahme begründet, dass die Angewiesenheit des Anderen eine persönliche Verantwortungsübernahme verlangt. Eine solche Verantwortungsübernahme (erinnern wir uns an die zentrale Rolle der „Antwort") geht über eine Gewährung von Grundrechten weit hinaus.

Die Ethik der Fürsorge, deren Kernaspekte wir im Vorangegangenen herausgestellt haben, macht die Ethik somit reicher, gehaltvoller und ergänzt sie um Gehalte, die sich nicht einfach kodifizieren lassen. Ihr spezifischer Reichtum wird sich jedoch nur dann entfalten können, wenn sie innerhalb eines bestimmten Prinzipien-Rahmens Fuß fassen, der nicht in Kontrast zur Care-Ethik steht, sondern ihre Verwirklichung letztlich erst ermöglicht. Dieses komplementäre Verhältnis bringt Paul Ricœur auf den Punkt, wenn er betont, die für die Fürsorge so notwendige Urteilskraft bestehe „in der Erfindung von Verhaltensformen, die der von der Fürsorge verlangten Ausnahme weitestgehend entsprechen und zugleich die Regel so wenig wie möglich verletzen." (Ricœur 2005, S. 325)

## Summary

That medical ethics was able to become established as an academic discipline in its own right has various reasons. One of this reasons, however, is that it initially dedicated itself to principalism, which promised manageability of ethical problems. Only gradually, it was realized that the principalistic approach was biased and one-sided, because many medical ethical problems do not break down to abstract principles. Due to this new understanding, complementary methodical approaches to medical ethical questions evolved. One of the most prominent alternative approaches is that of Ethics of Care. This article presents in details the basic elements of Ethics of Care, primarily by recourse to Paul Ricoeur. In a second part, the relevance of care for the adequate handling of medical ethical problems is set out.

## Literatur

*Conradi*, Elisabeth: Take Care. Grundlagen einer Ethik der Achtsamkeit. Frankfurt: Campus, 2001.

*Gilligan*, Carol: In a different voice. Harvard: Harvard University Press, 1982; Deutsche Ausgabe: Die andere Stimme: Lebenskonflikte und Moral der Frau. München: Piper, 1988.

*Honneth*, Axel: Kampf um Anerkennung. Zur moralischen Grammatik sozialer Konflikte. Frankfurt a.M.: Suhrkamp, 2003.

*Maio*, Giovanni: Den kranken Menschen verstehen. Für eine Medizin der Zuwendung. Freiburg: Alber, 2015.

*Ricœur*, Paul: Das Selbst als ein Anderer. Paderborn: Fink, 2005.

*Tronto*, Joan C.: Moral boundaries – a political argument for an ethic of care. New York / London: Routledge, 1993.

# Einwilligung und Einwilligungssurrogate – insbesondere bei ärztlichen Heileingriffen

Wolfgang Mitsch

## I. Einführung

Nach § 226 Abs. 1 Nr. 2 StGB ist es schwere Körperverletzung, die mit Freiheitsstrafe bis zu 10 Jahren, unter den qualifizierten subjektiven Voraussetzungen des Absatzes 2 sogar bis zu 15 Jahren (§ 38 Abs. 2 StGB) bestraft werden kann, wenn einem Menschen ein Bein oder ein Arm amputiert wird. Voraussetzung dieser strafrechtlichen Sanktionierungsfolge ist jedoch, dass die Tat überhaupt eine tatbestandsmäßige Körperverletzung ist. Daran besteht kein Zweifel, wenn die ohne Einwilligung[1] des Betroffenen durchgeführte Amputation nicht die besondere Qualität einer ärztlichen Heilmaßnahme hat, sondern z.B. eine drakonische Bestrafungsaktion nach einer archaischen Rechtsauffassung oder ein Racheakt im Kontext organisierter Kriminalität ist. Lege artis durchgeführte ärztliche Heileingriffe[2] werden hingegen nicht einhellig als tatbestandsmäßige Körperverletzung bewertet, vor allem im Fall eines ex post zutage getretenen Heilerfolgs.[3] Ein großer Teil des Schrifttums lehnt – „bereits"[4] – die Erfüllung des objektiven Körperverletzungstatbestandes ab. Vor diesem Hintergrund ist allerdings nicht zu verstehen, warum die „völlige Straflosigkeit des operierenden Arztes" gleichwohl noch eine Einwilligung des Patienten voraussetze.[5] Richtig daran ist, dass die Einwilligung

---

[1] Nach verbreiteter Ansicht schließt eine wirksame Einwilligung bereits die objektive Tatbestandsmäßigkeit aus, vgl. z. B. *Roxin*, Strafrecht Allgemeiner Teil, Band I, München, C.H. Beck, 4. Aufl. 2006, § 13 Rn. 12.

[2] Vgl. das Beispiel bei *Eisele*, Strafrecht Besonderer Teil I, Stuttgart, Kohlhammer, 3. Aufl. 2014, Rn. 307.

[3] *Knauer/Brose*, in: Spickhoff (Hrsg.), Medizinrecht, München, C.H. Beck, 2. Aufl. 2014, § 223 Rn. 15 ff.

[4] So *Maurach/Schroeder/Maiwald*, Strafrecht Besonderer Teil 1, Heidelberg, C.F. Müller, 10. Aufl. 2009, § 8 Rn. 24. Dem liegt ein profundes Missverständnis vom rechtssystematischen Verhältnis der allgemeinen Rechtfertigungsgründe zu den Straftatbeständen zugrunde. Wenn die Voraussetzungen eines Rechtfertigungsgrundes erfüllt sind, spielt es keine Rolle mehr, ob die Tat einen Straftatbestand erfüllt oder nicht; instruktiv dazu *Schmoller*, in: Freund/Murmann/Bloy/Perron (Hrsg.), Festschrift für Frisch, Berlin, Duncker & Humblot, 2013, S. 237 (240); *T. Walter*, Der Kern des Strafrechts, Tübingen, Mohr Siebeck, 2006, S. 87 ff. Das Wort „bereits" können im vorliegenden Zusammenhang also die Vertreter der Rechtfertigungslösung für sich beanspruchen.

[5] *Maurach/Schroeder/Maiwald*, (Fn. 4), § 8 Rn. 25.

des Patienten jegliches Unrecht des ärztlichen Eingriffs von vornherein – also „vorstrafrechtlich" – ausschließt und daher für die Anwendung des Strafrechts – gleich ob die Handlung den Tatbestand einer Körperverletzung erfüllt oder nicht – überhaupt kein Grund besteht. Der Unterschied zwischen einem Arzt und einem Messerstecher, den die Vertreter der Tatbestandslösung mit der Tatbestandsmäßigkeit verknüpfen wollen, besteht also darin, dass das ärztliche Handeln gerechtfertigt ist, das des Messerstechers nicht.

Dass die Einwilligungslösung Zustimmung verdiene, weil nur sie das Selbstbestimmungsrecht des Patienten gegen aufgedrängte Heilbehandlung schütze[6], trifft zu, ist allerdings eine Begründung, die mit einer „Rechtsgutsvertauschung" operiert und deshalb abzulehnen ist.[7] Aber mit oder ohne Strafvorschrift gegen eigenmächtige Heilbehandlung kommt es entscheidend auf die Einwilligung an. Die Streitfrage der Subsumierbarkeit ärztlichen Handelns unter den Körperverletzungstatbestand ist demgegenüber nachrangig. Schon lange gibt es als Einwilligungssurrogat die „mutmaßliche Einwilligung". Relativ neu ist als zusätzliches Einwilligungsderivat die „hypothetische Einwilligung". Über Einwilligung und mutmaßliche Einwilligung streitet man gegenwärtig kaum noch, der Boden unter diesen Rechtsfiguren scheint tragfähig zu sein. Anders die hypothetische Einwilligung: hier ist nichts geklärt und vieles umstritten. Der vorliegende Text entsprang der Überzeugung, dass Einwilligung, mutmaßliche Einwilligung und hypothetische Einwilligung nicht voneinander isoliert werden dürfen, sondern im Zusammenhang betrachtet werden müssen. Nur so besteht vielleicht die Chance, der hypothetischen Einwilligung in der Strafrechtsdogmatik einen festen Standort zu verschaffen. Dabei bedarf es jedoch auch einiger präzisierender Aussagen zu Einwilligung und mutmaßlicher Einwilligung.

Beiseite gelassen werden rechtfertigende Pflichtenkollision[8] und rechtfertigender Notstand, obwohl beide Rechtfertigungsgründe wichtige Verbindungen mit der Einwilligung haben: der Verzicht eines Patienten auf Behandlung, also die Einwilligung in ärztliches Verhalten, das den Tatbestand der Körperverletzung durch Unterlassen (§§ 223, 13 StGB) erfüllen kann, hebt die Behandlungspflicht des Arztes auf und – sofern nur zwei Behandlungspflichten miteinander kollidieren – beseitigt damit die Kollisionslage.[9] Zudem könnte das Bestehen einer Kollision notwendiger Bestandteil der Aufklärung sein, die der Arzt dem Patienten schuldet, für dessen

---

[6] So *Frister/Lindemann/Peters*, Arztstrafrecht, München, C.H. Beck, 2011, Rn. 4; *Krey/Hellmann/Heinrich*, Strafrecht Besonderer Teil 1, Stuttgart, Kohlhammer, 16. Aufl. 2015, Rn. 217; *Murmann*, Grundkurs Strafrecht, München, C.H. Beck, 3. Aufl. 2015, § 22 Rn. 55; *Rengier*, Strafrecht Besonderer Teil II, München, C.H. Beck, 16. Aufl. 2015, § 13 Rn. 17; *Schönke/Schröder/Eser*, Strafgesetzbuch, München, C.H. Beck, 2014, § 223 Rn. 31.

[7] *Gaede*, Limitiert akzessorisches Medizinstrafrecht statt hypothetischer Einwilligung, Heidelberg, C.F. Müller, 2014, S. 49.

[8] *Schönke/Schröder/Lenckner/Sternberg-Lieben*, (Fn. 6), vor § 32 Rn. 71 ff.

[9] *Mitsch*, Rechtfertigung und Opferverhalten, Hamburg, Kovac, 2004, S. 216: Kollisionsvermeidung.

Vorzugsbehandlung er sich entschieden hat: muss sich der Arzt zwischen der Behandlung des Ehemannes und der Ehefrau oder des Vaters/der Mutter und des Sohnes/der Tochter entscheiden, hat er den Patienten auch darüber zu informieren, auf wessen Kosten die Vorzugsbehandlung geht. Beim rechtfertigenden Notstand ist grundsätzlich umstritten, ob der Erlaubnistatbestand die Konstellation der „intrapersonalen" Güterkollision (Kollision von Gütern derselben Person) überhaupt erfasst. Zur Vermeidung einer aufgedrängten Heilbehandlung muss zumindest dem mutmaßlichen Willen des Patienten ausschlagebende Bedeutung zuerkannt werden.[10] Aus diesem Grund ist es sinnvoll, diesen Fall von vornherein aus dem Anwendungsbereich des Notstands herauszunehmen und ausschließlich auf Einwilligung bzw. mutmaßliche Einwilligung abzustellen.[11]

## II. Einwilligung

Die Einwilligung des Patienten schließt die Rechtswidrigkeit der gegen den Körper des Patienten gerichteten ärztlichen Handlung aus.[12] Zugrunde zu legen sind die allgemeinen dogmatischen Festlegungen zum Rechtfertigungsgrund Einwilligung.[13] Diese sind von Rechtsprechung und Rechtslehre in allgemeiner Weise entwickelt worden und sollen daher z. B. für das Fällen eines Baumes (§ 303 StGB)[14] oder das Inbrandsetzen eines Kraftfahrzeugs (§ 306 Abs. 1 Nr. 4 StGB)[15] gleichermaßen gelten wie für eine medizinisch indizierte Operation. Für die Einwilligung beim ärztlichen Heileingriff existiert jedoch eine – stark vom Zivilrecht beeinflusste (vgl. § 630d BGB) – Sonderdogmatik: die Wirksamkeit der Einwilligung ist von einer vorangegangenen korrekten Aufklärung des Patienten abhängig, §§ 630d Abs. 2, 630e BGB. Andererseits kann man nicht sagen, dass die tatsächlichen Besonderheiten des medizinischen Eingriffs die allgemeine Lehre von der strafunrechtsausschließenden Einwilligung so beeinflusst hätten, dass dies in den Wirksamkeitsvoraussetzungen der Einwilligung sichtbar geworden wäre.

Denn *eine* tatsächliche Besonderheit, die sich auf die Voraussetzungen einer Einwilligung allgemein – also nicht nur im Bereich des ärztlichen Heileingriffs – auswirken muss, ist für Heileingriffe charakteristisch: bei Eingriffen unter Vollnarkose befindet sich der betroffene Rechtsgutinhaber im Zeitpunkt der tatbestandsmäßigen Handlung in einem *einwilligungsunfähigen* Zustand. Er kann nicht unmittelbar vor Beginn bzw. während des Vollzugs des ärztlichen Eingriffs gefragt

---

[10] *Schönke/Schröder/Perron*, (Fn. 6), § 34 Rn. 8a.

[11] *Baumann/Weber/Mitsch/Eisele*, AT, Strafrecht Allgemeiner Teil, Bielefeld, Gieseking, 12. Aufl. 2016 (im Erscheinen), § 15 Rn. 77; *Mitsch*, (Fn. 9), S. 419 ff.

[12] *Kraatz*, Arztstrafrecht, Stuttgart, Kohlhammer, 2013, Rn. 37.

[13] *Frisch*, in: Frisch (Hrsg.), Gegenwartsfragen des Medizinstrafrechts, Baden-Baden, Nomos, 2006, S. 33 (37).

[14] *Schönke/Schröder/Stree/Hecker*, (Fn. 6), § 303 Rn. 22.

[15] *Schönke/Schröder/Heine/Bosch*, (Fn. 6), § 306 Rn. 11.

werden, ob er in die Maßnahme einwillige. Daher kann er seine Einwilligung auch nicht widerrufen, also das, was § 630d Abs. 3 BGB normativ bekräftigt, tatsächlich nicht realisieren: seine Widerrufsfreiheit. Nur scheinbar ist dies unerheblich, da der Operation ja eine zuvor nach umfassender Aufklärung schriftlich erklärte Einwilligung des Patienten zugrunde liegt. Diese Einwilligung gibt nur den Willen des Patienten im Vorfeld des ärztlichen Eingriffs wieder. Rechtfertigend kann aber allein eine Einwilligung sein, die den Willen des betroffenen Rechtsgutsinhabers zur Zeit der Tatbegehung kommuniziert. Wie bei jedem Rechtfertigungsgrund (§ 32 StGB: gegenwärtiger Angriff; § 34 StGB: gegenwärtige Gefahr; § 127 Abs. 1 S. 1 StPO: auf frischer Tat usw.) müssen auch bei der Einwilligung die rechtfertigenden Umstände während des Vollzugs der tatbestandsmäßigen Handlung vorliegen.[16] Diese Voraussetzung ist z.B. im Fall des der Baumfällung (§ 303 StGB) zusehenden Grundstückseigentümers erfüllt, wobei das Schweigen als konkludente Bekräftigung der zuvor ausdrücklich erklärten Einwilligung zu verstehen ist.

Der vollanästhesierte Patient ist im Zeitpunkt der Tat ohne Bewusstsein und ohne Willen, er erklärt überhaupt nichts. Die Rechtfertigung stützt sich nicht auf den aktuellen Willen des Rechtsgutsinhabers während der Tat, sondern auf einen früheren Willen, der vor der Tat gebildet und erklärt wurde. Dieser Willen entsprang dem aktuellen Informationsstand des Rechtsgutsinhabers zum damaligen Zeitpunkt einschließlich einer mögliche zukünftige Gegebenheiten antizipierenden Prognose. Auch die ärztliche Aufklärung legt den Kenntnisstand des Arztes zugrunde, der vor dem Eingriff selbst vorhanden war. Der Arzt kann Prognosen stellen, aber nicht hellsehen. Zwischen dem Aufklärungs-/Einwilligungszeitpunkt und dem Beginn der Tatausführung hat sich aber die Welt verändert und auch der Informationsstand des Rechtsgutsinhabers könnte sich entsprechend verändert haben, sofern dieser im Zeitpunkt der Tatbegehung – z.B. durch eine Aufklärung seitens des Täters oder eines Dritten – aktualisiert worden wäre. Insbesondere kann sich die Prognosebasis entscheidend verändert haben. Faktisch kann der bewusstlose Patient darauf nicht reagieren. Aber das Strafrecht kann und muss dies berücksichtigen und die Regeln über die Rechtfertigung entsprechend anpassen.

Die Entscheidung des Rechtsgutsinhabers über Einwilligung oder Nichteinwilligung basiert auf der Vorstellung von bestimmten Gegebenheiten. Anderenfalls gäbe es keinen Grund, die Wirksamkeit der Einwilligung in einen medizinischen Eingriff von einer vorherigen Aufklärung über bestimmte Tatsachen abhängig zu machen. Als Ausübung des Selbstbestimmungsrechts kann die Einwilligung vom Rechtsgutsinhaber aber mit beliebigen Umständen in eine entscheidungserhebliche Motivationsbeziehung gestellt werden, im Falle des ärztlichen Heileingriffs also nicht nur mit den Umständen, die aus medizinischer Sicht relevant und daher notwendiger Gegenstand der ärztlichen Aufklärung sind. Für den Rechtsgutsinhaber kann der berühmte Sack Reis, der in Bangkok umfällt oder auch nicht umfällt, das entscheidende Motiv für die Einwilligung liefern. Ob das eine vernünftige Ver-

---

[16] Allgemein *Paeffgen*, in: Kindhäuser/Neumann/Paeffgen (Hrsg.), StGB, Baden-Baden, Nomos, 4. Aufl. 2013, vor § 32 Rn. 76: Tatzeit-Rechtswidrigkeits-Bezug.

knüpfung ist oder nicht, spielt keine Rolle. Fällt der Sack Reis um, während sich der Rechtsgutinhaber in einer Verfassung mangelnder Willensbildungsfähigkeit befindet, besteht für den Täter nach dem gegenwärtigen Stand der Einwilligungslehre kein Grund, an der Gültigkeit der erklärten Einwilligung zu zweifeln und von der Ausführung der Tat Abstand zu nehmen. Selbst wenn der Täter tatsächlich diesbezüglich Zweifel hat und den mutmaßlichen Sinneswandel des Rechtsgutsinhabers bewusst übergeht, droht ihm kein Unrechtsvorwurf und keine Strafbarkeit.

Das wird in der Literatur nicht problematisiert. Zum zeitlichen Zusammenhang zwischen Tatbegehung und Einwilligung wird üblicherweise lediglich darauf hingewiesen, dass eine nachträgliche Zustimmung unbeachtlich sei, die Einwilligung also vor der Tat erklärt worden bzw. – wenn die innere Willensrichtung ausreichen soll[17] – als zustimmender innerer Wille vorhanden gewesen sein müsse.[18] Allenfalls wird als Wirksamkeitsvoraussetzung noch das Fehlen eines Einwilligungswiderrufs erwähnt,[19] während der – dem Rechtsgutsinhaber möglicherweise unbekannte – Wegfall von für die Einwilligungsentscheidung wesentlichen Umständen nach der Einwilligungserklärung überwiegend kein Thema mehr ist. Daher wird auch die Besonderheit der Situation des narkotisierten Patienten, nämlich die Unmöglichkeit der Bildung eines Widerrufswillens geschweige denn einer Widerruferklärung, weder in der arztstrafrechtlichen noch in der allgemeinstrafrechtlichen Literatur erörtert.[20] Lediglich der Fall einer sich während der Behandlung ergebenden Notwendigkeit einer Operationserweiterung ist Gegenstand der Betrachtung im Lichte der mutmaßlichen Einwilligung.[21] Hier liegt aber von vornherein eine Einwilligung in den weitergehenden Eingriff nicht vor. Die Interessenlage ist aber keine andere, wenn hinsichtlich des Eingriffs, in den der Patient eingewilligt hatte, eine Tatsache zutage tritt, hinsichtlich derer der Arzt Grund zu der Annahme hat, dass ihr Nichtvorliegen Wirksamkeitsbedingung der Einwilligung und ihr Vorliegen daher widerrufsrelevant sein könnte.

Die in Ermangelung einer positivgesetzlichen Festlegung für Fortentwicklung offene Lehre von der rechtfertigenden Einwilligung muss deshalb allgemein – nicht nur im Bereich des ärztlichen Heileingriffs – flexibilisiert und ausdifferenziert werden, damit dem mutmaßlichen (Widerrufs-)Willen des Rechtsgutsinhabers während des Tathandlungsvollzugs dann angemessen Rechnung getragen werden kann, wenn eine aktuelle Willensbildung und/oder Willensäußerung tatsächlich nicht möglich ist. Dass dies ohne eine rechtlich unvertretbare „Kosten-

---

[17] So *Frister*, Strafrecht Allgemeiner Teil, München, C.H. Beck, 7. Aufl. 2015, 15/7.

[18] *B. Heinrich*, Strafrecht Allgemeiner Teil, Stuttgart, Kohlhammer, 4. Aufl. 2014, Rn. 459; *Murmann*, (Fn. 6), § 25 Rn. 125; *Schönke/Schröder/Lenckner/Sternberg-Lieben*, (Fn. 6), vor § 32 Rn. 44.

[19] *B. Heinrich*, (Fn. 18), Rn. 460.

[20] Zum Vorschlag der Berücksichtigung eines „mutmaßlichen Widerrufs" kurze und in der Tendenz ablehnende Bemerkungen bei *Schönke/Schröder/Lenckner/Sternberg-Lieben*, (Fn. 6), vor § 32 Rn. 44a.

[21] *Kraatz*, (Fn. 12), Rn. 69; *Schönke/Schröder/Eser*, (Fn. 6), § 223 Rn. 44b.

verlagerung"²² vom Einwilligenden auf den Täter möglich ist, soll im Folgenden darzulegen versucht werden.

### III. Mutmaßliche Einwilligung

Die mutmaßliche Einwilligung wird als gewohnheitsrechtlich²³ anerkannter überpositiver Rechtfertigungsgrund herangezogen, wenn zur Zeit der Tat eine wirkliche – erklärte oder zumindest im Bewusstsein des Rechtsgutsinhabers real vorhandene – Einwilligung nicht vorliegt und es auch nicht möglich ist, bis zum Beginn der Tatbegehung eine solche Einwilligung zu erwirken.²⁴ Vorausgesetzt wird dabei, dass ein Aufschub der Tat bis zum Wiederaufleben der Einwilligungsfähigkeit des Rechtsgutsinhabers keine beachtliche Verhaltensoption ist („Gefahr im Verzug").²⁵ Mißverständlich²⁶ als „Subsidiarität" der mutmaßlichen Einwilligung wird die (negative) Anwendungsvoraussetzung bezeichnet, dass entweder schon eine erklärte Einwilligung des Rechtsgutsinhabers vorliegt oder eine entgegengesetzte Willensäußerung, also die Ablehnung der Tat.²⁷ Hat der Rechtsgutsinhaber also eine Einwilligung erklärt, der die Tat zugeordnet werden kann, ist diese durch die Einwilligung gerechtfertigt. Eine mutmaßliche Einwilligung ist nicht notwendig. Das ist richtig, wenn – was im Regelfall so sein wird – die Einwilligung auch im Zeitpunkt der Tat noch gültig ist, ohne dass es dafür einer die Aufrechterhaltung bekräftigenden oder bestätigenden Äußerung bedürfte. Das Fehlen eines Einwilligungswiderrufs ist im Regelfall Bestätigung genug.²⁸ Problematisch sind hingegen die Fälle, in denen trotz Fehlens eines Widerrufs Anlass für die Annahme besteht, dass die Einwilligung im Zeitpunkt der Tat vom Rechtsgutsinhaber nicht mehr aufrecht erhalten wird. Wenn also der Rechtsgutsinhaber

---

²² Darauf konzentrieren sich die gegen die Berücksichtigung eines „mutmaßlichen Widerrufs" geltend gemachten Bedenken bei *Rönnau*, in: Laufhütte/Rissing-van Saan/Tiedemann (Hrsg.), Leipziger Kommentar zum StGB, Berlin, de Gruyter, 12. Aufl. 2006, vor § 32 Rn. 175a; *Schönke/Schröder/Lenckner/Sternberg-Lieben*, (Fn. 6), vor § 32 Rn. 44a.

²³ *B. Heinrich*, (Fn. 18), Rn. 474; *Krey/Esser*, Strafrecht Allgemeiner Teil, Stuttgart, Kohlhammer, 6. Aufl. 2016, Rn. 677; *Kühl*, Strafrecht Allgemeiner Teil, München, C.H. Beck, 7. Aufl. 2012, § 9 Rn. 46; *Paeffgen*, (Fn. 16), vor § 32 Rn. 157; *Roxin*, (Fn. 1), § 18 Rn. 8.

²⁴ *B. Heinrich*, (Fn. 18), Rn. 475; *Frister*, (Fn. 17), 15/33; *Murmann*, (Fn. 6), § 25 Rn. 145.

²⁵ *Frister/Lindemann/Peters*, (Fn. 6), Rn. 63.

²⁶ „Subsidiär" ist eine Vorschrift, deren Voraussetzungen erfüllt sind und die dennoch auf Grund des Vorrangs einer anderen Vorschrift nicht angewendet wird. Die Voraussetzungen der mutmaßlichen Einwilligung sind aber gar nicht erfüllt, wenn die Einholung einer wirklichen Einwilligung nicht unmöglich ist; *Roxin*, (Fn. 1), § 18 Rn. 10.

²⁷ *Disput*, Die (mutmaßliche) Zustimmung des Rechtsgutsträgers und deren Auswirkungen auf die Erfüllung des strafrechtlichen Tatbestandes, Frankfurt, Peter Lang, 2009, S. 154; *Krey/Esser*, (Fn. 23), Rn. 678; *Kühl*, (Fn. 23), § 9 Rn. 46; *Rengier*, Strafrecht Allgemeiner Teil, München, C.H. Beck, 7. Aufl. 2015, § 23 Rn. 57; *Roxin*, (Fn. 1), § 18 Rn. 10; *Wiesner*, Die hypothetische Einwilligung im Medizinstrafrecht, Baden-Baden, Nomos, 2010, S. 121.

²⁸ *Rengier*, AT, (Fn. 27), § 23 Rn. 22.

die Einwilligung erklärt hat, weil er wusste, dass der Sack Reis in Bangkok nicht umgefallen ist und der Sack Reis bei Tatbeginn immer noch steht, hat niemand – insbesondere nicht der Täter – Veranlassung zu Zweifeln an der Fortgeltung der Einwilligung. Ist der Sack Reis aber kurz vor dem geplanten Tatbeginn umgefallen, ist damit auch eine wesentliche Motivationsgrundlage der Einwilligung weggefallen. Hat der Rechtsgutsinhaber rechtzeitig vom umgefallen Sack Reis erfahren, wird er die Einwilligung widerrufen oder – wenn der Sack Reis für ihn jetzt nicht mehr wichtig ist – die Einwilligung nicht widerrufen. Der Fall eines bis zuletzt widerrufsfähigen und willensmangelfreien Rechtsgutsinhabers ist unproblematisch. Problematisch ist der Fall des nicht mehr widerrufsfähigen und des nachträglich irrenden Rechtsgutsinhabers.

In der allgemeinen Einwilligungslehre werden diese Fälle nicht thematisiert, folglich gibt es für sie auch keine Einwilligungsregelung, die ihnen angemessen ist. Da zur Zeit der Tat kein Widerruf der Einwilligung erklärt wurde, ist die Tat durch Einwilligung gerechtfertigt. Dies ist aber unangemessen, da der Rechtsgutsinhaber – wie sich nachträglich herausstellt – die Einwilligung widerrufen hätte, wenn er dazu in der Lage gewesen wäre bzw. wenn er die Umstände, die ihn zum Widerruf veranlasst hätten, gekannt hätte. Kommt nun noch hinzu, dass der Täter selbst eine an Gewissheit grenzende Vorstellung davon hat, dass die veränderte Sachlage den Rechtsgutsinhaber zum Widerruf seiner Einwilligung veranlassen würde, erscheint es nachgerade unhaltbar, auch unter diesen Umständen eine Rechtfertigung seiner Tat auf der Grundlage der Einwilligung anzuerkennen. An der „Subsidiarität" der mutmaßlichen Einwilligung kann unter diesen Voraussetzungen nicht mehr festgehalten werden. Vielmehr ist auf den mutmaßlichen Willen des Rechtsgutsinhabers im Zeitpunkt des Tatbeginns abzustellen.

Im „Normalfall" der mutmaßlichen Einwilligung ist gewährleistet, dass als Basis der Rechtfertigung die mutmaßliche Willensbildung des Rechtsgutsinhabers zur Zeit der Tatbegehung herangezogen wird.[29] Die den Körperverletzungstatbestand verwirklichende Behandlung eines Patienten, der das Bewusstsein verloren hat, bevor der Arzt ihm die gebotene Aufklärung erteilen konnte, ist gerechtfertigt, wenn der mutmaßliche Wille des Patienten die Behandlung billigt. Zur Ermittlung des mutmaßlichen Willens sind alle relevanten Umstände zu berücksichtigen, die bei Beginn der Behandlung bekannt sind oder bei sorgfaltsgemäßer Prüfung bekannt sein würden. Werden Umstände erst während der Behandlung bekannt und lassen sie den Schluss auf einen entgegenstehenden Willen des Patienten zu, muss die bis dahin gerechtfertigte Behandlung abgebrochen werden, sofern dies ohne Schaden für den Patienten möglich ist.[30] Die Konsequenzen des Behandlungsabbruchs sind in die Prüfung des mutmaßlichen Patientenwillens miteinzubeziehen. Würde der Abbruch der Behandlung den Patienten in einen wesentlich schlechteren Gesundheitszustand versetzen als die Fortsetzung der Behandlung, kann auf

---

[29] *Frister*, (Fn. 17), 15/31; *Rönnau*, (Fn. 22), vor § 32 Rn. 223; *Mitsch*, (Fn. 9), S. 491; *Schönke/Schröder/Lenckner/Sternberg-Lieben*, (Fn. 6), § 32 Rn. 59.

[30] BGHSt 45, 219 (223); *Frister/Lindemann/Peters*, (Fn. 6), Rn. 67; *Hoyer*, JR 2000, 473 (474).

die mutmaßliche Einwilligung des Patienten in die Behandlungsfortsetzung geschlossen werden.[31] Es ist kein Grund ersichtlich, die Ermittlung des mutmaßlichen Willens auf den Sachstand eines früheren Zeitpunkts – den der mutmaßlichen Aufklärung – zu stützen und gewissermaßen „einzufrieren", also zwischenzeitlich eingetretene Veränderungen auszublenden. Eine „mutmaßliche Aufklärung" kann in Fällen der mutmaßlichen Einwilligung auch deshalb keine Rolle spielen, weil es in Fällen dieser Art oftmals um Notfalleingriffe von Laien geht, die zu dem Rechtsgutsinhaber in keiner vertraglichen Beziehung (§ 630a BGB) stehen und keine Aufklärungspflicht haben. Wenn aber auf den mutmaßlichen Willen des Rechtsgutsinhabers zur Zeit der Tatbegehung abzustellen ist, sofern der Tat keine erklärte Einwilligung zugrunde liegt, ist nicht einzusehen, warum es nicht möglich sein soll, den einer erklärten Einwilligung nachfolgenden mutmaßlichen Willen des Rechtsgutsinhabers zu berücksichtigen, wenn dieser von dem der Einwilligungserklärung zugrunde liegenden Willen abweicht.

Bedenken werden dagegen geäußert, weil die Berücksichtigung von motivationserheblichen Veränderungen zwischen Einwilligungserklärung und Tatausführung eine Verlagerung von „Kosten" vom Einwilligenden auf den Einwilligungsempfänger zur Folge habe.[32] Um welche Art von Kosten es sich dabei handelt, wird nicht näher ausgeführt. Gemeint sind wahrscheinlich die Anstrengungen, die erforderlich sind, um die „richtige" Entscheidung auf der Grundlage des Willens des Rechtsgutsinhabers zu treffen und Strafbarkeit zu vermeiden. Es ist richtig, dass die Tragung dieser Kosten zwischen dem Rechtsgutsinhaber und dem Täter gerecht und vernünftig verteilt werden muss. Im Normalfall weiß der Rechtsgutsinhaber am besten, was für ihn gut ist und was er wirklich will. Der Täter hingegen wird darüber meistens nicht mehr wissen als das, was der Rechtsgutsinhaber ihm mitgeteilt hat. Es kann vor allem nicht die Aufgabe des Arztes sein, sich darüber Gedanken zu machen, ob die Entscheidung des Patienten für oder gegen den Heileingriff in einer Beziehung zu einem Sack Reis in Bangkok und dessen Stehenbleiben oder Umfallen steht. Gerade beim ärztlichen Heileingriff ist eine Entlastung des Täters von der Last der Suche nach der „optimalen" Patientenentscheidung geboten, da der Arzt als Inhaber einer Garantenstellung (§ 13 StGB) auch ein Strafbarkeitsrisiko für den Fall des Nichteingriffs in Betracht zu ziehen hat. Deswegen muss er sich darauf verlassen können, dass eine nach ordnungsgemäßer Aufklärung vom Patienten erklärte Einwilligung grundsätzlich Bestand hat und trotz zeitlichen Abstands zwischen Einwilligung und Behandlungsvollzug ihre Gültigkeit nicht verliert. Es ist also angemessen, die Rechtfertigung der Tat nicht an ihre Übereinstimmung mit dem wahren Willen, sondern an die Übereinstimmung mit dem vom Rechtsgutsinhaber erklärten Willen zu binden. Die Einwilligungserklärung des Rechtsgutsinhabers entlastet den potentiellen Täter von der Last zur Erforschung des wahren Willens und befreit ihn von dem Risiko sich – wegen Verfehlung des wahren

---

[31] *Schlehofer*, in: Münchener Kommentar zum StGB, München, C.H. Beck, 2. Aufl. 2011, vor § 32 Rn. 166.

[32] *Schönke / Schröder / Lenckner / Sternberg-Lieben*, (Fn. 6), vor § 32 Rn. 44a.

Willens – strafbar zu machen.[33] Dieser Entlastungseffekt würde zurückgenommen, wenn eine wirksam erklärte Einwilligung durch einen späteren abweichenden mutmaßlichen Willen des Rechtsgutsinhabers annulliert werden könnte.

Der Gesichtspunkt der „Kostenverlagerung" kann indessen nicht erheblich sein, wenn der Berücksichtigung des mutmaßlichen Willens auf der Seite des Täters gar keine oder nur zumutbare „Kosten" korrespondieren. Ein Täter, der die Motive des Rechtsgutsinhabers genau kennt und deshalb weiß, dass bestimmte Tatsachen, die bei der Erklärung der Einwilligung noch nicht vorhergesehen wurden, der Einwilligung ihre Grundlage entziehen können, wird durch die Verpflichtung zur Rücksichtnahme auf diese Entwicklung nicht unzumutbar belastet. Im Gegenteil erschiene es unfair und arglistig, sich auf die formale Fortgeltung der erklärten und nicht widerrufenen Einwilligung zu berufen. Die Einwilligungserklärung indiziert den wirklichen zustimmenden Willen des Rechtsgutsinhabers, das Indiz ist aber widerlegbar. Hat der Täter Kenntnis von Gegenindizien, verliert die Einwilligungserklärung für ihn ihre indizielle Wirkung. Wenn es möglich ist, eine aktualisierte Willensäußerung des Rechtsgutsinhabers zu erwirken, muss der Täter sich darum bemühen. Anderenfalls muss er den mutmaßlichen Willen des Rechtsgutsinhabers zur Richtschnur seines Handelns machen.

## IV. Hypothetische Einwilligung

Zur hypothetischen Einwilligung herrscht in Rechtsprechung und Literatur sowohl im Grundsätzlichen als auch in vielen Details alles andere als Einmütigkeit.[34] In *einem* Punkt sind sich jedoch nahezu alle einig: die hypothetische Einwilligung ist nicht dasselbe wie die mutmaßliche Einwilligung.[35] Gemeint ist damit, dass die hypothetische Einwilligung auf Taten angewendet wird, die nicht schon durch mutmaßliche Einwilligung gerechtfertigt sind. Anderenfalls wäre die Konstruktion einer hypothetischen Einwilligung überflüssig. Einsichtig ist das nicht auf Anhieb, da mutmaßliche und hypothetische Einwilligung einige nicht unbedeutende Gemeinsamkeiten haben:[36] jeweils fehlt es an einer wirksamen tatsächlichen Einwilligung sowie an einer tatsächlichen Ablehnung der Tat seitens des Rechtsgutsinhabers. Deshalb wird in beiden Konstellationen auf einen mutmaßlichen Willen[37] des

---

[33] *Mitsch*, (Fn. 9), S. 439.

[34] Als „methodologischen Nonsens" verspottet *Paeffgen*, (Fn. 16), vor § 32 Rn. 168b die Rechtsprechung des BGH zur hypothetischen Einwilligung.

[35] *Gaede*, (Fn. 7), 2014, S. 18; *Jäger*, Zurechnung und Rechtfertigung als Kategorialprinzipien im Strafrecht, Heidelberg, C.F. Müller, 2006, S. 24; *Schwartz*, Die hypothetische Einwilligung im Strafrecht, Frankfurt, Peter Lang, 2009, S. 132; *Wiesner*, (Fn. 27), S. 121.

[36] *Rosenau*, in: Bloy/Böse/Hillenkamp/Momsen/Rackow (Hrsg.), Festschrift für Maiwald, Berlin, Duncker & Humblot, 2010, 683 (696).

[37] Teilweise wird im Kontext der mutmaßlichen Einwilligung der Ausdruck „hypothetischer Wille" verwendet, vgl. z. B. *Hoyer*, JR 2000, 473 (474); *Rönnau*, (Fn. 22), vor § 32 Rn. 217; *Schönke/Schröder/Lenckner/Sternberg-Lieben*, (Fn. 6), vor § 32 Rn. 56.

Rechtsgutsinhabers abgestellt. Angesichts dieser Übereinstimmungen muss man sich fragen, wo die entscheidenden Unterschiede liegen, d. h. aus welchem Grund in der Situation einer hypothetischen Einwilligung die Tat nicht bereits wegen mutmaßlicher Einwilligung gerechtfertigt ist. Die übliche Antwort verweist auf die den Anwendungsbereich der mutmaßlichen Einwilligung öffnende Unmöglichkeit tatsächlicher Willensbildung bzw. Willensbekundung durch den Rechtsgutsinhaber. Mutmaßliche Einwilligung darf als Rechtfertigungsgrund herangezogen werden, weil in einer Situation unausweichlichen Entscheidungszwangs es nicht möglich ist, eine Entscheidung des Rechtsgutsinhabers herbeizuführen.[38] Hypothetische Einwilligung wird hingegen auf Taten angewandt, vor deren Ausführung der betroffene Rechtsgutsinhaber sehr wohl ohne weiteres seine Stellungnahme zu dem vorgesehenen Eingriff in sein Rechtsgut hätte abgeben können.[39] Unter dieser Voraussetzung ist indessen eine Rechtfertigung durch mutmaßliche Einwilligung nicht möglich.[40]

Dennoch ist es letztlich die Übereinstimmung der Tat mit dem mutmaßlichen Willen des Rechtsgutsinhabers, der nach Ansicht ihrer Befürworter der hypothetischen Einwilligung ihre strafbarkeitsausschließende Wirkung verleiht. Darüber werden zwar der Täter und andere erst nach der Tat (ex post) durch rückbezügliche Bemerkungen des wieder willensbildungs- und äußerungsfähig gewordenen Patienten informiert.[41] Aber die hypothetische Zustimmung zu der Tat soll dann doch tatsynchron sein – wie bei der mutmaßlichen Einwilligung. Warum das bei der hypothetischen Einwilligung für eine Rechtfertigung der Tat nicht reichen soll, obwohl es doch bei der mutmaßlichen Einwilligung reicht, bedarf der Begründung, wenn man – wie die Mehrheit der zu dem Thema Stellung nehmenden Autoren – diese Rechtsfigur im Strafrecht ablehnt. Der entscheidende Grund ist die „Zweitklassigkeit" des bloß gemutmaßten Willens im Vergleich mit dem wirklichen Willen des Rechtsgutsinhabers. Die mutmaßliche Einwilligung ist eine Hilfskonstruktion, die stets ins zweite Glied zurücktritt, wenn etwas Besseres zur Verfügung steht als sie. Das „Bessere" zeichnet sich dadurch aus, dass es die Chance erhöht, den wahren Willen des Rechtsgutsinhabers zu „treffen", also Tat – bzw. deren Unterlassung – optimal aufeinander abzustimmen. Besser als die Fremdeinschätzung des Täters ist in der Regel die Selbsteinschätzung des informierten, willensmängelfreien Rechtsgutsinhabers.[42] Meistens weiß der Rechtsgutsinhaber es wirklich besser als jeder andere. Aber selbst wenn dies nicht der Fall ist, übernimmt er mit seiner Entscheidung die Verantwortung für die Folgen von Begehung oder Unterlassung der Tat und entlastet dadurch den begehenden oder unterlassenden (§§ 13, 323c StGB) Täter.[43] Deshalb ist die beste aller Alternativen stets die eigene Willensentschei-

---

[38] *Rönnau*, (Fn. 22), vor § 32 Rn. 221; *Puppe*, ZIS 2016, 366 (368); *Schönke/Schröder/Lenckner/Sternberg-Lieben*, vor § 32 Rn. 54; *Schwartz*, (Fn. 35), S. 132.
[39] *Roxin*, (Fn. 1), § 13 Rn. 132; *Wiesner*, (Fn. 27), S. 121.
[40] *Rönnau*, (Fn. 22), vor § 32 Rn. 222; *Schlehofer*, (Fn. 31), vor § 32 Rn. 163.
[41] *Schwartz*, (Fn. 35), S. 132.
[42] *Gaede*, (Fn. 7), S. 18.
[43] *Jäger*, (Fn. 35), S. 25.

dung des betroffenen Rechtsgutsinhabers. Wo diese herbeigeführt werden kann, darf nicht auf den mutmaßlichen Willen abgestellt werden.

Dazu steht nicht in Widerspruch, dass hier (o. II.) eine Korrektur der erklärten Einwilligung durch Berücksichtigung abweichender Willensmutmaßungen befürwortet wird, falls dafür durch veränderte Umstände im Zeitraum zwischen Einwilligungserklärung und Tat Anlass gegeben ist. Die wirkliche Einwilligung hat vor der bloß mutmaßlichen Einwilligung Vorrang nur im Rahmen derselben Zeiteinheit. Eine wirkliche Einwilligung kann nicht durch einen gleichzeitigen vermuteten abweichenden Willen außer Kraft gesetzt werden. Liegt eine derartige Diskrepanz vor, leidet die Einwilligung an einem Willensmangel, der ihre Wirksamkeit aufhebt. Dagegen besteht kein Widerspruch zwischen der Beachtlichkeit einer der Einwilligung entgegenstehenden späteren mutmaßlichen Willenseinstellung und dem Prinzip des Vorrangs der tatsächlichen Einwilligung. Mit dem Lauf der Zeit schwindet die Richtigkeitsgewähr der wirklichen Einwilligung. Neue tatsächliche Gegebenheiten können die Vermutung begründen, dass der Rechtsgutsinhaber nicht eingewilligt hätte, wenn er jetzt seinen Willen auf neuer Grundlage zu bilden hätte. Sofern es möglich ist, muss auch in einem solchen Fall eine novellierte wirkliche Entscheidung des Rechtsgutsinhabers herbeigeführt werden. Wenn das nicht möglich ist, kommt es darauf an, ob die früher erklärte Einwilligung trotz des zeitlichen Abstands immer noch ein hinreichend starkes Indiz für eine mutmaßliche Einwilligung des Rechtsgutsinhabers zum jetzigen Zeitpunkt ist.[44]

Die Lehre von der hypothetischen Einwilligung setzt sich zu dem Vorrang des wirklichen Willens in Widerspruch.[45] Sie stützt die Bewertung der Tat ohne Not auf einen bloß mutmaßlichen Willen des Rechtsgutsinhabers unter tatsächlichen Bedingungen, unter denen dies nach der Lehre von der mutmaßlichen Einwilligung nicht zulässig wäre. Auf die sicherste Erkenntnisquelle zur Feststellung der Übereinstimmung von Tat und Willen des Rechtsgutsinhabers zu verzichten und die unnötige Eingehung des Risikos der Verfehlung des wirklichen Willens zur Grundlage einer Rechtfertigung der Tat zu machen, widerspricht jeder rechtlichen Vernunft. Diese Lehre muss abgelehnt werden.[46]

## V. Zusammenfassung

Ärztliche Therapiemaßnahmen mit Eingriffen in die Körpersubstanz des Patienten sind tatbestandsmäßige Körperverletzungen. Gerechtfertigt ist die Körperverletzung, wenn der Patient wirksam eingewilligt hat oder die Voraussetzungen einer mutmaßlichen Einwilligung erfüllt sind. Ein mutmaßlicher Einwilligungswiderruf ist bei widerrufsunfähigen Patienten beachtlich, wenn hinreichender Anlass für die Vermutung besteht, dass der Patient seine Einwilligung widerrufen hätte, wenn

---

[44] *Mitsch*, (Fn. 9), S. 635.
[45] *Puppe*, ZIS 2016, 366 (369).
[46] *B. Heinrich*, (Fn. 18), Rn. 478c; *Jäger*, (Fn. 35), S. 26.

er widerrufsfähig wäre. Keine Rechtfertigungswirkung hat die hypothetische Einwilligung. Ob der Sachverhalt, dem die rechtliche Eigenschaft „hypothetische Einwilligung" zugeschrieben wird, auf einer anderen Ebene des Straftataufbaus – z. B. als Strafaufhebungsgrund – Einfluss auf die Strafbarkeit zugemessen werden kann, bleibt hier dahingestellt.

**Summary**

A medical therapeutic intervention that interferes with the patient's body fulfills all legal criteria of an assault. The assault is justified if the patient effectively consents or if the legal criteria for presumptive consent are met, i. e. the patient would have presumably given consent. The withdrawal of the presumptive consent of patients who are unable to revoke their consent is considerable if there is reasonable doubt regarding the assumption that the patient would have withdrawn their consent had they been capable of withdrawing their consent. Hypothetical consent does not justify the assault. Whether the circumstances of cases that have "hypothetical consent" can be factored into another level of the legal evaluation – for example as a ground for exemption from punishment, is not decided here.

# Informed consent – Illusion oder Realität im Medizinrecht?

Henning Rosenau

## I. Einleitung

Anfang April 1946 ist *Thomas Mann* stark geschwächt. Die Bronchien sind chronisch entzündet, er hat Fieber und verliert an Gewicht. Auch die geliebte Zigarette schmeckt nicht mehr. Der 71-jährige denkt, er leide an einem infektiösen Abszess.[1] Seine Frau *Katia* ist über den Ernst der Lage besser informiert. Die Ärzte empfehlen die unangenehme Bronchoskospie. *Katia* entscheidet, diese am Billings Hospital in Chicago durchführen zu lassen. Der niederschmetternde Befund lautet Lungenkrebs. *Thomas Mann* erfährt nichts, er geht weiter von einem Abszess aus. Die Tochter *Erika Mann* schickt an den Bruder *Klaus* in Europa ein Telegramm: die Überlebenschancen liegen bei „fifty-fifty". Die Familie entscheidet, die Operation zu wagen. *Thomas Mann* hat die Operation um neun Jahre überlebt.

Die Familie war im Bilde, der Patient *Thomas Mann* ahnungslos. Heute würde keine Ärztin, würde kein Arzt in einer solchen Konstellation zur Tat schreiten. Der Operateur machte sich nicht nur strafbar, wenn er ohne vorherige Aufklärung des Patienten und ohne dessen ausdrückliche Einwilligung das Skalpell ansetzt, es würde ihm auch gar nicht in den Sinn kommen, nur auf Aufforderung der Ehefrau oder der Familie zu handeln. Denn die Idee des informed consent, also der Einwilligung durch den Patienten nach vorheriger Aufklärung des Patienten, ist jedenfalls in der westlichen Medizin unbestritten. Sie ist mittlerweile auch den Ärzten als wesentliche Verpflichtung in Fleisch und Blut übergegangen.

Das war nicht immer so, wie uns das Beispiel aus Chicago kurz nach dem II. Weltkrieg lehrt. Ganz im Gegenteil: Die Vorstellung, dass der Arzt über die Behandlung entscheidet, und zwar nicht nur über die Art der Therapie, bei der ihm auch heute noch ein Prä zukommt – wir nennen es ärztliche Therapiefreiheit –, sondern

---

[1] *Lahme*, Die Manns, S. Fischer Verlag Frankfurt am Main 2015, S. 308 f., auch zum Folgenden. Ein weiterer Fall aus der Literatur wird mit Theodor Storm in Verbindung gebracht. Erst die bewusst wider besseres Wissen erteilte Information, er sei nicht an Magenkrebs erkrankt, habe in ihm Lebensfreude und Schaffenskraft geweckt und den „Schimmelreiter" vollenden lassen, *Wolfslast*, „Aufklärungspflicht zwischen Informationsrecht und begrenzter Belastbarkeit des Patienten", in: Byrd u. a. (Hrsg.), Jahrbuch für Recht und Ethik 4, Duncker & Humblot Berlin 1996, S. 301, 305.

auch über das Ob und deren Anwendung am konkreten Patienten, hat Jahrhunderte die Medizin bestimmt. Seit der Antike herrschte ein paternalistisches Modell der Arzt-Patienten-Beziehung vor. Im *Hippokratischen Eid* heißt es:

„Meine Verordnung werde ich treffen zu Nutz und Frommen der Kranken nach meinem besten Vermögen und Urteil, sie schützen vor allem, was ihnen Schaden und Unrecht zufügen kann."

Vom Willen des Kranken, gar von dessen Einwilligung, ist in diesem Dokument nirgends die Rede. Ganz in den Vordergrund tritt die ärztliche Fürsorge für den Patienten. Ich werde ihn vor Schaden schützen, sagt Hippokrates. Das Wohl des Patienten – auf Lateinisch salus aegroti – ist Leitschnur und zugleich ausreichende Legitimation für das ärztliche Handeln. Der Arzt soll das Beste für den Patienten erkennen, danach handeln und notfalls auch gegen den Patienten durchsetzen. Das Wohl des Patienten als allein maßgebliches Gesetz: daraus wurde der Grundsatz: *salus aegroti suprema lex*.

Das Kontrastprogramm formuliert dieser Satz: *voluntas aegroti suprema lex*. Voluntas, der Wille des Patienten soll es also sein, der die ärztliche Behandlung leitet und rechtfertigt, der damit auch das Arzt-Patienten-Verhältnis dominiert. Dem hippokratischen Paternalismus folgt das posthippokratische Prinzip der Selbstbestimmung[2] oder der Patientenautonomie. Beide Begriffe werden hier ganz pragmatisch synonym verwendet, auch wenn der der Selbstbestimmung vornehmlich in juristischen Zusammenhängen gebraucht, der der Autonomie – deutlich ambivalenter und voraussetzungsreicher – in philosophischen und medizinethischen Kontexten genutzt wird.[3] Die Selbstbestimmung in der Medizin nun wird durch die Figur des *informed consent*, also durch Einwilligung nach Aufklärung prozeduralisiert. Es obliegt dem betroffenen Patienten, in Ausübung des Selbstbestimmungsrechts über den eigenen Körper selbst über eine Behandlung oder Nichtbehandlung oder einen Behandlungsabbruch zu entscheiden. Der Patient hat sich von der Hoheit des Arztes emanzipiert.[4] Er tritt der Medizin nicht mehr als Dulder gegenüber, wie es der lateinische Begriff *patiens* gleich ertragend, erduldend suggeriert.[5] Anders gewendet: Die ärztliche Behandlung ist nur dann gerechtfertigt, wenn sie durch eine vorherige, informierte Einwilligung gedeckt ist,[6] die sich „als Akt wahrer Selbstbestimmung erweist".[7]

---

[2] *Steger*, Selbstbestimmung und individualisierte Medizin, in: Lindner (Hrsg.), SELBST- oder bestimmt? – Illusion oder Realität des Medizinrechts, Nomos Verlag Baden-Baden 2016 (im Erscheinen), II.1.

[3] *Schwill*, Aufklärung und Patientenautonomie, Tectum Verlag Marburg 2007, S. 27 f. Auf die mit summa bewertete Promotion 2006 von *Schwill* beziehe ich mich auch vielfach im Folgenden; *Taupitz*, „Grenzen der Patientenautonomie", in: Brugger/Havelkate (Hrsg.), Grenzen als Thema der Rechts- und Sozialphilosophie, Franz Steiner Verlag Stuttgart 2002, S. 83; *Magnus*, Patientenautonomie im Strafrecht, Mohr Siebeck Tübingen 2015, S. 38 ff. m. w. N.

[4] *Samerski*, „Patientenautonomie und Entscheider-Subjekt", ARPS 101 (2015), 565 u. 568.

[5] *Taupitz* ibid., S. 83; *Magnus* ibid., S. 22.

[6] *Krüger*, „Zur hypothetischen Einwilligung – Grund, Grenzen und Perspektiven", in: Fahl u. a. (Hrsg.), Festschrift Beulke, C.F. Müller Heidelberg 2015, S. 137, 141.

In den Worten des Bundesgerichtshofes (BGH): „... erst eine nach vollständiger und gewissenhafter Aufklärung des Patienten wirksame Einwilligung (informed consent) [!] macht den Eingriff in seine körperliche Integrität rechtmäßig."[8]

Dass das nicht nur die Gerichte so sehen, sondern dass dieser Ansatz auch in der medizinischen Fachwissenschaft akzeptiert ist, belegt ein Blick in das ärztliche Standesrecht. In der (Muster-)Berufsordnung für die in Deutschland tätigen Ärztinnen und Ärzte – MBO-Ä 1997 –[9] heißt es in § 7 Abs. 1 unter den „Behandlungsgrundsätze(n) und Verhaltensregeln":

„Jede medizinische Behandlung hat unter Wahrung der Menschenwürde und unter Achtung der Persönlichkeit, des *Willens* und der Rechte der Patientinnen und Patienten, insbesondere des *Selbstbestimmungsrechts*, zu erfolgen. Das Recht der Patientinnen und Patienten, empfohlene Untersuchungs- und Behandlungsmaßnahmen abzulehnen, ist zu respektieren."

Und in § 8 S. 2 finden wir unter „Aufklärungspflicht" den informed consent:

„... Der Einwilligung hat grundsätzlich die *erforderliche Aufklärung* im persönlichen Gespräch vorauszugehen. ..."

Da es immer hilfreich ist, den nationalen Horizont durch Weltweite zu ersetzen, noch ein Blick auf internationale Regularien. Zunächst könnte man meinen, dass das ärztliche Gelöbnis, das den *Eid des Hippokrates* abgelöst hat, eine geeignete Fundgrube wäre. Aber frappierender Weise findet sich in dieser Deklaration von Genf des Weltärztebundes aus dem Jahr 1948 nur das, was in anderen Worten auch schon bei *Hippokrates* zu lesen war. Es heißt dort:

„Die Gesundheit meiner Patientin oder meines Patienten wird mein oberstes Anliegen sein."

Das klingt sehr nach „salus aegroti suprema lex". Insofern sind wir in der MBO-Ä deutlich fortschrittlicher. Immerhin wurde das Genfer Gelöbnis im Jahr 2006 gendergerecht umformuliert.

In der Biomedizin-Konvention des Europarates vom 4.4.1997 finden wir schließlich, wonach wir suchen, auch wenn die Konvention den Nachteil hat, dass sie von Deutschland nicht gezeichnet wurde und folglich hier nicht gilt.[10] In Art. 5 Abs. 1 heißt es:

„Ein Eingriff im Gesundheitsbereich darf nur vorgenommen werden, wenn der Betroffene nach entsprechender Aufklärung vorher seine freiwillige Einwilligung erteilt hat." In der englischen Fassung: „... has given free and informed consent ...".

---

[7] *Tag*, „Strafrecht im Arztalltag", in: Poledna/Kuhn (Hrsg.), Arztrecht in der Praxis, 2. Aufl. Schulthess Verlag Zürich 2007, S. 669, 697.

[8] BGH, NJW 2005, 1718, 1719.

[9] www.bundesaerztekammer.de/recht/berufsrecht/muster-berufsordnung-aerzte/muster-berufsordnung/, abgerufen am 25.5.2016; Hervorhebungen in den Zitaten vom Verf.

[10] *Quaas/Zuck*, Medizinrecht, 3. Aufl. C.H. Beck München 2014, S. 876; *Laufs*, in: Laufs/Kern, Handbuch des Arztrechts, 4. Aufl. C.H. Beck München 2010, S. 40.

Da ist sie wieder: diese halbwegs griffige[11] Formel, mit der wir den Interessen des Patienten bei medizinischer Behandlung gerecht werden wollen. Das mag auch in vielen Fällen durchaus gelingen, soweit es um einfach gelagerte Standardsituationen in der Medizin geht.[12] Darüberhinaus stößt diese Formel, jedenfalls so, wie sie in der Judikatur des BGH und der Oberlandesgerichte heute verstanden wird, an ihre Grenzen:

1. hat es schon immer Schwierigkeiten gegeben mit den Axiomen, die diese Formel selbst für das eigene Funktionieren voraussetzt, der sog. capacity,
2. führt die Formel zu paradoxen dysfunktionalen Entwicklungen und Strategien der Medizin, die sich im Ergebnis gegen die Interessen des Patienten richten, den sie ja ursprünglich schützen sollte. Und
3. sind deren Anforderungen in den modernen Formen der Medizin heute in Teilen gar nicht erfüllbar.

Bevor das dargelegt werden kann, ist in einem ersten Schritt die Entstehung des informed consent-Konzeptes in der Medizin und im Medizinrecht zu beleuchten. Im zweiten Schritt werden kurz die Ausformungen des informed consent dargestellt. Abschließend wird der Frage nachgegangen, ob das Modell des informed consent nicht gänzlich neu gedacht werden sollte.

## II. Die Entstehung des informed consent

### 1. Informed consent in der Medizinethik

Der informed consent wurde in den 1950er und 1960er Jahren, ausgehend von Diskussionen in den USA, zur zentralen Doktrin in der Medizinethik.

#### a) Das Konzept von *Beauchamp* und *Childress*

Es gibt verschiedene medizin-ethische Konzepte zum Verhältnis Arzt – Patient. An dieser Stelle soll nur das wirkmächtigste präsentiert werden, das *Beauchamp* und *Childress* erstmals 1979 vorgestellt haben. Sie gehen von vier Prinzipien aus, die in der Medizinethik relevant sind. Dabei gewinnen sie diese nicht deontologisch aus Ideen, sondern aus moralischen, im medizinischen Alltag gewonnenen und so auch akzeptierten Urteilen.[13] Die vier Prinzipien[14] sind

- Autonomie
- nicht Schaden

---

[11] *Magnus* (Fn. 3), S. 2.

[12] *Magnus*, „Informed consent: Ein hinreichendes Konzept im Strafrecht?", in: Lindner (Hrsg.), SELBST- oder bestimmt? – Illusion oder Realität des Medizinrechts, Nomos Verlag Baden-Baden 2016 (im Erscheinen), II.3.

[13] *Maio*, Mittelpunkt Mensch: Ethik in der Medizin, Schattauer Stuttgart 2012, S. 120.

[14] *Beauchamp/Childress*, Principles of Biomedical Ethics, 7. Aufl. Oxford University Press New York/Oxford 2013, S. 13.

- Fürsorge und
- Gerechtigkeit.

Diese Prinzipien seien letztbegründungsneutral und dem Streit um absolute Werte entzogen, sie müssen allerdings in der medizinischen Praxis in den konkreten Handlungssituationen noch präzisiert werden und sind so gesehen „Halbfertigprodukte".[15] Aber prima facie sei das medizinische Personal diesen Prinzipien verpflichtet.[16] Allerdings stehen die Prinzipien durchaus im Konflikt zueinander.[17] Was das Beste für einen Patienten ist und der Fürsorge entspricht, kann durchaus diametral zum Willen dieses Patienten stehen. *Beauchamp* und *Childress* meinen nun, kein Prinzip sei dem anderen vorgeordnet, diese stehen folglich nicht in einem Rangverhältnis zueinander. Da potentielle Konflikte vorprogrammiert seien, müssten nach Kohärenzgesichtspunkten die Konflikte in einen widerspruchslosen Zusammenhang gebracht werden. Einzelfallentscheidung und Prinzipien müssten gegenseitig – miteinander und gegeneinander – reflektiert werden. Die Intuition der moralischen Urteilskraft führe dann in einem derart verstandenen dialektischen Kohärenzmodell zu ausgewogenen Entscheidungen.[18]

Es wird sich trefflich darüber streiten lassen, ob das Modell nicht an der Realität des medizinischen Alltags zerschellt. Letztlich führt die Vielfalt an Interpretations- und Gestaltungsmöglichkeiten[19] doch zu eher bekenntnishaften Entscheidungen. Als Jurist bin ich aber mit einer Zurückweisung doch lieber vorsichtig, weil wir es in gleicher Weise mit zahlreichen konfligierenden Grundrechten etwa zu tun haben und uns hier auch nicht anders als mit magischen Formeln zu helfen wissen, die wir praktische Konkordanz nennen: Verfassungswerte sind so zu interpretieren, dass Widersprüche zu anderen vermieden werden.[20] Diese Aufgabe der Optimierung verlange, verschiedenen Gütern Grenzen zu ziehen, damit jedes zu optimaler Wirksamkeit gelangt.[21]

Aber das soll nicht das Thema sein. Deutlich wird jedenfalls, dass der Respekt der Patientenautonomie ein wesentliches Puzzlestück im Rahmen medizinischer Entscheidungen darstellt. Der Arzt steht daher in der Pflicht, das Recht des Patienten anzuerkennen, eine auf persönlichen Wertvorstellungen gründende Entscheidung selbst zu treffen.[22] Dazu zählt auch die Verpflichtung, die Möglichkeiten einer

---

[15] *Sass*, Informierte Zustimmung als Vorstufe zur Autonomie des Patienten, Bochum 1992 (Medizinethische Materialien, Heft 78), S. 8.

[16] *Beauchamp/Childress* ibid., S. 15.

[17] *Beauchamp/Childress* ibid., S. 15.

[18] *Beauchamp/Childress* ibid., S. 15.

[19] *Birnbacher*, Plädoyer für einen utilitaristischen Ansatz in der angewandten Ethik, in: Ethik und Unterricht 4 (1993), S. 2, 3.

[20] *Hesse*, Grundzüge des Verfassungsrechts der Bundesrepublik Deutschland, 20. Aufl. C.F. Müller Heidelberg 1995, S. 28; *Stern*, Das Staatsrecht der Bundesrepublik Deutschland, Bd. III/2, Allgemeine Lehren der Grundrechte, C.H. Beck München 1994, S. 664 f.

[21] *Hesse* ibid., S. 28.

autonomen Entscheidung aktiv zu fördern, was bedeutet, dass der Arzt den Patienten aufklären muss.[23] Der informed consent soll danach sieben Elemente aufweisen. Als *Basiselemente* müssen die Kompetenz, zu verstehen und zu entscheiden, und die Freiwilligkeit gegeben sein. Als *Informationselemente* treten Aufklärung, Empfehlung des Arztes und Verstehen von Aufklärung und Empfehlung hinzu. Als *Zustimmungselemente* sind dann die Entscheidung über die Therapie und die Autorisierung der gewählten Therapie notwendig.[24]

Wir sehen also, dass Bedingung einer Medizin, die den Menschen in den Mittelpunkt ihres Handelns stellt, die Selbstbestimmung ist.[25] Wir sehen aber auch recht klar in dem Konzept von *Beauchamp* und *Childress*, dass die Patientenautonomie nur eines von vier Prinzipien ist und keinen Vorrang für sich beanspruchen kann.

### b) Das Konzept des shared decision making

Es ist durchaus spannend zu sehen, dass ein reines Patientenautonomiekonzept auch in der modernen Medizinethik jedenfalls unterschwellig hinterfragt wird. Seit den 1990er Jahren wird das sog. *shared decision making* propagiert. Das sei der (zu ergänzen wäre: neue) ethische Imperativ für die Medizin.[26] Angestrebt wird eine gemeinsame Entscheidungsfindung von Patient und Arzt bzw. Behandlungsteam. Es geht um Partizipation und Partnerschaft.[27] Das hat zum einen eine die Autonomie durchaus befördernde Komponente, weil dem Patienten keine vom Arzt bereits getroffene Entscheidung über eine mögliche Therapieoption vorgesetzt wird, die jener nun nur noch akzeptieren oder ablehnen kann. Damit verbunden sind aber auch gegenläufige Vorstellungen. Denn Partnerschaft ist mindestens eine zweiseitige Angelegenheit. Wer ein partizipatives oder partnerschaftliches Entscheidungsmodell favorisiert, verortet die Selbstbestimmung nicht einseitig beim Patienten. Auch die Selbstbestimmung der Ärzte wird mit ins Spiel gebracht. Eine gemeinsame Entscheidungsfindung darf nicht eine Asymmetrie zur Grundlage haben, bei der nur die Vorstellung des Patienten zählt. Auch die Selbstbestimmung des behandelnden Arztes, dessen Vorstellungen und Wertungen haben – so wird man diesen Ansatz verstehen müssen – in die dann zu treffende medizinische Entscheidung einzufließen. Zwar wird sogleich gesagt, dass es keine Relativierung beim informed consent geben dürfe.[28] Aber mit dem Postulat, dass sowohl Patienten- wie Behandlerautonomie eine Entscheidung tragen, sind unbestreitbar Einschränkungen des Grundsatzes „voluntas aegroti suprema lex" verbunden. Gleiches gilt für Tendenzen in der Bioethik,

---

[22] *Beauchamp/Childress* ibid., S. 107.

[23] *Beauchamp/Childress* ibid., S. 107.

[24] *Beauchamp/Childress* ibid., S. 124.

[25] *Steger* (Fn. 2), V.

[26] Global Salzburg Seminar, „Salzburg statement on shared decision making", British Medical Journal 342 (2001), d. 1745.2011.

[27] Vgl. *Maio* (Fn. 13), S. 114.

[28] *Steger* (Fn. 2), IV.

die den Arzt als Erzieher des Patienten sehen wollen.[29] Der fürsorgliche Aspekt tritt wieder deutlicher hervor, der ja auch bei *Beauchamp* und *Childress* nie gänzlich in den Hintergrund getreten war. Wille des Patienten und Fürsorge für dessen Wohl sollen beide relevant bleiben – in welchem Verhältnis, ist einigermaßen unklar. Aber beide Aspekte spielen eine gewichtige Rolle. Und so wird man formulieren müssen: „voluntas *aut* salus aegroti suprema lex". Wille *oder* Wohl leiten die Medizin.[30]

## 2. Informed consent im Medizinrecht

Die Medizinethik beschäftigt sich mit den Fragen nach dem „moralisch Gesollten, Erlaubten und Zulässigen im Umgang mit menschlicher Krankheit und Gesundheit ...".[31] Wie das Recht zur Moral steht, ist eine der großen rechtsphilosophischen Fragen, denen an dieser Stelle nicht nachgegangen werden kann. Aber die Beobachtung des Schweizer Rechtsphilosophen *Ryffel* bringt die Sache auf den Punkt. Nach ihm hat das Recht gegenüber der Ethik den Vorzug, das jedenfalls vorläufig „wirklich Maßgebliche"[32] zu bestimmen.

### a) Der ärztliche Heileingriff als Körperverletzung

Möglicherweise haben die Juristen es auch wieder einmal besser gewusst, ein Vorwurf, der lange das Klima zwischen Recht und Medizin vergiftet hat – jedenfalls haben sie es eher geahnt, dass doch wohl die Autonomie des Patienten dem Wohl vorzugehen hat. Dieses Wissen lässt sich sogar ziemlich genau datieren, und zwar gehen wir dazu nicht zurück in die 60er Jahre des vorherigen, sondern in die 90er Jahre des vorvorherigen Jahrhunderts. Am 31. 5. 1894 entschied das Reichsgericht (RG) einen Fall, bei dem lege artis der Fuß eines siebenjährigen Mädchens amputiert worden war.[33] Der Fuß war tuberkulös infiziert, ohne Amputation bestand die Gefahr chronischen Siechtums und schließlich des Todes. Allerdings hatte der Vater, der der Naturheilkunde anhing und der Chirurgie misstraute, seine Einwilligung verweigert. Seit dieser Entscheidung gilt in ständiger Rechtsprechung jede ärztliche, die Integrität berührende Maßnahme tatbestandlich als eine strafbare Körperverletzung.[34] Dabei ist gleichgültig, ob die Maßnahme kunstgerecht erfolgt

---

[29] Vgl. *Birnbacher*, „Patientenautonomie und ärztliche Ethik am Beispiel der prädiktiven Diagnostik", in: Honnefelder/Streffer (Hrsg.), Jahrbuch für Wissenschaft und Ethik, de Gruyter Berlin/New York 1997, S. 105, 111 m. w. N.

[30] In diesem Sinne auch *Wolfslast* (Fn. 1), S. 312.

[31] *Schöne-Seifert*, „Medizinethik", in: Nida-Rümelin (Hrsg.), Angewandte Ethik, Alfred Krönner Verlag Stuttgart 1996, S. 552, 553.

[32] *Ryffel*, Grundprobleme der Rechts- und Staatsphilosophie, Luchterhand Neuwied/Berlin 1969, S. 231 f. und 344 ff.

[33] RGSt 25, 375.

[34] *Eser*, in: Schönke/Schröder (Begr.), Strafgesetzbuch, Kommentar, 29. Aufl. C.H. Beck München 2014, Rn. 29; *Kraatz*, „Aus der Rechtsprechung zum Arztstrafrecht 2010/2011 – Teil 1: Ärztliche Aufklärungspflichten", NStZ-RR 2012, 1 m. w. N.

ist oder ob der Patient – wie hier die Tochter – vielleicht sogar gesund wurde. Es spielt also keine Rolle, ob die Behandlung indiziert ist und lege artis ausgeführt wird.[35] Weder der Heilzweck noch der Heilerfolg berechtigen zu einem Eingriff. Der Arzt müsse stets in Willensübereinstimmung mit dem Patienten handeln.[36] Die Behandlung bleibt eine strafbare Körperverletzung, wenn nicht ein informed consent vorliegt, der den Arzt rechtfertigt und das strafbare Unrecht aufhebt.

### b) Die Entwicklung der Aufklärungspflicht

Mit dieser Grundlegung konnte dann die zivilrechtliche Rechtsprechung die Anforderungen für eine hinreichende Aufklärung entwickeln.

Im ersten Elektroschockurteil 1958 hatte der Patient, der an Depressionszuständen litt, zwar in die Elektroschockbehandlung eingewilligt. Dabei kam es zu einer Fraktur des Brustwirbelkörpers. Der Patient war aber nicht davon in Kenntnis gesetzt worden, dass bei Anwendung der Methode Knochen brechen könnten. Der BGH hielt das Unterbleiben dieser Aufklärung für nicht akzeptabel, was in Arztkreisen Bedenken hervorrief, den BGH aber nicht weiter beeindruckte.[37] Er verwarf entsprechend eine wirksame Einwilligung und hielt den Eingriff für rechtswidrig.[38]

Damit war das Augenmerk nunmehr auf die *Aufklärung* gelegt. Zwei Jahre später kam das zweite Elektroschockurteil. Es ging um einen chronisch Alkoholabhängigen, den die Nervenklinik damals auf diese Art und Weise heilen wollte. Bei der sechsten und letzten Behandlung erlitt der Patient einen komplizierten Splitterbruch am Oberschenkel. Der BGH machte deutlich, auch wenn er im Ergebnis einen Aufklärungsverstoß verneinte, dass über typische Schäden einer Behandlung aufzuklären ist, es sei denn, diese treten in entfernt seltenen Fällen auf und fallen nicht ernsthaft ins Gewicht.[39] Auch dann ist aufzuklären, wenn der Patient nach den Gefahren gefragt habe.[40] Erstmals wird ganz deutlich die Aufklärungspflicht mit dem Selbstbestimmungsrecht des Patienten in Bezug gesetzt.[41] Auch wenn der Patient mit der Behandlung einverstanden ist, kann es zur Haftung kommen, wenn die Aufklärung nicht weit genug geht.

Der *Vorrang* des Patientenwillens vor dem Patientenwohl ist dann wiederum in einer strafrechtlichen Entscheidung herausgearbeitet worden. Der Arzt hatte nicht nur die Gebärmuttergeschwulst (Myom), sondern die mit dieser fest verwachsene Gebärmutter insgesamt entfernt, ohne dass zuvor die 46-jährige Frau in diesen

---

[35] BGHSt 43, 306, 308.
[36] RGSt 25, 375, 380 f.
[37] S. BGHZ 29, 46, 49.
[38] BGH, NJW 1956, 1106, 1108.
[39] BGHZ 29, 49, 60.
[40] BGHZ 29, 49, 61.
[41] *Schwill* (Fn. 3), S. 43.

weitgehenden Eingriff eingewilligt hätte. Das Patientenwohl machte die Operation erforderlich, weil der Zustand auf Dauer lebensbedrohlich für die Frau war. Gleichwohl billigt der BGH der Frau das Recht zu, triftige und achtenswerte Gründe gegen eine Operation haben zu können. Zwar sei es das vornehmste Recht des Arztes, den kranken Menschen nach Möglichkeit zu heilen. Dieses Recht finde aber seine Grenzen in dem grundsätzlich freien Selbstbestimmungsrecht des Menschen über dessen Körper.[42] Dieser hat als Rechtssubjekt die Dispositionsfreiheit über seinen Körper.[43] Der Patient kann sich folglich willkürlich und frei nach eigenen Maßstäben,[44] mithin auch völlig unvernünftig entscheiden.[45] Er hat die „Freiheit zur Krankheit".[46] Der Arzt hat das zu respektieren.

c) Die Systematik der Aufklärungspflicht

Nach Sinn und Zweck lassen sich die therapeutische Aufklärung oder die Sicherheitsaufklärung[47] einerseits und die Eingriffs- oder Selbstbestimmungsaufklärung andererseits unterscheiden.[48]

*(1) Therapeutische Aufklärung*

Mit der therapeutischen Aufklärung soll der Arzt den Patienten durch Ratschläge, Hinweise und Verhaltensmaßregeln über die Notwendigkeit ärztlicher Behandlung informieren oder ihn darauf hinweisen, dass er sich in bestimmter Weise verhalten muss, um Gesundheitsgefahren zu vermeiden. Das können Diätempfehlungen sein, die Empfehlung, Sport zu treiben oder besser zu unterlassen, beim Transplantierten der Hinweis auf die regelmäßige Einnahme von Immunsupressiva, von Tabletten usf.[49] Das Spektrum dieser Art von Gefahrenabwehr qua Information ist breit. Verstößt der Arzt gegen diese Form der Aufklärungspflicht,

---

[42] BGHSt 11, 111, 114.

[43] *Gutmann*, „Nature, red in tooth and claw", ARSP 101 (2015), 577, 580.

[44] *Taupitz*, „Die mutmaßliche Einwilligung bei ärztlicher Heilbehandlung – insbesondere vor dem Hintergrund der höchstrichterlichen Rechtsprechung des Bundesgerichtshofs", in: Canaris u. a. (Hrsg.), Festschrift 50 Jahre BGH, C.H. Beck München 2000, S. 497, 501 f.; *dslb.*, (Fn. 3), 87 f. u. 92; *Kern*, in: Laufs/Kern (Fn. 10), S. 667; *Deutsch/Spickhoff*, Medizinrecht, 7. Aufl. Springer Berlin/Heidelberg 2014, Rn. 402; *Janda*, Medizinrecht, 3. Aufl. utb Konstanz/München 2016, S. 113, 132.

[45] *Taupitz*, (Fn. 3), S. 92; *Roxin*, Strafrecht AT I, 4. Aufl. C.H. Beck München 2006, S. 562.

[46] BVerfGE 128, 282, 304.

[47] Zu dieser Begrifflichkeit BGH, NJW 1994, 3012; *Pauge*, Arzthaftungsrecht, 13. Aufl. RWS Verlag Kommunikationsforum Köln, 2015, S. 147.

[48] *Katzenmeier*, in: Laufs/Katzenmeier/Lipp (Hrsg.), Arztrecht, 7. Aufl. C.H. Beck München 2015, S. 111; *Deutsch/Spickhoff* (Fn. 44), Rn. 432, 451; *Janda* (Fn. 44), S. 132 ff.; *Igl/Welti*, Gesundheitsrecht, 2. Aufl. Franz Vahlen München 2014, Rn. 1128.

[49] *Ankermann*, „Haftung für fehlerhaften oder fehlenden ärztlichen Rat", in: Deutsch u. a. (Hrsg.), Festschrift Steffen, de Gruyter Berlin 1995, S. 4 f.; *Ulsenheimer*, Arztstrafrecht in der Praxis, 5. Aufl. C.F. Müller Heidelberg 2015, Rn. 342.

wird das als Behandlungsfehler gewertet, weil die nach § 630c Abs. 2 BGB geschuldeten Informationspflichten nicht eingehalten wurden.[50] Die therapeutische Aufklärung ist folglich Teil der ärztlichen Behandlung.[51] Für diesen Pflichtenverstoß ist im Zivilprozess der Patient beweispflichtig.[52]

*(2) Selbstbestimmungsaufklärung*

Die Selbstbestimmungsaufklärung schützt nicht die Gesundheit, sondern – wie der Name schon sagt – die Selbstbestimmung des Patienten. Sie ist Voraussetzung für die Wirksamkeit der Einwilligung und damit auch Voraussetzung für die Rechtmäßigkeit des medizinischen Eingriffs insgesamt, weswegen sie auch Eingriffsaufklärung genannt wird.[53] Telos der Selbstbestimmungsaufklärung ist damit, „dem Patienten eine sinnvolle Wahrnehmung seines Selbstbestimmungsrechtes zu ermöglichen".[54] Dazu wird der Arzt verpflichtet, dem Patienten hinreichende Informationen zu gewährleisten. Das BGB zählt einen ganzen Katalog auf, von Art und Umfang der Maßnahme über deren Risiken bis hin zu deren Notwendigkeit und Erfolgsaussichten (§ 630e Abs. 1 S. 2 BGB).

Die Selbstbestimmungsaufklärung lässt sich in *Diagnose-*, *Verlaufs-* und *Risikoaufklärung* gliedern.[55]

Im Rahmen der normalen Behandlung ist eine Aufklärung über den erhobenen Befund notwendig,[56] wenn – so jedenfalls die herrschende Meinung – die *Diagnose* für die Entscheidung des Patienten erkennbar von Bedeutung ist.[57]

Die nächste Stufe stellt die *Verlaufsaufklärung* dar. Sie soll über die Therapie und über Art, Schwere, Umfang und die normalen Folgen der Therapie informie-

---

[50] Vgl. *Giesen*, Arzthaftungsrecht, 4. Aufl. Mohr Siebeck Tübingen 1995, Rn. 347; *Hart*, „Autonomiesicherung im Arzthaftungsrecht", in: Heldrich u. a. (Hrsg.), Festschrift Heinrichs, C.H. Beck München 1998, S. 291, 295 f. Die therapeutische Aufklärung wird nicht durch die Aufklärungsnorm des § 630e BGB erfasst, *Jaeger*, Patientenrechtegesetz, Verlag Versicherungswirtschaft Karlsruhe 2013, S. 92; *Mansel*, in: Jauernig, Kommentar zum Bürgerlichen Gesetzbuch, 16. Aufl. C.H. Beck München 2015, § 630c BGB Rn. 6; *Weidenkaff*, in: Palandt (Begr.), Bürgerliches Gesetzbuch, 75. Aufl. C.H. Beck München 2016, § 630c BGB Rn. 6; *Schneider*, in: Prütting/Wegen/Weinreich (Hrsg.), BGB Kommentar, 10. Aufl. Luchterhand Verlag Köln 2015, § 630c BGB Rn. 7; *Spickhoff*, in: Spickhoff (Hrsg.), Medizinrecht, 2. Aufl. C.H. Beck München 2014, § 630c BGB Rn. 12 f.

[51] *Kern/Laufs*, Die ärztliche Aufklärungspflicht, Springer Berlin/Heidelberg 1983, S. 184.

[52] OLG Hamm, MedR 2016, 63, 67; *Spickhoff* (Fn. 50), § 630h BGB Rn. 7; *Deutsch/Spickhoff* (Fn. 44), Rn. 451; *Katzenmeier*, in: Laufs/Katzenmeier/Lipp (Fn. 48), S. 428.

[53] *Pauge* (Fn. 47), S. 144 f.

[54] *Giesen* (Fn. 56), Rn. 209.

[55] *Katzenmeier*, in: Laufs/Katzenmeier/Lipp (Fn. 48), S. 111; *Igl/Welti* (Fn. 48), Rn. 1128; *Deutsch/Spickhoff* (Fn. 44), Rn. 435 ff.; *Janda* (Fn. 44), S. 132 ff.

[56] *Deutsch/Spickhoff* (Fn. 44), Rn. 436; *Laufs*, in: Kern/Laufs (Fn. 10), S. 720.

[57] RGSt 66, 181, 182 f.; BGHZ 29, 176, 184 f.; OLG Stuttgart, VersR 1988, 695, 696; *Deutsch*, Anm. zum Urteil des OLG Köln vom 26.11.1987 – U 108/87, NJW 1988, 2306.

ren.[58] Der Patient ist z. B. über starke oder dauerhafte Schmerzen ins Bild zu setzen, über Inkontinenz oder bleibende Operationsnarben.

Die *Risikoaufklärung* bildet Schwerpunkt und Hauptproblematik der Selbstbestimmungsaufklärung. Sie soll den Patienten mit den Folgen der Behandlung – insoweit ergeben sich Überschneidungen zur Verlaufsaufklärung[59] –, vor allem aber über die Risiken in Kenntnis setzen.[60] Maßgeblich ist weniger das allgemeine Risiko, sondern das Risiko im konkreten Behandlungsfall. Die Rechtsprechung hat sich beharrlich geweigert, bestimmte Prozent- oder Promillegrenzen für eine Aufklärungsbedürftigkeit zu nennen. Selbst bei einem äußerst seltenen Erkrankungsrisiko von 1:4,4 Mio. im Rahmen der routinemäßigen und öffentlich empfohlenen Schluckimpfung gegen Kinderlähmung hat der BGH eine Aufklärungspflicht angenommen, weil das Risiko dem Eingriff spezifisch anhaftet und die Folgen, nämlich hier die Erkrankung an Kinderlähmung mit einer Erwerbsminderung von 80%, den Patienten in besonderer Weise belasten.[61]

*(3) Autonomie und Fürsorge im Medizinrecht*

Nach allem scheint im Recht, anders als in der Medizinethik, die Selbstbestimmung anderen Aspekten deutlich voranzugehen. Wenn man das vorliegende Rechtsprechungsmaterial analysiert und sichtet, muss man indes den die Selbstbestimmung betonenden Ansatz im gleichen Atemzug relativieren. Auch die Rechtsprechung berücksichtigt in gewissen Ausprägungen das Fürsorgeprinzip, auch wenn sie sich eher bekenntnishaft die Selbstbestimmung des Patienten aufs Panier schreibt.

Schon die therapeutische Aufklärung als solche lässt sich in diese Richtung verstehen: der Patient soll indirekt jedenfalls in eine Richtung gelenkt werden, die seiner Gesundheit förderlich ist. Man kann das als milden Paternalismus einordnen.[62]

Ein weiteres Beispiel ist die Rechtsfigur des *verständigen Patienten*, die der BGH entwickelt hat.[63] Welche Risiken aufklärungsbedürftig sind und welche nicht, richte sich nach dem Bilde des verständigen Patienten. Der durchschnittliche, vernünftige Patient bildet damit den Maßstab für die Konkretisierung von Inhalt und Umfang der ärztlichen Aufklärungspflichten. Was einem solchen wissenswert erscheint, muss

---

[58] *Ehlers*, Die ärztliche Aufklärung vor medizinischen Eingriffen, Carl Heymanns Verlag Köln/Berlin u. a., 1987, S. 69; BGH, NJW 1984, 1395.

[59] *Schwill* (Fn. 3), S. 50.

[60] *Tag*, Der Körperverletzungstatbestand im Spannungsfeld zwischen Patientenautonomie und Lex artis, Springer Berlin u. a. 2000, S. 273.

[61] BGH, NJW 2000, 1784, 1785.

[62] *Maio* (Fn. 13), S. 157. Enger Magnus, die diese Form auf nicht entscheidungsfähige Personen bezieht, *Magnus* (Fn. 3), S. 94.

[63] BGHZ 29, 46, 58 ff.; 29, 176, 182; BGH NJW 1977, 337; 1988, 1516; VersR 1979, 720; 1980, 68; KG VersR 1993, 189.

mitgeteilt werden. Dieses Bild ist sicher für den Arzt eine erste Hilfe bei der immer schwierigen Frage, worüber und wieweit aufzuklären ist. Freilich wird so das Informationsbedürfnis nicht danach bestimmt, was den individuellen, konkret betroffenen Patienten interessiert.[64] Es wird ein genereller Maßstab von außen angelegt.[65] Und damit wird im Ansatz fürsorglich bestimmt, was ein Patient zu wissen hat.

Um einiges deutlicher wird der fürsorgliche Aspekt in Sonderkonstellationen. Eine solche stellt beispielsweise die *Schönheitsoperation* dar, die regelmäßig medizinisch nicht indiziert ist. Die Rechtsprechung verlangt hier nicht lediglich die Aufklärung über Folgen und Risiken, sondern geht weit über den Umfang dessen hinaus, was sie beim Heileingriff entwickelt hat. Dabei folgt sie der Überlegung, dass sich das Maß der Genauigkeit, mit der aufzuklären ist, umgekehrt proportional zum Maß der Dringlichkeit eines Eingriffs verhält.[66] In lebensbedrohlichen Situationen kann sich die Aufklärung auf ein Minimum reduzieren, bei nicht indizierten Eingriffen ist eine Totalaufklärung erforderlich.[67] Dieses Höchstmaß an Aufklärung verlangt bei kosmetischen Operationen, dass in schonungsloser Offenheit und Härte über alle denkbaren Folgen und Unannehmlichkeiten zu informieren ist.[68] Der Arzt hat „seinem Patienten das Für und Wider einer solchen Operation mit allen Konsequenzen vor Augen zu führen"[69] und dazu auch abschreckende Farbphotos vorzulegen – ein Ansatz, der den Schockbildern auf den Zigarettenschachteln ähnelt. Mit der Selbstbestimmung des Mannes und der Frau, die sich verschönern möchten, ist das nicht zu erklären. Hier spielt ganz deutlich ein paternalistischer Zug hinein, die Abschreckung steht im Vordergrund. Verräterisch das OLG Hamburg: „Eine Frau, die lediglich ihre äußere Entscheidung als ungenügend empfindet, muß durch vollständige und schonungslose Aufklärung in den Stand versetzt werden, ... zu beurteilen, ob sie den durch Operation erreichbaren Zustand dem bisherigen wirklich vorzieht".[70] Mit erhöhten Aufklärungspflichten schützt die Rechtsprechung das Wohl des Patienten vor dessen objektiv als unvernünftig bewertetem Willen.[71] Das Wohl des Patienten wird in diesen Konstellationen gegen die Selbstbestimmung in Ansatz gebracht.

Ähnliches gilt für die *medizinische Forschung*, bei der § 40 Abs. 1 S. 3 Nr. 2 AMG neben den informed consent die ärztliche Vertretbarkeit, also ein klares Für-

---

[64] *Giesen* (Fn. 56), Rn. 224.

[65] *Brüggemeier*, Deliktsrecht, Nomos Verlag Baden-Baden 1986, Rn. 720.

[66] *Bockelmann*, Strafrecht des Arztes, Georg Thieme Verlag Stuttgart 1968, S. 59; *Ehlers* (Fn. 58), S. 79; *Magnus* (Fn. 3), S. 179.

[67] OLG Bremen, VersR 2004, 911; *Jung/Lichtschlag-Traut/Ratzel*, „Arzthaftungsrecht", in: Ratzel/Luxenburger (Hrsg.), Handbuch Medizinrecht, 3. Aufl. C.F. Müller 2015, S. 811.

[68] *Rosenau*, „Plastische/Ästhetische Chirurgie – Rechtlich", Lexikon der Bioethik, Bd. 3, Gütersloher Verlagshaus Gütersloh 1998, S. 33, 34.

[69] BGH, NJW 1991, 2349.

[70] OLG Hamburg, MDR 1982, 580, 581.

[71] *Schwill* (Fn. 3), S. 59; *Ulsenheimer* (Fn. 49), Rn. 363 f.; befürwortend *Magnus* (Fn. 3), S. 332.

sorgeelement, stellt.⁷² Deutlich formuliert es *Schreiber*: Die mit geschickten, umfassenden Aufklärungsformeln bewirkte Einwilligung des Probanden könne nicht die primäre Verantwortung des Arztes ersetzen, im Interesse seines Patienten das für dessen Wohl Erforderliche zu tun.⁷³

### d) Die gesetzliche Regelung des informed consent

So ist ein eigenes wie eigenartiges Gespinst von Instituten, Regeln und Strukturen entstanden, von überaus feiner Kunstfertigkeit und verästelter Dogmatik. Eine Perfektion, die man im allgemeinen dem germanischen Rechtskreis ja auch zuschreibt – manche sprechen freilich auch von der Hypertrophie des Rechts,⁷⁴ an der die Kritiker meist aber selbst mitgewirkt haben; zumindest hat die hohe Kunstfertigkeit den großen Nachteil, dass kaum jemand – und ein Mediziner schon gar nicht – den Überblick wahren kann.

Bislang war fast ausschließlich von der Rechtsprechung die Rede. In der Tat hat sich der Gesetzgeber lange Zeit zurückgelehnt und die Entwicklung des informed consent den Gerichten überlassen. Erst vor drei Jahren hat er im Patientenrechtegesetz den Behandlungsvertrag kodifiziert.⁷⁵ Er hat im wesentlichen das normiert, was die Rechtsprechung bereits entwickelt hatte.⁷⁶ Ein großer Wurf ist dem Gesetzgeber damit sicher nicht gelungen, eine Verbesserung der Patientenrechte, so der Gesetzestitel, schon gar nicht.⁷⁷ Manche bestreiten sogar überhaupt die Sinn-

---

⁷² *Deutsch*, in: Deutsch/Lippert, Kommentar zum Arzneimittelgesetz (AMG), 3. Aufl. Berlin/Heidelberg Springer 2011, § 40 Rn. 13; *Rosenau*, „Landesbericht Deutschland", in: Deutsch/Taupitz (Hrsg.), Forschungsfreiheit und Forschungskontrolle in der Medizin, Springer Berlin u. a. 2000, S. 63, 69; in diese Richtung auch *Sander/Zumdick*, Arzneimittelrecht, Kommentar, Loseblattsammlung, Band 1, 53. Lfg. Juli 2015, Kohlhammer Stuttgart 1977/2015, § 40 AMG Anm. 21; *Wachhauer*, in: Kügel/Müller/Hofmann, Arzneimittelgesetz, Kommentar, C.H. Beck München 2012, § 40 Rn. 44.

⁷³ *Schreiber*, „Rechtliche Regeln für Versuche mit Menschen", in: Helmchen/Winau (Hrsg.), Versuche mit Menschen, de Gruyter Berlin, New York 1986, S. 15, 22 f.

⁷⁴ *Rotsch*, „Zur Hypertrophie des Rechts", ZIS 2008, 1, 2.

⁷⁵ Gesetz zur Verbesserung der Rechte von Patientinnen und Patienten, BGBl. 2013 I, S. 277 ff.

⁷⁶ *Bergmann/Middendorf*, in: Bergmann/Pauge/Steinmeyer (Hrsg.), Gesamtes Medizinrecht, 2. Aufl. Nomos Verlag Baden-Baden 2014, Vor § 630a ff. BGB Rn. 4; *Lindemann*, „Folgen des Patientenrechtegesetzes für Deutschland: Droht der Gang in die Defensivmedizin?", in: Rosenau/Hakeri (Hrsg.), Kodifikation der Patientenrechte, Nomos Verlag Baden-Baden 2014, S. 157, 165.

⁷⁷ Zur Debatte s. nur *Thurn*, „Das Patientenrechtegesetz – Sicht der Rechtsprechung", MedR 2013, 145, 157; *Dorneck*, „Grund und Grenzen der Kodifikation von Patientenrechten", in: Rosenau/Hakeri (Hrsg.), Kodifikation der Patientenrechte, Nomos Verlag Baden-Baden 2014, S. 45, 57 f.; *Schmidt-Recla*, „Die Rechtsnatur der Einwilligung nach dem PatRG", ebd., S. 119, 127; vorsichtiger *Lindemann* ibid., S. 168 ff.; a.A. *Rehborn*, „Neue Pflichten und Haftungsrisiken durch das Patientenrechtegesetz?", ebd., S. 85; für die Ärzteschaft weniger kritisch *Montgomery/Brauer/Hübner/Seebohm*, „Das Patientenrechtegesetz aus Sicht der Ärzteschaft",

haftigkeit der Normierung,[78] was entfernt an den alten Streit zwischen *Savigny* und *Thibaut* über den „Beruf unsrer Zeit für Gesetzgebung und Rechtswissenschaft"[79] erinnert, als Ende des 19. Jahrhunderts darum gestritten wurde, ob das Bürgerliche Recht im BGB festgeschrieben werden sollte. Gleichwie, der informed consent findet sich nun seit dem 21. 2. 2013 im BGB wieder. Vor der medizinischen Behandlung ist der Arzt verpflichtet, die Einwilligung des Patienten einzuholen: § 630d Abs. 1 S. 1 BGB. Dabei hat er diesen über die für die Einwilligung wesentlichen Umstände aufzuklären: § 630e Abs. 1 S. 1 BGB. Die therapeutische Aufklärung hat in der Begrifflichkeit der Informationspflicht in § 630c Abs. 2 S. 1 BGB ihren Niederschlag gefunden.

e) Rechtliche Verortung des informed consent

1894 ist mit der alten Entscheidung des RG zugleich die Saat für ein grundsätzliches Missverständnis gelegt worden, welches bis heute die ständige Rechtsprechung in Deutschland kennzeichnet und auch unnötige Folgeprobleme mit sich gebracht hat.

Das folgt aus dem gedanklichen Dreiklang, dass 1. jede ärztliche Behandlung eine Körperverletzung sein soll, dann 2. eine Einwilligung des Patienten nötig wird, um diese Körperverletzung zu rechtfertigen[80] und 3. die Wirksamkeit der Einwilligung die Aufklärung erfordert. So wird die Aufklärung im Grunde in den Dienst des Körpers gestellt, sie wird von der körperlichen Unversehrtheit her verstanden. Die Autonomie ist gleichsam *unselbständig* zu denken. Interessanterweise hat sich dieses Missverständnis nicht nur im Strafrecht, sondern ausgehend von der strafrechtlichen Leitentscheidung des RG auch in vielen Köpfen aus dem Zivilrecht und öffentlichen Recht festgesetzt. Immer geht es dabei um die Frage, ob die Aufklärung Teil des Rechts der *körperlichen Unversehrtheit* ist oder ob sie nicht richtigerweise als Recht verstanden werden muss, das sich un-

---

MedR 2013, 149, 150; *Hart*, „Ein Patientenrechtegesetz ohne Eigenschaften", GesR 2012, 385 ff.

[78] *Buchner*, „Sinn und Unsinn eines Patientenrechtegesetzes", in: Arbeitsgemeinschaft Rechtsanwälte im Medizinrecht e. V. (Hrsg.), Qualitätsmängel im Arzthaftungsprozess – Brauchen wir ein Patientenrechtegesetz?, Springer Berlin/Heidelberg 2012, S. 95; *Bernat,* „Über Sinn und Notwendigkeit einer sog. Patientencharta – ein österreichischer Diskussionsbeitrag", GesR 2003, 101 ff.

[79] So der programmatische Titel von *Savigny*, 1814. Im hiesigen Kontext s. *Becker*, „Kodifikation des Bürgerlichen Rechts – Lehren aus dem Streit zwischen Savigny und Thibaut, in: Rosenau/Hakeri (Hrsg.), Kodifikation der Patientenrechte, Nomos Verlag Baden-Baden 2014, S. 11, 37 ff.

[80] Teilweise wird vertreten, dass die Zustimmung des Patienten bereits die Tatbestandsmäßigkeit der Körperverletzung, nicht erst deren Rechtswidrigkeit, entfallen lässt; *Roxin*, „Einwilligung, Persönlichkeitsautonomie und tatbestandliches Rechtsgut", in: Böse/Sternberg-Lieben (Hrsg.), Festschrift Amelung, Duncker & Humblot Berlin 2009, S. 269, 274. Dagegen zutreffend *Gropp*, „Die Einwilligung in den ärztlichen Heileingriff – ein Rechtfertigungsgrund", GA 2015, 5, 12 u. 15 f.

mittelbar aus der *Selbstbestimmung* des Menschen und letztlich damit aus seiner *Würde* speist.

Im *Strafrecht* wird der Ansatz des RG, jede ärztliche Behandlung, und sei sie noch so gut und standardgemäß durchgeführt, stelle zunächst eine strafbare Körperverletzung dar, intensiv diskutiert.[81] Diese Bewertung will der ärztlichen Tätigkeit nicht wirklich gerecht werden; denn der soziale Sinngehalt des ärztlichen Handelns ist tendenziell auf Heilung und nicht auf Verletzung ausgerichtet.[82] Pointiert haben *Binding* und *Bockelmann* darauf hingewiesen, dass mit der pauschalen Tatbestandskonstruktion der Arzt auf die gleiche Ebene wie der gemeine Messerstecher gestellt werde.[83] Die Rechtsprechung zerlegt den Gesamtvorgang der Heilbehandlung in seine Einzelteile und verliert dadurch das eigentliche therapeutische Ziel aus dem Blick. Bei einer Gesamtschau ergibt sich aber, dass die körperliche Integrität eben nicht beeinträchtigt, sondern wiederhergestellt wird. Auch der Wortlaut lässt sich gegen diese Lösung anführen; denn es geht beim Straftatbestand des § 223 StGB nicht nur um einen simplen neutralen Eingriff in die körperliche Integrität.[84] Der Eingriff muss zugleich eine *Misshandlung* darstellen oder die Gesundheit „schädigen". Auch ist Rechtsgut des § 223 StGB allein die körperliche Unversehrtheit. Die Rechtsprechung deutet diesen zu einem Tatbestand zum Schutz der Selbstbestimmung um,[85] was nach Art. 103 Abs. 2 GG allein dem Gesetzgeber zusteht. Freilich hat dieser es bislang unterlassen, wie in Österreich die eigenmächtige Heilbehandlung gesondert unter Strafe zu stellen. Diese Regelungslücke füllt die Rechtsprechung mit ihrer verfehlten Auslegung aus.

Im *Zivilrecht* findet sich eine parallele Diskussion, die freilich weniger prekär ist, weil hier das Gesetzlichkeitsprinzip des Art. 103 Abs. 2 GG nicht gilt. Angesichts der Offenheit des § 823 Abs. 1 BGB, also der Haftung für unerlaubte Handlungen, lässt sich unbeschwerter diskutieren, welches Rechtsgut über den informed consent geschützt wird: der Körper und die Gesundheit einerseits oder die Selbstbestimmung und das Persönlichkeitsrecht andererseits.

---

[81] *Lilie*, in: Jähnke/Laufhütte/Odersky (Hrsg.), Strafgesetzbuch Leipziger Kommentar, 11. Aufl. de Gruyter Berlin 2005, vor § 223 Rn. 3; *Meyer*, „Reform der Heilbehandlung ohne Ende", GA 1998, 425, 426 f.; *Duttge,* „Zum Unrechtsgehalt des kontraindizierten ärztlichen „Heileingriffs"", MedR 2005, 706, 708 f.; *Tag* (Fn. 60), S. 439; a.A. z.B. *Schroth*, „Ärztliches Handeln und strafrechtlicher Maßstab", in: Roxin/Schroth (Hrsg.), Handbuch des Medizinstrafrechts, 4. Aufl. Boorberg Stuttgart/München 2010, S. 21, 28.

[82] *Engisch*, „Ärztlicher Eingriff zu Heilzwecken und Einwilligung", ZStW 58 (1939), 1, 5.

[83] *Binding,* Lehrbuch des Gemeinen Deutschen Strafrechts, BT, 1. Bd., 2. Aufl. Leipzig 1902, S. 56; *Bockelmann,* „Rechtliche Grundlagen und rechtliche Grenzen der ärztlichen Aufklärungspflicht", NJW 1961, 945, 946.

[84] *Schwill* (Fn. 3), S. 277.

[85] *Rosenau,* „Begrenzung der Strafbarkeit bei medizinischen Behandlungsfehlern?", in: Rosenau/Hakeri (Hrsg.), Der medizinische Behandlungsfehler, Nomos Verlag Baden-Baden 2008, S. 215, 216 f.; so auch *Mitsch*, „Die ‚hypothetische Einwilligung' im Arztstrafrecht", JZ 2005, 279, 285.

Beide Thesen werden vertreten.[86] *Deutsch* schließlich verbindet als Mittelweg Körper- und Persönlichkeitsverletzung in der Annahme, dass die Selbstbestimmung jedem anderen Rechtsgut vorgeordnet sei, so dass jede Verletzung, die nur bei Einwilligung zulässig wäre, sowohl das Rechtsgut als auch die auf dieses Rechtsgut bezogene Entscheidungsfreiheit trifft.[87] Zunächst werden zwar bei Eigenmächtigkeit des Arztes oder bei unvollständiger Aufklärung die Autonomie des Patienten und damit dessen Allgemeines Persönlichkeitsrecht tangiert. Dieses Recht ist gewissermaßen transparent, dahinter werde das zugewiesene Rechtsgut sichtbar, in unserem Zusammenhang die körperliche Integrität.

Schließlich landet man irgendwie immer, wie das öffentliche Recht gerne betont, bei der Verfassung. Auch hier lässt sich die Debatte entsprechend abbilden, wobei ich die Drittwirkungsproblematik vernachlässige. Zu fragen ist, ob sich der Schutz der Patientenautonomie und der daraus entwickelte informed consent aus dem Recht auf Leben und körperliche Unversehrtheit ableiten lässt, oder aus dem Allgemeinen Persönlichkeitsrecht. Einmal wäre Art. 2 Abs. 2 S. 1 GG,[88] das andere Mal Art. 2 Abs. 1 i. V. m. Art. 1 Abs. 1 GG aufgerufen.[89] Ich möchte nur mein Ergebnis präsentieren. Ich sehe die Aufklärung im Allgemeinen Persönlichkeitsrecht verankert. Denn im Vordergrund steht eine Entscheidung, die den individuellen Werturteilen des Einzelnen folgt und damit die Persönlichkeit des Patienten ausdrückt.[90] Dieser ist nicht nur bloß Zustimmender, der mit einem Eingriff einverstanden wäre, sondern aktiv als Person Entscheidender.

Nun könnten die Nichtjuristen einwenden: Was soll der Disput? Es erscheint doch alles als ein Streit um Kaisers Bart, ob die Pflicht zur Aufklärung dem Schutz des Körpers oder der Handlungsfreiheit zugeschlagen wird, solange nur der Arzt verurteilt wird, wenn er nicht ganz genau so aufklärt, wie sich die Richter das vorstellen. Dass es hier nicht um reine Glasperlenspiele geht, wird sich noch erweisen.

---

[86] *Giesen* (Fn. 56), Rn. 204 u. 211; dagegen *Brüggemeier* (Fn. 65), Rn. 701 f.; *Laufs*, „Zur deliktsrechtlichen Problematik ärztlicher Eigenmacht", NJW 1969, 529, 530 ff.; *Voll*, Einwilligung im Arztrecht, Peter Lang Frankfurt am Main 1996, S. 23.

[87] *Deutsch*, „Schutzbereich und Tatbestand des unerlaubten Heileingriffs im Zivilrecht", NJW 1965, 1985, 1989.

[88] BVerfGE 89, 120, 130; 128, 282, 300 f.; *Lorenz*, in: Kahl/Waldhoff/Walter (Hrsg.), Bonner Kommentar zum Grundgesetz, Loseblattsammlung, Ordner 1a, 172. Stand Februar 2016, C.F. Müller Heidelberg 2016, Art. 2 I GG Rn. 301; *Hofmann*, in: Schmidt-Bleibtreu/Hofmann/Henneke (Hrsg.), Grundgesetz, Kommentar, 13. Aufl. Carl Heymanns Verlag Köln 2014, Art. 2 Rn. 68; *Kunig*, in: v. Münch/Kunig (Hrsg.), Grundgesetz, Kommentar, Band 1, 6. Aufl. C.H. Beck München 2012, Art. 2 Rn. 72; *Schulze-Fielitz*, in: Dreier (Hrsg.), Grundgesetz, Kommentar, Band I, 3. Aufl. Mohr Siebeck Tübingen 2013, Art. 2 II Rn. 38; *Murswiek*, in: Sachs (Hrsg.), Grundgesetz, Kommentar, 7. Aufl. C.H. Beck München 2014, Art. 2 Rn. 148.

[89] *Janda* (Fn. 44), S. 132; *Zuck*, in: Quaas/Zuck (Hrsg.), Medizinrecht, 3. Aufl. C.H. Beck München 2014, § 2 Rn. 34 ff.; *Hoyer*, in: Igl/Welti, Gesundheitsrecht, 2. Aufl. Vahlen München 2014, Rn. 1357.

[90] *Schwill* (Fn. 3), S. 305. Immerhin räumt BVerfGE 128, 282, 303 ein, dass es um den „Kern der Persönlichkeit" geht; dort im Kontext des natürlichen Willens bei nichteinwilligungsfähigen Personen.

## III. Die Probleme des informed consent

Es wurde gezeigt, wie sich im Selbstverständnis der Medizin und in der Dogmatik des Medizinrechts die Selbstbestimmung des Patienten als gleichsam unumstößliches Axiom entwickelt hat und wie sich als Ausprägung der Selbstbestimmung der *informed consent* als roter Faden durch alle Bereiche des Medizinrechts und der medizinischen Praxis zieht. Allerdings lassen sich Friktionen und Brüche des Konzeptes nicht übersehen, die auch über die Frage hinausgehen, inwieweit doch noch ein Anteil Fürsorge bei der Behandlungsentscheidung eine Rolle spielen darf. Drei Problemlagen sollen herausgegriffen und knapp skizziert werden.

### 1. Illusion der capacity

Eine wesentliche Bedingung für Autonomie wird im *Verstehen* gesehen. Der Patient muss hinreichend das eigene Tun und dessen Folgen verstanden haben.[91] Das ist ein durchaus gradueller Begriff. Das Verstehen ist nicht nur entweder erfüllt oder nicht erfüllt, sondern kann in mehr oder minder großem Maße vorliegen.[92] Die existentielle individuelle Betroffenheit des Patienten und dessen Vulnerabilität gestalten sich sehr unterschiedlich und entziehen sich daher einer generalisierenden oder typisierenden normativen Einordnung. Das hat zwangsläufig zur Folge, dass auch die Patientenautonomie nicht schlicht vorhanden ist oder gänzlich fehlt. Vielmehr gibt es ein stufenloses oder gestuftes Kontinuum, und ist Autonomie unterschiedlich stark vorhanden.[93]

Was bedeutet dieser Befund für das informed consent-Modell? Wie will man die Autonomie des Patienten in der Behandlungsentscheidung gewährleisten, wenn im einzelnen unklar ist, inwieweit das Verstehen reicht? Es ließen sich staatliche Vorkehrungspflichten denken, etwa richterliche Überprüfungen, wie sie im § 1904 Abs. 1 BGB vorgesehen sind. Danach bedarf der Eingriff bei einem Betreuten der betreuungsgerichtlichen Genehmigung, sollte die Gefahr eines schweren Gesundheitsschadens oder gar des Todes bestehen. Alternativ wäre zu überlegen, ob bei minderjährigen Kindern die Eltern immer mit einbezogen werden müssen und erst nach einem dialogischen Verfahren zwischen Eltern und Kind eine Entscheidung getroffen werden kann.[94] Freilich stellt sich dann die Frage, was noch von einer autonomen Entscheidung des Kindes bleibt, wenn Mutter und Vater im wahrsten Wortsinne paternalistisch mitentscheiden.[95]

---

[91] *Faden/Beauchamp*, A History and Theory of Informed Consent, Oxford University Press New York/Oxford, 1986, S. 248.

[92] *Faden/Beauchamp*, ibid., S. 238; *Beauchamp/Childress* (Fn. 14), S. 105; *Magnus* (Fn. 3), S. 89.

[93] *Magnus* (Fn. 13), IV; a.A. *Taupitz* (Fn. 3), S. 96.

[94] Kritisch *Taupitz* (Fn. 3), S. 97 ff. m. w. N.

[95] Die Frage stellt sich erst recht bei einer reinen stellvertretenden Entscheidung, s. *Rothärmel/Wolfslast/Fegert*, „Informed Consent, ein kinderfeindliches Konzept?", MedR 1999, 293, 296.

*Nebe* hat mit Blick auf Eltern-Kind-Beziehungen gezeigt, dass der Gesetzgeber für die Selbstbestimmungsfähigkeit in der Adoleszenzphase keine klare Linie hat finden können.[96] Es lassen sich überaus disparate Regelungen ausmachen – und diese auch nur fragmentarisch. In den neuen §§ 630a ff. BGB sind die Fragen des informed consent bei Minderjährigen völlig ausgespart.[97] In anderen Regelungskontexten, wie der Transplantation, der Gendiagnostik, der Sterilisation oder der klinischen Forschung genügt bei fehlender Einwilligungsfähigkeit des Kindes entweder die Einwilligung der Eltern, mal mit, mal ohne Vetomöglichkeit des Kindes, oder das einwilligungsfähige Kind kann allein entscheiden, benötigt aber auch manchmal die Zustimmung der Eltern. Offenbar spricht das Recht in bestimmten medizinischen Zusammenhängen dem an sich einwilligungsfähigen Minderjährigen doch nicht die capacity zu, nach Aufklärung selbstbestimmte Entscheidungen zu treffen.

Selbst beim einwilligungsfähigen Erwachsenen lässt sich die Frage stellen, ob es angesichts der technischen und sozialen Komplexität, in der Gesundheitsentscheidungen zu fällen sind, überhaupt ausreicht, mittels Aufklärung Information zu liefern. Aber selbst wenn wir es bei der Information belassen sollen, ist zweifelhaft, ob die Informationsvermittlung in der Praxis wirklich funktioniert. Auch das betrifft die Frage der capacity[98] oder des Verstehens. Denn nur wenige Patienten sind in der Lage, komplizierte medizinische Sachverhalte voll zu erfassen[99], oder auch überhaupt das entsprechende Bedürfnis dafür zu haben.[100] Möglicherweise bedarf es eines prozesshaften Vorgehens, bei dem Schritt für Schritt das Informationsverständnis aufgebaut wird.[101] Von den Behavioral Economics wissen wir, dass der Mensch sich durch begrenztes Eigeninteresse, begrenzte Rationalität und begrenzte Selbstkontrolle auszeichnet und aufgrund dieser dreifachen Limitierung dazu neigt, die eigene Prognosefähigkeit hinsichtlich der Folgen einer medizinischen Behandlung zu überschätzen.[102] Das bestätigt eine jüngst publizierte Studie, wonach mehr als 54% der Patienten Schwierigkeiten mit dem Umfang von Gesundheitsinformationen haben. 44,5% der Befragten haben Probleme, die Vor- und Nachteile verschiedener Therapien zu beurteilen.[103] Auf der anderen Seite sind

---

[96] *Nebe*, „Die elterliche Personensorge – Elterliche (Mit-)Entscheidungsbefugnis bei medizinischer Behandlung Minderjähriger?", in: Kohte/Absenger (Hrsg.), Festschrift Höland, Nomos Verlag Baden-Baden 2015, S. 685, 690 f.

[97] Zum gesetzgeberischen Handlungsbedarf im Hinblick auf die Einsichtsfähigkeit s. *Taupitz* (Fn. 3), 96.

[98] Capacity verstanden als persönliche Fähigkeit zur Autonomie, *Birnbacher* (Fn. 29), S. 107 f.

[99] *Buchner*, „Der Einsatz neuer medizinischer Behandlungsmethoden – ärztliche Aufklärung oder präventive Kontrolle?", VersR 2006, 1460, 1462.

[100] *Birnbacher* (Fn. 29), S. 109 f.

[101] *Steger* (Fn. 2), III.

[102] Vgl. *Kasiske*, „Behavioral Law and Economics und Strafrechtsdogmatik", in: Bock u. a. (Hrsg.), Strafrecht als interdisziplinäre Wissenschaft, Nomos Verlag Baden-Baden 2015, S. 75, 79 ff. im Kontext des Kapitalmarktrechts.

[103] s. *Schaeffer*, Factsheet „Gesundheitskompetenz in Deutschland" sowie *ders./Vogt/Berens/Messer/Hurrelmann*, „Health Literacy in Deutschland", in: Schaeffer/Pelikan (Hrsg.),

die Mediziner, die zur Aufklärung verpflichtet sind, nicht gleichermaßen zur patientengerechten Kommunikation befähigt. Manche behaupten zudem, dass auch das Verstehen der Ärzte etwa über mathematische Zusammenhänge bei gendiagnostischen Screening-Untersuchungen defizitär ist.[104] Das hat zwangsläufig zur Konsequenz, dass die Aufklärung nicht nur solche Handlungsoptionen aufzeigt, die empirische Evidenz aufweisen – wie es sein sollte.

Zwischenfazit: Ob die Grundbedingungen für den informed consent, ausreichendes Verstehen und hinreichende capacity, überhaupt und in welchem Maße angenommen werden dürfen oder nicht zu oft bloße Fiktion darstellen, ist überaus zweifelhaft.

## 2. Der dysfunktionale informed consent

Die oben skizzierte Rechtsprechung zum informed consent bleibt nicht ohne Folgen. Zunächst haftet der Arzt, wenn er die Anforderungen an die Aufklärung nicht hinreichend beachtet hat. Es mag auch sein, dass er sich einem Strafverfahren ausgesetzt sieht; denn ohne wirksame Aufklärung entfällt die Rechtfertigungswirkung einer Patienteneinwilligung, so dass eine strafbare Körperverletzung gem. § 223 StGB gegeben ist. Zwar mögen strafrechtliche Verurteilungen wegen Aufklärungsmängeln eher vereinzelt vorkommen.[105] Die Belastungen durch das Ermittlungsverfahren bleiben freilich immens.[106]

Die Rechtsprechung hat aber noch deutlich weitreichendere Folgen gezeitigt. Denn der Aufklärungsmangel fungiert mittlerweile als Platzhalter für nicht beweisbare Behandlungsfehler.[107] Da die Rechtsprechung dem Arzt bei der Aufklärung ein „insgesamt sehr strenge(s) Pflichtenprogramm"[108] abverlangt, wird in vielen zivilrechtlichen Haftungsprozessen das Ergebnis über eine Überdehnung der ärztlichen Aufklärungspflicht, gekoppelt mit hohen Anforderungen an die Dokumentation des Behandlungsverlaufes, gesucht und gefunden. Der eigentliche Behandlungsfehler, in alter Diktion der ärztliche Kunstfehler, tritt als kaum oder schwer nachweisbar völlig

---

Health Literacy: Forschungsstand und Perspektiven, Hogrefe Verlag Göttingen 2016 (im Erscheinen).

[104] *Gigerenzer*, Risiko. Wie man die richtigen Entscheidungen trifft, 3. Aufl. C. Bertelsmann München 2013, S. 214.

[105] *Lilie*, „Zur Verfahrenswirklichkeit des Arztstrafrechts", in: Rosenau/Hakeri (Hrsg.), Der medizinische Behandlungsfehler, Nomos Verlag Baden-Baden 2008, S. 191, 193 f.; *ders./Orben*, „Zur Verfahrenswirklichkeit des Arztstrafrechts", ZRP 2002, 154, 156.

[106] *Peters*, „Defensivmedizin durch Rechtsunsicherheit im Arztstrafverfahren?", MedR 2003, 219, 221.

[107] *Ulsenheimer* (Fn. 49), Rn. 302; *dslb.*, „Verletzung der ärztlichen Aufklärungspflicht", NStZ 1996, 132.

[108] *Katzenmeier*, „Aufklärung über neue medizinische Behandlungsmethoden – ‚Robodoc'", NJW 2006, 2738, 2741.

in den Hintergrund.[109] Die Verletzung der Aufklärungspflicht ist viel leichter beweisbar und ist weitgehend zum apokryphen Grund für vermutete, aber nicht beweisbare Behandlungsfehler geworden.[110] Zutreffend erscheint die Diagnose, die Rechtsprechung sei einer „Monokultur" der Aufklärung erlegen[111] und die Verletzung der Aufklärung zu einer Art Auffangtatbestand mutiert.[112]

Problematischer als derartige forensische Folgewirkungen des informed consent stellt sich die Reaktion der Ärzteschaft auf solche Mechanismen dar: Sie ist der damit eingeläutete unheilvolle Weg in eine Defensivmedizin.[113]

Holzschnittartig spricht man von defensiver Medizin oder auch haftungsvermeidender oder introvertierter Medizin, wenn der Arzt weniger seinem Gewissen und dem Wohl des Patienten als vielmehr dem Ratschlag seines Rechtsanwalts verpflichtet ist.[114] Das ist in dieser Pauschalität sicher nicht die Realität in deutschen Arztpraxen. Aber der Weg in die Defensivmedizin ist schon dann erreicht, wenn bei einer Therapie- und Diagnoseentscheidung forensische Kalküle einfließen, sei es, dass der Arzt eigene Erfahrungen mit Schadensersatzklagen oder Ermittlungsverfahren gemacht hat, sei es, dass er das juristische Risiko im Kollegenkreis gesehen hat und sich bemüßigt sieht, sich vor den straf- und haftungsrechtlichen Folgen seines Handelns abzusichern.

Einige Erscheinungsformen werden besonders oft beschrieben. Der Arzt hält sich mit risikoreicheren Formen der Behandlung zurück, so werden konservative Methoden trotz offensichtlicher Vorteile von chirurgischen Eingriffen dem operativen Vorgehen vorgezogen.[115] Die ärztliche Tätigkeit lebt dagegen auch von beherzten Entscheidungen, vom Wagnis zur Rettung der Gesundheit. Der übervorsichtige Arzt benachteiligt letztlich seinen Patienten. Ein weiteres signifikantes Beispiel ist eine Überdiagnostik, welche zum Teil neue Gefahren für den Patienten erzeugt, etwa mehrfache Röntgen-Thorax-Aufnahmen.[115]

---

[109] *Tröndle*, „Selbstbestimmungsrecht des Patienten – Wohltat und Pflege", MDR 1983, 881, 887.

[110] Der BGH spricht sogar vom Missbrauch des Aufklärungsrechts, BGHZ 90, 103, 112.

[111] *Schreiber*, „Strafrecht der Medizin", in: Canaris u. a. (Hrsg.), Festschrift 50 Jahre BGH, C.H. Beck München 2000, S. 503, 507; vgl. auch *Kifmann/Rosenau*, in: „Qualitätsstandards für medizinische Behandlungen", in: Möllers (Hrsg.), Standardisierung durch Markt und Recht, Nomos Verlag Baden-Baden 2008, S. 49, 62.

[112] *Quaas/Zuck* (Fn. 10), S. 266; die Begrifflichkeit verwendet für die österreichische Rechtslage auch *Höftberger*, „Österreichische Rechtsprechung und Arzthaftung", MedR 2000, 505.

[113] *Wachsmuth/Schreiber*, „Der unheilvolle Weg in die defensive Medizin", FAZ vom 3.10.1980, S. 10; ihnen folgend *Bushe*, „Novellierung des Arztstrafrechts? Handlungs- und Reformbedarf aus Sicht des Arztes", Zeitschrift für ärztliche Fortbildung und Qualitätssicherung 1998, 564, 566.

[114] Pointiert *Franzki*, in: Hammerstein/Schlungbaum (Hrsg.), Defensives Denken in der Medizin, Deutscher Ärzte-Verlag Köln 1991, S. 19, 20.

[115] *Jürgens*, Die Beschränkung der strafrechtlichen Haftung für ärztliche Behandlungsfehler, Peter Lang Verlag Frankfurt am Main 2005, S. 115.

## Informed consent – Illusion oder Realität im Medizinrecht?

Mit diesem realen Phänomen[117] stehen wir vor einem Paradox: Der informed consent hat den Patienten schützen sollen, schadet ihm aber nun. Jedenfalls die einer strengen Aufklärung verschriebene Rechtsprechung wirkt überaus dysfunktional.

Dass das alles auch zu dogmatischen Verrenkungen führt, ist gesundheitspolitisch sicher weniger relevant, für einen Juristen aber nicht weniger schmerzhaft. So hat die Rechtsprechung selbst erkannt, dass sie mit ihrer Aufklärungsrechtsprechung über das Ziel hinausgeschossen ist, und versucht gegenzusteuern. Im Zivilrecht funktioniert das gut mittels der richterrechtlichen Figur der *hypothetischen Einwilligung*. Kurz gesagt soll sich der Patient auf einen Aufklärungsmangel dann nicht berufen können, wenn er auch bei ordnungsgemäßer Aufklärung in den Eingriff eingewilligt und sich nicht in einem echten Entscheidungskonflikt befunden hätte, den er plausibel darzulegen hat.[118]

Das hat für das Strafrecht in gleicher Weise zu gelten. Das Strafrecht kann nicht einerseits die sehr strenge Praxis der Zivilsenate des BGH zum informed consent eins zu eins übernehmen,[119] andererseits aber das unbestreitbare Bedürfnis nach Haftungsreduktion ignorieren. Schon die Einheit der Rechtsordnung zwingt dazu.[120] Danach ist die Frage der Rechtswidrigkeit in einer Gesamtrechtsordnung einheitlich zu beantworten.[121] Dass mit der Übernahme der hypothetischen Einwilligung in das Strafrecht dogmatische Schwierigkeiten verbunden sind, weil im Strafrecht anders als im Zivilrecht eine Verantwortungszuweisung über die Neuverteilung von Beweislasten nicht möglich ist und hier Zurechnungsüberlegungen auf Ebene der Rechtfertigung bislang unbekannt waren, hindert die Anerkennung der hypothetischen Einwilligung im Strafrecht gegen die herrschende Lehre nicht. Es kann nicht sein, dass der Arzt zivilrechtlich von einer Haftung freigestellt wird, aber im Anschluss bestraft werden soll.[122] Von den dogmatischen Schwierigkeiten könnten wir nur befreit werden, wenn sich das informed consent-Modell modifizieren ließe.[123]

---

[116] *Hershey*, „The Defensive Practice of Medicine – Myth or Reality?", Milbank Memorial Fund quarterly 50 (1972), 69, 72 f.

[117] *Laufs*, in: Laufs/Katzenmeier/Lipp (Fn. 48), S. 18; *Ulsenheimer* (Fn. 49), Rn. 8 ff.; vgl. *Deutsch/Spickhoff* (Fn. 44), Rn. 666; *Katzenmeier*, Arzthaftung, 2002, S. 38 f.; *Tag* (Fn. 60), S. 195; ähnlich *Lindemann* (Fn. 76), S. 169. S. dazu die empirische Studie in Pennsylvania: *Studdert et al.*, „Defensive Medicine Among High-Risk Specialist Physicians in a Volatile Malpractice Environment", JAMA 293 (2005), 2609 ff.; zur unbefriedigenden empirischen Situation in Deutschland *Peters*, „Defensivmedizin durch Boom der Arztstrafverfahren?", MedR 2002, 227, 231.

[118] BGHZ 90, 103, 111 f.; *Taupitz* (Fn. 44), S. 498 f.

[119] *Schreiber* (Fn. 111), S. 513; *Kraatz* (Fn. 34), 3.

[120] *Rosenau*, „Die hypothetische Einwilligung im Strafrecht", in: Bloy u.a. (Hrsg.), Festschrift Maiwald, Duncker & Humblot Berlin 2010, S. 683, 698.

[121] HK-GS/*Duttge*, 4. Aufl. Nomos Verlag Baden-Baden 2016, Vor §§ 32 ff., Rn. 4; BGHSt 11, 241, 244; OLG Köln, NStZ 1986, 225, 226.

[122] *Sternberg-Lieben*, „Anm. zu BGH, Urt. vom 5.7.2007 – 4 StR 549/06", StV 2008, 192 f.

[123] *Beulke*, „Die hypothetische Einwilligung im Arztstrafrecht – Eine Zwischenbilanz", medstra 2015, 67, 72 f. u. 76.

Dann wäre die Figur der hypothetischen Aufklärung über einen veränderten Aufklärungsmaßstab nicht mehr nötig. Solange ein solcher strafrechtsspezifischer Aufklärungsmaßstab aber nicht in Sicht ist und lediglich angemahnt wird,[124] erscheint die Kritik an der hypothetischen Einwilligung im Strafrecht reichlich wohlfeil.

### 3. Der überforderte informed consent

In der Humangenetik spielt der informed consent eine besondere Rolle. Das hängt damit zusammen, dass der Gesetzgeber systematisch vom *genetischen Exzeptionalismus* ausgeht[125] – ungeachtet der heftigen Debatte um diesen Ansatz[126] – und deshalb gerade die genetischen Daten in besonderer Weise als schutzbedürftig einstuft. Ergebnisse der genetischen Diagnostik können schwerwiegende individuelle wie familiäre psychosoziale Auswirkungen haben, wobei die Tragweite durch den Umstand verstärkt wird, dass die Erkenntnisse aus genetischen Tests noch durchaus beschränkt und die Folgerungen daraus mit vielen Unwägbarkeiten versehen sind,[127] teilweise Therapieoptionen noch gar nicht bestehen.[128] Ein entsprechend hoher Stellenwert kommt dem Schutz der informationellen Selbstbestimmung zu. Die ärztliche Aufklärung wird konsequenterweise in § 9 GenDG sehr detailliert gesetzlich festgelegt. § 9 Abs. 1 GenDG formu-

---

[124] *Duttge*, „Die „hypothetische Einwilligung" als Strafausschließungsgrund", in: Hoyer u. a. (Hrsg.), Festschrift Schroeder, C.F. Müller Heidelberg 2006, S. 179, 195; *Gaede*, Limitiert akzessorisches Medizinstrafrecht statt hypothetischer Einwilligung, C.F. Müller Heidelberg 2014, S. 46 ff.; *Saliger*, „Alternativen zur hypothetischen Einwilligung im Strafrecht", in: Fahl u. a. (Hrsg.), Festschrift Beulke, C.F. Müller Heidelberg 2015, S. 257, 269 f.; *Sowada*, „Die hypothetische Einwilligung im Strafrecht", NStZ 2012, 1, 10; *Eisele*, „Rechtfertigung kraft hypothetischer Einwilligung", in Derschka u. a. (Hrsg.), Festschrift Strätz 2009, S. 163, 181; *Rönnau*, „Grundwissen: Hypothetische Einwilligung", JuS 2014, 882, 885; *Otto/Albrecht*, „Die Bedeutung der hypothetischen Einwilligung für den ärztlichen Heileingriff", JURA 2010, 264, 270 f.; *Swoboda*, „Die hypothetische Einwilligung – Prototyp einer neuen Zurechnungslehre im Bereich der Rechtfertigung?", ZIS 2013, 18, 30 f.; ähnlich *Zabel*, „Die Einwilligung als Bezugspunkt wechselseitiger Risikoverantwortung", GA 2015, 219, 235; *Tag*, „Richterliche Rechtsfortbildung im Allgemeinen Teil am Beispiel der hypothetischen Einwilligung", ZStW 127 (2015), 523, 544 f.

[125] BTDrs. 16/10532, S. 16.

[126] *Cremer*, Berücksichtigung prädiktiver Gesundheitsinformationen bei Abschluss privater Versicherungsverträge, Nomos Verlag Baden-Baden 2010, S. 42 ff.; *Damm*, „Personalisierte Medizin und Patientenrechte – Medizinische Optionen und medizinrechtliche Bewertung", in: Niederlag u. a. (Hrsg.), Personalisierte Medizin, 2010, S. 370, 385 f.; *ders./König*, „Rechtliche Regulierung prädiktiver Gesundheitsinformation und genetischer „Exzeptionalismus"", MedR 2008, 62 ff.; *Heyers*, „Prädiktive Gesundheitsinformation – Persönlichkeitsrechte und Drittinteressen", MedR 2009, 507, 508; *Lipp*, in: Laufs/Katzenmeier/Lipp (Fn. 48), S. 300.

[127] *Samerski* (Fn. 4), 573 ff. weist zutreffend darauf hin, dass es vornehmlich um statistisch begründete Risiken geht, denen sich der Einzelne ausgesetzt sieht.

[128] *Quante*, „Ethische Probleme mit dem Konzept der informierten Zustimmung im Kontext humangenetischer Beratung und Diagnostik", in: Petermann u. a. (Hrsg,), Perspektiven der Humangenetik, Ferdinand Schöningh Verlag Paderborn u. a. 1997, S. 209, 218.

liert den uns mittlerweile geläufigen Umfang, wonach über Wesen, Bedeutung und Tragweite der Untersuchung aufzuklären ist. Das wird in § 9 Abs. 2 GenDG dahin präzisiert, dass über Zweck, Art, Umfang und Aussagekraft der genetischen Untersuchung einschließlich der erzielbaren Ergebnisse zu informieren ist. Darüber hinaus sieht das Gesetz in § 10 Abs. 2 GenDG eine einzigartige Verschärfung vor. Geht es um eine prädiktive genetische Untersuchung, wird das Aufklärungsprogramm noch zusätzlich um ein Beratungspaket ergänzt, welches dann Teil der Behandlung selbst wird. Das Gesetz statuiert eine gesetzliche Beratungspflicht. Eine solche Beratung obliegt einem besonders qualifizierten Arzt, insbesondere einem Facharzt für Humangenetik.

Die aktuellen Entwicklungen in der Humangenetik konterkarieren freilich das gesetzgeberische Progamm des verschärften informed consent. Sie werden unter dem Namen *next generation sequencing* (NGS) zusammengefasst. Den neuartigen genanalytischen Verfahren ist gemeinsam, dass sie eine sehr große Anzahl von DNA-Molekülen parallel sequenzieren.[129] Die Kapazität der Geräte ist ausreichend, um ausgehend von einer normalen Blutprobe alle kodierenden Bereiche eines individuellen Genoms in *einem* Ansatz zu untersuchen. Die Erzeugung der Rohdaten benötigt weniger als zwei Wochen, die Analyse der Daten hingegen kann je nach Fragestellung ein Vielfaches davon erfordern.

Diese Verfahren haben eine technische Zuverlässigkeit erreicht, die ihre Anwendung in der Diagnostik von erblichen Erkrankungen und Dispositionen ermöglicht.[130] Gleichzeitig sind die Kosten auf ein Niveau gefallen, das in der Patientenversorgung vertretbar erscheint.

Beim next generation sequencing ist die medizinische Fragestellung weit gefasst. Aufklärung und Beratung sind aber umso weniger präzise umzusetzen, je weiter die Fragestellung geht. Das GenDG ist von der klassischen Situation ausgegangen, dass aufgrund einer klinischen Verdachtsdiagnose nur eines oder allenfalls wenige Gene gezielt analysiert werden müssen. Nach derzeitigem Verständnis des informed consent muss für jedes zu untersuchende Gen die Einwilligung des Patienten eingeholt werden. Man schätzt, dass man im Schnitt auf 400 Genmutationen bei jedem Patienten kommt, ohne dass heute schon klar wäre, welche von den nachgewiesenen Mutationen tatsächlich eine krankheitsverursachende Bedeutung haben.[131] Eine Aufklärung für jedes Gen und für jede mögliche Mutation ist faktisch schlicht unmöglich. Das Konzept des informed consent gerät in der modernen Medizin an seine Grenzen, seine Schutzfunktion bleibt begrenzt.[132] Der informed consent erscheint überfordert.

---

[129] Gendiagnostik-Kommission (Hrsg.), Erster Tätigkeitsbericht der Gendiagnostik-Kommission, Robert Koch-Institut 2013, S. 32 ff., auch zum Folgenden.

[130] Gendiagnostik-Kommission (Hrsg.), Zweiter Tätigkeitsbericht der Gendiagnostik-Kommission, Robert Koch-Institut 2016, S. 39.

[131] *Rudnik-Schöneborn*, „Grenzen der Selbstbestimmung im Zeitalter genomischer Untersuchungen", in: Lindner (Hrsg.), SELBST- oder bestimmt? – Illusion oder Realität des Medizinrechts, Nomos Verlag Baden-Baden 2016 (im Erscheinen), I.2. m. w. N.

## IV. Fazit

Wie lautet nun der Befund? Vom Blickwinkel der Patientenautonomie her betrachtet besteht der Verdacht, dass die capacity mehr oder weniger Illusion ist. Der informed consent findet nicht sicher die intellektuellen Voraussetzungen, auf denen er fußt. Nehmen wir den Blickwinkel der Gesellschaft ein, welche eine funktionierende und leistungsfähige Gesundheitsversorgung anstrebt, sehen wir die Dysfunktionalität des informed consent (Stichwort: Defensivmedizin). Der Blick der verpflichteten Ärzteschaft schließlich muss erkennen, dass der informed consent an der Flut an aufklärungsbedürftigen Sachverhalten der Zukunftsmedizin wie der Humangenetik oder der individuellen Medizin scheitern kann.

Was folgt aus alledem? Mögliche Folgerungen aus diesem Befund finden sich bislang nur andeutungsweise. In der Rechtsprechung macht sich durchaus ein gewisses Unbehagen mit der derzeitigen Doktrin bemerkbar. So formuliert der 4. Strafsenat, man dürfe nicht unbesehen die Haftungsprinzipien des Zivilrechts zur Bestimmung der strafrechtlichen Verantwortung heranziehen.[133] Allerdings hilft ein eigenständiger, vom Zivilrecht losgelöster Maßstab nur partiell. Er könnte die Probleme der hypothetischen Einwilligung obsolet machen, weil diese dann nicht mehr im Strafrecht nötig erscheint. Aber die weiteren Probleme des informed consent werden so nicht aus der Welt geschafft.

Ein Ausweg dürfte sein, nach einem vernünftigen Maßstab für den Umfang ärztlicher Aufklärungspflichten zu suchen.[134] Dieser Maßstab könnte in die Richtung gehen, dass der Patient *in genereller Weise* über die Natur des beabsichtigten Eingriffs informiert wird, so die Queen's Bench Division.[135] Zu klären wäre, auf welches Niveau sich die Aufklärung absenken ließe, ohne dass die Patientenautonomie zur leeren Hülse mutiert. Der 4. Strafsenat erwägt eine *Grundaufklärung* über den Eingriff und dessen erhebliche Risiken.[136] Eine solche Basisaufklärung würde dem einzelnen Patienten auch das Verstehen leichter machen, der sich von der heutigen Informationsflut oft überfordert zeigt. Unlängst hat Bundesgesundheitsminister *Gröhe* ein „Recht auf Verständlichkeit" gefordert,[137] das müsste in die hier vorge-

---

[132] Projektgruppe EURAT, „Ethische und Rechtliche Aspekte der Totalsequenzierung des menschlichen Genoms", Eckpunkte für eine Heidelberger Praxis der Ganzgenomseqenzierung, 2. Aufl. Heidelberg 2015, S. 71.

[133] BGHSt 37, 106, 115 (Ledersprayurteil).

[134] *Jerouschek*, „Körperverletzung durch Gammastrahlenbehandlung – BGHSt 43, 30", JuS 1999, 746, 749.

[135] Division des High Court of Justice of England and Wales in London. Vgl. Chatterton v. Gerson [1981] Q.B. 432, 442.

[136] BGH, MedR 1996, 22, 25; *Schenk*, Die medizinische Grundaufklärung, Springer Heidelberg/Berlin 2015; so auch *Wiesner*, Die hypothetische Einwilligung im Medizinstrafrecht, Nomos Verlag Baden-Baden 2010, S. 145; *Otto/Albrecht*, (Fn. 124), 270; *Sternberg-Lieben*, „Strafrechtliche Behandlung ärztlicher Aufklärungsfehler", in: Fahl u. a. (Hrsg.), Festschrift Beulke, C.F. Müller Heidelberg 2015, S. 299, 311.

[137] SZ vom 14.5.2016, S. 6.

schlagene Richtung gehen. Und schließlich weist auch die Diskussion in der Humandiagnostik in diese Richtung, wo erste Überlegungen auf eine generalisierte Aufklärung und damit verbunden einen *broad consent* statt des *informed consent* abstellen.[138] Andere schlagen einen *tiered consent* vor, ein gestuftes Verfahren der Einwilligung innerhalb eines gestalteten Kommunikationsprozesses. Die Patienten werden erst gar nicht aufgeklärt, sondern erhalten stattdessen mehrfach die Möglichkeit, sich zu informieren. Das Problem wird dadurch indes nicht gelöst.

Die oben favorisierte verfassungsrechtliche Einordnung der Aufklärung in das Allgemeine Persönlichkeitsrecht erleichtert es, mit einem reduzierten Aufklärungsmaß zu operieren.[139] Denn da wir die Aufklärung vom Körperbezug trennen und damit von der Einwilligung entkoppeln, muss die Einwilligung nur den üblichen Voraussetzungen entsprechen, die wir auch sonst anlegen, also (lediglich) frei von rechtsgutsbezogenen Irrtümern sein.[140] Der Patient muss generell wissen, auf was er sich einlässt, und eine ärztliche Eigenmacht muss ausgeschlossen sein. Ist das erfüllt, scheidet eine Körperverletzung aus, so dass an den so verstandenen consent geringere Anforderungen gestellt werden dürfen.

Wenn wir uns nochmals der überkommenen Rechtsprechung zur Aufklärung zuwenden, finden wir dort sogar einen Anknüpfungspunkt für ein dermaßen reduziertes Aufklärungsprogramm. Denn es ist zunächst nur verlangt worden, dass der Patient „in großen Zügen"[141] oder im Großen und Ganzen informiert ist,[142] er also in groben Umrissen weiß, worauf er sich einlässt.[143] Dieses Maß hat sich beim weiteren Ausbuchstabieren der Aufklärungspflichten aber verflüchtigt. Die Rechtsprechung ist dabei insbesondere bei der Risikoaufklärung nicht stehengeblieben. Wir brauchen stattdessen eine rückläufige Tendenz. Solch eine Lösung hätte auch der überaus sensible Thomas Mann verkraften können.

Eine durchgreifende Lösung ist noch nicht in Sicht. Die Fragen, die das informed consent-Modell aufwirft, sind zu vielfältig und komplex, als dass dieser griffigen Formel einfache Antworten gegenübergestellt werden könnten. Es ist angesichts der allgegenwärtigen Unsicherheiten im Grundsätzlichen und Speziellen notwendig, die scheinbare Sicherheit unseres aktuellen rechtsdogmatischen Verständnisses von Selbstbestimmung und vom informed consent im Spannungsverhältnis von Theorie und Praxis nicht nur differenziert, sondern vor allem auch unorthodox zu betrachten. Das kann dazu führen, dass das Grundprinzip des informed consent rechtlich völlig neu zu konturieren sein wird.

---

[138] *Sheehan*, „Can broad consent be informed consent?", Public Health Ethics 2011, 1, 8.
[139] *Schwill* (Fn. 3), S. 308.
[140] *Sternberg-Lieben* (Fn. 136), S. 310; allgemein dazu etwa *Wessels/Beulke/Satzger* Strafrecht Allgemeiner Teil, 45. Aufl. C.F. Müller Heidelberg 2015, Rn. 559; *Kaspar*, Strafrecht Allgemeiner Teil, Nomos Verlag Baden-Baden 2015, Rn. 362.
[141] BGHZ 29, 46, 53.
[142] BGH, NJW 1972, 335, 336; 1981, 1319, 1320; 1986, 780; OLG Oldenburg, NJW 1997, 1642.
[143] BGHZ 29, 176, 181; 90, 103, 106; 106, 391, 399; BGH NJW 1995, 2410, 2411.

## Summary

The principle of informed consent can be described as the basis for every medical treatment and is one of the major principles in medical law. Its basis can be found in the concept of biomedical ethics by Beauchamp and Childress and the concept of shared decision-making. In German medical law informed consent was developed by civil and criminal courts by defining the scope of information, which the physician has to give to the patient in order that the patient can lawfully consent to the medical treatment. Lately, the concept of informed consent was codified in the German Civil Code (Bürgerliches Gesetzbuch). The author then classifies the informed consent in civil, criminal and public law and pleads that it has its roots in the general right of personality ["Allgemeines Persönlichkeitsrecht"] derived from Art. 2 Para. 1, Art. 1 Para. 1 of the German Basic Law (Grundgesetz). Thereafter, the problems of the concept of informed consent in medical law are pointed out: Firstly, capacity is an illusion, as patients are not capable of really understanding medical information as behavioral economics show. Moreover, capacity is not a Boolean expression that either is existing or not, rather is it a continuum so that there is a graded understanding of the patient according to his or her individual capability. Secondly, informed consent is dysfunctional. Contrary to its original purpose – the protection of the patient – it leads to defensive decisions to minimize the risk of liability by choosing the ways of treatment with the least risk for the patient regardless of the poorer outcome over a riskier treatment with better outcome. Thirdly, informed consent is overstrained: In some fields, e. g. in the field of human genetics, the classically understood informed consent cannot be given as the necessary information cannot be made available. The whole genome sequenzing simply has too many different varieties and possible outcomes and therefore the physician is not able to inform the patient of all of them. The author concludes, that informed consent is more of an illusion than reality. Alternative concepts might be a concept of broad consent or tiered consent. A solution has not yet been developed – a general legal reconstruction of informed consent seems to be necessary.

# Entkopplung von Menschenwürde und Lebensrecht?
## Zur Kritik eines verfassungsrechtlichen Dogmas

Markus Rothhaar

### I. Die Entkopplung von Menschenwürde und Lebensrecht in der Verfassungsrechtsdogmatik

Kaum ein anderes Thema der medizin- und bioethischen Kontroversen unserer Tage zeigt so deutlich den Unterschied zwischen juristischem und philosophischem Verständnis der Menschenwürdegarantie wie die Frage nach dem Verhältnis von Menschenwürde und Lebensrecht. Vor allem in öffentlichen Diskursen zur Bioethik wird der Begriff der „Menschenwürde" häufig geradezu als Synonym für das Recht auf Leben und körperliche Unversehrtheit benutzt. So wurden etwa die Debatten um den Schwangerschaftsabbruch und die verbrauchende Embryonenforschung, bei denen es faktisch um das Lebensrecht ungeborener menschlicher Lebewesen geht, ganz selbstverständlich als Debatten um die Frage geführt, ob diesen Wesen Menschenwürde zukomme oder nicht. Diese Engführung von Menschenwürde und Lebensrecht findet sich allerdings nicht alleine in öffentlichen Debatten, sondern vielfach auch in den einschlägigen philosophischen Diskursen[1]. Dort wird oft ein intrinsischer Zusammenhang zwischen beiden Begriffen in dem Sinn gesehen, dass denjenigen Lebewesen, denen Menschenwürde zukomme, auch ein striktes, unabwägbares und unantastbares Recht auf Leben zukomme – d. h. ein Recht auf Leben, das allenfalls in der Situation der Notwehr bzw. Nothilfe nicht aufgehoben sei, ansonsten aber immer und in jedem Fall gelte. Entsprechende Überlegungen finden sich etwa bei Robert Spaemann[2], oder auch bei Gregor

---

[1] Von dieser ansonsten verbreiteten Engführung weichen neuerdings einige Ansätze ab, die die Menschenwürdegarantie im Anschluss an Avishai Margalit als ein Recht auf Nicht-Demütigung verstehen wollen, so insbesondere Ralf Stoecker (vgl. *Stoecker,* Ralf, „Menschenwürde und das Paradox der Entwürdigung", in: Stoecker, Ralf (Hrsg.): Menschenwürde – Annäherung an einen Begriff, Wien: öbv, 2003, S. 133–151) und Arnd Pollmann (vgl. *Pollmann,* Arnd: „Würde nach Maß", in: Deutsche Zeitschrift für Philosophie 4/2005, S. 611–619). Für eine fundierte Kritik dieser Auffassung vgl. *Horn,* Christoph, „Lässt sich Menschenwürde in Begriffen von Selbstachtung und Demütigung verstehen?", in: Bornmüller, Falk/Hoffmann, Thomas/Pollmann, Arnd (Hrsg.): Menschenrechte und Demokratie. Festschrift für Georg Lohmann, Freiburg/München: Alber, S. 101–118.

[2] Vgl. etwa *Spaemann,* Robert, „Über den Begriff der Menschenwürde", in: Ernst-Wolfgang Böckenförde/Robert Spaemann (Hrsg.): Menschenrechte und Menschenwürde. Historische Voraussetzungen – säkulare Gestalt – christliches Verständnis. Stuttgart: Klett-Cotta, 1987, S. 295–313.

Damschen und Dieter Schönecker, die im Vorwort ihres Sammelbandes zum Status menschlicher Embryonen die Rolle des Menschenwürdebegriffs in der Debatte lapidar mit den Worten beschreiben: „[...] Mit Menschenwürde ist zunächst nur gemeint, dass menschliche Embryonen nicht getötet werden dürfen."[3] Die Unantastbarkeit des Lebensrechts gilt nach einer weit verbreiteten Auffassung, die sich auch im philosophischen Diskurs wiederfindet, mithin als eine direkte Implikation der Unantastbarkeit der Menschenwürde.

Demgegenüber vertritt ein beträchtlicher Teil der deutschen Juristen und mit ihnen die sogenannte „herrschende Meinung" der Verfassungsrechtsdogmatik eine Auffassung, die man mit Fug und Recht als geradezu diametral entgegengesetzt bezeichnen könnte. So schreibt etwa Werner Heun:

> „Die beiden auch in unterschiedlichen Normen verankerten Grundrechte müssen entkoppelt werden. Schon die systematische Überlegung, dass Art. 2, Abs. 2, Satz 1 GG unter einfachem Gesetzesvorbehalt steht, beweist, dass zwischen unantastbarer Menschenwürde und einschränkbarem Lebensrecht ein gravierender Unterschied besteht, der eine untrennbare Verknüpfung geradezu verbietet. Beides sind selbständige, unabhängig voneinander bestehende Grundrechte."[4]

In einem ganz ähnlichen Sinn führt der Verfassungsrechtler Wolfram Höfling aus:

> „Die Menschenwürde ist unantastbar, in das Schutzgut ‚Leben' kann aufgrund des Gesetzesvorbehalts des Art. 2 II 3 GG durchaus eingegriffen werden. [...] Ein Eingriff in das Schutzgut ‚Leben' indiziert deshalb keineswegs [...] eine Menschenwürdeverletzung."[5]

Das Verständnis der Menschenwürdegarantie, das in diesen beiden – durchaus repräsentativ zu nennenden – Zitaten zu Tage tritt, ist offenkundig durch zwei zentrale Annahmen charakterisiert: Zum einen durch die Annahme, es handele sich bei Menschenwürde und Lebensrecht um strikt voneinander zu unterscheidende Rechtsgarantien, die unter Umständen sogar in einen Gegensatz zueinander geraten können. Zum anderen durch die Annahme, dass lediglich die Menschenwürdegarantie als „unantastbar" und „unabwägbar" gelte, keineswegs aber das Recht auf Leben – was nicht zuletzt die logische Implikation hätte, dass die vorsätzliche Tötung unschuldiger Menschen jedenfalls durch die Menschenwürdegarantie nicht ausgeschlossen wäre.

Es lässt sich leicht sehen, dass eine solche Rechtsdogmatik, wenn sie denn richtig wäre, vielfältige Auswirkungen auf die rechtliche Regelung bioethischer Fragen

---

[3] *Damschen*, Gregor / *Schönecker*, Dieter, „Argumente und Probleme in der Embryonendebatte – ein Überblick", in Damschen, Gregor / Schönecker, Dieter (Hrsg.): Der moralische Status menschlicher Embryonen. Berlin / New York: De Gruyter, 2003, S. 1.

[4] *Heun*, Werner, „Humangenetik und Menschenwürde. Beginn und Absolutheit des Menschenwürdeschutzes", in: Bahr, Petra / Heinig, Hans Michael (Hrsg.): Menschenwürde in der säkularen Verfassungsordnung. Tübingen: Mohr-Siebeck, 2003, S. 197 – 211; hier S. 199.

[5] *Höfling*, Wolfram, „Kommentar zu Art. 1 GG", in: Sachs, Michael (Hrsg.): Grundgesetz. Kommentar, München: C.H. Beck, 2008[5], S. 126.

hätte. So findet sich etwa in der Literatur seit einigen Jahren der Versuch, die offensichtlichen Inkonsistenzen in den Urteilen des Bundesverfassungsgerichts zum Schwangerschaftsabbruch durch einen Rückgriff auf die vermeintliche Getrenntheit von Menschenwürde und Lebensrecht weg zu erklären. So wird beispielsweise argumentiert, dass die Erlaubnis des straffreien Schwangerschaftsabbruchs „nur" gegen das vermeintlich abwägbare und antastbare Recht auf Leben verstoße, nicht aber gegen die Menschenwürde der Föten[6]. Oder es wird sogar gleich die Auffassung vertreten, ungeborenen menschlichen Lebewesen käme zwar Menschenwürde zu, keineswegs aber ein Recht auf Leben[7]. Umgekehrt hat etwa die ehemalige Bundesministerin der Justiz, Brigitte Zypries, 2003 in einem Vortrag zur Präimplantationsdiagnostik an der Humboldt-Universität ausgeführt, menschlichen Embryonen komme vor der Nidation zwar ein Recht auf Leben zu, jedoch keine Menschenwürde, weshalb das Recht auf Leben denn auch ohne weiteres zugunsten des Interesses genetischer „Hochrisikopaare", ein nichtbehindertes, eigenes Kind zu bekommen, verletzt werden dürfe.[8] Angesichts derartiger Sophismen, die ihre Interessengeleitetheit kaum verbergen können, erscheint es umso dringlicher, die Doktrin der Getrenntheit von Menschenwürde und Lebensrecht, ohne die sie nicht denkbar wären, auf den rechtsphilosophischen Prüfstand zu stellen.

Das Ziel der folgenden Ausführungen ist es mithin zu zeigen, dass diejenigen im Recht sind, die *gegen* die „herrschende Meinung" an einem engen Zusammenhang zwischen Menschenwürde und Lebensrecht festhalten und daher auch davon ausgehen, dass die Unantastbarkeit der Menschenwürde unmittelbar die Unantastbarkeit des Rechts auf Leben und körperliche Unversehrtheit nach sich zieht. Dementsprechend werden die hier angestellten Überlegungen zwei Teile haben: Einen ersten Teil, in dem gezeigt werden soll, dass die Doktrin der Getrenntheit von Menschenwürde und Menschenrechten einer kritischen Prüfung aus rechtsphilosophischer Perspektive nicht standhält. Im zweiten Teil soll dann eine Theorie der Menschenwürde skizziert werden, die den engen Zusammenhang zwischen Menschenwürde und fundamentalen Menschenrechten wie dem Lebensrecht rechtsphilosophisch zu explizieren vermag.

---

[6] Eine solche Position vertreten mit jeweils unterschiedlichen Akzenten z. B. *Sacksofsky, Ute,* „Präimplantationsdiagnostik und Grundgesetz", in: Kritische Justiz 2003, S. 274–292 und *Braun, Kathrin,* Menschenwürde und Biomedizin. Zum philosophischen Diskurs der Bioethik. Frankfurt am Main: Campus, 2000, S. 80.

[7] Eine solche Postion erwägt beispielsweise die Enquete-Kommission „Recht und Ethik der modernen Medizin" des Deutschen Bundestages in *Enquete-Kommission „Recht und Ethik der modernen Medizin" des Deutschen Bundestages*: Teilbericht Stammzellforschung, Bundestags-Drucksache 14/7546, Berlin, 2001, S. 31).

[8] Veröffentlicht als *Zypries, Brigitte,* „Vom Zeugen zum Erzeugen. Verfassungsrechtliche und rechtspolitische Fragen der Bioethik", in DIE ZEIT 45/2003.

## II. Kritik der spezifisch-rechtlichen Menschenwürdekonzeption

Unterzieht man die oben zitierten Aussagen von Heun und Höfling, die hier repräsentativ für die kritisierte Position stehen mögen, genauer, so fällt zunächst auf, dass die Menschenwürdegarantie des Art. 1 GG darin nicht als das Prinzip oder der Geltungsgrund der Menschenrechte verstanden wird, sondern als ein eigenständiges Grundrecht *neben* den weiteren Grundrechten. Das geschieht innerhalb der gängigen Verfassungsrechtsdogmatik genauer dadurch, dass der Menschenwürdegarantie eigenständige Verletzungstatbestände oder Tatbestandsaspekte zugesprochen werden, die nicht in denjenigen der weiteren Grundrechte aufgehen, etwa den Tatbestand der „Instrumentalisierung" [9] oder denjenigen der „Erniedrigung"[10]. Zum zweiten enthalten die zitierten Passagen die Auffassung, dass alleine dieses behauptete „Menschenwürde-Grundrecht" unantastbar und unabwägbar sei, während *alle* weiteren Menschenrechte, einschließlich so fundamentaler wie das des Lebensrechts, abwägbar und „antastbar" seien.[11] Die beiden genannten Elemente – also die Menschenwürde als eigenständiges Recht neben den anderen und die Unantastbarkeit *nur* dieses vermeintlichen Rechts bei gleichzeitiger „Antastbarkeit" aller anderen – zusammengenommen bilden dasjenige, was man eine „spezifisch-rechtliche" Auslegung der Menschenwürdegarantie nennen könnte.

Es ist nun offensichtlich, dass die Entkopplung von Menschenwürde und Lebensrecht eine direkte Folge der spezifisch-rechtlichen Auslegung ist oder doch zumindest nur in ihrem Rahmen überhaupt denkbar. Denn wenn es sich beim Menschenwürdegrundsatz um ein spezifisches, gewissermaßen „zusätzliches" Grund- bzw. Menschenrecht handelt, das neben den anderen steht und dessen Verletzungstatbestände von denjenigen der einzelnen Menschenrechte unterscheidbar sind – und sei es nur, indem sie ihnen einen bestimmten Aspekt wie den der „Instrumentali-

---

[9] Den Gedanken, dass der „Instrumentalisierungscharakter" dasjenige Merkmal darstelle, das aus einer (noch) nicht würderelevanten Menschen- oder Grundrechtsverletzung eine Menschenwürdeverletzung mache, geht bekanntlich auf Günter Dürig zurück (vgl. *Dürig,* Günter, „Kommentar zu Art. 1 GG", in: Maunz, Theodor/Dürig, Günter u. a.: Grundgesetz. Kommentar (Stand 1958), München: C.H. Beck, 1958, Rn. 1–58, S. 1–26). Dürigs Ausführungen beruhen allerdings auf dem schon beinahe grotesken Missverständnis, Kants „Menschheitsformel" des Kategorischen Imperativs spreche eine spezielle Pflicht neben anderen aus. Tatsächlich bringen aber natürlich alle Formulierungen des Kategorischen Imperativs in unterschiedlicher Form das Prinzip der Pflichten zum Ausdruck und nicht eine spezielle Pflicht. Des Weiteren ignoriert Dürig vollständig Kants subtile Differenzierung zwischen Rechtspflichten und moralischen Pflichten.

[10] So etwa *Hörnle,* Tatjana, „Menschenwürde als Freiheit von Demütigungen", in: Zeitschrift für Rechtsphilosophie 2008, S. 41–61.

[11] Das impliziert dann, nebenbei bemerkt, natürlich auch, dass das vermeinte „Menschenwürderecht" in einem Konfliktfall jedes andere Menschenrecht ausstechen würde, dass also in Berufung auf die Menschenwürde jedes konkrete Grund- bzw. Menschenrecht ausgehebelt werden kann. Zusammen mit der weitgehenden inhaltlichen Unbestimmtheit der juristischen Menschenwürdegarantie stellt alleine dies ein in rechtsphilosophischer Hinsicht nicht zu unterschätzendes Problem dar.

sierung" hinzufügen –, dann muss dieses vermeinte „Menschenwürderecht" auch vom Recht auf Leben verschieden sein, dessen Tatbestände ja auf vorsätzliche Tötungshandlungen abzielen. Die Kritik der Entkopplung von Menschenwürde und Lebensrecht muss daher grundsätzlich als eine Kritik der spezifisch-rechtlichen Auslegung durchgeführt werden. Ich habe eine solche Kritik in ihrer allgemeinen Form, d.h. betreffend das Verhältnis von Menschenwürde und Menschenrechten im Allgemeinen, an anderer Stelle ausführlicher entfaltet[12] und werde mich daher im folgenden auf die speziellen Fragen des Verhältnisses von Menschenwürde und Lebensrecht konzentrieren.

Zuvor soll allerdings kurz noch die mögliche Gegenposition skizziert werden. Der spezifisch-rechtlichen Auslegung gegenüber steht eine – eher, aber nicht nur in philosophischen Diskursen verbreitete – Auffassung, nach der die Menschenwürde nicht mehr, aber auch nicht weniger als das Prinzip und/oder den Geltungsgrund der Menschenrechte bildet. Die Menschenwürde wird nach dieser Auffassung subjektivrechtlich dadurch geschützt, dass die einzelnen Menschenrechte geschützt werden[13]. Nach dieser Auslegung wäre jede Verletzung eines Menschenrechts zugleich ein Verstoß gegen die Menschenwürdegarantie und es gäbe keine Menschenrechtsverletzung, die nicht immer schon und zugleich dem Menschenwürdegrundsatz widerspräche. Diese Auffassung der Menschenwürdegarantie könnte man insofern auch als die „prinzipialistische" Auslegung des Menschenwürdegrundsatzes bezeichnen.

Der entscheidende Unterschied zwischen beiden Konzeptionen lässt sich etwa am Beispiel der Folter verdeutlichen. Beide Konzeptionen wären sich einig in der Einschätzung, dass die Folter einen Verstoß gegen den Menschenwürdegrundsatz darstellt. Die „prinzipialistische" Interpretation wäre dieser Auffassung aber deshalb, weil die Folter eines derjenigen Menschenrechte verletzt, in denen die Menschenwürde sich als Prinzip konkretisiert, nämlich gegen das Recht auf Leben und körperlich-seelische Integrität. Demgegenüber würde die „spezifisch-rechtliche" These zu ihrer Einschätzung dadurch gelangen, dass sie in der Folter die Verletzung eines spezifischen „Rechts auf Menschenwürde" sähe, zu dessen speziellen Verletzungstatbeständen üblicherweise unter anderem die Folter gezählt wird. Das hat dann allerdings gravierende Konsequenzen für die Bewertung derjenigen Verletzungen des Rechts auf Leben und Unversehrtheit, die nicht zu den üblichen Verletzungstatbeständen dieses vermeintlichen „speziellen Menschenwürderechts" gezählt werden. Während im Rahmen der prinzipialistischen These *alle* Verletzungen des Rechts auf Leben und Unversehrtheit als Verstöße gegen den Menschenwürdegrundsatz gelten – also nicht nur Folter, sondern z.B. auch Ver-

---

[12] Vgl. *Rothhaar,* Markus, Die Menschenwürde als Prinzip des Rechts: Eine rechtsphilosophische Rekonstruktion, Tübingen: Mohr-Siebeck 2015, S. 80–92.

[13] Christoph Enders charakterisiert die Kernaussage dieser Position lapidar mit den Worten: „Der Schutz der Menschenwürde wird subjektiv-rechtlich durch die Grundrechte gewährleistet." (*Enders,* Christoph, Die Menschenwürde in der Verfassungsordnung. Zur Dogmatik des Art. 1 GG, Tübingen: Mohr-Siebeck, 1999, S. 503 f.).

gewaltigung, Mord, Körperverletzung – gelten der „spezifisch-rechtlichen" These nur *einige* Verletzungen dieses Rechts als Verstöße gegen die Menschenwürde. Die prinzipialistische These fasst den Umfang der Verstöße gegen den Menschenwürdegrundsatz mithin viel weiter als die spezifisch-rechtliche These.

Wenden wir uns nun der Frage zu, für welche der beiden Auslegungen die besseren Argumente sprechen, so lässt sich zunächst feststellen, dass schon das Grundgesetz selbst offenkundig die „prinzipialistische" These vertritt:

„Art. 1, (1) Die Würde des Menschen ist unantastbar. Sie zu achten und zu schützen ist Verpflichtung aller staatlichen Gewalt.

(2) Das Deutsche Volk bekennt sich *darum* zu unverletzlichen und unveräußerlichen Menschenrechten als Grundlage jeder menschlichen Gemeinschaft, des Friedens und der Gerechtigkeit in der Welt."

Das „darum" in Abs. (2) des Art. 1 GG ist entscheidend, da es den Fundierungs- und Prinzipiierungscharakter der Menschenwürde für die Menschenrechte mit kaum bestreitbarer Deutlichkeit benennt: *Weil* die Würde des Menschen unantastbar ist und *weil* sie zu achten und zu schützen ist, *deshalb* bekennt das deutsche Volk sich zu unverletzlichen und unveräußerlichen Menschenrechten. Diese Aussage kann eigentlich sinnvollerweise gar nicht anders ausgelegt werden als dahingehend, dass die Menschenwürde etwas ist, das zum einen der Grund der Menschenrechte ist und dessen Schutz und Achtung zum anderen *durch* ebendiese Menschenrechte erfolgt. Die Berufung auf Autoritäten wie den Text des Grundgesetzes – oder auch auf Kant, dessen Menschenwürdebegriff ebenfalls eindeutig „prinzipialistisch" ist – ersetzt freilich keine rechtsphilosophische Argumentation; der Philosoph ist natürlich gefordert, seine Position auch ohne Rückgriff auf solche Autoritäten begründen zu können.

Dafür ist es nötig, das Argument näher zu untersuchen, mit dem die Entkopplung von Seiten der „herrschenden Meinung" üblicherweise begründet wird. Auch dieses Argument wird in den oben zitierten Ausführungen von Heun und Höfling klar ausgesprochen: es liegt in dem Umstand, dass das Recht auf Leben und körperliche Unversehrtheit als „einschränkbar" gilt, während die Menschenwürde laut Art. 1 GG mit dem Prädikat der „Unantastbarkeit" versehen ist. Wenn von zwei Rechten oder Rechtsgütern einander widersprechende Prädikate ausgesagt werden, so das implizite Argument weiter, so kann es sich nicht um dasselbe Recht oder Rechtsgut handeln. Menschenwürde und Lebensrecht müssen also verschiedene Rechte sein und die spezifisch-rechtliche These wäre erwiesen. Wie man anhand dieser Rekonstruktion des Arguments allerdings schon leicht sehen kann, handelt es sich schlicht um einen Zirkelschluss. Denn wenn man unter der Menschenwürdegarantie nicht *von vorneherein* ein „spezielles Recht" verstehen würde, das auf derselben normenlogischen Ebene angesiedelt ist wie die Menschenrechte, sondern das auf einer ganz anderen Ebene angesiedelte „Prinzip" aller Menschenrechte, dann wäre es überhaupt nicht widersprüchlich zu sagen: Der Grund der Menschenrechte ist in der Tat „unantastbar" – einfach weil überhaupt nur konkrete Rechte eingeschränkt werden können, aber nicht dasjenige, was ihren Grund ausmacht –, einzelne *von der Menschenwürde begründete* Rechte können aber durchaus eingeschränkt werden. Nur wenn man also schon die Voraussetzung gemacht hat, bei der Menschenwürdegarantie handele es sich um eine spezifische Rechtsgarantie, kann man überhaupt zu der, dann allerdings vielleicht nicht mehr ganz so erstaunlichen, Schlussfolgerung kommen, bei der Menschenwürdegarantie handele es sich um eine spezifische Rechtsgarantie neben den weiteren Grund- bzw. Menschenrechten.

Ein zweiter Einwand ergibt sich, wenn wir nachfragen, welches denn die Einschränkungen des Rechts auf Leben und körperliche Unversehrtheit sind, die nach der „herrschenden Meinung" zulässig sein und die damit eine Getrenntheit von Menschenwürde und Lebensrecht begründen sollen. Bei der Behandlung dieser Frage ist zunächst zu beachten, dass dafür das Recht auf Leben und Unversehrtheit natürlich nach der Seite betrachtet werden muss, nach der ein Recht überhaupt nur „unverletzlich" sein kann, nämlich nach seiner abwehrrechtlichen Seite. Ein Anspruchsrecht kann, wie unmittelbar einleuchtend ist, ohnehin niemals „unverletzlich" oder „unabwägbar" sein. So vertritt selbst die herrschende „spezifisch-rechtliche" Meinung die Auffassung, dass das von ihr angenommene „Menschenwürderecht" nur in seiner abwehrrechtlichen Hinsicht unantastbar sei, nicht aber in seiner anspruchsrechtlichen Seite[14]. Insofern hinsichtlich der anspruchsrechtlichen Seite mithin nach Auskunft der „spezifisch-rechtlichen" Auslegung selbst kein Unterschied zwischen Lebensrecht und vermeintlichem „Menschenwürderecht" bestehen soll, konzentriert sich die Problematik auf die abwehrrechtliche Seite.

Hinsichtlich der abwehrrechtlichen Seite scheint die „spezifisch-rechtliche" Auslegung nun aber ein durchaus starkes Argument auf ihrer Seite zu haben. Denn selbst wenn man vom Lebensrecht „nur" als Abwehrrecht, d. h. als unbedingtem Anspruch, nicht vorsätzlich getötet zu werden, ausgeht, so scheint dieses Recht keineswegs so unbedingt zu sein, wie es für eine Engführung von Menschenwürdegarantie und Lebensrecht erforderlich wäre. In Notwehr- bzw. Nothilfekonstellationen nämlich scheint selbst das rein *abwehrrechtlich* verstandene Lebensrecht als „aufhebbar" und „antastbar", nicht jedoch die Menschenwürde. Das Argument der Notwehr lässt sich allerdings ohne weiteres widerlegen. Es beruht letztlich auf einem gravierenden Missverständnis des Notwehr- bzw. Nothilferechts: einem Missverständnis, das in der merkwürdigen Annahme besteht, die Abwehr eines rechtswidrigen Angriffs, und sei es, dass sie in Form der Tötung des Angreifers erfolge, verletze ein Recht auf der Seite des rechtswidrigen Angreifers. Ihren Ursprung hat diese Annahme in einem eigentlich nur heuristisch gemeinten Prüfschema, das wir in der Strafrechtsdogmatik vorfinden.[15] Dieses Prüfschema geht von dem sogenannten

---

[14] So in der Debatte um die sogenannten „Rettungsfolter". Vgl. dazu etwa *von Bernstorff*, Jochen, „Pflichtenkollision und Menschenwürdegarantie. Zum Vorrang staatlicher Achtungspflichten im Normbereich von Art. 1 GG", in: Der Staat 2008, S. 21–40.

[15] Vgl. z. B. *Wessels*, Johannes/*Beulke*, Werner, Strafrecht. Allgemeiner Teil. Die Straftat und ihr Aufbau, Heidelberg: Verlagsgruppe Hüthig-Jehle-Rehm, 2011[41], S. 329 f. Auf die wei-

"dreistufigen Verbrechensaufbau" aus. Danach liegt ein strafwürdiges Verbrechen erst dann vor, wenn eine Handlung „tatbestandsmäßig, rechtswidrig und schuldhaft" ist, wobei die drei Begriffe aufeinander aufbauen und einen jeweils kleineren Umfang besitzen. Im Fall beispielsweise einer Tötung in Notwehr wäre nach diesem Prüfschema zwar der Tatbestand des Totschlags realisiert, es handelte sich aber nicht um ein Verbrechen, weil die Notwehr einen Rechtfertigungsgrund für die Körperverletzung darstellt. Während dieses Prüfschema nun als ein rein heuristisches Prüfschema, das dem Strafrechtler die Rechtsanwendung erleichtern soll, sinnvoll ist, wird es teilweise bereits in der Strafrechtsdogmatik selbst, fast durchgängig dann aber in der Grundrechtsdogmatik, gerade nicht mehr als ein bloß heuristisches Prüfschema begriffen und behandelt, sondern substantialistisch missverstanden. Auch eine Körperverletzung oder Tötung, die in Notwehr erfolgt, gilt gemäß diesem substantialistischen Missverständnis dann bereits als eine Verletzung der Rechte desjenigen, gegen den der Angegriffene sich zur Wehr setzt. Sie gilt lediglich als „nicht rechtswidrig", da der Umstand des Angriffs als ein Rechtfertigungsgrund verstanden wird, der als solcher die vermeintlich vorliegende Verletzung der Rechte des Angreifers *logisch nachträglich* rechtfertigt. Diese Auffassung ist aber offenkundig widersprüchlich. Wie Kant ganz richtig herausgearbeitet hat, ergibt sich das Notwehrrecht einfach daraus, dass der rechtswidrige Angriff – wie der Name schon sagt – die Rechte des Angegriffenen und damit die „Idee des Rechts" selbst verletzt. Sucht man die rechtsphilosophische Grundlage des Notwehrrechts auf, so wird man mithin auf die Theorie der für alles Recht konstitutiven „Befugnis zu zwingen" verwiesen, wie sie Kant in der Rechtslehre in unübertroffener Klarheit formuliert hat. Kant führt dort aus, dass die Befugnis, die Einhaltung von Rechten gewaltsam zu erzwingen, sich bei Zugrundelegung der Rechtsidee notwendig aus dem Satz vom Widerspruch und mithin analytisch ergibt:

> „Der Widerstand, der dem Hindernisse einer Wirkung entgegengesetzt wird, ist eine Beförderung dieser Wirkung und stimmt mit ihr zusammen. Nun ist alles, was unrecht ist, ein Hinderniß der Freiheit nach allgemeinen Gesetzen: der Zwang aber ist ein Hinderniß oder Widerstand, der der Freiheit geschieht. Folglich: wenn ein gewisser Gebrauch der Freiheit selbst ein Hinderniß der Freiheit nach allgemeinen Gesetzen (d. i. unrecht) ist, so ist der Zwang, der diesem entgegengesetzt wird, als Verhinderung eines Hindernisses der Freiheit mit der Freiheit nach allgemeinen Gesetzen zusammen stimmend, d. i. recht: mithin ist mit dem Rechte zugleich eine Befugniß, den, der ihm Abbruch thut, zu zwingen, nach dem Satze des Widerspruchs verknüpft."[16]

Wenn das richtig ist: wenn sich also die Legitimität der Notwehrhandlung daraus ergibt, dass mit jedem Recht rein analytisch die Befugnis verbunden ist, einen

---

teren Differenzierungen dieses Schemas, wie etwa den Unterschied zwischen objektiver und subjektiver Komponente der Tatbestandsmäßigkeit, muss an dieser Stelle nicht eingegangen werden, da sie für die hier diskutierte Problematik nicht relevant sind.

[16] *Kant,* Immanuel, Metaphysik der Sitten. Rechtslehre, in: Königlich Preußischen Akademie der Wissenschaft (Hrsg.): Kants gesammelte Schriften, Band VI, Berlin: Akademie-Verlag, 1900 ff., S. 231.

Angriff auf dieses Recht mit Zwangsmaßnahmen abzuwehren, dann könnte eine Notwehrhandlung nur dann überhaupt die Verletzung eines Rechtes des rechtswidrigen Angreifers sein, wenn der Angreifer ein Recht gehabt hätte, die Rechte seines Opfers zu verletzen. Eine solche Annahme wäre aber gänzlich unsinnig, liefe sie doch auf die abwegige Behauptung hinaus, es gebe so etwas wie ein „Recht auf die rechtswidrige Verletzung der Rechte eines anderen" oder kurz: „ein Recht auf Rechtswidrigkeit". Wird also das heuristisch ganz sinnvolle strafrechtliche Prüfschema in der Weise substantialistisch missverstanden, dass behauptet wird, die Notwehrhandlung stelle eine Rechtsverletzung dar, die dann erst normativitätslogisch nachträglich durch die Notwehrlage gerechtfertigt sei, so ergibt sich ein logischer Widerspruch, aufgrund dessen diese Konstruktion sich selbst destruiert. Dieser Widerspruch kann nur vermieden werden, wenn man davon ausgeht, dass die Notwehr überhaupt keine Verletzung irgendeines Rechts darstellt, da sie eine Form der Zwangsbefugnis zur Erzwingung der Einhaltung negativer Rechtspflichten darstellt. Die Erzwingung der Einhaltung einer Rechtspflicht ist aber aufgrund ihres analytischen Zusammenhangs mit dem Innehaben eines Rechts selbst immer rechtmäßig. Was aber rechtmäßig ist, verletzt per Definition kein Recht. Eine Notwehr- oder Nothilfehandlung *kann* daher a priori nie den Charakter einer Verletzung eines Rechts des rechtswidrigen Angreifers besitzen. Dementsprechend stellt auch eine Tötung in Notwehr oder Nothilfe *von vorneherein* gar keine Verletzung des Rechts auf Leben und körperliche Unversehrtheit des Angreifers dar, denn das würde ja die logisch widersinnige Annahme voraussetzen, der Angreifer hätte ein „Recht auf rechtswidriges Handeln" gehabt. Wenn das aber richtig ist, wenn also die Tötung in Notwehr das Lebensrecht des rechtswidrigen Angreifers gar nicht verletzt oder einschränkt, dann bricht das einzige Argument in sich zusammen, das die „herrschende Meinung" für eine Trennung von Menschenwürde und Lebensrecht bzw. für die gesamt „spezifisch-rechtliche" Auslegung der Menschenwürde überhaupt vorzubringen vermag. Das Argument, auf dem sie beruht, hat sich im strikten Sinn als selbstwidersprüchlich erwiesen.

### III. Menschenwürde, Anerkennung und Lebensrecht

Mit dieser Widerlegung des Hauptarguments für eine spezifisch-rechtliche Auslegung der Menschenwürdegarantie ist nun allerdings weder bereits die Richtigkeit der prinzipialistischen Lesart erwiesen, noch ist schon klar, in welchem Verhältnis Menschenwürde und Menschenrechte nach dieser Lesart genau zueinander stehen. Insbesondere wird eine solche Theorie Auskunft darüber geben müssen, wie im Rahmen der prinzipialistischen Deutung der Menschenwürde es um die Frage nach der Abwägbarkeit und Unabwägbarkeit von Rechten bzw. Rechtspflichten bestellt ist. Immerhin muss man der „spezifisch-rechtlichen" Auslegung zu Gute halten, dass sie sich bemüht, eine Antwort auf diese Frage zu formulieren. Wird die unzureichende Antwort der „spezifisch-rechtlichen" These verworfen, so ergibt sich an den Kritiker die Forderung nach einer alternativen und besseren Antwort auf diese Frage.

Die Relevanz dessen wird deutlich, wenn man die „spezifisch-rechtliche" Auslegung der Menschenwürdegarantie noch einmal aus einem etwas anderen Blickwinkel betrachtet: Wie schon weiter oben bemerkt, besteht diese Auslegung nicht alleine in der These, dass es sich bei der Menschenwürdegarantie um ein spezielles Recht neben den dann „weiteren" Grund- und Menschenrechten handele, sondern vor allem auch darin, dass dieses vermeinte „Menschenwürderecht" das einzige Grund- bzw. Menschenrecht sei, das unabwägbar und unantastbar ist, während alle anderen Rechte quasi beliebig einschränkbar und gegeneinander abwägbar seien. Diese „Hintergrundtheorie" der Abwägbarkeit aller Grund- und Menschenrechte gegeneinander, mit Ausnahme der Menschenwürde, prägt ganz entscheidend das derzeitige deutsche Verfassungsrechtsdenken. Das Abwägungsparadigma wiederum ist charakteristisch für dasjenige Normativitätsmodell, das man üblicherweise „konsequenzialistisch" oder sogar „utilitaristisch" nennt. Im zeitgenössischen deutschen Verfassungsrechtsdenken schlägt es sich derart nieder, dass unter „Grundrechten" letztlich etwas verstanden wird, das dem Träger dieser Rechte Ansprüche auf Güter garantiert. Bei einer vermeintlichen „Kollision" von Rechten soll eine Entscheidung folglich getroffen werden, indem die von den Rechten jeweils geschützten *Güter* oder *Werte* gegeneinander abgewogen werden.

Eine solche konsequenzialistisch-utilitaristische Ausdeutung des Verfassungsrechts ist aber, wie ich anderer Stelle gezeigt habe, mit der deontologischen Grundstruktur des Rechts und der Rechtsidee unvereinbar.[17] Das Recht überhaupt, vor allem aber die grundlegenden Menschenrechte, sind insofern gerade dasjenige, was die konsequenzialistische Güterabwägung beschränkt, nicht aber etwas, das sich aus Güterabwägungen ergibt. Grundlegende Rechte lassen sich konsequenzialistisch nicht begründen, ja nicht einmal denken. Wenn von der „herrschenden Meinung" daher die Grundrechte selbst wiederum auf diejenigen Güter reduziert werden, die durch die Grundrechte geschützt werden, und die so verstandenen Rechte damit der Abwägung preisgegeben werden, dann wird das gesamte System der Grundrechte in einer Weise konsequenzialistisch überformt, die dem Begriff des Rechts als solchem, ebenso wie dem der subjektiven *Rechte* gerade entgegensteht. Jürgen Habermas hat dieses konsequenzialistische Selbstmissverständnis des deutschen Verfassungsrechts bereits vor über 20 Jahren in seinem rechtsphilosophischen Hauptwerk „Faktizität und Geltung" scharf kritisiert – leider ohne dass dies im juristischen Diskurs wirklich zur Kenntnis genommen worden wäre. Habermas führte richtig aus, Güter, Werte und politische Ziele seien zwar:

> „Gesichtspunkte, unter denen Argumente im Fall von Normenkollisionen in einen juristischen Diskurs eingeführt werden können; aber diese Argumente ‚zählen' nur soviel wie die Rechtsprinzipien, in deren Licht sich solche Ziele und Güter ihrerseits rechtfertigen lassen. Letztlich sind es nur Rechte, die im Argumentationsspiel stechen dürfen.

---

[17] Vgl. *Rothhaar*, Markus, „Die Akteursrelativität als Meta-Norm des Rechtsstaats". In: Byrd, B. Sharon / Hruschka, Joachim / Joerden, Jan C. (Hrsg.): Das Rechtsstaatsprinzip / The Rule of Law Principle, Jahrbuch für Recht und Ethik / Annual Review of Law and Ethics Band 21, Berlin: Duncker & Humblot, 2013, S. 219–236.

Diese Schwelle wird durch die kontraintuitive Gleichsetzung von Rechten mit Gütern, Zielen und Werten eingeebnet. [...] Sobald hingegen Grundrechte in ihrem deontologischen Sinn ernstgenommen werden, bleiben sie einer solchen Kosten-Nutzen-Analyse entzogen."[18]

Den dadurch entstehenden Widerspruch zwischen der deontologischen Grundstruktur des Rechts und der konsequenzialistisch-utilitaristischen Missdeutung des Systems der Grundrechte versucht die deutsche Verfassungsrechtsdogmatik nun offensichtlich mithilfe des Begriffs der Menschenwürde zu entschärfen. Mittels der „spezifisch-rechtlichen" Auslegung des Menschenwürdebegriffs soll die konsequenzialistische Grundrechts-Konzeption der „herrschenden Meinung" offenbar wieder mit dem deontologischen Grundcharakter des Rechts vermittelt werden. Indem die Menschenwürdegarantie als ein „unabwägbares Spezialrecht" verstanden wird, soll sie genau als jener Notanker fungieren, der ein bereits utilitaristisch missverstandenes Verfassungsrecht vor dem *völligen* Abgleiten in den Utilitarismus bewahren soll. Diese Funktion kommt ihr aber eben nur zu, weil die „herrschende Meinung" das Verfassungsrecht *insgesamt* schon utilitaristisch missverstanden hat. Diese Konstellation hat zur Folge, dass das Verfassungsrecht gleichsam in zwei voneinander getrennte Sphären aufgespalten wird: in eine deontologische Sphäre auf der einen Seite, in der es aber nur noch die Menschenwürdegarantie und sonst nichts mehr gibt, und in eine konsequenzialistisch-utilitaristische Sphäre, die von der beliebigen Abwägbarkeit und Einschränkbarkeit aller vermeintlich „weiteren" Grund- bzw. Menschenrechte gekennzeichnet ist. Neben das konsequenzialistisch missverstandene System der Grundrechte tritt so ein strikt deontologisch konzipiertes, spezifisch-rechtlich verstandenes „Menschenwürderecht", dem dann aber nur ein minimales Anwendungsfeld zugestanden wird. Mit dieser dualistischen Aufspaltung des Rechts in einen großen konsequenzialistischen und einen nur kleinen deontologischen Bereich wird es dann aber für die Verfassungsrechtsdogmatik praktisch unmöglich, überhaupt noch den Fundierungszusammenhang zwischen Menschenwürde und Menschenrechten zu begreifen, der doch immerhin von Art. 1 des Grundgesetzes selbst explizit behauptet wird. Stattdessen soll der deontologische Charakter, der eigentlich das Recht überhaupt kennzeichnen müsste, alleine dem obersten Verfassungsgrundsatz vorbehalten bleiben, während das restliche Recht konsequenzialistisch reinterpretiert und angewandt wird. Auf diese Weise kommt dann auch unvermeidlich die Funktion der Menschenwürde als reflexives Prinzip, Geltungsgrund und Horizont der Menschenrechte aus dem Blick; sie wird gleichsam zu einem Element innerhalb des Horizonts der Menschenrechte, anstatt als dieser Horizont selbst begriffen zu werden.

Wie kann ein Verständnis der Menschenwürde als des Prinzips und Geltungsgrundes der Menschenrechte aber aussehen und auf welcher philosophischen Grundlage kann es stehen? Eine rechtsphilosophische Rekonstruktion der Menschenwürde in diesem Sinn müsste nach Auffassung des Verfassers an demjenigen

---

[18] *Habermas*, Jürgen, Faktizität und Geltung. Beiträge zur Diskurstheorie des Rechts und des demokratischen Rechtsstaats. Frankfurt a. M.: Suhrkamp, 1992, S. 316.

Modell der Normativität ansetzen, das üblicherweise mit dem Begriff der „Anerkennungstheorie" bezeichnet wird. Kennzeichnend für diesen Theorietypus ist, dass er bereits die Konstitution von individuellem Selbstbewusstsein als wesentlich intersubjektiven Prozess denkt, um dann auf der Basis der wechselseitigen Bedingtheit der individuellen Subjektgenese rechtliche und soziale Normen zu begründen.[19]

Erstmals in aller Klarheit entwickelt wurde eine solche Theorie von Johann Gottlieb Fichte, der sich dabei wiederum unmittelbar auf Kants Praktische Philosophie bezogen hat. Als individuelles und endliches Ich kann sich ein Wesen, das wesentlich Bewusstsein seiner selbst ist, so Fichte, nur erfahren, indem es sich als freies erfährt. Um sich als frei erfahren zu können, bedarf es aber nach Fichtes transzendentalphilosophischer Analyse des Begriffs eines „endlichen Ich" einer Aufforderung zur Freiheit durch ein anderes freies, selbstbewusstes Ich. Da es den Rahmen des vorliegenden Beitrags sprengen würde, den Gedankengang Fichtes im Detail nachzuzeichnen, sei an dieser Stelle lediglich eine grob verkürzende Skizze gegeben[20]. Demnach besteht der Grund dafür, dass die endliche Subjektivität zu ihrer Genese einer Aufforderung zur Freiheit durch ein anderes Subjekt bedarf, letztlich darin, dass das endliche Subjekt nicht zugleich *als Subjekt* praktisch frei sein und seine eigene Freiheit *als Objekt* theoretisch denken kann. Es muss daher zunächst durch ein *anderes* Subjekt als frei gedacht oder „entworfen" werden – nichts anderes meint der Begriff der „Aufforderung" –, um sich als frei erfahren zu können, ohne die eigene Freiheit sofort durch eine Objektivierung seiner selbst zu vernichten. Da eine „Aufforderung zur Freiheit" aber auf Seiten der auffordernden Instanz eine freiwillige Rücknahme der eigenen Freiheit voraussetzt, kann die Aufforderung nur ihrerseits von einem freien Subjekt ausgesprochen worden sein. Damit ist sich das jeweilige Subjekt im Moment der Konstitution seiner selbst *als* Subjekt daher immer schon zugleich der Existenz anderer individueller Subjekte bewusst: anderer Subjekte, die es einerseits als von ihm unterschieden erfährt, die es andererseits aber auch insofern als gleiche betrachten muss, als sie ebenfalls ihrer selbst bewusst und frei sind. Das Bewusstsein der eigenen Freiheit und Subjekthaftigkeit ist für Fichte daher gleichursprünglich immer auch das Bewusstsein der Freiheit und Subjekthaftigkeit der anderen.[21]

Aus der reflexiven Einsicht in diese Konstellation ergibt sich für jedes Subjekt eine Pflicht zur Beschränkung der je eigenen Freiheit zum Zweck einer Ermöglichung der Freiheit aller individuellen Subjekte. Indem diese Pflicht für alle In-

---

[19] Für einen nicht nur philosophiegeschichtlichen, sondern auch systematischen Überblick vgl. *Wildt,* Andreas: Autonomie und Anerkennung. Hegels Moralitätskritik im Lichte seiner Fichte-Rezeption, Stuttgart: Klett-Cotta, 1982.

[20] Vgl. zum folgenden *Fichte,* Johann Gottlieb, Grundlage des Naturrechts nach Principien der Wissenschaftslehre, Teil 1, in ders.: Gesamtausgabe der Bayerischen Akademie der Wissenschaften, Band I/3, hrsg. v. Reinhard Lauth und Hans Jacob, Stuttgart-Bad Cannstatt: fromann-holzboog, 1966, S. 329–348.

[21] Vgl. *Fichte,* ebd., S. 347.

dividuen in gleicher Weise gilt, resultiert das Rechtsprinzip in der Formulierung Fichtes, dem gemäß *jedes* Subjekt dazu verpflichtet ist, die Freiheit der *anderen* Subjekte durch eine Beschränkung der eigenen Freiheit zu ermöglichen. Da jede Freiheitseinschränkung nur der Ermöglichung von Freiheit dient, ergibt sich daraus im Umkehrschluss nicht zuletzt, dass die Freiheit jedes der beteiligten Subjekte nur genau in dem Maß eingeschränkt werden darf, das zur Ermöglichung eines Maximums an gleicher Freiheit für alle Subjekte erforderlich ist. Das Anerkennungsprinzip impliziert daher, dass jedes Subjekt notwendigerweise sich selbst und jedem anderen Subjekt einen Anspruch auf die unbedingte Respektierung derjenigen eingeschränkten Freiheitssphäre zuerkennt, die mit der Ermöglichung gleicher Freiheit für alle Subjekte vereinbar ist. Dementsprechend sind die endlichen Subjekte gefordert, ihre Beziehungen untereinander in die Form des Rechts zu bringen, d.h. in ein System praktischer Regeln, das so gestaltet ist, dass es jedem Rechtssubjekt eine gleiche Sphäre von im Hinblick auf die Freiheitssphären aller anderen Rechtssubjekte eingeschränkter Freiheit zuerkennt. Eine andere Person als Rechtssubjekt anerkennen bedeutet demnach, sie als ein Wesen anzuerkennen, das von jedem anderen Rechtssubjekt beanspruchen kann, ihm eine exklusive Sphäre der Ausübung seiner Freiheit zuzugestehen: eine Sphäre also, von der es die Freiheitsausübung jedes anderen Subjekts legitimerweise ausschließen darf. Noch Hegel legt diesen Gedanken Fichtes praktisch unverändert dem „Abstrakten Recht" zugrunde, wenn er als dessen Prinzip benennt: „Sei eine Person und respektiere die anderen als Personen."[22]

Das bedeutet nicht zuletzt, dass nicht Güter der Gegenstand von Rechten sind, sondern die Unverfügbarkeit der je eigenen legitimen Freiheitssphäre jedes Subjekts für alle anderen Subjekte. Diese Unverfügbarkeit ist der eigentliche normative Gehalt der Anerkennungsbeziehung. Es ist unschwer zu erkennen, dass genau diese Konstellation der wechselseitigen Anerkennung von endlichen Subjekten als Träger grundlegender Menschenrechte dasjenige „Prinzip der Menschenrechte" ist, die die meisten modernen Verfassungen so auch das deutsche Grundgesetz – mit dem Begriff der „Menschenwürde" umschreiben. Auch geistesgeschichtlich lässt sich dieser Zusammenhang leicht aufweisen, entwickelt Fichte in seiner anerkennungstheoretischen Grundlegung des Rechts doch offenkundig dasjenige weiter, was Kant in seiner Rechtslehre die „Rechtsidee" nannte. Von dieser „Rechtsidee" gilt wiederum, dass sie bei Kant „lediglich" ausformuliert, was der Grundsatz der in der Autonomie vernünftiger Subjekte verankerten Menschenwürde für den Bereich des Rechts bedeutet.

Der Kernbestand der abgegrenzten und endlichen Freiheitssphäre jedes einzelnen Subjekts besteht nun, folgt man Fichtes Überlegungen bis an diese Stelle, in der Unverfügbarkeit der je eigenen Leiblichkeit für den Zugriff durch andere Subjekte. Fichte selbst spricht in diesem Zusammenhang bereits von einem „Ur-

---

[22] *Hegel,* Georg Wilhelm Friedrich, Grundlinien der Philosophie des Rechts oder Naturrecht und Staatswissenschaft im Grundrisse, in ders.: Werke in 20 Bänden, Band 7, hg. von Eva Moldenhauer und Karl Markus Michel, Frankfurt a.M. 1986, S. 95.

recht", das allen weiteren Rechten zugrunde liege. Es weist zwei Momente auf: nämlich das „Recht auf die Fortdauer der absoluten Freiheit und Unantastbarkeit des Leibes"[23] und das „Recht auf die Fortdauer unseres freien Einflusses in die gesammte Sinnenwelt".[24] In dieser doppelten Ausformung als Recht auf Leben und körperliche Unversehrtheit einerseits und als Recht auf eine je eigene Sphäre der Handlungsfreiheit andererseits stellt das „Urrecht" mithin die erste und vorrangige Konkretion des Anerkennungs- und folglich des Menschenwürdeprinzips dar. Das „Urrecht" nämlich kann anders als manche andere Rechte nicht aufgehoben oder einschränkt werden, ohne dass dadurch das Anerkennungsprinzip selbst negiert würde. Der anerkennungstheoretische rekonstruierte Menschenwürdegrundsatz erweist sich somit als etwas, das einerseits den Grund und das Prinzip *aller* Rechte bildet, das aber zugleich auch der Grund dafür ist, dass derjenige Kernbestand von Menschenrechten, der durch das „Urrecht" umschrieben ist, jeder Einschränkbarkeit und jeglichem konsequenzialistischen Abwägungskalkül entzogen ist. Und damit sind wiederum genau die beiden Funktionen rechtsphilosophisch eingeholt, die dem Menschenwürdegrundsatz in der deutschen Verfassungsrechtsdogmatik zukommen: Prinzip der Menschenrechte zu sein und zugleich die Grenze der Abwägbarkeit von Menschenrechten gegeneinander anzugeben.

Innerhalb des vom „Urrecht" umschriebenen Kernbestands von Rechten sind dann auch all die „Kollisionen" und „Konflikte", die die „herrschende Meinung" im Bereich der Grund- und Menschenrechte oft meint identifizieren zu können, gar nicht möglich. So ist, wie gesehen, das Recht auf körperliche Unversehrtheit nach seiner primären Hinsicht kein Anspruch auf ein Gut namens „körperliche Unversehrtheit", sondern der Anspruch darauf, alle anderen Personen kategorisch von jeder Verfügung über meinen Leib auszuschließen. Dass ein derartiger Anspruch einer Person auf ausschließende Verfügung über ein Gut mit einem Anspruch einer anderen Person auf ausschließende Verfügung über ein anderes Gut kollidieren oder in Widerstreit geraten könnte, ist logisch unmöglich. Wenn beispielsweise jede beliebige Person A einen Anspruch hat, jede andere Person von einer Verfügung über ihren, d. h. A's Leib auszuschließen, dann können die ausschließenden Verfügungsansprüche der verschiedenen Personen a priori überhaupt nicht miteinander in Widerstreit geraten, da die Verfügungsbefugnisse dann eben gerade von vorneherein so verteilt sind, dass sie sich gar nicht überschneiden *können*. Das Problem der vermeintlichen „Grundrechtskollision" erweist sich demnach zumindest für den Kernbestand der Grundrechte als Scheinproblem, das in Wirklichkeit gar nicht existiert.

*Gerade* die gründliche rechtsphilosophische Reflexion des Menschenwürdeprinzips gibt vor diesem Hintergrund dem gemeinen Menschenverstand recht, wenn dieser gegen die im juristischen Denken verbreitete Entkopplung von Menschenwürde und Lebensrecht anführt, dass das Recht auf Leben und körperliche Unversehrtheit die erste und oberste Konkretion der Menschenwürdegarantie

---

[23] *Fichte* ebd., S. 409.
[24] *Fichte* ebd., S. 409.

bildet. Und sie gibt ihm Recht, wenn er darauf beharrt, dass die Unabwägbarkeit der Menschenwürdegarantie sich unmittelbar in eine Unabwägbarkeit des Lebensrechts übersetzt. Das alles hat natürlich eine ganze Reihe von gravierenden Konsequenzen für die Bioethik-Debatte, von denen ich nur einige andeuten kann. Die hier entwickelte Theorie sagt natürlich noch nichts darüber aus, *ob* ungeborenen menschlichen Lebewesen Menschenwürde zukommt – das wäre ein anderer Artikel, wobei ich in der Tat der Auffassung bin, dass die wesentlich besseren, m. E. auch aus dem anerkennungstheoretischen Ansatz schlüssig herleitbaren Gründe für diese Annahme sprechen. Sie vermag aber eine Klärung dessen herbeizuführen, *was* in normativer Hinsicht daraus folgt, *wenn* einem Lebewesen Menschenwürde zukommt:

Erstens dürfte hinreichend klar geworden sein, dass Sophismen à la „Embryonen kommt Menschenwürde zu, aber kein Lebensrecht" oder „Schwangerschaftsabbruch ist verfassungskonform, weil es sich dabei ‚nur' um eine Verletzung des Lebensrechts, nicht aber um eine der Menschenwürde handelt" rechtsphilosophisch unhaltbar sind. Zweitens zeigt sich, dass die sogenannten „gradualistischen" Positionen, die davon ausgehen, dass die Menschenwürde im Laufe der Embryonal- oder Fötalentwicklung von der Zeugung bis zur Geburt gewissermaßen von null auf hundert Prozent anwächst, ebenfalls rechtsphilosophisch unhaltbar sind. Unter Menschenwürde ist das Prinzip der Anerkennung als Träger von subjektiven Rechten zu verstehen. Träger von subjektiven Rechten zu sein kann aber evidentermaßen nicht quantifiziert werden. Man kann nicht zu 10%, 20% oder 80% Träger von subjektiven Rechten sein, sondern nur ganz oder gar nicht. Daraus folgt schließlich drittens, dass es kein Kontinuum zwischen derjenigen Art von Normativität gibt, die im Anerkennungsprinzip gründet, und denjenigen Formen von Normativität, die im „Wertschätzen-von-etwas" gründen. Der Bereich der Menschenrechte ist grundsätzlich unterschieden vom Bereich des „Schützens von etwas, weil wir es wertschätzen", wie wir es z. B. im Naturschutz oder Denkmalschutz finden. Den Embryonenschutz in Analogie zu den letztgenannten Formen des „Schutzes" zu denken, wie es zuweilen als vermeintlicher Kompromiss in der Bioethik-Debatte vorgeschlagen wird, *ist* insofern gar kein Kompromiss, da er menschlichen Embryonen den Status des Trägers von Rechten gerade verweigern würde.

## Summary

In German Constitutional Law doctrine, it is often assumed that human dignity and the right to life describe two separate and disjointed rights. In public discourse, however, an alienable right to life is usually thought to stem directly from human dignity as the principle of law. The present article is meant to show that the widespread doctrine that disconnects human dignity and the right to life cannot be sustained from a legal philosophical point of view. Rather, it can be shown that it is based on a misreading of Kant's philosophy of law, as well as on a wrong theory of the justifying grounds of self-defense. Hence, the second part of the article proposes a theory of the relationship between human dignity and fundamental human rights that is based on the Fichtean principle of recognition.

## Literatur

*Bernstorff*, Jochen von: „Pflichtenkollision und Menschenwürdegarantie. Zum Vorrang staatlicher Achtungspflichten im Normbereich von Art. 1 GG", in: Der Staat 2008, S. 21–40.

*Braun*, Kathrin: Menschenwürde und Biomedizin. Zum philosophischen Diskurs der Bioethik. Frankfurt am Main: Campus, 2000.

*Damschen*, Gregor/*Schönecker*, Dieter: „Argumente und Probleme in der Embryonendebatte – ein Überblick", in Damschen, Gregor/Schönecker, Dieter (Hrsg.): Der moralische Status menschlicher Embryonen. Berlin/New York: De Gruyter, 2003, S. 1.

*Dürig*, Günter: „Kommentar zu Art. 1 GG", in: Maunz, Theodor/Dürig, Günter u.a.: Grundgesetz. Kommentar (Stand 1958), München: C.H. Beck, 1958, Rn. 1–58, S. 1–26.

*Enders*, Christoph: Die Menschenwürde in der Verfassungsordnung. Zur Dogmatik des Art. 1 GG, Tübingen: Mohr-Siebeck, 1999.

*Enquete-Kommission „Recht und Ethik der modernen Medizin" des Deutschen Bundestages*: Teilbericht Stammzellforschung, Bundestags-Drucksache 14/7546, Berlin, 2001.

*Fichte*, Johann Gottlieb: Grundlage des Naturrechts nach Principien der Wissenschaftslehre, Teil 1, in ders.: Gesamtausgabe der Bayerischen Akademie der Wissenschaften, Band I/3, hrsg. v. Reinhard Lauth und Hans Jacob, Stuttgart-Bad Cannstatt: fromann-holzboog, 1966, S. 329–348.

*Habermas*, Jürgen: Faktizität und Geltung. Beiträge zur Diskurstheorie des Rechts und des demokratischen Rechtsstaats. Frankfurt a.M.: Suhrkamp, 1992.

*Hegel*, Georg Wilhelm Friedrich: Grundlinien der Philosophie des Rechts oder Naturrecht und Staatswissenschaft im Grundrisse, in ders.: Werke in 20 Bänden, Band 7, hg. von Eva Moldenhauer und Karl Markus Michel, Frankfurt a.M. 1986.

*Heun*, Werner: „Humangenetik und Menschenwürde. Beginn und Absolutheit des Menschenwürdeschutzes", in: Bahr, Petra/Heinig, Hans Michael (Hrsg.): Menschenwürde in der säkularen Verfassungsordnung. Tübingen: Mohr-Siebeck, 2003, S. 197–211.

*Höfling*, Wolfram: „Kommentar zu Art. 1 GG", in: Sachs, Michael (Hrsg.): Grundgesetz. Kommentar, München: C.H. Beck, 2008[5], S. 126.

*Horn*, Christoph: „Lässt sich Menschenwürde in Begriffen von Selbstachtung und Demütigung verstehen?", in: Bornmüller, Falk/Hoffmann, Thomas/Pollmann, Arnd (Hrsg.): Menschenrechte und Demokratie. Festschrift für Georg Lohmann, Freiburg/München: Alber, S. 101–118.

*Hörnle*, Tatjana: „Menschenwürde als Freiheit von Demütigungen". in: Zeitschrift für Rechtsphilosophie 2008, S. 41–61.

*Kant*, Immanuel: Metaphysik der Sitten. Rechtslehre, in: Königlich Preußischen Akademie der Wissenschaft (Hrsg.): Kants gesammelte Schriften, Band VI, Berlin: Akademie-Verlag, 1900 ff.

*Pollmann*, Arnd: „Würde nach Maß", in: Deutsche Zeitschrift für Philosophie 4/2005, S. 611–619.

*Rothhaar*, Markus: „Die Akteursrelativität als Meta-Norm des Rechtsstaats". In: Byrd, B. Sharon/Hruschka, Joachim/Joerden Jan C. (Hrsg.): Das Rechtsstaatsprinzip/The Rule of Law Principle, Jahrbuch für Recht und Ethik/Annual Review of Law and Ethics Band 21, Berlin: Duncker & Humblot, 2013, S. 219–236.

– Die Menschenwürde als Prinzip des Rechts: Eine rechtsphilosophische Rekonstruktion, Tübingen: Mohr-Seibeck 2015, S. 80–92.

*Sacksofsky*, Ute: „Präimplantationsdiagnostik und Grundgesetz", in: Kritische Justiz 2003, S. 274–292.

*Spaemann*, Robert: „Über den Begriff der Menschenwürde", in: Ernst-Wolfgang Böckenförde/Robert Spaemann (Hrsg.): Menschenrechte und Menschenwürde. Historische Voraussetzungen – säkulare Gestalt – christliches Verständnis. Stuttgart: Klett-Cotta, 1987, S. 295–313.

*Stoecker*, Ralf: „Menschenwürde und das Paradox der Entwürdigung", in: Stoecker, Ralf (Hrsg.): Menschenwürde – Annäherung an einen Begriff, Wien: öbv, 2003, S. 133–151.

*Wessels*, Johannes/*Beulke*, Werner: Strafrecht. Allgemeiner Teil. Die Straftat und ihr Aufbau, Heidelberg: Verlagsgruppe Hüthig-Jehle-Rehm, 2011[41].

*Wildt*, Andreas: Autonomie und Anerkennung. Hegels Moralitätskritik im Lichte seiner Fichte-Rezeption, Stuttgart: Klett-Cotta, 1982.

*Zypries*, Brigitte: „Vom Zeugen zum Erzeugen. Verfassungsrechtliche und rechtspolitische Fragen der Bioethik", in DIE ZEIT 45/2003.

# Organverteilung als normatives Problem

Ulrich Schroth und Elisabeth Hofmann

Der Organverteilungsskandal sowie die aktuellen Überprüfungen der Transplantationszentren durch die Prüfungs- und Überwachungskommission haben gezeigt, dass das normative Gefüge der Organverteilung in der juristischen und medizinischen Praxis erhebliche Schwierigkeiten bereitet. Dies gilt zunächst für die Frage, wann überhaupt ein Richtlinienverstoß vorliegt. Sind die Richtlinien der Bundesärztekammer maßgeblich oder das diese konkretisierende ET-Manual? Wer bestimmt, wie unbestimmte Begriffe in diesen Richtlinien und Anwendungsregeln auszulegen sind? Zuletzt stellt sich die Frage, ob das geltende System der Organverteilung überhaupt eine normative Bindungswirkung entfalten kann. Dies ist aus verfassungsrechtlicher Sicht problematisch und spielt nicht nur für die Frage eine Rolle, ob die handelnden Ärzte verpflichtet sind, die geltenden Regelungen des ET-Manuals und der Richtlinien der Bundesärztekammer zu beachten, sondern ist gerade auch für die Frage einer Strafbarkeit gem. § 19 Abs. 2a TPG bzw. wegen (versuchter) Körperverletzungs- und Tötungsdelikte von zentraler Relevanz.[1]

## I. Grundlagen

Die zentralen Organe Herz, Lunge, Leber, Niere, Bauchspeicheldrüse und Darm werden, soweit sie postmortal gewonnen werden, gem. § 1a Nr. 2 TPG als vermittlungspflichtige[2] Organe gekennzeichnet. Ihre angemessene Verteilung soll durch ein System ineinandergreifender gesetzlicher sowie untergesetzlicher Normen und Regeln gewährleistet werden. Das TPG als gesetzliche Grundlage der Organverteilung gibt dabei lediglich die groben Rahmenbedingungen für die Organverteilung vor. So sind nach § 12 Abs. 3 S. 1 TPG vermittlungspflichtige Organe nach § 1a Nr. 2 TPG von der Vermittlungsstelle Eurotransplant nach Regeln, die dem Stand der Erkenntnisse der medizinischen Wissenschaft entsprechen, insbesondere nach *Erfolgsaussicht und Dringlichkeit* für *geeignete* Patienten zu vermitteln. Den Stand

---

[1] Unsere Auffassung zur Frage der Strafbarkeit eines manipulativen Verhaltens im Kontext der Organverteilung wurde bereits in *Schroth*, Ulrich, MedR 2013, 645 ff.; *Schroth*, Ulrich, NStZ 2013, 437 ff.; *Schroth*, Ulrich/*Hofmann*, Elisabeth, NStZ 2014, 486 ff.; *Schroth*, Ulrich/*Hofmann*, Elisabeth, Zurechnungsprobleme bei der Manipulation der Verteilung lebenserhaltender Güter, in: *Albrecht/Kirsch/Neumann/Sinner,* Festschrift für Walter Kargl zum 70. Geburtstag, 2015, S. 523 ff. dargelegt.

[2] Mit dem Begriff der Vermittlungspflichtigkeit wird ausgedrückt, dass die Verteilung dieser Organe allein Aufgabe des Staates ist.

der Erkenntnisse der medizinischen Wissenschaft stellt gem. § 16 Abs. 1 Nr. 5 TPG die Bundesärztekammer in Richtlinien fest, wobei die Einhaltung des Standes der Erkenntnisse der medizinischen Wissenschaft gem. § 16 Abs. 1 S. 2 TPG vermutet wird, wenn die Richtlinien der Bundesärztekammer im Einzelfall beachtet worden sind. Damit wird die Konkretisierung der gesetzlichen Vorgaben weitgehend durch den Gesetzgeber auf die Bundesärztekammer als nicht eingetragenen Verein[3] übertragen. Die Richtlinien der Bundesärztekammer wiederum bilden nach § 5 Abs. 1 S. 2 des Vertrages zwischen den Krankenkassen, der Bundesärztekammer, der Deutschen Krankenhausgesellschaft und der Eurotransplant Stiftung vom April 2000, den diese auf Grundlage des § 12 Abs. 4 TPG abgeschlossen haben, die Grundlage für die Anwendungsregeln (ET-Manual), die Eurotransplant (ET), eine private gemeinnützige Stiftung niederländischen Rechts mit Sitz in Leiden, erstellt und an denen ET seine Vermittlungsentscheidung letztendlich ausrichtet. Letztlich bildet damit das ET-Manual in der Praxis die tatsächliche Grundlage der eigentlichen Organvermittlung durch Eurotransplant.

## II. Normative Bindungswirkung des geltenden Systems der Organverteilung

Betrachtet man das dargestellte *faktisch* bestehende System der Organverteilung, so stellt sich die Frage, ob eine derartige Konstruktion geeignet sein kann, *normative* Bindungswirkung zu erzeugen. Denn einerseits stellt die staatliche Zuteilung von Organen vielfach eine Entscheidung darüber dar, welcher der schwerkranken Patienten auf der Warteliste eine neue Lebenschance erhält. Dies gilt umso mehr, als der Gesetzgeber einen freien „Markt" für Organe durch die Regelung der Vermittlungspflichtigkeit und das Organhandelsverbot mit guten Gründen ausgeschlossen hat. Andererseits bedeutet die Nichtzuteilung eines Organs für unheilbar Kranke gerade bei Organen wie Herz und Leber, bei denen eine alternative Behandlungsmöglichkeit vielfach kaum oder nur zeitlich beschränkt besteht, aufgrund der Organknappheit und des staatlichen Verteilungsmonopols oftmals ein sicheres Todesurteil. Der Gesetzgeber hingegen hat die Frage, wie die Organe konkret zu verteilen sind, selbst in § 12 Abs. 3 S. 1 TPG nur sehr rudimentär geregelt und die Kompetenz hierzu sehr weitgehend auf die Bundesärztekammer in § 16 Abs. 1 S. 1 Nr. 5 TPG übertragen. Durch Vertrag wurde zudem Eurotransplant, eine private Stiftung in den Niederlanden, zur Konkretisierung der Richtlinien zu *Anwendungsregeln* ermächtigt.

Obwohl die Verteilung von Organen in weiten Bereichen eine erhebliche Grundrechtsrelevanz hat, indem Lebens- und Gesundheitschancen verteilt werden, ist die Festlegung von Verteilungsregeln damit weitgehend auf private Institutionen übertragen.

---

[3] Vgl. insoweit http://www.bundesaerztekammer.de/ueber-uns/ (zuletzt aufgerufen am 25. 5. 2016).

## 1. Bindungswirkung des ET-Manuals

Da die Organverteilung faktisch auf der Grundlage des ET-Manuals erfolgt, stellt sich die Frage, inwieweit dieses für die handelnden Akteure eine normative Bindungswirkung entfalten kann. Eine solche setzt zunächst voraus, dass es sich bei dem ET-Manual tatsächlich um eine eigenständige normative Entscheidung und nicht lediglich um eine Vollzugsentscheidung ohne jeglichen normativen Gehalt handelt (a). Darüber hinaus müsste Eurotransplant eine Normsetzungskompetenz zukommen (b). Soweit letzteres nicht der Fall ist, ist zu klären, ob die handelnden Akteure, insb. auch die Transplantationszentren, zumindest vertraglich an die Festsetzungen des ET-Manuals gebunden sind mit der Folge, dass sie die Meldungen für die Warteliste an diesem auszurichten haben (c).

### a) ET-Manual: Normsetzung oder bloße Vollzugsentscheidung?

Wie Molnár-Gábor[4] zu Recht feststellt, erschöpft sich die Tätigkeit Eurotransplants beim Erlass des ET-Manuals nicht in einer bloßen Vollzugsentscheidung unter Zugrundelegung der Richtlinien der Bundesärztekammer.[5] Vielmehr erlässt Eurotransplant seine Anwendungsregeln nach § 5 Abs. 1 des Vertrages über die Vermittlungsstelle lediglich *auf der Grundlage* der Richtlinien der Bundesärztekammer und wird somit aufgrund des ihm eingeräumten Ermessensspielraums beim Erlass der Anwendungsregeln selbst normsetzend tätig.[6] Die Anwendungsregeln sind dabei nicht nur tautologischer Art, d. h. sie folgen nicht nur logisch aus den Richtlinien der Bundesärztekammer, sondern enthalten eigenständige materielle Regelungen.

Dies lässt sich am Beispiel der Verteilung von Herzen an hochdringliche Patienten veranschaulichen.

Die Richtlinien für die Wartelistenführung und Organvermittlung zur Herz- und Herz-Lungen-Transplantation vom 09. Dezember 2013 konkretisieren insoweit den

---

[4] *Molnár-Gábor,* Fruzsina, Die Regelung der Organverteilung durch Eurotransplant – unzulässige ethische Standardsetzung?, in: Vöneky et al., Ethik und Recht – Die Ethisierung des Rechts/Ethics and Law – The Ethicalization of Law, Beiträge zum ausländischen öffentlichen Recht und Völkerrecht, 2013, S. 325 (333 ff.).

[5] Auch *Schneider,* Marina, Verfassungsmäßigkeit des Rechts der Organallokation, 2015, S. 60 f. lehnt eine Qualifikation des Handelns Eurotransplants als bloße rein medizinisch-praktische Vollzugsentscheidung ab; ebenso *Höfling,* Wolfram, in: Höfling (Hrsg.), Kommentar zum Transplantationsgesetz, 2013, § 12 Rn. 14.

[6] Vgl. insoweit auch *Molnár-Gábor,* Fruzsina, Die Regelung der Organverteilung durch Eurotransplant – unzulässige ethische Standardsetzung?, in: Vöneky et al., Ethik und Recht – Die Ethisierung des Rechts/Ethics and Law – The Ethicalization of Law, Beiträge zum ausländischen öffentlichen Recht und Völkerrecht, 2013, S. 325 (335 f.); ebenso *Schmidt-Aßmann,* Eberhard, Grundrechtspositionen und Legitimationsfragen im öffentlichen Gesundheitswesen, 2001, S. 106.

Begriff des hochdringlichen Patienten (HU) in Abschnitt II, 3.2.1 „Hohe Dringlichkeit" unter anderem wie folgt: „Dies sind Patienten, die unter intensivmedizinischen Bedingungen stationär behandelt werden und nach Ausschöpfung aller alternativen Behandlungsmöglichkeiten (ausgenommen ventrikuläre Unterstützungssysteme) trotz hochdosierter Therapie mit Katecholaminen und/oder Phosphodiesterasehemmern nicht rekompensierbar sind und Zeichen des beginnenden Organversagens aufweisen".

Die geltende Fassung des ET-Manuals, die den oben zitierten Passus der Richtlinien der Bundesärztekammer für die Verteilung hochdringlicher Patienten konkretisiert, beinhaltet in Punkt 6.1.2.2. (Inclusion Criteria for international HU status) folgende Regelung:

„HU patients are patients admitted to an intensive care unit of the transplant center and fulfill all criteria mentioned in a), b) or c)

a) Inotropic therapy:
- Swan Ganz catheter
  - $CI < 2.2\ l/min/m^2$ AND
  - $SVO2 < 55\%$ AND
  - $PC \geq 10$ mmHg
- while on inotropic therapy for at least 48h
  - Dobutamine $> 7.5$ µg/kg/min or equivalent inotropes OR
  - Milrinone $> 0.5$ µg/kg/min or equivalent PDE inhibitor
- And signs of beginning secondary organ failure:
  - sodium $< 136$ mmol/l OR
  - increase of creatinine during clinical course in spite of treatment OR
  - increase of transaminases OR
  - symptomatic of cerebral perfusion deficit (neurological report) [...]"

Diese Passagen zeigen, dass die Richtlinien der Bundesärztekammer noch eine Reihe unbestimmter Begriffe enthalten, die einen weiten Interpretationsspielraum eröffnen. Dies gilt im vorliegenden Beispiel insbesondere für die Begriffe „hochdosiert" und „Zeichen beginnenden Organversagens". Diese werden durch das ET-Manual einer weiteren Konkretisierung zugeführt. Damit trifft das ET-Manual aber zwingend eine normative Entscheidung. Denn es schließt durch diese Konkretisierung Patienten vom HU-Status aus, die zwar beispielsweise aus Sicht des behandelnden Arztes eine hochdosierte Therapie mit Katecholaminen erhalten, diese jedoch nicht den Anforderungen des ET-Manuals genügt. Gerade bei der Verteilung von Herzen hat diese Entscheidung durch ET auch eine unmittelbare Grundrechtsrelevanz. Denn hier führt der erhebliche Organmangel dazu, dass im Wesentlichen nur hochdringliche Patienten die Chance haben, ein Organ zu erhalten. Damit gestaltet Eurotransplant durch die im ET-Manual vorgenommene Einschränkung der Richtlinien der Bundesärztekammer das derivative Teilhaberecht der betroffenen Patienten an den vorhandenen Organkapazitäten[7] in zentraler und grundlegender Weise aus. Diese Konkretisierung der in den Richtlinien enthaltenen unbestimmten Begriffe durch das ET-Manual lässt sich auch in keiner Weise logisch aus den Richtlinien der Bundesärztekammer herleiten.

### b) Normsetzungskompetenz von Eurotransplant

Die Normsetzung Eurotransplants durch den Erlass des ET-Manuals wäre jedoch nur dann legitim und dementsprechend geeignet, eine normative Bindungswirkung zu erzeugen, wenn Eurotransplant auch eine Normsetzungskompetenz zukäme. Da eine originäre Normsetzungskompetenz einer privaten Stiftung niederländischen Rechts in Deutschland offensichtlich nicht in Betracht kommt, stellt sich die Frage, ob Eurotransplant durch den Abschluss des ET-Vertrags Befugnisse zur Normsetzung wirksam durch den Bund in die Niederlanden übertragen wurden. Dies erscheint vorliegend insbesondere im Hinblick auf Art. 24 Abs. 1 GG problematisch.[8] Nach dieser Norm kann der Bund Hoheitsrechte nur auf zwischenstaatliche Einrichtungen übertragen.

*(1) Organverteilung durch Eurotransplant als Ausübung von Hoheitsrechten*

Die Tätigkeit Eurotransplants im System der Organverteilung erschöpft sich – wie dargestellt – nicht in der bloßen Vermittlung von Organen. Vielmehr erlässt Eurotransplant auch eigene Anwendungsregeln, die letztlich die Grundlage seiner Vermittlungsentscheidung bilden. Daher stellt sich die Frage, ob mit dem Erlass dieser Anwendungsregeln eine Ausübung von Hoheitsrechten einhergeht. Unter Hoheitsrechten ist die Ausübung von öffentlicher Gewalt im innerstaatlichen Bereich zu verstehen, gleichgültig, ob es um Gesetzgebung, -vollziehung oder Rechtsprechung geht. Irrelevant ist auch, ob es sich um Leistungs- oder Eingriffsverwaltung handelt.[9] Die Anwendungsregeln Eurotransplants konkretisieren das derivative Teilhaberecht der Patienten auf der Warteliste, indem sie die im TPG sowie in den Richtlinien der Bundesärztekammer enthaltenen unbestimmten Festsetzungen konkretisieren.

---

[7] Vgl. zum derivativen Teilhaberecht insoweit bereits *Schroth*, Ulrich/*Hofmann*, Elisabeth, NStZ 2014, 486 (491 f.).

[8] Vgl. zu dieser Problematik bereits *Schroth*, Ulrich, NStZ 2013, 437 (440) m. w. N.; ein Verstoß gegen Art. 24 Abs. 1 GG wird im Übrigen angenommen von *Molnár-Gábor*, Fruzsina, Die Regelung der Organverteilung durch Eurotransplant – unzulässige ethische Standardsetzung?, in: Vöneky et al., Ethik und Recht – Die Ethisierung des Rechts/Ethics and Law – The Ethicalization of Law, Beiträge zum ausländischen öffentlichen Recht und Völkerrecht, 2013, S. 325 (346 f.); ebenso *Schneider*, Marina, Verfassungsmäßigkeit des Rechts der Organallokation, 2015, S. 89 f.; kritisch insoweit auch *Gutmann*, Thomas, für ein neues Transplantationsgesetz, 2006, S. 137 ff.

[9] Vgl. *Randelzhofer, Albrecht,* in: Maunz/Dürig, Kommentar zum Grundgesetz, 2015, Art. 24, Rn. 33.

Eurotransplant wird insoweit – wie auch das oben dargestellte Beispiel zeigt – zum Teil ein erheblicher Ermessensspielraum eingeräumt. Auch wird Eurotransplant durch Art. 5 Abs. 7 ET-Vertrag sogar eine zeitlich befristete Abweichung von den Richtlinien der Bundesärztekammer ermöglicht. Damit nimmt Eurotransplant im Bereich der Organverteilung durch den Erlass des ET-Manuals zentrale Aufgaben der Leistungsverwaltung wahr, die aufgrund der damit einhergehenden Ausgestaltung der derivativen Teilhaberechte der Patienten am System der Organverteilung eine erhebliche Grundrechtsrelevanz haben. Dementsprechend übt Eurotransplant Hoheitsrechte i. S. d Art. 24 Abs. 1 GG aus.[10]

*(2) Eurotransplant als zwischenstaatliche Einrichtung*

Eine Übertragung von Hoheitsrechten auf Eurotransplant wäre somit aber mit Art. 24 Abs. 1 GG nur dann vereinbar, wenn es sich bei Eurotransplant auch um eine zwischenstaatliche Einrichtung i. S. d Art. 24 Abs. 1 GG handelte. Hierunter fallen jedoch nur solche Einrichtungen, die durch Staaten, d. h. durch völkerrechtliche Verträge geschaffen worden sind.[11] Dies ist bei Eurotransplant nicht der Fall.[12] Vielmehr handelt es sich bei Eurotransplant um eine privatrechtliche Stiftung niederländischen Rechts.[13]

*(3) Ergebnis*

Einer *normativen* Bindungswirkung des ET-Manuals steht dementsprechend bereits zwingendes Verfassungsrecht in Form des Art. 24 Abs. 1 GG entgegen.

### c) Vertragliche Bindung der Transplantationszentren an das Eurotransplant-Manual

Zuletzt käme zumindest eine vertragliche Bindung der Transplantationszentren über den ET-Vertrag an die Regelungen des ET-Manuals, die die Feststellung des Standes der Erkenntnisse der medizinischen Wissenschaft verfolgen, in Betracht. § 12 Abs. 4 S. 1 TPG räumt den dort genannten Akteuren eine gesetzliche Vertretungsbefugnis gegenüber den Transplantationszentren zum Abschluss des Euro-

---

[10] So auch *Schmidt-Aßmann*, Eberhard, Grundrechtspositionen und Legitimationsfragen im öffentlichen Gesundheitswesen, 2001, S. 106; *Molnár-Gábor*, Fruzsina, Die Regelung der Organverteilung durch Eurotransplant – unzulässige ethische Standardsetzung?, in: Vöneky et al., Ethik und Recht – Die Ethisierung des Rechts/Ethics and Law – The Ethicalization of Law, Beiträge zum ausländischen öffentlichen Recht und Völkerrecht, 2013, S. 325 (346); *Gutmann*, Thomas, für ein neues Transplantationsgesetz, 2006, S. 138.

[11] Vgl. *Randelzhofer*, Albrecht, in: Maunz/Dürig, Kommentar zum Grundgesetz, 2015, Art. 24 GG, Rn. 44.

[12] Zur Historie Eurotransplants vgl. https://www.eurotransplant.org/cms/index.php?page=his tory (zuletzt aufgerufen am 25.05.2016).

[13] Vgl. hierzu ausführlich auch *Schmidt-Aßmann*, Eberhard, Grundrechtspositionen und Legitimationsfragen im öffentlichen Gesundheitswesen, 2001, S. 108.

transplant-Vertrags ein. Der Umfang dieser Vertretungsbefugnis wird durch § 12 Abs. 4 S. 2 TPG auf bestimmte Vertragsinhalte beschränkt. Auch findet die Vertretungsbefugnis nach der Systematik des TPG dort ihre Grenzen, wo Eurotransplant vertraglich Kompetenzen übertragen werden sollen, die gesetzlich bereits anderen Akteuren zugewiesen sind.

Dies gilt insbesondere für die Regelung der Vermittlung der Organe i. S. d § 12 Abs. 4 Nr. 3 TPG. Die Kompetenz zur Regelung dieses Vertragsgegenstandes soll nach der Gesetzessystematik gerade nicht auch die Übertragung der Kompetenz zur Feststellung des Standes der Erkenntnisse der medizinischen Wissenschaft beinhalten. Denn diese Aufgabe ist durch § 16 Abs. 1 Nr. 5 TPG gesetzlich der Bundesärztekammer zugewiesen. Regeln die in § 12 Abs. 4 S. 1 TPG genannten Akteure dies trotzdem im Eurotransplant-Vertrag, so handeln sie insoweit als falsus procurator, so dass eine derartige vertragliche Regelung auch keine Rechtswirkungen gegenüber den Transplantationszentren entfalten kann.

### d) Ergebnis

Das ET-Manual bindet die Transplantationszentren sowie die anderen Akteure im Gesundheitswesen weder als normative Regelung noch aufgrund einer wirksamen vertraglichen Vereinbarung. Es handelt sich bei diesem vielmehr um einen Ausfluss der Verpflichtung Eurotransplants, seine vertraglichen Verpflichtungen gegenüber allen Mitgliedern im Eurotransplant-Verbund bei der Verteilung der Organe in transparenter Form zu erfüllen. Die Anwendungsvorschriften des ET-Manuals sind dementsprechend in erster Linie nach außen kundgetane Ausführungsvorschriften, mit Hilfe derer Eurotransplant gegenüber den Mitgliedsstaaten offenlegt, auf welche Weise es die vertraglichen Verpflichtungen gegenüber den einzelnen Mitgliedern im Eurotransplant-Verbund praktisch umsetzt. Damit kommt diesen Ausführungsvorschriften aber keine Außenwirkung zu. Es handelt sich vielmehr lediglich um eine Art interne Selbstbindung Eurotransplants.

### 2. Bindungswirkung der Richtlinien

Jedoch ist nicht nur die Bindungswirkung des ET-Manuals aus normativer Sicht fragwürdig. Dies gilt ebenso für die Richtlinien der Bundesärztekammer zur Organverteilung.[14]

### a) Normative Bindungswirkung

Eine Bindungswirkung der Richtlinien zur Organverteilung lässt sich normativ kaum begründen. Zunächst genügt § 16 Abs. 1 Nr. 5 TPG i. V. m § 12 Abs. 3 S. 1 TPG den verfassungsrechtlichen Anforderungen an eine Ermächtigungsgrundlage

---

[14] Vgl. hierzu bereits *Schroth*, Ulrich, NStZ 2013, 437 (440 f.).

für untergesetzliche Normen nicht (a). Darüber hinaus sind die Richtlinien in ihrer geltenden Form von der Ermächtigung des § 16 Abs. 1 Nr. 5 TPG i. V. m § 12 Abs. 3 S. 1 TPG nicht gedeckt, so dass sie auch insoweit keine Bindungswirkung entfalten können (b). Im Übrigen erscheint auch die organisatorische Legitimation der Ständigen Kommission Organtransplantation der Bundesärztekammer (STÄKO) auf Grundlage der Rechtsprechung des Bundesverfassungsgerichts zu den Auswirkungen der Wesentlichkeitstheorie auf das Verwaltungsverfahren[15] fraglich.[16]

*(1) Defizite des § 16 Abs. 1 Nr. 5 TPG i. V. m § 12 Abs. 3 S. 1 TPG*

§ 16 Abs. 1 Nr. 5 TPG i. V. m § 12 Abs. 3 S. 1 TPG verstößt gegen zwingendes Verfassungsrecht, da er den Anforderungen der Wesentlichkeitstheorie nicht gerecht wird.

aa) Ausgangspunkt: Wesentlichkeitstheorie

Nach der Wesentlichkeitstheorie ist der Gesetzgeber verpflichtet, „in grundlegenden normativen Bereichen alle wesentlichen Entscheidungen, soweit sie einer staatlichen Regelung zugänglich sind, selbst zu treffen und nicht anderen Normgebern zu überlassen."[17] Dies gilt auch im Rahmen der Leistungsverwaltung gerade dann, wenn sich eine staatliche Zuteilung knapper Ressourcen als Zuteilung von Lebenschancen auswirken kann.[18]

Aufgrund des staatlichen Organverteilungsmonopols und des erheblichen Organmangels beinhaltet die Zuteilung eines Organs im Wege der Leistungsverwaltung zugleich die Gewährung einer Lebenschance für einen Patienten sowie die Vorenthaltung einer Lebenschance für alle anderen Patienten auf der Warteliste. Damit hat die Organzuteilung für die Patienten eine erhebliche Relevanz für die Möglichkeit der Verwirklichung ihrer Grundrechte aus Art. 2 II 1 GG. Denn die Zuteilung eines Organs kann mitunter dafür verantwortlich sein, ob ein Patient von seinem grundrechtlich gewährleisteten Recht auf Leben und körperliche Unversehrtheit als Grundlage nahezu aller anderen grundrechtlichen Betätigungen in Zukunft noch weiter Gebrauch machen kann. Damit handelt es sich bei der Organverteilung um eine Leistungsverwaltung, die eine Zuteilung von Lebenschancen bewirkt, so dass die Wesentlichkeitstheorie hier uneingeschränkte Anwendung finden muss.

---

[15] Vgl. insoweit *BVerfG*, Beschluss vom 27. 11. 1990, Az.:1 BvR 402/87.

[16] Auf diesen Punkt soll hier nicht erneut eingegangen werden. Vgl. hierzu bereits *Schroth*, Ulrich, NStZ 2013, 437 (441).

[17] *Grzeszick*, Bernd, in: Maunz/Dürig, Kommentar zum Grundgesetz, 2015, Art. 20 Rn. 107.

[18] Zur Anwendbarkeit der Wesentlichkeitstheorie im Rahmen der Leistungsverwaltung allgemein vgl. *Grzeszick*, Bernd, in: Maunz/Dürig, Kommentar zum Grundgesetz, 2015, Art. 20 Rn. 118 f.; zur Anwendbarkeit bei der Verteilung knapper Ressourcen, die sich als Zuteilung von Lebenschancen auswirken kann vgl. *BVerfG*, NJW 1972, 1561 (1567 f.); *Neft*, Hans, NZS 2010, 16 (17).

Dies hat zur Folge, dass der Gesetzgeber insbesondere auch verpflichtet ist, die Art der für die Verteilung der knappen Ressource Organ anzuwendenden Auswahlkriterien und deren Rangverhältnis untereinander festzulegen.[19]

bb) Festlegung der Art der anzuwendenden Auswahlkriterien durch den Gesetzgeber

Der Gesetzgeber hat bereits die Art der anzuwendenden Kriterien bei der Organverteilung nur unzureichend festgelegt. Zwar nennt § 12 Abs. 3 S. 1 TPG auf den ersten Blick die zentralen Kriterien, an denen sich die Organverteilung zu orientieren hat. So sind vermittlungspflichtige Organe nach § 12 Abs. 3 S. 1 TPG von der Vermittlungsstelle nach Regeln, die dem Stand der Erkenntnisse der medizinischen Wissenschaft entsprechen, insbesondere nach Erfolgsaussicht und Dringlichkeit für geeignete Patienten, zu vermitteln. Jedoch sind diese Kriterien in vielen Fällen faktisch widersprüchlich. So besteht in Fällen, in denen eine Organtransplantation sehr dringlich ist, vielfach keine hohe Erfolgsaussicht. Die besten Erfolgsaussichten hingegen bestehen oft in Fällen, in denen eine hohe Dringlichkeit nicht gegeben ist.[20] Der Gesetzgeber beschränkt sich somit letztlich darauf, in § 12 Abs. 3 S. 1 TPG Kriterien zu nennen, deren kumulative Anwendung vielfach zu konträren Ergebnissen führt. Auch führt der Begriff „insbesondere" zu einer Relativierung der Bedeutung der genannten Kriterien, da der Bundesärztekammer insoweit die Möglichkeit eröffnet wird, weitere Kriterien beim Richtlinienerlass heranzuziehen, die in § 12 Abs. 3 S. 1 TPG nicht genannt sind. Diese anderen Kriterien werden lediglich über den weiten Begriff des „Standes der Erkenntnisse der medizinischen Wissenschaft" weiter spezifiziert. Damit hat der Gesetzgeber aber die Festlegung der Kriterien selbst nur rudimentär und in widersprüchlicher Form umschrieben. Dies kann den Anforderungen der Wesentlichkeitstheorie im Hinblick auf die notwendige Festlegung der Art der anzuwendenden Auswahlkriterien bereits nicht genügen.

cc) Festlegung eines Rangverhältnisses

Die durch die Wesentlichkeitstheorie geforderte Festlegung eines Rangverhältnisses der Kriterien untereinander hat der Gesetzgeber darüber hinaus vollständig unterlassen. Damit hat er gerade diese für die Organverteilung grundlegende normative Entscheidung vollständig der STÄKO der Bundesärztekammer überlassen.

---

[19] Vgl. zur Parallelproblematik der Verteilung von Studienplätzen insoweit *BVerfG*, NJW 1972, 1561 (1567 f.); zur Wesentlichkeitstheorie im Kontext der Organverteilung vgl. bspw. auch *Bader*, Mathis, Organmangel und Organverteilung, 2010, S. 189; *Gutmann,* Thomas/ *Fateh-Moghadam,* Bijan, Rechtsfragen der Organverteilung II, in: Gutmann et al. (Hrsg.), Grundlagen einer gerechten Organverteilung, S. 59 (71).

[20] So auch *Gutmann,* Thomas, in: Schroth/König/Gutmann/Oduncu, TPG, 2006, § 12 Rn. 2; Neft, Hans, NZS 2010, 16 (18); *Schneider*, Marina, Verfassungsmäßigkeit des Rechts der Organallokation, 2015, S. 74 f.; kritisch im Hinblick auf die vom Gesetzgeber gewählten Allokationskriterien auch *Höfling*, Wolfram, in: Höfling (Hrsg.), Kommentar zum Transplantationsgesetz (2013), § 12 Rn. 33.

*(2) Richtlinienerlass im Rahmen der Ermächtigungsnorm*

Es erscheint im Übrigen sehr fraglich, ob der *Erlass der Richtlinien zur Organverteilung* durch die Bundesärztekammer noch von der gesetzlichen Ermächtigung zur *Feststellung* des Standes der Erkenntnisse der medizinischen Wissenschaft *für* die Regeln zur Organvermittlung gedeckt ist.[21] Denn die gesetzliche Regelung des § 16 Abs. 1 Nr. 5 TPG ermächtigt nach ihrem Wortlaut nur zu *deskriptivem*, nicht hingegen zu einem *normativen* Tätigwerden, wie sich aus dem Begriff der *Feststellung* eindeutig ergibt. Die Richtlinien der Bundesärztekammer zur Organverteilung beinhalten aber eindeutig normative Elemente, soweit die darin enthaltenen Regelungen sich mit der Frage auseinandersetzen, wie die Organe konkret zu verteilen sind. Derartige Verteilungsfragen können *alleine* mit Hilfe des Standes der Erkenntnisse der medizinischen Wissenschaft nicht beantwortet werden, sondern beinhalten vielmehr notwendig eine Gewichtung unterschiedlicher Kriterien mit Relevanz für die Organverteilung, insbesondere der in § 12 Abs. 3 S. 1 TPG genannten Kriterien der Erfolgsaussicht und Dringlichkeit. Eine solche Abwägungsentscheidung ist aber zwingend normativer und damit nicht empirischer Natur.[22]

b) Bindung der Ärzte an die Richtlinien zur Organverteilung
im Rahmen der ärztlichen Selbstverwaltung

Auch kann eine Bindung jedenfalls der in den Transplantationszentren arbeitenden Ärzte an die Richtlinien der Bundesärztekammer nicht mit dem Argument begründet werden, alle der Bundesärztekammer übertragenen Feststellungen seien Selbstverwaltungsangelegenheiten. Zunächst obliegen die Aufgaben der ärztlichen Selbstverwaltung nicht der Bundesärztekammer, sondern den Landesärztekammern. Denn eine Pflichtmitgliedschaft der Ärzte besteht nur in letzteren. Damit können aber auch nur diese im Wege der Selbstverwaltung für ihre Mitglieder bindend normativ tätig werden.[23] Darüber hinaus stellt die Regelung der Verteilung vermittlungspflichtiger Organe eine Thematik dar, die über den Bereich der ärztlichen Selbstverwaltung hinausgeht und folglich auch nicht als Selbstverwaltungsangelegenheit mit Bindungswirkung für die Ärzte durch Selbstverwaltungsinstitutionen geregelt werden kann. Denn bereits der Begriff der „vermittlungspflichtigen Organe" bringt zum Ausdruck, dass der Staat die Verteilung der in § 1a Nr. 2 TPG genannten Organe an sich gezogen hat. Im Gegenzug hierzu ist es aber auch *seine*, d.h. eine originär *staatliche* Aufgabe, zu entscheiden, auf welche Weise diese

---

[21] Kritisch insoweit auch *Gutmann,* Thomas/*Fateh-Moghadam,* Bijan, Rechtsfragen der Organverteilung I, in: Gutmann et al. (Hrsg.), Grundlagen einer gerechten Organverteilung, S. 37 (51 ff.).

[22] In diesem Sinne auch *Gutmann*, Thomas/*Fateh-Moghadam*, Bijan, NJW 2002, 3365 (3370).

[23] Zur Struktur der ärztlichen Selbstverwaltung vgl. auch *Quaas,* Michael, in: Quaas/Zuck, Medizinrecht (2014), § 13 Rn. 97 ff.

Organe verteilt werden sollen. Darüber hinaus hat das BVerfG bereits in seinem *Facharztbeschluss*[24] zum Ausdruck gebracht, dass Regelungen, die den Kreis der Nichtmitglieder einer Kammer betreffen und dementsprechend den Kreis „eigener" Angelegenheiten der Kammer überschreiten, grundsätzlich vom Gesetzgeber selbst getroffen werden müssen. Die Verteilung von Organen ist aber gerade aufgrund der Tatsache, dass mit der Zuteilung eines Organs eine Entscheidung über Lebenschancen für die betroffenen Patienten auf der Warteliste verbunden ist, eine Materie, die den Bereich der eigenen Angelegenheiten der ärztlichen Selbstverwaltung eindeutig überschreitet.

Damit ist es der Bundesärztekammer nicht nur bereits generell verwehrt, Entscheidungen zu treffen, die im Rahmen der ärztlichen Selbstverwaltung eine Bindungswirkung entfalten könnten. Vielmehr ist auch der konkrete Regelungsgegenstand der Organverteilung einer Regelung durch Selbstverwaltungsinstitutionen grundsätzlich entzogen.

### c) Bindung der Ärzte an die Richtlinien zur Organverteilung über § 2 Abs. 2 MBO-Ä in seiner Umsetzung durch die Landesärztekammern

Wenig diskutiert ist die Frage, ob eine Bindung der Ärzte an die Richtlinien zur Organverteilung möglicherweise über § 2 Abs. 2 MBO-Ä in seiner Umsetzung durch die Landesärztekammern erreicht werden kann.[25] Nach § 2 Abs. 2 MBO-Ä in der Umsetzung durch die jeweiligen Landesärztekammern sind Ärzte zur gewissenhaften Ausübung ihres Berufs verpflichtet. Dies umfasst gem. § 2 Abs. 3 MBO-Ä insbesondere auch die Beachtung des anerkannten Standes der medizinischen Erkenntnisse. Damit könnte eine Pflicht der Ärzte zur Beachtung der Richtlinien der Bundesärztekammer zur Organverteilung im Rahmen der gewissenhaften Berufsausübung jedenfalls dann bestehen, wenn die Richtlinien zur Organverteilung Ausdruck eines anerkannten Standes der medizinischen Erkenntnisse sind.[26]

Dies ist jedoch nicht der Fall. Denn während der anerkannte Stand der medizinischen Erkenntnisse eine empirische Größe darstellt, sind die Richtlinien der Bundesärztekammer zur Organvermittlung in wesentlichen Teilen normativer Natur und gehen damit über Aussagen, die Ausdruck eines anerkannten Standes medizinischer Erkenntnisse sein können, weit hinaus.

---

[24] *BVerfG*, VerwRspr 1973, 263 (272).

[25] Gegen eine Einordnung der Richtlinien als ärztliches Standesrecht bspw. *Bader*, Mathis, Organmangel und Organverteilung, 2010, S. 179 f.

[26] Vgl. zu der Frage, inwieweit Richtlinien der Bundesärztekammer berufsrechtlich relevant sind, auch *Scholz*, Karsten/*Pethke*, Wolfgang, in: Spickhoff, Medizinrecht, 2014, § 13 MBO-Ä Rn. 6.

*(1) Der anerkannte Stand der medizinischen Erkenntnisse
als empirische Größe*

Die Feststellung des anerkannten Standes der medizinischen *Erkenntnisse* ist nicht normativer, sondern zwingend *empirischer* Natur. So lässt sich insoweit feststellen, ob eine Transplantation medizinisch indiziert ist, der Patient ein Organ benötigt und für ein konkretes Organ auch geeignet ist und wie aufgrund von Erfahrungswerten die Erfolgsaussichten einer Transplantation sind. Auch kann er Aussagen darüber treffen, wie sich ein Krankheitsbild typischerweise weiterentwickeln wird.[27] Soweit der anerkannte Stand der medizinischen Erkenntnisse dabei eine notwendige Abwägung von Nutzen und Risiken verschiedener Therapien beinhaltet, um in der Konsequenz eine Therapie oder Behandlungsmethode unter den anderen hervorzuheben, macht dies den anerkannten Stand der medizinischen Erkenntnisse nicht zu einer normativen Größe. Denn die insoweit im Rahmen der Abwägung eingestellten und herangezogenen Parameter sind medizinischer Natur. Die Abwägung verfolgt das Muster der Zweckrationalität mit dem Ziel, die Gesundheit des Patienten bestmöglich zu gewährleisten. Die Abwägungsentscheidung ist mit medizinischen Argumenten rechtfertigbar. Sie berücksichtigt mögliche Folgen und Nebenfolgen einer Therapie. Sie kann sich im Hinblick auf das antizipierte Ziel als richtig oder falsch herausstellen. Sie ist eine Klugheitsregel, trifft aber keine Aussage mit wertendem Gehalt, etwa im Hinblick auf die Verteilung knapper Güter. Wertungsmäßige Aussagen können im Gegensatz zu Klugheitsregeln auch nicht richtig oder falsch sein, sondern nur mehr oder weniger angemessen oder verstoßend gegen höherrangige Regeln, die allgemein akzeptiert werden.

*(2) Richtlinien der Bundesärztekammer als Ausdruck
des anerkannten Standes der medizinischen Erkenntnisse?*

Die Richtlinien der Bundesärztekammer stellen jedoch keine Ausprägung dieses anerkannten Standes der medizinischen Erkenntnisse dar. Denn ihr Aussagegehalt geht über das, was der anerkannte Stand der medizinischen Erkenntnisse leisten kann, weit hinaus. Zwar beinhalten auch die Richtlinien der Bundesärztekammer zur Organverteilung empirische Elemente.

So können sie dem Arzt beispielsweise eine Hilfestellung bei der Entscheidung bieten, ob es sinnvoll erscheint, seinen Patienten für eine Transplantation in Betracht zu ziehen, d. h. auf die Warteliste zu melden. Soweit die Richtlinien der Bundesärztekammer aber diese deskriptiven Aussagen nutzen, um auf ihrer Grundlage zu bestimmen, welcher Patient vorrangig ein Organ erhalten soll, ist dies nicht mehr eine Frage der medizinischen Wissenschaft, sondern eine *normative* Entscheidung.[28] Denn sie erfordert zwingend eine Abwägung dahingehend,

---

[27] Vgl. insoweit auch *Gutmann,* Thomas/*Fateh-Moghadam,* Bijan, NJW 2002, 3365 (3366).
[28] So auch *Gutmann,* Thomas/*Fateh-Moghadam,* Bijan, NJW 2002, 3365 (3366).

nach welchen Kriterien die Organe zu verteilen sind und auf welche Art und Weise diese Kriterien untereinander zu gewichten sind. Derartiges kann die medizinische Wissenschaft nicht leisten.

Der zentrale Unterschied zwischen der oben dargestellten Risikoabwägung im Rahmen der Bestimmung des anerkannten Standes der medizinischen Erkenntnisse und der normativen Aussage der Richtlinien der Bundesärztekammer besteht dabei darin, dass der anerkannte Stand der medizinischen Erkenntnisse eine Hilfestellung zum Zwecke von Risikoabwägungen nur für ein zweipoliges Arzt-Patienten-Verhältnis treffen kann, normative Entscheidungen hingegen gerade auch Vorrangentscheidungen im Verhältnis von Arzt, Patient und einem Dritten zu treffen geeignet sind. Denn im Gegensatz zum anerkannten Stand der medizinischen Erkenntnisse sind normative Entscheidungen nicht auf medizinische Argumente beschränkt. Vielmehr können sie sich auch außerhalb der Medizin liegender, insbesondere auch verfassungsrechtlicher, politischer und ethischer Argumente zur Entscheidungsfindung bedienen. Während also die Medizin eine Vorrangentscheidung zwischen zwei Patienten nur dann treffen kann, wenn der eine Patient aufgrund von medizinischen Ausschlusskriterien für das Organ bereits gar nicht in Frage kommt (wobei sich in diesem Fall die Frage eines Vorrangs im eigentlichen Sinne bereits nicht stellt)[29], ist es gerade die Aufgabe normativer Regeln, diese Abwägungsentscheidung abstrakt-generell und auch für Fälle vorzunehmen, in denen beiden Patienten das Organ gleichermaßen transplantiert werden könnte. Gerade diese normative Entscheidung treffen die Richtlinien der Bundesärztekammer aber in einem weiten Maße.

### d) Bindungswirkung aufgrund einer mittelbaren Drittwirkung der Grundrechte?

Ein letzter Ansatzpunkt für die Begründung einer Bindungswirkung der Richtlinien für die behandelnden Ärzte könnte darin bestehen, dass diese im Wege mittelbarer Drittwirkung an einen grundrechtlich zwingend gebotenen Inhalt der Richtlinien gebunden sind.[30]

Dies soll vorliegend vor dem Hintergrund der Leberallokation diskutiert werden.

Hier stellt der sog. MELD-Score das maßgebliche Kriterium für die Verteilung von postmortal gespendeten Lebern dar. Er gibt auf der Grundlage der Labor-

---

[29] So auch *Gutmann*, Thomas, Für ein neues Transplantationsgesetz, 2006, S. 115 f. mit Verweis darauf, dass medizinische Ausschlusskriterien im Rahmen des medizinischen Fortschritts zunehmend in den Hintergrund treten.

[30] Soweit in Anklageschriften offensichtlich eine unmittelbare Bindungswirkung der Grundrechte für die behandelnden Ärzte behauptet wird (vgl. insoweit StA München I, Gz.: 120 Js 203762/12, S. 113), ist selbiges als nicht vertretbar einzustufen, da Grundrechte in erster Linie Abwehrrechte gegen den Staat darstellen und nicht private Dritte unmittelbar verpflichten; so wohl auch hinsichtlich der Aufnahme auf die Warteliste LG Gießen, Beschluss vom 19. 09. 2014 (Az.: 30290/14); a. A. VG München, Urteil vom 26. 06. 2014 (Az.: M 17 K 13.808).

werte von Serumkreatinin, Serumbilirubin und Prothrombinzeit an, wie hoch die Wahrscheinlichkeit ist, dass ein Patient in den nächsten drei Monaten versterben wird.[31] So geben die Richtlinien der Bundesärztekammer für einen MELD-Score von 35 bspw. eine Versterbenswahrscheinlichkeit von 80%, bei einem solchen von 10 hingegen nur von 2% an.[32] Damit ist der MELD-Score letztlich ein Ausdruck dafür, wie dringlich ein Patient ein Organ benötigt. Da die Leberallokation dementsprechend im Wesentlichen dringlichkeitsbasiert erfolgt, wird zum Teil die Auffassung vertreten, diese dringlichkeitsbasierte Verteilung von Organen sei Ausdruck eines zwingenden Verfassungsgebots, des sog. „sickest-first"-Prinzips.[33] Zum Teil wird darüber hinaus offensichtlich die Auffassung vertreten, dies habe zur Folge, dass die handelnden Ärzte zumindest verfassungsrechtlich an den MELD-Score als zwingendes Verteilungskriterium gebunden seien.[34] Die „sickest-first-rule" als zwingendes Verfassungsgebot zu begreifen, geht jedoch fehl, wie im Folgenden zu zeigen sein wird.

*(1) Das „Sickest-First-Prinzip" als zwingendes Verfassungsgebot?*

Das sog. „sickest-first-Prinzip" priorisiert diejenigen Patienten, die bei Unterlassen der Organzuteilung unter Zugrundelegung ihres gesundheitlichen status quo die schlechteste Zukunftsperspektive haben.[35] Die verfassungsrechtliche sowie ethische Gebotenheit dieses Prinzips erscheint auf den ersten Blick intuitiv plausibel. Immerhin steht bei der Verteilung von Herzen gerade bei diesen Patienten der Tod in der Regel unmittelbar bevor. Betrachtet man dieses Prinzip jedoch genauer, so zeigt sich schnell, dass Verfassungsrecht eine Verteilung nach diesem Prinzip nicht gebietet.

*(2) Ausgangspunkt*

Wie an anderer Stelle bereits ausführlich dargelegt[36], begründet Art. 2 Abs. 2 S. 1 GG für die Patienten auf der Warteliste aufgrund des bestehenden Organmangels keinen Anspruch auf ein Organ. Vielmehr steht diesen Patienten lediglich ein aus Art. 3 Abs. 1 GG i. V. m Art. 2 Abs. 2 S. 1 GG folgendes derivatives Teilhaberecht

---

[31] Vgl. insoweit die Richtlinien der Bundesärztekammer für die Wartelistenführung und Organvermittlung zur Lebertransplantation, III. 6.2.2.1.

[32] Vgl. insoweit die Richtlinien der Bundesärztekammer für die Wartelistenführung und Organvermittlung zur Lebertransplantation, III. 6.2.2.

[33] Vgl. insoweit die Anklage der StA München I, Gz.: 120 Js 203762/12, S. 112 zur Manipulation bei der Leberallokation.

[34] So spricht die Anklage der StA München I, Gz.: 120 Js 203762/12, S. 112 zur Manipulation bei der Leberallokation davon, eine Manipulation der „Dringlichkeitsreihenfolge" bei der Leberallokation (hiermit ist wohl der MELD-Score gemeint) verstoße unmittelbar gegen den verfassungsrechtlich verankerten Grundsatz der Lebenswertindifferenz.

[35] Vgl. zu diesem Prinzip bspw. *Persad,* Govind/*Wertheimer,* Alan/*Emanuel,* Ezekiel J., Principles for allocation of scarce medical interventions, Lancet 2009, Vol. 373, S. 423 (424).

[36] *Schroth,* Ulrich/*Hofmann,* Elisabeth, NStZ 2014, 486 (491 f.).

an den vorhandenen Organkapazitäten zu. Dieses Teilhaberecht begründet keinen Anspruch auf Zuteilung eines bestimmten Organs, sondern lediglich ein allen Patienten in der Warteliste gleichermaßen zustehendes Recht darauf, an den vorhandenen Organressourcen prinzipiell gleichberechtigt beteiligt zu werden.[37] Die Verteilung der Organe muss sich dementsprechend an sachgerechten Kriterien orientieren und insbesondere jedem Patienten eine Chance auf den Erhalt eines Organs belassen.[38]

*(3) „Sickest-First" als prioritäres Verteilungskriterium*

Betrachtet man diesen Ausgangspunkt, so stellt sich die Frage, ob die Schutzdimension des Art. 2 Abs. 2 S. 1 GG es gebietet, den Begriff der „sachgerechten Kriterien" im Kontext der Organverteilung dahingehend zu verstehen, dass die Organzuteilung zwingend immer an den Patienten mit der aktuell schlechtesten Zukunftsprognose zu erfolgen hat.[39] Dies ließe sich nur dann rechtfertigen, wenn Art. 2 Abs. 2 S. 1 GG eine Schutzpflicht dahingehend konstatieren würde, das konkret bedrohteste Leben um jeden Preis zu retten mit der Folge, dass alle anderen Kriterien zwingend hinter dieser Schutzpflicht zurücktreten müssten. Einen solchen unbedingten, alle anderen Kriterien verdrängenden Lebensschutz kennt das Grundgesetz jedoch nicht. Zwar stellt das BVerfG im *Schleyer*-Urteil[40] fest, dass Art. 2 Abs. 2 S. 1 i. V. m Art. 1 Abs. 1 S. 2 GG eine umfassende Schutzpflicht konstatiert, die es dem Staat gebietet, sich schützend und fördernd vor das Leben zu stellen. Die Entscheidung darüber, welche Schutzmaßnahmen zur Gewährleistung eines wirksamen Lebensschutzes zweckdienlich und geboten sind, stellt das Gericht hierbei aber grundsätzlich in die Verantwortung der staatlichen Organe.[41] Einen zwingend gebotenen Vorrang des Lebensschutzes vor allen anderen Erwägungen fordert das Bundesverfassungsgericht dementsprechend nicht einmal dann, wenn die Existenz eines konkreten Lebens unmittelbar bedroht ist.[42]

Auch der aus Art. 1 Abs. 1 GG abgeleitete Grundsatz der Lebenswertindifferenz gebietet keine andere Betrachtung. Danach ist jedes menschliche Leben „als solches gleich wertvoll und kann deshalb keiner irgendwie gearteten unterschiedlichen Bewertung oder gar zahlenmäßigen Abwägung unterworfen werden."[43] Damit begründet dieser Grundsatz aber gerade nicht die Pflicht, zwingend dem

---

[37] Vgl. zur Parallelproblematik bei der Verteilung von Studienplätzen insoweit *BVerfG* NJW 1972, 1561 (1564).

[38] Vgl. zur Parallelproblematik bei der Verteilung von Studienplätzen insoweit *BVerfG*, NJW 1972, 1561 (1566 ff.).

[39] So *Gutmann*, Thomas/*Fateh-Moghadam*, Bijan, Rechtsfragen der Organverteilung II, in: Gutmann et al. (Hrsg.), Grundlagen einer gerechten Organverteilung, S. 59 (92 ff.).

[40] *BVerfG*, NJW 1997, 2255.

[41] *BVerfG*, NJW 1997, 2255.

[42] So auch *Taupitz*, Jochen, Ökonomische Organisation im Gesundheitswesen als Gebot der Rechtsordnung, in: *Kick*, Hermes Andreas/*Taupitz*, Jochen, Gesundheitswesen zwischen Wirtschaftlichkeit und Menschlichkeit, S. 21 (28).

[43] *BVerfG*, NJW 1975, 573 (580).

Kränksten ein Organ zuzuteilen. Vielmehr statuiert er lediglich das Verbot, einem Patienten eine knappe lebenserhaltende medizinische Ressource mit der Begründung vorzuenthalten, dass ein anderer Patient durch die Zuteilung dieser Ressource eine höhere Lebenserwartung oder –qualität erlangen könnte.[44]

*(4) „Sickest-First" als zwingendes Gebot der Chancengleichheit?*

Nach den oben dargestellten Grundsätzen des *Numerus-Clausus*-Urteils muss sich die Verteilung von Organen nicht nur an sachgerechten Kriterien orientieren, sondern insbesondere jedem Patienten eine *reelle Chance* auf den Erhalt eines Organs belassen.[45] Auch dieser Aspekt könnte die Anwendung des Grundsatzes des „Sickest-First" gebieten, wenn nur auf diese Weise sichergestellt werden könnte, dass auch ein Patient mit der jeweils schlechtesten Zukunftsprognose eine reelle Chance auf den Erhalt eines Organs hat. Um diese Frage beantworten zu können, ist eine nähere Auseinandersetzung mit der Bedeutung des Begriffs „sickest-first" geboten. Die Bevorzugung des Patienten mit der schlechtesten Zukunftsprognose bedeutet, den Patienten zu priorisieren, der anhand statistischer Erwägung als nächstes zu versterben droht. Die Zukunftsprognose und damit die Todesnähe des einzelnen Patienten anhand von Erfahrungswerten und statistischen Erwägungen zu bewerten ist zwingend, da eine anders gestaltete Bestimmung derselben kaum möglich sein dürfte. Insoweit stellt sich aber bereits die Frage, inwieweit eine *statistische* Wahrscheinlichkeit geeignet ist, die Todesnähe des Patienten im *konkreten* Fall valide wiederzugeben. Die Begründung, dass beispielsweise Patienten, die mit 95%iger Wahrscheinlichkeit in 3 Monaten zu versterben drohen, den Patienten vorzuziehen seien, bei denen diese Wahrscheinlichkeit nur 90% beträgt, würde auch voraussetzen, dass Statistiken verwendet werden, die auf einer hinreichenden Tatsachenbasis erstellt wurden. Ob dies bei den Statistiken, die zur Beurteilung eines HU-Status herangezogen werden, der Fall ist, ist zumindest zweifelhaft. Weiter folgt aus der Natur einer Wahrscheinlichkeitsaussage nicht, was in Zukunft tatsächlich geschehen wird. Das heißt, es steht nicht fest, dass das im Wahrscheinlichkeitsurteil als wahrscheinlicher vorhergesagte Ereignis auch wirklich eher eintreten wird. Plakativ ausgedrückt auf unseren Fall: Es kann immer noch sein, dass der Patient, bei dem eine Wahrscheinlichkeitsaussage dahingehend gegeben ist, dass er mit einer Wahrscheinlichkeit von 85% aufgrund seiner Krankheit zu versterben droht, eher verstirbt als derjenige, bei dem die Wahrscheinlichkeit 95% ist.

Gravierender erscheint jedoch noch eine andere Erwägung. Findet eine Verteilung unter Zugrundelegung des „Sickest-First"-Grundsatzes statt, so wird die statistische Todesnähe des jeweiligen Patienten anhand aktueller Patientendaten ermittelt. Diese

---

[44] So auch *Gutmann*, Thomas/*Fateh-Moghadam*, Bijan, Rechtsfragen der Organverteilung II, in: Gutmann et al. (Hrsg.), Grundlagen einer gerechten Organverteilung, S. 59 (80).

[45] Vgl. zur Parallelproblematik bei der Verteilung von Studienplätzen insoweit *BVerfG*, NJW 1972, 1561 (1566 ff.).

Daten können jedoch nicht umfassend berücksichtigen, wie sich der Krankheitsverlauf eines Patienten über einen längeren Zeitraum darstellt. Dies hat zur Folge, dass der Patient zwingend prioritär zu berücksichtigen ist, dessen Gesundheitszustand sich im Moment der Organverteilung abstrakt als der schlechtere darstellt. Unberücksichtigt bleibt hingegen, ob dessen Gesundheitszustand sich kontinuierlich verschlechtert oder bereits über einen längeren Zeitraum auf dem schlechten Niveau konstant ist. Ist nämlich letzteres der Fall, so besteht durchaus die Möglichkeit, dass einem anderen Patient, dessen Gesundheitszustand zwar im Moment der Organzuteilung noch besser ist als der des Kränksten, sich aber schneller verschlechtert, die Chance auf ein Organ vorenthalten wird. Denn faktisch unterstellt das „Sickest-First"-Prinzip, dass es sich bei dem Organmangel um einen punktuellen Zustand handelt, weshalb derjenige zu retten ist, der dem Tod in diesem Moment am nächsten ist, da die anderen Patienten die Chance haben, auch zu einem späteren Zeitpunkt noch ein Organ zu erhalten. Gerade dies ist jedoch aufgrund des Organmangels nicht zwingend der Fall.[46] Diese Erwägung zeigt, dass auch die Tatsache, dass jeder Patient auf der Warteliste eine tatsächliche Chance auf die Zuteilung eines Organs haben muss, eine Verteilung nach dem Grundsatz des „Sickest-First" nicht gebietet. Denn dieses Verteilungskriterium kann diese Chance gerade nicht gewährleisten.

*(5) Ergebnis*

Da das Verfassungsrecht eine Verteilung nach dem „Sickest-First"-Prinzip nicht gebietet, kommt eine Bindung der Ärzte an den MELD-Score im Wege mittelbarer Drittwirkung bereits aus diesem Grund nicht in Betracht. Auf die weitergehende Frage, ob sich eine Bindung der Ärzte an die derivativen Teilhaberechte des „Patientenkollektivs" auf der Warteliste im Wege der mittelbaren Drittwirkung von Grundrechten überhaupt erreichen lässt, kommt es daher nicht an.

### III. Fazit

Was folgt aus den bisherigen Überlegungen? Eine Antwort ist sicherlich, dass das System der Organverteilung keinerlei normative Bindungswirkung entfaltet und einer Neustrukturierung bedarf. Es folgt weiter daraus, dass aus der Tatsache, dass alleine gegen Anwendungsregeln von Eurotransplant verstoßen wurde, Ärzten jedenfalls kein sanktionsrechtlicher Vorwurf gemacht werden kann. Dies deshalb, da eine sanktionsrechtliche Ahndung nur dann in Betracht kommt, wenn durch ein manipulatives Verhalten ein Vorrecht eines Patienten auf ein Organ verletzt worden ist. An sich hat jeder Schwerstkranke das gleiche Recht auf ein Organ.[47] Durch ein verfassungswidriges System kann ein Vorrecht nicht begründet werden. Auch

---

[46] So auch *Persad*, Govind/*Wertheimer*, Alan/*Emanuel*, Ezekiel J., Principles for allocation of scarce medical interventions, Lancet 2009, Vol. 373, S. 423 (425); *Juth*, Niklas, Challenges for Principles of Need in Health Care, Health Care Analysis, (2015) 23:73 (78).

[47] Vgl. hierzu bereits *Schroth*, Ulrich/*Hofmann*, Elisabeth, NStZ 2014, 486 (491 f.).

der neue Blanketttatbestand des § 19 Abs. 2a TPG kann durch verfassungswidrige und damit unwirksame Richtlinien der Bundesärztekammer sowie das ET-Manual nicht ausgefüllt werden.

Der Gesetzgeber wäre dringend aufgefordert, ein System zu schaffen, das dem Demokratieprinzip in einem derart grundrechtsrelevanten Bereich in angemessener Form Rechnung trägt. Das eigentliche Unrecht bei der Manipulation von Organzuteilungsentscheidungen ist im gegenwärtigen System der Organverteilung nicht rechtlicher, sondern moralischer Natur. De lege ferenda wäre eine Regelung zu wünschen, die das derivative Teilhaberecht der Patienten am Organverteilungssystem angemessen absichert und die Krankenakten vor falschen Eintragungen schützt, die wider besseres Wissen erfolgen. Insoweit böte sich eine Änderung des § 278 StGB an.[48]

## Summary

The issue of the normative binding effect of organ allocation policies plays a decisive role in the legal analysis of the organ donation scandal.

The article comes to the conclusion that neither the guidelines of the German Medical Association nor the rules and regulations of the Eurotransplant Manual are legally binding. Such a binding effect would be inconsistent with mandatory constitutional law. The rules of self-administration are also not able to justify a binding effect of the guidelines of the German Medical Association for physicians. The argument produced by some public prosecutors that those guidelines are legally binding regardless of their normative content on the basis of the "sickest-first principle" as part of the constitutional law, is not convincing. Firstly, the "sickest-first principle" does not constitute mandatory constitutional law. Secondly, it is unconvincing that statistical probabilities which form the basis of the guidelines of the German Medical Association are appropriate to reflect the probable time of death of the patients on the waiting list in a valid manner.

---

[48] Vgl. insoweit bereits *Schroth,* Ulrich, MedR 2013, 645 (647).

## Die zeitliche Dimension des menschlichen Lebens und ihre medizinethische Relevanz

Mark Schweda und Claudia Wiesemann

Für weltweite Aufregung sorgte im vergangenen Jahr die Nachricht, dass eine 65-jährige Berlinerin nach Eizellspende schwanger geworden sei und schließlich Vierlinge zur Welt gebracht habe. Dabei wurde der Fall nicht nur als ein eindrückliches Beispiel für die Leistungen der modernen Fortpflanzungsmedizin aufgenommen. Das Alter der Mutter provozierte auch heftige öffentliche Kontroversen und moralische Entrüstung. So resümierte die *BILD-Zeitung*: „[A]b einer bestimmten Lebensphase [...] sagen die meisten Menschen irgendwann: ‚Es reicht.' Normalerweise kümmert man sich dann schon um Enkelkinder, gibt Lebensweisheiten an seine Kinder weiter und findet sich in seinem eigenen Leben zurecht."[1]

Offenbar fordern solche Beispiele medizinischer Innovationen verbreitete intuitive Überzeugungen zur zeitlichen Ordnung des menschlichen Lebens und dem rechten ‚*Timing*' einschneidender Lebensereignisse heraus. Sie werfen so ein Schlaglicht auf ein ethisch bislang kaum systematisch berücksichtigtes Themenfeld: den Zusammenhang von Lebenszeit und Moral. Gerade an ungewöhnlichen, vermeintlich ‚irregulären' Biographien wird *ex negativo* deutlich, dass wir bestimmte Erwartungen an den Verlauf des Lebens und seine Phasen hegen, die unsere moralischen Überzeugungen fundieren – und umgekehrt, dass der Einteilung des menschlichen Lebens in bestimmte Phasen moralische Überzeugungen der Angemessenheit, Zuständigkeit und Verantwortlichkeit zu Grunde liegen. Dies gilt in besonderem Maße, wenn von der modernen Medizin und ihren Innovationen die Rede ist. Man kann das Wirken der Medizin zwar geradezu als einen Versuch verstehen, der Zeitlichkeit des menschlichen Lebens ein Schnippchen zu schlagen. Doch oft genug tritt dabei zugleich ein weiterer Effekt ein: Neue medizinischen Techniken konfrontieren uns mit tief verwurzelten, aber wenig reflektierten Überzeugen über die Zeitlichkeit menschlicher Existenz und nötigen uns zu einer Auseinandersetzung mit ihrer ethischen Bedeutung und Berechtigung.

Allerdings hat es oft den Anschein, als gingen viele Begriffe und Theorien der Ethik ebenfalls von einem wenig reflektierten Verständnis der Zeit und einem zeit-

---

[1] *Laura Gehrmann*, „Ist Annegret süchtig nach Schwangerschaften? Sie hat schon 13 Kinder, jetzt sind Baby 14 bis 17 unterwegs", in: BILD-Zeitung (18.4.2015); vgl. *Fabienne Prochnow / Til Biermann*, „Experten über Vierlings-Schwangerschaft der 65-Jährigen: ‚Finde die Entscheidung als Mediziner unverantwortlich'", in: BILD-Zeitung (13.4.2015).

lich indifferenten moralischen Akteur aus und tendierten infolgedessen dazu, jene Fälle, in denen Lebenszeit unübersehbarer relevant wird, als Sonderfälle zu konzipieren. So ist zwar etwa von einer *Ethik des Kindes*[2] oder einer *Ethik des Alters*[3] die Rede, nicht aber von einer korrespondierenden ‚Ethik des mittleren Lebensalters'. Offenkundig ist diese Phase des Erwachsenenlebens immer schon als vermeintlich zeitloser Standard, gleichsam als Normalfall des Menschseins gesetzt. Diese Perspektive marginalisiert nicht nur andere Lebensphasen, sie leistet auch einer Fragmentierung des Lebens insgesamt Vorschub, da dessen verschiedene Perioden als allenfalls lose verbunden nebeneinander betrachtet werden. Die Herausforderung und Leistung des Individuums, alle durchlaufenen Lebensphasen zu einem zeitlichen Ganzen zu integrieren, wird damit unsichtbar. Zudem wird übersehen, in welch dramatischem Ausmaß sich moralische Verantwortung kumulativ aus den aufeinanderfolgenden Stadien des menschlichen Lebens ergibt, dabei *ex ante* den Kontingenzen individueller Biographien ausgesetzt ist und dennoch *ex post* aus einem kohärenten lebensgeschichtlichen Zusammenhang heraus verstanden werden muss.

Im vorliegenden Beitrag wollen wir uns dieser zeitlichen Dimension des menschlichen Lebens zuwenden und ihre Bedeutung für die Ethik und speziell die medizinethische Forschung klarer herausstellen. Zu diesem Zweck geben wir, ausgehend von existenzphilosophischen Ansätzen und den Ergebnissen sozialwissenschaftlicher Biographieforschung, zunächst einen Überblick über einige Gesichtspunkte, die für ein vertieftes Verständnis menschlicher Zeitlichkeit in der Ethik grundlegend sind. Die medizinethische Relevanz der Zeitdimension verdeutlichen wir im darauf folgenden Abschnitt an drei prominenten Problemfeldern medizinethischer Forschung: der ‚Ethik am Lebensanfang', der ‚Ethik der Kindheit' und der ‚Ethik des Alters'. Dabei befragen wir die einschlägigen Fachdiskurse auf ihre methodischen und inhaltlichen Vorannahmen hin und versuchen, ihre komplexen zeitlichen Implikationen und Bezüge angemessener herauszuarbeiten. In allen drei Bereichen stellen neue medizinische Möglichkeiten bislang als natürlich und selbstverständlich geltende zeitliche Ordnungs- und Orientierungsmuster des menschlichen Lebens in Frage. Sie lenken den Blick so auf die sozio-kulturelle Prägung und Normierung überkommener ‚Lebenszeitordnungen' und werfen die Frage ihrer ethischen Bedeutung und Berechtigung auf. Gerade weil durch biomedizinische Entwicklungen vermehrt Verständigungs- und Orientierungsbedarf bezüglich der zeitlichen Struktur des menschlichen Lebens entsteht, muss die Medizinethik sich heute ausdrücklich mit der Rolle der Zeit und ihrer angemessenen Berücksichtigung in der ethischen Theoriebildung auseinandersetzen.

---

[2] *Frank Surall*, Ethik des Kindes. Kinderrechte und ihre theologisch-ethische Rezeption, Stuttgart: Kohlhammer 2009.

[3] *Hans-Jürgen Kaatsch / Hartmut Rosenau / Werner Theobald*, Ethik des Alters, Münster: Lit-Verlag 2007.

## I. Die zeitliche Dimension des Lebens und ihre (medizin-)ethische Relevanz

Menschliche Entscheidungen, Handlungen und Lebensvollzüge spielen sich grundsätzlich in der Zeit ab und sind zeitlich strukturiert: Sie haben einen Anfang in der Zeit, erstrecken sich über einen gewissen Zeitraum und enden zu einem bestimmten Zeitpunkt. Auch maßgebliche Gesichtspunkte ihrer Bewertung wie der der Motivation, der Verantwortung, der Konsequenzen und der Schuld sind kaum anders als in zeitlichen Kategorien zu denken. Gerade in der medizinethischen Auseinandersetzung mit dem Beginn und Ende des menschlichen Lebens drängt sich der zeitliche Aspekt förmlich auf. Zudem fordern neue medizinische und gesellschaftliche Entwicklungen hergebrachte Ordnungsmuster der Lebenszeit heraus. Reproduktionsmedizinische Innovationen ermöglichen eine Flexibilisierung von Zeugung, Schwangerschaft und Geburt und lassen die Neuordnung generationeller Familienrollen sowie genealogischer Abstammungsverhältnisse möglich erscheinen.[4] Neue Formen medizinischer und juristischer Vorsorge machen das Leben insgesamt zur Projektionsfläche eigenmächtigen und selbst zu verantwortenden Planens im Horizont gesundheitsbezogener Zukunftsszenarien.[5] Biomedizinische Interventionen in den Alterungsprozess stellen die vertraute zeitliche Erstreckung und Verlaufsstruktur des menschlichen Lebens zur Disposition und werfen dadurch Fragen gelingenden Lebens sowie intergenerationeller Gerechtigkeit und Nachhaltigkeit auf.[6]

Wenn die Zeitlichkeit der menschlichen Existenz unhinterfragt ausgeblendet wird, verengt sich der Blick auf die verhandelten ethischen Probleme. Dies mag angesichts der in der modernen Moralphilosophie lange vorherrschenden Ausrichtung auf die Begründung universell gültiger Normen unter dem Anspruch strenger Wissenschaftlichkeit noch sinnvoll erscheinen.[7] Doch auch für die seit einigen Jahrzehnten wieder aufgenommenen teleologischen Überlegungen der Tugend-, Strebens- und Glücksethik lässt sich eine weit reichende Ausblendung der Zeitlichkeitsdimension feststellen. So bezeichnet es Holmer Steinfath als „eines der großen Defizite auch der gegenwärtigen Diskussion zur Thematik des guten Lebens, dass zu wenig auf die Probleme reflektiert wird, die sich aus der spezifischen Zeitlichkeit unserer Existenz und aus unserer Sterblichkeit ergeben"[8]. Auch in der

---

[4] Vgl. *Michi Knecht*, „Vom Stammbaum zum Gebüsch? Reproduktionstechnologische Implikationen für genealogische Praktiken der Gegenwart", in: Irene Berkel (Hrsg.): Nähe, Verbot, Ordnung. „Genealogische Nachrichten", Gießen: Psychosozial-Verlag, 2012, S. 109–136.

[5] Vgl. *Mark Schweda/Silke Schicktanz*, „Das Unbehagen an der Medikalisierung. Theoretische und ethische Aspekte der biomedizinischen Altersplanung", in: Silke Schicktanz/Mark Schweda (Hrsg.), Pro-Age oder Anti-Aging? Altern im Fokus der modernen Medizin, Frankfurt a. M./New York: Campus 2012, S. 23–40.

[6] Vgl. *Sebastian Knell/Marcel Weber* (Hrsg.), Länger leben? Philosophische und biowissenschaftliche Perspektiven, Frankfurt a. M.: Suhrkamp 2009.

[7] Vgl. *Thomas Rentsch*, „Philosophische Anthropologie und Ethik der späten Lebenszeit", in: Paul B. Baltes/Jürgen Mittelstraß (Hrsg.), Alter und Altern: ein interdisziplinärer Studientext zur Gerontologie, Berlin: de Gruyter, S. 283–304, hier: S. 286.

Medizinethik wird neuerdings das Vorherrschen einer theoretischen Perspektive kritisiert, die den Menschen als ein überzeitliches, alters-, körper- und beziehungsloses Wesen fasst und zeitlich stärker markierte Phasen seiner Existenz wie insbesondere Kindheit und hohes Lebensalter infolgedessen als abweichende Randphänomene erscheinen lässt.[9] Erst in den vergangenen Jahren wurde die Frage nach der Bedeutung von Zeit und Zeitlichkeit für die (medizin-)ethische Reflexion verstärkt aufgegriffen und für einzelne Forschungsfelder methodisch fruchtbar gemacht.[10] Mitunter ist sogar von einem „der zentralen Grundlagenprobleme der zeitgenössischen Ethik"[11] die Rede. Nötig ist deshalb eine die verschiedenen Forschungsfelder überspannende Darstellung, die dazu anregt, Zeitlichkeit als eine grundlegende Kategorie zu erfassen und systematisch in ethische Begrifflichkeiten und methodische Ansätze zu integrieren.

Bei näherer Betrachtung betrifft die Frage nach der ethischen Bedeutung der Zeitlichkeit zunächst einmal die *Prozessualität* des menschlichen Lebens. Denn dieses Leben stellt offensichtlich weder eine abstrakte, statische Größe noch einen homogenen Zustand dar. Es vollzieht sich vielmehr als ein Vorgang in der Zeit, als gelebtes und erfahrenes Leben, und ist insofern wesentlich durch Veränderung sowie die damit einhergehenden Bezüge auf ein Vorher und ein Nachher bestimmt.[12] Entsprechend ist auch das Subjekt dieses Prozesses nie definitiv ‚gegeben', sondern verändert fortwährend seinen zeitlichen Standpunkt und Blickwinkel. Die Ausbildung und Entwicklung einer personalen Identität in Abhängigkeit von der Perspektive über die Zeit ist auch von großer ethischer Bedeutung.[13] So werden moralische Akteure mit moralischen Konflikten im Horizont ihrer jeweiligen Lebenszeit konfrontiert. Ihre Lebensgeschichte und ihre Zukunftserwartungen spie-

---

[8] *Holmer Steinfath*, „Einführung: Die Thematik des guten Lebens in der gegenwärtigen philosophischen Diskussion", in: ders. (Hrsg.), Was ist ein gutes Leben? Philosophische Reflexionen, Frankfurt a. M.: Suhrkamp 1998, S. 15.

[9] Vgl. *Claudia Wiesemann*, Von der Verantwortung, ein Kind zu bekommen. Eine Ethik der Elternschaft, München: Beck 2006; *Søren Holm*, „The Implicit Anthropology of Bioethics and the Problem of the Aging Person", in: Maartje Schermer / Wim Pinxten (Hrsg.), Ethics, Health Policy and (Anti-)Aging: Mixed Blessings, Dordrecht: Springer 2013, S. 59–71.

[10] Vgl. *Mark Schweda / Claudia Bozzaro*, „Altern als Paradigma: Neue Zugänge zur Zeitlichkeit des Menschen in der Ethik", in: Zeitschrift für Praktische Philosophie 1 (2014) 1, S. 167–184; *Christoph Rehmann-Sutter / Georg Pfleiderer*, „Einleitung", in: Georg Pfleiderer / Christoph Rehmann-Sutter (Hrsg.), Zeithorizonte des Ethischen. Zur Bedeutung der Temporalität in der Fundamental- und Bioethik, Stuttgart: Kohlhammer 2006, S. 7–14; *Heather Dyke* (Hrsg.), Time and Ethics: Essays at the Intersection, Dordrecht u. a.: Kluwer 2003; *Emil Angehrn / Christian Iber / Georg Lohmann / Romano Pocai* (Hrsg.), Der Sinn der Zeit, Weilerswist: Velbrück Wissenschaft 2002.

[11] *Christoph Rehmann Sutter / Georg Pfleiderer* (Fn. 10), S. 7.

[12] Vgl. *Ursula Wolf*, „Was es heißt, sein Leben zu leben", in: Philosophische Rundschau 33 (1986) 3/4, S. 242–265; *Emil Angehrn*, „Verstehendes Leben", in: Roland Breeuer / Ullrich Melle (Hrsg.), Life, Subjectivity, and Art, Dordrecht u.a.: Springer 2012, S. 123–143.

[13] Vgl. *Michael Quante*, Personales Leben und menschlicher Tod. Personale Identität als Prinzip der biomedizinischen Ethik, Frankfurt a. M.: Suhrkamp 2002.

len eine entscheidende Rolle für die Beurteilung von Handlungsentscheidungen. Dies gilt etwa für die Bewertung von Behandlungsalternativen bei chronischer Krankheit, die je nach Lebensalter und Zeitperspektive unterschiedlich ausfallen kann, ebenso wie für die Abfassung und Interpretation von Vorausverfügungen oder die Entscheidung über Therapieziele und deren Änderung am Lebensende. Schon die in der Medizinethik gebräuchliche Kategorie der ‚ethischen Probleme am Lebensende', die methodisch wie inhaltlich Entscheidungsalgorithmen prägt, gibt eine biographische Einordnung moralischer Konflikte vor, die sich aus der Perspektive der betroffenen Subjekte völlig anders darstellen können. Zugleich erschließen sich über den zeitlich-biographischen Horizont auch moralisch relevante, in ihrer ethischen Bedeutung jedoch kaum verstandene retrospektive und prospektive Gefühle und Einstellungen wie Furcht, Bedauern, Reue, Hoffnung und Vertrauen.[14]

Begreift man die menschliche Existenz als ein Prozess in der Zeit, werden auch weitere temporale Gesichtspunkte ethisch relevant, insbesondere die zeitliche *Gerichtetheit*, die *Irreversibilität* und die *Finalität* des Lebens. Dass der Fortgang des Lebens nicht kurzerhand umkehrbar ist, Vergangenes also nicht nach Belieben rückgängig gemacht und Zukünftiges nicht einfach vorweggenommen werden kann, und dass das Leben auf ein unwiderrufliches Ende zuläuft, verleiht ihm gemäß der existenzphilosophischen Sicht allererst seinen ‚Ernstfallcharakter'.[15] Das Bewusstsein der eigenen Zeitlichkeit eröffnet demnach erst jene spezifisch ethische Perspektive und Dimension, in der überhaupt ‚zählt', wie wir entscheiden und was wir tun. Bliebe unbegrenzt Zeit, wäre das Leben ein einziger unveränderlicher Gegenwartszustand oder könnte man gar beliebig darin vor- und zurückspulen, würde sich die ethisch grundlegende Frage nach der richtigen Entscheidung und dem gelingenden Leben möglicherweise gar nicht stellen, zumindest jedoch ihre existenzielle Bedeutung und Dringlichkeit verlieren.[16] Auch und gerade im medizinischen Kontext verleiht das Wissen, dass Handlungen und Versäumnisse gravierende irreversible Konsequenzen haben und die Spielräume künftiger Handlungen – womöglich sogar künftiger Personen – begrenzen oder ganz festlegen können, den betreffenden Entscheidungen ihr existenzielles Gewicht und ihre individualbiographische oder sogar intergenerationelle Brisanz, wie sich etwa an reproduktionsmedizinischen Optionen mit Blick auf künftige Kinder oder an Eingriffen in die menschliche Keimbahn verdeutlichen lässt.[17]

---

[14] Vgl. *Holmer Steinfath / Claudia Wiesemann* (Hrsg.), Autonomie und Vertrauen. Schlüsselbegriffe der modernen Medizin, Wiesbaden: Springer VS 2016.

[15] Vgl. *Claudia Bozzaro*, „Das Leben als Ernstfall: Der individuelle Lebensvollzug im Horizont der verrinnenden Zeit", in: Zeitschrift für Praktische Philosophie 1 (2014) 1, S. 185–232.

[16] Vgl. *Claudia Bozzaro / Mark Schweda*, „Das Altern und die Zeit des Menschen", in: Oliver Müller / Giovanni Maio (Hrsg.), Orientierung am Menschen. Anthropologische Konzeptionen und normative Perspektiven, Göttingen: Wallstein 2016, S. 351–378, hier: S. 352 f.

[17] Vgl. *Anja Karnein*, Zukünftige Personen. Eine Theorie des ungeborenen Lebens von der künstlichen Befruchtung bis zur genetischen Manipulation, Frankfurt a. M.: Suhrkamp 2013.

Darüber hinaus rückt mit den Aspekten der Prozessualität und Gerichtetheit auch die ethische Bedeutung der konkreten *zeitlichen Ordnung* des menschlichen Lebens in den Blick: Tatsächlich scheinen moralische Urteile und sogar institutionelle Strukturen vielfach insgeheim eine normative Konzeption des menschlichen Lebensverlaufs vorauszusetzen, also eine bestimmte Vorstellung von der angemessenen zeitlichen Segmentierung, Verlaufsstruktur und Stufenfolge des Lebens mitsamt den darin vorgesehenen Zäsuren, Phasen und Übergängen sowie den mit ihnen jeweils verbundenen moralischen Standards gelingenden Lebens und altersgemäßer Rollen bzw. Verhaltensweisen.[18] Diese Verlaufsmodelle finden oft nur in einer wenig reflektierten Form Eingang in allgemeine ethische Überlegungen. So wird etwa unterstellt, dass Kinder per se einen anderen moralischen Status haben als Erwachsene, ohne diese Überzeugung einer kritischen Prüfung zu unterziehen.[19] Zudem werden ethischen Urteilen und sozialpolitischen Regelungen oft ohne weitere Reflexion überkommene, teils schematische Vorstellungen altersspezifisch angemessener Verhaltensweisen und Zielsetzungen zugrunde gelegt. Entsprechend erscheinen Möglichkeiten der assistierten Reproduktion, der Lebensverlängerung oder der Therapiebegrenzung in einem bestimmten Lebensalter als sinnvoll und erstrebenswert und daher – auch im Hinblick auf Fragen der Kostenübernahme – nachvollziehbar, in einem anderen hingegen nicht. Die normativen Implikationen derartiger Lebensverlaufskonzeptionen für medizinische Entscheidungen müssen verstanden und auf ihre Berechtigung hin befragt werden.

Schließlich konterkariert eine stärkere Berücksichtigung der Zeitlichkeit auch gewisse, durch eine unreflektiert synchrone Betrachtungsweise begünstigte perspektivische Verzerrungen im Hinblick auf das menschliche Leben. Insbesondere erweitert sie die vorherrschende einseitige theoretische Ausrichtung auf konstante, scheinbar statische Gegebenheiten und schärft den Sinn für prozesshaft-dynamische Aspekte. So rücken in einer diachronen Perspektive gegenüber der Segmentierung des Lebensverlaufs in vermeintlich diskrete ‚stationäre' Zustände (Krankheit/Gesundheit; Kindheit/Erwachsensein; Jungsein/Altsein) die ethische Relevanz und Brisanz von *Entwicklungen, Brüchen und Übergängen* in den Vordergrund (Adoleszenz, Erkrankung, Gesundung, Seneszenz, Sterben). Gerade im medizinischen Kontext zeigt sich, wie solche ‚trajectories' selbst eigene moralische Herausforderungen darstellen und moralische Konflikte auslösen können. Beispielsweise kann eine chronische Erkrankung scheinbar selbstverständliche Erwartungen an einen standardisierten biographischen Lebensverlauf in Frage stellen und eine Neujustierung des eigenen Selbstbildes und Lebensentwurfs erforderlich machen.[20] Umgekehrt können neue medizinische Behandlungsmöglichkeiten einem vormals scheinbar unabänder-

---

[18] Vgl. *Mark Schweda*, „‚Ein Jegliches hat seine Zeit'. Altern und die Ethik des Lebensverlaufs", in: Zeitschrift für Praktische Philosophie 1 (2014) 1, S. 185–232.

[19] Vgl. *Claudia Wiesemann*, „Der moralische Status des Kindes in der Medizin", in: Johann S. Ach/Beate Lüttenberg/Michael Quante (Hrsg.), wissen/leben/ethik, Münster: mentis 2014, S.155–168.

[20] Vgl. *Doris Schaeffer* (Hrsg.), Bewältigung chronischer Krankheit im Lebenslauf, Bern: Huber 2009.

lichen Schicksal (Kinderlosigkeit, Krankheit, Behinderung) eine neue Wendung verleihen und damit auch neue biographische Zeithorizonte eröffnen.

## II. Zeitlichkeit in medizinischen und medizinethischen Anwendungskontexten

### 1. Ethische Fragen ‚am Lebensanfang'

Schon die allgemeine Einstufung der Problemkonstellationen der Fortpflanzungsmedizin in die Kategorie der ‚ethischen Fragen am Lebensanfang' verführt zu einer reduzierten Sichtweise auf die verhandelten Probleme. Dabei gerät aus dem Blick, dass die handelnden Personen in der Regel Erwachsene sind, deren ethische Konflikte wesentlich mehr umfassen als den angemessenen Umgang mit dem menschlichen Embryo. Andere grundlegende ethische Themen der Fortpflanzungsmedizin wie der rechte Zeitpunkt für Fortpflanzung, die Verantwortung gegenüber dem Partner und dem zu zeugenden Kind in einer Langzeitperspektive sowie weiteren Geschwisterkindern, ja sogar gegenüber nachfolgenden Generationen werden dabei systematisch ausgeblendet.[21] Die in der Benennung als ‚ethische Fragen am Lebensanfang' angelegte Marginalisierung solcher Problemkonstellationen bringt die Gefahr mit sich, dass gerade die eigentlich handelnden Personen seltsam konturlos bleiben, die verstreichende Zeit – für die betroffenen Paare in der Regel von existenzieller Bedeutung – als irrelevant erscheint und die lebensgeschichtliche Bedeutung der Entscheidungen ignoriert oder trivialisiert wird. Dies leistet wiederum stereotypen Vorstellungen Vorschub, etwa vom ‚richtigen' Zeitpunkt der Schwangerschaft, wie sie z. B. die Debatte über das sogenannte *social freezing*, also das Einfrieren von Eizellen für eine Fruchtbarkeitsreserve in späteren Lebensjahren, prägten. Bernstein und Wiesemann argumentieren, dass dabei unter dem Deckmantel von Natürlichkeits- und Autonomie-Diskursen Altersstereotypen verbreitet werden, die auf einer unkritischen Übernahme gesellschaftlicher Normalitätsvorstellungen und vermeintlich wissenschaftlich objektiver Altersgrenzen in der Fortpflanzungsmedizin beruhen.[22] Implizit wird eine Standardbiographie unterstellt, weshalb Fortpflanzung im höheren oder hohen Alter reflexhaft nicht nur als Abweichung von der biologischen und sozialen, sondern auch von der moralischen Norm gewertet wird. Betroffene Personen machen sich soziale Erwartungen, die z. B. unter dem Schlagwort der ‚biologischen Uhr' popularisiert werden, zu eigen und geraten damit unter das Diktat des ‚richtigen Timings'.[23] Solche Leitbilder

---

[21] Vgl. *Gabriela Brahier*, Medizinische Prognosen im Horizont eigener Lebensführung: Zur Struktur ethischer Entscheidungsfindungsprozesse am Beispiel der pränatalen genetischen Diagnostik, Tübingen: Mohr Siebeck 2012; *Claudia Wiesemann* (Fn. 9).

[22] Vgl. *Stephanie Bernstein / Claudia Wiesemann*, „Should Postponing Motherhood via ‚Social Freezing' be Legally Banned? An Ethical Analysis", in: Laws 3 (2014), S. 282– 300.

[23] Vgl. *Candida C. Peterson*, „The Ticking of the Social Clock: Adults' Beliefs about the Timing of Transition Events", in: International Journal of Aging & Human Development 42

und Normvorstellungen des Erwachsenenlebens sowie intergenerationeller Verhältnisse verstellen den Blick auf die Komplexität des menschlichen Lebenslaufs und marginalisieren die für die Paare und insbesondere die betroffenen Frauen so bedeutsame subjektive Erfahrung der verstreichenden Zeit. Zudem bedürfen die damit zusammenhängenden ethischen Fragen bezüglich eines gelingenden Lebens und retrospektiver und prospektiver Verantwortung innerhalb von Familien (und womöglich gegenüber künftigen Generationen) einer Analyse ihrer zeitlichen Perspektive, welche nicht nur die Irreversibilität des Lebensverlaufs, sondern auch die Langfristigkeit der untersuchten Beziehungen in den Blick nimmt.

## 2. ‚Ethik der Kindheit'

Die Ethik im kinder- und jugendmedizinischen Kontext leidet ebenso unter stereotypen altersabhängigen Normvorstellungen. So haben beispielsweise nur Volljährige das Recht, eine Patientenverfügung zu verfassen (§ 1901a BGB); die immerhin erst vor wenigen Jahren verabschiedete Gesetzesnovelle nimmt keine Rücksicht darauf, ob Minderjährige schon einwilligungs- und selbstbestimmungsfähig sind.[24] Nicht selten wird pauschal unterstellt, dass paternalistische Entscheidungen bei Menschen unter 18 Jahren keiner besonderen Rechtfertigung bedürfen; ethische Abhandlungen über ‚rechtfertigungsbedürftigen Paternalismus' ziehen üblicherweise Fälle, in denen Kinder und Jugendliche betroffen sind, von vornherein nicht in Betracht.[25] Erst in letzter Zeit beginnt man, einen Autonomie-Diskurs auch für Minderjährige zu führen, allerdings mit noch wenig Breitenwirkung, was nicht zuletzt der Hartnäckigkeit überkommener rechtlicher Zäsuren geschuldet ist.[26]

---

(1996) 3, S. 189–203; *Vera King* „Optimierte Kindheiten. Paradoxien familialer Fürsorge im Kontext von Beschleunigung und Flexibilisierung", in: Frank Dammasch/Martin Teising (Hrsg.), Das modernisierte Kind, Frankfurt a.M.: Brandes & Apsel 2013, S. 31–51.

[24] Vgl. *Eva Schumann*, „Patientenverfügung und Patienten ohne Verfügung", in: Marion Albers (Hrsg.), Patientenverfügungen, Schriften zum Bio-, Gesundheits- und Medizinrecht, Bd. 2, Baden-Baden: Nomos 2008, S. 215–242. Pauschale altersbezogene ethische Zäsuren werden auch heute noch von Ethikern verteidigt, etwa von: *Joel Anderson/Rutger Claassen*, „Sailing Alone: Teenage Autonomy and Regimes of Childhood", in: Law and Philosophy 31 (2012), S. 495–522.

[25] Vgl. etwa *Stephen Hanson*, „Engelhardt and Children: The Failure of Libertarian Bioethics in Pediatric Interactions", in: Kennedy Institute of Ethics Journal 15 (2005), S. 179–198; *Bettina Schöne-Seifert*, „Paternalismus. Zu seiner ethischen Rechtfertigung in Medizin und Psychiatrie", in: Jahrbuch für Wissenschaft und Ethik 14 (2009), S. 107–127; *Gerald Dworkin*, „Paternalism", in: Edward N. Zalta (Hrsg.), The Stanford Encyclopedia of Philosophy (Summer 2010 Edition), URL = <http://plato.stanford.edu/archives/sum2010/entries/paternalism/>.

[26] Vgl. *Sabine Peters*, Wenn Kinder anderer Meinung sind. Die ethische Problematik von Kindeswohl und Kindeswille in der Kinder- und Jugendmedizin (Diss. med.), Göttingen 2013; *David Archard*, „Children, Adults, Autonomy and Well-Being", in: Alexander Bagattini/Colin Macleod (Hrsg.), The Nature of Children's Well-Being. Theory and Practice, Dordrecht: Springer 2015, S. 3–14.

Das Kind erscheint in Ethikdiskursen pauschal als noch unfertiger Erwachsener, nicht als eigenständiger moralischer Akteur mit einer bedeutungsvollen Lebenszeit und eigener Biographie.[27] In Konfliktfällen wird oft selbstverständlich vorausgesetzt, dass die Interessen des zukünftigen Erwachsenen und die des Kindes hier und jetzt gleich sind, oder es wird gar ganz unterschlagen, dass die Interessen des Kindes einen eigenständigen moralischen Stellenwert besitzen und nicht automatisch mit den Vorstellungen der Erwachsenen oder mit den unterstellten Interessen der zukünftigen Person, die das Kind einmal sein wird, verrechnet werden dürfen.[28] So wird bei Konflikten um medizinisch strittige Eingriffe im Kindesalter – wie bei der Korrektur eines uneindeutigen Genitals bei Intersex oder bei der Beschneidung – zumeist argumentiert, nur der zukünftige Erwachsene habe das Recht, solche Eingriffe zu autorisieren. Dabei gerät völlig außer Acht, dass das Kind bis zum Zeitpunkt, an dem es als erwachsen gilt, ein eigenes Leben mit eigenen Erfahrungen hat, deren Bedeutung sowohl für das Kind wie auch für die Person, die es einmal sein wird, existenziell sein kann.[29] In solchen Diskursen werden Verlaufsstruktur und Irreversibilität des Heranwachsens ausgeblendet und ein statisches, überzeitliches Bild des moralischen Akteurs impliziert, der stets schon erwachsen ist. Das Kind läuft dabei Gefahr, lediglich als Projektionsfläche zu dienen für Vorstellungen von dem zukünftigen Erwachsenen, der es einmal sein soll, und dessen Lebensgestaltung. Dies gilt etwa für die weit verbreitete, unkritische Verwendung des Open-Future-Arguments, demzufolge ethische Entscheidungen im Kindesalter sich daran bemessen lassen müssen, ob sie es erlauben, die Welt des Erwachsenen (in der Zukunft) offen zu halten oder nicht.[30] Damit wird das Kind aus dem zeitlich bestimmten, biographischen Zusammenhang der personalen Existenz herausgenommen. Ihm wird verweigert, als Person Anteil zu haben am Verlauf des Lebens, insofern dieses in seiner gesamten Dauer, seinen lebensgeschichtlichen Brüchen und seiner Finalität mit Sinn erfüllt werden muss.

### 3. ‚Ethik des Alters'

Schließlich ist auch die ethische Diskussion um altersbezogene medizinische Maßnahmen von impliziten Annahmen bezüglich des zeitlichen Ablaufs des menschlichen Lebens und vor allem des höheren Lebensalters, seiner Zukunftsper-

---

[27] Vgl. für eine substantielle Kritik an dieser Sichtweise *James G. Dwyer*, Moral Status and Human Life. The Case for Children's Superiority, Cambridge: Cambridge University Press 2011.

[28] Vgl. *Claudia Wiesemann* (Fn. 19).

[29] Vgl. *Franco M. Carnevale*, „Listening Authentically to Youthful Voices: A Conception of the Moral Agency of Children", in: Janet L. Storch/Patricia Rodney/Rosalie Starzomski (Hrsg.), Toward a Moral Horizon: Nursing Ethics for Leadership and Practice, Toronto: Pearson 2004, S. 396–413; *Dietrich Niethammer*, Das sprachlose Kind. Vom ehrlichen Umgang mit schwerkranken und sterbenden Kindern und Jugendlichen, Stuttgart: Schattauer 2008.

[30] Vgl. *Claudia Mills*, „The Child's Right to an Open Future?", in: Journal of Social Philosophy 34 (2003), S. 499–509.

spektiven und seiner spezifischen Rollen und Verantwortlichkeiten bestimmt. Eine besondere Bedeutung kommt dabei dem überlieferten Bild des Lebensverlaufs als einer Kurve zu, die zunächst aufsteigt, im mittleren Erwachsenenalter ihren Zenit erreicht und danach unweigerlich wieder abfällt bis zum Tod. Dieses traditionelle Paradigma überschattete lange Zeit individuelle und gesellschaftliche Vorstellungen vom späteren Leben und prägte die vorherrschenden Defizit- und Degenrationsmodelle des Alterns als einer Phase biologischen Niedergangs und sozialen Rückzugs.[31] Das Alter wird zu einer gegenüber dem ‚eigentlichen' Erwachsenenleben abgegrenzten Sonderform und Verfallsstufe der menschlichen Existenz, was etwa in der schiefen umgangssprachlichen Unterscheidung von ‚erwachsenen' und ‚alten' Menschen zum Ausdruck kommt. Mit fortschreitendem Lebensalter scheinen von Natur aus immer weniger positive Möglichkeiten der Entwicklung, Betätigung und Selbstentfaltung vorgesehen zu sein.

Diese Perspektive lässt auch im Kontext der modernen Medizin bestimmte Ansichten und Entscheidungen mit Blick auf das höhere Alter mehr oder weniger naheliegend, sinnvoll und berechtigt erscheinen. So zementierte das Defizitmodell nicht nur den lange vorherrschenden therapeutischen Nihilismus gegenüber älteren Menschen und ihren Erkrankungen, sondern scheint bis heute immer wieder defätistischen Einschätzungen bezüglich der Sinnhaftigkeit und Angebrachtheit medizinischer Maßnahmen im Alter Vorschub zu leisten.[32] Tatsächlich deuten etwa qualitative Studien darauf hin, dass ärztliche Behandlungsentscheidungen nicht zuletzt von unreflektierten Altersbildern geprägt sind.[33] Und statistische Untersuchungen zeigen, dass ältere Personen bei gleicher Erkrankung durchschnittlich eine weniger kostenaufwändige medizinische Versorgung erhalten als jüngere Menschen.[34] Daneben impliziert die traditionelle Verlaufskurve auch eine zu einem funktionellen Ausgangsniveau zurückkehrende Lebensbewegung und legt damit eine Gleichsetzung körperlicher und geistiger Beeinträchtigungen des höheren Alters mit Zuständen der frühen Kindheit nahe. Eine solche Betrachtungsweise infantilisiert alte Menschen und übergeht die spezifische entwicklungslogische und lebensgeschichtliche Situiertheit ihrer Verfassung und Lage.[35]

---

[31] Vgl. *Andreas Luh*, „Das ‚Goldene Zeitalter der Alten'? Alter in historischer Perspektive", in: Zeitschrift für Gerontologie und Geriatrie 36 (2003) 4, S. 303–316.

[32] Vgl. *Wolfgang U. Eckart*, „Lust oder Last? Alterskrankheit und Altersgesundheit in historischer Perspektive", in: Zeitschrift für Gerontologie und Geriatrie 33 (2000) 1, S. 71–78.

[33] Vgl. *Josy Ubachs-Moust/Rob Houtepen/Rein Vos/Ruud ter Meulen*, „Value Judgements in the Decision-making Process for the Elderly Patient", in: Journal of Medical Ethics 34 (2008) 12, S. 863–868.

[34] Vgl. *Hilke Brockmann*, „Why is Less Money Spent on Health Care for the Elderly than for the Rest of the Population? Health Care Rationing in German Hospitals", in: Social Science & Medicine 55 (2002), S. 593–608.

[35] Vgl. *Harry Cayton*, „From Childhood to Childhood? Autonomy and Dependence through the Ages of Life", in: Julian C. Hughes/Stephen J. Louw/Steven R. Sabat (Hrsg.), Dementia. Mind, Meaning, and the Person, Oxford: Oxford University Press 2006, S. 277–286.

Auch im Hinblick auf maßgebliche Kontroversen innerhalb des medizinethischen Fachdiskurses selbst ist die Bedeutung von Zeitlichkeit und Lebensalter kaum zu verkennen: So hängt sowohl die ethisch relevante Unterscheidung von ‚standardmäßigen' und ‚außerordentlichen' medizinischen Maßnahmen im Alter, z.B. solchen der Lebens*erhaltung* und solchen der Lebens*verlängerung*, als auch die Grenzziehung zwischen Therapie und Enhancement letzten Endes von der jeweils als normal oder naturgemäß unterstellten zeitlichen Erstreckung und Verlaufsstruktur des menschlichen Lebens ab.[36] Dabei kann jede Entscheidung in dieser Hinsicht zugleich weit reichende Konsequenzen auf sozialethischer Ebene nach sich ziehen.[37] So bauen etwa Argumente zu Gunsten einer Altersrationierung, also einer altersabhängigen Begrenzung medizinischer Versorgung, vielfach auf dem oben erwähnten defätistischen Lebensverlaufsmodell auf und gelangen auf dieser Grundlage leicht zu altersdiskriminierenden Schlussfolgerungen.[38] Flankiert werden sie dabei nicht selten von vorgeblich wertneutralen Prognosen einer demographischen ‚Überalterung' der Gesellschaft, die sich bei näherer Betrachtung als normativ äußerst voraussetzungsreich erweisen (schließlich impliziert die Rede von einer Überalterung eine Norm, einen Zielpunkt oder Sollwert, im Verhältnis zu dem der Anteil alter Menschen an der Bevölkerung als *zu hoch* eingestuft wird).[39] Im Lichte steigender Lebenserwartung, sich wandelnder Lebensentwürfe und wachsender medizinischer Eingriffsmöglichkeiten kann die Ethik die hier zu Grunde liegenden Vorstellungen individueller und gesellschaftlicher Lebenszyklen nicht mehr unbesehen als natürliche Gegebenheiten voraussetzen. Sie muss sie vielmehr selbst zum Gegenstand ethischer Reflexion machen und auf ihre Bedeutung und Berechtigung hin befragen.

## III. Schluss: Für eine Erweiterung des ethischen Zeithorizontes

Die Zeitlichkeit des menschlichen Lebens scheint bisher weder in der philosophischen noch in der angewandten Ethik besondere systematische Beachtung gefunden zu haben. Stattdessen wird oft wie selbstverständlich ein bestimmter

---

[36] Vgl. *Sharon Kaufman*, Ordinary Medicine. Extraordinary Treatments, Longer Lives, and Where to Draw the Line, Durham/London 2015.

[37] Vgl. *Harry Moody*, „Four Scenarios for an Aging Society", in: Hastings Center Report 24 (1994) 5, S. 32–35.

[38] Vgl. *Mark Schweda*, „Zu alt für die Hüftprothese, zu jung zum Sterben? Die Rolle von Altersbildern in der ethisch-politischen Debatte um eine altersabhängige Begrenzung medizinischer Leistungen", in: Gunnar Duttge/Markus Zimmermann-Acklin (Hrsg.), Gerecht Sorgen. Verständigungsprozesse über einen gerechten Einsatz knapper Ressourcen bei Patienten am Lebensende, Göttingen: Göttingen University Press 2013, S. 149–167; *Mark Schweda/Sabine Wöhlke/Julia Inthorn*, „,Not the Years in Themselves Count': The Role of Age for European Citizens' Moral Attitudes towards Resource Allocation in Modern Biomedicine", in: Journal of Public Health 23 (2015) 3, S. 117–126.

[39] Vgl. *Mark Schweda* (Fn. 38), S. 154 f.

zeitlicher Bezugsrahmen als grundlegend und maßgeblich vorausgesetzt. Diese ‚Standardzeitzone' der ethischen Diskussion ist die Gegenwart. In ihr scheinen die jeweils verhandelten moralischen Sachverhalte in vollendeter Präsenz und Synchronizität hervorzutreten und moralische Normen keinerlei zeitlicher Differenzierung und Spezifizierung zu bedürfen. Im Lichte dieses ‚Präsentismus' kommt leicht der Eindruck auf, die Ethik habe es letztlich mit überzeitlichen Gebilden wie etwa geometrischen Figuren oder platonischen Ideen zu tun. Auch die jeweils relevanten moralischen Akteure treten oft als eigentümlich zeitlose Gestalten in Erscheinung, hinter deren undefiniertem Alter sich bei näherem Zusehen freilich oft der implizite ‚Adultismus' eines zur allgemeinen menschlichen Norm erhobenen Erwachsenendaseins verbirgt. Infolge dieser perspektivischen Verkürzungen kann mitunter geradezu der Anschein einer abstrakten Zeitenthobenheit des Ethischen überhaupt entstehen.[40]

Allerdings kann es gerade die Medizinethik keineswegs bei diesem verengten Blickwinkel bewenden lassen. Sie hat es nicht vorrangig mit allgemeinen theoretischen Fragen der Begründung und Geltung moralischer Normen überhaupt zu tun, sondern mit ihrer praktischen Auslegung und Anwendung in konkreten, zeitlich spezifizierten und limitierten Handlungs- und Lebenszusammenhängen. Medizinische Entscheidungen werfen immer wieder Fragen von existenzieller Reichweite auf, in denen es gelegentlich buchstäblich um Leben und Tod geht. Mit jedem Versuch der Medizin, in den Lebensvollzug einzugreifen, um etwa körperliche Funktionen aufrecht zu erhalten bzw. wiederherzustellen oder das Leben insgesamt zu verlängern, wird umso deutlicher, dass dieses Leben ein gelebtes ist und damit als Prozess mit einer Richtung und einem Ende erlebt, verstanden und mit Sinn erfüllt werden muss. Insbesondere in der ethischen Auseinandersetzung mit neuen medizinischen Entwicklungen wie dem ‚Social Freezing' oder der ‚Anti-Aging-Medizin' wird die Frage der Lebenszeit häufig auch thematisch unmittelbar relevant und brisant. Sie lassen die herkömmliche Verlaufsstruktur und Generationenfolge des menschlichen Lebens in ihrer Kontingenz und Variabilität erkennbar werden und stellen ihre Berechtigung und Angemessenheit damit zur Diskussion.

Aus diesen Gründen mögen medizinethische Problemstellungen auch einen besonders geeigneten Ausgangspunkt für die Ausbildung einer theoretischen Perspektive bilden, die der Zeitlichkeit des Menschen und ihrer ethischen Bedeutung besser gerecht zu werden vermag. In der Beschäftigung mit ihnen sind schablonenhafte Vorstellungen des menschlichen Lebensverlaufs, seiner Phasen und Stufen und der auf sie bezogenen moralischen Normen aufzudecken und damit einer kritischen Auseinandersetzung im Hinblick auf ihre Bedeutung und Berechtigung zugänglich zu machen. Dabei kann es nicht mehr überzeugen, sich auf vermeintliche Naturgegebenheiten zu berufen, während doch die zeitliche Ordnung des menschlichen Lebens in vielen Hinsichten längst jeden Anschein der Notwendigkeit und

---

[40] Vgl. *Georg Lohmann*, „Moral und Zeit", in: Emil Angehrn/Christian Iber/Georg Lohmann/Romano Pocai (Hrsg.), Der Sinn der Zeit, Weilerswist: Velbrück Wissenschaft 2002, S. 181–198 hier: S. 181.

Unverfügbarkeit eingebüßt hat und zum Gegenstand individueller Gestaltungsentwürfe sowie kontroverser gesellschaftlicher Auseinandersetzungen geworden ist. Entsprechend ist auch auf sozialethischer Ebene eine unreflektiert ‚synchronistische' Sichtweise aufzubrechen, die Personen unterschiedlichen statischen Altersklassen zuweist und diese kurzerhand mit einer je eigenen Ethik bedenkt oder sie womöglich gar nach Art eines ‚Kampfes der Generationen' gegeneinander ausspielt.[41] Stattdessen bedarf es der Entwicklung einer diachron-dynamischen Betrachtungsweise, die den inhaltlichen Zusammenhang und die zeitliche Abfolge der verschiedenen Phasen und generationellen Rollen im individuellen wie gesellschaftlichen Lebensprozess erkennbar werden lässt.

Theoretisch und methodisch erfordert eine solche Erweiterung des ethischen Zeithorizontes freilich eine systematische Verbindung verschiedener disziplinärer Perspektiven. Insbesondere ist die normativ-ethische Reflexion der Zeitdimensionen richtigen Handelns und guten Lebens im Kontext der modernen Medizin durch eine empirische sozial- und kulturwissenschaftliche Untersuchung zeitlicher Ordnungs- und Orientierungsmuster zu ergänzen. Auch die Bedeutung des Rechts für die Definition von Altersgrenzen und die Segmentierung des gesamten Lebensverlaufs ist nicht zu unterschätzen.[42] Erst in diesem erweiterten Bezugsrahmen kommt die soziokulturelle Prägung und Veränderlichkeit vermeintlich naturgegebener und allgemeingültiger ‚Lebenszeitordnungen' hinlänglich deutlich zur Geltung (während eine isolierte sozial- und kulturwissenschaftliche Betrachtung umgekehrt den genuin normativen Gesichtspunkt der Angemessenheit und Berechtigung soziokulturell vorfindlicher Ordnungs- und Orientierungsmuster vernachlässigen und daher ebenfalls unzulänglich bleiben würde). In der Verschränkung normativer und empirischer Perspektiven eröffnet sich mithin die Möglichkeit, den Zusammenhang von Moral und Lebenszeit eingehender zu durchleuchten und in angemessener Weise in die ethische Theoriebildung einzubeziehen. Gerade die Aspekte der Prozessualität, des Geschehens, der Veränderung und der Entwicklung erscheinen dann nicht länger vorrangig als Störfaktoren, die epistemische Unschärfen und normative Geltungseinbußen hervorrufen, sondern als grundlegende Züge einer auch ethisch entscheidenden Dimension der menschlichen Existenz.

## Summary

Recent biomedical innovations such as "social freezing" or "anti-aging medicine" challenge our traditional understandings of human temporality. They promise fundamental changes to the familiar temporal structure of the individual life course and intergenerational relations, thus drawing attention to a barely discussed

---

[41] Vgl. *Frank Surall* (Fn. 2); *Hans-Jürgen Kaatsch / Hartmut Rosenau / Werner Theobald* (Fn. 3); *Frank Schirrmacher*, Das Methusalem-Komplott, München: Blessing 2004.

[42] Vgl. *Stefan Ruppert* (Hrsg.), Lebensalter und Recht: Zur Segmentierung des menschlichen Lebenslaufes durch rechtliche Regelungen seit 1750, Frankfurt a. M.: Klostermann 2010.

topic: the temporal dimension of human existence and its ethical significance. In our contribution, we aim to explore this dimension and highlight some of its most important implications for ethics, and medical ethics, in particular. Starting from approaches in existential philosophy, developmental psychology, and life course sociology, we first give a general overview of central temporal aspects of human existence and their ethical relevance. Focusing on three fields of the medical ethical debate, i.e. ethical issues at the beginning of life, childhood ethics, and ethical issues of aging and old age, we will then elaborate the implications of specific temporal perspectives and presumptions. Finally, we will demonstrate why ethical theory has to include an empirically informed discussion of traditional conceptions of human temporality as well as of their normative presuppositions.

**Recht und Ethik am Ende menschlichen Lebens –
Law and Ethics at the End of Human Life**

# Patient's Autonomy, Physician's Convictions and Euthanasia in Belgium

Raphael Cohen-Almagor

## I. Introduction

During the past few years, I published a series of articles concerning the policy and practice of euthanasia in Belgium.[1] These articles are critical and constructive, highlighting problems in the euthanasia policy and practice while offering some suggestions as to how to ensure that the patients' best interests are served. This paper builds on these articles and considers some other issues and concerns.

The Belgian definition of euthanasia follows the Dutch definition. Euthanasia is defined as practice undertaken by a physician, which intentionally ends the life of a patient at her explicit request. Since the enactment of the Euthanasia Act in 2002, biannual reports are being published by the Belgian Federal Control and Evaluation Commission, established by the government in September 2002, assigned to monitor the law's application. In 1998, four years before the legislation of the Belgian Euthanasia Act, a nationwide survey estimated that 1.3% of all deaths resulted from euthanasia and physician-assisted suicide.[2] A constant increase in registered euthanasia cases has been observed, predominantly in the Flemish part of Belgium. The number of reported euthanasia cases increased from 0.23% of all deaths in 2002 to 0.49% in 2007.[3] Approximately one of seven terminally ill patients dying at home under the care of a General Practitioner (GP) expresses a euthanasia request

---

[1] Cohen-Almagor, R., "Euthanasia Policy and Practice in Belgium: Critical Observations and Suggestions for Improvement", Issues in Law and Medicine, Vol. 24, No. 3 (Spring 2009): 187–218; "Belgian Euthanasia Law: A Critical Analysis", Journal of Medical Ethics, Vol. 35, Issue 7 (2009): 436–439; "First Do No Harm: Pressing Concerns Regarding Euthanasia in Belgium", The International Journal of Law and Psychiatry, Vol. 36 (2013): 515–521; "First Do No Harm: Shortening Lives of Patients without Their Explicit Request in Belgium", Journal of Medical Ethics, Vol. 41 (2015): 625–629; "First Do No Harm: Euthanasia of Patients with Dementia in Belgium", Journal of Medicine and Philosophy, Vol. 41, No. 1 (2016): 74–89; Mortier, T., Leiva, R., Cohen-Almagor, R./Lemmens, W., "Between Palliative Care and Euthanasia", Journal of Bioethical Inquiry, Vol. 12, Issue 2 (2015): 177–178.

[2] Deliens, L./Mortier, F./Bilsen, J., et al. End-of-life decisions in medical practice in Flanders, Belgium: A nationwide survey, Lancet 2000; 356: 1806.

[3] Smets, T./Bilsen, J./Cohen, J., et al., Legal euthanasia in Belgium: characteristics of all reported euthanasia cases, Medical Care 2010; 48: (2): 187–92, http://www.scribd.com/doc/58068113/Characteristics-of-All-Reported-Euthanasia-Cases-in-Belgium-2002-2007; Bilsen, J./Cohen, J./Chambaere, K., et al., Medical end-of-life practices under the Euthanasia Law

in the last phase of life.[4] The annual figures are constantly rising in an rapid pace: 235 in 2003; 495 in 2007; 704 in 2008, and 1,133 in 2011.[5] In 2012, there were 1,432 cases and in 2013, 1,816 euthanasia cases were reported.[6] The most recent figures show that in 2015, more than 2,000 people died under the country's euthanasia laws, including children.[7]

In this paper I aim to show the inherent contradiction in the Belgian euthanasia practice. While stressing patient's autonomy, medical professionals exhibit paternalism in deciding the patient's fate. At the end of life, the autonomy of the patient is often less important than the physician's discretion. First, background information is provided. Then I will voice my critique of the 2014 Belgian Society of Intensive Care Medicine Council Statement Paper and raise concerns about euthanizing people who underwent unsuccessful sex change operation and blind people, euthanizing patients who did not give their consent, and euthanizing people with dementia. Finally, some suggestions designed to improve the situation are offered. The Belgian legislators and medical establishment are invited to reflect and ponder so as to prevent potential abuse.

## II. The Belgian Law

On January 20, 2001, a commission of Belgium's upper house voted in favour of proposed euthanasia legislation, which would make euthanasia no longer punishable by law, provided certain requirements are met.[8] On October 25, 2001, the Belgium's Senate approved the law proposal by a significant majority. In society at large, an opinion survey showed that three-quarters of those asked were broadly in favour of legalizing euthanasia.[9] On May 16, 2002, after mere two days of debate, the Belgian lower house of parliament endorsed the bill by 86 votes in

---

in Belgium, NEJM 2009; 361: 1119–21; *Rise in assisted deaths* 23 August 2011, Presseurop, http://www.presseurop.eu/en/content/news-brief-cover/878961-rise-assisted-deaths.

[4] *Meeussen, K./Van den Block, L./Bossuyt*, N., et al., Dealing with requests for euthanasia: interview study among General Practitioners in Belgium, Journal of Pain & Symptom Management 2011; 41(6), p. 1068.

[5] *de Diesbach, E./de Loze, M./Brochier, C./*and *Montero*, E., Euthanasia in Belgium: 10 years on, European Institute of Bioethics, Brussels, 2012: 3.

[6] *Caldwell Simon*, "Five people killed EVERY DAY by assisted suicide in Belgium as euthanasia cases soar by 25 per cent in last year alone", The Daily Mail (May 28, 2014).

[7] *Doughty,* Steve, "Euthanasia cases double in Belgium in just five years: More than 2,000 people have used country's right to die law in the past 12 months", Mail Online (February 5, 2016), http://www.dailymail.co.uk/news/article-3434356/Euthanasia-cases-double-Belgium-just-five-years-2-000-people-used-country-s-right-die-law-past-12-months.html.

[8] *Weber,* W., Belgian Euthanasia Bill gains momentum, Lancet 2001; 357: 370.

[9] *Deliens, L./van der Wal*, G., The Euthanasia Law in Belgium and the Netherlands, Lancet 2003; 362, Issue 9391: 1239–40; *Osborn*, A., Belgians follow Dutch by legalising euthanasia, The Guardian 26 October 2001.

favour, 51 against and with 10 abstentions.[10] The legalization of euthanasia was finalized without the broad involvement of and consensus among the medical professions.[11]

The legislation lays out the terms for physicians to end the lives of patients who are in a state which, medically, is without prospect of improvement and which is characterized by continuous and unbearable physical or psychological suffering which cannot be alleviated and which is the consequence of "a serious and incurable disorder caused by illness or accident."[12] Patients must be at least 18 years-old and have made specific, voluntary and repeated requests that their lives be ended. Chapter II, Section 3 of the Act speaks of patients who are adults or emancipated minors, capable and conscious at the time of their request. "Emancipated minors" is a legal concept referring to minors of a comparable legal status, i.e., autonomous people capable to make decisions.[13] In early 2014, Belgium has become the first country to allow euthanasia for terminally ill children of any age. It is disputed whether children have the experience and wisdom to make a sound choice about such a grave decision.[14] Many medical practitioners who support the extension of the euthanasia law think that since abortion is possible right up to the day before birth when the foetus is handicapped, euthanasia of newborns ought also to be allowed under the same conditions.[15]

Euthanasia requests are approved only if the patient is in a hopeless medical condition and complains of constant and *unbearable physical or mental pain* which cannot be relieved and is the result of a serious and incurable accidental or pathological condition. At least one month must elapse between the written request and the mercy killing.[16] The one-month requirement is valid for only when the patient

---

[10] *Griffiths*, J./*Weyers*, H./*Adams*, M., Euthanasia and law in Europe. Oxford: Hart, 2008: 304–329; *Vermeersch*, E., The Belgian Law on euthanasia – The historical and ethical background, Acta chir belg 2002; 102: 394–7.

[11] *Smets*, T./*Cohen*, J./*Bilsen*, J., et al., Attitudes and experiences of Belgian physicians regarding euthanasia practice and the Euthanasia Law, Journal of Pain & Symptom Management 2011; 41(3): 581.

[12] *Belgian Act on Euthanasia*, Chapter II, Section 3, no. 1, http://www.ethical-perspectives.be/viewpic.php?LAN=E&TABLE=EP&ID=59.

[13] *Belgium*: "Loi relatif à l'euthanasie," http://www.drze.de/in-focus/euthanasia/modules/belgium-loi-relatif-a-leuthanasie; Interview with Professor Pierre-François Laterre, Director, Intensive Care Unit, St. Luc Hospital, Brussels, 16 February 2005. *De Bondt*, W., The New Belgian Legislation on Euthanasia, International Trade and Business Law Review 2003: 301, http://www.austlii.edu.au/au/journals/IntTBLawRw/2003/12.html.

[14] *Siegel*, A. M./*Sisti*, D. A./*Caplan*, A. L., Euthanasia for minors in Belgium, JAMA 2014; 312 (12): 1259; *Kelly*, D., Euthanasia for children and young people?, International J. of Palliative nursing 2014; 20 (5): 211.

[15] *de Diesbach*, E./*de Loze*, M./*Brochier*, C./*Montero*, E., Euthanasia in Belgium: 10 years on, European Institute of Bioethics, Brussels, 2012: 4.

[16] *Belgian Act on Euthanasia*, Chapter II, Section 3, no. 3 (2). http://www.ethical-perspectives.be/viewpic.php?LAN=E&TABLE=EP&ID=59; *Cohen-Almagor*, R., Belgian Euthanasia Law: a critical analysis, J Med Ethics 2009; 35(7): 436–9.

is not considered as "terminally ill" (i.e. neurological affections like quadriplegia). What we need to consider is whether people who are tired of life suffer *unbearable physical or mental pain* which cannot be relieved. Does a person who finds no meaning in life suffer unbearably? What about physically healthy persons who ask to end their lives because they may be tired of life?

## III. Statement of the Belgian Society of Intensive Care Medicine

In 2014, the Belgian Society of Intensive Care Medicine Council developed a statement paper about the administration of sedative agents with the direct intention "of shortening the process of terminal palliative care in patients with no prospect of a meaningful recovery".[17] The Statement holds that shortening the dying process by administering sedatives "beyond what is needed for patient comfort can be not only acceptable but in many cases desirable",[18] that suffering should be avoided at all times, that avoiding futile treatment is not only acceptable but also necessary, that shortening the dying process with use of medication may sometimes be appropriate, "even in the absence of discomfort", and can actually improve the quality of dying, that the final decision lies in the hands of the medical care team, and that the document applies to children as well as to adults.[19]

Reading the Belgian Society of Intensive Care Medicine Council statement paper evokes nagging concerns. The first is that the word "consent" is not mentioned. The Statement asserts that a "consensus should be obtained for every end-of-life decision"[20] but the consensus includes all members of the intensive care team, not the patient and her loved ones. Second, the tone is paternalistic, manifesting a belief that the intensive care physicians are capable to discern when patients have no prospect of a "meaningful recovery" (the term "meaningful" is not explained), when treatment becomes "futile" (the assumption is that we all know what "futile" means), and when patients "are arriving, irreversibly, at the end of their life" (no indication is given regarding patients' longevity). Furthermore, relatives should be informed of prognosis and plans for end-of-life care but it "must be made clear that the final decision is made by the care team".[21] The Statement is said to uphold the principles of beneficence and nonmaleficence. Respecting patient's autonomy and her wishes are not mentioned. The decision as to which life is no longer "worth living" is not in the hands of the patient but in the hands of the doctor. Jean-Louis

---

[17] *Vincent*, J.-L., "Piece" of mind: End of life in the intensive care unit Statement of the Belgian Society of Intensive Care Medicine, J of Critical Care 2014; 29 (1): 174–175.

[18] Ibid., p. 174.

[19] Ibid., p. 174.

[20] *Vincent*, J.,-L., "Piece" of mind: End of life in the intensive care unit Statement of the Belgian Society of Intensive Care Medicine, J of Critical Care 2014; 29 (1): 174–175.

[21] Ibid.

Vincent, a former president of the Society, wrote in a newspaper op-ed that advance directives are worse than useless and that doctors need to be able to give lethal injections to shorten lives "which are no longer worth living", even if the patients have not given their consent.[22] Vincent, who is unafraid to take upon himself immense responsibility, is not aware just how problematic his beliefs and conduct are from an ethical point of view.

Traditionally, the term 'paternalism' has been used to refer to practices of treating individuals in the way that a father treats his children. The two assumed features of the paternal role are the father's beneficence, i. e., the father is assumed to hold the interests of his children paramount; and the father's authority, that is, that he makes certain decisions for his children and controls certain affairs rather than letting them make the decisions or take control.[23] Most physicians, however, are not perceived by their patients as father figures nor physicians wish or capable to assume such a role. Physicians often guard themselves against becoming too close to their patients and expressing close sympathies to them. Therefore, they should be very careful in applying paternalistic treatment. They should remain professional in attempting to serve the patient's best interests. They should do this through consultation with all concerned people around the patient's bed and, when possible, with the patient as well. Decisions should be made involving a circle of people: medical staff, patient's beloved people, and medical experts who specialise in the particular medical condition of the patient. At the end-of-life, quite often palliative care specialists can contribute to improving the patient's condition.

A few years ago I had a discussion with two senior physicians at a busy Intensive Care Unit (ICU) in a large Belgian hospital. I asked them whether they customarily consult with palliative care specialists. The answer was an unequivocal "No". I asked why and the answer was: There is no need. The two physicians claimed they know how to take care of patients and were quick to dismiss the idea that palliative care specialists may provide insights that they do not have.

## IV. Should all Euthanasia Requests be Accepted?

In 2013, Nathan Verhelst was euthanized on the grounds of "unbearable psychological suffering" following a botched sex change operation. Nathan, born Nancy, was 44 year-old. He had hormone therapy in 2009, followed by a mastectomy and

---

[22] *Cook*, M., Belgian intensive care doctors back involuntary euthanasia, BioEdge (April 11, 2014). Compare to the attitude of health care professionals in Germany as evidenced in: Zenz, J./Tryba, M./Zenz, M., Palliative care professionals' willingness to perform euthanasia or physician assisted suicide, BMC Palliative Care (2015); 14: 60.

[23] *Beauchamp*, T. L., Medical Paternalism, Voluntariness, and Comprehension, in: Howie, J. (ed.), Ethical Principles for Social Policy. Carbondale, IL: Southern Illinois University Press, 1983. See also *Hart*, H. L. A., Law, Liberty and Morality. Oxford: Oxford University Press, 1963; *Dworkin*, G., Paternalism, The Monist 56 (1972), 64–84; *Dworkin*, G., Moral Paternalism, Law and Philosophy 24 (3) (May 2005), 305–319.

surgery to construct a penis in 2012. But "none of these operations worked as desired".[24] Nathan was quoted saying: "I was ready to celebrate my new birth ... But when I looked in the mirror, I was disgusted with myself. My new breasts did not match my expectations and my new penis had symptoms of rejection. I do not want to be... a monster".[25] Verhelst did not wish to continue his life in the present form and he was disillusioned with the unsuccessful attempts to change then.

Professor Wim Distelmans, who carried the euthanasia of Verhelst, said that "The choice of Nathan Verhelst has nothing to do with fatigue of life ... There are other factors that meant he was in a situation with incurable, unbearable suffering. Unbearable suffering for euthanasia can be both physical and psychological. This was a case that clearly met the conditions demanded by the law. Nathan underwent counseling for six months".[26]

Verhelst had difficult life. He felt that his life were not worth living. He grew up as an unwanted child. He said: "I was the girl that nobody wanted ... While my brothers were celebrated, I got a storage room above the garage as a bedroom. 'If only you had been a boy', my mother complained. I was tolerated, nothing more".[27] His mother was quoted saying: "When I saw 'Nancy' for the first time, my dream was shattered. She was so ugly. I had a phantom birth. Her death does not bother me ... For me, this chapter is closed. Her death does not bother me. I feel no sorrow, no doubt or remorse. We never had a bond".[28]

Verhelst tried to change his gender in order to be accepted, to be liked, to be what his mother wanted him to be. When he realised that his mother will never accept him, he decided to die. What he needed was a holistic treatment to relieve his physical pain, and to heal his tormented soul. Verhelst needed care, investment, compassionate treatment, love, being appreciated for what he was, as he was. Verhelst never received such treatment. Instead, he was put to death. The relatively quick and less expensive way is not always the right way. Most often, it is not the right way.

---

[24] *Waterfield*, B., Belgian killed by euthanasia after a botched sex change operation, The Telegraph, 1 October 2013, http://www.telegraph.co.uk/news/worldnews/europe/belgium/10 346616/Belgian-killed-by-euthanasia-after-a-botched-sex-change-operation.html.

[25] *Waterfield*, B., Belgian killed by euthanasia after a botched sex change operation, The Telegraph, 1 October 2013; *Gayle*, D., Transsexual, 44, elects to die by euthanasia after botched sex-change operation turned him into a 'monster', The Daily Mail. 1 October 2013, http://www.dailymail.co.uk/news/article-2440086/Belgian-transsexual-Nathan-Verhelst-44-elects-die-eu thanasia-botched-sex-change-operation.html.

[26] *Waterfield*, B., Belgian killed by euthanasia after a botched sex change operation, The Telegraph, 1 October 2013.

[27] *Waterfield*, B., Belgian killed by euthanasia after a botched sex change operation, The Telegraph, 1 October 2013.

[28] *Waterfield*, B., Belgian killed by euthanasia after a botched sex change operation, The Telegraph, 1 October 2013. To make things more complicated, following the death of Verhelst his friend Dora, born Dirk, also requested euthanasia. "Ook vriendin van transgender Nathan pleegt binnenkort euthanasie" (2013), http://www.hln.be/hln/nl/957/Binnenland/article/detail/1717203/2013/10/05/Ook-vriendin-van-transgender-Nathan-pleegt-binnenkort-euthanasie.dhtml.

Professor Distelmans also euthanized the twins Marc and Eddy Verbessem, who were 45 year-old. The two brothers were born deaf and asked for euthanasia after finding that they might also both go blind. After having their request to die refused by their local hospital, Prof. Distelmans accepted on the grounds of "unbearable psychological suffering".[29] Distelmans, the champion of euthanasia who also heads the Federal Control and Evaluation Commission that is supposed to monitor and inspect all cases of euthanasia, has no qualms killing deaf and blind people who decide to give up on their lives. He tagged them as "suffering unbearably" and respects their autonomy to the utmost. As he is also the person who inspects all cases of euthanasia, no further official review was conducted.

In 2009, Amelie Van Esbeen asked her doctors for euthanasia after she indicated that she had ceased appreciating her life. Her physicians did not believe that she was suffering from a "serious terminal illness" and "constant and unbearable pain that cannot be relieved" as the law stipulates, hence they refused her request. The 93-year-old woman began a hunger strike and after ten days a different physician helped her die. The controversial case re-launched the debate as to how life should end; about quality of life, and whether such requests should be honoured. Wim Distelmans said that euthanasia can only be performed when there is a question of "unbearable suffering".[30] This sounds like a restrictive view of euthanasia. But Distelmans maintained that older persons often suffer from many illnesses: poor sight, poor hearing, poor verbal skills and dependence on others: "Put together this could amount to unbearable suffering. I don't believe it's wrong to request euthanasia in such situations".[31] Distelmans voiced his belief that the Euthanasia Act should be changed to enable seniors who are "tired of life" to be able to request euthanasia.[32]

In Belgium, the role of medicine has received a horrible and most disturbing twist. Physicians like Distelmans are saying to patients like Nathan Verhelst, Marc and Eddy Verbessem and Amelie Van Esbeen: "Are you unhappy with your

---

[29] *Waterfield*, B., Belgian killed by euthanasia after a botched sex change operation, The Telegraph, 1 October 2013, http://www.telegraph.co.uk/news/worldnews/europe/belgium/10346616/Belgian-killed-by-euthanasia-after-a-botched-sex-change-operation.html.

[30] 93-year-old Belgian woman on hunger strike, Dying with Dignity (25 March 2009), http://www.dwdnsw.org.au/ves/index.php/93-year-old-belgian-woman-on-hunger-stri#more387; Amelie Van Esbeen est décédée par euthanasia, Lalibre.be (1 April 2009), http://www.lalibre.be/actu/belgique/article/492830/amelie-van-esbeen-est-decedee-par-euthanasie.html; Belgian Euthanasia, Controversy Is Served Again, Just another WordPress.com weblog (31 March 2009); Belgian Woman Dead after Fighting for Assisted Suicide, Expatica.com (3 April 2009), http://www.expatica.com/be/news/local_news/Belgian-woman-dead-after-fighting-for-assisted-suicide_51240.html#; Belgian Woman, 93, Gets the Help to Die that She Wanted, Assisted-Suicide Blog (4 April 2009), http://assistedsuicide.org/blog/2009/04/04/belgium-woman-93-gets-the-help-to-die-that-she-wanted/.

[31] 93-year-old Belgian woman on hunger strike, Dying with Dignity (25 March 2009), http://www.dwdnsw.org.au/ves/index.php/93-year-old-belgian-woman-on-hunger-stri#more387.

[32] 93-year-old Belgian woman on hunger strike, Dying with Dignity (25 March 2009), http://www.dwdnsw.org.au/ves/index.php/93-year-old-belgian-woman-on-hunger-stri#more387.

life? Come to us and we will terminate your life for you". The patient's age does not matter. The medical condition does not have to be terminal (in many parts of the world "terminal" means that the life-expectancy of the patient is no longer than six months and the medical condition is incurable). In the focus is patient's autonomy. People are entitled to wish to die and the physicians should provide them assistance. In other parts of the world, physicians are saying to such patients: "Are you unhappy with your life? Come to us and we will help you find new meaning in your life". Physicians should resist becoming desensitized to the gravity of taking life.

## V. Conflict of Interest

Before moving on to consider other problematic aspects of the Belgian euthanasia policy and practice I wish to digress and need to say something about the physician whose name is repeatedly mentioned in all these cases: Wim Distelmans who is the face of euthanasia in Belgium, the relentless champion of euthanasia who celebrates the patients' autonomy to terminate their lives with his help. Distelmans is the Belgian version of the American Jack Kevorkian and the Australian Philip Haig Nitschke. Kevorkian was and Distelmans and Nitschke still are physicians who campaign for people self-determination and free will to end their lives. In their uncompromising campaigns to provide death to those who wish to die, the three physicians became ideologues. It is extremely risky for patients when physicians become ideologues as ideology might obscure good judgment and patients might transform from being ends in themselves into mere means to a higher end. Ideological physicians become rigid and robust in their judgment as they become purveyors of their euthanasia campaign. Distelmans and Nitschke believe that truth and justice reside with them; they have little respect or patience for counter-argument. They are authoritarian physicians who celebrate patient's autonomy to bring their life journey to an end and, ipso facto, surrender autonomy. Their decisions should be closely scrutinized and monitored.

For these reasons, Distelmans needs to decide whether he prefers to euthanize people, or to inspect cases of euthanasia. He cannot do both. Distelmans fails to see the inherent and blatant conflict of interests between his two positions: the physician who performs euthanasia and the inspector who evaluates his own conduct. Regrettably for him, he must address the ethical and professional requirement to forego one of his most important tasks. History has shown unequivocally, time and again, that the assured path to corruption is to enable people to be the judges of their own conduct. People find it most difficult to be impartial about themselves. We may try, but as we humans are prone to err, we need to acknowledge our weaknesses and accept them.

Furthermore, about half the voting members of the Commission are collaborators or members of the Association for the Right to Die in Dignity, an association which openly fights in favour of euthanasia and the expansion of legal conditions.³³ As long as Distelmans continues to head the Federal Control and Evaluation Commission, and as long as the composition of this commission is so pro-euthanasia, Belgium is conveying a clear message that its decision-makers do not truly care to have a viable and trustworthy system of checks and balances. As we are talking of life and death, this attitude is unprofessional and irresponsible. Control mechanisms are required for any conduct that concerns human life. They are essential on matters concerning the termination of life. No wonder that the Federal Control and Evaluation Commission has found until now that the euthanasia policy and practice in Belgium is working extremely well. Such a clear conflict of interests should not take place,

## VI. Euthanizing Patients with Dementia

In 2008, Belgian author Hugo Claus died by euthanasia while suffering from Alzheimer. Jacqueline Herremans, president of the Belgian association for the right to die in dignity, said that all the guarantees provided for in the law, including a visit to a psychiatrist, were "certainly respected."³⁴ According to a member of the official committee evaluating euthanasia cases, it was likely that Claus "still in the early stages of Alzheimer's, made the decision while he still had his faculties."³⁵ Bert Anciaux, culture minister for Belgium's Dutch-speaking Flanders region, explained the timing of Claus' death by saying that he wanted to leave with pride and dignity.³⁶

Death *with dignity* should always be sought. But euthanizing demented patients is morally problematic. The Euthanasia Act (Chapter II) speaks of *competent* patients. Euthanizing patients who do not suffer from somatic illnesses is highly controversial due to the complexity of the situation. Such decisions require taking into account the psychological needs of the patients, the influence and psychological situation of their intimate caregivers, the susceptibility of patients to depression and demoralization, the patient's ability to understand and to process information as well as their emotional state.

---

[33] Euthanasia in Belgium: the Control Commission ineffective, Alliance Vita (21 October 2015), http://www.alliancevita.org/en/2015/10/euthanasia-in-belgium-the-control-commission-ineffective/.

[34] *AFP*, Belgian writer Claus dies by euthanasia aged 78: publisher 19 March 2008, http://afp.google.com/article/ALeqM5gvP0FdQd32kQAWE3HN53xiDNlEpQ; *AFP*, L'écrivain belge Hugo Claus a choisi l'euthanasie 19 March 2008, http://afp.google.com/article/ALeqM5gQo3fBIyu3OkxJsa2FyceTygfO1g.

[35] *AFP*, L'écrivain belge Hugo Claus a choisi l'euthanasie 19 March 2008, http://afp.google.com/article/ALeqM5gQo3fBIyu3OkxJsa2FyceTygfO1g.

[36] *AFP*, L'écrivain belge Hugo Claus a choisi l'euthanasie 19 March 2008, http://afp.google.com/article/ALeqM5gQo3fBIyu3OkxJsa2FyceTygfO1g. On 'dignity', see Cohen-Almagor, R., The Right to Die with Dignity: An Argument in Ethics, Medicine, and Law (Piscataway, NJ.: Rutgers University Press, 2001).

The Federal Control and Evaluation Commission had on various occasions endorsed euthanasia cases of patients who suffered from depression and dementia.[37] Also in the Netherlands there were cases in which demented patients were killed with the help of a physician[38] but some of these cases are very problematic even in the eyes of Dutch experts who condone euthanasia for demented patients in particular circumstances.[39] Tomlinson et al. argue that health workers should be mindful of the holistic experience of dementia at the end of life.[40] The psychological and existential aspects of suffering should be addressed, as well as relief of physical pain. Further research is required. The Belgian and the Dutch are willing to condone euthanasia in the earlier stages of dementia because then patients are capable to take such a decision. The problem here is that patients are killed prematurely, when they can have months of quality life. Euthanasia in the later stages of dementia is considered wrong because then patients who do not know what is happening to them are killed, and this contravenes the competency and autonomy considerations.

## VII. Euthanizing Patients who did not Grant Consent

In 2009, it was decided not to prosecute Dr. Marc Cosyns after he euthanized a 88-year-old woman who asked to die but was not terminally ill. She was not fully lucid and had not given written consent. The patient's own physician had opposed the euthanasia request.[41]

In 2010, the use of life-ending drugs without explicit request occurred in 1.8% of deaths.[42] It should be reminded that the law specifically stipulates that "the patient is an adult or an emancipated minor, capable and conscious at the time of his/her request,"[43] thus lives of comatose and demented patients should not be terminated under the Euthanasia Act. It should also be noted that ending the lives of patients

---

[37] *de Diesbach, E./de Loze, M./Brochier, C./Montero, E.*, Euthanasia in Belgium: 10 years on, European Institute of Bioethics, Brussels, 2012: 6.

[38] *Berghmans, R.*, Decision making capacity in patients who are in the early stage of Alzheimer's disease and who request physician-assisted suicide, in: Stuart J. Youngner/Gerrit K. Kimsma (eds.), Physician-Assisted Death in Perspective: Assessing the Dutch Experience (Cambridge: Cambridge University Press, 2012): 229–246.

[39] Exchanges with Dr Bert Keizer (29–31 December 2012 and 16 July 2013).

[40] *Tomlinson, E./Spector, A./Nurock, S./Stott, J.*, Euthanasia and physician-assisted suicide in dementia: A qualitative study of the views of former dementia carers, Palliative Medicine 2015; 29 (8): 720–726.

[41] *Baklinski, T. M.*, Belgian doctor cleared of murder charges after euthanizing 88-year-old, non-terminally-ill woman, LifeSiteNews 9 December 2009, http://freerepublic.com/focus/f-news/2404139/posts; *Cohen-Almagor, R.*, Euthanasia policy and practice in Belgium: critical observations and suggestions for improvement, Issues Law Med 2009; 24 (3): 208–10.

[42] *Chambaere, K./Bilsen, J./Cohen, J.* et al., Physician-assisted deaths under the Euthanasia Law in Belgium: A population-based survey, p. 896.

[43] *Belgian Act on Euthanasia*, Chapter II, Section 3, no. 1, http://www.ethical-perspectives.be/viewpic.php?LAN=E&TABLE=EP&ID=59.

without their request is taken place in Belgium more than in all other countries that document such practice, including the Netherlands (0.4% in 2005).[44] Physicians were asked when they end the lives of patients without explicit request and the answers were in two situations: Shortening the length of the patient's final phase of agony during the last phase of the dying process, and facilitating the death of the "terminally ill, demented and inhumanly deteriorated patient".[45] Their aims are to shorten the length of misery considered to be futile, ensure a relatively comfortable death and, most worryingly, alleviate the burden of the next of kin.[46]

Another study found that the practice of terminating lives of patients without explicit request to die occurred among patients who suffered from incurable lingering diseases, whose quality of life was perceived to be poor by the medical teams. The patients were all bedridden and incapable of self-care in what was estimated as the last phase of their lives. Their medical situation was mainly characterized as "unbearable" and of "persistent suffering."[47] Most of the patients were "unconscious or in a coma."[48] All but one patient had lost the capacity to assess their situation and to make an informed decision about it. One patient was considered competent but was unable to express himself well.[49] It appeared that the physicians acted out of compassion and chose what they believed to be the least bad options in futile medical situations. Yet the wishes of the patients were unknown to the physicians. Should physicians end the lives of patients who might still wish to continue living, despite all odds? Should this issue be left to the discretion of physicians? Can physicians estimate the length of time that patients have to live? Meeussen, Van den Block, Bossuyt et al. wrote that the estimated life-shortening effect was for all but one patient "less than one month."[50] How precise is this estimation? Furthermore, at what stage does treatment cease to be meaningful and become futile? Is one-month estimate commonly agreed upon framework of time?

At the very least it seems that these questions should be opened for a public debate. The Belgian population should be aware of the present situation and know that if their lives come to the point where physicians think they are not worth living, in the absence of specific living wills advising physicians what to do then, they might be euthanized.

---

[44] *Van der Heide*, A./*Onwuteaka-Philipsen*, B./*Rurup*, M. I., et al., End-of-life practices in the Netherlands under the Euthanasia Act, N. Engl. J. Med. 2007; 356: 1957–65.

[45] *Sercu*, M./*Pype*, P./*Christiaens*, T., et al., Are general practitioners prepared to end life on request in a country where euthanasia is legalised?, J Med Ethics 2012; 38: 277.

[46] Ibid. For further discussion, see *Pivodic*, L./*Van den Block*, L./*Pardon*, K., et al., Burden of family carers and care-related financial strain at the end of life: a cross-national population-based study, European J. of Public Health (March 17, 2014).

[47] *Meeussen*, K./*Van den Block*, L./*Bossuyt*, N., et al., Physician reports of medication use with explicit intention of hastening the end of life in the absence of explicit patient request in general practice in Belgium, BMC Public Health 2010; 10: 186.

[48] Ibid.

[49] Ibid.

[50] Ibid.

## VIII. Suggestions for Improvement

Building on the experience of Belgium and other countries, I would like to suggest the following: Research has shown that the major reasons which drive patients to ask for death are despair, mental anguish, feelings of hopelessness, loss of autonomy, the fear of losing one's dignity, and physical discomforts such as pain, nausea and exhaustion.[51] In a survey conducted in Washington State, losing autonomy, lack of ability to engage in enjoyable activities, loss of dignity, and inadequate pain control or concern about it were mentioned as the most common reasons that brought patients in to ask for assistance in dying during 2010.[52] Similarly, the Oregon 2011 survey showed that the most commonly expressed concerns of those dying from physician-assisted suicide were, as in previous reports, lack of ability to engage in activities making life enjoyable, losing autonomy, and loss of dignity. One third of patients had inadequate pain control or concern about it.[53]

There is a need to involve palliative care consultants so as to enhance the general knowledge and experience of physicians in palliative care.[54] Many patients' concerns can be addressed with comprehensive care that seeks to improve the patient's mental, spiritual and physical condition. I suggest a combined effort of palliative care and involving the patient's loved ones in treatment. By palliative care it is meant a holistic treatment that is designed to help the patient resume her will to live, helping her to rediscover meaning in life. Palliative care aims to relieve suffering and improve the quality of life for patients with advanced illnesses and their families through specific knowledge and skills, including communication with patients and family members; management of pain and other symptoms; psychosocial, spiritual, and bereavement support; and coordination of an array of medical and social services.[55] Indeed, the Belgian Euthanasia Act stipulates that the physician needs to inform the patient the possible therapeutic and palliative courses of action and their consequences,[56] but it does not require consultation with a spe-

---

[51] *Cohen-Almagor*, R., Euthanasia in the Netherlands: The Policy and Practice of Mercy Killing. Dordrecht: Springer-Kluwer, 2004; *Oregon's Death with Dignity Act* – 2011, http://public.health.oregon.gov/ProviderPartnerResources/EvaluationResearch/DeathwithDignityAct/Documents/year14.pdf.

[52] *Executive Summary*, Washington State Department of Health 2010 Death with Dignity Act Report. Washington State Department of Health, 2011.

[53] *Oregon's Death with Dignity Act – 2011*, Oregon Public Health Division, http://public.health.oregon.gov/ProviderPartnerResources/EvaluationResearch/DeathwithDignityAct/Documents/year14.pdf.

[54] *Radbruch*, L./*Leget*, C./*Bahr*, P., et al., Euthanasia and physician-assisted suicide: A white paper from the European Association for Palliative Care, Palliative Medicine 2015 (November); *Kuin*, A., *Courtens*, A. M., *Deliens*, L., et al., Palliative care consultation in the Netherlands: a nationwide evaluation study, J. of Pain & Symptom Management 2004; 27(1): 53–60.

[55] *Morrison*, R. S./*Meier*, D. E., Palliative care, New England J. of Medicine 2004; 350(25): 2582–2590; *Sampson*, C./*Finlay*, I./*Byrne*, A., et al., The practice of palliative care from the perspective of patients and carers, BMJ Supportive & Palliative Care, August 7, 2014.

[56] *Belgian Act on Euthanasia*, Chapter II, Section 3, no. 2 (1).

cialist palliative care team prior to the act of euthanasia as the Flemish Palliative Care Federation recommended.[57] A recent study shows that only 55.4% of GPs had followed a training programme in palliative care or were members of a palliative care team.[58] It is suggested that GPs who provide euthanasia to their patients should all undergo such training.

Coping with pain and suffering can drain all of the patient's emotional strength, exhausting the ability to deal with other issues. In cases of competent patients, the assumption is that the patient understands the meaning of end-of-life decision. A psychiatrist's assessment can confirm whether the patient is able to make a decision of such ultimate significance to the patient's life and whether the decision is truly that of the patient, expressed consistently and of his/her own free will. The qualified psychiatrist must always meet with the patient to confirm that s/he was not clinically depressed. It is worthwhile to hold several such conversations, separated by a few days. The patient's loved ones and the attending physician should be included in at least one of the conversations.

## IX. Conclusions

The Belgian public has accepted the practice of euthanasia and has made it part of the duties of the medical profession.[59] Social and peer pressure makes it difficult for those who oppose euthanasia to uphold their position in the liberal culture that has been developing. Similar phenomenon has been recorded in the Netherlands following the legislation of the Dutch euthanasia law.[60] Johan Bilsen and colleagues found that the enactment of the Euthanasia Act was followed by an increase in all types of medical end-of-life practices with the exception of the use of life-ending drugs without explicit request.[61]

---

[57] *Broechaert*, B./*Janssens*, R., Palliative care and euthanasia. Belgian and Dutch perspectives, in: P. Schotsman and T. Meulenbergs (eds.), Euthanasia and Palliative Care in the Low Countries. Leuven: Peeters, 2005: 35–69.

[58] *Van Wesemael*, Y./*Cohen*, J./*Bilsen*, J., et al., Implementation of a service for physicians' consultation and information in euthanasia requests in Belgium, Health Policy (online 5 January 2012). For further discussion, see *Bernheim*, J. L., *Chambaere*, K., *Theuns*, P., *Deliens*, L., State of palliative care development in European countries with and without legally regulated physician-assisted dying, Health Care (January 2014): 10–14; *Cartwright*, C. M., *White*, B. P., *Willmott*, L., et al., Palliative care and other physicians' knowledge, attitudes and practice relating to the law on withholding/withdrawing life-sustaining treatment: survey results, Palliative Medicine 30 (2) (2016): 171–179.

[59] *Smets*, T./*Cohen*, J./*Bilsen*, J., et al., Attitudes and experiences of Belgian physicians regarding euthanasia practice and the Euthanasia Law, p. 590; *Miccinesi*, G./*Fischer*, S./*Paci*, E., et al., Physicians' attitudes towards end-of-life decisions: a comparison between seven countries, Social Science and Medicine 2005; 60 (9): 1961–1974; *Van Wesemael*, Y./*Cohen*, J./*Bilsen*, J., et al., Implementation of a service for physicians' consultation and information in euthanasia requests in Belgium, Health Policy (online 5 January 2012).

[60] *Cohen-Almagor*, R., Euthanasia in the Netherlands: The Policy and Practice of Mercy Killing, p. 154.

Opinion polls indicate that the majority of the Belgian public, 85% to 93% of them, support euthanasia[62] and it would be coercive to deny them what they perceive as a fundamental right. The good news is that the history of the euthanasia in Belgium is young. The Euthanasia Act was passed only in 2002, and the country is still in the early learning stages. We can hope that the Belgians learn from their experience and will devise ways to address the concerns. Having said that, looking at the short history of the euthanasia laws, policy and practice, in Belgium and also in the Netherlands may lead us to think that there is something intoxicating about the practice that blinds the eyes of decision-makers, leading them to press forward further end-of-life practices without paying ample attention to caution. In both countries, one cautionary barrier after the other are removed to allow greater scope for euthanasia. The logic of the 2002 Euthanasia Act that spoke of adults or emancipated minors lost its grounds in 2014 when the Belgians extended the law to all minors. Although some patients are euthanized without explicit request (1.8% of all deaths in 2010)[63] the Belgians are not hard-pressed to push for more stringent control mechanisms. Quite the opposite. A careful review of the euthanasia policy and practice is called for. After all, human lives are at stake.

## Zusammenfassung

Ziel des Beitrags ist es, inhärente Widersprüche in der belgischen Praxis der Sterbehilfe aufzuzeigen. Während die Patientenautonomie betont wird, offenbart medizinisches Fachpersonal einen Paternalismus bezüglich der Entscheidung über das Patientenschicksal. Zunächst werden einige Hintergrundinformationen bereitgestellt. Anschließend wird die Stellungnahme des Rats der Belgischen Gesellschaft für medizinische Intensivpflege (*Belgian Society of Intensive Care Medicine Council*) aus dem Jahr 2014 in den Blick genommen. Es werden Bedenken dagegen vorgebracht, Menschen Sterbehilfe zu leisten, denen es entweder nicht gelingt, einen Sinn in ihrem Leben zu finden, was etwa blinde Menschen und Menschen, die sich erfolglos einer geschlechtsumwandelnden Operation unterzogen haben, einschließt, oder die keine Einwilligung erteilt haben oder an Demenz leiden. Schließlich werden einige Vorschläge mit dem Ziel einer Verbesserung der Situation formuliert.

---

[61] *Bilsen*, J./*Cohen*, J./*Chambaere* K., et al., Medical end-of-life practices under the Euthanasia Law in Belgium, p. 1120.

[62] *Cohen-Almagor*, R., Belgian Euthanasia Law: a critical analysis, J Med Ethics 2009; 35 (7): 436–9.

[63] *Chambaere,* K./*Bilsen*, J./*Cohen*, J., et al., Physician-assisted deaths under the Euthanasia Law in Belgium: a population-based survey, Canadian Medical Association Journal 2010; 182 (9): 896.

# Recent Developments in the Legislation and Case-Law on Euthanasia and Assisted Suicide – A Comparative Analysis of the Situation in Germany and the Netherlands

Michael Lindemann[1] and Paul Mevis[2]

## I. Introduction

It is not an exaggeration to assume that not many topics at the intersection of law and ethics are as controversial as the (legal and ethical) boundaries of euthanasia and assisted suicide. In Western countries, such as Germany and the Netherlands, with extensive treatment options in the area of intensive care medicine and an ageing society, aspects of self-determination at the end of life become particularly important and are subject of an on-going and intense debate. With regard to the legal prerequisites for end-of-life-decisions, it has to be kept in mind that the situation is characterised by a complex interaction of legal provisions (*inter alia* regarding the legal position of physicians), court decisions and "soft factors" such as the prosecution practice of law enforcement authorities. These "soft factors" often reflect fundamental socio-historical developments and discussions in society. Although this makes it particularly difficult to draw a comparison between the legal systems of two countries, the authors of this article will undertake an attempt to provide a comparative analysis of the situation in Germany and the Netherlands. To this end, the legal framework, its background and some recent developments in both countries will be sketched (parts II. and III.), before we conclude with some comparative remarks (part IV.).

## II. Euthanasia and Assisted Suicide in the Netherlands[3]

### 1. Introduction

In the Netherlands, most of the rules on euthanasia and assisted suicide, rather than being given shape primarily in case-law, are enshrined in general statute. In

---

[1] Faculty of Law, Bielefeld University.

[2] Erasmus Law School, Erasmus University Rotterdam. The authors would like to thank *Dave van Toor* LL.M., BSc (Bielefeld University) for the initiative on this comparative study.

[3] A description of the Dutch legal situation can be found in *M. S. Groenhuijsen/F. van Laanen*, "Euthanasia in the Broader Framework of Dutch Penal Policies", in: M. S. Groenhuij-

the Dutch Criminal Code (DCC), euthanasia and assisted suicide are included as criminal offences. A specific ground for exclusion of criminal liability is provided by the Dutch Termination of Life on Request and Assisted Suicide (Review Procedures) Act (*Wet toetsing levensbeëindiging op verzoek en hulp bij zelfdoding*, hereafter referred as: Wtl)[4] 2002. A number of elements of these statutory regulations, their interpretation and their application have now explicitly been brought into question. Part II.4 provides a summary of the most important issues under discussion.

## 2. Euthanasia and Assisted Suicide as Criminal Acts – Indirect Euthanasia and Terminal Care

Both euthanasia and assisted suicide are criminal offences under Dutch law, defined as such in Article 293[5] DCC (euthanasia, although the term as such is not used there) and Article 294(2) DCC (assisted suicide).[6] Dutch criminal law treats both these offences as crimes against another's life. In the eyes of the legislature, the victim's circumstances (suffering or an express and earnest request to end his or her life) do not offer grounds for granting immunity from prosecution to a person who assists in terminating the victim's life. The legislature treats euthanasia as a special form of manslaughter if and when another person's life is terminated at that person's "express and earnest request".

---

sen/F. van Laanen (eds.), Euthanasia in International and Comparative Perspective, Nijmegen: Wolf Legal Publishers 2006, pp. 195–225; in: J. Griffiths/H. Weyers/M. Adams, Euthanasia and Law in Europe, Oxford: Hart Publishing 2008; and in: K. Gavela, Ärztlich assistierter Suizid und organisierte Sterbehilfe, Heidelberg dissertation 2011, Heidelberg: Springer 2011. See also *A. R. Mackor*, "Sterbehilfe in den Niederlanden", ZStW 128 (2016), pp. 24–48 and *J. Legemaate/I. Bolt*, "The Dutch Euthanasia Act: Recent Legal Developments", European Journal of Health Law 20 (2013), pp. 451–470.

[4] An English-language version of this act is available in Annexe 3 to *Regional Euthanasia Review Committees*, Annual Report 2013, The Hague 2014, pp. 40–48; available at https://www.euthanasiecommissie.nl.

[5] Article 293 of the Dutch Criminal Code:
   1. *Anyone who terminates another person's life at that person's express and earnest request is liable to a term of imprisonment not exceeding twelve years or a fifth-category fine.*
   2. *The act referred to in the first paragraph is not an offence if it is performed by a physician who fulfils the due care criteria set out in Section 2 of the Termination of Life on Request and Assisted Suicide (Review Procedures) Act, and if the physician notifies the municipal pathologist of this act in accordance with the provisions of Section 7, subsection 2 of the Burial and Cremation Act.*

[6] Article 294 of the Dutch Criminal Code:
   1. *Anyone who intentionally incites another to commit suicide is, if suicide follows, liable to a term of imprisonment not exceeding three years or to a fourth-category fine.*
   2. *Anyone who intentionally assists another to commit suicide or provides him with the means to do so is, if suicide follows, liable to a term of imprisonment not exceeding three years or a fourth-category fine. Article 293, paragraph 2 applies mutatis mutandis.*

While the incitement of another person to commit suicide is unlawful according to Article 294(1) DCC, Article 294(2) DCC makes it a criminal offence to assist in the suicide of another person or to provide another person with the means to do so. For a guilty verdict it requires the defendant to have rendered it possible or easier, through his or her actions, for the other person to commit suicide.[7] This does not include providing general information about suicide.

Suicide is not a criminal offence under Dutch law. The decision whether or not to punish assistance in the suicide of another person and to render such assistance a criminal offence was not based on the same considerations as the decision whether or not to punish the suicide itself. The line of reasoning adopted was that suicide has a considerable impact on society and on the suicide's immediate circle. With this in mind, assistance is considered to merit punishment and to require being treated as a criminal offence. "Respect for another person's life" as the underlying legal rationale is not or at least not exclusively a moral/religious view on the value of another person's life. At least in part it expresses an opinion on how the public order will be affected if that respect is relinquished too easily, for example, if not punishing assistance in suicide would lead to more suicides.[8] However, Article 294(2) DCC only stipulates criminal liability for this lack of respect for another person's life "if suicide follows".[9] As long as no suicide follows, the legislature has no grounds to render assistance a criminal offence.

The rendering of euthanasia and assisted suicide as offences in the current DCC derives directly from their designation as offences in the Dutch Criminal Code of 1886. Since the Articles 293 and 294 DCC entered into force in 1886, they have been amended only once, in the Wtl in 2002. Despite that amendment, the basis, structure and intent of the Articles have remained materially the same, as has the substance, despite society's changed views and the developments in medical end-of-life care and society's evolved views on the matter and the right to make end-of-life decisions. However, the debate about these changed views is reflected primarily in discussions about the exclusion of criminal liability as provided in the Wtl, as will be seen below.

Similarly, the maximum prison sentences that both these offences carry have remained unchanged since 1886. The maximum punishments show an important

---

[7] Dutch Supreme Court judgment of 18 March 2008, Nederlandse Jurisprudentie 2008, 264 notes by *T. M. Schalken*. See also Dutch Supreme Court judgment of 22 March 2005, Nederlandse Jurisprudentie 2007, 438, ECLI:NL:HR:2005:AR8225.

[8] In his dissertation from 1882 (*S. J. Hirsch*, Hulp en aanzetting tot zelfmoord, Leiden dissertation 1882, Tiel: D. Mijs 1882), with reference to *Carl Joseph Anton Mittermaier* (Die Beihülfe zum Selbstmorde, G.A. IX, p. 425) *S. J. Hirsch* further clarifies the legislature's decision not to make suicide a crime, but to include a separate provision (*delictum sui generis*) rendering it a criminal offence to assist in suicide.

[9] This element is a further condition for criminal liability. This means that culpability is not required here. Similarly, article 294 DCC does not require a causal connection, or proof of such a connection, between the "assistance" and the suicide, nor may the absence of such a connection (or of proof) result in exemption from criminal liability if the suicide has ensued.

distinction between these two offences. Euthanasia carries a maximum sentence of twelve years – a "mere" three years less than the maximum sentence of fifteen years that regular manslaughter carries. In comparison, assisting suicide (Article 294 DCC) carries a relatively light maximum prison sentence of three years only.

The Articles do not distinguish between acts committed by physicians and by non-physicians as the actions of both fall within the scope of the punishment.

Both Articles consider the acts described herein as criminal offences. Designation of this act as a crime implies that evidence of *mens rea* is required for it to be considered as a punishable act under Article 293 or 294 DCC. The phrasing of the element implies conditional intent, and proof thereof. In Dutch criminal law, the substance of the necessary element of *"mens rea"* is limited to "knowingly and willingly" (*willens en wetens*), that is, a deliberate act. The defendant's motive, if any, is irrelevant. In fact, not a single Dutch Article defining a criminal offence is based on the defendant's motive as an element that needs to be proved. This means that indirect euthanasia (pain relief knowing that the patient's life will end as an accepted side effect) will also qualify as "euthanasia". It is not considered a criminal offence when a physician administers palliative sedation without consciously accepting the patient's death as a side effect;[10] such palliative sedation is regarded as normal medical treatment. This distinction is sometimes difficult to make (see also below in 4.b). As a rule, for normal medical treatment, the physician is required to respect a refusal of treatment by the patient, as laid down in the Dutch Medical Treatment Contracts Act (*Wet op de geneeskundige behandelingsovereenkomst*) in the Dutch Civil Code.

The separation of euthanasia and assisted suicide as criminal offences means that no other criminal offences come into play, such as the crimes of abandoning a person in distress (Article 255 DCC) or withholding aid that may, within reason, be provided when witnessing another person's immediate mortal danger (Article 450 DCC). Insofar as assisted suicide is concerned, in particular, even if the assisted suicide matches the elements of these offences (i. e. Articles 255 and 450 DCC), the specific offence defined in Article 294(2) DCC will come into play. That Article then takes precedence based on the rule *lex specialis derogat lex generalis*.

## 3. Termination of Life (Review Procedures) Act: Specific Exclusion of Liability for Physicians[11]

Euthanasia and assisted suicide have been and are still criminal offences in and of themselves under the existing laws of the Netherlands. However, what is an

---

[10] Palliative sedation means deliberately lowering the patient's level of consciousness during the final stages of life. Lowering his consciousness in this fashion is a means to the end of reducing the patient's suffering. This may last until the patient's death, though not necessarily.

[11] An English-language version of the act can be found, among other places, in the English-language version of the RERCs' 2013 annual report http://www.euthanasiecommissie.

offence in general is not necessarily an offence in a concrete situation where circumstances emerge that render the act not punishable. This brings us to the second aspect of the statutory regulations on euthanasia and assisted suicide in the Netherlands – the provisions in the Wtl that entered into force on 1 April 2002.

## a) Substance

The Wtl does not amend Articles 293 and 294 DCC in terms of how they give shape to the designation of euthanasia and assisted suicide as criminal offences. However, it has added a specific defence as a justification for the otherwise criminal act, which is reflected in the second paragraph of Article 293 DCC.[12] According to this clause, this specific ground of justification applies only to physicians. However, acting in the capacity of a physician is not enough. Article 293(2) DCC imposes two further conditions for a valid defence based on this justification. The first requirement is that the physician must report his acts of euthanasia or assisted suicide to the municipal pathologist.[13] The second is that the physician must be found to have acted in accordance with the "due care criteria" of Section 2(1) Wtl. That clause reads as follows:

1. *In order to comply with the due care criteria referred to in Article 293, paragraph 2, of the Criminal Code, the attending physician must:*

   a) *be satisfied that the patient's request is voluntary and well considered;*

   b) *be satisfied that the patient's suffering is unbearable, with no prospect of improvement;*

   c) *have informed the patient about his situation and prognosis;*

   d) *have come to the conclusion, together with the patient, that there is no reasonable alternative in the patient's situation;*

   e) *have consulted at least one other, independent physician, who must see the patient and give a written opinion on whether the due care criteria set out in (a) to (d) have been fulfilled;*

   f) *exercise due medical care and attention in terminating the patient's life or assisting in his suicide.*

The Wtl does not only provide these due care criteria but also a special mechanism for reviewing – after the fact and on a case-by-case basis – whether the physician has observed the due care criteria and whether the specific ground for justification of the termination of life act may be put forward as a valid defence. Five "Regional Euthanasia Review Committees" (RERCs) have been set up to re-

---

nl/de-toetsingscommissies/uitspraken/jaarverslagen/2013/nl-en-du-fr/nl-en-du-fr/jaarverslag-2013.

[12] Article 294(2) DCC contains a reference to it.

[13] It is a criminal offence to issue a false death certificate (to report natural causes) to cover up euthanasia or assisted suicide: articles 228 and 229 DCC.

view each case and determine whether the due care criteria were met.[14] If they were, the physician's actions are considered justified according to Article 293(2) DCC. The physician's act therefore will not be punishable, although strictly speaking the Public Prosecution Service (PPS) could still prosecute if it believes that the legal requirements have not been satisfied. The RERC will not inform the PPS of its conclusion in a particular case if it is of the opinion that the physician acted in accordance with the rules and criteria of the Wtl. Where the RERC finds that the physician did *not* act in full compliance with the due care criteria, the specific ground for justification for the termination of life act will not apply. A finding to that effect will be reported to both the PPS and the Healthcare Inspectorate, who will then need to decide whether or not to bring criminal charges or disciplinary action, or both, against the physician.

This means that the RERCs perform a preliminary review of whether the physician should be prosecuted. Usually, in criminal cases, this decision is reserved for the Public Prosecution Service. The RERC's review prevents prosecution of the physician by finding that the provisions of the Wtl have been satisfied. This construction is made possible by a core feature of the Dutch system of criminal prosecution, consisting of the fact that the Pubic Prosecution Service is not under an obligation to prosecute every case.[15] The PPS may dispense with prosecution for reasons of convenience where the public interest is served. This framework makes it possible for the PPS to adopt a policy – subject to individual exceptions – of not prosecuting cases where the RERC finds that the physician acted in accordance with the due care criteria. That policy is published, becomes binding on the PPS based on the legal principle of legitimate expectations and is put into practice under the political responsibility of the Minister of Security and Justice.

### b) Background of the Wtl

It is impossible to fully comprehend the Wtl without some level of understanding of the background to how the act came about. This history reveals both fundamental differences with the situation in Germany and circumstances which show that the Dutch statute, too, is to a degree, only an accidental product of its time. In essence, the Wtl is codified case-law – judgments handed down by criminal court judges that gradually revealed a trend that the legislature ultimately adopted. Compared with the German situation, it is quite remarkable that those criminal cases

---

[14] Some years ago the RERCs began publishing annual reports, some of which are available in English (http://www.euthanasiecommissie.nl/de-toetsingscommissies/uitspraken/jaarverslagen/2013/nl-en-du-fr/nl-en-du-fr/jaarverslag-2013). In 2015, the RERCs also adopted a Code of Practice that explains their approach and methods. The English-language version is available at http://www.euthanasiecommissie.nl/de-toetsingscommissies/uitspraken/brochures/brochures/code-of-practice/1/code-of-practice.

[15] On the subject of the position of the Dutch Public Prosecution Service, see: *F. W. Went*, Das Opportunitätsprinzip im niederländischen und schweizerischen Strafverfahren, Rotterdam dissertation, Zürich: Schulthess, 2012.

were brought against physicians as defendants charged with violations of Articles 293 and 294 DCC. The reason for this is that certain cases in the years leading up to the enactment of the Wtl involved physicians administering life-terminating treatment to patients who so requested, in the belief that their actions were justified or legitimate in the context of their capacity as physicians. Euthanasia and assisted suicides were performed by physicians who believed that, as physicians, they were permitted or even required to act in that manner. Some of those physicians deliberately turned to the criminal law and the criminal courts to seek confirmation of the claim of the legitimacy of life-terminating actions. Significantly, various leading criminal law experts, most notably C. J. Enschedé, held that claim to be legitimate and defended and substantiated it.[16]

The highest criminal court in the Netherlands, the Supreme Court of the Netherlands, upheld this claim in a ground-breaking judgment of 27 November 1984.[17] The defendant (a physician) was on trial for having terminated the life of a critically ill 95-year-old patient, at her express request. Without recognising the physician's professional right as a legitimate basis for an exemption from criminal liability, the Supreme Court accepted *force majeure* as a ground for justification. This is applicable when there is a conflict between the physician's duties (the duty to comply with the law versus the duty to spare the patient from further terrible suffering), based on the physician's medical and ethical opinion that life-terminating actions are deemed necessary. This finding meant that any intentional life-terminating actions that fall within the scope of the description of the offence in Article 293 or Article 294 DCC remained a criminal offence, even if a physician performed them. This does not constitute "normal medical treatment". The physician may still be prosecuted. However, exemption from criminal liability may be established on a case-by-case basis. The physician is only exempt from criminal liability if his or her actions satisfy the stipulated criteria, and then exclusively within the framework of the ground for justification based on *force majeure* in the sense of a necessity. To some extent, this case-law was a two-way process. In all likelihood, the Supreme Court took a step towards granting exemption from criminal liability in the knowledge that the legislature was in the process of seeking to regulate these matters in statute. The Supreme Court provided a precise model for exemption for physicians – and physicians only – based on their confrontation with unbearable suffering without any prospect of improvement and the fact that life-terminating treatment may be indicated in the physician's medical and ethical opinion. The legislature then seized this as the basis for statutory regulations that enjoyed a political majority. The case-law gave the legislature something to work with.

---

[16] *Cf.* Ch. J. Enschedé, De arts en de dood – Sterven en recht, Deventer: Kluwer Academic Publishers, 1985. For a comprehensive summary of the political and social discussion leading up to the Wtl, see: *J. Wöretshofer*, Volgens de regelen van de kunst, Arnhem: Gouda Quint 1992 and *E. Pans*, De normatieve grondslagen van het Nederlandse euthanasierecht, Amsterdam dissertation, Nijmegen: Wolf Legal Publishers 2006.

[17] Nederlandse Jurisprudentie 1985, 106, (notes by *T. W. van Veen*).

### c) A Closer Look at the Due Care Criteria of the Wtl

The Wtl gives further shape to the specific ground for exclusion of criminal liability offered in Article 293(2) DCC. The essence is that criminal law, assuming criminal liability for all acts that do not show respect for another's life, makes an exception where a physician is confronted with suffering that is "unbearable without any prospect of improvement". That exception is also subject to the condition that the physician must recognise and have a sense of the suffering as being unbearable (for the patient) and with no prospect of improvement. Where this is the case, the *force majeure* situation arises in which the physician, in a professional capacity, finds him- or herself with conflicting duties – a duty of compliance with the law on the one hand, and a duty as a physician to relieve the patient's suffering on the other hand. To that effect, life-terminating treatment by the physician must be founded on a request from the patient. The physician is *permitted* to honour that request, but under no circumstances is obliged to do so. The basis that provides legitimacy for the justification is always the suffering of the patient as established and recognised by the physician. Accordingly, the basis is not the patient's right to self-determination, but rather the mercy of helping him or her in his or her unbearable suffering insofar as the patient's suffering and death wish can be "established".

However, the concept of suffering is not clearly defined: the legislature at least does not limit it to purely medical suffering. To a degree, loss of dignity or multiple afflictions of old age, for example, may lead to the conclusion that the patient is suffering within the meaning of the Wtl. The decisive factor is not, primarily, whether the basis of the suffering is exclusively a medical condition; instead, it is the degree and nature of the suffering (unbearable with no prospect of improvement), and whether the degree and nature of the patient's suffering are apparent as such not only to the patient but also to the physician. The latter must also have a sense of it to such a degree that, on that basis and with due observance of a second opinion from another physician, he or she believes that the conditions of Article 293 DCC (or Article 294(2) in conjunction with Article 293 DCC) in conjunction with Section 2(2) Wtl are satisfied and he or she is justified in choosing to administer life-terminating treatment to end that suffering. This is why both the due care criteria and the requirements for accountability and review in the Wtl focus on and are limited to physicians, and physicians alone. They serve to set standards for the physician's decision, which is at all times a choice and not an obligation, one in which the patient's request plays an important but not a decisive role. This implies a certain paternalistic element in the Dutch system, as the patient must rely on the physician's decision to have his or her end-of-life wish granted.

#### d) Legal Reality

The two evaluations that have been conducted of the Wtl to date[18] reveal that the substance and application of the law is supported by the medical profession as a correct and acceptable modality. Euthanasia and assisted suicide are actually reported in around 70–80% of the instances. This indicates a willingness among physicians to report their actions and thus the review mechanism of the Wtl does not act as a deterrent. In a vast majority of cases, the RERCs found that the criteria set by the Wtl were satisfied.[19] Evidently, the standards of the Wtl offer physicians sufficient guidelines for making an informed decision. It is safe to conclude that the Wtl works particularly well in what may be termed "standard cases". That is to say, an adult patient who does not lack mental capacity, who is in the terminal phase of a fatal disease and is capable of directing the course of his or her further suffering and death with the physician's assistance, in a manner in which the desire for life-terminating treatment is satisfied with relative "ease". Terrible suffering and imminent death give further shape to the due care criteria. To this end, in some cases, palliative sedation may pass over "silently" into euthanasia or assisted suicide. The vast majority of cases of euthanasia and assisted suicide do in fact fall within this category of standard cases.

### 4. Current Debates[20]

Despite this success, the provisions of the Wtl and its application also trigger various debates, both about the limits of the act's scope and the possibility or desirability of exemption from criminal liability in situations that the Wtl did not foresee. Punishment relating to assisted suicide is another topic of discussion. This section identifies the principal points of these debates.[21]

---

[18] See the English summaries of *B. D. Onwuteaka-Philipsen* et al., Evaluatie Wet toetsing levensbeëindiging op verzoek en hulp bij zelfdoding, The Hague: ZonMw 2007, pp. 13–21 and *A. van der Heide* et al., Tweede evaluatie Wet toetsing levensbeëindiging op verzoek en hulp bij zelfdoding, The Hague: ZonMw 2012, pp. 19–25.

[19] The instances reported for 2013, 2014 and 2015 numbered 4829, 5306 and 5516, respectively. In 5, 4 and again 4 of these cases the RERCs concluded that the doctor had not acted in full compliance with the due care criteria. Over all three years, this represents less than 0.1% of the total number of instances reported. See *Regional Euthanasia Review Committees*, Jaarverslag 2013, The Hague 2014, p. 58; *Regional Euthanasia Review Committees*, Jaarverslag 2014, The Hague 2015, p. 15; *Regional Euthanasia Review Committees*, Jaarverslag 2015, The Hague 2016, p. 17.

[20] The following is taken from the summary in *P. A. M. Mevis*, "Over de randen van de euthanasiewetgeving," to be published in Delikt en Delikwent, June 2016.

[21] The following discussion is limited to the application of the provisions of the Wtl in the case of patients who do not lack mental capacity. The Wtl also makes provision for a written advance directive in case the patient loses his or her mental capacity in the future (Section 2(2) Wtl). For the current debate about the precise application of this provision, see: *P. A. M. Mevis/L. Postma/M. G. J. L. Habets/J. Rietjens/A. van der Heide,*

### a) Unbearable Suffering and the Law-Giving Influence and Importance of the RERCs

An important question in the context of the due care criteria of Section 2(1) Wtl is what precisely constitutes "unbearable suffering". That concept, and in particular the "unbearability", is a source of discussion, development and of new law. While its substance is difficult to define clearly and exhaustive, the concept is also open. That openness of the concept of suffering has caused it to evolve, and as more cases of dementia and mental suffering are gradually recognised as unbearable suffering – as long as the physician takes more than the usual degree of care, for instance, by consulting more experts besides only the independent physician required by Section 2(1)(e) of Wtl – the possibility arises of justified termination of life within the existing statutory framework.[22] Within the scope of the Wtl's criteria, the concept of suffering is partly a subjective assessment (by the patient) and only partly an objective opinion that can be used as a hard criterion for determining whether the situation matches the intention of the Wtl. It is the task of the second physician consulted (before the event) and the RERCs (after the event) to consider in each case whether the patient's suffering is or was unbearable. The scope of the Wtl's applicability is determined in part by the RERCs, based on their willingness to assume that the patient's suffering was, or was not unbearable.

This has given rise to two major criticisms. First, that the RERCs are sometimes too quick to assume that this criterion of unbearable suffering with no prospect of improvement was met, and that by doing so they are extending the scope of the Wtl's applicability beyond what it should be and as such are "eroding" the act. In turn, this has led to the second criticism that the RERCs do not possess sufficient legitimacy to act as law-giving authorities for purposes of interpreting the Wtl. Without any cases being referred to the courts, their interpretation is not subject to correction in case-law.[23] In addition to this criticism, since the Wtl came into force in 2002, not a single one of the few cases where the RERCs found that the physician's life-terminating actions were not in compliance with the elementary criteria of due care has been referred to the criminal courts by the Pubic Prosecution Service. What this means is that prosecution as a mechanism for safe-guarding and ensuring the limits and the interpretation of the Wtl is not functioning.

---

"Advance directives requesting euthanasia in the Netherlands: do they enable euthanasia for patients who lack mental capacity?" (to be published in Journal of Medical Law and Ethics in the autumn of 2016).

[22] Cf. *J. Legemaate*, "Hulp bij zelfdoding in de psychiatrie", Tijdschrift voor Gezondheidsrecht 2014, pp. 671–675; *S. Kim, R. de Vries/J. Peteet*, Euthanasia and Assisted Suicide of Patients With Psychiatric Disorders in the Netherlands 2011–2014, JAMA Psychiatry, Volume 73, Number 4 (April 2016), pp. 362–368.

[23] See *A. Hendriks*, "Meer (toe)zicht op toetsing euthanasie dringend gewenst", Nederlands Juristenblad 2014/976, pp. 1308–1312 and *J. Legemaate*, "Reactie op 'Meer (toe)zicht op toetsing euthanasie dringend gewenst'", Nederlands Juristenblad 2014/1139, pp. 1566–1567.

### b) Grey Area (Palliative Sedation)

As set out above, the Wtl not only uses a set of due care criteria to give shape to a specific ground for exemption from criminal liability. It also contains, first and foremost, a control mechanism in which the RERCs determine after the event and on a case-by-case basis whether that specific ground applies. Whether or not a particular case is reviewed pursuant to the Wtl depends on whether the physician involved reports it as such. This is an obligation on the physician's part. Article 293 DCC makes reporting instances of euthanasia a pre-condition for becoming eligible for exemption from criminal liability. The physician must identify his or her life-terminating actions, as it were, and then recognise them as the actions that are rendered criminal offences under Article 293(1) or Article 294(2) DCC.

However, the manner of phrasing creates a problematic area. Problems of scope do not emerge principally as a result of deliberate attempts to avoid liability and a RERC review, where a physician issues a death certificate that does not reflect the truth and as such, presumes a natural death and to that extent normal medical treatment. Rather, the problem lies in the fact that some physicians do not identify their actions as euthanasia. As explained in part II.2 above, this difficulty occurs mostly at the point where euthanasia meets palliative sedation (passive euthanasia). The latter, being a normal medical treatment, is not subject to criminal review. The essence of the problem lies in the difference of assessment and definition that is caused by the criminal law's notion of conditional intent. Accepting death as a consequence of palliative sedation constitutes conditional intent within the meaning of Article 293(1) DCC, bringing the actions within the scope of criminal law. Physicians are more likely to view the tipping point as lying elsewhere. In their view, palliative sedation does not constitute an action intended to bring about death even though death might result or be accelerated.[24] In many of these cases, physicians will not feel as if they have crossed the line into euthanasia.[25] This is sometimes termed as the "grey area" between euthanasia and palliative sedation.

Studies reveal that this grey area is a real phenomenon. In many cases, terminal sedation is administered with a view to ending the patient's life, or else partly so alongside pain relief.[26] In the initial proposals for the Wtl, palliative sedation was

---

[24] The guideline on sedation issued by the Royal Dutch Medical Association KNMG in 2009 explicitly says, "The purpose is not to cut short or extend the patient's life". See http://www.knmg.nl/Publicaties/KNMGpublicatie-levenseinde/61575/KNMGrichtlijn-palliatieve-sedatie-2009.htm.

[25] Cf. also *D. G. van Tol*, Grensgeschillen. Een rechtssociologisch onderzoek naar het classificeren van euthanasie en ander medisch handelen rond het levenseinde (Groningen dissertation) 2005.

[26] Cf. *J. A. C. Rietjens*, Medical Decision-Making at the End of Life. Experiences and attitudes of physicians and the general public, (ErasmusMC dissertation), 2006, p. 161 (http://repub.eur.nl/pub/7309/060201_Rietjens-JAC.pdf.). See also *A. van der Heide*, De dokter, het leven en de dood (Oration at Erasmus University Rotterdam), Rotterdam: ErasmusMC oration series 2014.

expressly kept beyond the scope of criminal law.[27] Even though the evaluations of the Wtl explicitly urged this, to date the exclusion has not been enshrined in the statute. However, the Court of Appeal of Den Bosch has, on one occasion, confirmed the finding of the District Court that a particular case did not involve conditional intent.[28] Yet, it remains unclear whether that was not in part to meet the specific requirements in that case. Nevertheless, it does not seem logical to bring each and every instance of palliative sedation within the scope of the RERCs' review. The possibility was raised once in criminal justice circles,[29] but that suggestion did not meet with universal acceptance in the medical world, besides seeming at the very least disproportionate from a legal perspective. The purpose would not be to review the palliative sedation, but to identify possible instances of surreptitious euthanasia. It is important to bear in mind that if more cases in the grey area are found to cross the line into criminal euthanasia, a majority of them will presumably be cases where the due care criteria of the Wtl were satisfied.

### c) Completed Life: Is the Right to Self-Determination a Possibility?

The most important debate that has arisen in connection with the Wtl, and the one that has come to dominate the discussion, is the Wtl itself – or more precisely, its basis. Exemption from criminal liability for euthanasia and assisted suicide is possible only if a physician so decides on the basis of "unbearable suffering". Although the suffering does not necessarily need to be medical in nature, suffering that does not stem at least in part from some form of medical basis, in the present view, does not fall within the scope of the Wtl. However, where euthanasia and assisted suicide is justified, this does not have its basis in a legal recognition of the right to self-determination of a person making a carefully considered decision that his life should end. Rather, that person is dependent on a physician's decision. If a person finds their life unbearable, without any medical basis, this person's end-of-life request may not be honoured by a physician. As a result, and as noted previously, the Dutch system is sometimes perceived to be too "paternalistic" and is criticised on grounds that the concept of suffering is too limited rather than accommodating the right to self-determination of a person wishing to end his or her life. That claim is made very emphatically, and in particular by persons suffering

---

[27] The "legislative proposal" presented by the Government Committee on Euthanasia in 1985 included an article numbered 293quater DCC, in which "taking the life of another" within the meaning of the DCC did not include "an acceleration of death as a side effect of treatment that is necessary for and, by nature, intended directly for alleviating a patient's grievous suffering".

[28] Court of Appeal of Den Bosch, judgment of 19 July 2005, ECLI:NL:GHSHE:2005:AU0211, in appellate proceedings based on the District Court of Breda's judgment of 10 November 2004, ECLI:NL:RBBRE:2004:AR5394.

[29] J. L. de Wijkerslooth (then President of the Dutch Board of Procurators General), "Twee lacunes in de euthanasieregeling", Opportuun 2003, issue 10, p. 6.

from life, who feel that their lives are complete and who have, on the basis of that perception, an actual and acute death wish.

Can multiple afflictions of old age, some of which are medical, offer sufficient basis for "unbearable suffering" within the meaning of the Wtl? That act does not offer any basis for what is purely "suffering from life" without any medical basis. This gives rise to a debate in two cases. The first concerns the legal situation where a non-physician, for example a son or daughter, is confronted with the death wish of a parent based on such suffering. Does any scenario exist in which that son or daughter may invoke the exemption from criminal liability for helping to bring about the end of the parent's life? The second situation concerns the present debate about whether the statutory system should not accommodate exempt euthanasia and – in particular – assisted suicide based on the right to self-determination alone. This would render assisted suicide no longer an offence where the defendant helps a person to die who makes a deliberate, voluntary and carefully considered choice to die, regardless of the basis of his or her suffering.

The first of these situations, for non-physicians, is discussed below. The discussion in the Netherlands about the second situation focuses on the previously identified problem of people with an actual death wish that arises from a perception of a "completed life". In political circles, the question is being asked whether, based on a presumption of a greater right to self-determination, greater legal possibilities should be introduced for exempt assisted suicide for people who consider their lives to be complete.

In 2014, the Advisory Committee on Completed Life (*Adviescommissie Voltooid leven*) was set up in an attempt to answer this question. It published a report of its findings in January 2016.[30] The committee's conclusion is that the existing statutory regulations in the Dutch Criminal Code and the Wtl should not be changed, arguing that they offer sufficient latitude for justified assisted suicide in cases where the unbearable suffering with no prospect of improvement is caused by multiple afflictions, particularly those of old age. In the committee's opinion, this is precisely where the "interaction" between the suffering, the patient's request and the establishment thereof by the physician – an interaction in which the Wtl does not specify the relative importance of the individual factors – can be used for "stable legal development" to accommodate wishes for life termination, as has already occurred with dementia and mental suffering. However, this existing framework does not offer room for accommodating scenarios where the cause of the suffering does not fall within the definition of suffering that the Wtl uses. This being so, the committee recommends that no accommodation is necessary through amendment to the existing laws and regulations, in part since this would necessarily mean abandoning the existing model based on the physician's verifiable decision – which

---

[30] Report of the Committee on Completed Life, "Voltooid leven. Over hulp bij zelfdoding aan mensen die hun leven voltooid achten", The Hague 2016. The second author of this article was a member of that committee. The report also includes a section comparing legal systems, including the German situation.

is sufficient and responsible for the overwhelming majority of the cases – in favour of a small group, and one that in fact is disproportionately small in relation to the consequences of changing the rules. In light of safety and verifiability considerations, the committee does not feel that this is desirable. Another factor that has bearing on the issue is the burden on the person whose assistance is being asked. The committee feels that the lack of distance and the overly complex emotional and mental burden stand in the way of lifting the criminal liability of assisted suicide. The committee also argues that case-law handed down by the European Court of Human Rights (ECtHR) does not require broader recognition of the right to self-determination, particularly in light of the margin of appreciation that the ECtHR affords Member States on this subject matter, whereas the ECtHR imposes a duty on governments to protect other people's lives. That duty is also held to be of great importance by the committee. Having weighed all the pros and cons, the committee is of the opinion that no reason exists to accommodate a desire for life termination of a person whose wish arises from a perception of a "completed life", for example by basing the exemption from criminal liability for assisted suicide exclusively on the patient's right to self-determination. The committee feels that such a move lacks both any necessity and sufficient support.

The report has met with some positive response, while others have described it as overly conservative.[31] The main point of criticism is that the committee does not leave open any possibility for the idea that by todays standards of society exemption of assisted suicide should be possible based on recognition of the right to self-determination. This criticism essentially questions the basis for the existing statutory regulations, including the principles of criminal liability of euthanasia and assisted suicide that have been in place since 1886. At the time of the submission of this Article, further consideration of the issue of "completed life" has been referred to the Dutch Minister of Health, Welfare Sport and the Minister of Security and Justice, who are preparing a response to the Advisory Committee's report.

### d) Application of General Grounds for Exclusion; Non-Physician-Assisted Suicide; End-of-Life Through Voluntary Starvation and Dehydration

The Wtl has created a specific ground for exclusion of criminal liability, available only to physicians, in cases of unbearable suffering with no prospect of improvement. The general grounds for exclusion laid down in the Dutch Criminal Code may also come into play, for example, where a physician is unable to comply with the Wtl in a situation of pressing necessity. A more important possibility is for a non-physician, for example, an immediate relative who has helped someone to commit suicide, to claim necessity as a general ground for exemption from criminal liability. In the current views of Dutch criminal law, necessity as a ground

---

[31] For a detailed discussion, see: G. den Hartogh, "Voltooid leven. Hoe verder na Schnabel?", Nederlands Juristenblad 2016/638, pp. 854–865.

for this exemption from criminal liability distinguishes two separate dogmatic concepts. The first is *force majeure* as a justification, in the sense of a necessity (conflicting duties). The other is mental *force majeure* as a ground for exclusion of culpability. In the latter case, a defendant may feel coerced by outside circumstances to perform an act that falls within the definition of an offence, but for which he or she cannot be held culpable owing to the pressure arising as a result of the circumstances.

Applied to the crime in Article 294 DCC, *force majeure* as a ground for exemption from criminal liability does not allow much room for exempt actions by non-physicians, particularly since 2002 when the Wtl first was introduced. Conflicting duties are not likely to occur, as Article 294 DCC explicitly gives precedence to the duty to respect another person's life. Where a physician has a professional duty to alleviate the patient's suffering, non-physicians do not, and so cannot encounter any conflicting duties. For purposes of mental *force majeure*, even when being faced with the unbearable suffering of an immediate relative with no prospect of improvement, this cannot be used as a defence by a person for assisting in that relative's suicide because the Wtl already has provisions for unbearable suffering. A non-physician who wishes to assist in a suicide cannot have an independent opinion on whether or not the criteria as stipulated in the Wtl are satisfied if a physician believes that they are not.

This situation has triggered a current debate in two situations. The first example was a criminal case, known in the Dutch media as "the Heringa case". The defendant in that criminal case was faced with the suffering and death wish of his mother. He wished to grant that wish, in part because his mother threatened to take her own life by herself otherwise. The defendant's actions were governed by his filial sense of duty towards his mother. Not being a physician, the son could not put forward the Wtl as a defence. It is not entirely clear whether he had in fact exhausted every possibility for determining whether a physician believed that the criteria of the Wtl were satisfied at any time. If every physician that he consulted had believed that those criteria were not satisfied, the defendant would not have had any room for putting forward a different opinion that would have legal justification.

In first instance, the district court maintained that the defendant could not be exempt from criminal liability, although the court could understand his actions, or at least his motives. The district court therefore seized upon the possibility offered by Article 9a DCC, of finding the defendant guilty but without imposing any punishment. The Court of Appeal disagreed, finding that given the circumstances, the defendant could argue that his actions were justified on grounds of necessity. The Court of Appeal did not make it entirely clear what conflict it presumed and which legally recognised duties interfered with each other. Thus this decision cleared the road for non-physician-assisted suicide that is justified and is not designated as a criminal offence. As this possibility applies to non-physicians, it then exists alongside the modality of exemption from criminal liability under the Wtl. As a consequence, the Court of Appeal's bold decision generated criticism, particularly as to whether the court intended to create a more general possibility for exemption for non-physicians, existing side-by-side with the Wtl, also and only based on the due care criteria defined in that act. The problem is that those criteria were defined expressly for physicians and their decisions. Moreover, physicians may only put forward the Wtl as a defence if they report the euthanasia or assisted suicide (Article 294(2) in conjunction with Article 293(2) DCC) to the municipal pathologist. The defendant Heringa had reported his actions, although he was not under any obligation to do so.

Another interesting factor in the comparison between the Dutch and German legal systems is that Heringa was essentially faced with his mother's death wish and her threat to carry it out. This gives rise to the question of whether an "exculpatory necessity" applies as a basis for exemption from culpability in this situation. Although the defendant's actions constituted an offence, his desire to prevent his mother from taking her own life by herself might have put him in a position of exculpatory necessity. The notes to this criminal case[32] included a suggestion that the debate should include this third possibility for *force majeure*, which is not entirely ruled out in Dutch criminal law and which has not received as much attention as it did in Germany.[33]

The case has been referred to the Dutch Supreme Court in cassation as the highest (criminal) court. The importance of the case is not only based on the concrete facts and circumstances of the case, but also, and particularly, for what might be the more general impact of the Court of Appeal's judgment. At the time of the submission of this Article, the Supreme Court had not yet announced its decision.

The second example involves voluntary starvation and dehydration as a method of suicide, where someone deliberately refuses food and drink to hasten the end of his life. It is uncertain how this should be designated. The Royal Dutch Medical Association KNMG[34] is of the opinion that not eating or drinking does not constitute suicide, but rather an exercise of the patient's right to refuse further treatment, even if this might cause or hasten death. In that interpretation, this course of action does not constitute suicide, and helping a patient who chooses this course of action cannot qualify as an assisted suicide and as such is not an offence. The question is whether this is a correct interpretation of Article 294 DCC, which makes it an offence to intentionally assist in another person's suicide. The fact that the person who wishes to die is controlling a process of starvation and dehydration does not remove the unlawfulness of the assistance. The offence is assisting in the

---

[32] *P. A. M. Mevis*, Notes to Court of Appeal of Arnhem-Leeuwarden's judgment of 13 May 2015, Tijdschrift voor Gezondheidsrecht 39 (2015), pp. 472–490.

[33] For a comparison of this ground for exclusion from criminal liability in German law and Dutch law, see: *G. J. Tikes*, Psychische overmacht en entschuldigender Notstand. Een Nederlands-Duitse rechtsvergelijking, Celsius: Tilburg 2012.

[34] See http://www.knmg.nl/web/file?uuid=1874dfd2-652a-4aa6-bbfc-7565ae451bae&owner=a8a9ce0e-f42b-47a5-960e-be08025b7b04&contentid=147986&elementid=2530020 (English version).

suicide, which shows lack of sufficient respect for another person's life. Only acts that are sufficiently unrelated, for example, providing general information about the method of starvation and dehydration and its risks, do not constitute assistance in suicide, and then in particular where this support occurs in the phase before a decision is made to commit suicide. Once a person has begun the process of starvation and dehydration, helping and caring for that person might easily fall within the realms of criminal offence. The element of "assistance" within the meaning of Article 294 DCC may also take the shape of an omission. No criminal cases are currently known that involve assisted suicide where the defendant in any way helps a member of the public who has deliberately chosen to refuse food and drink in order to hasten the end of his or her life.

The above has attempted to provide an overview of the Dutch current legal situation regarding euthanasia and assisted suicide and the current debates on these. In order to compare the Dutch legal situation with that of Germany, the next section will explore the German "state of affairs" regarding the issues that concern us in this article.

## III. The Legal Framework for End-of-Life-Decisions in Germany

As can be seen from the previous section of this article, the Dutch regulation on euthanasia and assisted suicide is strongly characterized by the "Medical model". Therefore, the following remarks on the situation in Germany will also devote particular attention to the involvement of physicians in end-of-life-decisions. Furthermore, as the Dutch regulation on end-of-life-decisions received important impulses from the case-law of criminal courts, there will be a similar focus in this paragraph.

### 1. Introduction

A discussion of the legal framework of end-of-life-decisions in Germany should take its starting point at the observation that the medical advancement, which has been achieved in intensive care at the end of life, entails intricate questions of legal boundaries and criminal responsibility. In a certain contrast with this finding, the legal boundaries for end-of-life-decisions are only partially regulated in the German Criminal Code (GCC) and elsewhere (e.g. in the German Civil Code). In particular, there is no detailed "Termination of Life Act" as in the Netherlands. By and large, the offences against life (laid down in Section 211–222 GCC) date from a period when there were not many means to prolong a dying person's life and patient autonomy did not get the attention it receives nowadays.[35] Although in the

---

[35] The systematic approach of the German legislator is discussed by *H. Schneider*, in: W. Joecks/K. Miebach (eds.), Münchener Kommentar zum StGB, Band 4, 2nd edition 2012, Vor §§ 211 ff. Rn. 182 ff.

recent history legal scholars have published not only one but two drafts aimed at a reform of the aforementioned provisions of the GCC with a special focus on end-of-life-decisions,[36] the German legislator never adopted these drafts.

Instead, the distinction between legitimate and illicit behaviours was left up to the case-law of the higher German courts. This case-law is criticized as inconsistent and ambiguous by not a few scholars.[37] With regard to end-of-life-decisions by physicians, the main distinction has traditionally been drawn between direct active euthanasia (which can roughly be defined as intentionally shortening the patient's life by a treatment that is not medically indicated) and passive euthanasia (i. e. abstaining from treatment measures suitable to prolong a dying patient's life). Although this distinction seems pretty clear at first glance, empirical studies have shown that physicians seem to be quite uneasy with it.[38] In particular, they have problems in properly classifying the disconnection of a heart-lung-machine (which involves the act of pushing the stop-button) as passive euthanasia (as would be in line with the long-time prevailing legal opinion). The conclusion of the Twelfth Civil Senate of the Federal Court of Justice in a decision from 8 June 2005 that "the legal boundaries of euthanasia in a wider sense ... seem not sufficiently clarified so far" pointed in a similar direction.[39] The following remarks on the legal evaluation of certain categories of end-of-life-decisions have to be seen against the background of this general situation, which is anything but satisfactory.

## 2. Categories of End-of-Life-Decisions and Their Evaluation Under German Criminal Law

With regard to the categorization and legal assessment of end-of-life-decisions, it seems appropriate to follow the phenomenology of everyday medical practice as closely as possible because this will lead to a handy structure that can be applied in most (Western) countries. In the following, we will therefore distinguish between (1) terminal care; (2) direct active euthanasia; (3) indirect active euthanasia; (4) the discontinuation of treatment and (5) assisted suicide.[40]

---

[36] Alternativentwurf eines Gesetzes über Sterbehilfe (AE-Sterbehilfe), Entwurf eines Arbeitskreises von Professoren des Strafrechts und der Medizin sowie ihrer Mitarbeiter, vorgelegt von *J. Baumann et al.*, Stuttgart, New York: Thieme, 1986 and *Arbeitskreis AE*, "Alternativ-Entwurf Leben (AE-Leben)", GA 2008, 193 ff.

[37] See for example *C. Roxin*, "Zur strafrechtlichen Beurteilung der Sterbehilfe", in: C. Roxin/U. Schroth (eds.), Handbuch des Medizinstrafrechts, 4th edition, München: C.H. Beck, 2010, p. 75 (83 f.).

[38] See *G. D. Borasio* et al., "Einstellungen zur Patientenbetreuung in der letzten Lebensphase", Nervenarzt 2004, 1187 (1190 ff.); *T. Möller/B. Grabensee/H. Frister*, "Passive Sterbehilfe in der Praxis – die ärztliche Entscheidung im Spiegel der Rechtslage", DMW 2008, 1059 (1061 ff.); *B. van Oorschot* et al., "Einstellungen zur Sterbehilfe und zu Patientenverfügungen", DMW 2005, 261 (262 ff.); *M. Weber* et al., "Sorgfältiges Abwägen der jeweiligen Situation", DÄBl 2001, 3184 (3186 ff.).

[39] BGHZ 163, 195 (200).

### a) Terminal Care

Terminal care can be defined as the administration of drugs to lessen the patient's pain and/or distress without life-shortening consequences. A physician performing terminal care in the aforementioned way will not be held criminally liable according to German law if the administration of drugs is covered by the patient's current consent. The same applies when the patient requested terminal care in a living will corresponding to the current living and treatment situation and when terminal care is in accordance with the (incompetent) patient's presumed consent. However, the physician will be held criminally liable if he or she administers the drugs against the declared will of the patient (punishable as causing bodily harm under Section 223 GCC) or if he or she withholds or withdraws the treatment despite a corresponding request by the patient (punishable as causing bodily harm by omission under Section 223, 13 GCC and/or as an omission to effect an easy rescue under Section 323c GCC).[41]

### b) Direct Active Euthanasia

The intentional killing of another person will be punishable as murder (under aggravating or mitigating circumstances, Sections 211, 212, 213 GCC) if it is performed without a valid consent of the deceased. Similar to the situation in the Netherlands, the German Criminal Code contains a special provision penalizing the killing of a person upon his or her request: If a person is induced to kill by the express and earnest request of the victim,[42] the penalty shall be imprisonment from a minimum of six months to a maximum of five years according to Section 216 GCC. In comparison with murder, the penalty range is thus reduced noticeably (from life imprisonment pursuant to Section 211 GCC resp. imprisonment of not less than five years pursuant to Section 212 GCC), but the consent of the person concerned has no justifying effect. The rationale for making the behaviour in question subject to punishment irrespective of the victim's request can be seen in the protection against hasty (and irreversible) decisions and in the prevention of abuse and of (more or less subtle) economic pressure against the particularly vulnerable group of critically ill patients.[43]

---

[40] For the following we partly rely on *H. Frister/M. Lindemann/T. A. Peters*, Arztstrafrecht, München: C.H. Beck, 2011, Chapter 1 Rn. 183 ff.

[41] *H. Frister/M. Lindemann/T. A. Peters* (Fn. 40), Chapter 1 Rn. 185.

[42] To meet the requirements of Section 216 GCC, the request has to be expressed in a clear and unambiguous manner and must be the result of a well-considered decision; see *U. Neumann*, in: U. Kindhäuser/U. Neumann/H.-U. Paeffgen (eds), Nomos Kommentar zum DStGB, 4th edition, Baden-Baden: Nomos, 2014, § 216 Rn. 10 ff.

[43] See *D. Sternberg-Lieben*, Die objektiven Schranken der Einwilligung im Strafrecht, Tübingen: Mohr Siebeck, 1997, p. 103 ff. for more details.

### c) Indirect Active Euthanasia

Indirect active euthanasia can be defined as the administration of drugs to lessen the patient's pain and/or distress with the shortening of the patient's life as a (possible) side effect. There will be no criminal liability of the physician if indirect active euthanasia is requested with full knowledge of the state of affairs by the patient. According to the dominant (and preferable) opinion, the physician – whose behaviour in principle falls under Section 216 GCC – does not act unlawfully due to necessity (Section 34 GCC).[44] In the leading case (the so-called "Dolantin-Fall"), the Federal Court of Justice stated that "eine ärztlich gebotene schmerzlindernde Medikation entsprechend dem erklärten oder mutmaßlichen Patientenwillen bei einem Sterbenden ... nicht dadurch unzulässig (wird), dass sie als unbeabsichtigte, aber in Kauf genommene unvermeidbare Nebenfolge den Todeseintritt beschleunigen kann."[45]

One of the problematic consequences of the German case-law-based approach is that this decision leaves a hiatus. Uncertainty remains about the proper legal assessment and categorization of other related "treatments". As there is no relevant case-law up till now, it is not clear whether cases of direct intent, of life-shortening treatment beyond the final phase of a fatal illness or indirect active euthanasia in order to alleviate fear of suffocation (instead of pain) would remain exempt from punishment under the "Dolantin"-jurisdiction. Nevertheless, a dogmatic solution can be found in the proper application of Section 34 GCC: If you accept in principle that there is room for a weighting of the patient's need for an alleviation of pain or distress caused by his or her illness on the one hand and the public interest in preventing killings on request under the rule of necessity on the other hand, the performance of indirect active euthanasia should be regarded as justified in the aforementioned cases, too.[46]

Lastly, it has to be considered that the physician will be held criminally liable if he or she doesn't administer the requested pain-relieving medication or if he or she administers life-shortening medication without the (actual or presumed) consent of the patient.[47] A treatment *aiming* to end the patient's life upon his or her request will in any case remain punishable under Section 216 GCC.

### d) Discontinuation of Treatment

Discontinuation of treatment can be defined as the decision to withdraw or withhold treatment (in this context: with lethal consequences). In the German discussion, this category – which covers different practices such as the abstaining from intensive care, the non-treatment of a medical complication or the interruption of

---

[44] The competing opinions are sketched by *U. Neumann* (Fn. 42), Vor §§ 211 ff. Rn. 101 ff.
[45] BGHSt 42, 301 with annotation by *T. Verrel* MedR 1997, 248.
[46] See *H. Frister/M. Lindemann/T. A. Peters* (Fn. 40), Chapter 1 Rn. 199.
[47] *H. Frister/M. Lindemann/T. A. Peters* (Fn. 40), Chapter 1 Rn. 200.

enteral nutrition via a gastric tube – is also referred to as a modification of the therapeutic objective.[48]

In assessing the criminal liability of a person performing a discontinuation of treatment, two principles have to be kept in mind. First, there is a strong (and even growing) emphasis on the right to self-determination. This means that the (presumed) consent of the patient in principle is not required for the discontinuation of treatment but for its continuation (being an infringement of the patient's bodily integrity which requires justification).[49] Second, it is noteworthy that there are also limits to the physician's commitment to treatment. In determining the limits of the treatment obligation, objective criteria may be considered, too; the physician may withdraw or withhold treatment if it is not indicated from a medical point of view.[50]

With regard to patients who are not competent at the moment the question of a discontinuation of treatment arises, there has been much debate about the prerequisites and the binding force of a patient's living will. Subsequent to an intense discussion, the German legislator has adopted a law on advance decisions on 29 July 2009 that has specified the legal foundations for the establishment and the effective implementation of a living will (the so-called "Patientenverfügung").[51] Section 1901a of the German Civil Code now reads as follows:

"(1) If a person of full age who is able to consent has determined in writing, for the event of his becoming unable to consent, whether he consents to or prohibits specific tests of his state of health, treatment or medical interventions not yet directly immanent at the time of determination ("Patientenverfügung", living will), the custodian must examine whether these determinations correspond to the current living and treatment situation. If this is the case, the custodian must see to it that the will of the person under custodianship is done. A living will may be revoked at any time without a specific form.

(2) If there is no living will, or if the determinations of a living will do not correspond to the current life and treatment situation, the custodian must determine the wishes with regard to treatment or the presumed will of the person under custodianship, and decide on this basis whether he consents to or prohibits a medical treatment pursuant to subsection (1). The presumed will must be ascertained on the basis of concrete indications. Consideration must be given, in particular, to previous oral or written statements, ethical or religious convictions and other personal values of the person under custodianship.

---

[48] German Medical Association (BÄK) DÄBl 2004, A 1298; *B. Weißer*, "Strafrecht am Ende des Lebens – Sterbehilfe und Hilfe zum Suizid im Spiegel der Rechtsvergleichung", ZStW 128 (2016), 106 (111).

[49] Note that this also applies to artificial respiration and nutrition; *H. Frister/M. Lindemann/ T. A. Peters* (Fn. 40), Chapter 1 Rn. 188.

[50] BGHZ 154, 205 (224); see also *G. Duttge*, "Einseitige ('objektive') Begrenzung ärztlicher Lebenserhaltung? – Ein zentrales Kapitel zum Verhältnis von Recht und Medizin", NStZ 2006, 479 ff.; *U. Neumann* (Fn. 42), Vor §§ 211 ff. Rn. 120.

[51] References to the legislative materials can be found at *D. Schwab*, in: F. J. Säcker et al. (eds.), Münchener Kommentar zum BGB, Band 8, 6th edition, München: C.H. Beck, 2012, § 1901a Rn. 1.

(3) Subsections (1) and (2) apply regardless of the nature and stage of any illness of the person under custodianship.

(4) No one may be obliged to establish a living will. The conclusion of a contract may not be made contingent on the establishment or submission of a living will.

(5) Subsections (1) to (3) apply to authorised representatives with the necessary modifications."[52]

As you can see from Section 1901a(3) German Civil Code, the validity of a living will is not limited to the terminal phase of life. Additionally, a medical assessment or notarial authentication is not required for the establishment of a living will (although both solutions were discussed during the legislative process). As an alternative or in addition to a living will, the patient can also appoint a representative in advance, who will then act on his or her behalf if he or she becomes incompetent (see Section 1896(2) German Civil Code).

The interaction of the principle of patient autonomy and the principle of medical indication can be seen in Section 1901b(1) German Civil Code, which regulates the discussion to ascertain the patient's will. It reads:

"The physician in attendance must examine which medical treatment is indicated with regard to the patient's overall condition and prognosis. He and the custodian must discuss this measure, considering the patient's will as a basis for the decision to be taken pursuant to Section 1901a."[53]

This means that the discussion *starts* with the assessment of the medical indication which *then* forms the basis for the evaluation of the living will.[54]

The penal assessment of a discontinuation of treatment can become problematic if it is not the physician in charge but a third person who takes the decision to intervene. In 2010, the Second Criminal Senate of the Federal Court of Justice had to decide upon a case in which the daughter of a coma patient terminated the artificial nutrition her mother received via a feeding tube. The patient, a woman born in 1931, had been in a persistent vegetative state since 2002 after a brain haemorrhage. With a weight of only 40 kilograms, the patient was in a poor physical condition. In 2007, the patient's son and daughter were appointed as legal guardians. With the help of a specialized solicitor for medical law, the children tried to convince the management of the nursery home to end the artificial nutrition of their mother, claiming that she would not have wanted to stay alive under such circumstances. When their attempts remained unsuccessful, the solicitor advised them

---

[52] The English translation was provided by the Langenscheidt Translation Service on behalf of the Federal Ministry of Justice and Consumer Protection; it is available at http://www.gesetze-im-internet.de/englisch_bgb/englisch_bgb.html.

[53] Translation by Langenscheidt Translation Service (Fn. 52).

[54] In cases of dispute between the physician and the custodian, the latter can consult another physician. Under specific circumstances defined in Section 1904 BGB, a decision of the custodianship court has to be sought. See *D. Schwab* (Fn. 14), § 1901b Rn. 8.

to cut through the feeding tube. The daughter followed the solicitor's advice but got caught in the act by the nursing staff. A new feeding tube was placed, but the patient died shortly thereafter due to natural causes. In first instance, the solicitor was found guilty of attempted murder (Sections 212, 22, 23 GCC), but the daughter was acquitted because she lacked the awareness that she was acting unlawfully due to a mistake of law (relevant under Section 17 GCC).

The problem raised by this case is that if it had been the treating physician who had severed the feeding tube, this would have been classified as a (non-punishable) omission to continue treatment, but with the daughter and the solicitor being no physicians, this solution seemed impossible in the present case. Nevertheless, upon the appeal of the solicitor the Second Criminal Senate of the Federal Court of Justice reversed his conviction. The Court held that a discontinuation of treatment is justified if it corresponds to the actual or presumed will of the patient (Section 1901a German Civil Code) and serves to let a process take its course which would result in death if no treatment was administered.[55] This means that on the one hand a discontinuation of treatment can be justified irrespective of the patient's death being the result of an action or of an omission. On the other hand, a justification is ruled out in cases where there has been a targeted intervention into the patient's life not being related to a discontinuation of treatment. While the Senate has gained approval for the accentuation of patient autonomy, it has been criticised for the dogmatic approach it has chosen to achieve this aim: It widely levels the dogmatic distinction between active behaviour and failure to act and relies on the patient's consent to the (active) termination of life without providing a satisfactory explanation why this should not be in conflict with Section 216 GCC.[56] As an alternative, a part of the literature suggests a teleological reduction of Section 216 GCC and, in support of its argument, refers to the patient's right to reject any life-prolonging therapeutic measures.[57]

### e) Assisted Suicide

In Germany, it is the legal situation of assisted suicide that has undergone the most significant changes in the recent past.

aa) Unlike in the Netherlands, assisted suicide is no criminal act under the German Criminal Code. Given the fact that the (attempted) suicide is not a crime in itself, the assistance of another person with his or her suicide does not qualify as aiding under the provision of Section 27 GCC (which is guided by the principle of limited accessoriness[58]). Contrary to a statement by the Fifth Criminal Senate of

---

[55] BGHSt 55, 191 = NStZ 2010, 630 ff. See also BGH NStZ 2011, 274 ff. with annotation by *T. Verrel*.

[56] For a critical analysis of the decision see *H. Frister/M. Lindemann/T. A. Peters* (Fn. 40), Chapter 1 Rn. 196.

[57] See for example *U. Neumann* (Fn. 42), Vor §§ 211 ff. Rn. 132 with further references.

[58] *R. Rengier*, Strafrecht Allgemeiner Teil, 7th edition, München: C.H. Beck, 2015, § 45 Rn. 1.

the Federal Court of Justice in 2001,[59] suicide should not even be regarded as unlawful in a secular state.[60]

While the principle as sketched above has remained unchanged, adjustments have been made with regard to cases where the assistance to suicide is provided "on a business-like basis" ("geschäftsmäßig"). Subsequent to a controversial debate, the German Bundestag adopted the "Gesetz zur Strafbarkeit der geschäftsmäßigen Förderung der Selbsttötung" on 6 November 2015.[61] The newly established Section 217 GCC now reads as follows:

"(1) Wer in der Absicht, die Selbsttötung eines anderen zu fördern, diesem hierzu geschäftsmäßig die Gelegenheit gewährt, verschafft oder vermittelt, wird mit Freiheitsstrafe bis zu drei Jahren oder mit Geldstrafe bestraft.

(2) Als Teilnehmer bleibt straffrei, wer selbst nicht geschäftsmäßig handelt und entweder Angehöriger des in Absatz 1 genannten anderen ist oder diesem nahesteht."

The act can be characterized as a typical compromise solution: It aims primarily to criminalize the chairpersons of certain associations offering help with a suicide of their members.[62] Because the associations in question are regularly operating on a non-profit basis, the legislator chose for the prerequisite "geschäftsmäßig" instead of "gewerbsmäßig" ("commercially"), thereby ensuring that the intention to generate profit is not required under Section 217(1) GCC. Instead, the perpetrator (only) has "to make the assistance a permanent and recurring part of his or her activities" ("die Wiederholung gleichartiger Taten zum Gegenstand seiner Beschäftigung machen"). Although in principle a singular case of assistance is not sufficient to fulfil the prerequisites of the new provision, the legislator points out in the substantiation of the act that even the first offer of assistance can be liable to prosecution if the perpetrator is prepared to provide assistance in further cases.[63] According to Section 217(2) GCC, the assistance for persons willing to die will remain exempt from punishment if the perpetrator acts in an individual case and is a relative or a person close to the deceased.

The newly created provision encroaches upon the potential suicide's right to self-determination with respect to his or her physical integrity (Article 2(1, 2) and

---

[59] BGHSt 46, 279 (285). In this decision, the court held that the import and supply of narcotic drugs which is punishable under Section 29 subsection 1 No. 1, 6b of the Narcotic Drug Act – BtMG will not be justified or excused by the fact that the perpetrator wants to assist the suicide of a terminally ill person who is not close to him or her. For more information on this topic see VG Berlin MedR 2013, 58 (prohibition order of a medical chamber regarding the supply of lethal substances); *F. Saliger*, "Freitodbegleitung als Sterbehilfe – Fluch oder Segen?", medstra 2015, 132 (136); *A. Eser/D. Sternberg-Lieben*, in: A. Schönke/H. Schröder (eds.), Strafgesetzbuch, 29th edition 2014, Vor §§ 211 ff. Rn. 35b.

[60] See *U. Neumann* (Fn. 42), Vor §§ 211 ff. Rn. 41; *F. Saliger* medstra 2015, 132, 133 f.

[61] Gesetz zur Strafbarkeit der geschäftsmäßigen Förderung der Selbsttötung, dating from 3 December 2015, Federal Law Gazette I, 2177.

[62] See Bundestag document No. 18/5373, p. 2 and 9.

[63] Bundestag document No. 18/5373, p. 17.

Article 1(1) of the German Basic Law) and upon the potential aide's professional freedom (Article 12(1) German Basic Law) resp. freedom of action (Article 2(1) German Basic Law). According to the legislator, a justification for these encroachments can be found in the prevention of familiarisation effects ("Gewöhnungseffekte") and threats to the autonomy of particularly vulnerable groups supposedly emanating from the activities of the aforementioned organisations.[64]

The adoption of Section 217 GCC has been subject to broad and justified criticism in the literature.[65] In particular, the somewhat vague criterion of "Geschäftsmäßigkeit" has been criticised. In addition to the general assertion that the sole addition of an element of repetition does not constitute a sufficient reason for criminalisation,[66] it has been rightly assumed that a physician who is, in principle, ready to help his or her (long-time) patients with their suicide and acts at least once according to this attitude falls within the scope of Section 217(1) GCC. Furthermore (and similar to the discussion in the Netherlands sketched above under II.4.d), the problem arises if certain aspects of palliative care – e.g. helping terminally ill patients to voluntarily stop eating and drinking (the so called "Sterbefasten") – will be qualified as assisted suicide on a business-like basis in future.[67] Against this background it seems almost cynical that the materials pertaining to the "Gesetz zur Strafbarkeit der geschäftsmäßigen Förderung der Selbsttötung" confine themselves to the statement that assisted suicide on a business-like basis will principally not be administered by physicians (whether or not they are working in palliative care) and that they will therefore not be subject to prosecution.[68] It cannot be much of a consolation for professionals in the medical sector that parts of the literature suggest a restrictive interpretation of the "Geschäftsmäßigkeits"-criterion in cases where the assistance is embedded in a well-established patient-physician relationship and no evidence for deficiencies of autonomy can be found,[69] because it is

---

[64] Bundestag document No. 18/5373, p. 2, 11, 17.

[65] See for example G. Duttge, "Strafrechtlich reguliertes Sterben. Der neue Straftatbestand einer geschäftsmäßigen Förderung der Selbsttötung", NJW 2016, 120 ff.; L. Eidam, "Nun wird es also Realität: § 217 StGB n. F. und das Verbot der geschäftsmäßigen Förderung der Selbsttötung", medstra 2016, 17 ff.; K. Gaede, "Die Strafbarkeit der geschäftsmäßigen Förderung des Suizids – § 217 StGB", JuS 2016, 385 ff.; C. Roxin, "Die geschäftsmäßige Förderung einer Selbsttötung als Straftatbestand und der Vorschlag einer Alternative", NStZ 2016, 185 ff. The expansion of criminal law on certain cases of assisted suicide has also been criticised in a statement by 151 criminal law teachers, dating from 15 April 2015 and published in medstra 2015, 129 ff.

[66] To this effect G. Duttge NJW 2016, 120, 122 f.; L. Eidam medstra 2016, 17, 19; C. Roxin, NStZ 2016, 185, 189; B. Weißer, ZStW 128 (2016), 106 (131).

[67] Consequently, in a recently published article (Ethik Med 2015, 315) D. Birnbacher asks: "Is voluntarily stopping eating and drinking a form of suicide?".

[68] Bundestag document No. 18/5373, p. 17 f.

[69] See K. Gaede, JuS 2016, 385, 389 f. who (inter alia) argues that the critical situations the legislator wanted to inhibit is not likely to occur in relationships between patients and their long-time physicians. In his view, the conditions of Section 217 subsection 1 DStGB are only met if the repeated assistance for suicide either can be characterized as the primary task of

completely uncertain whether this solution will find the approval of law enforcement agencies and criminal courts.[70]

On 21 December 2015, a Chamber of the Federal Constitutional Court rejected four applications for a temporary injunction against Section 217 GCC.[71] The decision was the result of a weighing of consequences: On the one hand, the Chamber had to take into consideration the consequences that would arise in the event that a temporary injunction was not issued but the underlying constitutional complaints were eventually granted; on the other hand, it had to assess the negative effects that would arise if the requested temporary injunction was granted but the underlying constitutional complaints were later unsuccessful. According to the Chamber, the latter prevailed. In its decision, the Chamber stressed that the prohibition (only) of business-like assistance to suicide does not establish a severe disadvantage to the applicants.[72]

bb) Irrespective of Section 217 GCC, the participation of a third person in a suicide can constitute a criminal act mainly under two aspects. First, the third person can be held criminally responsible if he or she (and not the – competent – suicide) had the dominion over the terminal act ("Tatherrschaft über den lebensbeendenden Akt"). In this case, the third person's contribution will not be assessed as assistance but as killing at the request of the victim pursuant to Section 216 GCC.[73] Second, if the suicide is deemed incompetent at the moment he or she commits suicide, the third person can be held responsible for committing murder through another person ("in mittelbarer Täterschaft", Section 25(1) alt. 2 GCC). As regards the latter case, it has to be established if the decision to commit suicide was made freely and on the suicide's own responsibility, or if the suicide's capacity to decide on his or her own was seriously impaired (e. g. by a mental disorder).[74]

cc) A third line of argumentation in the well-established case-law on assisted suicide has recently come under pressure as an indirect result of the regulation

---

the perpetrator ("die Hauptaufgabe") or is not being resorted to as an ultima ratio within the patient-physician relationship. For a similar approach see BeckOK-DStGB-*M.T. Oglakcioglu* § 217 Rn. 26.

[70] For a sceptical position see *C. Roxin* NStZ 2016, 185, 190.

[71] BVerfG medstra 2016, 97.

[72] BVerfG medstra 2016, 97, 99.

[73] The leading case is the so-called "Gisela"-case (BGHSt 19, 135 = NJW 1965, 699) in which the suspect worked the accelerator in an attempt to commit double suicide with his then girlfriend Gisela by leading exhaust gases into the wagon's interior. While the suspect survived, Gisela died of carbon monoxide poisoning. Contrary to the court of first instance, the Federal Court of Justice held that the suspect's behaviour was to be subsumed under Section 216 StGB.

[74] In the literature there is debate about the standard to be applied in such cases: According to the "exculpatory theory" it should be assessed if the suicide would be held criminally responsible if he or she had killed not him- or herself but another person, whereas according to the (broader) "theory of informed consent", the question is if the suicide would have been competent to give an effective consent if his or her physical integrity was infringed upon by another person. See *R. Rengier*, Strafrecht Besonderer Teil II, 16th edition, München: C.H. Beck, 2015, § 8 Rn. 4 for more details.

of the living will in Section 1901a German Civil Code. In the past, the Federal Court of Justice had held that even if the suicide was competent at the moment he or she committed suicide, a bystander would be held criminally responsible if he or she abstained from rescue attempts after the suicide lost consciousness or got incapable of acting.[75] In the literature, this was very rightly criticized as spuriously negating the suicide's autonomy and as being inconsequent because the bystander was allowed to hand out a rope to the suicide but had to cut the rope if it was used.[76]

In an order for withdrawal of prosecution of 30 June 2010, the Munich Public Prosecution Office I has rejected the case-law sketched above. The factual situation underlying the decision was as follows: An elderly lady who suffered from Alzheimer's disease (but was still competent), decided to commit suicide. She informed her two children and asked them to stay with her on the evening she had chosen to carry out her plan. In the presence of her children, the lady took 16 tablets of "Weimer quin forte" and 45 tablets of "Luminal". Subsequently, she went to bed, while her children stayed in the living room. From time to time, the children went to the bedroom to look after their mother who finally died in the early hours of the next day. In its decision, the Munich Prosecution Office I desisted from prosecuting the children (who had done nothing to save the life of their mother) for murder by omission (Sections 212, 13 GCC). It stated that from a criminal-law-perspective the competent decision of the suicide is binding even if the person concerned loses consciousness or gets incapable of acting. Relatives who accept the suicide's decision and remain inactive at the critical moment will therefore not be held criminally responsible any more.[77] In a subsequent decision, the Deggendorf Regional Court found that an emergency physician who abstained from an intervention when called to the suicide attempt of a competent suicide remained unpunished. The court rightly considered the Federal Court of Justice's case-law to be out-dated since Section 1901a(2 and 3) German Civil Code entered into force.[78] In a very recent decision, the Higher Regional Court of Hamburg also conceded that there are indications for a change in social values which pose a challenge for the abovementioned restrictive case-law. However, the Court was doubtful whether this change in social values also claims validity for situations which have prompted the legislator to establish the provision of Section 217 GCC, i.e. cases in which organized and commercial purposes ("organisierte, kommerzielle ... Interessen") are pursued by the perpetrator.[79]

---

[75] BGHSt 32, 367 = NJW 1984, 2639 (Wittig case). In the particular case, the suspect – who was also the suicide's family physician – was only acquitted because he recognized that the victim had already suffered irreversible damages from the drugs she had taken.

[76] See *R. Rengier* (Fn. 74), § 8 Rn. 12 ff.

[77] StA München I NStZ 2011, 345; cf. also *B. Weißer*, ZStW 128 (2016), 106 (118).

[78] LG Deggendorf GesR 2014, 487.

[79] Higher Regional Court (OLG) Hamburg decision of 8 June 2016 – 1 Ws 13/16, to be published in medstra 2016.

dd) A sketch of the legal situation regarding assisted suicide in Germany would be incomplete without a brief glance at the laws regulating the medical profession. Since 2011, Section 16 of the Model Professional Code for Physicians in Germany (MBO-Ä) imposes a strict ban on physician-assisted suicide. The provision in questions reads as follows:

> "Physicians must support the dying while preserving their dignity and respecting their wishes. They are forbidden to kill patients upon their request. *They may not perform assisted suicide.*"[80]

In assessing the impact of this regulation it is important to note that the rules adopted by the German Medical Association only serve as a model and have to be implemented by the 17 Länder Medical Associations to become effective (and Section 16 sentence 3 MBO-Ä was implemented by only ten of them).[81] Furthermore, even representatives of the thesis that assisting suicide is not the task and the responsibility of physicians assume that a physician who performs assisted suicide for notable moral reasons ("aus anerkennenswerten moralischen Gründen") should be justified under (very) exceptional conditions.[82] Nevertheless, the reluctance of the German Medical Association to allow physicians to contribute in an assisted suicide has to be regretted, although the physicians' desire to establish clear conditions and to be prevented from uneasy discussions with patients wishing to die is understandable to a certain extent.

## IV. Comparison and Conclusions

Which conclusions can be drawn from the above in-depth study of the German and Dutch legal situation regarding euthanasia and assisted suicide? It can be observed from recent developments in the German legislation and case-law regarding end-of-life-decisions that the argument of (patient) autonomy – somewhat paradoxically – can be used to support a liberal as well as a paternalistic approach: On the one hand, the continuously growing emphasis which is put on the patient's informed consent as a prerequisite for medical interventions has led to a quite far-reaching regulation of the legal requirements and the binding force of a patient's living will in Sections 1901a, b German Civil Code.[83] On the other hand, the allegedly nega-

---

[80] Our emphasis. The translation of the Model Professional Code can be found at http://www.bundesaerztekammer.de/fileadmin/user_upload/downloads/MBOen2012.pdf.

[81] *F. Saliger* medstra 2015, 132 (136 f.). See also VG Berlin MedR 2013, 58: No unconditional prohibition of assisted suicide by physicians.

[82] See *V. Lipp/A. Simon*, "Beihilfe zum Suizid: Keine ärztliche Aufgabe", DÄBl 2011, A 212, A 216.

[83] Another example for the accentuation of patient autonomy is the "Gesetz zur Verbesserung der Rechte von Patientinnen und Patienten vom 20.2.2013" (BGBl. I, 277 ff., the so-called "Patientenrechtegesetz"), which more or less codified former case-law of the civil courts but was promoted as a fundamental reform of patients' rights by the legislator. For an analysis,

tive impact of suicide associations on the (autonomous) decision-making processes of individuals who are plagued with suicidal thoughts has been brought forward as an argument to support the introduction of the new penal provision in Section 217 GCC.[84] In the light of these diametrically opposed (and partly problematic) tendencies it has to be noted that the principle of autonomy on its own does not provide sufficient orientation for a balanced solution to the intricate problems in question.

An intensive analysis of the legislation in the Netherlands shows that the Dutch approach – contrary to apparent first impressions from abroad – is not solely and not even in the first place based on patient autonomy. Even assisted suicide is only allowed if a physician performs it; it is not decriminalised but can be justified in a particular case. As regards its moral fundament, the system relies on the idea of compassion or understanding for unbearable suffering and the wish to die, and as regards its legal form, it relies on the (possible) decision of the physician in response to the request for euthanasia. Pursuant to Section 2(1) Wtl, the requirements of due care not only include the voluntary and well-considered request by the patient but also the prerequisite that the physician is convinced that the patient in question is suffering lasting and unbearable. Physician and patient must hold the conviction that there is no other reasonable solution for the patient's situation. The physician has to make sure that all the conditions are met before he or she may decide to terminate the life of the patient. As can be seen from the debate about the implementation of euthanasia and assisted suicide in cases of "a completed life", this three-tier model – combining autonomy and compassion with the limitation to a decision by a physician – may not prevent public discussions about grey areas and borderline cases, but at least creates the foundation for a differentiated assessment of complex situations. Against this background, it seems consistent that the working group on "a completed life" concluded in its report that on the one hand there may be some cases falling within the scope of existing legislation, but that on the other hand no legislative amendments should be made for those cases which are not exempt from punishment yet. From the partly strong opposition against this report, it is clear that the somewhat paternalistic approach of the Dutch system reaches its limits, at least in the view of some participants in the debate. However, praising the advantages of the differentiated Dutch approach one should face up to the fact that for historical reasons there would (and maybe should) be great reluctance in Germany to allow the performance of euthanasia "for compassionate reasons". This sound is echoed in the Netherlands too, where some state that the regional review committees have broadened the criteria, especially with regard to the prerequisite of "unbearable suffering".

Regardless of these basic differences, the decision of the Dutch legislator to make euthanasia and assisted suicide subject to extensive regulation and a transpar-

---

see M. Lindemann, "Folgen des Patientenrechtegesetzes für Deutschland: Droht der Gang in die Defensivmedizin?", in: H. Rosenau/H. Hakeri (eds.), Kodifikation der Patientenrechte, Baden-Baden: Nomos, 2014, p. 157 ff.

[84] See Bundestag document No. 18/5373, p. 11.

ent procedure deserves recognition from a German perspective. To us, this systematic approach is preferable to the German legislator's strategy that seems driven by single cases and far too readily relies on the established case-law. From a German point of view, it may thus be the most commendable feature of the Dutch legislation. Nevertheless, it is important to recognize that even in the Netherlands the legal provisions are the result of case-law by the Supreme Court, and that the work of the Regional Euthanasia Review Committees has lately been subject to some criticism, too: For example, it is stated that their decisions may not provide enough orientation in borderline cases and that the fact that there is no criminal prosecution even in cases where the Committees come to the conclusion that the physician did not act in accordance with the due care criteria inhibits the development of the higher courts' case-law. Thus, it seems difficult to judge if (and if so, to what extent) further developments should better rely on court decisions or on written law. In this respect it might be worth mentioning that, although we are addressing fundamental topics, neither the German Federal Constitutional Court nor the European Court of Human Right have provided clear guideline-decisions so far. Where the ECtHR seems to leave a wide "margin of appreciation" to the Member-States,[85] the reluctant approach of the Court might be approved.

From a German perspective, it is also noteworthy that the Dutch Article 294(2) DCC is in principle more far-reaching than even the newly implemented Section 217 GCC, insofar as it prohibits assisted suicide in general with the only prerequisite that the assistance to suicide is only then qualified as a criminal act when the suicide is carried out. While the Dutch provision takes its starting point at a general ban and only makes an exception for certain types of physician-assisted suicide, the German Criminal Code on the contrary is based on the principle of impunity but criminalises "business-like" behaviour, thereby establishing a risk of prosecution especially for physicians willing to assist their patients' suicides. Taking into consideration too that the majority of the German laws regulating the medical profession put a strict ban on physician-assisted suicide, it can be seen that the role attributed to the physician in his or her patient's dying process fundamentally differs between Germany and the Netherlands. We might even conclude that the legal system dealing with end-of-life decisions is shaped by the professional view amongst physicians about their role in this to a high degree. If, based on developments in society and in medical science, the role and responsibility of the physician is no longer clear, it can hardly be expected from law and lawyers to provide sufficient normative clarity.

A comparative analysis always has its limits in a field that is influenced by the anthropological disposition and historical experience of a society to such an extent, as it is the case with euthanasia and assisted suicide. In addition to that, the reciprocal assessment of the respective situation is complicated by the fact that the legal requirements almost always will be (and, as we have seen, in the present case of Germany and the Netherlands actually are) the result of a complex interaction of

---

[85] Cf. *B. Weißer*, ZStW 128 (2016), 106 (120, 126) with further references.

legal provisions in all major areas of law (i.e. civil, public and criminal law), the relevant case-law and "soft factors" such as the prosecution practice of law enforcement authorities. If one can still refer to the situation in one country as a "model" for the other, it is with regard to the thoroughness and honesty of the political debate and to the coherence that is achieved in the established regulation. We are convinced that in this regard the German legislator should take a closer look at the core features of the Dutch debate on the one hand, whereas on the other hand the Dutch debate about the decisive position of the physician could learn from regulation, practice and debate in Germany.

## Zusammenfassung

Für die Rechtslage bei Sterbehilfe und assistiertem Suizid sind für gewöhnlich neben den gesetzlichen Vorgaben des Zivilrechts, des Strafrechts und des öffentlichen Rechts auch höchstrichterliche Leitentscheidungen und „weiche Faktoren" wie die Verfolgungspraxis der Strafverfolgungsbehörden ausschlaggebend. Ungeachtet der Schwierigkeiten, die mit der dadurch bedingten Unübersichtlichkeit für eine rechtsvergleichende Untersuchung verbunden sind, unternimmt der vorliegende Beitrag den Versuch einer möglichst detaillierten Beschreibung der Rechtslage in Deutschland und in den Niederlanden, um auf diese Weise die Grundlage für eine vergleichende Analyse zu schaffen. Zu diesem Zweck werden neben den rechtlichen Rahmenbedingungen auch aktuelle Entwicklungen in Gesetzgebung und Rechtsprechung erörtert. So ist beispielsweise in den Niederlanden, wo ärztliche Sterbehilfe und Beihilfe zur Selbsttötung ausführlich gesetzlich geregelt und Gegenstand eines transparenten Verfahrens sind, zuletzt eine kontroverse Diskussion um die Bewertung von Fällen entstanden, in denen die sterbewillige Person „mit dem Leben abgeschlossen" hat, jedoch nicht an einer lebensbedrohlichen oder sonstigen schweren Erkrankung leidet. Die Ergebnisse einer Arbeitsgruppe, die mit der rechtlichen Einordnung dieses Phänomens beauftragt wurde, werden zusammengefasst und diskutiert. In Deutschland wurde mit dem § 217 StGB eine neue Strafvorschrift geschaffen, welche die geschäftsmäßige Förderung der Selbsttötung kriminalisiert. Entgegen beschwichtigender Aussagen in den Gesetzesmaterialien ist mit dem Inkrafttreten dieser Bestimmung ein Strafverfolgungsrisiko für Ärztinnen und Ärzte (v.a. im Bereich der Palliativmedizin) entstanden. Vor dem Hintergrund dieser und weiterer aktueller Entwicklungen lotet der Beitrag die Möglichkeiten rechtsvergleichender Forschung zu Sterbehilfe und assistiertem Suizid aus.

# Zum richtigen Umgang mit Todeswünschen im Kontext der aktuellen Debatte um Sterbehilfe und Sterbebegleitung in Deutschland

Fuat S. Oduncu und Gerrit Hohendorf

## I. Einleitung

Der gesellschaftliche Umgang mit Sterben und Tod hat sich über die Jahrhunderte gewandelt, unterliegt er doch sehr dem jeweiligen kulturellen Kontext und medizinischen Fortschritt. Während die Menschen früher fast überall auf der Welt zu Hause zur Welt kamen und dort auch starben, sterben heute mehr als 90% der Menschen in Krankenhäusern, Pflege- und Altenheimen und nicht mehr in der vertrauten häuslichen Umgebung. Dadurch ist vor allem in den westlichen Gesellschaften die natürliche Erfahrbarkeit von Sterben und Tod zunehmend verloren gegangen. Die ars moriendi (Kunst des guten Sterbens) half den Menschen etwa im Mittelalter, Sterben und Tod als Bestandteile des Lebens zu verstehen und anzunehmen und daraus Sinn und Ressourcen für eine ars bene vivendi (Kunst des guten Lebens) zu generieren. Dagegen verkümmerte der soziale Umgang mit Sterben und Tod im Laufe der Zeit unaufhaltsam zu einer menschlichen Überforderung, Negierung und Ablehnung der eigenen Endlichkeit. Als Leitprinzipien in modernen Gesellschaften gelten heute Unabhängigkeit, Freiheit, Individualismus und Selbstbestimmung, die aber in ihrer Überhöhung vielerorts in die soziale Vereinsamung und Isolation führt.

Das Prinzip der Selbstbestimmung hat als „Patientenautonomie" Einzug in die Medizin und damit auch in die Arzt-Patient-Beziehung erhalten. Der Patient erscheint nicht mehr als anvertrautes Objekt von diagnostischen und therapeutischen Maßnahmen, sondern wird als gleichwertiges Subjekt in einem partnerschaftlichen Dialog bei der medizinischen Entscheidungsfindung einbezogen. Mit zunehmender Emanzipation der Patienten von der Übermacht der anfänglich sehr paternalistisch ausgerichteten Medizin möchte man die Kontrolle über alle Geschehnisse bis zuletzt bewahren. Das gilt auch für die Kontrolle über Art und Zeitpunkt des eigenen Todes. Aus Angst vor unheilbarer Krankheit und Leiden, vor möglicher Pflegebedürftigkeit und Abhängigkeit im Alter, äußern Menschen vielerorts den Wunsch, selbstbestimmt und aktiv aus dem Leben vorzeitig zu scheiden.

In dem vorliegenden Beitrag geht es darum, wie ein guter und richtiger Umgang mit solchen Todeswünschen aussehen kann und sollte. Hier vorschnell und vordergründig Lösungen und Formen von ärztlich assistierten Tötungen (Tötung auf

Verlangen, Beihilfe zum Suizid) anzubieten ist sicher der verkehrte Weg, bedenkt man, dass Betroffene nicht grundsätzlich nicht mehr weiter leben, sondern *nicht mehr so* weiter leben wollen. Daher wird man gut daran tun, den Betroffenen Wege des richtigen Umgangs mit ihren Todeswünschen aufzuzeigen, die weniger den Menschen, sondern vielmehr das „so nicht mehr weiter leben wollen" adressieren und beseitigen. Schmerzen und andere quälende Beschwerden können heute mit Hilfe der ganzheitlich und multiprofessionell ausgerichteten Palliativmedizin sehr gut beherrscht oder zumindest auf ein erträgliches Maß reduziert werden.

Im Folgenden wird die aktuelle Debatte um die Sterbehilfe in Deutschland bis hin zur Entscheidung des Deutschen Bundestages zum Verbot der geschäftsmäßigen Förderung der Selbsttötung im November 2015 skizziert. Anschließend werden ethische Perspektiven zum Umgang mit Todeswünschen zur Bewertung des Arguments der Autonomie skizziert und die Perspektive der Palliativmedizin dargestellt. Ein Blick auf die Praxis der Euthanasie in den Niederlanden schließt den Beitrag ab.

## II. Der Weg zum Sterbehilfegesetz des Deutschen Bundestages

### 1. Formen der Sterbehilfe

Der Begriff der Sterbehilfe ist vieldeutig und kann sowohl als Hilfe beim Sterben im Sinne ganzheitlicher Begleitung und palliativmedizinischer Betreuung sterbender Menschen als auch als Hilfe zum Sterben, also als eine mehr oder weniger beabsichtigte Herbeiführung des Todes eines Menschen, verstanden werden. In der Medizinethik wird häufig noch eine Unterscheidung gemacht zwischen aktiver von der passiver Sterbehilfe. Der Begriff *aktive Sterbehilfe* steht für die direkte Beendigung des Lebens eines Menschen durch medizinische Maßnahmen, um einen Leidenszustand zu beenden, wobei der Betroffene getötet wird. Zur Rechtfertigung der aktiven Sterbehilfe wird der direkt geäußerte Wunsch des Patienten nach Lebensbeendigung herangezogen, dann spricht man von Tötung auf Verlangen. Es gibt jedoch auch Fälle, in denen Menschen getötet werden, ohne dass ein Verlangen des Betroffenen vorliegt, z. B. nicht ansprechbare oder bewusstlose Menschen, bei denen der Wunsch, getötet zu werden, nur angenommen oder unterstellt wird. Ein weiteres Beispiel ist die Tötung von schwerbehinderten Neugeborenen.

#### a) Passive Sterbehilfe

Unter *passiver Sterbehilfe* versteht man den Verzicht auf oder den Abbruch von lebensverlängernden Maßnahmen wie künstlicher Beatmung, künstlicher Ernährung, Blutwäsche oder der Behandlung einer Lungenentzündung mit Antibiotika. Der Tod tritt hier – im Unterschied zur aktiven Sterbehilfe – durch die zugrundeliegende Erkrankung ein; er hätte aber durch eine lebensverlängernde Maßnahme verhindert oder hinausgezögert werden können. Die passive Sterbehilfe kann jedoch nicht nur durch das Unterlassen einer Handlung verwirklicht werden, oft setzt sie eine aktive Handlung, z. B. das Abschalten eines Beatmungsgerätes voraus. Der Bundesgerichtshof hat 2010 in einer richtungsweisenden Entscheidung beide Formen, das Unterlassen lebensverlängernder Maßnahmen und den Abbruch lebensverlängernder Therapien gerechtfertigt, wenn sie dem (mutmaßlichen) Willen des Patienten entsprechen:

> „1. Sterbehilfe durch Unterlassen, Begrenzen oder Beenden einer begonnenen medizinischen Behandlung (Behandlungsabbruch) ist gerechtfertigt, wenn dies dem tatsächlichen oder mutmaßlichen Patientenwillen entspricht (§ 1901a BGB) und dazu dient, einem ohne Behandlung zum Tode führenden Krankheitsprozess seinen Lauf zu lassen. 2. Ein Behandlungsabbruch kann sowohl durch Unterlassen als auch durch aktives Tun vorgenommen werden. 3. Gezielte Eingriffe in das Leben eines Menschen, die nicht in Zusammenhang mit dem Abbruch einer medizinischen Behandlung stehen, sind einer Rechtfertigung durch Einwilligung nicht zugänglich."[1]

Nach dem Patientenverfügungsgesetz aus dem Jahr 2009 können lebensverlängernde Maßnahmen auch im Voraus – für den Fall der Einwilligungsunfähigkeit – abgelehnt werden.

Der vom Bundesgerichtshof gewählte Begriff des Behandlungsabbruchs ist allerdings nicht ganz glücklich gewählt. Denn auch beim Verzicht auf lebensverlängernde Maßnahmen wird der Patient bis zum Eintritt des Todes weiter behandelt und medizinisch wie pflegerisch versorgt. Gleichwohl hat der Bundesgerichtshof die Bedingungen klargestellt, unter denen der Verzicht auf lebensverlängernde Maßnahmen oder deren Abbruch zulässig sind. Es geht bei der passiven Sterbehilfe nicht um die Tötung des Patienten, sondern um die Frage, ob die lebensverlängernden Maßnahmen sinnvoll sind und ob sie dem (mutmaßlichen) Patientenwillen entsprechen. Vielleicht bringt der Begriff des *Sterbenlassens* besser zum Ausdruck, dass es bei der passiven Sterbehilfe um das Zulassen des natürlichen Sterbeprozesses geht verbunden mit all der Fürsorge, die sterbende Menschen benötigen.[2]

### b) Indirekte Sterbehilfe

Eine weitere wichtige Abgrenzung betrifft die so genannte *indirekte Sterbehilfe*. Auch hier geht es nicht um die Tötung eines Patienten, sondern um die Inkaufnahme einer Lebensverkürzung als mögliche oder wahrscheinliche Nebenwirkung der Behandlung von Schmerzen und anderen quälenden Beschwerden am Lebensende. Die Behandlung von belastenden Symptomen am Lebensende wird primär mit der Intention durchgeführt, Leiden zu lindern, jedoch ist das Ziel der Behandlung die

---

[1] Urteil des Bundesgerichtshofes vom 25. Juni 2010, BGH 2 StR 454/09, vgl. Neue Juristische Wochenschrift 63, 2010, Heft 40, S. 2963–2968.

[2] Vgl. Nationaler Ethikrat, Selbstbestimmung und Fürsorge am Lebensende. Stellungnahme, S. 53 ff., http://www.ethikrat.org/dateien/pdf/selbstbestimmung-und-fuersorge-am-lebensende.pdf (Abruf: 24.6.2015).

wirksame Symptomlinderung nicht aber der Tod des Patienten.[3] Neuere Untersuchungen zeigen, dass es bei angemessener Dosierung von Schmerz- und Beruhigungsmitteln gar nicht zu einer relevanten Verkürzung der Lebenszeit kommt, da gleichzeitig die durch Schmerz und Atemnot bedingte Stressreaktion des Körpers gemindert wird.[4]

### c) Tötung auf Verlangen

Die *Tötung auf Verlangen* ist in Deutschland unter allen Umständen strafbar, auch wenn sie dem wohlerwogenen Wunsch des Patienten entspricht und der Beendigung eines anscheinend unerträglichen Leidenszustand dient. Die deutsche Debatte um die Sterbehilfe konzentriert sich – im Unterschied zu den Niederlanden, wo für Beihilfe zum Suizid und Tötung auf Verlangen dieselben Zulässigkeitskriterien gelten, auf die Suizidbeihilfe. Im Gegensatz zur Tötung auf Verlangen, wo der der Arzt das tödliche Medikament verabreicht, setzt die straffreie Beihilfe zur Selbsttötung voraus, dass der Betroffene den letzten Schritt zum Tod selbst vollzieht – also die Tatherrschaft innehat.[5] Der Suizident muss also die Zufuhr der tödlichen Medikamentenmischung selbst beginnen und steuern können. So sei – in der Argumentation vieler Befürworter – die Missbrauchsgefahr und der Übergang von der Tötung auf Verlangen zur Tötung ohne Verlangen, von der selbstbestimmten zur fremdbestimmten Euthanasie deutlich geringer.[6]

### 2. Die Beihilfe zur Selbsttötung: Strafrecht und Standesrecht

In Deutschland gibt es – im Gegensatz zu vielen anderen europäischen Ländern – eine lange Tradition in der Gesetzgebung, die Beihilfe zur Selbsttötung grundsätzlich nicht zu bestrafen.[7] Da der Suizid an sich straffrei sei, könne auch die Beihilfe dazu nicht bestraft werden. Denn – so die juristische Argumentation –

---

[3] Vgl. z. B. *Markus Zimmermann-Acklin*, Euthanasie. Eine theologisch-ethische Untersuchung (= Studien zur theologischen Ethik), Freiburg i. Ue./Freiburg im Breisgau: Universitätsverlag/Herder, 2. Aufl. 2002, S. 277 ff. sowie *Claus Roxin*, „Zur strafrechtlichen Beurteilung der Sterbehilfe", in: Claus Roxin/Ulrich Schroth, Handbuch des Medizinstrafrechts, Stuttgart/München/Hannover u. a.: Richard Boorberg, 4. Aufl. 2010, S. 75–121, hier S. 86–92.

[4] Vgl. *Gian Domenico Borasio*, selbst bestimmt sterben. Was es bedeutet – Was uns daran hindert – Wie wir es erreichen können, München: C. H. Beck 2014, S. 54 f.

[5] Vgl. *Roxin* (Fn. 3), S. 106 f.

[6] *Ralf J. Jox*, Sterben lasssen. Über Entscheidungen am Ende des Lebens, Hamburg: edition Körber-Stiftung, S. 186 f. und *Gian Domenico Borasio/Ralf J. Jox/Jochen Taupitz/Urban Wiesing*, Selbstbestimmung im Sterben – Fürsorge zum Leben. Ein Gesetzesvorschlag zur Regelung des assistierten Suizids, Stuttgart W. Kohlhammer 2014, S. 55–60.

[7] Vgl. *Vera Große-Vehne*, Tötung auf Verlangen (§ 216 StGB), „Euthanasie" und Sterbehilfe. Reformdiskussion und Gesetzgebung seit 1870 (= Juristische Zeitgeschichte, Abt. 3, Bd. 19), Berlin: Berliner Wissenschaftsverlag, insbesondere S. 244–246, zur Geschichte der Sterbehilfe in Deutschland siehe: *Gerrit Hohendorf*, Der Tod als Erlösung vom Leiden. Geschichte und Ethik der Sterbehilfe seit dem Ende des 19. Jahrhunderts in Deutschland, Göttingen: Wallstein, 2013.

eine Tat könne nur dann als Beihilfe bestraft werden, wenn das Delikt, zu dem Beihilfe geleistet werden, selbst einen Straftatbestand darstellt.[8] Allerdings setzt die Straflosigkeit der Beihilfe zur Selbsttötung voraus, dass es sich um einen so genannten freiverantwortlichen Suizid handelt. Derjenige, der sich das Leben nehmen will, handelt dann freiverantwortlich, wenn er urteilsfähig ist und seinen Willen frei von inneren und äußeren Zwängen bilden kann. Dabei wird von juristischer Seite inzwischen mehrheitlich die Meinung vertreten, dass dies anhand der Kriterien für die Einwilligungsfähigkeit zu bestimmen ist.[9] Der Suizidwunsch darf also nicht aus einer momentanen Stimmung oder Krise heraus entspringen, sondern er muss dauerhaft und wohlerwogen erscheinen.

Während der Bundesgerichtshof den Suizidversuch bislang grundsätzlich als einen Unglücksfall angesehen hat, der jedermann und jede Frau zur Hilfeleistung verpflichtet, gehen neuere Gerichtsentscheidungen in die Richtung, dass ein freiverantwortlich handelnder Suizident Ärzte und Angehörige von der Garantenpflicht für das Leben des Betroffenen entbinden kann, so dass diese keine Maßnahmen zur Lebensrettung unternehmen müssen.[10] Damit soll der paradoxen Situation entgegengewirkt werden, dass der Arzt oder Suizidhelfer dem Betroffenen zwar das tödliche Medikament reichen darf, anschließend aber den Raum verlassen müsste, um sich nicht der unterlassenen Hilfeleistung strafbar zu machen. In letzter Konsequenz könne, so die Tendenz neuerer Entscheidungen in Ermittlungsverfahren und Gerichtsurteilen, ein freiverantwortlich handelnder Suizident seine eigene Lebensrettung ablehnen für den Fall, dass er das Bewusstsein verliert und noch lebend aufgefunden wird.[11] Ist der Suizid hingegen nicht als freiverantwortlich anzusehen, kann sich der Beihelfer der unterlassenen Hilfeleistung oder einer Tötung in mittelbarer Täterschaft strafbar machen.[12]

---

[8] Vgl. *Roxin* (Fn. 3), S. 104 f.

[9] Vgl. *Kallia Gavela*, Ärztlich Assistierter Suizid und organisierte Sterbehilfe (= Veröffentlichungen des Instituts für Deutsches, Europäisches und Internationales Medizinrecht, Bd. 39), Heidelberg u. a.: Springer, S. 20 f.

[10] Vgl. *Heinz Schöch*, „Unterlassene Hilfeleistung", in: Claus Roxin/Ulrich Schroth, Handbuch des Medizinstrafrechts, Stuttgart/München/Hannover u. a.: Richard Boorberg, 4. Aufl. 2010, S. 161–178, hier S. 175–177 und Staatsanwaltschaft München I 125 Js 11736/09, Einstellungsverfügung vom 30. 7. 2010.

[11] So z. B. Landgericht Deggendorf, Beschluss vom 13. 9. 2013, Aktenzeichen: 1 Ks 4 Js 7438/11, vgl. auch *Barbara Berner*, Notarzt muss freiverantwortlichen Suizidenten nicht retten, Deutsches Ärzteblatt 111, Heft 44, 2014, S. A 1882.

[12] Vgl. Staatsanwaltschaft Hamburg erhebt Anklage gegen den ehemaligen Justizsenator Dr. Kusch, Pressemitteilung der Staatsanwaltschaft Hamburg vom 12. 5. 2014, http://www.presseportal.de/blaulicht/pm/11539/2734060 (eingesehen am 13. 6. 2016). Bei dem Verfahren geht es um die von dem Verein „SterbeHilfeDeutschland e. V." assistierte Selbsttötung zweier älterer Damen aus Hamburg. Ihnen sei von Dr. S. suggeriert worden, ihre Selbsttötung sei alternativlos. Trotz innerer Unentschlossenheit der Betroffenen habe er sie zum Suizid gedrängt. Das Oberlandesgericht Hamburg hat die Anklage gegen den Sterbehelfer Kusch nicht zugelassen, jedoch muss sich der beteiligte Arzt Dr. S. wegen versuchter Tötung auf Verlangen durch Unterlassen verantworten.

Allerdings stellt die Feststellung der Freiverantwortlichkeit der Suizidentscheidung in der Praxis ein Problem dar. Bei etwa 90% der vollendeten Suizide liegen – so internationale Studien – relevante psychische Erkrankungen vor, die alle mit Suizidalität einhergehen und die ein deutlich erhöhtes Suizidrisiko aufweisen.[13] Bei den Suizidversuchen dürfte der Anteil von psychischen Störungen und psychischen Krisen noch einmal deutlich höher liegen, so dass der aus rationaler Erwägung heraus vollzogene Bilanzsuizid in der klinischen Praxis ein – wenn überhaupt – dann selten anzutreffendes Phänomen ist. Hinzu kommt die klinische Erfahrung, dass ein großer Teil der Menschen, die einen Suizidversuch unternehmen und überleben, sich danach von ihren Todeswünschen distanzieren und mit psychosozialer Unterstützung zu einer Neubewertung der zuvor als ausweglos empfundenen Lebenssituation gelangen und Hilfsangebote annehmen können.[14]

Bis zum Beweis des Gegenteils werden Ärzte und Laien bei einem Suizidversuch also in der Regel annehmen müssen, dass der Suizident *nicht* freiverantwortlich gehandelt hat. Soll nun im Vorfeld eines (assistierten) Suizides geklärt werden, ob der Betreffende freiverantwortlich aus dem Leben scheiden will, so steht der begutachtende Arzt bzw. Psychiater vor folgenden Schwierigkeiten: Liegt eine psychische Erkrankung vor, so lässt sich krankheitsbedingte Suizidalität nur schwer von einer scheinbar freien Entscheidung gegen das Leben mit der Erkrankung abgrenzen. Auch bei schweren und unheilbaren körperliche Erkrankungen können behandelbare depressive Verstimmungen und therapeutische beeinflussbare Ängste das Auftreten von Todeswünschen maßgeblich beeinflussen. Aber selbst wenn relevante psychische Erkrankungen ausgeschlossen werden können und ein rational abgewogener Suizid angenommen wird, so bestimmen doch auch affektive Faktoren wie Angst, Hoffnungslosigkeit bis hin zur Verzweiflung die Entscheidung, in einer bestimmten Lebenssituation nicht mehr weiterleben zu wollen. Der Einfluss dieser affektiven Faktoren wird in den meisten Testinstrumenten und Konzepten zur Feststellung der Einwilligungsfähigkeit jedoch nur unzureichend erfasst.[15]

Das von Medizinethikern herangezogene Konzept der Einwilligungsfähigkeit lässt sich nur bedingt auf die Feststellung der Freiverantwortlichkeit einer Suizidentscheidung übertragen.[16] Denn es macht einen Unterschied, ob jemand in eine le-

---

[13] *Geneviève Arsenault-Lapiere/Caroline Kim/Gustavo Turecki*, Psychiatric diagnoses in 3275 suicides: a meta-analysis, BMC Psychiatry, 4:37, 2004, doi: 10.1186/1471-244X-4-37.

[14] Vgl. Nationales Suizidpräventionsprogramm für Deutschland und Deutsche Gesellschaft für Suizidprävention (2014): In Würde leben, in Würde sterben. Suizidprävention und Palliativmedizin fördern, www.suizidprophylaxe.de/2014–06-Stellungnahme-Sterbehilfe-DGS-NaSPro.pdf (Eingesehen: 21.6.2015).

[15] Zum Konzept und zur Prüfung der Einwilligungsfähigkeit bei psychisch Kranken siehe *A. Bauer/Jochen Vollmann*, „Einwilligungsfähigkeit bei psychisch Kranken. Eine Übersicht über empirische Untersuchungen", in: Der Nervenarzt 73, 2004, S. 1031–1038 und *Thomas Grisso/Paul S. Appelbaum*, Assessing Competence to Consent to Treatment. A Guide for Physicians and Other Health Professionals, New York/Oxford: Oxford University Press 1998.

[16] Vgl. *Jakov Gather/Jochen Vollmann*, „Physician-assisted suicide of patients with dementia. A medical ethical analysis with a special focus on patient autonomy", in: International Jour-

bensrettende medizinische Behandlung einwilligt oder sie ablehnt und den eigenen Tod in Kauf nimmt oder ob jemand in die aktive Auslöschung des eigenen Lebens einwilligt. Gerade diese radikal existenzielle Frage der Suizidentscheidung macht es dem Gutachter schwer, objektiv zu bleiben und seine eigenen Wertvorstellungen über die Unerträglichkeit des Leidens und den Wert des Lebens auszublenden. Insoweit es sich um die Zulässigkeit des assistierten Suizids handelt, wird er zum Torwächter zwischen Leben und Tod.

Zusammenfassend lässt sich sagen, dass die Beihilfe zur Selbsttötung bis Ende 2015 dann als straffrei galt, wenn der Suizident freiverantwortlich handelt. Dabei spielt es keine Rolle, ob die Selbsttötung bei einer unheilbaren körperlichen Erkrankung erwogen wird, um ein als unerträglich empfundenes Leiden zu beenden, oder aus anderen Motiven heraus geschieht. Wenn die Beihilfe zur Selbsttötung von einem Arzt durchgeführt wird, so hat dieser jedoch nicht nur das Strafrecht, sondern auch das in seiner jeweiligen Landesärztekammer gültige Berufsrecht zu beachten.

Die deutsche Ärzteschaft hat bis Anfang 2011 in den Grundsätzen der Bundesärztekammer zur Sterbebegleitung die Auffassung vertreten, dass die Beihilfe zum Suizid – auch bei unheilbar kranken Patienten – dem ärztlichen Ethos widerspricht. 2009 gab die Bundesärztekammer eine Umfrage unter 527 Ärzten zur Frage der ärztlichen Suizidbeihilfe in Auftrag: 37% der Befragten konnten sich eine Mitwirkung am Suizid eines Patienten vorstellen, wenn eine eindeutig hoffnungslose Prognose und ein hoher Leidensdruck vorliege, 30% plädierten für eine Legalisierung des ärztlich begleiteten Suizids, 61% bzw. 60% der befragten Ärzte lehnten eine Suizidassistenz bzw. eine entsprechende gesetzliche Regelung ab.[17] Daraufhin wählte die Bundesärztekammer Anfang 2011 in ihren überarbeiteten Grundsätzen zur ärztlichen Sterbebegleitung eine abgeschwächte Formulierung: „Die Mitwirkung des Arztes bei der Selbsttötung ist keine ärztliche Aufgabe." Damit sollten Gewissensentscheidungen einzelner Ärzte ermöglicht werden, die sich in Ausnahmefällen bei schwer leidenden Patienten zur Suizidbeihilfe entscheiden würden.[18] Nach einer kontroversen Debatte innerhalb der Ärzteschaft formulierte der Deutsche Ärztetag mit dem neu gewählten Präsidenten der Bundesärztekammer, Prof. Frank Ulrich Montgomery, im Juni 2011 allerdings in der *Muster*berufsordnung für Ärzte ein klares Verbot der Suizidbeihilfe: „Ärztinnen und Ärzte

---

nal of Law and Psychiatry 36, 2013, S. 444–453, hier S. 447–449. Die Arbeitsgruppe „Ethik am Lebensende" in der Akademie für Ethik in der Medizin e. V. (AEM) schlägt zur Prüfung der Freiverantwortlichkeit des Suizidwunsches die Kriterien der Einsichts- und Urteilsfähigkeit, der Wohlerwogenheit und der Dauerhaftigkeit des Suizidwunsches vor, vgl. *Gerald Neitzke/Michael Coors/Wolf Diemer* et al., „Empfehlungen zum Umgang mit dem Wunsch nach Suizidbeihilfe. Arbeitsgruppe ‚Ethik am Lebensende' in der Akademie für Ethik in der Medizin e. V. (AEM)", in: Ethik in der Medizin 25, 2013, S. 349–365.

[17] Vgl. *Alfred Simon*, „Einstellung der Ärzte zur Suizidbeihilfe. Ausbau der Palliativmedizin gefordert", in: Deutsches Ärzteblatt 107, Heft 28/29, 2010, S. A1383–A1385.

[18] *Bundesärztekammer*, „Grundsätze der Bundesärztekammer zur ärztlichen Sterbebegleitung", in: Deutsches Ärzteblatt 108, Heft 7, S. A346–A348, hier S. A346.

haben Sterbenden unter Wahrung ihrer Würde und unter Achtung ihres Willens beizustehen. Es ist ihnen verboten, Patienten auf deren Verlangen zu töten. Sie dürfen keine Hilfe zur Selbsttötung leisten."[19] Dieses Verbot wurde jedoch nur von zehn Landesärztekammern in der jeweiligen Berufsordnung umgesetzt. Das bedeutet, dass die deutsche Ärzteschaft in ihrer Haltung zur Suizidbeihilfe nicht vollkommen einig ist. Manche Ärztekammern in den Bundesländern geben ihren Ärzten eine klare Verbotsregel an die Hand, manche Ärztekammern tun das nicht und lassen dadurch Interpretationsspielräume offen. Auf der anderen Seite ist klar, dass die Vertreter der deutschen Ärzteschaft den ärztlich assistierten Suizid nicht legitimieren wollen. Er soll keine ärztliche Dienstleistung sein und auch nicht in bestimmten Fällen erlaubt werden.

### 3. Organisierte Suizidbeihilfe in Deutschland

Im Hinblick auf die liberale strafrechtliche Regelung zum assistierten Suizid erstaunt zunächst, dass im Gegensatz etwa zu den Niederlanden oder der Schweiz, in Deutschland erst spät Einzelpersonen und Organisationen auftraten, die konkret Beihilfe zur Selbsttötung anboten.[20] 2008 veröffentlichte der ehemalige Hamburger Justizsenator Roger Kusch Videos mit Interviews von Menschen, denen er tödliche Medikamente beschafft hatte, darunter auch solche, die nach ihren Aussagen gar nicht schwer gelitten haben, sondern im Alter Pflegebedürftigkeit und eine Heimunterbringung vermeiden wollten. Mit seinem Verein „SterbeHilfeDeutschland e. V." führte Roger Kusch in den Jahren 2010 bis 2013 117 Suizidbegleitungen durch. Dabei waren es, wie die publizierten Berichte von „SterbeHilfeDeutschland" zeigen, nicht nur Menschen mit schweren unheilbaren Erkrankungen, die aufgrund eines gegenwärtig als unerträglich empfundenen Leidenszustandes aus dem Leben scheiden wollten.

Vielmehr verhalf der Verein auch Menschen mit Alterserkrankungen und körperlich und seelisch gesunden älteren Menschen zum Suizid, die eine zunehmende Pflegebedürftigkeit befürchteten und sich einsam und alleine fühlten.[21] Unter den 117 von „SterbeHilfeDeutschland" 2010 bis 2013 begleiteten Suiziden waren

---

[19] (Muster-)Berufsordnung für die in Deutschland tätigen Ärztinnen und Ärzte – MBO-Ä 1997 – in der Fassung der Beschlüsse des 114. Deutschen Ärztetages 2011 in Kiel, http://www.bundesaerztekammer.de/fileadmin/user_upload/downloads/MBO_08_20112.pdf (Eingesehen: 16.5.2015).

[20] In den 1980er Jahren setzen sich der Chirurg Julius Hackethal und der Deutsche Gesellschaft für Humanes Sterben (DGHS) für die Legalisierung der aktiven Sterbehilfe und des assistierten Suizids ein. Der damalige Vorsitzende der DGHS Hans-Henning Atrott beschaffte das Gift Zyankali für Sterbewillige, vgl. *Udo Benzenhöfer*, Der gute Tod? Euthanasie und Sterbehilfe in Geschichte und Gegenwart, München: C. H. Beck, 1. Aufl. 1999, S. 191–193.

[21] Vgl. *Florian Bruns/Sandra Blumenthal/Gerrit Hohendorf*, „Organisierte Suizidbeihilfe in Deutschland. Medizinische Diagnosen und persönliche Motive von 117 Suizidenten", in: Deutsche Medizinische Wochenschrift 141, 2016, S. 266f und e32–237; DOI 10.1055/s-0041-111182.

die „klassischen Indikationen" für Sterbehilfe (metastasierte Krebserkrankungen und fortschreitende neurologische Erkrankungen wie z.B. Morbus Parkinson) lediglich mit einem Viertel (25,5%) bzw. einem Fünftel (20,5%) der Suizidbegleitungen vertreten. Dem standen Herz- und Kreislauferkrankungen mit 8,5% und altersassoziierte Erkrankungen (wie Arthrose oder Osteoporose) mit 23,1% der Fälle gegenüber. Bei 14,5% der Suizidenten lagen ausschließlich oder vorwiegend psychische Erkrankungen vor. 7,7% der Betroffenen waren altersentsprechende körperlich und seelisch gesund. Die Beendigung eines aktuell als unerträglich empfundenen Leidenszustandes war nur für 12,8% der Betroffenen das wesentliche Motiv für den Todeswunsch. Vielmehr stand bei vielen Suizidenten das im weiteren Krankheitsverlauf *befürchtete* Leiden im Vordergrund ihres Wunsches nach Lebensbeendigung. Ein wesentliches Motiv der Betroffenen war der Wunsch, nicht in ein Alters- oder Pflegeheim zu wollen, sowie zukünftig Pflegebedürftigkeit und Abhängigkeit von anderen zu vermeiden. Als besonders bedenklich muss die beachtliche Zahl an psychischen Erkrankungen (ein Fünftel der begleitenden Suizide) erschienen, bei denen Menschen z.B. mit chronischen Depressionen und Persönlichkeitsstörungen Suizidbeihilfe geleistet wurde und unkritisch ein „freiverantworteter Suizid" angenommen wurde.[22]

Herr C., ein inzwischen berenteter Krankenpfleger, litt unter Depressionen, Ängsten und Zwängen. Derzeit ohne psychotherapeutische Behandlung, sieht er sein Leben als aussichtslos an. Er wünscht den begleiteten Suizid, weil er nicht mehr nützlich sei und keine Kraft mehr habe. Der Gutachter Johann Friedrich Spittler schreibt über die Selbstbestimmungsfähigkeit des Patienten: „Die Freiheit der Willensbildung ist im vorliegenden Fall durch die psychische Fehlentwicklung deutlich eingeschränkt. Die Selbstdarstellung ist aber so sehr erfahrungsgeprägt rational folgerichtig, dass sowohl eine Freiheit von Fremdbestimmung als auch eine eindeutige plausible Selbstbestimmung festgestellt werden müssen."[23] Die Feststellung der Freiverantwortlichkeit der Suizidentscheidung in diesem Fall ist in sich selbst so widersprüchlich, dass die Motivation zur Suizidbegleitung – bei wohlwollender Interpretation – nur in einer Identifikation des Gutachters mit dem aus subjektiver Sicht „unerträglichen Leidenszustand" des Patienten gesucht werden kann. Tatsächlich wurde Herrn C. wenige Tage nach der Gutachtenerstellung von „ehrenamtlichen Sterbehelfer/-innen" des Vereins „SterbeHilfeDeutschland e.V." suizidiert. Statt dem Patienten ein konkretes psychotherapeutisches Angebot zu machen oder ihm den Weg dahin zu ebnen, wurde der scheinbar selbstbestimmte Tod gewährt.

Insgesamt zeigt sich in der Praxis von Sterbehilfeorganisationen in Deutschland eine zunehmende Ausweitung der „Indikationen" für Suizidbeihilfe, die

---

[22] Vgl. *Gerrit Hohendorf*, „Auf der schiefen Ebene: Zur Praxis von Sterbehilfeorganisationen in Deutschland", in: Zeitschrift für Lebensrecht 23, Heft 3, 2014, S. 52–57.

[23] Vgl. *Roger Kusch/Johann Friedrich Spittler*, Weißbuch 2012, Sterbehilfe Deutschland e.V. (= Schriftenreihe des Vereins SterbeHilfeDeutschland e.V. Bd. 4), Norderstedt: Books on Demand, 2012, S. 21–30, Zitat S. 30.

das von manchen Medizinethikern geforderte Kriterium eines aktuell bestehenden unerträglichen Leidens bei unheilbaren Erkrankungen aufweicht.[24] Betrachtet man diese empirischen Daten, so befindet sich die organisierte Suizidbeihilfe in Deutschland bereits auf einer schiefen Ebene. Unter dem Postulat unbedingter Selbstbestimmung wird die Suizidbegleitung zu einem kostenpflichtigen Angebot an jeden, der seinem Leben tatsächlich oder auch nur scheinbar selbstbestimmt ein Ende setzen möchte, aus welchen persönlichen Gründen auch immer. Zugleich wird alten, kranken und von Pflegebedürftigkeit bedrohten Menschen durch die begleitende öffentliche Kampagne das Gefühl vermittelt, rechtzeitig den Ausweg des selbstbestimmten Todes zu suchen.

Dabei spielt auch die Tätigkeit von selbsternannten Sterbehelfern wie Uwe Christian Arnold eine Rolle. Der Berliner Arzt hat in den letzten Jahren mehreren Hundert Menschen Beihilfe zur Selbsttötung geleistet und fordert in seinem Buch „Letzte Hilfe", dass Menschen ein *Anrecht* darauf haben, „mit Unterstützung eines Arztes eigenverantwortlich aus dem Leben zu scheiden, wenn das Leiden unerträglich wird."[25] Statt Leiden zu lindern und Sterbende bis zu ihrem natürlichen Tod zu begleiten, wird der begleitete Freitod als Alternative zu den entwürdigenden Umständen des natürlichen Todes angepriesen: „Und es steht völlig außer Frage, dass die Personen, die ich in ihren letzten Stunden begleitet habe, einen sehr viel würdevolleren Tod gefunden haben als die überwältigende Mehrheit der etwa 850.000 Menschen, die jedes Jahr in Deutschland sterben. Während viele schrecklich mit dem Tod ringen müssen, sind meine Patienten friedlich eingeschlafen."[26] Wer will sich dann noch frei für das Weiterleben oder das scheinbar leidvolle natürliche Sterben entscheiden, wenn er angesichts einer ungünstigen Prognose der Erkrankung die professionelle „Freitodhilfe" als gleichberechtigte Alternative angeboten bekommt? Prominente Befürworter des assistierten Suizid unterstützen die entsprechende Kampagne der „Deutschen Gesellschaft für Humanes Sterben" mit einem Portrait, das sie mit geschlossenen Augen zeigt: „Mein Ende gehört mir!"[27]

## 4. Die Debatte im Deutschen Bundestag

Angesichts der Tatsache, dass es in den letzten sieben Jahren nicht gelungen ist, die Tätigkeit von Sterbehilfeorganisationen mit den gegebenen juristischen Mitteln in Deutschland zu unterbinden, gab es Bestrebungen, die gewerbsmäßige Suizidbeihilfe zu verbieten.[28]

---

[24] Vgl. *Gian Domenico Borasio/Ralf J. Jox/Jochen Taupitz/Urban Wiesing* (Fn. 6), S. 21–24 und kritisch *Robert Spaemann/Gerrit Hohendorf/Fuat S. Oduncu*, Vom guten Sterben. Warum es keinen assistierten Tod geben darf, Freiburg im Breisgau: Herder, 2. Aufl. 2016, S. 77–81.

[25] *Uwe-Christian Arnold*, Letzte Hilfe. Ein Plädoyer für das selbstbestimmte Sterben, Reinbek bei Hamburg: Rowohlt, 2014, S. 10.

[26] Ebd. S. 187.

[27] Vgl. www.letzte-hilfe.de (eingesehen 28.5.2016).

In der begleitenden medizinethischen und medizinrechtlichen Debatte wurde zugleich die Forderung erhoben, ein Verbot der (organisierten) Suizidbeihilfe zu verbinden mit einer eng umgrenzten Legitimation der ärztlichen Beihilfe zur Selbsttötung. Ein Gesetzesvorschlag der Medizinethiker und Medizinrechtler Gian Domenico Borasio, Ralf Jox, Jochen Taupitz und Urban Wiesing aus dem Jahr 2014 sieht vor, die Beihilfe zur Selbsttötung grundsätzlich zu verbieten, aber Ausnahmen für Ärzte, Angehörige und nahestehende Personen zuzulassen. Ärzte sollen einwilligungsfähigen Personen Beihilfe zur Selbsttötung leisten dürfen, wenn die Betroffenen unter einer unheilbaren Erkrankung mit begrenzter Lebenserwartung leiden, sie vom Arzt umfassend über ihre Situation, die Möglichkeiten der Palliativmedizin und der Suizidbeihilfe aufgeklärt worden sind und ein Gutachter das Vorliegen der Voraussetzungen bestätigt hat.[29]

Schließlich wurde von der Politik die Notwendigkeit erkannt, eine gesetzliche Regelung der Sterbehilfe zu beschließen. Im Deutschen Bundestag fand im November 2014 und im Juli 2015 eine leidenschaftliche Debatte statt, die Abgeordneten berieten ohne Fraktionszwang über Gesetzentwürfe, die von einzelnen Gruppen von Abgeordneten fraktionsübergreifend entworfen wurden. Dabei kristallisierten sich vier Positionen bzw. Gesetzentwürfe heraus[30]:

1. Am weitesten ging der Entwurf der Abgeordneten Patrick Sensburg und Thomas Dörflinger (beide CDU), der die Beihilfe zur Selbsttötung generell und ohne Einschränkung unter Strafe stellen wollte.

2. Demgegenüber sah der Entwurf der Abgeordneten Michael Brand (CDU), Kerstin Griese (SPD), Elisabeth Scharfenberg (Bündnis 90/Die Grünen) und Katrin Vogler (Die Linke) vor, dass nur die geschäftsmäßige, auf Wiederholung ausgerichtete Förderung der Selbsttötung im Straffgesetzbuch verboten werden sollte. Das Verbot richtet gegen die organisierte Suizidbeihilfe und gegen Einzelpersonen, die das Angebot der Suizidbeihilfe zum Gegenstand ihrer beruflichen oder sonstigen Tätigkeit machen.

3. Der Entwurf der Abgeordneten Peter Hintze (CDU), Carola Reimann (SPD), Karl Lauterbach (SPD) und Dagmar Wöhrl (CSU) verzichtete auf eine Regelung der Suizidbeihilfe im Strafrecht, wollte aber die ärztliche Suizidbeihilfe im Bürgerlichen Gesetzbuch festschreiben und an die Bedingung knüpfen, dass der Patient einwilligungsfähig ist und an einer unumkehrbar zum Tode führenden, unheilbaren Erkrankung leidet.

4. Der Entwurf der Abgeordneten Renate Künast (Bündnis 90/Die Grünen) und Petra Sitte (Die Linke) sah vor, die Suizidbeihilfe durch Sterbehilfeorganisationen, sofern sie nicht gewebsmäßig erfolgt, bei „freiverantwortlich" handelnden Suizi-

---

[28] Vgl. Gesetzentwurf der Bundesregierung vom 22.10.2012: Entwurf eines Gesetzes zur Strafbarkeit der gewerbsmäßigen Förderung der Selbsttötung, Bundestagsdrucksache 17/11126.

[29] *Gian Domenico Borasio/Ralf J. Jox/Jochen Taupitz/Urban Wiesing* (Fn. 6), S. 22–24.

[30] Siehe *Spaemann/Hohendorf/Oduncu* (Fn. 24), S. 47–57 mit Einzelnachweisen.

denten ausdrücklich zu erlauben und an eine Pflicht zur Beratung und Dokumentation zu knüpfen.

Am 6. November 2015 hat der Deutsche Bundestag – entsprechend dem Entwurf der Gruppe um den Abgeordneten Michael Brand – ein strafrechtliches Verbot der geschäftsmäßigen Förderung der Selbsttötung mit der Mehrheit von 360 von 602 Stimmen beschlossen. Das Gesetz, das am 9. Dezember 2015 in Kraft getreten ist[31], stellt das auf Wiederholung angelegte Angebot der Beihilfe zur Selbsttötung im Strafgesetz (§ 217 StGB) unter Strafe. Das gilt für Sterbehilfeorganisationen wie für ärztliche und nichtärztliche Sterbehelfer, die Beihilfe zum Suizid regelmäßig und außerhalb einer langjährigen persönlichen Beziehung zu dem Betroffenen anbieten. Nahestehende Personen und Angehörige, die Beihilfe zum Suizid ausnahmsweise und im Einzelfall leisten, werden nicht bestraft. Der Deutsche Bundestag hat sich damit für einen Weg entschieden, der Gewissensentscheidungen von Ärzten und Angehörigen im Einzelfall nicht unter Strafe stellt, aber dem geschäftsmäßigen und dem organisierten Angebot der Suizidbeihilfe eine klare Absage erteilt.

## III. Vom Umgang mit Todeswünschen

Grundsätzlich stellt die Konfrontation mit Todeswünschen und insbesondere mit dem Wunsch nach Suizidbegleitung für den Arzt eine ethische Herausforderung dar. Das gilt für Menschen in seelischen Krisen, für Menschen mit psychiatrischen Erkrankungen, für Menschen, die im Alter keinen Sinn mehr in ihrem Leben sehen, aber auch für Menschen mit chronischen bzw. in absehbarer Zeit zum Tode führenden Erkrankungen.

Die liberale Position argumentiert, dass der Mensch nicht nur das Recht hat, das eigene Leben zu gestalten, sondern auch das Recht hat, Art und Zeitpunkt des eigenen Todes selbst zu bestimmen. Gibt man dementsprechend dem Prinzip der Selbstbestimmung oder medizinethisch gesprochen dem Prinzip der Patientenautonomie den Vorrang vor dem Prinzip der Fürsorge oder juristisch gesprochen der Garantenpflicht des Arztes für das Leben des Patienten, so hat der Arzt im Umgang mit Todeswünschen und dem Wunsch nach Suizidbeihilfe lediglich die Aufgabe, die Freiverantwortlichkeit des Suizidwunsches zu prüfen.[32] Er muss den Patienten lediglich vor irrationalen Suiziden zu schützen, die auf einer fehlerhaften Einschätzung der jeweiligen medizinischen und sozialen Situation beruhen oder die wahnhaft motiviert sind. Insofern würde der Arzt oder der Suizidhelfer mit dem Argument, die Selbstbestimmung des Patienten zu fördern, die Motive des Patienten zwar hinterfragen, in einer solchen beratenden Position jedoch bleibe der Arzt oder Suizidhelfer dem Suizidwunsch des Patienten gegenüber im Grundsatz neutral.

---

[31] Vgl. Bundesgesetzblatt Teil I, 2015, Nr. 49, vom 9.12.2015, S. 2177.

[32] Zur ethischen Rechtfertigung der Suizidbeihilfe vgl. *Dagmar Fenner*, Suizid – Krankheitssymptom oder Signatur der Freiheit? Eine medizinethische Untersuchung (= Angewandte Ethik, Bd. 8), Freiburg i. Br./München: Karl Alber, S. 400–403.

Diese scheinbar neutrale Haltung dem Suizidwunsch des Patienten gegenüber widerspricht unseres Erachtens dem Prinzip der Suizidprävention. Denn der Wunsch, das eigene Leben zu beenden, entspringt in den seltensten Fällen einer wohlerwogenen Bilanz der eigenen Lebenssituation. Unabhängig vom Vorliegen einer psychischen Erkrankung gilt es, auch die emotionalen Aspekte des Todeswunsches, Verzweiflung, Verbitterung, Enttäuschung und Wut zur Sprache zu bringen und darauf zu antworten. Die Antwort auf Todeswünsche und dem Wunsch nach Suizidbeihilfe muss von Respekt vor der Selbstbestimmung des Betroffenen getragen sein, sie muss aber zugleich die hinter dem Suizidwunsch liegende Not und Verzweiflung zur Sprache bringen. Wichtig ist, ein Beziehungsangebot zu machen und die Bereitschaft zu signalisieren, die hinter dem Suizidwunsch liegende Not gemeinsam gegebenenfalls im therapeutischen Team zu tragen und zu lindern. Insofern wird der Ausgang der therapeutischen Arbeit mit suizidalen Menschen sehr stark davon abhängen, welche innere Haltung der derjenige vermittelt, der mit dem Wunsch nach Suizidbeihilfe konfrontiert wird. Diese Haltung sollte im Grundsatz eine lebensbejahende Haltung sein: Erst nach dem Scheitern aller Versuche, Not und Leid gemeinsam zu lindern, kann in *Ausnahmesituationen* und in einem ethischen Dilemma die Alternative erwogen werden, einen Menschen, der sich von seinem Suizidvorhaben nicht abbringen lässt, auf seinem letzten Weg nicht alleine zu lassen.[33]

Todeswünsche kommen in der Endphase einer unheilbaren Erkrankung bei 9–20% der Betroffenen vor.[34] Diese können auf verschiedene Art und Weise auftreten.[35] So hoffen manche der schwerkranken Patienten, die Krankheit möge vorzeitig den Tod herbeiführen, um eine lange und leidvolle Sterbephase zu verhindern. Andere Betroffene dagegen denken konkreter darüber nach, wie sie selbst ihr Leben beenden und unter Umständen Dritte um Beihilfe bitten können. Aber wie soll man auf solche Wünsche reagieren?

Mit geäußerten Todeswünschen richtig umgehen heißt, die Todeswünsche ernstnehmen, auf die schwerkranken und verzweifelten Betroffenen einfühlsam eingehen und ihren Äußerungen mit Respekt begegnen.[36] Ebenso wichtig ist es, den Betroffenen einen geschützten Raum als Voraussetzung für ein vertrauensvolles

---

[33] Vgl. ausführlich *Spaemann/Hohendorf/Oduncu* (Fn. 24), S. 92–129.

[34] *William Breitbart/Barry Rosenfeld/Hayley Pessin et al.,* „Depression, hopelessness, and desire for hastened death in terminally ill patients with cancer", in: The Journal of the American Medical Association 284, Heft 22, 2000, S. 2907–2911; *H. M. Chochinov/K. G. Wilson/ M. Enns M.* et al., „Desire for death in the terminally ill", in: The American Journal of Psychiatry 152, Heft 8, 1995, S. 1185–1191; *Maren Galushko/Julia Strupp/Johanna Walisko-Waniek et al.,* „Validation of the German Version of the Schedule of Attitudes Toward Hastened Death (SAHD-D) with Patients in Palliative Care", in: Palliative and Supportive Care 13, Heft 3, 2015, S. 713–723.

[35] *Friedemann Nauck/Christoph Ostgathe/Lukas Radbruch,* „Ärztlich Assistierter Suizid. Hilfe beim Sterben – keine Hilfe zum Sterben", in: Deutsches Ärzteblatt 111, Heft 3, S. A67–A71.

[36] Vgl. *Spaemann/Hohendorf/Oduncu* (Fn 24), S. 18 f.

Gespräch zu geben. Der Betroffene muss sich dort frei äußern und seinen Todeswünschen Raum geben können und dürfen. Nur wenn der Betroffene das sichere Gefühl bekommt, alles denken und sagen zu dürfen, kann eine verlässliche und vertrauensvolle Arzt-Patient-Beziehung zustande kommen. Dann hat der Betroffene auch keine Angst mehr, über die eigentlichen Gründe seiner Todeswünsche zu sprechen.

> „Schwer kranke Menschen, die den Wunsch zu sterben äußern, wünschen nicht zwingend den sofortigen eigenen Tod, sondern oftmals das Ende einer unerträglichen Situation. Häufig ist es die Angst, Schmerzen, Luftnot oder anderen schweren Symptomen hilflos ausgeliefert zu sein, Angst vor dem Verlust körperlicher Funktionen und Fähigkeiten, die Angst, beim Sterben alleingelassen zu werden, Angst vor Vereinsamung und Verlust der Würde, Angst vor medizinischer Überversorgung oder Angst, dauerhaft der Medizintechnik (zum Beispiel durch künstliche Beatmung) ausgeliefert zu sein. Manch einer sorgt sich, anderen zur Last zu fallen."[37]

Daher dürfen Todeswünsche, wenn sie von Betroffenen geäußert werden, nicht einfach ignoriert, übergangen oder totgeschwiegen werden. Vielmehr gilt es, sich den Todeswünschen zu öffnen und zu stellen. Wenn sich Patienten trauen, ihre Sorgen und Wünsche auszusprechen, dann sollte das als Zeichen für großes Vertrauen in der Arzt-Patient-Beziehung verstanden werden. Darüber hinaus kann das Gespräch „eine große Entlastung (,denken dürfen') für die Betroffenen und eine Bereicherung der Team-Patienten-Beziehung bedeuten."[38]

Für den richtigen Umgang mit Todeswünschen ist die Erkenntnis aus der klinischen Erfahrung wichtig, dass einmal geäußerte Todeswünsche nicht starr und unverrückbar, sondern vielmehr dynamisch und in alle Richtungen hin und her verlaufen. Manchmal sogar mit gegensätzlicher Zielsetzung, d.h. der gleiche Patient kann beides gleichzeitig äußern: „Ich will leben" und „Ich will sterben". Hier stehen der Wunsch nach vorzeitigem Sterben und der Wunsch nach weiterem Leben gleichwertig nebeneinander.[39] Im Laufe der Krankheit können Todeswünsche zunehmen und abnehmen oder auch gleich bleiben.[40]

Was lernen wir Ärzte daraus? Todeswünsche sind labil, instabil, variabel, unbestimmt und nicht vorauszusehen. Daher sind sie weniger das Resultat freiverantwortlicher und wohlüberlegter fester Entscheidungen, sondern vielmehr der verzweifelte Ausdruck nicht eines „Ich will *nicht* weiterleben", sondern eines „Ich will nicht mehr *so* weiterleben!" Eben an diesem „so" müssen wir ansetzen, wenn wir tatsächlich den für den Patienten aktuell unerträglichen „So"-Zustand positiv beeinflussen und ändern wollen. Wir müssen also die Umstände und Zustände ange-

---

[37] *Nauck/Ostgathe/Radbruch* (Fn. 35), S. A71.
[38] Ebd.
[39] Ebd.
[40] *Barry Rosenfeld/Hayley Pessin/Allison Marziliano et al.*, „Does desire for hastened death change in terminally ill cancer patients?", in: Social Science and Medicine 111, 2014, S. 35–40.

hen, die den Patienten in die Verzweiflung und Hoffnungslosigkeit stürzen, aus der der Patient selbst nicht mehr heraus findet und keine andere Möglichkeit sieht, als nur durch ein vorzeitiges Sterben seinen Zustand zu überwinden. Der Betroffene wünscht nicht den Tod per se, sondern dass sein Leiden endlich aufhört. Insofern ist jeder Wunsch nach aktiver Sterbehilfe und assistiertem Suizid in seinem Kern der Wunsch nach *aktiver Lebenshilfe*. Genau um diese aktive Lebenshilfe geht es in der ganzheitlich orientierten Palliativmedizin, die die einzig richtige und gute Antwort auf Todeswünsche von betroffenen Schwerkranken liefert. Im Gegensatz zur Sterbehilfe, die primär das Individuum, also das Subjekt des Leidens selbst, beseitigt, behandelt und beseitigt die Palliativmedizin primär das Leiden des Individuums.

## IV. Die Perspektive der Palliativmedizin

In der Palliativmedizin geht es weniger um das „medizinisch-technisch Machbare", als vielmehr um das „medizinisch-ethisch Vertretbare".[41] Die Deutsche Gesellschaft für Palliativmedizin (DGP) versteht Palliativmedizin als „die bestmögliche medizinische, pflegerische, psychosoziale und spirituelle Behandlung und Begleitung schwerstkranker und sterbender Menschen sowie ihrer Angehörigen. Gemeinsames Ziel ist es, für weitgehende Linderung der Symptome und Verbesserung der Lebensqualität zu sorgen – in welchem Umfeld auch immer Betroffene dies wünschen."[42]

Dadurch sollen quälende Symptome und Leidenszustände auf physischer, psychischer und spiritueller Ebene früh identifiziert und effektiv behandelt werden. In diesem Sinne hat auch die Europäische Gesellschaft für Palliativmedizin (European Association for Palliative Care – EAPC) die Aufgaben, Ziele und Grenzen der Palliativmedizin bestimmt, nämlich dass Leiden und Hoffnungslosigkeit der Patienten wirksam behandelt werden und dabei die Achtung der Patientenautonomie eine zentrale Rolle spielt, die nicht durch aktive Sterbehilfe oder ärztlich assistierten Suizid zerstört werden darf.[43]

Durch professionelle Maßnahmen zur Linderung von Schmerzen und anderer quälender Symptome (z. B. Atemnot, Erbrechen, Todesängste, etc.) kann ein weitestgehend beschwerdefreies Leben auch am Lebensende ermöglicht werden. So bietet die ganzheitlich ausgerichtete Palliativmedizin unheilbar kranken Menschen in dieser Phase eine echte aktive Lebenshilfe und macht eine falsche le-

---

[41] *Eberhard Klaschik*, „Sterbehilfe, Sterbebegleitung", in: Der Internist 40, S. 276–282, hier S. 281.

[42] Deutsche Gesellschaft für Palliativmedizin (2010), www.dgpalliativmedizin.de (Eingesehen: 7.6.2016).

[43] Vgl. *L. J. Materstvedt/D. Clark/J. Ellershaw* et al., „Euthanasie und ärztlich unterstützter Suizid: eine Stellungnahme der Ethics Task Force der European Association for Palliative Care (EAPC)", in: Zeitschrift für Palliativmedizin 5, Heft 4, 2004, S. 102–106.

bensverneinende Sterbehilfe überflüssig.⁴⁴ Daher ist es nur folgerichtig, eine umfassende, flächendeckende palliativmedizinische Versorgung für schwerstkranke und sterbende Menschen sowie eine verpflichtende flächendeckende Aus-, Fortund Weiterbildungsangebote im Bereich Palliativmedizin in Deutschland auszubauen.⁴⁵

Damit im Einklang steht die Erkenntnis aus empirischen Studien, dass palliativmedizinisch erfahrene Ärzte in der Sterbephase und Sterbebegleitung aktive Patiententötungen (Tötung auf Verlangen, Beihilfe zum Suizid) als „Behandlungsoptionen" ablehnen. So korreliert sehr anschaulich der Grad ihrer Ablehnung sehr gut mit dem Grad ihrer Kenntnisse und Erfahrungen in der Behandlung und Begleitung von Sterbenden. Damit wird eindrucksvoll die Bedeutung der Palliativmedizin als wirksame Alternative zur Sterbehilfe dokumentiert.⁴⁶

2015 hat die Deutsche Gesellschaft für Hämatologie und Medizinische Onkologie (DGHO)⁴⁷ eine Befragungsstudie zur „Ärztlich assistierten Selbsttötung" unter ihren knapp 3.000 Mitgliedern durchgeführt.⁴⁸ Fast die Hälfte der befragten 775 Mitgliedern (entspricht einer Rücklaufquote von 27%) gab an, dass sie noch nie um Suizidbeihilfe von ihren Krebspatienten gebeten worden seien. Die überwältigende Mehrzahl derer, die darum gefragt wurden, gab an, dass es sich dabei um weniger als zehn Fälle in einem ganzen Berufsleben handelte. Gestützt auf diese Ergebnisse forderte schließlich die DGHO u. a.: „Eine gut ausgebaute und umfassende palliativmedizinische Versorgung und Betreuung in Hospizen wird die Situation nicht linderbaren Leidens in der Regel vermeiden lassen. Sie wird die Hoffnung auf ein menschenwürdiges Lebensende und erfüllte letzte Tage stärken. Sie wird die Bitte um Hilfe bei der Beendigung des Lebens noch seltener machen."⁴⁹

---

⁴⁴ Vgl. *Fuat Oduncu/Stephan Sahm*, „Doctor-cared dying instead of physician-assisted suicide: a perspective from Germany", in: Medicine Health Care and Philosophy 13, 2010, S. 371–381; *Fuat Oduncu*, „Begleiten statt töten!", in: Stimmen der Zeit 219, S. 520–532.

⁴⁵ Vgl. *Fuat Oduncu*, „Medizin am Ende des Lebens aus der Sicht des Palliativmediziners. Sterben in Würde ist eine Gemeinschaftsaufgabe", in: Münchner Medizinische Wochenschrift – Fortschritte der Medizin 20, 2006, S. 35–38.

⁴⁶ Vgl. *H. Christof Müller-Busch/Fuat S. Oduncu/Susanne Woskanjan/Eberhard Klaschik*, „Attitudes on euthanasia, physician-assisted suicide and terminal sedation – A survey of the members of the German Association for Palliative Medicine", in: Medicine Health Care and Philosophy 7, 2004, S. 333–339; *H. Christof Müller-Busch/Eberhard Klaschik/Fuat S. Oduncu*, „Euthanasie bei unerträglichem Leid? Eine Studie der Deutschen Gesellschaft für Palliativmedizin zum Thema Sterbehilfe im Jahre 2002", in: Zeitschrift für Palliativmedizin 4, 2003, S. 75–84.

⁴⁷ Der Autor Fuat Oduncu des vorliegenden Beitrags ist Mitglied der DGHO.

⁴⁸ *Deutsche Gesellschaft für Hämatologie und Medizinische Onkologie (DGHO)*, Ärztlich assistierte Selbsttötung, Umfrage zur ärztlichen Versorgung von Krebspatienten, Ethische Überlegungen und Stellungnahme, Gesundheitspolitische Schriftreihe der DGHO, Band 7, Juni 2015.

⁴⁹ Ebd. S. 5.

## „Wenn es ganz unerträglich wird"

Befürworter der Suizidbeihilfe fordern die Extremmaßnahme der Suizidassistenz für Fälle, „wenn es ganz unerträglich wird".[50] Allerdings ist diese Extremmaßnahme überflüssig. Denn bei diesen sehr wenigen Einzelfällen, in denen die herkömmlichen palliativmedizinischen Maßnahmen zu keiner ausreichenden Symptomkontrolle führen, kann die so genannte *palliative Sedierung* (auch terminale[51] oder therapeutische Sedierung) eingesetzt werden: „Die therapeutische (oder palliative) Sedierung wird im palliativmedizinischen Kontext verstanden als der überwachte Einsatz von Medikamenten mit dem Ziel einer verminderten oder aufgehobenen Bewusstseinslage (Bewusstlosigkeit), um die Symptomlast in anderweitig therapierefraktären Situationen in einer für Patienten, Angehörigen und Mitarbeitern ethisch akzeptablen Weise zu reduzieren."[52]

Der Einsatz der palliativen Sedierung erfolgt hierbei bedarfsgesteuert, d. h. in Abhängigkeit von der Symptomstärke entweder intermittierend oder kontinuierlich, aber immer so viel wie nötig und so wenig wie möglich. Palliative Sedierung versetzt also den Patienten in ein künstliches Koma, damit er die Beschwerden nicht mehr als solche wahrnimmt, bis der Tod auf natürliche Weise eintritt. Genau hier setzen Befürworter der Suizidbeihilfe an und kritisieren eine mögliche vorzeitige Lebensbeendigung als in Kauf genommenes Risiko der palliativen Sedierung. Allerdings belegen zahlreiche wissenschaftliche Befunde, dass eine fachlich korrekte Anwendung der therapeutisch indizierten palliativen Sedierung nachweislich keine Lebensverkürzung herbeiführt.[53]

Manche Kritiker gehen noch einen Schritt weiter und setzen die Prozedur der palliativen Sedierung mit aktiver Sterbehilfe (Tötung auf Verlangen) gleich oder verwechseln sie mit dieser, nachdem beide Verfahren zum vorzeitigen Tode des Patienten führen und am Ende bei beiden Prozeduren der Betroffene tot ist. Allerdings befinden sich die Kritiker auf dem Irrweg, da sich die palliative Sedierung in der Intention, in der Vorgehensweise und im Ergebnis von der aktiven Sterbehilfe eindeutig unterscheidet:

---

[50] Stellvertretend für die Befürworter der Suizidbeihilfe: *Bettina Schöne-Seifert*, „Wenn es ganz unerträglich wird", in: Frankfurter Allgemeine Zeitung, 5.11.2014, S. 13.

[51] Die Autoren des vorliegenden Beitrags empfehlen im Einklang mit der Deutschen Gesellschaft für Palliativmedizin die Verwendung der Termini „therapeutische" oder „palliative Sedierung" an Stelle der „terminalen Sedierung". Letztere kann dahingehend missverstanden werden, die Sedierung würde zur Beendigung (Terminierung) des Lebens eingesetzt.

[52] Die deutsche Übersetzung findet sich in *B. Alt-Epping* et al., „Sedierung in der Palliativmedizin. Leitlinie für den Einsatz sedierender Maßnahmen in der Palliativversorgung: European Association for Palliative Care (EAPC) Recommended Framework for the Use of Sedation in Palliative Care", Zeitschrift für Palliativmedizin 11, 2010, S. 112–122, hier S. 112; vgl. das englische Original: *Nathan Cherny/Radbruch, Lukas/The Board of the European Association for Palliative Care*, „European Association for Palliative Care (EAPC) recommended framework for the use of sedation in palliative care", in: Palliative Medicine 23, Heft 7, 2009, S. 581–593.

[53] Vgl. *M. Maltoni* et al., „Palliative sedation therapy does not hasten death: results from a prospective multicentre study", in: Annals of Oncology 20, 2009, S. 1163–1169.

„‚Terminale' oder ‚palliative' Sedierung bei schwer leidenden sterbenden Patienten muss von aktiver Sterbehilfe unterschieden werden: Bei der terminalen Sedierung handelt es sich um die *Intention* des Linderns unerträglichen Leidens, um die *Vorgehensweise* des Gebrauchs bewusstseinsunterdrückender Medikamenten zur Symptomkontrolle und um das zu erzielende *Ergebnis* der Linderung quälender Symptome. Bei der aktiven Sterbehilfe handelt es sich dagegen um die *Intention* der direkten Tötung des Patienten, um die *Vorgehensweise* der Verabreichung tödlicher Medikamente und um das zu erzielende *Ergebnis* des vorzeitig herbeigeführten Todes des Patienten."[54]

Kritiker ignorieren gerne diese Fakten auf der sachlichen und normativen Handlungsebene, um beispielsweise Suizidbeihilfe für konstruierte unerträgliche Zustände zu rechtfertigen, und fordern: „Schwerkranke müssen Ärzte auch um einen letzten Dienst bitten können (...), wenn es für Patienten ganz unerträglich wird".[55]

### V. Das moralische Paradox der Autonomie

In der Sterbehilfedebatte führen die Befürworter hauptsächlich das Argument der Selbstbestimmung ins Feld. Das Recht auf Selbstbestimmung bzw. Patientenautonomie als das alles vollumfänglich umfassende und leitende Handlungsprinzip in der Arzt-Patient-Beziehung soll auch befähigen, unter bestimmten Umständen auch den ärztlich assistierten Tod einzufordern. Zu diesen „bestimmten Umständen" gehört gemäß der Argumentationsarchitektur der Befürworter das gleichzeitige Einfordern von *Zusatzkriterien*, mit deren Hilfe erst der selbst bestimmte Todeswunsch quasi rationalisiert und gerechtfertigt wird. Beispielsweise wird als Zusatzkriterium regelmäßig das Vorliegen einer objektivierbaren unheilbaren Krankheit als Rationalisierungsgrund für die Umsetzung der Selbstbestimmung bzw. Gewährung der Sterbehilfe eingefordert. „Hierbei wird aber übersehen, dass genau dadurch, d.h. durch die Forderung von Zusatzkriterien das Autonomieprinzip als das stärkste Argument ganz wesentlich beschnitten wird."[56]

Mit anderen Worten: Erst wenn eine dritte Person, hier in der Regel der Arzt, eine unheilbare Krankheit bzw. einen unerträglichen Zustand, also einen äußeren Zustand als Wirksamkeitskriterium bescheinigt, darf der Betroffene eine ärztlich assistierte Tötung erfahren. In der Bilanz entscheidet also das Zusatzkriterium und eben nicht die Selbstbestimmung darüber, ob der Todeswunsch gewährt wird oder nicht. Damit führen aber die Befürworter der Selbstbestimmung selbst ihr vermeintlich stärkstes Argument ad absurdum, indem sie es an eine außerhalb des Betroffenen selbst geforderte Wirksamkeitsvoraussetzung knüpfen. Schlussendlich legitimiert doch nicht das Recht auf Selbstbestimmung zur vorzeitigen

---

[54] *Materstvedt/Clark/Ellershaw* et al. (Fn. 43), S. 104.
[55] *Schöne-Seifert* (Fn. 50).
[56] *Spaemann/Hohendorf/Oduncu*, Fuat S. (Fn. 24) S. 130.

assistierten Tötung, sondern wie hier dargelegt die fremdbestimmte Rationalisierung des Todeswunsches, d. h. fremdbestimmte Plausibilisierung der Selbstbestimmung.

„Wenn aber das Recht auf Selbstbestimmung im Autonomieprinzip nur unter der Voraussetzung weiterer Zusatzkriterien zugeteilt und realisiert werden soll, dann liegt hier ein unauflösbares *moralisches Paradox* vor. Denn entweder gilt das Autonomieprinzip in Bezug auf das eigene Lebensende per definitionem immer und unabhängig von jeglichen äußeren Behelfskriterien oder es gilt eben nicht."[57]

## VI. Freiheit zum Leben oder Unfreiheit zum Tod?

In den Ländern, in denen Suizidbeihilfe bzw. aktive Sterbehilfe legalisiert (Niederlande, Belgien, Luxemburg, einzelne Bundesstaaten der USA wie z. B. Oregon) bzw. geduldet wird (Schweiz) steigen die Zahlen der Inanspruchnahme von Suizidbeihilfe bzw. aktiver Sterbehilfe in den letzten Jahren kontinuierlich an.[58] So lässt sich beispielsweise für die Niederlande, das erste Land weltweit, das seit 1994 die aktive medizinische Lebensbeendigung (freiwillige Euthanasie) geduldet und seit 2001 legalisiert hat, nachweisen, dass die Zahl der gemeldeten Fälle von Euthanasie (Tötung auf Verlangen und ärztlich assistierter Suizid) sich in den Jahren 2007 (2.120 Fälle) bis 2015 (5.516 Fälle) mehr als verdoppelt hat[59], ohne dass ein entsprechender Anstieg der jährlichen Sterbefälle in den Niederlanden zu beobachten gewesen wäre.

Im Jahr 2015 waren immerhin 3,94% der Sterbefälle Fälle von Euthanasie. Diese steigende Inanspruchnahme lässt sich nicht nur als Ausdruck eines steigenden Bedarfes (immer mehr Menschen werden immer älter) verstehen, sondern auch auf ein gesellschaftliches Klima zurückführen, in der das selbstbestimmte Sterben zur Vermeidung von Leiden immer mehr akzeptiert wird.[60] Dem entspricht in der Praxis auch eine Ausweitung der ursprünglich eng gefassten Sorgfaltskriterien für aktive medizinische Lebensbeendigung (Freiwilligkeit des Euthanasiewunsches, vollständige Aufklärung des Betroffenen über seinen Gesundheitszustand, Situation unerträglichen und hoffnungslosen Leidens, Fehlen von Alternativen zur Euthanasie und unabhängige Einschätzung eines zweiten Arztes). Inzwischen nehmen in den Niederlanden zunehmend auch Menschen mit psychischen Erkran-

---

[57] *Spaemann/Hohendorf/Oduncu* (Fn. 24), S. 132; vgl. hierzu auch: *Henk ten Have*, „Euthanasia: moral paradoxes", in: Palliative Medicine 15, 2001, S. 505–511.

[58] Zu Oregon, Belgien und der Schweiz siehe *Spaemann/Hohendorf/Oduncu* (Fn. 24), S. 70–77.

[59] Die Zahlen der gemeldeten Fälle Euthanasie finden sich in den Jahresberichten der Niederländischen Euthanasiekontrollkommission, vgl. www.euthanasiecommissie.nl [zuletzt eingesehen am 12.6.2016], vgl. auch *Spaemann/Hohendorf/Oduncu* (Fn. 24), S. 63.

[60] Vgl. *Gerbert van Loenen*, Das ist doch kein Leben mehr! Warum aktive Sterbehilfe zu Fremdbestimmung führt, Frankfurt am Main: Mabuse, 2014.

kungen (2015 56 Fälle) und Menschen mit Demenzerkrankungen (2015 109 Fälle, meist im Frühstadium der Erkrankungen) Euthanasie in Anspruch. Hinzu kommt, dass es nach anonymen Befragungen von Ärzten immer noch einige Hundert Fälle im Jahr gibt, in denen Ärzte Patienten aktive Sterbehilfe leisten, ohne dass ein entsprechender Wunsch vorlegen hat.[61]

Menschen mit schweren, chronischen Erkrankungen haben oft das Gefühl, dass sie sich und anderen nur noch eine Last sind. So ist nach empirischen Untersuchungen das Gefühl, anderen zur Last zu fallen, ein häufiges Motiv für den Wunsch nach Sterbehilfe und Suizidbeihilfe.[62] Durch ein gesellschaftlich legitimiertes Angebot der Suizidbeihilfe kann dieses Gefühl des Zur-Last-Fallens verstärkt werden. Die gesetzlich geregelte Möglichkeit, seinem Leben im Fall von schwerer, unheilbarer Krankheit ein Ende setzen, wirft zumindest psychologisch die Frage auf, ob die Pflege und Zuwendung, die schwer kranke Menschen benötigen, noch gerechtfertigt sind, können sie die Gesellschaft und die Angehörigen doch ohne weiteres durch einen „selbstbestimmten Tod" befreien. So besteht die Gefahr, dass sich die *Freiheit zum Tode zu einer Unfreiheit zum Leben* verkehrt.[63]

## VII. In Würde sterben als gesamtgesellschaftliche Aufgabe und Verantwortung

Der Wunsch nach einem würdevollen Sterben(können) ist in der heutigen Zeit stärker denn je. Aufgrund des gesellschaftlichen Wandels im Umgang mit Sterben und Tod, einer veränderten Familienstruktur mit zunehmender sozialer Isolation und Vereinsamung in westlichen Kulturen, Angst vor medizinischer Übertherapie und Unverhältnismäßigkeit, Angst vor Pflegebedürftigkeit, körperlicher Hinfälligkeit und Abhängigkeit äußern viele Menschen den Wunsch nach vorzeitigem Sterben als einen Ausweg aus der Überforderung. Der Wunsch nach vorzeitigem Ableben auf der einen Seite und die Forderung nach Lebensverlängerung um jeden Preis auf der anderen Seite stellen die zwei Extreme dar, die abzulehnen sind. Der Mittelweg zwischen diesen beiden Scheinalternativen kann nur in der persönlichen und gesellschaftlichen Annahme der menschlichen Gebrechlichkeit und Schwäche aussehen.

---

[61] *Bregje D. Onwuteaka-Philipsen et al.*, „Trends in end-of-life practices before and after the enactment of the euthanasia law in the Netherlands from 1990 to 2010: a repeated cross-sectional survey", in: The Lancet 380, 2012, S. 908–915.

[62] Vgl. *Christine J. McPherson/Keith G. Wilson/Mary Ann Murray*, „Feeling like a burden to others: a systematic review focusing on the end of life", in: Palliative Medicine 21, 2007, S. 115–128 und *Julian Bleek*, „Ist die Beihilfe zum Suizid auf der Grundlage des Wunsches, anderen nicht zur Last zu fallen, ethisch gerechtfertigt?", in: Ethik in der Medizin 24, 2012, S. 193–205.

[63] Vgl. auch *Gerrit Hohendorf/Fuat S. Oduncu*, „Der ärztlich assistierte Suizid. Freiheit zum Tode oder Unfreiheit zum Leben?", in: Zeitschrift für medizinische Ethik 57, 2011, S. 230–242.

Wir brauchen daher einen Bewusstseinswandel für eine *neue Sterbekultur*[64], die uns befreit und gleichzeitig befähigt, die eigene Endlichkeit bewusst und angstfrei anzunehmen sowie unseren Blick auf das Wesentliche im Leben zu richten. Eine so verstandene neue *ars moriendi* kann aber in der heutigen Zeit nur als gesamtgesellschaftliche Aufgabe und Verantwortung realisiert werden, bei der viele Akteure ihren Beitrag leisten müssen. Sterben und Tod sollten wieder dorthin verlagert werden, wo Menschen sich gerade in ihrer schwierigsten Lebensphase wünschen, sein zu können, in ihrer vertrauten häuslichen Umgebung. Mit Hilfe einer ganzheitlich ausgerichteten palliativmedizinischen Versorgung unter Einbeziehung der Angehörigen und seelsorgerlichen Begleitung ist es möglich, dass sterbenskranke Menschen ihre letzte und schwierigste Lebensphase eben dort verbringen können. Hierfür muss der Staat für einen flächendeckenden Ausbau der Palliativmedizin sorgen. Darüber hinaus muss er die arbeitsrechtlichen Rahmenbedingungen so ausgestalten, dass Angehörigen es möglich wird, eine Auszeit von der Arbeit zu nehmen, um für ihre kranken Lieben sorgen zu können. Eine derart verstandene neue Sterbekultur heißt lebensbejahende *aktive Lebenshilfe bis zuletzt* an Stelle von lebensverneinender aktiver Sterbehilfe!

## Summary

Society's dealing with dying and death has changed over the last centuries. In the current debate about assisted death, the argument of respect for autonomy plays a key role. Thus, more individuals who wish to end their lives autonomously now expect to receive hastened termination of their lives either from doctors or from non-medical assisted suicide. In November 2015, the German Parliament passed a law for the prohibition of the so-called business-like assistance in suicide. The authors of this current article discuss how to deal properly with the desire for a hastened ending of life that severely sick or incurable patients might have. In this analysis, the authors provide proof that these patients primarily wish for their fear, despair and their psychological needs to be addressed. Here, the discipline of palliative care provides successful treatment for psychological and physical distress. However, regarding the proponents' argument in favour of assisted suicide in terms of empowering patient autonomy, we can observe exactly the opposite to be the case. Hence, additional criteria besides the notion of autonomy are claimed in order to realize hastened death, and the decision about a "free death" finally actually depends on other criteria. Moreover, the authors argue that the social legitimizing of assisted suicide will in effect consequently put more and more patients under the pressure to request suicide because they may come to feel as burdens for themselves and for others. Instead of this suicide option, they argue for a new culture of death and dying be implemented based on the fundamental principle of solidarity that can take care of the needs of the terminally ill patients rather than assisting in their deaths.

---

[64] Vgl. *Fuat S. Oduncu*, In Würde sterben. Medizinische, ethische und rechtliche Aspekte der Sterbehilfe, Sterbebegleitung und Patientenverfügung, Göttingen: Vandenhoeck & Ruprecht, 2007, S. 157–170.

**Diskussionsforum – Discussion Forum**

# Kants Moralphilosophie und die Pflichten in Ansehung der Tiere und der vernunftlosen Natur überhaupt

Georg Geismann

Die Quintessenz dieses Beitrags lautet: Der Mensch hat sowohl Tugendpflichten als auch Rechtspflichten in Ansehung der Tiere und der vernunftlosen Natur überhaupt, aber nicht, weil Tiere Tiere sind und Natur Natur ist, sondern weil der Mensch Mensch, genauer: weil er moralisches Subjekt von Pflichten und Rechten (Person) ist.

## I.

Seit den von Schopenhauer gegen ihn gerichteten Vorwürfen[1] wird Kant in der sogenannten „tierethischen" Debatte bis heute nicht gerade als Vorbild angesehen, ist vielmehr eher berüchtigt. Umso überraschender ist es, wenn ausgerechnet seine Moralphilosophie als Ausgangspunkt dient, um auch Tieren Rechte zuzuschreiben.

So greift Jan C. Joerden, der in einem Beitrag[2] zum „Schutz natürlicher Freiheit durch Recht und Ethik" für eine über menschliche Wesen hinausgehende Ausweitung eines solchen Schutzes auf andere Lebewesen plädiert, dafür den von Fritz Jahr gemachten Vorschlag auf, den kategorischen Imperativ Kants, und zwar in der Fassung der Mensch-Zweck-Formel, „auch auf die uns umgebende Natur, insbesondere die lebende Natur in Anwendung zu bringen" (137).[3] Die Formel lautet: „Handle so,

---

[1] *Arthur Schopenhauer*, Preisschrift über die Grundlage der Moral, Sämtliche Werke, Bd. III, Darmstadt: Wissenschaftliche Buchgesellschaft, 1980, S. 689 ff.

[2] *Jan C. Joerden*, „Zum Schutz natürlicher Freiheit durch Recht und Ethik", in: Florian Steger/Jan C. Joerden/Maximilian Schochow (Hrsg.), 1926 – Die Geburt der Bioethik in Halle (Saale) durch den protestantischen Theologen Fritz Jahr (1895–1953), Frankfurt/Main: Verlag Peter Lang, 2014, 137–148. Seitenverweise erfolgen im Fließtext in runden Klammern. In eckigen Klammern finden sich Hinzufügungen von mir.

[3] Auch andere Autoren glauben, sich auf Kants Moralphilosophie stützen oder jedenfalls von ihr ihren Ausgang nehmen zu können, wobei diese allerdings wenig mehr als gleichsam das Stichwort hergibt und jedenfalls hinsichtlich ihrer Prinzipien ganz unbeachtet bleibt, besonders dort, wo die Autoren über Kant hinauszugehen bestrebt sind. Siehe etwa *Christine Korsgaard*, „Mit Tieren interagieren: Ein kantianischer Ansatz", in: Friederike Schmitz (Hrsg.), Tierethik, Berlin: Suhrkamp, 2014, S. 243–286; *Tom Regan*, The Case for Animal Rights, London: Univ. of California Press, 1983, S. 174–185; *Bernard E. Rollin*, „Moraltheorie und Tiere", in: Ursula Wolf (Hrsg.), Texte zur Tierethik, Stuttgart: Reclam, 2008, S. 40–50.

daß du die Menschheit sowohl in deiner Person, als in der Person eines jeden andern jederzeit zugleich als Zweck, niemals bloß als Mittel brauchst."[4] Jahr verwandelt sie in den von ihm so genannten „bioethischen Imperativ": „Achte jedes Lebewesen grundsätzlich als einen Selbstzweck und behandle es nach Möglichkeit als solchen!"[5]

Joerden ist nun der Ansicht, man könne, über den von Jahr formulierten *ethischen* Anspruch hinaus, diesen Imperativ „auch als ein Plädoyer für *Tierrechte*, ja für *Rechte* der lebenden Natur im Allgemeinen uns gegenüber interpretieren" (138). Er fügt aber hinzu, es sei „ja bekanntlich umstritten"[6], ob die genannte Formel Kants nur die Ethik oder auch das Recht betreffe.

Unter Verweis auf „zwei große Gruppen von [eindeutig verbotenen] Verhaltensweisen" (138) – Täuschung eines anderen und Nötigung eines anderen – erörtert Joerden dann die nur im Hinblick auf Menschen bestehende „Reziprozität möglicher Rechtezuschreibungen" (140), woraus sich bereits die Unanwendbarkeit der Mensch-Zweck-Formel auf die Umwelt und deren Lebewesen zu ergeben scheine. Es sei kaum sinnvoll, Tieren Pflichten zuzuschreiben und entsprechend Rechte zu gewähren. Dennoch könne „diese Forderung nach Reziprozität nicht das letzte Wort bei der Zuschreibung von Rechten sein. Denn bereits bei nicht voll zurechnungsfähigen Menschen machen wir Ausnahmen von diesem Prinzip." (140) Deswegen sei es „jedenfalls nicht mehr so problematisch, [...] Pflichten auch gegenüber *allen* Lebewesen in der Natur zu postulieren. So könnte man etwa Tieren Rechte zuschreiben, ohne ihnen zugleich Pflichten aufzuerlegen." (142) Entsprechend ließe sich analog von „Tierwürde" sprechen.

---

[4] *Immanuel Kant*, GMS 04.429. Für die Verweise auf Kants Schriften werden die folgenden Siglen verwendet: KrV = Kritik der reinen Vernunft; GMS = Grundlegung zur Metaphysik der Sitten; KpV = Kritik der praktischen Vernunft; KU = Kritik der Urteilskraft; MS = Metaphysik der Sitten; RL = Metaphysische Anfangsgründe der Rechtslehre; VARL = Vorarbeit zur Rechtslehre; TL = Metaphysische Anfangsgründe der Tugendlehre; VATL = Vorarbeit zur Tugendlehre; RGV = Die Religion innerhalb der Grenzen der bloßen Vernunft; MAM = Mutmaßlicher Anfang der Menschengeschichte; TP = Über den Gemeinspruch: Das mag in der Theorie richtig sein, taugt aber nicht für die Praxis; ZeF = Zum ewigen Frieden; SF = Der Streit der Fakultäten; Anth = Anthropologie in pragmatischer Hinsicht; Refl = Reflexion; NRFeyer = Naturrecht Feyerabend (Vorlesungsnachschrift); V-MS/Vigil = Die Metaphysik der Sitten Vigilantius (Vorlesungsnachschrift); V-Mo/Collins = Moralphilosophie Collins (Vorlesungsnachschrift). Die Zahl vor dem (ersten) Punkt bezieht sich auf den Band der Akademie-Ausgabe, die Zahl dahinter auf die Seite. Bei einem zweiten Punkt folgt dahinter ein Verweis auf die Zeile. Für die KrV wird auf die 1. und 2. Auflage verwiesen. – Zusätze von mir innerhalb von Zitaten stehen in eckigen Klammern. Durch solche Klammern sind auch Auslassungen gekennzeichnet.

[5] *Fritz Jahr*, „Wissenschaft vom Leben und Sittenlehre. Alte Erkenntnisse in neuem Gewande", in: Mittelschule. Zeitschrift für das gesamte mittlere Schulwesen, 40 (1926), 604–605; wiederabgedruckt in: *Fritz Jahr*, Aufsätze zur Bioethik 1924–1948, Münster: LIT Verlag 2013, S. 19–24 (23).

[6] Joerden dürfte hier vornehmlich an der englischsprachigen Kantliteratur orientiert sein. Vor allem für Kant selber war der Bezug auf beide Teile seiner Moralphilosophie ganz unstrittig. Er führt es in GMS 04.429 f. sogar exemplarisch vor.

Vor der weiteren Erörterung dieses Gedankens plädiert Joerden jedoch dafür, ihn nicht auch auf die *unbelebte* Natur zu übertragen. Von Würde eines Berges zu reden und daraus [sic!] dessen Recht auf Unversehrtheit abzuleiten, sei „rechtlich und moralisch wenig plausibel".

Mit der dadurch sich ergebenden Beschränkung auf „Fälle eines Konfliktes zwischen den Interessen von Menschen und anderen Lebewesen" kommt Joerden zunächst zu der Frage, wie sich diese Fälle „im Rahmen eines Systems von Rechten und Pflichten bewerten und entscheiden lassen". Auf der Suche nach einer Antwort lässt er sich indes nicht, wie man erwarten könnte, von Kants rechtsphilosophischer Prinzipientheorie leiten, sondern von einem „reichhaltige[n] Anschauungsmaterial aus strafrechtswissenschaftlicher Literatur und aus der Rechtsprechung" sowie von einer Reihe „ausgearbeiteter rechtlicher Denkfiguren". Er räumt zwar ein, dass es dabei stets um „Konflikte zwischen Menschen und deren Interessen" gehe (etwa bei Notwehr, Notstand, Selbsthilfe, Pflichtenkollision), meint jedoch, für die Übertragung der Idee von Rechten auf die belebte Natur „sollte es trotzdem möglich sein, die genannten Rechtsinstitute auf die sich damit ergebenden Problemstellungen" anzuwenden.

Für den Fall der Notwehr schließt Joerden eine Anwendungsmöglichkeit jedoch sofort aus, da es sich dabei um einen *rechtswidrigen* Angriff handele, für den als solchen ein Tier gar nicht in Betracht komme, „weil es nicht in der Lage sei, die Geltung der Rechtsordnung ernsthaft in Frage zu stellen". Indem nun aber die anschließenden Überlegungen „unter der [nicht weiter problematisierten] Voraussetzung der Annahme von Tierrechten" (143) erfolgen, stellt sich für Joerden lediglich, etwa mit Bezug auf einen „Eingriff in das *Recht* des Tieres auf Leben oder zumindest Unversehrtheit", die „Frage, welche Interessenrelation überhaupt zwischen den Interessen eines Menschen und denen eines Tieres bestehen kann".

Joerden geht bei der Suche nach einer Antwort davon aus, „dass es das Ziel der Ethik, aber auch des Rechts sein sollte, Freiheitssphären zu schützen" (144). Dementsprechend wirft er die Frage auf, „ob es prinzipielle Differenzen zwischen Lebewesen gibt, hinsichtlich der Frage, welche Freiheitsgrade sie überhaupt haben können, wobei hier natürlich ein sehr weiter Begriff von Freiheit zugrunde gelegt wird" (144 f.). Unter einem Freiheitsgrad versteht er eine Maßeinheit dafür, „*wie viele mögliche Welten* dem betreffenden Lebewesen zugänglich sind". Doch weder sagt er, was genau er unter „Welt" versteht und warum eine Zunahme an Freiheit(s-grad) in einer Zunahme an zugänglichen Welten besteht, noch deutet er an, nach welchem Verfahren der jeweilige Freiheitsgrad zu messen ist.[7] Für die leblose Materie kommt er jedenfalls zu dem Ergebnis, dass für sie gar keine Welt zugänglich ist. Pflanzen könnten immerhin „mehr oder weniger selbstständig wachsen und haben daher einen, wenn auch geringen Freiheitsgrad". Wegen ihrer Unfähigkeit, „sich von ihrem Standort selbstständig fortzubewegen, ist ihr Zugang zu mögli-

---

[7] Mit Bezug auf Mäuse und Katzen behauptet Joerden ohne weitere Begründung, ihre Freiheitsgrade seien gleich (146).

chen Welten nur sehr begrenzt." Eben darin würden sie von den Tieren „deutlich übertroffen". Zwar seien diese „nur instinktgesteuert und könn[t]en nicht wie Menschen frei entscheiden". Jedenfalls aber hätten sie einen höheren Freiheitsgrad als Pflanzen, „was dazu nötigt, sie besser zu schützen als [diese]." Im Unterschied zu Pflanzen und Tieren habe der Mensch „zu prinzipiell unendlich vielen möglichen Welten" Zugang, weil er „sich mögliche Welten allein durch sein Denken" erschaffen könne. Joerdens Position lässt sich wohl auf die Formel bringen: je mehr Welten zugänglich, desto größer das Recht auf Schutz.

Damit hat Joerden im Prinzip die gesuchte Antwort gefunden. „Eine Ethik, die auf die Bewahrung von Freiheitsgraden Wert legt, wird [...] danach trachten, im Falle einer Interessenkollision, die man auch als Kollision [?] von Freiheitsgraden beschreiben kann, möglichst viele Zugänge zu möglichen Welten zu bewahren." (145) Wir können die Kasuistik, mit der Joerdens Beitrag endet, zunächst auf sich beruhen lassen, um ihr später noch ein paar Betrachtungen zu widmen.

Mir will scheinen, dass Joerdens Argumentation an diversen Schwächen von philosophisch prinzipieller Natur leidet, womit er sich immerhin in durchaus prominenter Gesellschaft befindet: Sie betreffen einmal sein Verständnis der Rolle der Mensch-Zweck-Formel und des Begriffs eines Zwecks an sich selbst in der Moralphilosophie Kants. Darüber hinaus schenkt er dem spezifischen Freiheitsbegriff Kants keine Beachtung, so dass er auch dessen grundlegende Bedeutung für die kantische Moralphilosophie und damit auch diese selber verkennt. Des Weiteren ersetzt er Kants Freiheitsbegriff und in der Folge auch dessen Rechtsbegriff durch einen der Sache nach jeweils ganz ungeeigneten. Schließlich sind seine an Jahr orientierten ethischen Vorstellungen nicht einmal geeignet, das von ihm aufgeworfene Problem zumindest in ethischer Hinsicht zu lösen.

Nun sind diese oder ähnliche Schwächen in der „tierethischen" Diskussion recht verbreitet. Entsprechend betreffen die folgenden Erörterungen gar nicht spezifisch die Position von Joerden. Außerdem beschränken sie sich nicht auf den Gegenstand jener Diskussion, sondern beziehen sich – systematisch notwendig – auf den Gesamtbereich dessen, was Kant im Unterschied zu Personen Sachen nennt.

## II.

### 1.

Obwohl mit der sowohl ethischen als auch juridischen Inanspruchnahme der Mensch-Zweck-Formel zwecks Ausdehnung auf Tiere Kants Moralphilosophie überhaupt das Fundament von Joerdens Lösungsversuch bildet, auch wenn sie am Schluss nur noch gleichsam als Bürge für argumentative Qualität fungiert, sollte zunächst ein Wort zur Benutzung dieser Formel gesagt werden.

Kant kennt eine allgemeine Formel und drei besondere Formeln des kategorischen Imperativs (von denen die Mensch-Zweck-Formel die zweite besondere ist).⁸ Die Formel des allgemeinen Gesetzes folgt aus dem bloßen Begriff eines kategorischen Imperativs und enthält damit ihrerseits für die „drei Arten", das in ihm enthaltene Prinzip der Sittlichkeit vorzustellen, die entscheidende Bedingung, nämlich die Tauglichkeit der Maximen einer jeden Handlung zu einem allgemeinen Gesetz. Eben deshalb kann Kant sagen, diese drei Formeln seien „im Grunde nur so viele Formeln eben desselben Gesetzes, deren die eine die anderen zwei von selbst in sich vereinigt"⁹. Alle vier Formeln bestimmen „ganz genau", was zu tun ist, und zwar „in Ansehung aller Pflicht überhaupt"¹⁰, also der Pflicht ihrer bloßen Form nach, nicht etwa in Ansehung konkreter Pflichten.

Es gibt aber in der Kantliteratur die – besonders im angelsächsischen Sprachraum – verbreitete, obgleich mit den Texten Kants kaum in Einklang zu bringende Auffassung, die drei besonderen Formeln hätten sehr wohl eine voneinander unabhängige, eigenständige Bedeutung und seien keineswegs miteinander austauschbar, vielmehr sogar gegenüber der allgemeinen Formel die adäquateren oder gar die einzig adäquaten.

Joerden meint, „es [gebe] durchaus Philosophen, die der Mensch-Zweck-Formel im kantischen Sinn Aussagen über Rechtsverhältnisse abgewinnen können" (138). Nun, da hätte er, zumindest im deutschen Sprachraum, viele namhafte Autoren nennen können. Nur ist da für sie gar nichts „abzugewinnen". Denn auch die (auf den *äußeren* Freiheitsgebrauch beschränkten) Rechtsimperative sind kategorische Imperative, und entsprechend kommen für die „Anwendung" sowohl deren allgemeine Formel als auch die drei besonderen Formeln in Betracht.¹¹

In Kants grundlegendem Hauptwerk zur praktischen Philosophie, der *Kritik der praktischen Vernunft*, tauchen die drei besonderen Formeln aus der *Grundlegung zur Metaphysik der Sitten* gar nicht auf.¹² Umso strenger wird dort – in dem Kapitel über die Grundsätze der reinen praktischen Vernunft – das in der allgemeinen Formel¹³ und im „Grundgesetz der reinen praktischen Vernunft"¹⁴ zum Ausdruck

---

⁸ Siehe GMS 04.436.

⁹ GMS 04.436; siehe dazu: *Klaus Reich*, Kant und die Ethik der Griechen, Tübingen: Mohr (Siebeck), 1935; wiederabgedruckt in: *Klaus Reich*, Gesammelte Schriften, Hamburg: Felix Meiner, 2001, S. 113–146; *Manfred Baum*, „Kant und Ciceros ‚De Officiis'", in: Monographische Reihe der Akademie Deutsch-Italienischer Studien, Meran: 2004, S. 17–32.

¹⁰ KpV 05.08 Anm.; siehe auch MS 06.225.06–08.

¹¹ Kant selber hat dies am Beispiel des lügenhaften Versprechens für die ersten beiden Formeln, Julius Ebbinghaus für alle drei Formeln gezeigt. Siehe GMS 04.422; 04.429 f.; *Julius Ebbinghaus*, „Die Formeln des kategorischen Imperativs und die Ableitung inhaltlich bestimmter Pflichten", in: Studi e ricerche di storia della filosofia, 32 (1959) 3–23; wiederabgedruckt in: *Julius Ebbinghaus*, Gesammelte Schriften, Bd. II: Philosophie der Freiheit, Bonn: Bouvier, 1988, S. 209–229.

¹² Kant spricht dort mit ausdrücklichem Bezug auf die GMS sogar nur von „eine[r] bestimmte[n] Formel" (KpV 05.08).

¹³ GMS 04.421.

¹⁴ KpV 05.30.

kommende Prinzip allgemeiner Gesetzesform für alle Maximen des Wollens (der Zwecksetzung) und Handelns (der Zweckverfolgung) herausgearbeitet. Dieses Prinzip ist so fundamental für Kants gesamte Moralphilosophie, also für Rechts- und Tugendlehre (Ethik),[15] dass mit ihm auch diese eliminiert würde.[16] Man missversteht diese Philosophie vollständig, wenn man glaubt, die allgemeine Formel durch die Mensch-Zweck-Formel ersetzen zu können oder sogar zu müssen.

Die zweite besondere Formel bezieht vielmehr die Rechtfertigung, „das Princip der Sittlichkeit vorzustellen"[17], aus der Übereinstimmung mit der allgemeinen Formel.[18] Zwar führt die Idee der Menschheit als Zweck an sich selbst zur Mensch-Zweck-Formel. Aber genau das ist nur möglich, weil diese Idee schon auf Grund des mit der allgemeinen Formel bezeichneten Moralgesetzes unabweisbar ist. Die Maxime, die Menschheit[19] bloß als Mittel zu brauchen, widerspricht dem Grundsatz dieser Formel, dass sie (die Maxime) „ihre eigene allgemeine Gültigkeit für jedes vernünftige Wesen zugleich in sich [enthalte]"[20] und ermangelt daher der Tauglichkeit zu einem allgemeinen Gesetz. Der Selbstwiderspruch ist offenkundig: die moral*gesetzliche* Ermöglichung für die Zwecksetzung eines vernünftigen Wesens, andere vernünftige Wesen bloß als Mittel zu gebrauchen, würde diese Wesen hinsichtlich aller ihrer Zwecksetzung von dem Belieben anderer abhängig und somit die *gesetzliche* Bestimmung ihres Willens auf *gesetzliche* Weise unmöglich machen.

Es ist die „Schicklichkeit seiner Maximen zur allgemeinen Gesetzgebung" und damit die notwendig gegebene Möglichkeit, „sich in Ansehung aller Gesetze, denen [er] nur immer unterworfen sein mag, zugleich als allgemein gesetzgebend" anzusehen, die den Menschen qua vernünftiges Wesen „als Zweck an sich selbst" oder als Person auszeichnet;[21] – nicht also schon, dass er allgemeinen Gesetzen in Bezug auf seine Freiheit unterworfen ist, sondern dass er diese Gesetze notwendig als von ihm selber gegeben, als Gesetze seiner Freiheit, ansehen kann. Zweck an sich selbst ist der Mensch als (innerlich bzw. äußerlich) freies und zur Vernunft-

---

[15] Entsprechend gibt es auch, und zwar in allen moralphilosophischen Schriften Kants, eine nachgerade exuberante Verwendung der allgemeinen Formel bzw. des in ihr ausgedrückten Kriteriums des allgemeinen Gesetzes bzw. der allgemeinen Gesetzgebung, beginnend beim „Grundgesetz der reinen praktischen Vernunft" (KpV 05.30) und sich fortsetzend im „allgemeinen Rechtsgesetz" (RL 06.231) und im „obersten Prinzip der Tugendlehre" (TL 06.395).

[16] Die Eliminierung beginnt übrigens bereits, wenn – wie ebenfalls besonders im angelsächsischen Sprachraum verbreitet – dieses Prinzip auf „universalizability" eingeschrumpft wird.

[17] GMS 04.436.

[18] Siehe GMS 04.437.34–438.07 („demnach [...] im Grunde einerlei"; „sagt eben so viel, als"). In der Mensch-Zweck-Formel findet die allgemeine Formel gleichsam ihre Anwendung.

[19] Der Sinn der Formel wird von vornherein verfehlt, wenn man die Menschheit hier als biologische Gattung oder Spezies und damit den Menschen als „Naturwesen" begreift. Gemeint ist, als Idee „ganz intellectuell betrachtet" (RGV 06.28), die Menschheit (homo noumenon) im Menschen als moralisch-praktischem „Vernunftwesen" (Person) im Unterschied zur Tierheit im Menschen als Gegenstand der Erfahrung. Mehr dazu weiter unten.

[20] GMS 04.437 f.

[21] Siehe GMS 04.438; KpV 05.131 f.

gesetzgebung fähiges Wesen. Dieser Zweck an sich selbst ist indessen nicht ein zu bewirkender, sondern er ist ein „selbständiger" Zweck, nämlich das „Subject aller möglichen Zwecke selbst".[22] Er ist nicht ein Zweck, den die vernünftige Natur *hat*; vielmehr *ist* sie *der Idee nach*[23] selber dieser Zweck als der gesetzliche (einschränkende) *Maßstab* aller *wirklichen* Zwecksetzung.[24] Entsprechend steht der Mensch als freies Wesen nicht unter dem Gesetz der Moral, weil er (ontologisch begriffen) Würde hat; sondern er hat (moralisch begriffen) Würde, weil er die Fähigkeit hat, „allgemein gesetzgebend, obgleich mit dem Beding, eben dieser Gesetzgebung zugleich selbst unterworfen zu sein."[25]

Mit der Übertragung der Idee eines – freie Willkür und deren Fähigkeit der Zwecksetzung voraussetzenden – Zwecks an sich selbst auf Tiere und vielleicht sogar auf Pflanzen ist jedenfalls kantischer Boden vollständig verlassen. Die auf ihm erzielte Errungenschaft, eine rein rationale Moralphilosophie der Freiheit, mit der auch a priori feststeht, was Zweck an sich ist und Würde hat, wird durch eine de facto naturalistische Güterethik ersetzt. Deren prinzipienloser Empirismus wird zwar bei Jahr selber kaschiert durch theologischen und somit nicht allgemein-verbindlichen Rekurs auf die Welt als Schöpfung Gottes und den daraus angeblich sich ergebenden Wertgehalt. Doch bei deren konkreter Anwendung, bei der es darum geht, zwischen den verschiedenen Lebewesen die jeweilige Freiheit bzw. deren Grad und das jeweilige Interesse und dessen Stärke gegeneinander abzuwägen,[26] hat man jeweils nicht wie Kant mit dem Sittengesetz eine apriorische Richtschnur, sondern muss sich objektiv mit irgendwelchen empirischen Gegebenheiten begnü-

---

[22] GMS 04.437.

[23] Es wird in diesem Zusammenhang notorisch die vertrackte, weil eine dogmatisch-metaphysische Behauptung betreffende Frage aufgeworfen, ob der Mensch *wirklich* und warum er und nur er (als vernünftige Natur) als Zweck an sich selbst *existiere* (siehe dazu, Kants Morallehre in grundsätzlicher Hinsicht verfehlend, *Dietmar von der Pfordten*, Ökologische Ethik. Zur Rechtfertigung menschlichen Verhaltens gegenüber Tieren, Hamburg: Rowohlt, 1996, S. 46 ff.). Es genügt aber zu begreifen, warum der Mensch jederzeit zugleich *als* [!] Zweck an sich zu behandeln ist, weil nämlich, wie gezeigt, die Maxime, einen anderen Menschen bloß als Mittel zu brauchen, keine ist, durch die man zugleich wollen kann, dass sie ein allgemeines Gesetz werde. – Übrigens spricht Kant in seinen diversen Schriften zwar viel vom „Zweck der Menschheit" (und dem korrespondierenden „Recht der Menschheit"), aber seine Rede von der Menschheit (der vernünftigen Natur, den vernünftigen Wesen oder auch dem Menschen) als „Zweck an sich selbst" ist, neben wenigen Anwendungen der Mensch-Zweck-Formel in der zweiten Kritik (KpV 05.87; 05.131) und in Rechts- und Tugendlehre (RL 06.345; TL 06.423; 06.434 f.), vollständig beschränkt auf die *Grundlegung* (04.428–438).

[24] Siehe GMS 04.430 f.; *Klaus Reich*, Kant und die Ethik der Griechen (Fn. 9), 42 f. bzw. 141.

[25] GMS 04.440.

[26] Joerden spricht vom „Verhältnis von Menschenwürde und Tierwürde zueinander, die jedenfalls nicht völlig gleichwertig zu sein scheinen" (142). Die Distinktionen, die einige Autoren hinsichtlich der Berücksichtigung von Interessen und ihres „moralischen" Gewichts oder hinsichtlich des „moralischen" Status verschiedener Tiere erwägen, erinnern stark an die Spitzfindigkeiten der mittelalterlichen Scholastik bezüglich der Frage, wieviele Engel auf einer Nadelspitze Platz haben.

gen und subjektiv auf ein moralisches Gefühl, etwa das Mitleid,[27] verlassen. Empirismus und Gefühlsmoral des „common sense" oder der sogenannten Alltagsmoral bestimmen weithin die „tierethische" Diskussion. Oft hat man allerdings den Eindruck, als gehe es nur darum, für eine bereits feststehende Überzeugung die am besten passende „Moraltheorie" zu finden.[28]

## 2.

Kants Metaphysik der Sitten, Rechtslehre wie Ethik gleichermaßen, nimmt ihren Ausgang bei der menschlichen Willkür. Im Unterschied zur tierischen Willkür (arbitrium brutum) ist sie als freie Willkür (arbitrium liberum) oder praktische Freiheit negativ dadurch bestimmt, dass sie durch sinnliche Antriebe (stimuli) affiziert, aber nicht wie jene *bestimmt* wird. Positiv ist sie das Vermögen, sich, unabhängig von der Nötigung durch sinnliche Antriebe, aus Gründen (Motiven), also durch seine Vernunft als Ursache, zu Handlungen in der Sinnenwelt von selbst zu bestimmen.[29] Diese Bestimmung wiederum besteht im Setzen von (Vernunft zwar notwendig voraussetzenden, freilich dadurch nicht auch schon „vernünftigen") Zwecken; und das (empirisch gegebene) Vermögen, „sich überhaupt irgend einen Zweck zu setzen", ist für Kant „das Charakteristische der Menschheit (zum Unterschiede von der Thierheit)"[30]. Da nun „niemand einen Zweck haben kann, ohne sich den Gegenstand seiner Willkür *selbst* zum Zweck zu machen, so ist es ein Act der *Freiheit* des handelnden Subjects, nicht eine Wirkung der *Natur* irgend einen Zweck der Handlungen zu haben."[31] Mit der Setzung wie mit der Verfolgung von

---

[27] Jahr erwähnt, wenn er seinen bioethischen Imperativ formuliert, Kant mit keiner Silbe. Zwar wird man bei den Begriffen „Imperativ" und „Selbstzweck" an Kants zweiten besonderen Imperativ erinnert. Aber von Kants moralphilosophischer Prinzipientheorie finden sich in Jahrs Überlegungen nicht einmal Spuren. Er appelliert an das „fühlende Herz". Wichtige Gewährsmänner sind Schleiermacher, Schopenhauer, Richard Wagner, Tolstoi (siehe *Fritz Jahr*, Aufsätze zur Bioethik [Fn. 5], S. 39 ff.). Um kein Missverständnis aufkommen zu lassen: Für Kant ist zwar nicht das Haben mitleidiger natürlicher Gefühle, wohl aber deren Kultivierung (indirekte) Pflicht, weil sie dem Tun der (direkten) Pflicht der Wohltätigkeit förderlich sind. (Siehe TL 06.456 f.) Für die *Begründung* einer solchen Pflicht ist Mitleid freilich absolut ungeeignet.

[28] Siehe z. B. *Ursula Wolf*, Ethik der Mensch-Tier-Beziehung, Frankfurt/Main: Klostermann, 2012, S. 45; 66 f. Regan erklärt, wenn sich nachweisen ließe, dass der Anwendungsbereich seines Rechte-Ansatzes auf Menschen beschränkt sei, dann sei jemand wie er, der an Rechte für Tiere glaube, gezwungen, sich anderswo umzusehen. (*Tom Regan*, „Wie man Rechte für Tiere begründet", in: Ursula Wolf [Hrsg.], Texte zur Tierethik [Fn. 3], S. 36) In Abwandlung einer Bemerkung Max Webers muss man sagen, dass auch die Philosophie kein Fiaker ist, den man beliebig halten lassen kann, um nach Befinden ein- und auszusteigen.

[29] Siehe KrV A 534 / B 562; A 802 f. / B 830 f.; MS 06.213 f.; TL 06.418 (Wenn es in der *Tugendlehre* dann heißt: „und hiebei kommt der Begriff einer Verbindlichkeit noch nicht in Betrachtung", dann ist damit, dem Kontext entsprechend, in ausschließlich *ethischem* Sinn eine Verpflichtung sich selbst gegenüber gemeint.); V-MS/Vigil 27.494.

[30] TL 06.392; siehe auch TL 06.387.06–07; KU 05.431.03–05.

[31] TL 06.385; vgl. auch V-MS/Vigil 27.558 f.

Zwecken wird der Mensch zum „Urheber (causa libera)" seines Handelns, das ihm damit als „That (factum)" zugerechnet werden kann.[32] Es ist allein diese Zurechnungsfähigkeit bzw. die darin vorausgesetzte Freiheit unter moralischen (ethischen oder juridischen) Gesetzen, die ihn zur Person macht und ihm Würde[33] gibt.

Einem weit verbreiteten Missverständnis zufolge besteht für die kantische Moralphilosophie der entscheidende Unterschied zwischen Mensch und anderen Tieren ganz einfach in dessen – wie immer begriffener – Vernunft. Dagegen wird dann in der „tierethischen" Diskussion eingewandt, dass sich zumindest bei den „höheren" Tieren wie Menschenaffen oder Delphinen neben Empfindungsfähigkeit und Bedürfnissen, Neigungen und Interessen auch kognitive Fähigkeiten wie Sprechen, Rechnen, Werkzeuggebrauch, ja sogar Werkzeugherstellung, kurz: physiologisch, psychologisch und intellektuell diverse Ähnlichkeiten feststellen ließen, durch die sich diese Tiere lediglich graduell mehr oder weniger vom Menschen unterschieden, was aber die kantische Dichotomie Mensch/Person versus Tier/Sache keineswegs rechtfertige.

Auf den diesem Einwand zugrunde liegenden empirischen Befund hat indessen schon Kant selber verwiesen. „[A]us der ähnlichen Wirkungsart der Thiere (wovon wir den Grund nicht unmittelbar wahrnehmen können), mit der des Menschen (dessen wir uns unmittelbar bewußt sind) verglichen, können wir ganz richtig *nach der Analogie* schließen, daß die Thiere auch nach *Vorstellungen*[34] handeln (nicht, wie Cartesius will, Maschinen sind [sic!]) und ungeachtet ihrer specifischen Verschiedenheit doch der Gattung nach (als lebende Wesen) mit dem Menschen einerlei sind. Das Princip der Befugniß, so zu schließen, liegt in der Einerleiheit eines Grundes, die Thiere in Ansehung gedachter Bestimmung mit dem Menschen, als Menschen, so weit wir sie äußerlich nach ihren Handlungen mit einander vergleichen, zu einerlei Gattung zu zählen."[35] Kant hat daraus seinen Schluss gezogen: „Der Mensch im System der Natur (homo phaenomenon, animal rationale) ist ein Wesen von geringer Bedeutung und hat mit den übrigen Thieren, als Erzeugnissen des Bodens, einen gemeinen Werth [...]. Selbst, daß er vor diesen den Verstand voraus hat und sich selbst Zwecke setzen kann, das giebt ihm doch nur einen *äußeren* Werth seiner Brauchbarkeit [...] d. i. ein *Preis*"[36], – und also keine Würde.

---

[32] Siehe MS 06.227; ebenso 06.223.

[33] Siehe TL 06.434 f.; Refl 7305, 19.307.

[34] Zugleich erklärt Kant jedoch ausdrücklich einen Analogieschluss auch auf Vernunft bei Tieren für nicht möglich.

[35] KU 05.464 Anm.

[36] TL 06.434; siehe auch KpV 05.61 f. Korsgaard fragt, warum wir laut Kant gegen Tiere keine Pflichten haben, wo sie doch, ebenfalls laut Kant, Analoga von Menschen seien. (*Christine Korsgaard*, [Fn. 3] S. 263) Nun, die Analogie bezieht sich nur auf den Menschen als Naturwesen, nicht als moralisches Wesen (Vernunftwesen). Der Verweis auf einen bloß graduellen Unterschied zwischen Menschen und den anderen Tieren ist mit Blick auf den Menschen als Gegenstand der Erfahrung durchaus sinnvoll, aber als Kritik an Kant ganz ungeeignet, weil dessen Moralphilosophie und die daraus folgende prinzipielle Unterscheidung zwischen Menschen und Tieren auf der „Menschheit" im Menschen (homo noumenon) gründet.

Der genannte Einwand nimmt irrtümlich die Bestimmung der „Menschheit" des Menschen als eines lebenden und zugleich vernünftigen Wesens für die ausreichende Grundlage von Kants Moralphilosophie. Diese hat es aber, Rechtslehre wie Ethik, mit dem Menschen als einem vernünftigen und zugleich zurechnungsfähigen Wesen[37] zu tun. Der Mensch wird hier gesehen als ein natürliches und als solches den Gesetzen der Natur unterworfenes, zur „Menschheit als Thiergattung"[38] gehöriges Lebewesen in der „Sinnenwelt",[39] für das jedoch darüber hinaus bezüglich seines Wollens und Handelns („nicht empirisch[e], sondern bloß in der Vernunft gegründet[e]"[40]) Gesetze der Freiheit Geltung haben und das insofern zugleich zur Menschheit „als sittlicher Gattung"[41] und damit zur „Verstandeswelt" gehört. Nur in dieser Perspektive, „als Subject einer moralisch-praktischen Vernunft", ist der Mensch in seiner Freiheit und durch sie „über allen Preis erhaben [...] Zweck an sich selbst [...] er besitzt [..] einen absoluten innern Werth".[42]

Zweck an sich selbst oder Person ist der als *vernünftiges* Naturwesen in Raum und Zeit existierende *Mensch* (homo phaenomenon), insofern er zugleich „bloß nach seiner *Menschheit*, als von physischen Bestimmungen unabhängiger [moralischer] Persönlichkeit, (homo noumenon) vorgestellt" wird, und das heißt: insofern er hinsichtlich des (äußeren bzw. inneren) Gebrauchs seiner Freiheit unter selbstgegebenen moralischen Gesetzen steht,[43] seien diese nun juridische Gesetze mit Bezug auf seine Freiheit des Handelns auf Grund irgendwelcher Zwecke oder ethische Gesetze mit Bezug auf seine dafür vorauszusetzende Freiheit des Wollens bestimmter (moralischer) Zwecke.

Der allgemeine kategorische Imperativ, „der überhaupt nur aussagt, was Verbindlichkeit [moralische Notwendigkeit] sei"[44], gebietet bzw. erlaubt (äußere und innere) Handlungen (Unterlassungen eingeschlossen), deren Maximen – welche es auch sein mögen[45] – sich zu einer allgemeinen Gesetzgebung qualifizieren.[46] Das

---

[37] Entsprechend der jeweils vorausgesetzten inneren bzw. äußeren Freiheit ist zwischen ethischer und juridischer Zurechnungsfähigkeit zu unterscheiden. In RGV 06.26 f. geht es allein um Zurechnungsfähigkeit im ethischen Sinn, also in Bezug auf mögliche Moralität. Juridische Zurechnungsfähigkeit ist bereits mit der „Menschheit" und dem darin liegenden Vermögen der Zwecksetzung gegeben.

[38] MAM 08.116 f.

[39] Dazu gehört auch die empirisch gegebene Fähigkeit beliebiger Zwecksetzung. Vgl. RGV 06.26 Anm.

[40] GMS 04.452.

[41] MAM 08.116 f.

[42] TL 06.434 f.

[43] Siehe RL 06.239; MS 06.223.

[44] MS 06.225.

[45] Im Falle des auf äußere Handlungen beschränkten Rechts geht es allein um die Maxime, die der *Handlung als solcher* entspricht, nicht um die, welche der Handelnde tatsächlich hat. Vgl. RL 06.230.29. Siehe dazu etwa Kants Beispiel des aus Klugheit ehrlich bedienenden Kaufmanns in GMS 04.397.

[46] Siehe MS 06.225 f.; TL 06.389.

formale Moralprinzip ist „nur ein negatives Princip (einem Gesetz überhaupt nicht zu widerstreiten)".[47]

Eben dieses Prinzip wiederholt sich im Rechtsprinzip, insofern auch dieses unter Absehung von den mit den Handlungen verfolgten Zwecken sich nur auf die Form der Willkür bezieht. Es ist ebenfalls nur ein negatives Prinzip, dem zufolge von der äußeren Freiheit nur ein solcher Gebrauch gemacht werden darf, welcher der Möglichkeit einer allgemeinen Gesetzgebung für solches *Handeln* nicht widerstreitet. In Bezug auf diese Freiheit genügt es, wenn „blos die allgemeine practische Vernunft"[48] dem Subjekt das verpflichtende Gesetz gibt.[49] Die Selbstgesetzgebung *muss* hier nicht *durch* den eigenen Willen erfolgen. Es genügt, dass der in ihr zum Ausdruck kommende „Wille[..] überhaupt, der auch der Wille Anderer sein"[50] kann,[51] *notwendig* als der eigene Wille *gedacht* werden kann.[52] Der *Urheber* des Rechtsgesetzes kann nur als der *vereinigte* Wille aller gedacht werden, in welchem der eigene vernünftige Wille zwar notwendig enthalten ist, aber eben als mit dem Willen von jedermann vereinigt und nicht etwa als durch seine subjektive Maxime allgemein gesetzgebend zum Willen aller verallgemeinert.[53] Nicht der „Wille eines jeden der auf alle gehet", ist Urheber des Rechtsgesetzes, sondern „der vereinigte Wille aller der auf einen jeden geht".[54]

Das Tugendprinzip hingegen[55] geht über jenes formale Prinzip hinaus, indem es auch die Materie der Willkür, also deren Zwecke, betrifft.[56] Allererst diese Aus-

---

[47] TL 06.389.

[48] VATL 23.387 f.; RL 06.335: „die reine rechtlich-gesetzgebende Vernunft (homo noumenon)".

[49] „[...] das Gesetz [...] blos als aus Deiner Vernunft [nicht] auch als aus Deinem Willen entsprungen betrachtet [...]" (VATL 23.388).

[50] TL 06.389.

[51] MS 06.223: „[...] daß eine Person keinen anderen Gesetzen als denen, die sie (entweder allein [in der Ethik], oder wenigstens zugleich mit anderen [im Recht]) sich selbst giebt, unterworfen ist."

[52] Das wäre bereits nicht möglich bei einem Verstoß gegen das Recht der Menschen, der als solcher *innerhalb* der rechtlichen Grenzen, die staatlicher Herrschaftsausübung gezogen sind, erfolgt (ich nenne ihn „Ungerechtigkeit"; Beispiel: Rassendiskriminierung); umso mehr bei einem Verstoß gegen das Recht der Menschheit, der als solcher *außerhalb* jener Grenzen erfolgt (ich nenne ihn „Unrecht"; Beispiel: Sklaverei).

[53] Eine solche Verallgemeinerung würde zu einem universal-reziproken Widerspruch führen und damit die Lösung des Rechtsproblems prinzipiell unmöglich machen.

[54] VARL 23.284. „a. für mich selbst allgemein in Ansehung aller Handlungen b. allgemein für jedermann gegen einander *ethic und ius*" (VATL 23.376).

[55] Der Unterschied zwischen Ethik und Rechtslehre hat u. a. zur Folge, dass die Begriffe „Menschheit", „Person", „moralische Persönlichkeit", „homo noumenon", „Zweck an sich selbst" nicht dieselbe Bedeutung haben, je nachdem, ob sie sich auf ein willensfreies, zur Moralität (Sittlichkeit) fähiges oder „nur" auf ein handlungsfreies, zur Legalität fähiges Wesen beziehen. Übrigens dürfte der Grund dafür, dass die Ausdrücke „(Menschen-)Würde" oder „Würde der Menschheit" bei Kant im Rahmen juridischer Überlegungen gar nicht vorkommen, während sie in ethischem Zusammenhang, besonders in der *Grundlegung zur Metaphysik*

richtung auf Zwecke ist es, die eine Gesetzgebung für die *Maximen* des Handelns zur Folge hat. Hier genügt somit nicht das Haben zwar „qualifizierter"[57], aber zugleich beliebiger Maximen; hier kommt es vielmehr auf das Haben ganz bestimmter, und zwar gesetzlich bestimmter und damit „das Willkürliche der Handlungen auf[hebender]"[58] Maximen an. Das Tugendprinzip ist also ein affirmatives Prinzip. Zuoberst geht es in der Tugendlehre um die Maxime des (zwecksetzenden) Wollens oder um das Prinzip der Maximenwahl mit Bezug auf seinerseits Maximen-geleitetes Handeln.[59]

### 3.

Joerden scheint zwar eher die Begründung von Tier*rechten* und damit einer *Rechtspflicht* des Menschen gegenüber Tieren anzustreben, doch ist eine klare Unterscheidung zwischen der juridischen und der ethischen Sphäre nicht zu erkennen, so dass auch nicht erkennbar ist, ob der Leitfaden der Argumentation das oberste Rechtsprinzip oder das oberste Tugendprinzip ist. Nun ist es aber so, dass jeder äußeren Rechtspflicht das Recht eines (verpflichtenden) anderen korrespondiert, während bei einer Tugendpflicht man selbst zugleich der Verpflichtende ist. Schreibt man also dem Menschen eine Rechtspflicht gegenüber Tieren zu, so muss man deren korrespondierendes Recht aufzeigen. Andernfalls bleibt nur die Möglichkeit des Aufweises einer Tugendpflicht.

Die Ethik (als Gesetzgebung für menschliches Wollen) hat, wie gesagt, mögliche menschliche Zwecke zum Gegenstand, und sie sucht eine Antwort auf die Frage, wie der Mensch als mit Vernunft und Freiheit begabtes Wesen sein *Wollen* bestimmen, welchen *inneren* Gebrauch er also von seiner Freiheit machen, welche *Zwecke* er sich setzen, nach welchen *Maximen* er handeln soll bzw. darf. Die (philosophische) Rechtslehre (als Gesetzgebung für menschliches Handeln) hat dagegen mögliche menschliche äußere Handlungen zum Gegenstand, und sie sucht eine Antwort auf die Frage, welchen *äußeren* Gebrauch der Mensch von seiner Freiheit machen soll bzw. darf, soweit dieser Gebrauch als solcher Einfluss auf den *äußeren* Freiheitsgebrauch eines anderen haben kann. Ein Tugendproblem hat Robinson bereits für sich allein, für ein Rechtsproblem bedarf es der Ankunft von Freitag.

---

*der Sitten* und in der *Tugendlehre*, eine nahezu üppige Verwendung finden, darin liegen, dass Kant, wenn er sie benutzt, den Nachdruck auf die Fähigkeit zur Sittlichkeit legt. Siehe GMS 04.435.07–09.

[56] Dies bedeutet übrigens auch, dass kein Mensch als Person im ethischen Sinn denkbar ist, der nicht zugleich Person im rechtlichen Sinn ist; – wohl aber umgekehrt. Es überrascht daher auch nicht, dass für Kant der „homo noumenon" in der Rechtslehre eine andere Bedeutung als in der Tugendlehre hat. Siehe dazu *Georg Geismann*, Kant und kein Ende, Bd. 2: Studien zur Rechtsphilosophie, Würzburg: Königshausen & Neumann, 2010, S. 115 f.

[57] Vgl. TL 06.389.08.
[58] TL 06.389.
[59] Vgl. auch VARL 23.257.

Voraussetzung sowohl für den Ursprung als auch für die Lösung des Rechtsproblems ist die Fähigkeit (und Bedürftigkeit) des Menschen zu freiem äußeren Handeln in unvermeidlicher raum-zeitlicher Gemeinschaft mit Seinesgleichen. Menschen können, da sich die Handlungssphären von zwei und mehr Personen nicht in prästabilierter gesetzlicher Harmonie miteinander befinden, jederzeit derart miteinander in Konflikt geraten, dass nicht alle Absichten wie gewollt erreichbar sind. Damit stellt sich die Frage nach dem Recht als demjenigen Gebrauch der Handlungsfreiheit, zu dem man befugt ist.

Der *Begriff* dieses Rechts folgt rein analytisch „aus dem Begriffe der Freiheit im *äußeren* Verhältnisse der Menschen zu einander"[60] und hat nichts mit den Zwecken, welche man sich setzen, oder mit irgendwelchen zugrunde liegenden Interessen, die man haben mag, zu tun.[61] Freiheit im wechselseitigen äußeren Verhältnis von Menschen zueinander, verstanden als „Unabhängigkeit von eines Anderen nöthigender Willkür"[62], kann widerspruchsfrei nur als gesetzlich auf die Bedingungen ihrer allgemein-gesetzlichen Übereinstimmung mit der Freiheit von jedermann eingeschränkte Freiheit begriffen werden.[63] Das Gesetz dieser Einschränkung ist nun nichts anderes als das allgemeine Rechtsgesetz, wonach jeder Gebrauch der äußeren Freiheit erlaubt ist, der mit der Freiheit von jedermann nach einem allgemeinen Gesetz der Freiheit zusammen bestehen kann.

Mit dem aufgezeigten Begriff des Rechts ist zugleich die gesamte Rechtslehre Kants in ihren wesentlichen Momenten vorgeprägt. Ihr Gegenstand ist eine mögliche Gemeinschaft äußerlich freier Wesen.

Was immer in ethischer Hinsicht der Wert der von Joerden vorgeschlagenen Lösung mit Hilfe einer Ausdehnung des Anwendungsbereichs der Mensch-Zweck-Formel oder irgendeiner der anderen Formeln auf Tiere sein mag, so steht jedenfalls nach dem Gesagten fest, dass sie sich in juridischer Hinsicht mit Berufung auf Kant nicht begründen lässt. Kant hat dies übrigens selber in aller Deutlichkeit klargestellt. Gemäß seinem Begriff von Recht kann der Mensch in einem rechtlichen Verhältnis nur zu anderen Menschen stehen, weil nur diese „sowohl Recht als Pflicht haben", keinesfalls aber zu „vernunftlose[n] Wesen, die weder uns verbinden, noch von welchen wir können verbunden werden".[64] Indem die tierische Willkür „nur durch Neigung (sinnlichen Antrieb, *stimulus*) [nicht durch Maximen, Motive, Gründe] bestimmbar ist"[65] (arbitrium brutum), kann ein Tier gar nicht als ein (moralischen Gesetzen unterworfenes) Subjekt von Pflichten und Rechten in Betracht kommen.

---

[60] TP 08.289 (m. H.); siehe auch TL 06.396.
[61] Vgl. TL 06.382.12–13.
[62] RL 06.237.
[63] Sehr wohl dagegen lässt sich diese äußere Freiheit ohne Widerspruch denken als nicht eingeschränkt durch ein Gesetz, welches sich auf die Setzung und Verfolgung bestimmter Zwecke bezieht (Tugendgesetz).
[64] RL 06.241.
[65] MS 06.213.

Der (ethische) Inbegriff der Bedingungen, unter denen innere Freiheit allein möglich ist, ist etwas anderes als der (juridische) Inbegriff der Bedingungen der Möglichkeit äußerer Freiheit *in Gemeinschaft mit anderen*. *Ethische* Prinzipien, die als solche dazu dienen, die (je eigene) *innere* Freiheit der Zwecksetzung einer Person in gesetzliche Übereinstimmung *mit sich selbst* zu bringen, sind daher gänzlich ungeeignet, auch als *rechtliche* Prinzipien dazu zu dienen, die *äußeren* Freiheiten des Handelns von zwei und mehr Personen in gesetzliche Übereinstimmung *miteinander* zu bringen.[66] Das Recht beschränkt sich deshalb notwendig auf die gesetzliche Bestimmung der äußeren Freiheit bloß als solcher, ohne jeden Bezug auf irgendwelche Zwecksetzung.[67] Somit hat jeder das Recht zu jedem beliebigen Tun und Lassen (auch wenn es anderen schadet) und damit zur Verfolgung seiner Glückseligkeit, wie es ihm[68] gut dünkt, *sofern nur* sein Handeln nicht zu der Möglichkeit eines allgemeingesetzlichen Freiheitsgebrauchs überhaupt in Widerspruch steht.

Hier nun dürfte eine Bemerkung zu den angeblichen Ausnahmen vom Prinzip der Reziprozität (140) am Platze sein.[69] Kinder, (unheilbare) Geisteskranke und komatöse Menschen können nicht nach eigenem Willen handeln und sind insofern nicht oder nicht voll zurechnungsfähig. Somit ist in der Tat eigens zu begründen, dass ihnen trotzdem der Status einer Person zukommt, wie es in der rechtlichen Praxis der Gegenwart zumeist der Fall ist. Die *rechtliche* Notwendigkeit, auch sie bedingungslos als (spezifisch unmündige) *Personen* zu behandeln, hat ihren Grund nicht in deren subjektivem Recht als Personen, sondern in der Rechtspflicht des Staates, die Rechtssicherheit seiner Bürger zu gewährleisten, und also in der Idee des Staatsrechts. Eben diese Gewährleistung wäre aber ausgeschlossen, wenn der Staat das Recht zur beliebigen[70] Bestimmung der Bedingungen hätte, unter denen ein (geborener) Mensch noch nicht bzw. nicht mehr eine Person, sondern eine Sache ist. Die bloße mit einem solchen Recht des Staates für seine Menschen gegebene Möglichkeit, zur Sache zu werden, bedeutete selber bereits gegenüber dem Staat

---

[66] Das hier Gesagte gilt also auch hinsichtlich des kantischen Tugendgesetzes, das zwar wie das Rechtsgesetz seinen Grund im allgemeinen Moralgesetz hat, aber eben dessen Bezug auf die Bestimmung von *Zwecken darstellt*.

[67] Vgl. TL 06.396.04–10. Damit ist zugleich die traditionelle Abhängigkeit des Rechts von der Ethik endgültig und vollständig aufgehoben; beide hängen nur mehr über ihr gemeinsames Prinzip, das allgemeine moralische Gesetz, miteinander zusammen.

[68] „Ein Zustand in welchem das Urtheil hierüber nicht ihm selbst sondern einem Andern überlassen ist, ist *rechtlich* unmöglich." (VARL 23.292 [m. H.])

[69] Siehe hierzu: *Julius Ebbinghaus*, „Rechtsfähigkeit des Menschen, metaphysische Embryologie und politische Psychiatrie", in: Kant-Studien, 49 (1957) 45–47; wiederabgedruckt in: *Julius Ebbinghaus*, Gesammelte Schriften, Bd. II: Philosophie der Freiheit, Bonn: Bouvier, 1988, S. 136–138.

[70] Ob ein heranwachsender Mensch schon Subjekt eines eigenen Willens und damit zurechnungsfähig ist und ob ein Mensch es endgültig nicht mehr ist: beides lässt sich nur empirisch feststellen. Eine Entscheidung ist daher jederzeit und unvermeidlich mit Zweifeln und Unsicherheit behaftet. Dies gilt bereits für die Frage, wer überhaupt das Recht der Entscheidung haben soll, und für die Frage nach der objektiven Grundlage der Entscheidung.

genau dieses. Denn wer hinsichtlich der Fähigkeit, *überhaupt* Rechte zu haben, von Bestimmungen und Entscheidungen des Staates abhängt, ist diesem gegenüber rechtlos. Einem Staat jedoch, dessen Menschen ihm gegenüber rechtlos und damit bloße Sachen sind, fehlt seinerseits jede mögliche Legitimation; denn er wäre gar keine Rechtssicherungsgemeinschaft. Ohne möglichen Bezug auf eine solche Gemeinschaft verlöre die Rede von einem Recht des Staates allen Sinn. Übrig blieben nur noch die rechtlosen Gewaltverhältnisse des Naturzustandes.

*4.*

Schon Joerdens Rede von „Welten" im Zusammenhang mit „Freiheit" und „Recht" führt in arge Bedrängnis. Hat ein Pottwal auf seinem Weg vom Nordmeer in tropische Gewässer Zugang zu mehr oder zu größeren „Welten" und eben deshalb einen höheren Grad von „Freiheit" als ein Aal im Rhein? Und wie ist das Verhältnis der Welten und der Freiheit eines in einem Dorf in Brandenburg heimischen Bibers und eines dort auf seinem Weg von Nordschweden nach Nordafrika Rast machenden Kranichs? Und ob, was die möglichen zugänglichen „Welten" betrifft, ein aus China kommendes und in Europa grassierendes Virus mit einer immerzu auf derselben Weide grasenden Kuh, wenn es könnte, tauschen würde, ist nicht ausgemacht. Warum sollte im übrigen, so muss man fragen, der mögliche Zugang zur „Welt" der Logik oder der Kunst der Fuge dem Menschen einen *rechtlichen* Vorrang vor den anderen Tieren geben, deren besondere „Welten" uns doch so unbekannt sind, dass unser Reden darüber keineswegs eine erlaubte Analogie darstellt, sondern unvermeidlich anthropomorphistisch verzerrt ist.

Ich sagte bewusst „andere Tiere"; denn an die Stelle der von Kant in moralphilosophischer Hinsicht getroffenen *prinzipiellen* Unterscheidung zwischen Mensch und Tier[71] tritt bei Joerden eine graduelle, der zufolge etwa „die Existenz eines Menschen jeweils höher zu bewerten ist als die Existenz eines Tieres" (145). Der Wert, um den es hier geht, ist bloß ein relativer Wert. Damit nimmt sich Joerden die Möglichkeit, von Würde im Sinne Kants überhaupt zu sprechen.

Überdies stellt sich die Frage, ob man auch bei Menschen rechtlich zwischen solchen mit viel und solchen mit wenig Welten-Zugang differenzieren sollte. Joerden zufolge nötigt ein „höherer Freiheitsgrad" dazu, Tiere besser zu schützen als Pflanzen. (145) Er denkt offenbar an eine rechtliche Hierarchie, in der es je nach der Höhe des Freiheitsgrades eine entsprechende Höhe des Rechts gibt, so dass insbesondere das Recht des Menschen prinzipiell höher ist als das Recht des Tieres. Da drängt sich freilich sofort die Frage auf, warum etwa Kant und sein Diener Lampe als gleichberechtigt zu behandeln gewesen seien, obwohl doch die Zahl

---

[71] Bezeichnenderweise spricht auch Kant vom Menschen als einem (vernünftigen) Tier und von der Menschheit als einer „*physischen* Gattung" oder „Thiergattung", wenn es nicht um Moralphilosophie, sondern um Anthropologie oder Geschichtsphilosophie und darin um den Menschen als Sinnenwesen (homo phaenomenon) geht. Siehe etwa MAM 08.116 f.; Anth 07.323; 07.325.

(und übrigens auch die Art) der für beide jeweils zugänglichen Welten krass verschieden gewesen sein dürfte.

Indem Joerden die hierarchische Vorstellung von Freiheitsgraden auf die Möglichkeit von Interessenkonflikten anwendet, kommt er zu dem Ergebnis, dass zwar, „wenn es um ein Menschenleben geht, jedes Interesse eines Tieres zurückstehen muss", dass aber das Töten von Tieren zum Zwecke des Fleischkonsums nur dann erlaubt sei, wenn es keine andere Überlebensmöglichkeit gebe. Falls man also „Tierrechte ernsthaft umsetzen wollte, [müsste] der Fleischkonsum ein Ende finden" (147).[72] Das bedeutet jedoch, dass hier zum Zweck der Einsicht in die Rechtslage auch die Interessen nach Qualität und Quantität zu bestimmen wären.[73]

Joerden (142) sagt mit Recht, wenn man von einem Recht der Berge auf Unversehrtheit redete, lieferte man den Begriff des Rechts der Beliebigkeit aus und hätte letztlich nichts gewonnen, sondern nur *begriffliche* Klarheit verloren. Nur ist eben dies leider auch bei seiner eigenen Rede von „natürlicher Freiheit" und von einem „Recht" der Tiere auf Unversehrtheit der Fall.[74] Und nicht anders steht es mit der Rede von Interessen,[75] – ein Anthropomorphismus, indem sie gleichermaßen auf Menschen und Tiere bezogen wird, und eine Verschleierung besonders des juridischen Problems.[76]

Wenn man überhaupt von Interessen eines Tieres sprechen will, dann sind dies jedenfalls keine solchen, wie ein Mensch sie hat. Wie Menschen haben auch Tiere

---

[72] Man ist versucht, den Gedanken weiterzuspinnen. Da im Falle eines Mückenstichs meine „natürliche Freiheit" nur geringfügig und zeitweilig eingeschränkt wird, dürfte ich darauf nicht mit einer finalen Vernichtung „natürlicher Freiheit" reagieren und die Mücke totschlagen. Und da Joerden auch Pflanzen einen, „wenn auch geringen" (145) Freiheitsgrad zuschreibt, dürfte auch Holz nur dann etwa für Häuser, Treppen, Möbel verwendet werden, wenn kein Material aus der unbelebten Natur zur Verfügung stände. Doch kommt in dieser Art zu reden nur die Unangemessenheit des hier benutzten Begriffs einer „natürlichen Freiheit" zum Ausdruck.

[73] Eine Gewichtung von Interessen könnte dann dazu führen, dass einerseits das Lebensinteresse eines Schweins den Vorrang vor Kants Interesse an Königsberger Klopsen bekäme, andererseits im Falle einer notwendig werdenden Herztransplantation das einzige vorhandene Spenderherz an Kant und nicht an Lampe ginge.

[74] Ähnlich bei Höffe, wenn er von einer „ethischen [!] Rechtsbetrachtung" spricht, den „Gleichheitsgrundsatz des Rechts" auf die Mensch-Tier-Beziehung anwendet und zu einem „sittlichen [?] Gebot" des Menschen gegenüber Tieren gelangt. Wie ein *ethischer* Grundsatz als solcher den Grund für eine *rechtliche* Einschränkung menschlicher Handlungsfreiheit abgeben kann, sagt Höffe nicht. Siehe *Otfried Höffe*, „Ethische Grenzen der Tierversuche", in: Ursula M. Händel (Hrsg.), Tierschutz. Testfall unserer Menschlichkeit, Frankfurt/Main: Fischer, 1984, S. 82 ff.

[75] Für Nelson sind alle Wesen, die Interessen haben, Träger von Rechten; und da für ihn Tiere das Interesse am Leben haben, sind sie Rechtssubjekte. Siehe: *Leonard Nelson*, System der philosophischen Ethik und Pädagogik, 2. Aufl., Göttingen/Hamburg: Verlag „Öffentliches Leben", 1949, S. 162 ff.; ferner: *Peter Singer*, „Ethik und Tiere", in: Friederike Schmitz, Tierethik (Fn. 3), S. 52; 80 ff.; *David DeGrazia*, „Gleiche Berücksichtigung und ungleicher moralischer Status", in: Friederike Schmitz, Tierethik (Fn. 3), S. 147; *Dieter Birnbacher*, „Juridische Rechte für Naturwesen – Eine philosophische Kritik", in: Julian Nida-Rümelin/Dietmar v. d. Pfordten (Hrsg.), Ökologische Ethik und Rechtstheorie, 2. Aufl., Baden-Baden: Nomos, 2002, S. 71.

[76] Dazu weiter unten.

Empfindungen, Neigungen, Bedürfnisse. Allerdings werden diese bei ihnen nur als sinnliche Antriebe wirksam. Beim Menschen hingegen werden sie zu einem Interesse, das dieser an dem Gegenstand seiner durch Zwecke und Maximen und also durch *praktische Vernunft* bestimmten Handlungen nimmt.[77] Ein diesem menschlichen ähnliches Interesse können Tiere gar nicht haben, von dem „moralischen" als einem „reinen Vernunftinteresse" ganz zu schweigen.

Aber in der Moral(lehre) geht es gar nicht um Interessen und deren Schutz, sondern um (innere und/oder äußere) Freiheit und damit um die allgemeingesetzliche Bestimmung der gebotenen, erlaubten und verbotenen Zwecksetzung und Zweckverfolgung; und einen moralischen Status hat man, genauer: moralisches Subjekt ist man durch die Fähigkeit zu einer solchen Bestimmung und zur Unterwerfung unter sie. Weder ethisch noch juridisch ist das – wie immer geartete – Interesse als solches von Belang. Vielmehr geht es ethisch um die Maxime, nach der man die je zu verfolgenden Interessen bestimmt, und juridisch um die äußeren Handlungen, mit denen man seine Interessen verfolgt.

Was bereits in Bezug auf Zwecke gesagt wurde, gilt auch in Bezug auf menschliche Interessen: Sie sind *als solche* gar nicht die Ursache rechtlich zu regelnder Konflikte und gehören daher auch nicht zur Regelungsmaterie. Zwecks Bestimmung des Rechts von A und B muss nicht etwa, weil und insofern das Interesse von A (etwa an Klavierspielen) dem Interesse von B (etwa an Meditation) widerstreitet, eine Interessenabwägung stattfinden. Vielmehr muss, weil und insofern bei der jeweiligen Interesse-geleiteten Handlung der Gebrauch der äußeren Freiheit des A dem Gebrauch der äußeren Freiheit des B widerstreitet, bestimmt werden, welcher jeweilige Gebrauch rechtens ist. Nicht das mit einer Handlung verbundene Interesse (der mit ihr verfolgte Zweck) ist rechtlich relevant, sondern der durch die Handlung bewirkte Einfluss auf die äußere Freiheit anderer; nicht also das Interesse, das jemand hat, sondern die Frage, ob und wie er es verfolgen darf.[78]

---

[77] Kant nennt dieses Interesse „pathologisch" oder „empirisch", weil hier der Wille zwar von Prinzipien der Vernunft abhängig ist, aber nur „zum Behuf der Neigung [...], da nämlich die Vernunft nur die praktische Regel angibt, wie dem Bedürfnisse der Neigung abgeholfen werde." Ist der Wille dagegen unmittelbar von „Principien der Vernunft an sich selbst" abhängig, dann ist das Interesse ein „praktisches" oder „moralisches". Siehe GMS 04.413 f.; 04.459 f.; KpV 05.79.23.

[78] Man mag das Verfahren eines Gerichts bei der Beurteilung einer verhaltensbedingten Kündigung „Interessenabwägung" nennen. Entscheidend ist, dass es bei der Gegenüberstellung des betrieblichen Interesses des Arbeitgebers und des Interesses des Arbeitnehmers an seinem Arbeitsplatz jeweils um bedrohten äußeren Freiheitsgebrauch geht. Und nicht, weil A ein Interesse daran hat, dass B den Sonntag „heiligt", ist seine Forderung an B, seine Baumsäge nicht zu benutzen, rechtlich relevant, sondern weil der Lärm der Säge einen Eingriff in die äußere Freiheit von A bedeutet. Die Forderung an B, am Sonntag das lautlose Anstreichen seines Hauses zu unterlassen, wäre ohne rechtliche Relevanz, – jedenfalls in einem „Rechtsstaat", der diesen Namen verdient.

## 5.

In einer Vorlesungsnachschrift sagt Kant einmal: „Die Thiere haben einen Willen, aber sie haben nicht ihren eignen Willen, sondern den Willen der Natur."[79] Er hätte, wie bereits dargetan, auch sagen können: sie sind nicht frei; ihr „arbitrium" ist „brutum", nicht „liberum".[80] Und in demselben Sinn ließe sich auch vom Fluss sagen, er habe einen Willen, nämlich den der Natur, wie er etwa in dem „Suchen" seines Weges sichtbar wird. Ob unbelebte oder belebte, aber vernunftlose Natur: stets sind darin ausschließlich Gesetze der sinnlichen Natur wirksam, so dass alles mit natürlicher Notwendigkeit und nichts „selbstständig" oder „von selbst bestimmt" geschieht. Nur ein unter der Idee der Freiheit und damit unter deren Gesetzlichkeit stehender Wille kann ein *eigener* Wille sein. Da es nun in Rechtslehre und Ethik um eben die Gesetze der (äußeren oder inneren) Freiheit geht, ist damit der Bereich der sinnlichen Natur verlassen und also auch die Welt, in der die Tiere und Pflanzen und Flüsse und Berge allein zu finden sind.

Die unbestreitbaren biologischen Ähnlichkeiten, die der Mensch etwa in kognitiver, emotionaler oder kommunikativer Hinsicht mit manchen anderen Tieren aufweist, betreffen ihn als bloßes Naturwesen. Sie liegen damit allesamt gar nicht auf der Ebene, auf der Kant das „oberste Prinzip der Moralität" mit allem, was daraus folgt, sucht und findet. Das auf dieser Ebene entscheidende Kriterium besteht nicht in etwas empirisch Gegebenem wie Empfindungs- oder Leidensfähigkeit,[81] unbewussten oder bewussten Interessen oder gar irgendwelchen empirisch gegebenen (angeblichen) Werten.[82] Vielmehr besteht es darin, dass Menschen nicht nur, wie auch die anderen Tiere, unter Gesetzen der Natur, sondern zugleich unter (moralischen) Gesetzen der Freiheit stehen und nicht nur zwischen Wahrem und Falschem, sondern auch zwischen Recht und Unrecht und zwischen Gut und Böse unterscheiden können, also einen (nicht-physiologischen) „Sinn" für Geltungsdifferenz haben. Handelt es sich dabei, wie im Falle des Rechts, um Gesetze der äußeren Freiheit, so genügt es, dass Menschen von sinnlichen Antrieben nicht wie die anderen Tiere genötigt („nezessitiert"), sondern nur affiziert sind, und also zwi-

---

[79] NRFeyer 27.1319 f.

[80] Ein Tier, das sich in einer – wie immer definierten – kleinen oder großen Welt bewegt, z. B. eine Wespe in einem geschlossenen Bierglas oder im umliegenden Garten, hat also nicht etwa in einem moralisch relevanten Sinn weniger oder mehr Freiheit. Vielmehr hat es schlicht gar keine Freiheit, ob seine Welt nun kleiner oder größer ist. Was sich ändert, sind lediglich die Bedingungen, unter denen es dem Willen der Natur unterworfen ist, und damit natürlich sein physischer Zustand.

[81] Höffe spricht von einer „ontologisch-psychologischen" Grundlage der ethischen Verantwortung des Menschen; die Idee der Freiheit spielt dabei keine Rolle. Siehe *Otfried Höffe,* „Ethische Grenzen der Tierversuche" (Fn. 75), S. 84 ff.

[82] Regan spricht von einem „inherent value", der jedem „subject-of-a-life" zukomme. Ein solches habe „beliefs and desires; perception, memory, and a sense of the future; an emotional life together with feelings of pleasure and pain; preference- and welfare-interests; the ability to initiate action in pursuit of their desires and goals." *Tom Regan,* The case for animal rights (Fn. 3), S. 243.

schen Handlungsalternativen vernunftbestimmt wählen können. Handelt es sich dagegen, wie im Falle der Tugend, um Gesetze der inneren Freiheit, so ist Autonomie[83] vorauszusetzen, was in Bezug auf die anderen Tiere noch abwegiger ist.

Die in der „tierethischen" Diskussion übliche Rede von menschlichen und nicht-menschlichen Tieren ist, wie gesagt, durchaus sinnvoll, aber eben nur in der empirischen, besonders der naturwissenschaftlichen Perspektive, in welcher der Mensch als Naturwesen ein Tier unter anderen seinesgleichen ist. Als moralisches Wesen mit der Fähigkeit, „nach dem Freiheitsprincip unter Gesetzen gegen sich und andere zu handeln", ist er jedoch „von allen übrigen Naturwesen kenntlich unterschieden"[84]. Als bloßes Naturwesen ist er wie alle anderen Naturdinge bloß relativer Zweck und also zugleich Mittel der Natur. Sogar als lediglich *vernünftiges* Naturwesen wäre er nichts als ein beliebiges Glied in der Kette der Naturzwecke.[85] Nur als mit Vernunft als notwendiger und mit Freiheit als zugleich hinreichender Bedingung begabtes (moralisches) Wesen[86] ist er Zweck an sich selbst. Er ist *„betitelter* Herr der Natur", weil er als einziges Naturwesen sich in der Kette der Naturzwecke seine Zwecke durch willkürliche Setzung selbst bestimmen und alle anderen Naturdinge nach Belieben als Mittel dazu gebrauchen kann. Aber „letzte[r] Zweck der Natur" – „wenn man [die Natur] als ein teleologisches System ansieht" – und wirklich deren „Herr" ist er für die teleologisch reflektierende Urteilskraft erst unter der Bedingung, dass er der Natur (als Ganzem) und sich selbst (als Teil von ihr) eine Zweckbeziehung gibt, die von aller Naturbedingtheit unabhängig allein durch das Gesetz der Freiheit bestimmt ist.[87] Nicht also weil dem Menschen *als Naturwesen* ein gegenüber anderen Tieren auszeichnender Wert oder gar Würde zukommt, sondern weil und soweit er ein freies, sich selbst bestimmendes Wesen ist,[88] ist er Zweck an sich selbst (Person) und darf er die gesamte nichtmenschliche Natur einschließlich der vernunftlosen Tiere als Mittel (Sachen) einsetzen. Da er aber *als Person* hinsichtlich seines Wollens und Handelns unter Gesetzen der Freiheit steht, sind die Zwecke, die er sich setzen, und die Mittel, mit denen er sie verfolgen darf, also auch und gerade sein Umgang mit der gesamten Natur, auf die Bedingung der Übereinstimmung seiner Maximen mit (ethischen bzw. juridischen) Freiheitsgesetzen eingeschränkt.

---

[83] Sie besteht darin, dass man die gesetzestaugliche Maxime, nach der man handelt, *um eben dieser Tauglichkeit willen*, also ohne sich auf ein Interesse zu gründen, angenommen hat. Vgl. GMS 04.432.15–16; 04.441.03–08; KpV 05.41.32–34.

[84] Anth 07.322.

[85] Vgl. V-MS/Vigil 27.501 ff.

[86] Vgl. GMS 04.435.05–06; TL 06.434 f.; NRFeyer 27.1320.02–03; 27.1321 f.

[87] KU 05.431 (m. H.).

[88] Daher ist hier die Rede von Speziesismus und Anthropozentrismus gegenstandslos. Denn Subjekt und Adressat der Moralphilosophie ist nicht die (empirische) Spezies „Mensch", sondern „jede vernünftige Natur überhaupt". Siehe GMS 04.410 Anm.; 04.430.28–29.

## 6.

Die auf die Behandlung von bzw. den Umgang mit Tieren bezogene Literatur ist trotz bisweilen beträchtlichen Scharfsinns durchweg in moralphilosophisch prinzipientheoretischer Hinsicht von erstaunlicher Schlichtheit.[89] Bezeichnenderweise werden Ethik und Rechtslehre zumeist gar nicht systematisch unterschieden, gehen vielmehr unmerklich ineinander über. Das ist auch nicht verwunderlich; denn so etwas wie „metaphysische Anfangsgründe" der Rechtslehre oder der Ethik, ganz zu schweigen von einer moralphilosophischen „Grundlegung", sucht man hier vergeblich. So bleibt durchweg im Unklaren, was ethische und was juridische Pflichten und was Rechte sind und worin sie jeweils ihren Grund haben. Prinzipientheoretisch herrscht hier Flaute,[90] während die spitzfindigste Kasuistik vollen Wind bekommt.

Merkwürdig in diesem Zusammenhang ist auch Joerdens Rede von „Rechte[n], zumindest moralische[n] Rechte[n]" (148). Wenn man den Ausdruck „moralisch" nicht, wie Kant es oft tut, in weitem Sinn, nämlich juridisch und ethisch umfassend, versteht und dementsprechend Recht moralisch begreift,[91] dann kann er hier nur „ethisch" bedeuten. Nun gibt es zwar neben dem „ius strictum" auch ein durch

---

[89] Dies gilt auch für sehr renommierte und insbesondere in der weithin angelsächsisch dominierten Diskussion einflussreiche Publikationen wie etwa: *Alexander Broadie/Elizabeth M.Pybus*, „Kant's treatment of animals", in: Philosophy, 49 /1974) 375–383; *Tom Regan*, The Case for Animal Rights (Fn. 3); *ders.*, Empty Cages, Lanham: Rowman & Littlefield, 2005; *Christine Korsgaard*, „Interacting with Animals: A Kantian Account", in: Tom L. Beauchamp et al. (Hrsg.), The Oxford Handbook of Animal Ethics, Oxford: Oxford UP, 2011, S. 91–117. Darin schreibt die Autorin (S. 109): „As animals, we are beings for whom things can be good or bad: that is just a natural fact. When we demand to be treated as ends in ourselves, we confer normative significance on that fact. We legislate that the things that are good or bad for beings for whom things can be good or bad – that is, for animals – should be treated as *good or bad objectively and normatively*. In other words, we legislate that animals are to be treated as ends in themselves. And that is why we have duties to the other animals." Es ist schwer zu erkennen, was an diesem „account" „kantian" sein soll.

[90] Wolf meint zu Recht: „In der heutigen [moraltheoretischen] Debatte ist die Begründungsfrage eher in den Hintergrund getreten, und in den Kontroversen der angewandten Ethik spielt sie kaum eine Rolle." Und sie fügt dann (selbst-)entwaffnend hinzu, dies „dürfte zu Recht so sein, denn die Begründung einer Moralkonzeption kann die Moral nicht aus etwas Nicht-Moralischem herleiten, setzt also immer ihrerseits schon einen moralischen Standpunkt voraus. Damit vermag sie aber keine Entkräftung alternativer Standpunkte zu leisten." (*Ursula Wolf*, Ethik der Mensch-Tier-Beziehung [Fn. 28], S. 21) Damit stellt sich, wenn sie denn Recht hätte, für die Philosophin die Frage, worüber denn angesichts der damit konstatierten Unmöglichkeit einer *allgemeinverbindlichen* Position noch zu diskutieren wäre. Es könnte sich doch immer nur um die Präsentation unverbindlicher Angebote zur beliebigen Auswahl handeln und ganz gewiss nicht um etwas, das man, womöglich strafbewehrt, anderen Menschen oktroyieren dürfte. Ihre These hindert Wolf übrigens nicht daran, kritisch (mit Norbert Hoerster, aber ohne stichhaltige Begründung) zu bemerken, Kants moralphilosophische Metaphysik hänge „begründungstheoretisch völlig in der Luft" (op. cit., S. 50).

[91] Siehe RL 06.230.08. Es ist für Kant in Abgrenzung zum positiv-rechtlichen Begriff der vernunftrechtliche Begriff, der eine moralische Notwendigkeit enthält.

Zweideutigkeit gekennzeichnetes „ius latum" (Billigkeit, Notrecht); doch auch dieses ist – um den Pleonasmus zu verwenden – juridisches Recht. Bei dem hybriden Begriff eines „ethischen Rechts" lässt sich eigentlich gar nichts denken.[92] Es drängt sich die Vermutung auf, dass seiner Verwendung ein Zirkel im Beweisen zugrunde liegt. Tiere haben zwar nicht wirklich ein Recht den Menschen gegenüber, dem dann auch wirklich bei diesen eine (Rechts-)Pflicht korrespondierte; und dennoch spürt man sich den Tieren gegenüber irgendwie verpflichtet[93] und findet dafür dann eine Begründung, indem man den Tieren ein „moralisches Recht" attestiert[94] oder es an ihnen als einen objektiven und Verpflichtung stiftenden Wert feststellt, der ihnen wie die sogenannte natürliche Freiheit natürlicherweise inhärent ist.

Da nun aber Tiere unmöglich Rechtspersonen sind und also keine Rechte haben, kann es ihnen gegenüber auch keine Rechtspflichten geben. Damit scheiden sie aus der juridischen Betrachtung zunächst [!] vollständig aus. Ob es hingegen für den Menschen Tugendpflichten gegen Tiere gibt, ist von der Ethik zu beantworten.

Von Kant gibt es eine einzige von ihm selber veröffentlichte ethische Stellungnahme mit Bezug auf die Behandlung von Tieren, und zwar in der *Tugendlehre*. Sie findet sich in einem „episodische[n] Abschnitt", der von der „Amphibolie der moralischen Reflexionsbegriffe" handelt, die darin besteht, „das, was Pflicht des Menschen gegen sich selbst, für Pflicht gegen Andere zu halten", obwohl es tatsächlich nur eine Pflicht *in Ansehung* anderer ist. Eine Pflicht *gegen* außermenschliche Teile der (unbelebten und belebten) Natur[95] kann es ebenso wenig geben wie eine Pflicht gegen Gott; denn eine Pflicht des Menschen „gegen irgendein Subject ist die moralische Nöthigung *durch dieses seinen Willen*[96]".[97] Dazu muss erstens das

---

[92] In der einschlägigen englischsprachigen Literatur hat der Ausdruck „moral right[s]" einen festen Platz, ohne jedoch in seiner Bedeutung klar bestimmt und begründet zu werden. So wird er bisweilen als Synonym für Menschenrechte oder Grundrechte verwendet. Häufig scheint er irgendwie überpositives Recht („Naturrecht") zu bedeuten (so etwa bei Regan [Fn. 3, S. 267] im Unterschied zu „legal rights", verstanden als positives Recht), häufig aber auch einen zwar nicht spezifisch juridischen, aber doch irgendwie „moralischen" Anspruch. Tugendhat unterscheidet moralisches Recht von legalem Recht. Während dieses einklagbar ist, kann man jenes nur einfordern als etwas, das einem geschuldet wird. (Siehe *Ernst Tugendhat*, Vorlesungen über Ethik, Frankfurt/Main: Suhrkamp, 1993, S. 348) Die Unterscheidung entspricht in etwa der kantischen zwischen Naturrecht und positivem Recht. Wer nun ein solches moralisches Recht Tieren attestiert, wird mit Gründen darlegen müssen, dass es sich um Recht im strengen Sinn handelt und warum Tiere ein solches Recht haben. Erst dann kann, um es auch einklagbar zu machen, eine Positivierung ins Auge gefasst werden.

[93] Florian Steger schreibt von Jahr, er habe „an die Stelle des rationalen moralischen kategorischen Gebots [Kants] das moralische abwägende Gebot auf der Basis der Ehrfurcht vor dem Bios" gesetzt . Siehe *Florian Steger* (Fn. 2), S. 24.

[94] Joerden spricht von „konzipieren" (148).

[95] „Der bloße Naturstoff, oder der zur Fortpflanzung organisirte, aber empfindungslose, oder der mit Empfindung und Willkür begabte Theil der Natur (Mineralien, Pflanzen, Thiere)" (TL 06.442).

[96] Und nicht etwa durch dessen Empfindungen, Neigungen, Bedürfnisse, Interessen!

[97] TL 06.442 (m. H.). Dieser Satz ist in der „tierethischen" Diskussion vielfach missverstanden worden, so etwa von *Dietmar von der Pfordten*, Ökologische Ethik (Fn. 23), S. 42 ff.

verpflichtende Subjekt eine Person, also im Prinzip zurechnungsfähig sein, was auf Tiere oder auf das Schöne der Natur nicht zutrifft; zweitens muss „diese Person als Gegenstand der Erfahrung gegeben sein"[98], was auf Gott nicht zutrifft. Kant will in diesem Abschnitt klarstellen, dass es zwar unmöglich eine Tugendpflicht des Menschen *gegen* Tiere oder das Schöne der Natur oder *gegen* Gott gibt, wohl aber eine des Menschen gegen sich selbst (direkt)[99] *in Ansehung* von Tieren, Naturschönem und Gott (indirekt).[100] Diese sind also sehr wohl Gegenstand einer (ethischen) Pflicht, nicht dagegen deren Grund. Um welche Pflicht aber handelt es sich?

Was Kant dazu im „episodischen Abschnitt" konkret sagt, wird notorisch, so auch von Joerden, missdeutet, so als ob laut Kant die Interessen von Tieren[101] „lediglich [...] im Hinblick auf eventuell gefährdete Interessen von Menschen" (142) zu schützen seien; oder mit Kants (vermutlich) eigenen Worten, die freilich mehr als zwanzig Jahre vor der Abfassung der *Tugendlehre* formuliert wurden: „der Mensch, der schon gegen Thiere solche Grausamkeiten ausübt, ist auch gegen Menschen eben so abgehärtet."[102]

Der Grund, den Kant tatsächlich dafür angibt, dass „die Pflicht der Enthaltung von gewaltsamer und zugleich grausamer Behandlung der Thiere" eine Pflicht des

---

Es geht hier nicht um Pflicht *überhaupt*, sondern um die Bedingung, unter der man eine *bestimmte* Pflicht „gegen irgend ein Subject" haben kann. Die Forderung der reinen praktischen Vernunft, nur nach solchen Maximen zu handeln, durch die man zugleich wollen kann, dass sie ein allgemeines Gesetz werden, hat zur Folge, dass der Wille aller Adressaten des Imperativs hinsichtlich des inneren bzw. des äußeren Freiheitsgebrauchs „gegen einander *wechselseitig* einschränkend ist" (TL 06.488 [m. H.]; siehe auch KpV 05.87.18–27; NRFeyer 27.1319), und das heißt: dass universal-reziprok jeder in Bezug auf jeden einzelnen anderen jeweils durch dessen Willen verpflichtet und jeweils durch den eigenen Willen verpflichtend ist, wobei beide, der verpflichtende und der verpflichtete Wille, als Ausdruck des allgemeinen Vernunftgesetzes notwendig übereinstimmen. Da nicht-menschliche Tiere keine auf Grund eines eigenen Willen ihr Handeln nach Maximen bestimmende Wesen sind, sind sie auch kein möglicher Adressat des moralischen Gesetzes und damit weder der passiven noch der aktiven Verpflichtung fähig.

[98] TL 06.442.

[99] Der Unterschied zwischen direkter und indirekter Pflicht besteht nicht darin, dass nur die direkte eine wirkliche Pflicht ist. Beide sind wirkliche Pflichten, aber die zweite ist von der ersten abhängig; sie ist Mittel zum Zweck der ersten, und es ist diese, von der sie ihre (hohe) moralische Bedeutung erhält.

[100] Siehe auch: *Heike Baranzke*, „Tierethik, Tiernatur und Moralanthropologie im Kontext von § 17 Tugendlehre", in: Kant-Studien, 96 (2005) 336–363; *Toby Svoboda*, „Duties regarding nature: A Kantian approach to environmental ethics", in: Kant Yearbook, 4 (2012) 143–163.

[101] Die Erörterungen über das Naturschöne und über Gott bleiben sogar weitgehend unbeachtet. So erklärt sich vielleicht auch die irrige Meinung, Kant habe die Menschheit als biologische Spezies gegenüber den Tieren ausgezeichnet, während tatsächlich die Menschheit als eine solche Spezies in seinen Überlegungen gar keine Rolle spielt. Es geht um der Verpflichtung fähige Wesen, und nur weil uns allein der Mensch als ein solches bekannt ist, ist speziell von ihm die Rede.

[102] *Immanuel Kant*, Vorlesung zur Moralphilosophie, hrsg. von Werner Stark, Berlin/New York: de Gruyter, 2004, S. 345 (Vorlesungsnachschrift Kaehler, 1774/75).

Menschen gegen sich selbst sei, lautet in der *Tugendlehre* ganz anders, nämlich: „weil dadurch das Mitgefühl an ihrem Leiden im Menschen abgestumpft und dadurch eine der Moralität im Verhältnisse zu anderen Menschen sehr diensame natürliche Anlage geschwächt und nach und nach ausgetilgt" würde.[103] Erstens also bezieht Kant die Rede von einer Abstumpfung auf das Mitleid mit Tieren, nicht mit Menschen. Zweitens und vor allem aber denkt er bei der Wirkung einer solchen Abstumpfung nicht speziell an eine entsprechende Abstumpfung des Mitgefühls für das Leiden von Menschen, sondern generell an die Schwächung und allmähliche Austilgung einer dem Menschen natürlichen Anlage, die – „zwar nicht für sich allein schon moralisch"[104] – der *Moralität* im Verhältnis zu anderen Menschen dienlich ist.[105]

Darüber hinaus hat der Mensch *in Ansehung* der Tiere auch die Pflichten der Wohltätigkeit, der Dankbarkeit und der teilnehmenden Empfindung überhaupt[106] sowie die Pflicht, das natürliche Mitgefühl mit dem Leiden von Tieren zu kultivieren. Denn „Mitleid (und so auch Mitfreude) mit Anderen zu haben"[107], seien es Menschen oder Tiere, ist eben jene der Moralität förderliche natürliche Anlage. Der Mensch hat sich somit generell gegenüber empfindungsfähigen Sinnenwesen überhaupt nicht wie ein bloßes Sinnenwesen, dem moralische Prinzipien unbekannt sind, also wie ein (anderes) Tier, sondern wie ein moralisches Subjekt und somit eben wahrhaft „menschlich" zu verhalten.[108]

Oft begegnet man dem – irrtümlich aus empirischer Faktizität moralische Geltung folgernden – Argument, man dürfe Menschen schon deshalb nicht quälen, weil sie schmerzempfindlich seien, was dann aber auch für Tiere gelte. Doch dem wäre zu entgegnen: Wir dürfen Menschen nicht quälen, weil sie Personen, nicht

---

[103] TL 06. 443. Zu den Beispielen, die Kant dort gibt, siehe auch die soeben genannte Vorlesungsnachschrift Kaehler, S. 345–348.

[104] TL 06.443.

[105] In Bezug auf das Naturschöne bzw. auf Gott argumentiert Kant ähnlich: „diejenige Stimmung der Sinnlichkeit, welche die Moralität sehr befördert, wenigstens dazu vorbereitet" bzw. „von der größten sittlichen Fruchtbarkeit" (TL 06.443 f.).

[106] Siehe TL 06.452 ff.; 06.443; Vorlesungsnachschrift Kaehler, S. 345 ff. Dort spricht Kant von Dankbarkeit, Leutseligkeit, Menschlichkeit, Gutherzigkeit, Sanftmut in Bezug auf Tiere.

[107] TL 06.457.

[108] Der „episodische Abschnitt" ist der letzte des Kapitels von den vollkommenen Pflichten gegen sich selbst, und zwar innerhalb des Teils, der vom Menschen „blos als ein moralisches Wesen" (TL 06.428) (im Unterschied zum Menschen „als ein[em] animalische[n] Wesen" [TL 06.421]) handelt. Es geht allein um die *Unterlassung* von Handlungen, die der eigenen Moralisierung entgegenstehen. Der Abschnitt steht systematisch genau an der richtigen Stelle. Zwei Seiten später, im Kapitel von den unvollkommenen Pflichten gegen sich selbst, erörtert Kant die „Pflicht gegen sich selbst in *Erhöhung* seiner *moralischen* Vollkommenheit" (TL 06.446; erste Hervorh. von mir). Hier hätte etwa die von Kant im Abschnitt über die Tiere ebenfalls erwähnte Pflicht der „Dankbarkeit für lang geleistete Dienste eines alten Pferdes oder Hundes" (TL 06.443) ihren eigentlichen Platz, abermals in Ansehung der Tiere. Im Unterschied zu dieser mit Bezug auf die Ausführung unvollkommenen Pflicht lässt die in dem Abschnitt geforderte „Enthaltung" der Willkür keinen Spielraum.

weil sie bestimmte Naturwesen sind. Menschen zu quälen, bedeutet einen moral- und rechtswidrigen Eingriff in deren Freiheit und damit die Verletzung einer Pflicht, die man gegen sie hat. Aus demselben Grund dürfen wir Menschen auch nicht gegen ihren Willen Gutes tun und zu ihrem angeblichen Glück zwingen. Was aber die schmerzempfindlichen Tiere betrifft, so ist, wie gesagt, die Enthaltung von Tierquälerei eine ethische Pflicht des Menschen gegen sich selbst in Ansehung von solchen Tieren. Der Grund dieser Pflicht liegt nicht in der naturgegebenen Schmerzempfindlichkeit dieser Tiere, sondern vielmehr darin, dass Tierquälerei mit der Idee der Menschheit in der Person jedes Menschen nicht zusammen bestehen kann und somit die Würde der Menschheit verletzt.

Nun wird tatsächlich mit Bezug auf Tierquälerei oft von Verletzung der Würde gesprochen. Die Würde anderer Menschen könnte der Tierquäler, wenn überhaupt, nur durch einen willkürlichen Eingriff in deren Freiheit verletzen; und um die angebliche Würde von Tieren zu verletzen, müssten diese eine solche und dafür wiederum die Fähigkeit zur Moralität haben. In Wirklichkeit verletzt der Tierquäler mit seinem Tun nur die eigene Würde bzw. die Würde der Menschheit in der eigenen Person, und eben dies ist der Grund für das ethische Verbot seines Tuns.[109]

Eine weitere, über die erwähnte hinausgehende natürliche, der Moralität dienliche Anlage zeigt sich in dem Gefühl der Unlust mit Bezug auf Sterben (Tötung) und Tod und auf Zerstörung überhaupt sowie in dem komplementären Gefühl der Achtung vor dem Leben bzw. vor der dem Menschen vorgegebenen Natur (Welt). Um der Moralität willen ist es daher auch hier wieder direkt ethische Pflicht gegen sich selbst, diese Gefühle nicht zu schwächen, sondern vielmehr zu kultivieren. Also ist es indirekt ethische Pflicht gegen sich selbst in Ansehung der vernunftlosen Natur überhaupt, der belebten (Tiere und Pflanzen) und der unbelebten,[110] nicht ohne moralisch vertretbare Gründe Leben zu vernichten und Natur zu zerstören[111], ja überhaupt in die vorfindliche Natur einzugreifen.[112] Übrigens ergibt

---

[109] *Heike Baranzke*, „Würde der Kreatur? Die Idee der Würde im Horizont der Bioethik", Würzburg: Königshausen und Neumann, 2002) unterscheidet in ihrer sehr gründlichen und weit in die Geschichte vor und nach Kant ausgreifenden Arbeit zwei ungleichartige Begriffe von Würde: zum einen den ganz auf den Menschen als moralisches Subjekt beschränkten Begriff im Sinne von „dignitas" (mit ihm befasst sich ein umfangreicher Teil des Buches, der insbesondere als Exegese der einschlägigen Texte Kants sehr zu empfehlen ist); zum andern einen auch auf Tiere bezogenen Begriff im Sinne von „bonitas" („Würde der Kreatur"). Baranzke argumentiert überzeugend, dass für ihre „Suche nach einer integrativen Bioethik" (S. 309 ff.) der „Beitrag Kants zur Tierethik" (S. 312 ff.) von entscheidender Bedeutung ist und formuliert das Ergebnis treffend wie folgt: „Das tier- und bioethische Potential der Tugendlehre im Ganzen sowie von § 17 im Besonderen liegt in der Vermittlung des Würdebegriffs als eines absoluten Werts [dignitas] mit der Zuerkennung des relativen Wertes eines psychophysischen Glücksstrebens [bonitas] im Dienste des ersteren. […] Mit der moralischen *Dignitas*-Würde des Menschen steht und fällt die *Bonitas*-Würde aller Kreatur, die des Menschen eingeschlossen." (S. 316)

[110] „[A]lle Pflichten gegen Thiere, andre Wesen und Sachen zielen indirecte auf die Pflichten gegen die Menschheit ab." (V-Mo/Collins 27.460).

[111] „Ein Hang zum bloßen Zerstören (spiritus destructionis) [ist] der Pflicht gegen sich selbst zuwider". (TL 06.443).

sich aus den beiden – hier nicht weiter zu erörternden – ethischen Grundpflichten des Menschen gegen sich selbst bzw. gegen andere, nämlich aus der Pflicht der Selbsterhaltung und Selbstvervollkommnung und der Pflicht der Betreibung fremder Glückseligkeit, ebenfalls die Verpflichtung, mit der diesbezüglich in vielfacher Weise involvierten und oftmals unentbehrlichen außermenschlichen Natur diesen Pflichten entsprechend umzugehen.

Kant selber spricht außer von Tieren nur vom Schönen in der Natur. Die auf diese insgesamt bezogenen Probleme der Gegenwart waren zu seiner Zeit gar nicht oder kaum in Sicht. Inzwischen sind sie aber für die Menschheit von einer solch überragenden Wichtigkeit, dass der rechtsphilosophischen gegenüber der ethischen Beschäftigung mit ihnen dringend der Vorrang gegeben werden sollte, zumal ethisch nur ein Appell, rechtlich jedoch Zwang möglich ist.

7.

Nun wäre mit Bezug auf positiv-rechtliche Gebote und Verbote von Handlungen gegenüber Tieren oder der vernunftlosen Natur überhaupt der Rekurs auf eine ethische Verpflichtung ein Rückfall in eine vor-aufklärerische Vergangenheit und jedenfalls mit kantischen Rechtsprinzipien nicht vereinbar.[113] Nur der Rekurs auf überpositives[114] Recht kommt dafür in Betracht. Es bleibt also nur die Möglichkeit des Nachweises, dass ein bestimmter Umgang mit der nicht-menschlichen Natur mit der allgemeingesetzlich bestimmten äußeren Freiheit von jedermann nicht verträglich ist.

Merkwürdigerweise ist davon, was den Tierschutz betrifft, weder im Rahmen[115] der Gesetzgebung noch in der Rechtsprechung noch in der einschlägigen juristischen Literatur Nennenswertes zu finden. Umso mehr dagegen begegnet man Verweisen auf Ethik, auf Gott bzw. Schöpfung und auf positives Recht, besonders auf das Grundgesetz.

§ 1 des deutschen Tierschutzgesetzes lautet: „Zweck dieses Gesetzes ist es, aus der Verantwortung des Menschen für das Tier als Mitgeschöpf dessen Leben und Wohlbefinden zu schützen. Niemand darf einem Tier ohne vernünftigen Grund Schmerzen, Leiden oder Schäden zufügen." In einem Kommentar dazu wird für

---

[112] Siehe dazu oben den letzten Satz von Kapitel II. 5.

[113] Um das Recht eines Tieres zu begründen, wirft Nelson die Frage auf, ob man selber zustimmen würde, wie das Tier gequält oder zu beliebigen Zwecken gebraucht zu werden. (*Leonard Nelson*, System der philosophischen Rechtslehre und Politik (1924), Hamburg: Meiner, 1964, S. 288 f.) Kantisch formuliert hieße die Frage: Hat die Maxime, Tiere zu quälen oder zu beliebigen Zwecken zu brauchen, die Tauglichkeit zu einem allgemeinen Gesetz? Wie der „episodische Abschnitt" zeigt, wäre Kants Antwort negativ, ohne auch nur zu einer Tugendpflicht *gegen* das Tier, geschweige denn zu einem Recht des Tieres zu führen.

[114] Es geht hier um Rechtsphilosophie, nicht um Jurisprudenz als Wissenschaft vom positiven Recht.

[115] Ich beschränke mich hier auf die Lage in Deutschland.

die Berechtigung, von Mitgeschöpf zu reden, auf die Präambel des Grundgesetzes verwiesen, die von Verantwortung vor Gott spreche, was die Verantwortung für die Schöpfung einschließe.[116] Nun gilt für eine Natur, die als von Gott gewollte Schöpfung begriffen wird, dass Gott nicht nur die Tiere, sondern auch deren allenthalben festzustellende, nicht zuletzt die von den Tieren selber einander zugefügten Schmerzen gewollt hat, was sich insbesondere aus der andernfalls ganz sinnlosen Gottgewolltheit der Schmerzempfindlichkeit der Tiere ergibt. Also müssten die den Tieren speziell von Menschen zugefügten Schmerzen eigens als nicht von Gott gewollt aufgezeigt werden. Dafür lässt sich jedoch der Natur, auch wenn man sie schöpfungstheologisch begreift, rein gar nichts entnehmen. Nur der *unmittelbar* erkannte Wille Gottes selber könnte da hilfreich sein.

In der Begründung zum deutschen Tierschutzgesetz heißt es: „Es ist eine jedermann bindende ethische Verpflichtung und damit [!] ein berechtigtes Anliegen der Öffentlichkeit, das Ausmaß der Versuche an Tieren so gering wie möglich zu halten."[117] Das Bundesverfassungsgericht spricht, offenbar billigend, von einem „ethisch ausgerichtete[n]" Tierschutz und von „ethische[n] Grundsätzen" des Gesetzgebers[118]. In der „tierethischen" Literatur wird ohnehin, wie schon angedeutet, notorisch (tier-) ethisch argumentiert, wo es um (erzwingbares) Recht geht, sei dieses nun begründet mit einem Recht der Tiere[119] oder „nur" mit einer Rechtspflicht der Menschen.

Kriele hält es für möglich, „den Tierschutz *aus verfassungskräftigen Rechten* des Menschen abzuleiten, z. B. aus der Menschenwürde (Art. 1 I GG), weil Grausamkeit gegenüber Tieren eine Verrohung der gesamten sittlichen Persönlichkeit zur Folge haben kann,[120] oder aus dem Recht auf körperliche Unversehrtheit (Art. 2 II GG), weil zahllose Menschen durch das Wissen um die Entsetzlichkeiten der Tierversuche in ihrem physischen Wohlbefinden, ja in ihrer Gesundheit ernstlich beeinträchtigt sind."[121] Was die Möglichkeit der „Verrohung" betrifft, so war davon

---

[116] Siehe *Hans-Georg Kluge* (Hrsg.), Tierschutzgesetz: Kommentar, Stuttgart: Kohlhammer, 2002, S. 90; ebenso *Ralf Dreier/Christian Starck*, „Tierschutz als Schranke der Wissenschaftsfreiheit", in: Ursula M. Händel (Hrsg.), Tierschutz (Fn. 75), S. 106.

[117] Zitiert nach: *Albert Lorz*, „Die Entwicklung des deutschen Tierschutzrechts", in: Ursula M. Händel (Hrsg.), Tierschutz (Fn. 75), S. 140.

[118] BVerfGE vom 20. Juni 1978 (48, 376, 389). In dem Urteil des Gerichts vom 15. Januar 2002 (104, 337) ist die Rede von „ethisch begründete[m]" (347) Tierschutz und von der „Gewährleistung eines ethischen Geboten verpflichteten Tierschutzes" (349). Siehe auch das Urteil des Gerichts vom 6. Juli 1999 (104, 1–45) und die dagegen gerichtete Polemik von *Gerd Roellecke*, „Die artgemäßen Bedürfnisse der Legehennen und der Menschen", in: NJW 1999, 3245 f.

[119] Bei Kluge liest man: „in unserer sittlichen Ordnung begründete, moralische Rechte der Tiere […], die bereits im Gesetz Ausdruck finden". *Hans-Georg Kluge*, Tierschutzgesetz (Fn. 117), S. 67.

[120] Ähnlich erklärt Kluge, „ein effektiver Tierschutz [sei] geeignet, das Wertbewusstsein in der Gesellschaft zu stärken und dem Werteverfall entgegenzuwirken." Ebda., S. 41.

[121] *Martin Kriele*, „Gesetzliche Regelung von Tierversuchen und Wissenschaftsfreiheit", in: Ursula M. Händel (Hrsg.), Tierschutz (Fn. 75), S.120 (m. H.).

ja schon die Rede, allerdings in ethischem Zusammenhang. Hier aber müsste das Recht des Staates aufgezeigt werden, seinen Bürgern diese Möglichkeit mit Hilfe des Strafrechts zu nehmen. Was das physische Unwohlsein und die ernstliche Beeinträchtigung der Gesundheit durch ein bloßes Wissen betrifft, so ermöglicht eine solche Begründung jede beliebige Freiheitseinschränkung. Kriele spricht selber mit Bezug auf seine Argumente von „argumentativen Krücken". Deswegen hält er sich lieber an „ethisch begründete Pflichten des Menschen", weil auch sie „zu den immanenten Schranken der Grundrechtsausübung gehören [können]." Er spricht sogar von „den ethischen [!] Prinzipien von Freiheit und Demokratie", deren Sinn und Zweck es sei, „dem fortschreitenden Niederschlag der Sittlichkeit im Recht Raum zu geben".[122]

Verweise auf (selber nicht infrage gestelltes) positives Recht, insbesondere Verfassungsrecht, kommen rechtsphilosophisch als Begründung gar nicht in Betracht; sie verbleiben innerhalb einer „bloß empirische[n] Rechtslehre", für Kant wie „ein Kopf, der schön sein mag, nur Schade! daß er kein Gehirn hat."[123] Auf diesem rein rechtspositivistischen Niveau bekämen sogar die Filbingers mit ihrer zynischen Frage Recht: „Wie kann denn, was damals [während der Nazi-Herrschaft] Recht war, heute Unrecht sein?".

Wie der erforderliche Rekurs auf überpositives Recht, also auf Natur- oder Vernunftrecht, möglich ist, kann hier abschließend nur skizziert werden.

Sache ist „ein Ding, was keiner Zurechnung fähig ist. Ein jedes Object der freien Willkür, welches selbst der Freiheit ermangelt, heißt daher [im Unterschied zur Person] Sache".[124] Also sind die gesamte vernunftlose Natur und ihre Teile Sachen. Das Recht in einer Sache ist kein unmittelbares Verhältnis zu dieser Sache. Viel-

---

[122] Ebda. S. 121.
[123] RL 06.230.
[124] MS 06.223. Spaemann bestreitet aufgrund seines „Empfindens" die Vollständigkeit dieser – rein moralphilosophisch begründeten und zu verstehenden – Einteilung mit dem Hinweis etwa auf Pferde, die zwar keine Personen, aber auch keine Sachen seien. (Siehe *Robert Spaemann*, „Tierschutz und Menschenwürde", in: Ursula M. Händel (Hrsg.), Tierschutz [Fn. 75], S. 71) Auch Höffe unterscheidet „rechtsfähige Personen", „gefühllose Sachen" und „Lebewesen, die Empfindungen haben", während diese für Kant empfindungsfähige Sachen wären. (Siehe *Otfried Höffe*, „Ethische Grenzen der Tierversuche", in: Tierschutz [Fn. 75], S. 84) Die Dichotomie bedeutet natürlich keineswegs, dass Sachen ihrerseits nicht von moralischer Relevanz sein können und der Mensch nicht Pflichten *in Ansehung* von Sachen haben kann. Kant bestreitet zwar, dass die moralische Pflicht des Menschen, Tiere nicht zu quälen, ihren Grund im Tier als einem moralischen Subjekt hat; aber zugleich ist das Tier ein Objekt, hinsichtlich dessen der Mensch moralische Verantwortung hat. Damit ist Kant durchaus dem nahe, was Tierschutz-Vertreter im allgemeinen verlangen. Nur lassen sich aus dieser Lehre Kants als einer rein ethischen unmittelbar keine rechtlichen Konsequenzen ziehen. Das mag ein Grund dafür sein, dass zahlreiche „Tierethiker" es mit einer Morallehre versuchen, aus der sich unmittelbar ein Recht der Tiere ergibt. Siehe schon *Leonard Nelson*, System der philosophischen Rechtslehre und Politik, Hamburg: Meiner, 1964, S. 288 f. Für Regan ist ein Tier dann ein Rechtssubjekt, wenn es ein „subject-of-a-life" ist (Säugetiere, eventuell auch Fische und Vögel). Siehe *Tom Regan*, The Case for Animal Rights (Fn. 3) und Fn. 83.

mehr ist es ein Recht gegen jeden anderen physischen Besitzer derselben. Doch dieser ist nicht etwa deswegen von deren Gebrauch ausgeschlossen, weil er gegenüber der Sache, sondern weil er gegenüber dem rechtlichen Besitzer verpflichtet ist.

Für den Erwerb und das Haben eines Rechts in einer Sache muss man (in der Idee[125]) einen ursprünglichen Gesamtbesitz[126] der Sache voraussetzen, weil sich ohne diese Voraussetzung „gar nicht denken läßt, wie ich, der ich doch nicht im [physischen] Besitz der Sache bin, von Andern, die es sind, und die sie brauchen, lädirt werden könne". Das Recht in einer Sache ist „ein Recht des Privatgebrauchs einer Sache, in deren (ursprünglichen [im Naturzustand], oder gestifteten [im bürgerlichen Zustand]) Gesammtbesitze ich mit allen andern bin."[127] Nur unter dieser Bedingung ist es rechtlich möglich, jeden anderen Besitzer vom Privatgebrauch dieser Sache auszuschließen, weil nur mit Bezug auf die *Idee eines rechtlichen Gesamtbesitzes* und eines diesem korrespondierenden,[128] auf seine Verteilung gerichteten *vereinigten Willens aller* die rechtliche Möglichkeit eines besonderen Besitzes gedacht werden kann.[129] Entsprechend ergibt sich für alle anderen die Verbindlichkeit, sich des Gebrauchs der Sache zu enthalten, nicht durch meine einseitige Willkür, sondern vielmehr „nur durch vereinigte Willkür Aller in einem Gesammtbesitz"[130], wobei das Recht des Privatbesitzes in dem Verzicht gründet, den alle anderen gemeinsam als Gesamtbesitzer in Bezug auf diesen Teil ihres Besitzes geleistet haben.

Für die *erste Erwerbung* einer Sache kommt nur der Boden in Betracht.[131] Jeder Boden kann ursprünglich, also ohne Ableitung von dem Seinen eines anderen, erworben werden. Der Grund der Möglichkeit einer solchen ursprünglichen Erwerbung von Boden wiederum ist „die ursprüngliche Gemeinschaft des Bodens überhaupt". Da nämlich alle Menschen in unvermeidlicher raum-zeitlicher Gemeinschaft „auf einem und demselben Erdboden ursprünglich im Besitz irgend eines Platzes auf demselben sind und das Recht des Besitzes ursprünglich jedem Menschen und auf jeden Platz der Erde zukomt[132] mithin *disjunctiv allgemein* ist

---

[125] Siehe dazu RL 06.251.01–05; 06.262.26–34.

[126] Der Begriff des „rechtlichen Besitzes" (im Unterschied zum physischen Besitz) bedeutet hier ganz allgemein die rechtliche Verfügungsgewalt über Gegenstände der Willkür („äußeres Mein und Dein"). Die juristische Unterscheidung von Besitz und Eigentum spielt dabei keine Rolle. So sind beide, der Vermieter wie der Mieter einer Wohnung, in deren „rechtlichem Besitz", freilich mit je unterschiedlicher Verfügungsgewalt. Im Folgenden werden Besitz und Eigentum bedeutungsgleich verwendet.

[127] RL 06.261.

[128] Vgl. RL 06.250.21; VARL 23.287.10–13; 23.289.16–19; 23.290.26–30; 23.323.30–32.

[129] „Aus [dem] Gesammtbesitze [...] folgt nothwendig das Recht für jeden sich einen Platz als einen *besonderen Besitz* aber nach Gesetzen der Freyheit [!] zu wählen und ihn eigenmächtig zu dem seinen zu machen weil sonst die Freyheit sich selbst vom Besitz und Gebrauch brauchbarer Sachen ausschließen würde" (VARL 23.311).

[130] RL 06.261.

[131] Zum Folgenden siehe RL 06.261 f.

[132] Vgl. VARL 23.314.03–09.

d. i. ein jeder kann diesen oder jenen Platz auf Erden besitzen so muß dieser Besitz auch als *collectiv-allgemein* d. i. als Gesammtbesitz des menschlichen Geschlechts [...] angesehen werden"[133]. Die Ursprünglichkeit dieses Gesamtbesitzes ist nicht etwa empirisch (als historisch uranfänglich) zu verstehen; sondern im Sinne eines „praktische[n] Vernunftbegriff[s]",[134] der a priori das Princip enthält, nach welchem allein die Menschen den Platz auf Erden nach Rechtsgesetzen gebrauchen können."[135] Der ursprüngliche Gesamtbesitz enthält „a priori den Grund der Möglichkeit eines Privatbesitzes"[136].

Die auf die für die ursprüngliche Erwerbung erforderliche Besitznehmung bezogene Willenserklärung, die Sache als meine zu haben, also der „Act eines äußerlich allgemein gesetzgebenden Willens (in der Idee), durch welchen jedermann zur Einstimmung mit meiner Willkür verbunden wird"[137], ist notwendig einseitig. Also ist eine ursprüngliche Erwerbung nur durch einseitigen Willen möglich. Dieser Wille erlangt aber nur insofern rechtliche Verbindlichkeit, als er „in einem a priori vereinigten [...] absolut gebietenden Willen enthalten ist".[138] „Also ist das Princip aller Erwerbung das der Einschränkung jeder auch der einseitigen Willkühr auf die Bedingung der Übereinstimmung mit einer allgemeinen möglichen Vereinigung der Willkühr über dasselbe Object."[139] Denn nur so ist „Übereinstimmung der freien Willkür eines jeden mit der Freiheit von jedermann, mithin ein Recht überhaupt,[140] und also auch ein äußeres Mein und Dein möglich"[141]. Die ursprüngliche Erwerbung muss hinsichtlich ihrer Rechtmäßigkeit als durch den allgemeinen Willen ausgeteilt oder zugeeignet gedacht werden können.

Der empirische Titel einer Erwerbung ergibt sich aus der auf ursprünglichen Gesamtbesitz gründenden physischen Besitznehmung und der darauf bezogenen einseitigen Bemächtigung. Der Vernunfttitel der Erwerbung kann dagegen nur in der Vernunftidee eines *allgemeinen* Willens liegen. Diese Idee bedeutet mit Bezug auf den bürgerlichen Zustand einen a priori vereinigten und mit Bezug auf den

---

[133] VARL 23.323.

[134] Kants Rede vom ursprünglichen Gesamtbesitz als „von der Natur selbst constituirt" (RL 06.262) darf daher nicht empiristisch (miss-)verstanden werden. „Jeder Mensch so wie er auf der Erde ist muß als Inhaber der ganzen Oberfläche angesehen werden. Dadurch wird er aber als Besitzer in Gemeinschaft mit jedem Andern betrachtet (communio originaria) [...] Die Communio originaria ist keine empirisch begründete als factum oder Begebenheit sondern ein Recht am Boden ohne welches kein Mensch existiren kan und welches selbst aus der Freyheit im Gebrauch der Dinge folgt" (VARL 23.241).

[135] RL 06.262.

[136] RL 06.251.

[137] RL 06.259.

[138] RL 06.263.

[139] VARL 23.219

[140] Recht hat somit seinen Grund in dem die Privatwillküren aller der Idee nach vereinigenden (rechts-)gesetzgebenden (und allein zur Gesetzgebung befähigten) allgemeinen Willen der Menschheit, wie sie in jedem Menschen als *Person* „verkörpert" ist..

[141] RL 06.263.

Naturzustand einen a priori notwendig zu vereinigenden Willen aller und ist im Naturzustand als notwendige Bedingung der Allgemeinverbindlichkeit der Erwerbung vorauszusetzen.

Die beiden Zustände unterscheiden sich dadurch, dass im bürgerlichen Zustand etwas peremtorisch, im Naturzustand dagegen nur provisorisch erworben werden kann. Wenn etwas erworben wird, dann wird die Erwerbung im bürgerlichen Zustand zu einer peremtorischen; aber *ob* etwas erworben wurde, wird erst in diesem Zustand gesetzlich bestimmt; und in dieser Bestimmung ist der positive Gesetzgeber seinerseits an die Idee des „ursprünglichen Vertrages"[142] gebunden. „Das provisorische Recht dauert im bürgerlichen Zustande in seinen Folgen fort und wird in das Recht des letztern aufgenommen *soweit es der Natur des letztern nicht wiederstreitet.*"[143] „Das [äußere] Mein und Dein ist bis zu Gründung dieser Vereinigung [der Willkür von jedermann zum allgemeinen Willen] also nur provisorisch aber doch inneren Rechtgesetzen [des Naturrechts] unterworfen nämlich die *Freyheit des rechtlichen Besitzes auf die Bedingung[en] einzuschränken daß sie jene Vereinigung möglich machen.* [...] Nur die a priori nothwendige Vereinigung des Willens *um der Freyheit willen* und gewisser bestimter Gesetze ihrer Einstimmung da das Object der Willkühr zuvor in der vereinigten Willkühr durch Vernunft gedacht wird und *diese vereinigte Willkühr jedem das Seine bestimmt* kann die Erwerbung möglich machen."[144] Der im Staat als *res publica* zum Ausdruck kommende allgemeine Wille muss (in der Idee) schon für den Naturzustand vorausgesetzt werden, um überhaupt von einem Privatrecht, sei es auch bloß provisorisch, reden zu können. Somit stellt sich für die Politik als „ausübende[.] Rechtslehre"[145] stets erneut die Frage, ob eine positiv-rechtliche Verfügungsgewalt über Gegenstände der Willkür (wozu übrigens auch und nicht zuletzt Menschen gehören!) als von einem allgemeinen (vereinigten) Willen gewollt gedacht werden kann.[146]

Die im Staat und in der Welt überhaupt anzutreffenden Eigentumsverhältnisse sind somit alles andere als sakrosankt.[147] Zwar wird Eigentum vielfach für et-

---

[142] Siehe dazu TP 08.295; 08.297 ff.; ZeF 08.344; 08.351; RL 06.315 f. Dieser Vertrag ist eine bloße Vernunftidee, die nichts anderes besagt als die Idee der Vereinigung oder „Coalition jedes besondern und Privatwillens in einem Volk zu einem gemeinschaftlichen und öffentlichen Willen (zum Behuf einer bloß rechtlichen Gesetzgebung)" (TP 08.297). Der Vertrag ist also nicht etwa ein mit Bezug auf seinen Inhalt und seine Legitimation empirisch geschlossener oder abzuschließender. Es geht dabei nicht um Staatsrechtfertigung durch empirische Zustimmung, sondern um ein Kriterium der Beurteilung, ob der Gebrauch, den ein Staat von seiner Gewalt macht, rechtmäßig ist.

[143] VARL 23.293 (m. H.).

[144] VARL 23.278 f. (m. H.); vgl. auch RL 06.257; 06.263 f.

[145] ZeF 08.370.

[146] Vgl. RL 06.258.25–26; 06.263.26–30; 06.269.13–16; VARL 23.237.30–34; 23.288.22–32; 23.323.33–34.

[147] Für mehr dazu siehe: *Georg Geismann*, „Marktwirtschaft und Freiheit oder Die kantische Republik als 'sozialer Rechtsstaat'", in: Jahrbuch für Recht und Ethik, 22 (2014) 181–227.

was gleichsam Unantastbares, ja beinahe Heiliges gehalten. Heilig ist aber nur das Recht der Menschen selber,[148] und Ansprüche auf ein Eigentum und seinen Gebrauch haben sich stets aufs Neue als Recht zu erweisen. Die Rechtmäßigkeit hängt von deren Übereinstimmung mit der Idee des allgemeinen Willens ab. Zwar sind dem Staat[149] die Grundsätze, nach denen er darüber entscheidet, ob bei einem bestimmten Eigentum und dessen Gebrauch eine solche Übereinstimmung vorliegt, durchs Naturrecht vorgegeben; doch die Entscheidung selber erfolgt erst und nur durch ihn. Dies bedeutet durchaus nicht ein Eingreifen des Staates in eine rechtmäßig bestehende Eigentumsordnung, sondern das (vernunftrechtliche) Setzen und Exekutieren von Regeln, denen gemäß man überhaupt Eigentum rechtmäßig erwerben bzw. behalten und darüber verfügen kann.

Übrigens bleibt – streng genommen – alles erworbene Recht jedenfalls solange provisorisch, wie der ursprüngliche Vertrag „sich nicht aufs ganze menschliche Geschlecht erstreckt"[150], d. h. solange keine Weltrepublik gestiftet und die gesamte in kollektiv-allgemeinem Besitz befindliche Erdfläche mit den Sachen auf ihr durch den gemeinschaftlichen Willen nach Grundsätzen des Vernunftrechts ausgeteilt ist.

Nun folgt aus dem bloßen Begriff des Eigentums „zwar nicht, dass ich mich irgendeinem Dritten gegenüber in seinem Gebrauche einschränken müsse". Aber eine solche Einschränkung auch für den öffentlich-rechtlichen Zustand auszuschließen, würde bedeuten, „daß durch das Eigentum die Bildung eines allgemeinen Willens in jedem besonderen Falle und folglich überhaupt *unmöglich* gemacht werden könne.[151] Dies jedoch ist in der Tat ein Widerspruch; denn außer in Beziehung auf einen *wenigstens möglichen* allgemeinen Willen ist gar kein Eigentum denkbar, weil nämlich kein Erwerb der Sachen als ursprünglich durch einen einseitigen Willensakt entstanden, gedacht werden kann. [...] *die Einschränkbarkeit meiner Verfügungsfreiheit durch Gesetze des öffentlichen Rechtes ist in der rechtlichen Möglichkeit des Eigentums selber enthalten.*"[152] Jede mögliche Aufgabe, die dem Staat übertragen wird, muss der Bedingung genügen, mit der Idee eines bürgerlichen Zustandes konform zu sein. Im Prinzip kann man sagen, dass alle diejenigen, aber auch nur diejenigen gesetzlichen Freiheitseinschränkungen – und

---

[148] ZeF 08.353: „das Heiligste, was Gott auf Erden hat, das Recht der Menschen"; siehe auch RGV 06.159.

[149] Es kann dies ein einzelner Staat, eine Staatengemeinschaft (Staatenbund) und im Idealfall ein Weltstaat als (föderale) Weltrepublik sein.

[150] RL 06.266.

[151] Vgl. VARL 23.278: „[...] wie viel ich erwerben könne bleibt dadurch [dass „jeder Gegenstand der Willkühr außer mir erwerblich seyn müsse"] unbestimmt denn wenn ich alles zusammen erwerben könnte würde meine Freyheit anderer ihre nicht einschränken sondern aufheben."

[152] *Julius Ebbinghaus*, „Sozialismus der Wohlfahrt und Sozialismus des Rechtes" (1946/47), in: Julius Ebbinghaus, Gesammelte Schriften, Bd. 1: Sittlichkeit und Recht. Praktische Philosophie 1929–1954, Bonn: Bouvier, 1986, 242 f.

dazu gehören auch mögliche Eingriffe in das Privateigentum, dessen Verteilung und dessen Nutzung und damit in die in der rechtlichen Verfügungsgewalt liegende Macht – legitim sind, die für die Aufrechterhaltung der (republikanischen) öffentlich-rechtlichen Ordnung, und das heißt prinzipiell: für die Sicherung des Freiheitsgebrauchs von jedermann, erforderlich sind.

Inzwischen muss man die Idee von dem „Besitz aller Menschen auf Erden"[153] als einem ursprünglichen Gesamtbesitz ganz besonders auf Umwelt, Klima, Atmosphäre und sogar auf den Weltraum und alle Sachen darin beziehen. Dieses ganze der menschlichen Gattung gemeinsame Umfeld unterliegt inzwischen der physischen Verfügungsgewalt von Menschen und ist damit rechtlicher Regelung zugleich fähig und bedürftig.

Zumindest in abstracto sind diesbezüglich das Recht und die Rechtspflicht des einzelnen Staates wie auch der Welt(staaten)gemeinschaft bestimmt.[154] In Bezug auf vorhandene Verfügungsgewalt und den von ihr gemachten Gebrauch wäre festzustellen, ob jene oder dieser oder beide mit der Idee eines a priori vereinigten Willens aller vereinbar und also rechtmäßig sind oder nicht. In Bezug auf das Subjekt des allgemeinen Willens und damit für die Frage, wer (welche Allgemeinheit) denn notwendig zustimmen können müsste, kommen jeweils die von einem bestimmten Gebrauch einer Sache hinsichtlich ihres eigenen Freiheitsgebrauchs (potenziell) betroffenen Personen in Betracht. Das ist freilich gegenwärtig in vielen und zugleich schwerwiegenden Fällen die gesamte lebende Menschheit und häufig darüber hinaus auch die nachkommend von ihr in die Welt gesetzten „mit Freiheit begabten Wesen", für deren „Erhaltung und Versorgung" jene als Erzeuger verantwortlich ist.[155]

Wenn und wo durch Verklappung von Abfällen, durch Atomreaktoren und die Lagerung von Atommüll, durch umweltschädliche Abwässer, durch Lärm, durch Schadstoffe wie Kohlendioxid und Stickstoff, durch Weltraummüll etc. auf vermeidbare und nicht selten zugleich irreversible Weise in die Biosphäre und Atmosphäre, ja sogar in den erdnahen Weltraum, also jeweils in den ursprünglichen Gesamtbesitz, belastend und sogar zerstörend eingegriffen wird, da geschieht im Prinzip Unrecht an den Rechten von jetzt und in Zukunft lebenden Menschen, – so

---

[153] RL 06.262.

[154] Ähnliche Überlegungen wie die hier angestellten finden sich schon bei *Bernward Grünewald*, „Natur und praktische Vernunft. Enthält die Kantische Moralphilosophie Ansatzpunkte für eine Umwelt-Moral?", in: H. W. Ingensiep et al. (Hrsg.), Mensch, Umwelt und Philosophie, Bonn: Wissenschaftsladen Bonn, 1988, S. 95–106; *ders.*, „Ökologie, Recht, Moral", in: Th. M. Seebohm (Hrsg.), Prinzip und Applikation in der praktischen Philosophie, Stuttgart: Franz Steiner, 1990, S. 261–275.

[155] Siehe RL 06.280 f. Insofern ist Kants Rede von der Erstreckung des ursprünglichen Vertrages auf das ganze menschliche Geschlecht (siehe zu Fn. 151) auch mit Bezug auf alle zukünftigen Generationen zu verstehen, was bedeutet, dass, streng genommen, jede erworbene rechtliche Verfügungsgewalt über äußeres Mein und Dein (Eigentum und der Gebrauch, den man davon macht) stets nur provisorisch ist und bleibt. Ihre Rechtmäßigkeit unterliegt prinzipiell der Clausula rebus sic stantibus.

zum Beispiel, wenn indigene Völker in Südamerika durch Abholzung von Regenwäldern oder die Menschen in Bangladesch durch Klimawandelbedingten Anstieg des Meeresspiegels ihre Lebensgrundlage verlieren, ohne dass die jeweiligen Verursacher für die faktische Enteignung und Vertreibung zivilrechtlich haften, von strafrechtlich ganz zu schweigen.

Urheber solcher Eingriffe und damit rechtlich für deren Folgen verantwortlich sind besonders die führenden Industrieländer, und zwar keineswegs nur Regierungen und Großunternehmen auf der Basis entsprechender Herrschafts- und Machtverhältnisse, sondern oft die ganze Kette von den unmittelbaren Verursachern der Abholzung, der Klimaveränderung, der ökologischen Schäden bis hin zu den verschiedenen an der Wertschöpfung beteiligten Produzenten, Händlern und Investoren und schließlich zu den Konsumenten, die mittelbar ebenfalls in irgendeiner Weise davon profitieren. Die Verantwortung mag keine positiv-rechtliche sein. So hört man denn auch immer wieder, alles, was man tue, sei ganz legal; man halte sich an die Gesetze. Oft genug ist dies durchaus nicht der Fall. Aber vor der rechtlich-praktischen Vernunft ist es allemal Unrecht, und involviert ist jeder in der Kette, sei es direkt als Täter (etwa die Fahrer von Autos mit hohem Schadstoffausstoß), sei es, dass er indirekt, gleichsam wie ein Hehler, unrechtmäßig erlangte Sachen erwirbt (etwa die Käufer von Palmöl aus Plantagen, denen große Regenwaldflächen zum Opfer fielen).

Der Mensch hat als vernünftiges Natur- oder Sinnenwesen auch die Fähigkeit und nicht selten das Bedürfnis, sich am Naturschönen zu erfreuen und dementsprechend von seiner Freiheit Gebrauch zu machen. Daher sind Eingriffe in die nichtmenschliche, lebende und leblose Natur, wenn von ihnen deren Schönheiten betroffen sind, ebenfalls von rechtlicher Relevanz. Denn auch dadurch können Menschen in ihrer äußeren Freiheit eingeschränkt werden, sei es direkt, indem ihnen eine naturgegebene Möglichkeit des Freiheitsgebrauchs genommen wird, sei es indirekt durch psychosomatische Störungen im Gefolge solcher Eingriffe. Somit stellt sich auch für solche Eingriffe die Rechtsfrage, ob ihnen jeder der davon jeweils Betroffenen notwendig bzw. unmöglich seine Zustimmung geben könnte.

Die Sicherung eines vernunftrechtlichen Umgangs mit der vernunftlosen Natur überhaupt ist ein wesentliches Element der allumfassenden Rechtspflicht der Menschheit, einen weltbürgerlichen Zustand zu stiften, durch den jedem Menschen auf Erden seine (für alle gleiche) äußere Freiheit gesichert wäre.

*8.*

Abschließend sei noch einmal ein Blick auf das Quälen von Tieren als *rechtliches* Problem geworfen.[156] Es geht um die Frage, ob und wenn ja, warum der

---

[156] Ich gestehe freimütig, dass die hier vorgeschlagene Lösung für mich selber noch nicht die Überzeugungskraft hat, die ich mir wünsche.

Mensch die Rechtspflicht hat, sich eines quälerischen Umgangs mit Tieren zu enthalten, und bei Zuwiderhandlung auch mit Recht dafür sanktioniert werden darf.[157]

Für eine Antwort auf diese Frage kommt ein unmittelbarer Rückgriff[158] auf die entsprechende *ethische* Pflicht, sei sie, wie für Kant, eine Pflicht des Menschen gegen sich selbst in Ansehung von Tieren, sei sie, wie häufig in der „tierethischen" Diskussion vorgestellt, eine Pflicht des Menschen gegen Tiere als moralische Subjekte oder jedenfalls als einen moralischen Status oder ein Anspruchsrecht besitzende Lebewesen, nicht in Betracht.[159] Dasselbe gilt von den notwendig scheiternden Versuchen, Tiere als Rechtssubjekte zu begreifen[160] und darauf die rechtliche Unterlassungspflicht und das Recht zu Sanktionen zu gründen.

Auch das gerne beschworene moralische Gefühl, bisweilen „moralische Intuition" genannt, ist kein Ersatz für eine rechtsphilosophische Beweisführung.[161] Ebenso ist der Hinweis, dass Tiere einen über ihren möglichen Nutzen hinausgehenden Wert haben, etwa für ökologische Zusammenhänge oder für die Schönheit der Artenvielfalt, dass sie also auf mannigfaltige Weise zum naturgegebenen und

---

[157] Siehe dazu auch: *Bernward Grünewald*, „Ökologie, Recht, Moral" (Fn. 155), S. 261–275; *Hans Wagner*, Die Würde des Menschen, Würzburg: Königshausen & Neumann, 1992, S. 366 ff.; 413 f.; 459 ff.; *Christian Krijnen*, „Tiere ohne Rechte und Menschen mit Pflichten", in: Jan C. Joerden/Bodo Busch (Hrsg.), Tiere ohne Rechte, Berlin: Springer, 1999, S. 83–99; *Reinhold Aschenberg*, „Menschen – Tiere. Skizze zu einer philosophischen Orientierung", in: Wege der Lehrerbildung, Festschrift für Hartmut Ebke, Tübingen: 2011, S. 15–32. Weitere aktuelle Herausforderungen und Anregungen verdanke ich der Korrespondenz mit Reinhold Aschenberg, Bernward Grünewald und Christian Krijnen.

[158] Ein mittelbarer Rückgriff wäre privatrechtlich denkbar, indem etwa bestimmte auf Massentierhaltung bezogene Verträge als sittenwidrig und damit nichtig anzusehen wären. Nichts kann rechtliche Gültigkeit haben, was mit dem Moralgesetz, mit dem „inneren Moralischen" (RL 06.371) unvereinbar ist. Doch ein anderes ist rechtliche Ungültigkeit, ein anderes rechtliches Verboten- und Strafbarsein.

[159] Ein solcher Rückgriff findet sich auch in dem Kommentar zum Tierschutzgesetz von Hans-Georg Kluge (Fn. 117, S. 61): „Auch die strafrechtliche Verbotsnorm der Tiertötung ohne vernünftigen Grund ist als Ausdruck einer durch das Sittengesetz begründeten Verwerflichkeit [...] zu verstehen." Ähnlich heißt es an anderer Stelle, es seien „dies Straftaten, welche Grundsätze der Sittenordnung oder das sittliche Empfinden der Allgemeinheit oder des einzelnen verletzen" (S. 41) und Tierquälerei und -tötung sei eine „sittliche Verfehlung des Täters an dem Tier und daher strafwürdig" (S. 50).

[160] In der Diskussion über Tierrechte findet sich die Überlegung, ob der Staat, wenn er schon nicht nur Menschen als „natürliche Personen", sondern auch sogenannte „juristische Personen" als Rechtssubjekte anerkenne, nicht auch Tieren diesen Status verleihen könne. Auch Kant subsumierte unter dem Begriff der *Rechts*person (im Unterschied zum Begriff der Person im ethischen Sinn) „physische Personen" und „moralische Personen" (Kollektive wie Staaten oder Gerichte; siehe etwa MS 06.227; RL 06.316; 06.343; TP 08.291; ZeF 08.344; 08.383), weil nämlich auch diese in Bezug auf ihr äußeres Handeln zurechnungsfähig und verantwortlich sind. Genau dies trifft jedoch auf Tiere nicht zu.

[161] Die durch die Augen eines Hundes oder Pferdes bedingte Zuneigung ist als natürliches Gefühl moralisch genau so unverbindlich wie die durch die Augen einer Ratte oder einer Viper bedingte Abneigung. Man benötigt bereits ein moralisches Urteil, um entscheiden zu können, welchem Gefühl man folgen soll bzw. darf und welchem nicht.

ohnehin stets gefährdeten Lebensraum gehören, eher ein starkes Argument gegen die Ausrottung von Arten als gegen Tierquälerei.

Für ein Verbot von Tierquälerei ist zu prüfen, ob es für die Vereinigung der Menschen zu einer Gemeinschaft äußerlich freier Wesen (Rechtsgemeinschaft) unentbehrlich oder zumindest mit ihr vereinbar ist.

Rechtlich notwendig ist das Verbot eines Freiheitsgebrauchs, der entweder unmittelbar dem Recht anderer Abbruch tut oder mittelbar die Rechtsgemeinschaft gefährdet. Rechtlich möglich ist das Verbot, wenn gesellschaftspolitische Gründe dies erfordern; dabei darf jedoch ein moralisch erlaubter oder sogar gebotener Freiheitsgebrauch nicht in seinem Wesensgehalt angetastet werden, während für einen moralisch verbotenen Freiheitsgebrauch wie die Tierquälerei ein solcher Vorbehalt nicht besteht. Oberste Pflicht des Staates als Rechtssicherungsordnung ist der Schutz der Würde des Menschen. Mit einem moralgesetzwidrigen Freiheitsgebrauch verletzt man selber eben diese Würde in der eigenen Person. Das muss der Staat freilich dulden, allerdings nur dann, wenn und solange und in dem Maße, wie nicht gesellschaftspolitische Gründe dagegen sprechen. Ähnlich wie im Aufenthaltsrecht eine Duldung nur eine „vorübergehende Aussetzung der Abschiebung", nicht einen Aufenthaltstitel oder ein dauerhaftes Bleiberecht bedeutet, kann auch die Duldung eines moralgesetzwidrigen Freiheitsgebrauchs jederzeit beendet werden.[162]

Von jemandem, der notorisch Tiere quält, ist zu befürchten, 1) dass er eine Neigung entwickelt, auch gegen Menschen grausam zu sein, 2) dass der darin zum Ausdruck kommende Mangel an Selbstkontrolle sich auf sein zwischenmenschliches Verhalten überhaupt auswirkt und 3) dass er überdies Nachahmer findet. Insofern dürfte ein Verbot der Tierquälerei rechtlich notwendig zu sein.

Die Menschheit hat sich selber im Laufe ihrer Entwicklungsgeschichte durch subtile Regeln und Formen des Umgangs zivilisiert, – des Umgangs nicht nur miteinander, sondern auch, und zwar in vielfacher, nicht zuletzt schützender, hegender und pflegerischer Weise, mit Tieren und mit der vernunftlosen Natur überhaupt. Dieser Bestand an Formen und Regeln einschließlich der rechtlich fixierten ist ein Kennzeichen von Zivilisation.[163] Ein zivilisierter Mensch geht nicht nur mit seinesgleichen zivilisiert um, sondern mit der Natur überhaupt. Er missbraucht seine Vernunft nicht zu beliebiger Triebbefriedigung, nicht, um „nur tierischer als jedes Tier zu sein"[164]; sondern er gebraucht sie, indem er sich von ihr Regeln für sein Handeln

---

[162] Die folgenden Überlegungen sind mutatis mutandis auch auf die Frage zu beziehen, ob und inwieweit die Tötung von Tieren bzw. die Zerstörung von Natur und überhaupt Eingriffe in sie positiv-rechtlich erlaubt bzw. verboten werden können oder sogar sollen. Bei der Antwort wäre dann allerdings je nach den Objekten der Verpflichtung und nach den für Erlaubnis bzw. Verbot jeweils in Betracht kommenden, sehr verschiedenartigen Gründen und deren rechtlicher Relevanz beträchtlich zu differenzieren.

[163] Damit ist nicht ein bestimmtes Quantum an Moralität gemeint, sondern „nur" an Regelgemäßheit bzw. Rechtmäßigkeit (Legalität) im äußeren Verhalten.

[164] Goethe, Faust, Prolog im Himmel (Mephistopheles).

geben lässt und sich ihnen unterwirft. Seine Zivilisiertheit oder Gesittung besteht in der Gesamtheit seines nach technischen, pragmatischen und moralischen Regeln geleiteten Verhaltens zu seiner Lebenswelt, der natürlichen wie der künstlichen, durch Menschen geschaffenen. Die so begriffene Zivilisation ist als solche ein hohes Gut. Erst durch sie wird die menschliche Gemeinschaft zu einer Gemeinschaft von Menschen als Personen. Sie zu schwächen oder gar zu gefährden, beträfe somit die Menschheit auch und gerade als Rechtsgemeinschaft.

Das Grundprinzip für die Gesetzgebung in einem dem Recht verpflichteten Staat (Kants „Republik") muss lauten: so wenig Freiheitseinschränkung wie möglich, so viel wie nötig. Zu den nötigen Einschränkungen können neben den die Freiheit von jedermann allererst sichernden und daher aus bloßen Rechtsgründen notwendigen auch solche gehören, die unmittelbar oder mittelbar die Möglichkeiten des Freiheitsgebrauchs erweitern, insbesondere Maßnahmen, die auf die Weiter- und Höherentwicklung der Zivilisation und der Kultur gerichtet sind, um so eine Gesellschaft immer mehr zu einer spezifisch menschlichen zu machen. Auch der Zwang zur Zivilisation und Kultur kann ein Zwang zur Freiheit sein; und dann und nur dann ist er rechtlich erlaubt und unter Umständen sogar (gesellschafts-) politisch geboten.[165]

Damit stellt sich mit Bezug auf das bei der sogenannten Massentierhaltung und bei bestimmten Tierversuchen zu beobachtende Quälen von Tieren die Frage, ob ein Verbot auch dieser Tierquälerei als ein Beitrag zur (weiteren) Zivilisierung der Gesellschaft anzusehen ist.

Quälen im Sinne eines vermeidbaren Zufügens von Schmerzen ist nicht bloß ein zweckentfremdender Missbrauch des natürlichen und zweckmäßigen Vermögens der Schmerzempfindung, für den sich kein vernünftiger Grund angeben lässt. Vielmehr ist dieses Quälen bei Tierhaltung und Tierversuchen zugleich der bereits erwähnte, die Zivilisation einer Gesellschaft gefährdende Missbrauch der Vernunft im Dienste eines wenig gehemmten Profitstrebens von Unternehmern, das überdies häufig durch eine sozial prekäre Lage auf Seiten der Arbeitnehmer und der Konsumenten und skandalöserweise sogar durch zahlungskräftige Abnehmer von Luxusgütern der Mode und Kosmetik begünstigt wird.

In Analogie zum Gresham'schen Gesetz: „bad money drives out good money", einem auf den Geldumlauf in einer Gesellschaft bezogenen ökonomischen Grundsatz, ließe sich eine auf die Zivilisation einer Gesellschaft bezogene moralsoziologische These formulieren: „bad morals drive out good morals" oder – im Hinblick auf die Sphäre bloßer Legalität adäquater – „schlechte Sitten (unzivilisierte Verhaltensformen) verdrängen gute Sitten (zivilisierte Verhaltensformen)". Eben dies ist zu befürchten, wenn das zweifellos unzivilisierte Quälen von Tieren durch gesellschaftliche Duldung seine Anstößigkeit verliert und sogar als gesellschaftlich

---

[165] Man denke etwa an Kita- und Schulzwang oder an Steuerzwang zur finanziellen Förderung der Kunst oder der von einer kleinen Minderheit gesprochenen Sprache oder an Bauvorschriften sowie Denkmals- und Landschaftsschutz.

akzeptiert angesehen wird. Somit würde das allgemeine Verbot von Tierquälerei dazu beitragen, die in der Gesellschaft bestehende Zivilisationsstufe zu erhalten bzw. eine höhere anzustreben.

Da ein solcher Beitrag mit der Vereinigung der Menschen zu einer Gemeinschaft äußerlich freier Wesen kompatibel ist, ist das Verbot auch rechtlich möglich. Im Hinblick auf eine solche Möglichkeit ist die Entscheidung darüber, ob und, wenn ja, in welcher Weise und in welchem Maße die äußere Freiheit von jedermann allgemeingesetzlich eingeschränkt wird, eine politische und als solche, abgesehen von ihrer Bindung an das jeweils rechtlich Notwendige, eine Ermessensentscheidung. Für ein Verbot genügte der politische Wille der Mehrheit, sei es der Bevölkerung, sei es des Parlaments, den für notwendig erachteten zivilisatorischen Fortschritt im Sinne vernünftiger Selbstdisziplinierung der Gesellschaft zu fördern.

Die rechtliche Möglichkeit eines Verbots jeder Art von Tierquälerei ließe sich auch noch auf andere Weise aufzeigen. Da Tiere wie alle Sachen auf der Erde zum ursprünglichen Gesamtbesitz gehören, stellt sich die Frage, ob man dem Privatgebrauch einer Sache notwendig zustimmen und folglich das Recht zu einem solchen Gebrauch Ausdruck eines allgemeinen Willens sein kann. Da der hier in Frage stehende Gebrauch, das Quälen von Tieren, ethisch verboten ist, kann man ihm unmöglich notwendig zustimmen. Also ist er gar nicht rechtmäßig und also ist es rechtlich möglich, einen solchen Gebrauch zu verbieten. Für ein Verbot genügte wiederum der politische Wille der Mehrheit, diese Verfügungsgewalt über Tiere wegen ihrer Unrechtmäßigkeit nicht zuzulassen. Auch hier wäre der rechtfertigende Grund für dieses rechtliche Verbot ein rechts- oder gesellschafts-politischer und nicht jenes ethische Verbot.

## Summary

The question, widely discussed especially in philosophy and jurisprudence, on how to treat and not to treat animals and nature in general, is controversial. Even more controversial, however, is the question on which reasons the answer should be based. The main insufficiency in the discussion is a lack of foundations. Even the principle difference between an ethical and a juridical answer to this question and the respective grounds of proof are often ignored. Kant's role in the literature is ambiguous; but whether seen negatively or positively, it is usually, in particular in the Anglo-Saxon literature, misunderstood, not least thanks to a misunderstanding of his moral philosophy. On closer examination, it appears to dispose of all the necessary means for finding a more or less satisfactory answer to the above questions.

The quintessence of the contribution is: Man has both ethical and juridical duties with regard to animals and to non-rational nature in general, although not, because animals are animals and nature is nature, but because man is man, more accurately: because he is a free and imputable being under ethical resp. juridical laws.

# Hegel, Naturrecht und Moralkonstruktivismus

Kenneth R. Westphal

## I. Einleitung

Meine These lautet: Hegels *Grundlinien der Philosophie des Rechts*[1] sind zugleich eine tiefgreifende Naturrechtslehre, die auch heute noch gut vertretbar ist. Hegel entwickelt darin eine gründliche Staatswissenschaft, die sich aber nicht nur auf den Staat in einem rein politischen Sinne, also auf eine Regierung bezieht; er entwirft vielmehr eine umfassende, einsichtige Moraltheorie einer modernen Republik, die er rational rechtfertigt. Methodologie und Beweisführung in Hegels *Rechtsphilosophie* schließen an einen überlieferten, aber leider vernachlässigten Moralkonstruktivismus an, der in Bezug auf die ganze Debatte um Moralrealismus oder -irrealismus schlicht *neutral* ist, aber für den Menschen unentbehrliche Grundnormen und -institutionen erschließt; Hegel weist nach, dass diese Normen und Institutionen, auch wenn sie buchstäblich künstlich sind in dem Sinne, dass sie allesamt von Menschen gemacht und damit Artefakte sind, dennoch objektiv gültig sind, und zwar dadurch, dass sie für uns Menschen schlicht notwendig sind und dass hinreichende Gründe zu ihrer Rechtfertigung prinzipiell an *alle* Personen adressiert werden können. Eine solche Auffassung eines naturrechtlichen Moralkonstruktivismus wurde zuerst von Hume im Anschluss an Hobbes vertreten; später wurde sie von Rousseau besonders hinsichtlich ihrer politischen Legitimität erheblich weiterentwickelt und von Kant durch seine kritische Metaphysik des Rechts und seine Analyse der Moralautonomie des Menschen tiefgreifend untermauert und weiter ausgebaut. All diese Ansätze mit ihren zugleich methodologischen und materiellen Einsichten integriert Hegel in seiner *Rechtsphilosophie* und arbeitet sie noch systematischer, umfassender und rechtfertigungsfähiger aus.

Um seine Leistung nachzuvollziehen, beginnen wir mit der Grundunterscheidung zwischen Moralrealismus und Moralirrealismus, die Sokrates im Gespräch mit Euthyphron zugespitzt hat (II.). Dann betrachten wir die Grundzüge einer konstruktivistischen Methodologie (III.) und Humes Ansätze zu einem naturrechtlichen Moralkonstruktivismus (IV.). Wie dieser auch das Desiderat politischer Legitimität erfüllen kann, wird durch Rousseaus juristische Leistung erhellt (V.). Mit Bezug

---

[1] *G. W. F. Hegel*, Grundlinien der Philosophie des Rechts oder Naturrecht und Staatswissenschaft im Grundrisse, Berlin: Nicolai, 1821; Sigle: „Rph", kritische Ausgabe in GW Bd. 14, also in: *G. W. F. Hegel*, Gesammelte Werke, 21 Bde., Deutsche Forschungsgemeinschaft/Hegel-Kommission der RheinischWestfälischen Akademie der Wissenschaften/Hegel-Archiv der Ruhr-Universität Bochum, Hamburg: Meiner, 1986–2009; Sigle: „GW".

auf Kants vertragsfreien Moralkonstruktivismus wird kurz darauf eingegangen, wie sich der naturrechtliche Moralkonstruktivismus durch Kants spezifische kritische Methodologie besser begründen und präziser aufbauen lässt (VI.). So erschließt sich Hegels naturrechtlicher Moralkonstruktivismus in den *Grundlinien der Philosophie des Rechts* (VII.). Hegels Behandlung des Sachenrechts entspricht durchgehend der kantischen (VIII.), wie auch seine Behandlung von Rechtsverhältnissen als menschliche Handlungsweisen genau dieser Form des Moralkonstruktivismus entspricht (IX.). Diese Ergebnisse lassen sich durch einige Kernpunkte in Hegels Sittlichkeitslehre gut untermauern (X.). Damit komme ich zum Schluss (XI.). Im Anhang wird Hegels Verfassung der modernen Republik graphisch dargestellt (XII.).

## II. Eine Grundunterscheidung in der Moraltheorie

Eine grundlegende Unterscheidung in Bezug auf Moralnormen liefert uns Sokrates' prominente Frage an Euthyphron, wie sich das Fromme zum Gottgefälligen verhalte (vgl. *Euthyphron*, 10). Dieser Frage zufolge trifft entweder der Moralrealismus (in irgendeiner Form) zu, das heißt, es gibt objektive moralische Maßstäbe in Form von moralischen Tatsachen, die vom Gemüt unabhängig sind, oder aber der Moralrealismus ist verfehlt, das heißt, moralische Maßstäbe sind allesamt künstlich. Wenn moralische Grundnormen künstlich sind, scheint dies unvermeidlich in einen Konventionalismus, Relativismus oder gar Skeptizismus zu münden. Ein solcher Schluss setzt aber noch eine weitere These voraus, die ich die „Beliebigkeitsthese" nenne und die besagt:

> Wenn moralische Maßstäbe allesamt künstlich sind, dann sind sie damit unvermeidlich relativ, konventionell oder willkürlich, keinesfalls aber objektiv gültig.

Trifft diese Beliebigkeitsthese zu? Nein. Genau dies war die Grundeinsicht der Gerechtigkeitstheorie von David Hume, der nachdrücklich für folgende Auffassung argumentierte:

> „So gewiß die Regeln der Rechtsordnung *künstlich* sind, so sind sie doch nicht *willkürlich*. Es ist daher auch die Bezeichnung derselben als *Naturgesetze* nicht unpassend, wenn wir unter *natürlich* das verstehen, was irgend einer Spezies gemeinsam ist, ja sogar, wenn wir das Wort so beschränken, daß nur das von der Spezies Unzertrennliche damit gemeint ist."[2]

Ausgehend von dieser Grundeinsicht entwickelt Hume die Grundzüge einer Naturrechtslehre, die gegenüber dem Moralrealismus schlicht *neutral* ist.[3] In dieser

---

[2] *Traktat* 3,2,1,19 (Übers. Lipps); zitiert worden sind: *David Hume*, A Treatise of Human Nature, London: 1739–40; kritische Ausgabe von D. F. Norton/M. J. Norton (Hrsg.), Oxford: Oxford University Press, 2000; Sigel: „T", zitiert nach Buch, Teil, §, Absatz-Nr., sowie: *David Hume*, Traktat über die menschliche Natur, übers. und hrsg. von T. Lipps, Hamburg/Leipzig: Meiner, 1904.

Hinsicht wurde sein neuer Ansatz des Naturrechts von Rousseau, Kant und Hegel weiter ausgeführt und entwickelt. Diese vier Philosophen vertreten alle entschieden eine – leider wenig beachtete – Auffassung von Moralkonstruktivismus, die von der ganzen Debatte um Moral(ir)realismus (und um Motivationsgründe) unabhängig ist.

### III. Ein naturrechtlicher Moralkonstruktivismus?

Das konstruktivistische Verfahren geht allgemein in vier Stufen vor: Innerhalb eines bestimmten, vorab definierten Bereichs werden

(1) bevorzugte Grundelemente ausgemacht;

(2) diese Grundelemente identifiziert und aussortiert;

(3) anhand der wichtigsten dieser Grundelemente hinreichende Prinzipien bzw. Theorien für den betreffenden Bereich konstruiert und

(4) dabei bevorzugte Konstruktionsprinzipien angewendet.

In dieser allgemeinen Form lässt sich diese Methodologie sowohl in der theoretischen Philosophie anwenden – wie bei Kant[4] und Carnap[5] – als auch in der praktischen Philosophie.[6]

Bezogen auf den Moralkonstruktivismus stellt sich nun die Frage: Wenn moralische Grundnormen von uns Menschen konstruiert, also buchstäblich künstlich sind, inwiefern sind sie damit unvermeidlich auch relativ, konventionell, beliebig bzw. willkürlich? Die Antwort auf diese Frage hängt vor allem von den ermittelten Grundelementen ab (Stufe 1). Die heutigen Moralkonstruktivismen sind *prinzipiell* kaum imstande, moralischer Beliebigkeit zu entgehen, weil sie sich allesamt auf *subjektive* Grundelemente stützen (Stufen 1 & 2) in dem Sinne, dass wir dieser Elemente gewahr sind (ob nun bewusst oder unbewusst) und diese *Gemütszustände* als theoretische Grundlage der moraltheoretischen Rechtfertigung unserer Handlungsprinzipien betrachtet werden. Als Beispiele solcher Gemützustände werden angeführt: Gefühle („sentiments", Hume), Leidenschaften (Blackburn, Gibbard), moralische Intuitionen, subjektive Reaktionen auf Umstände bzw. auf andere Per-

---

[3] Siehe *Kenneth R. Westphal*, „Von der Konvention zur Sittlichkeit. Humes Begründung einer Rechtsethik aus Kantischer Perspektive", in: D. Heidemann/K. Engelhardt (Hrsg.), Ethikbegründungen zwischen Universalismus und Relativismus, Berlin: DeGruyter, 2005, 153–180.

[4] *KdrV* A709, 834–5/B737, 862–3; verwendet worden sind *Immanuel Kant*, Kants Gesammelte Schriften, Königlich preußische (jetzt: deutsche) Akademie der Wissenschaften, Berlin: G. Reimer (jetzt de Gruyter), 1902 –; Sigel: „GS"; sowie *Immanuel Kant*, Kant im Kontext III: Komplettausgabe, K. Worm (Hrsg.), Berlin: InfoSoftWare, 2009.

[5] *Rudolf Carnap*, Der logische Aufbau der Welt, Berlin: Weltkreis, 1928.

[6] Kants konstruktivistischer Ansatz in der Methodenlehre wird auch in der deutschen Literatur wenig beachtet; die Reflexionen von Onora O'Neill zum Thema sind nach wie vor wegweisend; siehe *Onora O'Neill*, „Vindicating Reason", in: P. Guyer (Hrsg.), The Cambridge Companion to Kant, Cambridge: Cambridge University Press, 1992, 280–308.

sonen (Blackburn),[7] offenkundige Präferenzen, Einzelinteressen (Rawls, Gauthier,[8] Spieltheorie), Verhandlungsüberlegungen (in Vertragstheorien, z. B. bei Gauthier, Höffe, Narveson[9]) oder auch Geltungsansprüche (Habermas).[10] Gerade weil sie versuchen, eine Moraltheorie allein auf solchen subjektiven Grundelementen aufzubauen, können heutige Moralkonstruktionen moralische Prinzipien *grundsätzlich* nur gegenüber *denjenigen* rechtfertigen, die sie ohnehin teilen, und zwar damit, dass die betreffenden Personen *de facto* daran teilnehmen. Diejenigen, die diese Grundelemente nicht teilen, sie verleugnen oder gar zurückweisen, *können* von einem solchen Moralkonstruktivismus prinzipiell gar nicht angesprochen werden. Und das ist insofern ein großes Problem, als subjektive Grundelemente historisch wie auch geographisch variieren und zudem wandelbar sind. Gerade dadurch bleiben solche Moralkonstruktionen dem pyrrhonischen Kriteriendilemma verhaftet.

Ein Moralkonstruktivismus erreicht die erforderliche Objektivität dadurch, dass er objektive Grundelemente berücksichtigt (Stufe 1), nämlich objektive Tatsachen bezüglich unserer sehr endlichen Gattung verkörperter Handlungsrationalität und unseren Handlungskontext, den Erdball. Die relevanten Tatsachen dazu beziehen sich auf das, was wir als Menschen überhaupt zu leisten vermögen, auch angesichts der Umstände unseres Handelns auf der Erde und unserer vielfältigen Endlichkeiten, z. B. unserer Verletzbarkeit, Verführbarkeit oder Täuschbarkeit. Diese Tatsachen gehören wesentlich zur *conditio humanae*; sie sind moralisch *relevant*, aber als solche keine *moralischen Tatsachen*.

---

[7] Die heute üblichen „response-dependent concepts" gehören allesamt hierzu.

[8] *David Gauthier*, Morals by Agreement, Oxford: The Clarendon Press, 1986; ders., „Warum Kontraktualismus?", in: R. Celikates/S. Gosepath (Hrsg.), Philosophie der Moral, FF/M: Suhrkamp, 2008, 464–477; ders., „Political Contractarianism", Journal of Political Philosophy 5,2 1997, 132–148; ders., „Achieving Pareto Optimality: Invisible Hands, Social Contracts, and Rational Deliberation", Rationality, Markets and Morals: Studies at the Intersection of Philosophy and Economics 4, 2013, 191–204.

[9] Ebenda, sowie dazu *Ottfried Höffe*, Gerechtigkeit als Tausch? Zum politischen Projekt der Moderne, BadenBaden: Nomos Verlagsgesellschaft, 1991; ders., Vernunft und Recht – Bausteine zu einem interkulturellen Rechtsdiskurs, FF/M: Suhrkamp, 1996; *Jan Narveson*, „Social Contract: The Last Word in Moral Theories", Rationality, Markets and Morals: Studies at the Intersection of Philosophy and Economics 4, 2013, 88–107; wie auch die verschieden Beiträge zu *Bernd Lahno* (Hrsg.), „,Can the Social Contract Be Signed by an Invisible Hand?': A New Debate on an Old Question", Rationality, Markets and Morals: Studies at the Intersection of Philosophy and Economics 4, 2013.

[10] Die Habermas'schen Geltungsansprüche gehören insofern hierzu, als es Habermas zufolge keine anderen Geltungsansprüche bzw. Rechtfertigungsgründe gibt als diejenigen, die jemand für gültig bzw. für gut *hält*; siehe *Matthias Kettner*, „The Disappearance of Discourse Ethics in Habermas's Between Facts and Norms", in: R. von Schomberg/K. Baynes (Hrsg.), Discourse and Democracy, Albany: SUNY Press, 2002, 201–218; ders., „Das Spezifikum der Diskursethik ist die vernunftmoralische Normierung diskursiver Macht", in: P. Ulrich/M. Breuer (Hrsg.), Wirtschaftsethik im philosophischen Diskurs. Begründung und „Anwendung" praktischen Orientierungswissens, Würzburg: Königshausen & Neumann, 2004, S. 45–64; ders., „Konsens", in: S. Gosepath/W. Hinsch/B. Rössler (Hrsg.), Handbuch der politischen Philosophie und Sozialphilosophie, Berlin: De Gruyter, 2008, 1:641–644.

Bezogen darauf sind zwei Feststellungen bei Hobbes entscheidend. Erstens: Unbegrenzte Handlungsfreiheit für Menschen würde dazu führen, dass sich die Menschen vollkommen gegenseitig behindern, so dass jede Möglichkeit wirksamen Handelns für den Einzelnen aufgehoben würde. Zweitens: Schon die bloße, unbefangene Unwissenheit darüber, wem was gehört, würde ausreichen, dass die Menschen sich vollkommen gegenseitig behindern und dadurch jegliche wirksame Verwendung materieller Ressourcen einschließlich Luft, Platz und Nahrungsmittel unmöglich wird. Rousseau bekräftigt drittens, dass diese beiden Feststellungen nur unter den Bedingungen einer bestimmten (nicht näher definierten, aber jedenfalls niedrigen) Bevölkerungsdichte zutreffen. Dadurch erkennt er selbst ebenso wie Hobbes, Hume und Rousseau viertens, dass zu den Grundproblemen der Moral auch Probleme der sozialen Koordinierung gehören, die sich nur über öffentliche, wechselseitig anerkannte Handlungsprinzipien überhaupt lösen lassen, die als soziale Handlungspraktiken institutionalisiert sind. Erst Rousseau erkennt fünftens, dass sich solche sozialen Grundprinzipien und -praktiken nur dann *legitimieren* lassen, wenn sie die Selbständigkeit jeder Person anerkennen, wahren und schützen, indem sie festlegen, dass niemand sich Macht oder Reichtum in einem Maß aneignen darf, das ihn befähigt, die Entscheidungs- oder Handlungsfreiheit eines anderen einseitig zu beschränken.[11]

### IV. Humes Begründung eines naturrechtlichen Moralkonstruktivismus

In stillschweigendem Anschluss an die beiden o. a. Feststellungen von Hobbes argumentiert Hume sehr zutreffend, dass die Grundregeln des Besitzrechts – genauer: die sozialen Prinzipien und Praktiken von Besitznahme, Besitz und Nießrecht, Versprechen und Vertrag[12] – für uns endliche Menschen schlicht lebensnotwendig sind und dass diese Grundregeln der Gerechtigkeit schon unter den Bedingungen einer niedrigen Bevölkerungsdichte öffentlich befördert und nachvollzogen werden müssen; wir handeln also gemäß unseren ureigenen langfristigen Interessen, wenn wir diese Grundregeln der Gerechtigkeit einhalten.[13] Auch bei einer niedrigen Bevölkerungsdichte benötigen wir Menschen also irgendeine Art von Regierung, die auch öffentliche Bauvorhaben ein- und durchführt.[14] Auf die Frage der politischen

---

[11] *Jean-Jacques Rousseau*: „‚In der Republik', sagt der Marquis d'Argenson, ‚ist jeder vollkommen frei, soweit er den anderen nicht schadet'". Das ist die unverrückbare Grenze; man kann sie nicht genauer ziehen" (*CS* 4,8,30, Anm.; *ders*. 1964, S. 467 Anm.); zitiert worden sind *Jean-Jacques Rousseau*, Du contrat social, Amsterdam: Marc Michel Rey, 1762; Sigel: „CS", zitiert nach Buch, Kap., Absatz-Nr.; *ders*., Vom Gesellschaftsvertrag, H. Denhardt, Übers., Leipzig: Reclam, 1880; *ders*., Du contrat social, kritische Ausgabe von B. Gagnebin/M. Raymond (Hrsg.), mit F. Bouchardy et al., Oeuvres complètes, Paris: Gallimard (Pléiade), 1976, 3:347–470.

[12] *Hume* (Anm. 2), *T* 3,2,6,1, 3,2,11,2.

[13] Ebenda, *T* 3,2,2,24.

[14] Ebenda, *T* 3,2,7,6–8.

Legitimität geht der damals 22-Jährige aber nur am Rande ein, indem er anmerkt, dass eine Regierung, die die eigene Bevölkerung nicht schützt und fördert, sondern ausbeutet und schädigt, von dieser keinen Gehorsam mehr verdient.[15]

## V. Rousseaus rechtsphilosophische Leistung

1. Rousseaus juristisches Hauptproblem ist ein zweifaches: Es besteht darin, unter den Bedingungen einer Bevölkerungsdichte, bei der wir uns unvermeidlich begegnen und dies unsere Handlungsoptionen beeinflusst oder gar beeinträchtigt, dennoch einerseits die Handlungsfreiheit des Einzelnen zu gewährleisten, zu schützen und zu fördern, andererseits die Befriedigung seiner legitimen Bedürfnisse zu sichern.[16] Es geht hier also um die beiden Grundbedürfnisse jedes Menschen: bescheidenes materielles Wohlergehen und persönliche Freiheit. Ferner kann nach Rousseau eine Gesellschaft nur dann legitim sein, wenn sie in der Lage ist, Folgendes zu leisten:

(1) Formen der sozialen Mitwirkung, die auf einseitige Abhängigkeit einer Person von einer anderen hinauslaufen, möglichst weitgehend zu vermeiden,

(2) durch wirksame Sozialverfahren die Einzelnen in die Lage zu versetzen, eigene Handlungen, die das Allgemeinwohl gefährden, zu ändern bzw. einzuschränken,

dabei muss nun das Individuum – wie auch der Leser bzw. die Leserin – immer bedenken, dass das „Gemeinwohl" *per definitionem* auch die eigene Teilhabe des Einzelnen daran einschließt, und

(3) die zweite Bedingung in einer Weise zu erfüllen, die mit der Freiheit des Einzelnen vereinbar ist.

Der Schlüssel liegt darin, „Gesetze, wie sie sein können",[17] so zu erlassen, dass alle drei Bedingungen zugleich erfüllt werden. In dieser Hinsicht versucht Rousseau eine Rechtsphilosophie mit einer starken Freiheitsphilosophie zu vereinbaren. Seine durchaus republikanische Grundeinsicht ist: Wenn legitime Gesetzgebung als Ergebnis des Willens aller Gesellschaftsgenossen verstanden – nicht missverstanden! – werden kann, dann kann Gehorsam gegen diese Gesetzgebung als eine Art Selbstgehorsam gelten und somit als eine Form von Freiheit.

2. Diese Bedingung für eine legitime Gesetzgebung und die beiden oben genannten Anforderungen an eine legitime Sozialordnung bilden zusammengenommen drei Grundbedingungen für jede legitime Gesetzgebung. Sie fallen unter zwei Kategorien: einerseits die Inhalte oder das Resultat der Gesetzgebung, andererseits die Tätigkeit und das Verfahren des Erlassens entsprechender Gesetze. Zum Inhalt der Gesetzgebung formuliert Rousseau zwei Bedingungen:

---

[15] Ebenda, *T* 3,2,9,1.
[16] *Rousseau* (Anm. 11), *CS* 1,6,4; vgl. 2,2,1.
[17] Ebenda, *CS* 1, Proem.

(1) Legitime Gesetze müssen tatsächlich das materielle Wohlergehen jedes Einzelnen fördern.

Diese Bedingung leitet sich direkt vom Ausgangsproblem ab, das laut Rousseau nur durch Vergesellschaftung überhaupt gelöst werden kann: dem Bedürfnis und Verlangen jeder Person nach dem Lebensnotwendigen, aber auch den individuellen Wünschen, die sich nicht realisieren lassen, weil sie sich bei fehlender sozialer Koordinierung wechselseitig aufheben.

(2) Legitime Gesetze müssen die Beeinträchtigungen der individuellen Freiheit durch soziale Zusammenarbeit möglichst durchgängig entweder vermeiden oder wirksam minimieren, so dass kein Mensch von der Willkür eines anderen abhängt bzw. abhängig gemacht werden kann.

Diese Unabhängigkeitsbedingung, wie ich sie nenne, ist notwendig, damit jedes Mitglied nur sich selbst gehorcht (oder jedenfalls diese Möglichkeit hat), also genauso „frei ist wie vorher", d.h. wie im *status naturalis* – also wohl lange vor der Entstehung von Güterknappheit durch gestiegene Bevölkerungsdichte.

Die dritte Bedingung bezieht sich auf das Erlassen von Gesetzen:

(3) Legitime Gesetze, die tatsächlich die Grundinteressen jedes einzelnen Menschen fördern, müssen von den Bürgern auch als Ergebnis ihres eigenen Willens anerkannt werden.

Diese dritte Bedingung zielt darauf ab, dass in einer legitimen Gesellschaft jedes Mitglied nur dem eigenen Willen gehorcht.

## VI. Kants vertragsfreier Moralkonstruktivismus

Kant entwickelt in seiner Rechtslehre eine konstruktivistische Naturrechtslehre, die den Sozialvertrag dadurch idealisiert, dass eine mutmaßlich kontrafaktische Vereinbarung für die Identifizierung bzw. die Rechtfertigung sozialer Grundnormen und -institutionen für ihn ausdrücklich keine konstitutive Rolle spielt. Denn seine Rechtfertigung zielt darauf ab, diejenigen sozialen Grundnormen und -institutionen freizulegen, die für uns Menschen unentbehrlich sind – und damit eben nicht beliebig, keineswegs „optional" – und gerade deshalb nachvollziehbar und gerechtfertigt und deshalb annehmbar sind.[18] Ich betrachte hier nur einen Aspekt seiner Analyse, der allerdings exemplarisch ist, nämlich das Besitzrecht.

1. Kant gesteht zu, dass die für das Besitzrecht konstitutiven Prinzipien nicht einfach analytisch wahre Sätze sind und dass sich ein Normsatz nicht einfach empirisch belegen bzw. rechtfertigen lässt. Darum fallen diese Prinzipien in den Kernbereich seiner kritischen Philosophie, die darauf abzielt, bestimmte syntheti-

---

[18] Siehe *K. R. Westphal*, „Moralkonstruktivismus, Vertragstheorie und Grundpflichten: Kant *contra* Gauthier", Jahrbuch für Recht und Ethik / Annual Review of Law and Ethics 22, 2014, 545–563.

sche Sätze *a priori* zu rechtfertigen.[19] Um dies zu bewerkstelligen, entwickelt Kant in seiner *Metaphysik der Sitten* Grundprinzipien für menschliche Verpflichtungen und Rechte,[20] indem er ein rein *apriorisches* normatives Prinzip durch eine besondere „moralische Anthropologie" auf die menschliche Natur bezieht.[21] Dieses normative Grundprinzip ist das allgemeine Prinzip des Rechts; es lautet:

> „Eine jede Handlung ist recht, die oder nach deren Maxime die Freiheit der Willkür eines jeden mit jedermanns Freiheit nach einem allgemeinen Gesetze zusammen bestehen kann."[22]

Dieses allgemeine Rechtsprinzip bildet erstens, wie ich an anderer Stelle in Übereinstimmung mit Onora O'Neill argumentiert habe, die konstruktivistische *conditio sine qua non*, um Handlungsprinzipien bzw. Handlungen in nicht rein formalen, also in substantiven Bereichen rational zu rechtfertigen: Ein Prinzip bzw. eine Handlung kann nur dann legitim sein, wenn dafür hinreichende Rechtfertigungsgründe vorliegen, die an alle betroffenen Personen adressiert werden können.[23] (Hier ist aber zu beachten, dass Rechtfertigungsgründe an alle Betroffenen zu adressieren nicht bedeutet, dass diese sie auch akzeptieren bzw. ihnen zustimmen.[24]).

---

[19] Wie Kant anmerkt, besteht die Hauptaufgabe seiner kritischen Philosophie darin, zu zeigen, „[w]ie [...] synthetische Rechtssätze *a priori* möglich (in Ansehung der Gegenstände der Erfahrung [...])" sind (GS, 23:302,28–30). Die hier vorgetragene Skizze gründet sich auf ausführliche Untersuchungen, wo ich u. a. erkläre, warum ich mich mit Besitzrechten anstatt mit Eigentumsrechten befasse; siehe *K. R. Westphal*, „Do Kant's Principles Justify Property or Usufruct?" Jahrbuch für Recht und Ethik/Annual Review of Law and Ethics 5, 1997, 141–194; sowie How Hume and Kant Reconstruct Natural Law: Justifying Strict Objectivity without Debating Moral Realism, Oxford: The Clarendon Press, 2016, §§ 35–38. Jüngst haben *B. Sharon Byrd* und *Joachim Hruschka*, Kant's Doctrine of Right: A Commentary (Cambridge: Cambridge University Press, 2010), versucht, Kants Analyse so zu rekonstruieren, dass sie die von mir (1997) aufgezeigten Probleme vermeidet; ihre einleuchtende Analyse scheint mir diese Probleme aber eher zu wiederholen. – Die folgenden Seiten bzw. Abschnittsangaben beziehen sich, wenn nichts anderes angemerkt wird, auf Kants Rechtslehre, also auf MdS, Teil I, GS Bd. 6.

[20] *I. Kant* (a. a. O., Anm. 4), MdS, GS 6:216,37–217,4.

[21] Ebenda, GS 6:217.

[22] Ebenda, RL Einl. § C, *GS* 6:230.

[23] *K. R. Westphal*, „Do Kant's Principles Justify Property or Usufruct?" (Anm. 19); *ders.*, „Practical Reason: Categorical Imperative, Maxims, Laws", in: W. Dudley/K. Engelhard (Hrsg.), Kant: Key Concepts, London: Acumen, 2010, 103–119; *ders.*, „Urteilskraft, gegenseitige Anerkennung und rationale Rechtfertigung", in: H. D. Klein (Hrsg.), Ethik als prima philosophia?, Würzburg: Königshausen & Neumann, 2011, 171–193; *ders.*, „Kant: Vernunftkritik, Konstruktivismus und Besitzrecht", in: A. Travesonni-Gomez/J.-C. Merle (Hrsg.), Kant's Theory of Law, Archiv für Rechts- und Sozialphilosophie Beiheft 143, 2015, 57–100.

[24] Die Zurückweisung objektiv hinreichender Beweisgründe wirft jedoch Probleme auf, die sich letztendlich nur durch eine Analyse der Möglichkeiten konstruktiver Selbstkritik und konstruktiver gegenseitiger Kritik lösen lassen, wie *Hegel* sie in der Phänomenologie des Geistes (1807) entwickelt; siehe *K. R. Westphal*, Hegel's Epistemological Realism: A Study of the Aim and Method of Hegel's Phenomenology of Spirit, Dordrecht: Kluwer, 1989; und *ders.*, „Urteilskraft, gegenseitige Anerkennung und rationale Rechtfertigung" (Anm. 23).

Zweitens bildet dieses allgemeine Rechtsprinzip die rechtsphilosophische Formulierung des allgemeinen Rechtfertigungsprinzips, das Kants spezifischer kritischer Philosophie zu Grunde liegt, und zwar als *conditio sine qua non* für die rationale Rechtfertigung jeglichen Erkenntnisurteils in jeglichem substantiven, also nicht bloß formalen Bereich, ob in praktischer, theoretischer oder auch ästhetischer Hinsicht. Schon Kant hat durch seine spezifische kritische Methode erkannt, dass wir Menschen als endliche Vernunftwesen nur dadurch sachgemäß und „mit [...] Richtigkeit" denken *können*, dass wir uns unsere Behauptungen und Begründungen gegenseitig mitteilen und sie prüfen.[25] Hegels Weiterentwicklung dieser kantischen Grundthese mündet in seine Analyse, dass gegenseitige Anerkennung eine *conditio sine qua non* für vollkommene menschliche Begründungsrationalität und Vernunftautonomie bildet.[26]

2. Drittens schließlich bildet dieses allgemeine Rechtsprinzip Kants rechtsphilosophische Grundlage des einzigen angeborenen Rechts, nämlich des Rechts auf Freiheit:

> „Freiheit (Unabhängigkeit von eines Anderen nöthigender Willkür), sofern sie mit jedes Anderen Freiheit nach einem allgemeinen Gesetze zusammen bestehen kann, ist dieses einzige, ursprüngliche, jedem Menschen kraft seiner Menschheit zustehende Recht. – Die angeborne Gleichheit, d. i. die Unabhängigkeit nicht zu mehrerem von Anderen verbunden zu werden, als wozu man sie wechselseitig auch verbinden kann; mithin die Qualität des Menschen sein eigener Herr (*sui iuris*) zu sein, imgleichen die eines unbescholtenen Menschen (*iusti*), weil er vor allem rechtlichen Act keinem Unrecht gethan hat; endlich auch die Befugniß, das gegen andere zu thun, was an sich ihnen das Ihre nicht schmälert, wenn sie sich dessen nur nicht annehmen wollen [...] – alle diese Befugnisse liegen schon im Princip der angebornen Freiheit und sind wirklich von ihr nicht (als Glieder der Eintheilung unter einem höheren Rechtsbegriff) unterschieden."[27]

Mit seinem allgemeinen Rechtsprinzip samt dem einzigen angeborenen Recht übernimmt Kant also Rousseaus Unabhängigkeitsprinzip. Dieses sehen beide Rechtsphilosophen als *conditio sine qua non* für Gerechtigkeit und politische Legitimität.

---

[25] Kant, „Was heißt es, sich im Denken zu Orientieren?" (1786), GS 8:144–7.

[26] Siehe *K. R. Westphal*, „Urteilskraft, gegenseitige Anerkennung und rationale Rechtfertigung" (Anm. 23). Hegel übernimmt Kants Kritik der menschlichen Urteilskraft samt seiner konstruktivistischen Methodologie und baut diese um und weiter aus, ohne aber den transzendentalen Idealismus beizuhalten. Zwischen Hegels und Kants Philosophien gibt es methodologische und urteilslogische, aber *keine* metaphysischen Querverbindungen. Siehe *K. R. Westphal*, „Does Kant's Opus Postumum Anticipate Hegel's Absolute Idealism?", in: E. O. Onnasch (Hrsg.), Kants Philosophie der Natur. Ihre Entwicklung bis zum Opus postumum und Nachwirkung, Berlin: deGruyter, 2009, 357–383; *ders.*, „Hegel's Pragmatic Critique and Reconstruction of Kant's System of Principles in the 1807 *Phenomenology of Spirit*", in: N. Gascoigne, Gast-Hg., Hegel and Pragmatism, Hegel Bulletin 36,2, 2015, 159–183; und *ders.*, „Hegel's Pragmatic Critique and Reconstruction of Kant's System of Principles in the *Logic* and *Encyclopaedia*", Dialogue: Canadian Journal of Philosophy/Revue canadienne de philosophie 54,2, 2015, 333–369.

[27] Kant, MdS, GS 6:237–8; die Stelle stammt aus Kants einführender „Einteilung der Rechtslehre", § B: „Allgemeine Eintheilung der Rechte".

3. Nun bezieht Kant in seiner *Metaphysik der Sitten* das allgemeine Prinzip des Rechts auf die *conditio humanae*, u. a. auf basale Aspekte des menschlichen Wesens und seines Handlungskontextes auf der Erde. Dabei berücksichtigt er das Prinzip des hypothetischen Imperativs, nämlich:

„[...] wer den Zweck will, will auch (der Vernunft gemäß nothwendig) die einzigen Mittel, die dazu in seiner Gewalt sind."[28]

Dieses Prinzip zweckrationalen Handelns formuliert eine Einschränkung in Bezug auf das rationale Wollen von Endzwecken. Für das Besitzrecht sind folgende „moralisch-anthropologischen" Tatsachen relevant:

(1) Wir Menschen können überhaupt keine Zweckerfüllung *ex nihilo* wollen.

(2) Unsere Zwecke – unabhängig davon, ob es sich um Grundbedürfnisse handelt oder um beliebige Wünsche – sind komplex, zeitlich ausgedehnt und mehr oder weniger miteinander verbunden.

(3) Wir bewohnen einen Erdball, dessen Fläche räumlich begrenzt, also endlich ist.

(4) In mehreren Regionen haben wir eine so hohe Bevölkerungsdichte erreicht, dass wir Begegnungen miteinander nicht mehr vermeiden können.[29]

Aus dem ersten Punkt, dass wir eine Zweckerfüllung nicht einfach *ex nihilo* wollen können, folgt, dass wir uns der vorhandenen Materialien – dazu gehören mindestens Luft, Wasser, Nahrungsmittel und Platz als Handlungsraum sowie die zur Selbsterhaltung nötige Kleidung, Unterkunft und Werkzeuge – bedienen müssen, um überhaupt zweckmäßig handeln zu können.

Aus dem zweiten Punkt, dass unsere Zwecke komplex, zeitlich ausgedehnt und mehr oder weniger miteinander verbunden sind, ergibt sich, dass niemand alle Mittel, die zur Selbsterhaltung nötig sind, gleichzeitig hand- bzw. innehaben kann. Das menschliche Leben erfordert also, dass man regelmäßig und zuverlässig von Materialien Gebrauch machen kann, die ein Mensch nicht alle zur selben Zeit handhaben kann.[30] Wenn wir nicht zuverlässig auf die Verfügbarkeit dieser Materialien vertrauen können, die wir regelmäßig brauchen und benutzen, aber zu einer Zeit $Z$ für eine andere Tätigkeit $T$ gerade nicht benötigen, können wir diese andere Tätigkeit nicht ausführen, ebenso wie die derzeitige Tätigkeit in vielen anderen Fällen.

Dem dritten und vierten Punkt zufolge bedienen wir uns dieser Materialien unter der Bedingung ihrer relativen Knappheit, was bedeutet, dass das eigene Handeln unvermeidlich die Handlungsmöglichkeiten der anderen beeinträchtigt. Wie Hume stellt auch Kant fest, dass dies der eigentliche Geltungsbereich sozialer und auch politischer Prinzipien und Praktiken von Gerechtigkeit ist.

---

[28] *Kant*, Grundlegung der Metaphysik der Sitten, GS 4:417–8.
[29] *Kant*, MdS, RL §§ 8, 9, 13, 42.
[30] Kant war sich hierüber durchaus im Klaren (GS 23:230–1).

Aus diesen vier Tatsachen folgt, dass für uns endliche Menschen Besitzrechte und der rechtliche Besitz bestimmter Materialien notwendig sind. Nach dem Prinzip des hypothetischen Imperativs müssen wir unausbleiblich mindestens einige dieser Materialien besitzen wollen, auch wenn wir sie gerade nicht physisch handhaben. Darüber hinaus müssen wir auch die minimalen hinreichenden Bedingungen für ihren nicht physischen Besitz wie auch für ihre Aneignung und Aufbewahrung wollen. Das zu lösende Problem ist also ein dreifaches: Zum einen müssen wir uns bestimmter Materialien bedienen, um überhaupt handeln zu können; indem wir sie verwenden, beschränken wir jedoch die Handlungsmöglichkeiten anderer. Zum anderen ist es nicht zu rechtfertigen, dass wir anderen einseitig Verpflichtungen auferlegen oder sie gar einseitig in ihren Handlungsmöglichkeiten beschränken, schon allein weil dies dem allgemeinen Prinzip des Rechts zuwiderläuft. Und schließlich ist der „Besitz" von Materialien, die man gerade nicht physisch ergriffen hat, nur dadurch überhaupt möglich, dass andere unseren Besitzanspruch darauf anerkennen und respektieren. Der Sinn von Besitz liegt gerade darin, dass er uns erlaubt, unsere Handlungen und Tätigkeiten wechselseitig zu koordinieren und gegenseitige Beeinträchtigungen so weit wie möglich zu vermeiden und auch zu regeln, welche Materialien wir selbst benutzen und wie wir sie benutzen. Für Kant liegt also der Hauptpunkt in der Frage, unter welchen Bedingungen die Besitznahme und der Gebrauch von Materialien, wenn überhaupt, möglich und legitim sind.[31]

Nach Kant berechtigt uns das „rechtliche Postulat der praktischen Vernunft", welches besagt, dass eine Sache besessen werden kann, von anderen zu verlangen, dass sie unseren Besitz achten; diese Pflicht werde den anderen dadurch auferlegt, dass wir etwas in Besitz nehmen.[32] Kann das stimmen? Anscheinend erlegt eine erste Besitznahme anderen Personen unilateral eine Verpflichtung auf. Dies läuft aber dem einzigen angeborenen Recht zuwider, dem Recht auf Freiheit, denn diese Freiheit beinhaltet auch die Unabhängigkeit des Einzelnen von jedem fremden Willen.

Kants Analyse zeigt, dass eine erste Besitznahme keineswegs zu einer einseitigen Auferlegung von Pflichten führt. Wie Rousseau unterstreicht er ausdrücklich, dass das angeborene Recht auf Handlungsfreiheit auch eine „Unabhängigkeit von eines Anderen nöthigender Willkür" bedeutet,[33] jedenfalls soweit diese Unabhängigkeit

---

[31] Welche und wie viele Güter eine Person besitzen darf, hängt unter anderem von geographischen und sozialen Bedingungen ab, die für jede Gesellschaft gesondert geprüft werden müssen. Hier ist aber die zentrale Frage, wie Besitzrechte *überhaupt* zu rechtfertigen sind.

[32] Kant formuliert zwei verschiedene „Postulate" der [rechtlichen] praktischen Vernunft: (1) „Es ist möglich, einen jeden äußern Gegenstand meiner Willkür als das Meine zu haben; d.i.: eine Maxime, nach welcher, wenn sie Gesetz würde, ein Gegenstand der Willkür an sich (objectiv) herrenlos (*res nullius*) werden müßte, ist rechtswidrig" (RL § 2, 6:246,5–8); (2) „dass es Rechtspflicht sei, gegen Andere so zu handeln, dass das Äußere (Brauchbare) auch das Seine von irgend jemanden werden könne" (RL § 6, 6:252,13–15). Zum Verhältnis dieser beiden Formeln siehe K. R. Westphal, How Hume and Kant Reconstruct Natural Law (Anm. 19), §§ 37,1, 38,2–3.

[33] Zu Rousseau siehe K. R. Westphal, „Rousseaus Umbau des Naturrechts in Du contrat social", in: M. Kaufmann/J. Renzikowski, (Hrsg.), Freiheit als Rechtsbegriff, Berlin: Duncker & Humblot, 2016, 213–227.

"mit jedes Anderen Freiheit nach einem allgemeinen Gesetze zusammen bestehen kann"; das „jedem Menschen kraft seiner Menschheit zustehende Recht" auf Handlungsfreiheit schließt auch die „angeborne Gleichheit" ein, „d. i. die Unabhängigkeit nicht zu mehrerem von Anderen verbunden zu werden, als wozu man sie wechselseitig auch verbinden kann".[34] Eine Schlüsselthese in Kants kritischer Metaphysik ist, dass wir andere Menschen als endliche Vernunftwesen unserer Gattung erkennen.[35] Als solche müssen sie sich unvermeidlich der sie umgebenden Materialien bedienen, um die eigenen Zwecke zu erreichen. Insofern gilt für alle Menschen dieselbe prinzipielle Erlaubnis, die sie umgebenden Materialien in Besitz zu nehmen und von ihnen Gebrauch zu machen, wodurch sie alle dieselbe Verpflichtung eingehen, die Besitzrechte anderer zu respektieren. Wir können durch die eigene Besitznahme von etwas also nur insoweit andere verpflichten, unsere Besitzrechte zu achten, als wir damit uns selbst verpflichten, auch die Besitzrechte der anderen zu respektieren, und weiterhin anerkennen, dass für jeden Menschen als endliches Vernunftwesen genau dieselben Verpflichtungsgründe gelten. Dieser Schluss lässt sich durch eine Widerspruchsprobe kantischer Art – genauer: durch eine Konzeptionswiderspruchsprobe – nachweisen, wie ich schon an anderer Stelle gezeigt habe.[36]

Kant beweist also – ich verwende hier absichtlich einen Erfolgsausdruck –, dass unsere Besitzrechte wie auch die Verpflichtung, die Besitzrechte der anderen anzuerkennen und zu respektieren, gegenseitig und gleichursprünglich sind, weil der Sinn von Besitz gerade darin liegt, unsere Handlungen sozial zu koordinieren, und dies unter der Bedingung relativer Güterknappheit, die bedeutet, dass eine Besitznahme die Handlungsoptionen der anderen einschränkt, sie „schmälert", wie Kant sagt.[37]

## VII. Hegels naturrechtlicher Moralkonstruktivismus in den *Grundlinien der Philosophie des Rechts*

In dieser Hinsicht argumentiert Hegel im Einklang mit Hobbes, Hume, Rousseau und Kant, dass Besitzrechte nur durch öffentliche Prinzipien und Praktiken, also durch Institutionen, überhaupt möglich und wirklich sind und sein können. Betrachten wir zunächst einige zentrale Thesen, die Hegel von seinen Vorgängern, vor allem wohl von Kant übernimmt.

1. In den Rph §§ 5–7 nennt Hegel drei Hauptmomente des freien Willens des Einzelnen, nämlich reflexives Selbstbewusstsein, die Unterscheidung und Bestim-

---

[34] *Kant*, MdS, RL Einl., GS 6:237,29–34.

[35] RL § 42, 6:307,14–26, vgl. KdrV A346/B404–5, KdU 5:484,7–19; zur Diskussion dieser These siehe Westphal (2012a), bes. § 4,2, sowie Kitcher (2013).

[36] Siehe *K. R. Westphal*, „Do Kant's Principles Justify Property or Usufruct?" (Anm. 19), sowie How Hume and Kant Reconstruct Natural Law (Anm. 19), §§ 35–38; siehe auch *Ulli F. H. Rühl*, Kants Deduktion des Rechts als intelligibler Besitz, Paderborn: Mentis, 2010; und *Christoph Horn*, Nichtideale Normativität. Ein neuer Blick auf Kants politische Philosophie, Berlin: Suhrkamp, 2014, 196–220.

[37] *Kant*, MdS, RL § 6; GS 6:250,5.

mung jedes Gegenstands als Gedankeninhalt sowie Selbstbestimmung als den Willen, so oder so zu handeln und dieses oder jenes Mittel einzusetzen, um diesen Gegenstand zu erreichen. Diese drei Momente führt Hegel in seiner Wiedergabe von Kants „Einbeziehungsthese" an (vgl. auch Rph § 4 Anm., Ende). Nach dieser These Kants – die Allison als „Incorporation Thesis" bezeichnet[38] – gilt jede Neigung bzw. jede mögliche Absicht und jeder mögliche Zweck erst dann als *Triebfeder* oder Handlungs*grund*, wenn eine Person sie bzw. ihn in ihre Maxime aufnimmt oder einbezieht, und zwar mit der Einschätzung, dass solches Handeln zugleich möglich (ausführbar), dienlich (erwünscht) und erlaubt ist (Rph §§ 7, 9, 12). (Im Folgenden wird ein solcher „Inhalt" des Willens von Einzelnen als „Willensgehalt" bezeichnet.)

2. Ferner übernimmt Hegel Kants Auffassung, dass die Grundlage des Rechts ganz allgemein der freie Wille ist (Rph § 4) und nicht z. B. Geselligkeit, Gewohnheit, Geschlechtstrieb oder aber bloßer Eigennutz, ob nun bezogen auf Sicherheit oder auf Gewinn. Der menschliche Wille ist insofern etwas „*Geistiges*" (Rph § 4), als natürliche, rein kausale Untersuchungen prinzipiell nicht hinreichen, um unsere rationalen Urteile zu erklären bzw. zu widerlegen, sofern diese sich auf Informationen stützen und auf die Überlegung, ob die einzelnen Momente oder Aspekte des uns derzeit möglichen Urteils in diesem auf die bestmögliche Weise integriert und synthetisiert sind. Das ist wohl die Grundthese von Kants Kritik der menschlichen Urteilskraft;[39] Hegel hat sie übernommen und in der *Phänomenologie des Geistes* von 1807[40] wie auch in späteren Werken weiter ausgearbeitet und untermauert. Danach sind wir Menschen insofern frei, als diese selbstkritische Frage nach der Hinlänglichkeit der eigenen rationalen Einschätzung des eigenen Urteils unsere Überlegungen bzw. Beurteilungen begleiten *kann*.

3. Hegel übernimmt dabei auch Kants Auffassung von der Zweckrationalität bezogen auf den Fall, dass ein Mensch den eigenen Willen ausführt und einen Zweck verfolgt, den er sich selbst vorgenommen hat (Rph § 9). Dieser Willensgehalt ist zunächst ein „unmittelbarer" (Rph § 10), m. a. W. ein durchaus „natürlicher" (Rph § 11):

> „Der nur erst *an sich* freie Wille ist der *unmittelbare* oder *natürliche* Wille. Die Bestimmungen des Unterschieds, welchen der sich selbst bestimmende Begriff im Willen setzt, erscheinen im unmittelbaren Willen als ein *unmittelbar* vorhandener Inhalt – es sind die *Triebe, Begierden, Neigungen*, durch die sich der Wille von Natur bestimmt findet." (Rph § 11)

---

[38] *Henry Allison*, Kant's Theory of Freedom, Cambridge: Cambridge University Press, 1990, 5.

[39] *Kant*, KdrV A 261–3/B 317–9, vgl. B 219; siehe *K. R. Westphal*, „Die positive Verteidigung Kants der Urteils- und Handlungsfreiheit, und zwar ohne transzendentalen Idealismus", in: M. Brandhorst/A. Hahmann/B. Ludwig (Hrsg.), Sind wir Bürger zweier Welten? Freiheit und moralische Verantwortung im transzendentalen Idealismus, Hamburg: Meiner, 2012, 259–277.

[40] Siehe *K. R. Westphal*, „Autonomie und Freiheit verkörperter Personen. Bemerkungen zu Hegel und den heutigen Lebenswissenschaften", in: K. Seelmann/B. Zabela (Hrsg.), Autonomie und Normativität. Zu Hegels Rechtsphilosophie, Tübingen: Mohr (Siebeck), 2014, 307–326.

Ein solcher freier Wille ist nach Hegel, wie auch schon bei Kant, ausdrücklich „Willkür" (Rph § 15). Zunächst einmal ist das oben angesprochene Moment der „Erlaubnis" völlig leer; diese ist noch lange keine Genehmigung oder Befugnis, denn die von Hegel betonte Abstraktheit des Einzelwillens besteht zum Teil gerade darin, dass der Akteur zunächst gar nicht darüber nachdenkt, was erlaubt ist und was nicht. Vielmehr erscheint es bei Hegel wie bei Hobbes zunächst als ein unbestimmtes und unbeschränktes angebliches Anrecht jedes freien Menschen auf jede beliebige unfreie, unpersönliche damit rechtlose Sache (Rph §§ 42, 44), diese Sachen werden zusammengenommen als „Außenwelt" gefasst (Rph §§ 8, 43).

4. Nun ist für eine rationale Rechtfertigung in nicht rein formalen, also in substantiven Bereichen Kants Einsicht entscheidend, dass für uns endliche Menschen eine *conditio sine qua non* jeglicher rationalen Rechtfertigung ist, dass deren Rechtfertigungsgründe ausnahmslos an *jede* Person adressiert werden *können*, dass also auch andere so denken, abwägen und handeln *können*, wie es die erste Person aktuell tut oder beabsichtigt. Auf diese *conditio sine qua non* gründet sich Kants transzendentale Methodenlehre in der *Kritik der reinen Vernunft*;[41] darauf basiert auch Kants Betonung, dass es für uns unentbehrlich ist, rationale Überlegungen und Beweisführungen öffentlich zu machen, um nicht nur zu denken, sondern überhaupt „mit [...] Richtigkeit" denken zu *können*;[42] und auf dieser *conditio sine qua non* basieren auch Kants Universalisierungsproben des kategorischen Imperativs und des allgemeinen Rechtsprinzips.

Genau diese *conditio sine qua non* rationaler Rechtfertigung sowie Kants kritische konstruktivistische Methode hat Hegel mit seiner Analyse von wechselseitiger Anerkennung als konstitutives, sogar transzendentales Prinzip rationaler Urteilskraft übernommen, untermauert und weiter ausgearbeitet, und zwar schon in der *Phänomenologie des Geistes* von 1807.[43] Auf dieser Methodologie und ihren Rechtfertigungsstrategien basiert sein gesamtes philosophisches System. Das sollte man über die *Phänomenologie des Geistes* wissen, bevor man sich mit der Hegelschen „Wissenschaft" befasst. Darum würde Hegel behaupten, dass diese Methodologie und ihre *conditio sine qua non* der rationalen Rechtfertigung in den *Grundlinien* kaum erwähnungsbedürftig sei.

5. Vorab möchte ich herausstellen, wie und wo Hegel Rousseaus und Kants „Unabhängigkeitsbedingung" für Legitimität und Gerechtigkeit aufnimmt: Er tut dies, um ein Problem in Kants Rechtslehre zu beheben. Die beiden Hauptpointen in der Kantischen Rechtfertigung des Besitzrechts sind einerseits das einzige angeborene Recht, nämlich das Recht auf Freiheit und Gleichheit, als „Unabhängig-

---

[41] Siehe *Onora O'Neill* (Anm. 6), *K. R. Westphal*, „Kant: Vernunftkritik, Konstruktivismus und Besitzrecht" (Anm. 23).

[42] *Kant*, GS 8:145, vgl. KdU § 40.

[43] Siehe *K. R. Westphal*, „Urteilskraft, gegenseitige Anerkennung und rationale Rechtfertigung" (Anm. 23).

keit von eines Anderen nöthigender Willkür",[44] andererseits seine Feststellung der praktisch-anthropologischen Tatsache, dass wir uns als endliche Vernunftwesen unausweichlich der uns umgebenden Materialien (Sachen) bedienen müssen, um überhaupt handeln zu können und um unser Leben zu erhalten. In seiner republikanischen Analyse des Staatsbürgers fasst Kant diese Rousseau'sche Unabhängigkeitsbedingung wiederum als „Selbständigkeit" des Bürgers:

> „Die zur Gesetzgebung vereinigten Glieder einer solchen Gesellschaft (*societas civilis*), d. i. eines Staats, heißen Staatsbürger (*cives*), und die rechtlichen, von ihrem Wesen (als solchem) unabtrennlichen Attribute derselben sind gesetzliche Freiheit, keinem anderen Gesetz zu gehorchen, als zu welchem er seine Beistimmung gegeben hat; bürgerliche Gleichheit, keinen Oberen im Volk in Ansehung seiner zu erkennen, als nur einen solchen, den er eben so rechtlich zu verbinden das moralische Vermögen hat, als dieser ihn verbinden kann; drittens das Attribut der bürgerlichen Selbstständigkeit, seine Existenz und Erhaltung nicht der Willkür eines Anderen im Volke, sondern seinen eigenen Rechten und Kräften als Glied des gemeinen Wesens verdanken zu können, folglich die bürgerliche Persönlichkeit, in Rechtsangelegenheiten durch keinen Anderen vorgestellt werden zu dürfen."[45]

In seiner Anmerkung zu diesem Abschnitt trifft Kant jedoch die berühmte Unterscheidung zwischen „aktiven" und „passiven" Staatsbürgern: Als stimmberechtigte und damit aktive Bürger gelten nur diejenigen, die über eigenes Vermögen bzw. ein Geschäft verfügen; das entspricht den zeitgenössischen republikanischen Staatsverfassungen, nach denen Eigentum eine übliche Bedingung für das Wahlrecht war. Kant bedenkt dabei, dass abhängige Personen – dazu zählt er kurz gefasst Lohnarbeiter und „alles Frauenzimmer" – vor möglicher Wahlerpressung durch ihre Arbeitgeber bzw. Hausherren zu schützen sind,[46] und behauptet, es müsse erlaubt, dürfe also nicht verboten sein, sich aus eigener Kraft und Leistung vom passiven zum aktiven Staatsbürger hochzuarbeiten.[47] Er erklärt jedoch nicht, wie es möglich sein soll, sich vom „Weib" zum aktiven Staatsbürger „empor[zu]arbeiten".[48]

Besondere Sachen werden bekanntlich in Besitz genommen, um bestimmten Bedürfnissen oder Zwecken des Einzelnen zu dienen. Hegel gesteht dieses „besondere Interesse des Besitzes" ohne weiteres zu; für ihn ist dabei aber grundlegend, dass man durch Besitznahme zuallererst die eigene Freiheit verwirklicht und erst dadurch sich selbst zum wirklich freien Willen macht:

> „Daß Ich etwas in meiner selbst äußeren Gewalt habe, macht den *Besitz* aus, so wie die besondere Seite, daß Ich etwas aus natürlichem Bedürfnisse, Triebe und der Willkür zu

---

[44] *Kant*, MdS, RL, GS 6:237.

[45] *Kant*, MdS, RL § 46.

[46] Die passiven Bürger beschreibt Kant als Personen, die „von anderen Individuen befehligt oder beschützt werden müssen, mithin keine bürgerliche Selbstständigkeit besitzen"; ebenda, GS 6:315.

[47] Ebenda, GS 6:315.

[48] Ebenda, GS 6:315.

dem Meinigen mache, das besondere Interesse des Besitzes ist. Die Seite aber, daß Ich als freier Wille mir im Besitze gegenständlich und hiermit auch erst wirklicher Wille bin, macht das Wahrhafte und Rechtliche darin, die Bestimmung des *Eigentums* aus." (Rph § 45)[49]

In seiner Anmerkung zu diesem Abschnitt betont Hegel diese grundlegende Bedeutung von Besitz für die Freiheit des Einzelnen und damit auch für die wissenschaftliche Rechtslehre:

> „[...] die wahrhafte Stellung aber ist, daß vom Standpunkte der Freiheit aus das Eigentum, als das erste *Dasein* derselben, wesentlicher Zweck für sich ist." (Rph § 45 Anm.)

In den §§ 47–8 betont Hegel, dass wir Menschen organische Lebewesen sind. Aber Eigentum ist „vernünftig", m. a. W. rational zu rechtfertigen:

> „Im Verhältnisse zu äußerlichen Dingen ist das *Vernünftige*, daß Ich Eigentum besitze [...]." (Rph § 49)

In dieser Hinsicht hängt der Besitz als solcher aus rechtlicher Perspektive vom Zufall ab:

> „*Was* und *wieviel* Ich besitze, ist daher eine rechtliche Zufälligkeit." (Rph § 49)

Aber *dass* man überhaupt etwas besitzt – also auch: etwas besitzen *kann* –, ist keineswegs zufällig, vielmehr ist es als Bedingung der eigenen Freiheit rechtlich notwendig, und darum fördert es Gerechtigkeit. Das gilt gleichermaßen für jedes „Ich", also für jegliche Person.

Dass Hegel gerade diesen Schluss seines Arguments in seinem 1821 gedruckten Werk nicht weiter ausgearbeitet hat, ist nachvollziehbar – nichtsdestoweniger hat er sich in der Vorrede dazu wie auch in den vielen gedruckten Fußnoten zu den *Grundlinien* offenkundig – auch namentlich – mit der zunehmenden Reaktion der historischen Schule und mit dem Rosenkreuzertum, u. a. Friedrich IV., ebenso scharf wie scharfsinnig auseinandergesetzt! Im Hörsaal hat er seinen zutreffenden und vortrefflichen Schluss jedoch klar vorgetragen:

> „[...] die Gerechtigkeit [...] fordert nur, daß jeder Eigentum haben solle." (Rph § 49 Zusatz)

Ich behaupte keineswegs, dass Hegel ein früher Feminist gewesen sei. Er untersucht hier aber die ganz allgemeinen Grundzüge des persönlichen Rechts (vgl. Rph § 49 Anm.), und hier ist prinzipiell nicht nach Geschlecht zu unterscheiden – ebenso wenig wie nach Religion, Rasse, Stand, Nationalität oder Ethnizität (Rph § 209

---

[49] Vgl. VPR 1822–23, 199,11–13: „Die unmittelbare Realisirung der Persönlichkeit ist, daß ich mir Besitz gebe"; zitiert wird: *G. W. F. Hegel*, Philosophie des Rechts, 1822–23. Nach der Vorlesungsnachschrift von H. G. Hotho, in: *ders.*, Vorlesungen über Rechtsphilosophie 1818–1834, 6 Bde, K. H. Ilting (Hrsg.), Stuttgart: frommannholzboog, 1974, Sigle: „VPR", zitiert nach Jahren, Seite, Zeile; hier Bd. 3.

Anm.).⁵⁰ Ähnliches stellt Hegel in seinen Vorlesungen zu diesem Punkt wiederholt fest; z. B. sagt er:

„Die Person hat die Bestimmung, Eigentum zu haben. Die Person wird deswegen in einem gewußten Status betrachtet."⁵¹

„Aber Eigentum ist die Person, welche sich ins Dasein setzt; sie ist sich gegenständlich – sie spinnt sich in einem Gegenstand an."

„Was ist das Interesse, daß der Mensch sich Eigentum gibt? Es ist das Interesse zweifach: erstens ein empirisches Interesse, um die Bedürfnisse zu befriedigen. [...] Die andere Seite ist die vernünftige Seite. Der Mensch muß Eigentum haben, zunächst nicht um die Bedürfnisse zu befriedigen. In dem Eigentum gibt die Freiheit sich Dasein. Das Interesse der Vernunft ist es, was für sich Wert hat. Wenn ich mir Dasein gebe, so bin ich einerseits dieses Freie, andererseits bin ich aber auch Person."⁵²

„Die Bezihung meiner Freiheit auf *dieß* besondere Dasein ist eine gleichgültige, mögliche, dieß Dasein ist gleichgültig gegen meine Freiheit. Das Dritte ist dann das Verhältniß der Persönlichkeit zum Äusseren. Der Mensch muß Besitz nehmen, nicht aber in *diesem*, dieß ist die Grundbestimmung."⁵³

Man kann es kaum glatter formulieren, als Hegel selbst es getan hat: Gerade als Vernunftrecht und damit als Freiheitssache „muss" jeder Mensch „Eigentum haben".⁵⁴

6. Wie sich dieses Fazit nun genau zum republikanischen Mitbestimmungsrecht des Bürgers bei Hegel verhält, ist freilich eine komplexe und äußerst wichtige, aber wohl gut beantwortbare Frage, mit der ich mich an anderer Stelle befasst habe.⁵⁵ Hier kommt es vor allem darauf an, dass und wie Hegel das Unabhängigkeitsprin-

---

⁵⁰ „Es gehört der Bildung, dem *Denken* als Bewußtsein des Einzelnen in Form der Allgemeinheit, daß Ich als *allgemeine* Person aufgefaßt werde, worin *Alle* identisch sind. Der *Mensch gilt so, weil er Mensch ist,* nicht weil er Jude, Katholik, Protestant, Deutscher, Italiener usf. ist. Dies Bewußtsein, dem der *Gedanke* gilt, ist von unendlicher Wichtigkeit [...]" (Rph § 209 Anm.). Auch wenn Hegel seinem durchgehenden, grundlegenden Relationsgedanken zum Trotz Frauen moralisch zurückstuft, bildet die hier hervorgehobene These eine Grundprämisse für die Gleichberechtigung der Frau in seiner Sittlichkeitslehre. Zum Thema siehe auch *Jocelyn Beck Hoy,* „Hegel, Antigone, and Feminist Critique: The Spirit of Ancient Greece", in: K. R. Westphal (Hrsg.), The Blackwell Guide to Hegel's Phenomenology of Spirit, London: Blackwell, 2009, 172–189.

⁵¹ VPR (Anm. 49), 1819–20, 18,106–7; zitiert wird: *G. W. F. Hegel,* 1819–20, Vorlesungen über die Philosophie des Rechts Berlin, nachgeschrieben von J. R. Ringier; E. Angehrn/M. Bondelie/H. N. Seelmann (Hrsg.), Ausgewählte Nachschriften und Manuskripte, Hamburg: Meiner, 2000, Bd. 14; Sigle: „VPR", zitiert nach Jahren, Seite, Zeile.

⁵² VPR (Anm. 51), 1819–20, 18,120–131.

⁵³ VPR 1824–25, 177,14–18; zitiert wird: *G. W. F. Hegel,* 1824–25. Philosophie des Rechts. Nach der Vorlesungsnachschrift von K. G. Griesheim, VPR (Anm. 49), Bd. 4:67–752; zitiert nach Jahren, Seite, Zeile.

⁵⁴ VPR (Anm. 51), 1819–20, 18,106–7.

⁵⁵ *K. R. Westphal,* „The Basic Context and Structure of Hegel's Philosophy of Right", in F. C. Beiser (Hrsg.), The Cambridge Companion to Hegel, Cambridge: Cambridge University

zip nach Rousseau und Kant, also Unabhängigkeit als Bedingung für politische Legitimität, in seiner Analyse der bürgerlichen Gesellschaft aufnimmt und untermauert. Einige wesentliche Aspekte dieses Themas werden unten in § 10 analysiert. Betrachten wir jedoch zunächst ihre Grundlagen bei Hegel, einerseits im Bereich des Sachenrechts (§ 8), andererseits in Bezug auf Rechtsverhältnisse und Moralität (§ 9).

## VIII. Das Sachenrecht bei Hegel

Hegels Rechtsphilosophie schließt gleich zu Beginn mit dem „abstrakten Recht" an herkömmliche Naturrechtslehren – wie die von Hobbes, Hume, Rousseau und Kant – an, indem seine Analyse ebenfalls bei der angeblich ersten Aneignung einer Sache ansetzt. Eine Sache in Besitz nehmen zu *können* setzt voraus, dass sie „*herrenlos* sei" (Rph §§ 50, 51); eine solche Herrenlosigkeit ist aber chronologisch *zufällig* (Rph § 50) und meist schon längst überholt. Die Verfügbarkeit von Sachen, betont Hegel ausdrücklich, „bezieht sich vielmehr auf das antizipierte Verhältnis zu anderen" (Rph § 51). Ebenso wie Kant behauptet auch er, dass wir als freie Menschen oder „Persönlichkeiten" zwar über die eigene „*innerliche* Vorstellung und [den] Wille[n]" und sogar über den eigenen Körper „unmittelbar" verfügen können, Sachenrechte aber im Unterschied dazu allesamt *erworbene* Rechte sind (Rph § 51). Prinzipiell besteht eine Besitznahme oder Aneignung nicht im Wünschen oder Wollen allein, sondern „das Dasein" eines Willensentschlusses *zur Besitzergreifung* „schließt die Erkennbarkeit für andere in sich" (Rph § 51). Besitzverhältnisse sind im Grunde genommen Rechtsverhältnisse, d. h. öffentliche, erkennbare gegenseitige Sozialverhältnisse – mit erkennbaren, anerkannten Titeln, ob dies nun formelle oder informelle sind, genau wie Hobbes es (unter vielem anderen) in seiner Auslegung des Naturzustands herausstellt.

Des Weiteren entwickelt Hegel das Sachenrecht im Einklang mit Hume, Rousseau und vor allem Kant gemäß ihrer gemeinsamen Methode des naturrechtlichen Moralkonstruktivismus. Danach sind die Prinzipien des Sachenrechts – darunter auch das Vertragsrecht und die Grundarten von Unrecht – wie auch ihre Institutionalisierung als soziale Praktiken buchstäblich künstlich in dem Sinne, das sie von uns Menschen gemacht, eingeführt und auch bewahrt werden, nämlich dadurch, dass wir sie einhalten; sie sind für uns endliche Menschen auf der Erde jedoch unentbehrlich und insofern keineswegs beliebig. Damit gelten sie allesamt als Naturrechte. „Beliebig" oder optional ist nur die konkrete *Art und Weise*, in der jede konkrete Gesellschaft diese naturrechtlichen Prinzipien entsprechend ihrer jeweiligen geographischen, wirtschaftlichen, historischen bzw. kulturellen Lage spezifiziert und institutionalisiert. In dieser Weise grenzt Hegel das Naturrecht vom positiven Recht ab (Rph §§ 3 & Anm., 211–214).

Über seine gesamte Untersuchung des Sachenrechts hinweg stellt Hegel heraus, dass diese verschiedenen Rechtsverhältnisse konkret in bestimmten Grundsätzen bestehen, hinsichtlich derer mehrere Personen übereinstimmen. Auch bei privatrechtlichen Verhältnissen folgen diese Personen öffentlich anerkannten und in entsprechenden Praktiken etablierten Prinzipien, um ihre gemeinsame Tätigkeit grundsätzlich zu vereinbaren oder sie konkret in Angriff zu nehmen. Auch Fälle von Unrecht lassen sich damit bestimmen: Über eine fehlende derartige Übereinstimmung kann zugleich definiert und identifiziert werden, was als Unrecht gilt. Das Recht und jedes Rechtssystem *ermöglicht* den Menschen also einen breiten Bereich freier Handlungen und Leistungen, die sonst nicht ausgeführt, unternommen oder beschlossen werden könnten.

Genau das hat Hegel im Sinn, als er gleich zu Beginn Folgendes behauptet:

„Der Boden des Rechts ist überhaupt das *Geistige* und seine nähere Stelle und Ausgangspunkt der *Wille*, welcher *frei* ist, so daß die Freiheit seine Substanz und Bestimmung ausmacht und das Rechtssystem das Reich der verwirklichten Freiheit, die Welt des Geistes aus ihm selbst hervorgebracht, als eine zweite Natur, ist." (Rph § 4)

Anders als die meisten angelsächsischen Politologen und Philosophen, die wie Hobbes[56] menschliche Freiheit eher im Schweigen des Gesetzes sehen, gesteht Hegel im Einklang mit den Juristen und sogar den meisten Rechtsanwälten zu, dass eine Gesetzgebung und ihre besonderen Verordnungen ganz grundsätzlich in einem enorm großen Bereich freies Handeln des Menschen überhaupt erst *ermöglichen*. Dass „das Rechtssystem das Reich der verwirklichten Freiheit, die Welt des Geistes aus ihm selbst hervorgebracht, als eine zweite Natur, ist" (Rph § 4), ist keine Übertreibung und auch keine Metapher.

Um eine solche sittliche zweite „Natur" zu entwickeln, müssen wir uns über Prinzipien und die Sozialpraktiken, mit denen sie umgesetzt werden, verständigen und sie vereinbaren. Die rechtsphilosophische Notwendigkeit, sich darüber verständigen zu können, zeigt Hegel anhand unzulänglicher Verständigung in verschiedenen Fällen von Unrecht und anhand der juristischen Voraussetzung von Unparteilichkeit für jede Art von Rechtsspruch. Selbst wenn moralische Grundnormen dem naturrechtlichen Moralkonstruktivismus zufolge allesamt künstlich sind, so bestehen sie doch in unseren Prinzipien und ihrer Befolgung im Handeln als soziale Praktiken, mit einem Wort: als Sitten. Und zu jeglicher Sitte gehört notwendigerweise irgendein – wenn auch möglicherweise implizites – moralisches Selbstverständnis (vgl. Rph § 187).

---

[56] *Hobbes*, Leviathan 2,21,2–3; zitiert wird: *Thomas Hobbes*, Leviathan, or The Matter, Forme, and Power of a Common-Wealth Ecclesiasticall and Civill, London: Andrew Crooke, 1651; kritische Ausgabe: N. Malcolm (Hrsg.), Oxford: The Clarendon Press, 2014, 3 Bde.; zitiert nach Teil, Kapitel, Absatz.

## IX. Rechtsverhältnisse als menschliche Handlungsweisen

Entsprechend wurden im zweiten Teil der *Grundlinien* einige wesentliche subjektive Bedingungen solcher Rechtsprinzipien und -verhältnisse unter dem Titel „Moralität" untersucht. Um frei und erfolgreich zu handeln, müssen wir *in der Lage sein*, Prinzipien und ihre Institutionalisierung als soziale Praktiken zu verstehen und ihnen gemäß zu handeln. Neben vielem anderen arbeitet Hegel eine Reihe von Zufälligkeiten heraus, die Rechtsverhältnissen entweder zu Grunde liegen oder aber sie unterminieren, darunter unbeabsichtigte Diskrepanzen zwischen Absicht und Ausführung, zwischen der Vertragsvereinbarung und den Leistungen der Vertragspartner, zwischen der beabsichtigten Ausführung und dem tatsächlichen Ergebnis oder auch zwischen Rechtsanspruch und legitimem Recht.

1. Im zweiten Teil zu „Moralität" liegt für Hegel ein Hauptpunkt in dem Nachweis, dass Reflexionen a priori einer Einzelperson als solche – ob in Form des angeblich selbstgenügsamen Gewissens oder als abstrakte moralische Verallgemeinerungsprobe – prinzipiell nicht genügen und auch nicht genügen *können*, um die Moralität von Rechtsprinzipien oder auch die Nichtangemessenheit von Prinzipien gegenseitiger Leistungen oder von Handlungsprinzipien einzelner Akteure zu identifizieren oder rational zu rechtfertigen. Hegels Kritik an der „abstrakten Moralität" wird leider weithin als eine Kritik an Kants Moralphilosophie missverstanden. Dabei kritisiert er vielmehr die Moralansichten von Jacobi, Fichte und anderen Intuitionisten (auch im 20. Jahrhundert) einerseits, andererseits die rein formale Universalisierbarkeit von R. M. Hare[57] oder auch die vielen zwischen 1785 und 1797 veröffentlichten Rechtslehren, die nur vermeintlich kantisch sind, wie Bouterwek kritisch anmerkt,[58] aber *nicht* Kants Moralphilosophie selbst.

2. Hegels Kritik an „der Moralität" bezieht sich zwar durchaus auf Kants *Metaphysik der Sitten*, jedoch in anderer und vollauf einsichtiger Weise.[59] Nach Kant besteht seine besondere kritische *Metaphysik der Sitten* in einem System moralischer Grundsätze a priori, deren Anwendung auf uns Menschen eine spezifisch *praktische* Anthropologie erfordert; ohne eine solche bleiben seine praktischen Grundsätze rein formale, gehaltlose Prinzipien a priori. Dies hat Kant selbst in seinen kritischen Hauptschriften zur Moralphilosophie ausdrücklich festgestellt.[60] Er betrachtet eine solche praktische Anthropologie zwar nicht als eigentlichen Be-

---

[57] R. M. Hare, Freedom and Reason, Oxford: Oxford University Press, 1963.

[58] *Friedrich Bouterwek*, Rezension von Kants Metaphysische Anfangsgründe der Rechtslehre, Göttingische Anzeigen von gelehrten Sachen Nr. 28, 18. Feb. 1797, 265–276; Wiederabdruck in *Kant*, GS 20:445–453.

[59] Dieser Punkt wird ausführlich analysiert in K. R. *Westphal*, „Kant, Hegel and Determining Our Duties", in: S. Byrd/J. Joerden (Hrsg.), Philosophia practica universalis. Festschrift für Joachim Hruschka, Jahrbuch für Recht und Ethik/Annual Review of Law and Ethics 13, 2005, 335–354; Wiederabdruck in: D. Knowles (Hrsg.), G. W. F. Hegel, Aldershot: Ashgate, 2009, 337–356; ich nehme hier jedoch einige Verbesserungen daran vor.

[60] *Kant*, Grundlegung, GS 4:412,4–5, vgl. MdS, GS 6:216,34–217,8.

standteil seiner kritischen *Metaphysik der Sitten*, gesteht jedoch zu, dass seine metaphysischen sittlichen Prinzipien a priori

„[...] oft die besondere Natur des Menschen [...] zum Gegenstande nehmen müssen, um an ihr die Folgerungen aus den allgemeinen moralischen Principien zu zeigen."[61]

Gerade in diesem Zusammenhang aber benennt Kant als das eigentliche „Gegenstück einer Metaphysik der Sitten" bzw. „das andere Glied der Eintheilung der praktischen Philosophie überhaupt" keine *praktische*, sondern nur eine

„[...] moralische Anthropologie [...], welche, aber nur die subjective, hindernde sowohl als begünstigende Bedingungen der Ausführung der Gesetze der ersteren in der menschlichen Natur, die Erzeugung, Ausbreitung und Stärkung moralischer Grundsätze (in der Erziehung, der Schul- und Volksbelehrung) und dergleichen andere sich auf Erfahrung gründende Lehren und Vorschriften enthalten würde, und die nicht entbehrt werden kann, aber durchaus nicht vor jener vorausgeschickt, oder mit ihr vermischt werden muß [...]."[62]

Gerade hier hat Kant seine eigene methodologische und sachgemäße Einteilung der kritischen Moralphilosophie verfehlt! Das, was er hier als „moralische Anthropologie" bezeichnet, ist allerdings nötig, aber zuerst muss eine „praktische Anthropologie" eingeführt und berücksichtigt werden, die „die besondere Natur des Menschen [...] zum Gegenstande" macht und die für uns unumgänglichen Grundzüge unseres Handlungsvermögens sowie unseres Handlungskontexts auf der Erde darlegt, damit diese dann bei der Anwendung seiner metaphysischen sittlichen Prinzipien berücksichtigt werden können, um unsere menschlichen Befugnisse und Pflichten zu bestimmen, d. h. diese zu identifizieren und rational zu rechtfertigen. Nur dadurch lässt sich folgender Aufforderung nachkommen, die Kant in seiner Metaphysik der Sitten formuliert:

„Indessen gleichwie von der Metaphysik der Natur zur Physik ein Überschritt, der seine besondern Regeln hat, verlangt wird: so wird der Metaphysik der Sitten ein Ähnliches mit Recht angesonnen: nämlich durch Anwendung reiner Pflichtprincipien auf Fälle der Erfahrung jene gleichsam zu schematisiren und zum moralischpraktischen Gebrauch fertig darzulegen."[63]

Indem er in seinen Ausführungen zur *Metaphysik der Sitten* „oft die besondere Natur des Menschen [...] zum Gegenstande" unentbehrlich aufnimmt, berücksichtigt Kant nun in der Tat eine „praktische Anthropologie" mit, um unsere Befugnisse und Pflichten zu bestimmen.

Hegel lobt Kant nun mit Fug und Recht ausdrücklich für seine Herausarbeitung der

„[...] reine[n] unbedingte[n] Selbstbestimmung des Willens als die Wurzel der Pflicht [...], wie denn die Erkenntnis des Willens erst durch die *Kantische* Philosophie ihren festen

---

[61] *Kant*, MdS, Einl. § II; GS 6:216–7.
[62] Ebenda, GS 6:217.
[63] *Kant*, MdS, TL § 45, GS 6:464.

Grund und Ausgangspunkt durch den Gedanken seiner unendlichen Autonomie gewonnen hat (s. § 133) [...]." (Rph § 135 Anm.)

Er weist aber den Unsinn von „Pflicht um der Pflichten willen" zurück, der sich bei (zu) vielen „Kantianern" wie auch bei Kant-Kritikern findet, die Kants Analyse des guten Willens zu Beginn der *Grundlegung der Metaphysik der Sitten* völlig falsch verstehen: Ihnen zufolge hat Kant hier behauptet, eine Handlung könne nur dann *pflichtgemäß* – und damit moralisch „richtig" – sein, wenn sie bloß *aus Pflicht* ausgeführt wird; dabei bemerken sie nicht, dass Kants Analyse des guten Willens vor allem dazu dient, die Frage nach dem Kriterium für pflichtgemäßes Handeln zu formulieren, die dann erst in § II der *Grundlegung* untersucht wird. So stellt Hegel kritisch fest, wie sehr

„[...] die Festhaltung des bloß moralischen Standpunkts, der nicht in den Begriff der Sittlichkeit übergeht, diesen [Kantischen] Gewinn zu einem *leeren Formalismus* und die moralische Wissenschaft zu einer Rednerei von *der Pflicht um der Pflicht willen* herunter[setzt]." (Rph § 135 Anm.)

Bloße Widerspruchsfreiheit ist kein hinreichendes Kriterium für moralisches Handeln. Aber eine solche Auffassung unterstellt Hegel Kant auch gar nicht. Im Gegenteil stellt er ausdrücklich fest:

„Die weitere *Kantische* Form, die Fähigkeit einer Handlung, als *allgemeine* Maxime vorgestellt zu werden, führt zwar die *konkretere* Vorstellung eines Zustandes herbei, aber enthält für sich kein weiteres Prinzip als jenen Mangel des Widerspruchs und die formelle Identität." (Rph § 135 Anm.)

Um Befugnisse und Pflichten zu bestimmen, ist es notwendig, eine „konkretere Vorstellung eines Zustandes" zu erarbeiten, nämlich von Handlungsvermögen und -kontext des Menschen auf Erden, und das bildet den Kernpunkt einer praktischen Anthropologie.

3. Hegel argumentiert regressiv, dass die Bedingungen der Möglichkeit der abstrakten Rechtsgrundsätze im 1. Teil sowie die Bedingungen der Möglichkeit der moralischen Beurteilung im 2. Teil allein in der Sittlichkeit liegen (Rph § 141 & Anm.). Diese beiden Aspekte menschlichen Handelns sind komplementär und erfordern sich gegenseitig. Sie sind Hegel zufolge

„[...] Momente des *Begriffs*, der als ihre Einheit offenbar wird und eben durch dies Gesetztsein seiner Momente *Realität* erhalten hat, somit nun als *Idee* ist – Begriff, der seine Bestimmungen zur Realität herausgebildet und zugleich in ihrer Identität als ihr *an sich seiendes* Wesen ist." (Rph § 141 Anm.)

Es ist weder Zufall noch Mystik, dass Hegel in diesem Zusammenhang von „Realität" spricht und im Anschluss daran vom „Dasein der Freiheit". Dies ist keine Reifikation bloßer Hirngespinste, ganz im Gegenteil: Hegel übernimmt hier eine Begriffsverwendung von Kant, die dieser von Tetens gelernt hat und der er einen ebenso zentralen Stellenwert zuschreibt wie Tetens. Einen Begriff zu „realisieren" heißt nach Tetens[64] gerade, zu zeigen, dass wir in der Tat einzelne Instanziierungen dieses Begriffs anführen können, indem wir auf entsprechende konkrete Vorkommen des Bezeichneten verweisen. Nach dieser Definition lässt sich also z. B. der Begriff einer goldenen Insel überhaupt nicht „realisieren". Eine Realisierung in diesem Sinne bildet bei Kant den Kern der Kategoriendeduktion, bei der es darum geht zu zeigen, dass wir unsere Begriffe und Grundsätze a priori durch Anführen relevanter Instanziierungen auch in der Erfahrung „realisieren" können.[65] Hegel schließt sich dieser Begriffsverwendung an,[66] nicht nur in der *Phänomenologie des Geistes* von 1807 und der *Wissenschaft der Logik*, sondern gerade auch hier in seiner *Rechtsphilosophie*, indem er durch seine Untersuchung der Sittlichkeit im 3. Teil versucht zu zeigen, dass sich die Grundsätze des abstrakten Rechts wie auch die Grundsätze moralischer Reflexion und Beurteilung (Einschätzung) an Beispielen menschlichen Tuns und Könnens *in concreto realisieren* lassen. Damit will er Kants kritische *Metaphysik der Sitten* nicht ersetzen, sondern diese vielmehr durch ihre Konkretisierung – d. h. ihre *Realisierung* – zu einer Sittenlehre als „immanente[r] Pflichtenlehre" (Rph § 135 Anm.) weiterentwickeln und rational rechtfertigen. In dieser Hinsicht spricht Hegel vom „Beweis" und von seiner „Deduktion" dieser Prinzipien (Rph § 141 Anm.).[67] Dadurch will er gerade Kants praktische Grundsätze a priori, also Kants Gewinn in Bezug auf die Analyse der moralischen Autonomie der Vernunft, vor der Gefahr eines „*leeren* Formalismus" und der „Rednerei von *der Pflicht um der Pflicht willen*" (Rph § 135 Anm.) *schützen*, und zwar eben dadurch, dass er eine praktische Anthropologie als Bestandteil seiner Analyse der Sittlichkeit herausarbeitet.

Ich kann hier nicht im Einzelnen darauf eingehen, wie und mit welcher Richtigkeit Hegel diese tiefgreifende Aufgabe im Rahmen seiner Sittlichkeitslehre erfüllt; dies habe ich an anderer Stelle eingehend untersucht.[68] Im Anhang (§ 12) findet sich ein resümierendes Diagramm der Verfassung einer modernen Republik nach Hegel. Hier ist festzuhalten, dass dessen durchgehende und sehr leistungsfähige Art des regressiven Beweises genau der Strategie des oben angeführten naturrecht-

---

[64] *Johann N. Tetens*, Über die allgemeine speculativische Philosophie, Bützow & Wismar, Boedner, 1775; Wiederabdruck in W. Uebele (Hrsg.), Über die allgemeine speculativische Philosophie – Philosophische Versuche über die menschliche Natur und ihre Entwicklung, erster Band, Berlin: Reuther & Reichard, 1913; S. 48, vgl. S. 60–1, 80–1.

[65] *Kant*, KdrV B 179, 185–6, 300–1, 598; MAdN, GS 4:478.

[66] Siehe *K. R. Westphal*, „Hegel's Pragmatic Critique and Reconstruction of Kant's System of Principles" (Anm. 26).

[67] Vgl. *K. R. Westphal*, „Kant, Hegel and Determining Our Duties" (Anm. 59).

[68] Siehe *K. R. Westphal* „The Basic Context and Structure of Hegel's Philosophy of Right" (Anm. 55); *ders.*, „Hegel's Standards of Political Legitimacy", Jahrbuch für Recht und Ethik/Annual Review of Law and Ethics 10, 2002, 307–20; *ders.*, „Objective Spirit: Right, Morality, Ethical Life, World History", in: A. deLaurentiis/J. Edwards (Hrsg.), The Bloomsbury Companion to Hegel, London: Bloomsbury, 2013, 157–178; sowie auch *Frederick Neuhouser*, The Foundations of Hegel's Social Theory: Actualizing Freedom, Cambridge, Mass.: Harvard University Press, 2000.

lichen Moralkonstruktivismus folgt und diese sehr schön ausführt. Das lässt sich schon an einigen Kernpunkten von Hegels Sittlichkeitslehre zeigen.

## X. Einige Kernpunkte der Hegel'schen Sittlichkeitslehre

Wie sich das Fazit des vorigen Abschnitts (§ 9) genau zum republikanischen Mitbestimmungsrecht des Bürgers bei Hegel verhält, ist nun freilich eine wichtige und äußerst komplexe, aber auch gut zu beantwortende Frage, mit der ich mich an anderer Stelle eingehend befasst habe.[69] Hier ist zunächst wichtig herauszustellen, dass und wie Hegel die Bedingung der Unabhängigkeit für politische Legitimität nach Rousseau und Kant in seiner Analyse der bürgerlichen Gesellschaft aufgreift und untermauert. Dies tut er mindestens, indem er vor allem Rousseaus Rahmenbedingungen für legitime Gesetzgebung aufnimmt (§ 10,1) und sie seiner republikanischen Staatslehre zu Grunde legt (§ 10,2) und ferner damit, dass er die bürgerliche Unabhängigkeit des Einzelnen von der Gesellschaft als ein Recht fasst (§ 10,3).

1. Hegel übernimmt von Rousseau die drei o. a. (§ 5,2) Rahmenbedingungen legitimer Gesetzgebung:

(1) Legitime Gesetze müssen tatsächlich das materielle Wohlergehen jedes Einzelnen fördern.

(2) Legitime Gesetze müssen Beeinträchtigungen der individuellen Freiheit durch soziale Zusammenarbeit möglichst durchgängig entweder vermeiden oder wirksam minimieren, so dass kein Mensch von der Willkür eines anderen abhängt bzw. abhängig gemacht werden kann.

(3) Legitime Gesetze, die tatsächlich die Grundinteressen jedes einzelnen Menschen fördern, müssen von den Bürgern auch als Ergebnis ihres eigenen Willens gesehen werden können.

Diese dritte Bedingung wird nun erst durch Hegels Aufführung der gesetzgebenden Gewalt und der sie vertretenden Kammern erfüllt. Wie das genau geschieht, ist freilich nicht augenfällig; ich habe dies aber an anderer Stelle eingehend erörtert,[70] darum lasse ich den Punkt hier beiseite.

Die beiden ersten Bedingungen behandelt Hegel aber schon am Ende des Abschnitts „Die Absicht und das Wohl" (Rph §§ 119–128) als die zwei Wurzeln des Wohls einer jeden Person. Er stellt zunächst Folgendes fest:

> „Das Recht der *Besonderheit* des Subjekts, sich befriedigt zu finden, oder, was dasselbe ist, das Recht der *subjektiven Freiheit* macht den Wende- und Mittelpunkt in dem Unterschiede des *Altertums* und der *modernen* Zeit." (Rph § 124 Anm.)

---

[69] K. R. *Westphal* „The Basic Context and Structure of Hegel's Philosophy of Right" (Anm. 55), bes. S. 155–63; vgl. *ders.*, „Hegel on Political Representation" (Anm. 55).

[70] K. R. *Westphal*, „The Basic Context and Structure of Hegel's Philosophy of Right" (Anm. 55).

Das eigene Wohl gilt allerdings ebenso viel wie das Wohl eines jeden anderen (vgl. Rph § 209), – und wohlgemerkt nicht mehr! Dies bedeutet insbesondere, dass das eigene Wohl nicht auf Kosten des Wohls anderer herbeigeführt werden darf. Das gilt schon allein dadurch als Rechtssache, dass jeder nur kraft seiner Eigenschaft als *freies* Subjekt überhaupt ein *Recht* auf das eigene Wohlergehen hat. Somit sind wir alle gleichermaßen berechtigt, unser eigenes Wohlergehen als durchführbaren Zweck zu behaupten, jedenfalls sofern dies mit dem Recht vereinbar ist. Genau dies behauptet Hegel in den §§ 125 und 126 der *Grundlinien*,[71] wo er auch ausdrücklich betont, dass das Streben nach dem eigenen Wohlergehen „[k]eine *unrechtliche Handlung* rechtfertig[t]" (Rph § 126). Wie wir gleich sehen werden (s. u. X.3.), weist Hegel unrechte Handlungen nicht nur des Einzelnen, sondern auch einer ganzen *Klasse* zurück.

2. Es überrascht vielleicht nicht, dass Hegel die Verfolgung des eigenen Wohlergehens auf das beschränkt, was mit dem Gemeinwohl vereinbar ist. Wo genau und wie er diese Grenze zieht, verdient jedoch eine genauere Betrachtung. Am Ende von § 126 unterscheidet Hegel das je spezifische Wohl des Einzelnen vom „allgemeine[n] Beste[n]", m. a. W., vom „Wohl des Staates", das er einer „ganz andere[n]", einer höheren „Sphäre" zuordnet. Hier muss sich der Leser vor einer naheliegenden, aber gänzlich falschen Lesart hüten. Versteht man „Staat" als „Regierung" oder „Staatsoberhaupt", sieht man in den *Grundlinien* nur einen groben Totalitarismus. Hegel unterscheidet aber drei Verwendungen dieses Terminus: Die bürgerliche Gesellschaft gilt als „der äußere Staat" (Rph § 183), die Regierung als „der politische Staat" (Rph §§ 273, 276); als „der Staat" im eigentlichen, auch vollständigen Sinne gilt jedoch nur die ganze Gesellschaft (Rph §§ 257–271; vgl. Anhang, § 12). Hegels Staatslehre ist also durchaus republikanisch (*klein*geschrieben!).[72] Nun hat Hegel diese Unterscheidung in seiner Analyse noch nicht eingeführt, aber bereits hier ist deutlich, dass die bürgerliche Gesellschaft und die Regierung nur Teile des Staats im eigentlichen Sinne bilden. Hier in § 126 der

---

[71] „Das Subjektive mit dem *besonderen* Inhalte des *Wohls* steht als in sich Reflektiertes, Unendliches zugleich in Beziehung auf das Allgemeine, den an sich seienden Willen. Dies Moment, zunächst an dieser Besonderheit selbst gesetzt, ist es das *Wohl auch anderer* – in vollständiger, aber ganz leerer Bestimmung, das Wohl *aller*. Das Wohl *vieler anderer* Besonderer überhaupt ist dann auch wesentlicher Zweck und Recht der Subjektivität" (Rph § 125, Unterstreichung von KRW). „Meine sowie der anderen Besonderheit ist aber nur überhaupt ein Recht, insofern ich *ein Freies* bin. Sie kann sich daher nicht im Widerspruch dieser ihrer substantiellen Grundlage behaupten; und eine Absicht meines Wohls sowie des Wohls anderer – in welchem Falle sie insbesondere eine *moralische Absicht* genannt wird – kann nicht eine *unrechtliche Handlung* rechtfertigen" (Rph § 126).

[72] Die politische Partei in den USA, die sich immer noch als „republican" bezeichnet – einst die Partei von Lincoln, der die Republik nicht nur verstanden, sondern sie gerettet und verbessert hat (vgl. *Gary Wills*, Lincoln at Gettysburg: The Words that Remade America, New York: Simon & Schuster, 1992; sowie *George Fletcher*, Our Secret Constitution: How Lincoln Redefined American Democracy, New York: Oxford University Press, 2001) –, hat von einer Republik gar keinen Begriff mehr und ganz gewiss weniger als Platon, *Nomoi* (bes. 832cd). Der letzte echte Republikaner bei den „Republicans" war vermutlich Nelson Rockefeller (1908–1979).

*Grundlinien* muss „der Staat" – wohlgemerkt ohne nähere Spezifizierung – also das Gemeinwesen bezeichnen. Demgemäß behauptet Hegel, es sei eine *Rechtssache*, dass das Wohlergehen des Einzelnen nicht auf Kosten des Allgemeinwohls erreicht oder erhöht werden dürfe. Betrachten wir noch einmal die Textstelle:

> „Es ist übrigens der Standpunkt zu beachten, auf dem Recht und Wohl hier betrachtet sind, nämlich als formelles Recht und als besonderes Wohl des Einzelnen; das sogenannte *allgemeine Beste*, das *Wohl* des Staates, d. i. das Recht des wirklichen konkreten Geistes, ist eine ganz andere Sphäre, in der das formelle Recht ebenso ein untergeordnetes Moment ist als das besondere Wohl und die Glückseligkeit des Einzelnen. Daß es einer der häufigen Mißgriffe der Abstraktion ist, das Privatrecht wie das Privatwohl *als an und für sich* gegen das Allgemeine des Staats geltend zu machen, ist schon oben [§ 29] bemerkt." (Rph § 126 Anm., Ende)

Der „Mißgriff", den Hegel hier zurückweist, ist in der Tat ein zweifacher: Es ist einerseits die Auffassung der rechtsliberalen Individualisten, dass „der Staat" nur dem Aggregat von Einzelinteressen diene, andererseits die Haltung, dass das eigene Wohlergehen auf Kosten des Wohls anderer verfolgt werden könne. Insofern ist Hegel wie Rousseau ein starker linksliberaler Republikaner, wie es sein jüdischer Schüler Eduard Gans – leider nicht hinreichend diskret – vortrug.[73]

3. Dass Hegel ebenso wie Rousseau die beiden Grundinteressen jeder Person – persönliche Freiheit und das eigene Wohlergehen – berücksichtigt und verteidigt, lässt sich auch an seiner Behandlung des Notrechts zeigen.

Kant erwähnt ein „vermeintliches" Notrecht nur im Zusammenhang mit dem Brett des Karneades (*MdS* 6:235–6; vgl. 8:300 & Anm.), wo er behauptet, dass es zwar unrecht, aber nicht strafbar sei, bei einem Schiffbruch das eigene Leben zu retten, indem man einen Unschuldigen von einem rettenden Brett wirft, das für beide zu klein ist. An anderer Stelle weist er eine Kollision verschiedener Pflichten zurück, indem er behauptet, eine solche Kollision könne nur zwischen Verpflichtungsgründen vorkommen, und dann habe der „stärkere" Grund Vorrang und bestimme somit die Verpflichtung.[74] Insofern berücksichtigt Kant mögliche Pflichtenkollisionen nur für jeden Einzelnen erster Person, Rechtekollisionen hingegen nur insofern, als sie prinzipiell vor ein Gericht gebracht und entschieden werden können. Das mag für eine Metaphysik der Sitten genügen, für eine Sittenlehre aber nicht.

Hegel dagegen berücksichtigt auch, wie die Gesellschaft und ihre Wirtschaft Einzelpersonen in Lebensgefahr bringen können, nicht aus Faulheit, sondern durch Verarmung. Hierzu schreibt er ganz klar, dass das Recht des einen auf das eigene Dasein Vorrang vor dem Recht des anderen auf Eigentum hat. Dies ist für ihn ausdrücklich keine Sache der Billigkeit, sondern eine Frage des Rechts (Rph § 127).

---

[73] *Günther Nicolin*, Hegel in Berichten seiner Zeitgenossen, Hamburg: Meiner, 1970, 2013, 437, Nr. 682. Zu Gans siehe *Norbert Waszek* (Hrsg.), Eduard Gans (1797–1839): Hegelianer, Jude, Europäer: Texte und Dokumente, FF/M: Lang, 1991, und *Michael Hoffheimer*, Eduard Gans and the Hegelian Philosophy of Law, Dordrecht: Kluwer, 1995.

[74] *Kant*, MdS, GS 6:224.

Somit dehnt Hegel Kants moralisches Vorrangprinzip auf das Gebiet des sozialen Rechts aus, und zwar in dem Sinne, dass das Recht des einen auf Aneignung einer Sache prinzipiell begrenzt ist durch das Recht des anderen auf sein Leben. Dafür argumentiert er klar in den folgenden Abschnitten der *Grundlinien*. Und in der Anmerkung zu diesem Abschnitt bestätigt er, dass einem Schuldner unter keinen Umständen die Werkzeuge – Hegel spricht von „Ernährung" (§ 127 Anm.) – vorenthalten werden dürfen, die er für seine Selbsterhaltung benötigt.

Ferner betont Hegel:

„[...] die Not offenbart sowohl die Endlichkeit und damit die Zufälligkeit des Rechts als [auch] des Wohls, – des abstrakten Daseins der Freiheit, ohne daß es als Existenz der besonderen Person ist, und der Sphäre des besonderen Willens ohne die Allgemeinheit des Rechts". (Rph § 128)

Diese „Endlichkeit" und „Zufälligkeit" von Recht und Wohl liegt prinzipiell schon in ihren Begriffen, wird aber durch Not „gesetzt" (d. h. realisiert). Diese beiden Aspekte müssen also so miteinander verbunden werden, dass sie zugleich gewahrt und realisiert werden können. Das entspricht genau Hegels Form des regressiven Beweises, mit dem er Ausgangsprinzipien präzisiert und untermauert, indem er die Bedingungen ihrer Möglichkeit und auch ihrer Ermöglichung – also ihrer Verwirklichung – herausarbeitet und damit auch diese weiteren Bedingungen – Prinzipien wie auch Praktiken und in diesem moralischen Bereich sogar Institutionen – rational rechtfertigt. Das Recht als solches existiert überhaupt nur im besonderen Willen und als Wille des Individuums (Rph §§ 106, 128). Gerade diese Subjektivität des Individuums

„[...] in ihrer umfassenden Besonderheit ist selbst das Dasein der Freiheit (§ 127)". (Rph § 128)

Eindeutiger kann man es nicht formulieren! Das entspricht nicht nur Hegels Form des regressiven Beweises, sondern auch seinen Bemühungen um die *Verwirklichung* dieser Konzepte, denen nur in und durch freie Personen überhaupt „Dasein" zukommt. Hegels „Verwirklichung" von Konzepten bzw. Prinzipien zielt m. a. W. genau auf ihre „Realisierung" im oben ausgeführten (§ 9,3) Sinne bei Tetens und Kant ab.

Zunächst liegt die vorläufige Integration von Freiheit und Recht nach Hegel in deren „*relative[r]* Beziehung aufeinander", nämlich als „das *Gute* [...] und das *Gewissen* [...]" (Rph § 128), die er im zweiten Teil über „Moralität" untersucht; wir überspringen dies hier jedoch und betrachten stattdessen, wie Hegel die beiden Grundinteressen des Individuums nach Rousseau, das eigene Recht und das eigene Wohlergehen, in seinem System der wirtschaftlichen Bedürfnisse weiter ausdifferenziert und konkretisiert (Rph §§ 189–208), und besonders, wie er sie in seiner Sozialtheorie von der Polizei (Rph §§ 230–249) weiter ausarbeitet.

4. Hegels „Polizei" ist nun freilich eine umfassende soziale Behörde, die nicht nur für Strafverfolgung (im Unterschied zur „Rechtspflege") und die Geneh-

migung von Korporationsvertretern zuständig ist, sondern auch für öffentliche Gesundheitspflege, Sicherheit, Bauvorhaben, Bildungsanstalten (vgl. Rph § 239) und Armenfürsorge. Ihre umfassende Kompetenz bietet Hegel viele wichtige Gelegenheiten, die beiden Grundinteressen des Individuums nach Rousseau ausführlicher zu betrachten. Zunächst sei angemerkt, dass Hegel diese öffentlichen Gewalten – Rechtspflege, Polizei und Korporationen – allesamt damit rechtfertigt, dass sie zugleich das Recht des Einzelnen wahren und sein Wohl sicherstellen:

> „Im *System der Bedürfnisse* ist die Subsistenz und das Wohl jedes Einzelnen als eine *Möglichkeit*, deren Wirklichkeit durch seine Willkür und natürliche Besonderheit ebenso als durch das objektive System der Bedürfnisse bedingt ist; durch die Rechtspflege wird die *Verletzung* des Eigentums und der Persönlichkeit getilgt. Das *in der Besonderheit wirkliche* Recht enthält aber sowohl, daß die *Zufälligkeiten* gegen den einen und den anderen Zweck *aufgehoben* seien und die *ungestörte Sicherheit* der *Person* und des *Eigentums* bewirkt [sei], als daß die *Sicherung* der Subsistenz und des Wohls der Einzelnen, – daß das *besondere* Wohl als *Recht behandelt* und *verwirklicht* sei." (Rph § 230)

Nun behauptet Hegel nicht, dass die Gesellschaft ihren Mitgliedern die von ihnen gewünschten Güter einfach überreicht, sondern nur, dass sie verschiedene Möglichkeiten ihres Erwerbs sicherstellt und zufällige Hindernisse für ihren Erwerb behebt. Jeder verdiene die „Ehre, durch eigene Tätigkeit und Arbeit zu bestehen" und diese gerade als Recht, „Rechtlichkeit" und Ehre zu empfinden (Rph § 244); gerade dies sei

> „[...] das Prinzip der bürgerlichen Gesellschaft und des Gefühls ihrer Individuen von ihrer Selbständigkeit und Ehre." (Rph § 245)

Hierin stimmt Hegel genau mit Kant überein (*RL* § 46; siehe oben VII. 5.). Oben habe ich Unabhängigkeit als Rousseaus und Kants Grundbedingung für sozialer Gerechtigkeit und rechtliche Legitimität angeführt; diese „Unabhängigkeitsbedingung" lässt sich ebenso gut mit Hegel formulieren, der die „Selbständigkeit" des Einzelnen als dessen Ehre hervorhebt. Genauso hat schon Kant in seiner Rechtslehre diese Bedingung umbenannt (ebenda).

Die Gesellschaft trägt die Verantwortung dafür, dem Einzelnen Selbständigkeit zu ermöglichen und ihn dabei zu unterstützen, weil sie als Gesellschaft in einer bestimmten Region Land besetzt und dadurch dem Einzelnen den Zugang zu einer noch von niemandem besessenen Natur verwehrt:

> „Die bürgerliche Gesellschaft reißt aber das Individuum aus diesem Bande [der eigenen Familie – KRW] heraus, entfremdet dessen Glieder einander und anerkennt sie als selbständige Personen; sie substituiert ferner statt der äußeren unorganischen Natur und des väterlichen Bodens, in welchem der Einzelne seine Subsistenz hatte, den ihrigen und unterwirft das Bestehen der ganzen Familie selbst, der Abhängigkeit von ihr, der Zufälligkeit. So ist das Individuum *Sohn der bürgerlichen Gesellschaft* geworden, die ebensosehr Ansprüche an ihn, als er Rechte auf sie hat." (Rph § 238)

Nun stellt Locke als Vorbehalt in Bezug auf die Aneignung von Naturgütern die Bedingung auf, dass man „genug und ebenso gutes" für andere hinterlässt.[75] Seine Kautel (,Lockean Proviso') setzt aber voraus, dass es weiterhin zugängliche fruchtbare Naturgebiete gibt, was längst überholt ist. Demgegenüber formuliert Rousseau als Grundbedingung, dass sich niemand eine Art bzw. ein Ausmaß von Reichtum oder Macht aneignen darf, durch die er Entscheidungen eines anderen einseitig bestimmen – also erzwingen – kann. Das ist eben die oben in § V.2 angesprochene Unabhängigkeitsbedingung, die Hegel von Kant übernommen und untermauert hat.

Sie wird bei Hegel bestätigt und wie folgt weiterentwickelt:

„Aber ebenso als die Willkür können zufällige, physische und in den äußeren Verhältnissen (§ 200) liegende Umstände Individuen zur *Armut* herunterbringen, einem Zustande, der ihnen die Bedürfnisse der bürgerlichen Gesellschaft läßt und der – indem sie ihnen zugleich die natürlichen Erwerbsmittel (§ 217) entzogen [hat] und das weitere Band der Familie als eines Stammes aufhebt (§ 181) – dagegen sie aller Vorteile der Gesellschaft, Erwerbsfähigkeit von Geschicklichkeiten und Bildung überhaupt, auch der Rechtspflege, Gesundheitssorge, selbst oft des Trostes der Religion usf. mehr oder weniger verlustig macht. Die allgemeine Macht übernimmt die Stelle der Familie bei den *Armen*, ebensosehr in Rücksicht ihres unmittelbaren Mangels als der Gesinnung der Arbeitsscheu, Bösartigkeit und der weiteren Laster, die aus solcher Lage und dem Gefühl ihres Unrechts entspringen." (Rph § 241, vgl. § 242)

Genau das hat Hegel 1821 im Druck veröffentlicht. Mündlich erläutert er diese Rechtssache wie folgt:

„Die bürgerliche Gesellschaft ist vielmehr die ungeheure Macht, die den Menschen an sich [aus seiner Familie – *KRW*] reißt, von ihm fordert, daß er für sie arbeite und daß er alles durch sie sei und vermittels ihrer tue. Soll der Mensch so ein Glied der bürgerlichen Gesellschaft sein, so hat er ebenso Rechte und Ansprüche an sie, wie er sie in der Familie hatte. Die bürgerliche Gesellschaft muß ihr Mitglied schützen, seine Rechte verteidigen, so wie der Einzelne den Rechten der bürgerlichen Gesellschaft verpflichtet ist." (Rph § 238 Zusatz)

„Gegen die Natur kann kein Mensch ein Recht behaupten, aber im Zustande der Gesellschaft gewinnt der Mangel sogleich die Form eines Unrechts, was dieser oder jener Klasse angetan wird." (Rph § 244 Zusatz)

Nächstenliebe und Wohltätigkeit anderer Personen, wiewohl moralisch verdienstvoll, sind zufällig und somit nicht verlässlich, um Armut zu beheben; es bleibt noch ein „Streben der Gesellschaft dahin, in der Notdurft und ihrer Abhilfe das Allgemeine herauszufinden und zu veranstalten und jene Hilfe entbehrlicher zu machen" (Rph § 242).

---

[75] *John Locke*, „Second Treatise of Government" („Zweite Abhandlung über die Regierung"), in: Anon., Two Treatises of Government, London: Awnsham Churchill, 1690, § 27; „Denn da diese Arbeit das unbestreitbare Eigentum des Arbeiters ist, kann niemand als er selbst ein Recht auf das haben, womit diese Arbeit einmal verbunden worden ist, wenigstens da, wo genug und ebenso gutes für den gemeinschaftlichen Besitz anderer vorhanden ist" (Locke 1690, 2:27).

Hegel gesteht hier also offenkundig zu, dass große Unterschiede im Reichtum und seiner Verteilung in der Gesellschaft mit dem Recht, also mit Gerechtigkeit vereinbar sind (Rph §§ 185, 243). Auch betont er zu Recht, dass geringe Mittel als solche noch keine Armut bedeuten und auch keinen Pöbel bilden (Rph §§ 240, 244 Zusätze).[76] Aber er lehnt schon in der Druckfassung jegliche Konzentration „unverhältnismäßige[r] Reichtümer in wenige[n] Hände[n]" (Rph § 244) ab und behauptet, dass jedem Menschen „eine gewisse Subsistenzweise, die sich von selbst als die für ein Mitglied der Gesellschaft notwendige reguliert" (Rph § 244), rechtlich zukomme. Damit befürwortet Hegel also ein relatives (kein absolutes) Subsistenzminimum für jeden, nämlich eine hinreichende Subsistenz, um als „Mitglied der Gesellschaft" aufzutreten, gemäß dem „Prinzip der bürgerlichen Gesellschaft und de[m] Gefühl ihrer Individuen von ihrer Selbständigkeit und Ehre" (Rph § 245).

Bekanntlich hat Hegel das drängende Problem der Armut nicht gelöst (Rph § 245). Dazu ist jedoch dreierlei anzumerken: Erstens bringt Hegel soziale Ungleichheit nicht in der Weise zusammen, dass er ein „Differenzprinzip" Rawls'scher Art vorschlägt, nach dem eine Verbesserung der Aussichten der am besten gestellten Gruppe nur dann zulässig ist, wenn sich dadurch auch die Situation der am schlechtesten gestellten Gruppe verbessert. Zweitens weist Hegel ein bloßes Existenzminimum (wie es bei Malthus und Marx zu finden ist) ausdrücklich zurück. Stattdessen stellt er drittens einen relativen sozialen Maßstab für tätige Mitgliedschaft zusammen mit dem bürgerlichen Prinzip der Selbständigkeit auf und vertritt dies sehr nachdrücklich als ein *Recht* jedes Bürgers. In diesem Punkt ist Hegel also mit Rousseau und Kant einig.

Das Prinzip bürgerlicher Selbständigkeit steht im Text nicht allein und unverbunden; Hegel ergänzt es im gedruckten Text ausdrücklich um bürgerliche Freiheitsrechte der Person, des Glaubens, des Eigentums, des Berufs und des Handels.[77]

---

[76] „In Athen war es Gesetz, daß jeder Bürger darüber Rechenschaft geben mußte, wovon er lebe; jetzt hat man die Ansicht, daß dies niemanden etwas angehe. Allerdings ist jedes Individuum einerseits für sich, andererseits aber ist es auch Mitglied im System der bürgerlichen Gesellschaft, und insofern jeder Mensch von ihr das Recht hat, die Subsistenz zu verlangen, muß sie ihn auch gegen sich selbst schützen. Es ist nicht allein das Verhungern, um was es zu tun ist, sondern der weitere Gesichtspunkt ist, daß kein Pöbel entstehen soll. Weil die bürgerliche Gesellschaft schuldig ist, die Individuen zu ernähren, hat sie auch das Recht, sie anzuhalten, für ihre Subsistenz zu sorgen" (Rph § 240 Zusatz). „Die niedrigste Weise der Subsistenz, die des Pöbels, macht sich von selbst: dies Minimum ist jedoch bei verschiedenen Völkern sehr verschieden. In England glaubt auch der Ärmste sein Recht zu haben; dies ist etwas anderes, als womit in anderen Ländern die Armen zufrieden sind. Die Armut an sich macht keinen zum Pöbel: dieser wird erst bestimmt durch die mit der Armut sich verknüpfende Gesinnung, durch die innere Empörung gegen die Reichen, gegen die Gesellschaft, die Regierung usw. Ferner ist damit verbunden, daß der Mensch, der auf die Zufälligkeit angewiesen ist, leichtsinnig und arbeitsscheu wird, wie z. B. die Lazzaronis in Neapel. Somit entsteht im Pöbel das Böse, daß er die Ehre nicht hat, seine Subsistenz durch seine Arbeit zu finden, und doch seine Subsistenz zu finden als sein Recht anspricht. Gegen die Natur kann kein Mensch ein Recht behaupten, aber im Zustande der Gesellschaft gewinnt der Mangel sogleich die Form eines Unrechts, was dieser oder jener Klasse angetan wird" (Rph § 244 Zusatz).

[77] *Hegel*, Rph §§ 35, 36, 38, 41–49, 57, 62 Anm., 66, 206, 207, 209 Anm., 252, 270 Anm.

Dem ist nun hinzuzufügen, dass eine starke Maßnahme gegen Arbeitslosigkeit und wirtschaftliche Schwankungen, die mit Hegels Rechtsphilosophie durchaus gut vereinbar ist, von J. M. Keynes herausgearbeitet wurde: Bei steigender Arbeitslosigkeit kann eine Regierung als Arbeitgeber für bestimmte öffentliche Werke auftreten und damit die Arbeitsbeschäftigung fördern, ohne Konsumgüter auf den Markt zu bringen; damit wirkt sie dem von Hegel betonten Paradox von Arbeitslosigkeit und Überproduktion (Rph § 245) entgegen. Dies hat Franklin D. Roosevelt bekanntlich in den USA als 'New Deal' sehr wirkungsvoll umgesetzt, trotz scharfer Kritik von rechts und des Vorwurfs, er sei „Sozialist". Auch ohne den Zweiten Weltkrieg wäre diese Maßnahme geeignet gewesen, der wirtschaftlichen Depression effektiv und höchstwahrscheinlich auch hinreichend zu begegnen. In einem Staat mit einer Verfassung nach Hegels Modell wäre die Keynes'sche Maßnahme noch besser zu steuern gewesen als in den USA, wo sämtliche Kritikpunkte Hegels am angeblich „demokratischen" offenen Wahlverfahren längst zutage liegen wie eine offene Wunde. Hegel hat ganz genau die schon sehr alte Geschichte verstanden, dass eine Demokratie ohne eine starke republikanische Verfassung – nicht nur in Form von Grundgesetzen, sondern auch als lebendige Institutionen – immer der Gefahr einer Mehrheitstyrannei unterliegt. Demgegenüber entwickelt Hegel eine starke Naturrechtslehre ebender moralkonstruktivistischen Art, wie sie sich bei Hume, Rousseau und Kant findet: eine, die die sozialen Grundlagen der menschlichen Freiheitsrechte identifiziert und rechtfertigt, ohne die ganze Debatte um Moral(ir)realismus oder Handlungsmotivationen überhaupt berücksichtigen zu müssen.

## XI. Schlussbetrachtung

Es ging mir in diesem Aufsatz nicht darum, Hegels Rechtsphilosophie umfassend zu erläutern; vielmehr wollte ich möglichst klar herausstellen, dass Hegel ausdrücklich die Methodologie und die Grundprinzipien eines naturrechtlichen Moralkonstruktivismus nach Hume, Rousseau und Kant übernommen und sie untermauert und weiter ausgebaut hat. Insofern hat er eine starke republikanische Auffassung von Gesellschaft wie auch von Rechtsphilosophie entwickelt, die auch heute noch sehr gut vertretbar ist. Sein Schüler Johan Vilhelm Snellman (1806–1881) nahm sie mit zurück nach Finnland, wo er den nordischen Rechtsstaat mitbegründete, das Modell auch für die anderen nordischen und skandinavischen Länder als Modell diente und sich nachdrücklich empfohlen hat. Dies zeigt, dass Hegels Rechtsphilosophie nicht nur in der Theorie taugt, sondern sich auch in der Praxis bewährt, und zwar glänzend![78]

---

[78] Eine der von Snellman entsprechende sozialpolitische Auffassung versuchte *John Dewey*, Individualism, Old and New, New York: Minton, Balch & Co., 1930, – jedoch ohne dessen Regierungsämter – in den USA zur Geltung zu bringen, leider nur mit geringem und kurzfristigem, vorübergehendem Erfolg. Deweys Erziehungsphilosophie und seine Schulreformen waren hingegen ebenso erfolg- wie einflussreich; ich habe ihm auch hinsichtlich meiner eigenen Ausbildung viel zu verdanken. Die entsprechenden pädagogischen Strategien habe ich auf

## XII. Hegels Verfassung einer modernen Republik, nach seinen Grundlinien der Philosophie des Rechts

DIE FÜRSTLICHE GEWALT → ÄUSSERE STAATSVERHÄLTNISSE
Der Monarch
Staatsminister (§§ 275, 283)

Botschaft   Militär

DIE REGIERUNGSGEWALT     DIE GESETZGEBENDE GEWALT
Verwaltungskommissare    Gesetzgebungsrat

- **1. Rechtspflege:**    2. Polizei    • Ständesversammlung
  - Gerichtshöfe
  - Veröffentlichung der Gesetzgebung    • Obere Kammer:
  - Ausführung der Gesetzgebung              Landesstand
  - Kontrollierung der Gesetzgebung sowie
  - Beratung zu ihrer Revision            • Untere Kammer:
                                              Abgeordnete der
- **2.** Öffentliche Gesundheitspflege        Genossenschaften,
  - Öffentliche Sicherheit                    Gemeinden &
  - Öffentliche Bauvorhaben                   Korporationen
  - Öffentliche Bildungsanstalten
  - Strafverfolgungsbehörde
  - Armutsfürsorge
  - Genehmigung von Korporationsvertretern

**DAS SYSTEM DER BEDÜRFNISSE**

**Gewerbestand**          **Ackerstand**
         Korporationen
                Familien und ihre Mitglieder

Legende: Der „äussere Staat"    (Rph § 183) = die bürgerliche Gesellschaft
         Der „politische Staat" (Rph §§ 273, 276) = die Regierung
         Der „Staat"            (Rph §§ 257–271) im eigentlichen Sinne   = die gesamte Gesellschaft.

---

meiner Webseite unter „Studentische Hilfsmittel" resümiert; ihre Erziehungsprinzipien untersuche ich in *K. R. Westphal*, „Norm Acquisition, Rational Judgment and Moral Particularism", Theory and Research in Education 10,1, 2012, 3–25; vgl. auch „Urteilskraft, gegenseitige Anerkennung und rationale Rechtfertigung" (Anm. 21). Die hier dargestellte Umdeutung der Rechtsphilosophie bei Hegel wird weiter untermauert und entwickelt in *K. R. Westphal*, „The

## Summary

Hegel's Philosophical Outlines of Justice (Grundlinien der Philosophie des Rechts; 'Rph') develops a cogent natural law theory by providing a comprehensive political theory, not only regarding government, but as an incisive moral theory of a modern republic. Hegel's Outlines adopts and further develops a neglected species of moral constructivism which is neutral about moral (ir)realism and about moral motivation and how reasons for action are linked to motives. Hegel shows that, even if basic moral norms and institutions may literally be artificial insofar as we make them, these basic moral norms and institutions nonetheless are strictly objectively valid because for our very finite form of semi-rational embodied agency they are necessary and because sufficient justifying grounds for these norms and institutions can in principle be provided to all persons. We begin with Socrates' question to Euthyphro to distinguish moral realism from moral irrealism (II.), and then review basic points of constructivist method (III.) and how Hume's theory of justice inaugurates natural law constructivism (IV.). How this approach addresses issues of political legitimacy is highlighted by Rousseau's juridical innovation (V.). How this approach is better articulated and justified by Kant's specifically Critical method is briefly considered in connection with his non-contractarian justification of rights to possession (VI.), so as to highlight Hegel's natural law constructivism (VII.). Hegel's account of rights to possession corresponds closely to Kant's (VIII.), and his account of juridical relations as human interrelations – as social practices – accords with natural law constructivism (IX.). This finding is corroborated by central features of Hegel's account of Sittlichkeit, including how – and how centrally – Hegel adopts, undergirds and augments Rousseau's and Kant's Independence Requirement for political legitimacy (X.).

---

Centrality of Public Reason in Hegel's Theory of Justice", in: P. N. Turner/G. F. Gaus (Hrsg.), Public Reason in the History of Political Philosophy: Classical Sources and Contemporary Commentaries, New York: Routledge, 2016; und *ders.*, „Hegel's Natural Law Constructivism: Progressive in Principle and in Practice", in: S. Stein und T. Brooks (Hrsg.), Hegel's Political Philosophy: On the Normative Significance of Method and System, Oxford, Oxford University Press, 2016. Hegels Philosophie samt seiner Rechtsphilosophie wurde hemmungslos fehlgedeutet und auf dieser Basis (vermeintlich) herabgewürdigt, wie ich in „Substantive Philosophy, Infallibilism and the Critique of Metaphysics: Hegel and the Historicity of Philosophical Reason", in: L. Herzog (Hrsg.), Hegel's Thought in Europe: Currents, CrossCurrents and Undercurrents, Basingstoke: Palgrave-Macmillan, 2013, 192–220, darstelle. – Der vorliegende Beitrag geht zurück auf einen Vortrag über Hegels Rechtsphilosophie, den ich auf Einladung von Christoph Horn am 8. April 2015 in seinem Bonner Seminar gehalten habe. Für seine sehr freundliche Einladung wie auch für die vielen inhaltlichen Anregungen in der Diskussion möchte ich ihm und den TeilnehmerInnen an seinem Seminar sehr herzlich danken. Nicht zuletzt danke ich Frau Dr. Ingrid Furchner (conTEXT, Bielefeld) für ihre hervorragende Korrektur des Letztentwurfs. Für finanzielle Unterstützung der endgültigen Revisionen des Beitrags danke ich dem Boğaziçi Üniversitesi Forschungsfonds (BAP; grant code: 9761). Der Redaktion des Jahrbuchs für Recht und Ethik danke ich für die freundliche Aufnahme des Beitrags, in dem ich meine Antwort auf eine Grundfrage von B. Sharon Byrd weiter entwickle und untermauere. Er ist dankbar ihrem Andenken gewidmet.

**Tagungsbericht – Conference Report**

Tagungsbericht – Conference Report

# Tagungsbericht

**Polnisch-deutsch-japanisch-türkische Tagung
„Strafrechtlicher Reformbedarf"
vom 14. bis zum 19. Sept. 2015
in Rzeszów und Kraków**

In der Zeit vom 14. bis zum 19. Sept. 2015 fand eine internationale wissenschaftliche Tagung zu dem Rahmenthema „Strafrechtlicher Reformbedarf" in Rzeszów und Kraków statt. An der Tagung beteiligten sich Wissenschaftlerinnen und Wissenschaftler aus vier Staaten, und zwar aus Polen, Deutschland, Japan und der Türkei. Die Konferenz bestand aus sechs Sektionen, wobei die ersten drei in Rzeszów und die anderen drei in Kraków durchgeführt wurden. Finanziert wurde die Tagung von den Universitäten in Rzeszów und Kraków sowie der Haniel Stiftung Duisburg.

In der 1. Sektion besprach Prof. Dr. Dr. h. c. mult. Keiichi Yamanaka (Osaka) ausgewählte Reformschritte im japanischen Strafrecht. Den neueren japanischen Reform„rausch" erklärte er mit dem schon in der 2. Hälfte des 20. Jahrhunderts entstehenden Bedarf einer Rechtsanpassung an die technologisch und wirtschaftlich sich modernisierende Gesellschaft. So führte man zu Anfang des 21. Jahrhunderts in Japan neue Delikte ein, und der Anwendungsbereich von anderen Delikten wurde erweitert. Prof. Yamanaka wies eine Tendenz zur Strafverschärfung nach, die seiner Meinung nach aus einem entsprechenden Druck der japanischen Gesellschaft hervorgeht und die Gefahr einer bloß symbolischen Gesetzgebung in sich trägt.

Im zweiten Referat der 1. Sektion besprach Prof. Dr. Dr. h. c. Hakan Hakeri (Istanbul) die neuesten strafrechtlichen Entwicklungen im türkischen Strafrecht und setzte sich mit dem Reformbedarf im türkischen Strafrecht auseinander. Das Referat zeigte auch die wichtigsten Entwicklungsphasen des türkischen Strafrechts auf und erläuterte, wie ausländische Strafrechtsordnungen (insbesondere die französische, die italienische und die deutsche) die Entwicklung des türkischen Strafrechts maßgeblich beeinflusst haben.

Im letzten Referat der 1. Sektion analysierte Prof. Dr. Jacek Giezek (Wrocław) die Möglichkeit einer wissenschaftlichen Begründung von Strafrechtsreformen, wobei er eine Reform als eine grundlegende Änderung des Gesetzes in wesentlichen Aspekten definierte. Die Analyse erfolgte auf drei Ebenen: Rechtsdogmatik, Strafrechtstheorie und Kriminalpolitik. Auf der ersten Ebene begegne man der Schwierigkeit, dass die Rechtsdogmatik auf bereits geltenden Regeln beruhe und daher nur zu punktuellen Korrekturen, aber nicht zu grundlegenden Änderungen motivieren könne. Die Strafrechtstheorien, wie z. B. die Lehre vom Aufbau einer Straftat, ihren Begehungsformen, von der Kausalität und von der objektiven Zurechnung, erfüllen nach Giezek nicht die Anforderungen an eine wissenschaftliche Theorie, weil sie nicht wahr oder falsch, sondern höchstens rational oder irrational sein können, so dass die eine Theorie niemals im Stande sei, eine andere völlig zu verdrängen. Die Kriminalpolitik beruhe zwar auf Wissenschaften, sei aber selbst keine Wissenschaft, so dass sie keine Reform wissenschaftlich begründen könne. Angesichts der fehlenden Möglichkeit einer wissenschaftlichen Begründung für eine Strafrechtsreform deutete der Autor die Richtung an, in die gedacht werden müsse. Danach hätten Reformen zwei Aspekte zu berücksichtigen: Zum einen die Frage danach, was entstehen solle – das Reformziel –, und zum anderen, aus welchen Elementen die Reform bestehe und wie diese Elemente zusammengesetzt sein müssten, insbesondere um Normenwidersprüche zu vermeiden.

Zu Beginn der 2. Sektion besprach Prof. Dr. Dr. h. c. Jan C. Joerden (Frankfurt/Oder) die (problematische) Tendenz im deutschen Recht zur Reform des Strafrechts durch zivilrechtliche Regelungen, insbesondere im Kontext von Patientenverfügungen (§§ 1901a ff. BGB), von Patientenrechten (§§ 630a ff. BGB) und von religiöser Beschneidung bei Knaben (§ 1631d BGB). Das deutsche Zivilrecht regelt diese zum Teil genuin strafrechtlichen Fragen in Vorschriften des BGB über die Betreuung, über den Dienstvertrag und über das elterliche Sorgerecht. Joerden sieht in solchen Regelungen außerhalb des Strafrechts eine Gefahr darin, dass im Zivilrecht die strafrechtlichen Garantien nicht in dem gleichen Umfang gelten wie im Strafrecht. Bezugnahmen auf das Zivilrecht seien zwar im Strafrecht nichts Neues (z. B. bei den Begriffen „Sache", „fremd" etc.), aber etwa gerade im Sachenrecht sei das Zivilrecht hinreichend bestimmt, um strafrechtliche Bezugnahmen akzeptabel erscheinen zu lassen. Werde der Bezug jedoch zu relativ unbestimmten zivilrechtlichen Regelungen, die zudem noch mit Generalklauseln (wie § 242 BGB) durchsetzt sind, hergestellt, sei dies für das Strafrecht problematisch. Dies gelte auch für die drei erwähnten Problembereiche. Joerden befürwortet daher zwar keinen vollständigen Verzicht des Strafrechts auf Bezugnahmen auf das Zivilrecht, empfiehlt aber dabei ein umsichtiges Vorgehen.

Prof. Dr. Andrzej Zoll (Kraków) konzentrierte sich in seinem Referat auf die Ausgestaltung der Bewährungsstrafe im polnischen Rechtssystem, die eine grundsätzliche Reform ab dem 1. 7. 2015 erfahren hat. Als Reformursache erwähnte er eine hohe Prisonisierungsrate in Polen, obwohl unbedingte Freiheitsstrafen selten verhängt werden. Die Reform habe zur Folge gehabt, dass die Verhängung einer Freiheitsstrafe zur Bewährung heutzutage auf schwieriger zu erfüllende Bedingungen treffe. Gleichzeitig sehe das neue polStGB aber die Möglichkeit der Verhängung von Geld- bzw. Freiheitsbeschränkungsstrafe bei Straftaten vor, die mit einer Freiheitsstrafe von bis zu 8 Jahren bedroht werden. In der Bewährungszeit kann das Gericht die Strafe kürzen oder durch eine der erwähnten Alternativstrafen ersetzen. Zusammenfassend bezweifelte Zoll die Rationalität dieser Reform.

Die 3. Sektion wurde mit einem Referat von Prof. Dr. Dr. h. c. Andrzej J. Szwarc (Poznań/Słubice) eröffnet, das der Problematik des Multikulturalismus in der Reform des Strafrechts gewidmet war. Im Rahmen dieses Referat betonte Szwarc die kulturelle Mannigfaltigkeit der europäischen Gesellschaften und stellte fest, dass das Strafrecht an dem die europäischen Gesellschaften prägenden Phänomen des Multikulturalismus nicht vorbeigehen dürfe. Er zeigte punktuell und am Leitfaden der herkömmlichen Elemente der Deliktsstruktur (Tatbestandsmäßigkeit, Rechtswidrigkeit, Schuld, Strafe), welche Aspekte des Strafrechts unter dem Gesichtspunkt der Multikulturalität eine gesteigerte Aufmerksamkeit verdienen und in welche Richtung sie reformiert werden sollten.

Prof. Dr. Gunnar Duttge (Göttingen) widmete seinen Vortrag einer kritischen Analyse der Reformvorschläge der Tötungsdelikte, wie sie gerade aktuell in Deutschland diskutiert werden. Der Referent wies dabei auf die Unklarheit der Mordmerkmale hin, deren Erfüllung in Deutschland zwingend eine lebenslange Freiheitsstrafe nach sich ziehen. Er betonte, dass das gegenwärtige dreistufige Modell (Privilegierung, Grundtatbestand, Qualifikation) eine einheitliche Bewertung des Rechtsguts „Leben" durch eine unzulässige Differenzierung des Unrechtsgehalts der vorsätzlichen Tötung eines Anderen in Frage stelle. Duttge plädierte deshalb im Hinblick auf eine Reform der Tötungsdelikte in Deutschland für eine Vorschrift, die jenes dreistufige Modell ersetzen würde und stets eine zeitige, ggf. bis zu lebenslanger Freiheitsstrafe für eine vorsätzliche Tötung anordnen würde, wobei entsprechende Absenkungen des Strafrahmens bei weniger schwer wiegenden Tötungen sowie die bereits jetzt geltende Aussetzung des Strafrestes unter bestimmten Bedingungen möglich wären.

Prof. Dr. Dr. h. c. Yener Ünver (Istanbul) befasste sich in seinem Vortrag mit der Problematik der Kinderbräute in der Türkei. In diesem Vortrag stellte der Referent die faktische Situation von Zehntausenden minderjähriger Frauen in der Türkei dar, die in religiösen Zeremonien von ihren Familien verheiratet werden. Obwohl diese Praxis in der Türkei illegal ist, werde von den Strafverfolgungsbehörden nicht ausreichend gegen sie vorgegangen. Es scheine, dass solche Praktiken sogar von den Strafverfolgungsbehörden toleriert werden. Dabei referierte Ünver ausführlich auch über die Praxis der Morde an Frauen nach einer Fehlgeburt. Auch diese grausame Praxis wird nach Ünver nicht ausreichend in der Türkei verfolgt. Insgesamt hat das Referat klare Unterschiede zwischen der türkischen Strafrechtspraxis und den europäischen Strafrechtsstandards aufgezeigt und zugleich die erheblichen Einflüsse der kulturellen Hintergründe auf das Strafrecht verdeutlicht.

In der 4. Sektion legte Prof. Dr. Zbigniew Ćwiąkalski (Rzeszów/Kraków) ein Referat zu dem Thema der Reform der außerordentlichen Strafmilderung in der polnischen Strafprozessordnung vor. Das polnische Strafrechtssystem erfuhr im Jahre 2015 erhebliche Reformen sowohl im Bereich der Strafprozessordung als auch auf dem Gebiet des Strafgesetzbuches. In seinen Ausführungen konzentrierte sich Ćwiąkalski vor allem auf die Darstellung der gegenwärtigen Rechtslage zur außerordentlichen Strafmilderung und der Reform, die am 1. 7. 2015 in Kraft getreten ist. Insgesamt bewertet der Referent die Änderungen positiv und hofft, dass die außerordentliche Strafmilderung künftig auf der Grundlage der neuen Regelungen häufiger zur Anwendung kommen wird, da zum einen die Möglichkeit der Strafaussetzung zur Bewährung radikal eingeschränkt und zum anderen der Anwendung von milderen Sanktionen bei der Bagatellkriminalität Vorrang eingeräumt wurde.

In dem nächsten Referat besprach Frau Prof. Kanako Takayama (Kyoto) Rechtslücken im Embryonenschutz des japanischen Strafrechts. Obwohl Japan wesentliche Erfolge in der Genetik erreiche, blieben Forschungen in diesem Bereich hinter anderen Staaten wegen der komplizierten japanischen Rechtslage zurück. Embryonen befänden sich zwar grundsätzlich außerhalb von strafrechtlichen Interessen, dies aber abgesehen von einigen Fällen, z. B. der Schaffung von Mischwesen (sog. Chimären) aus Mensch und Tier. Das Gesetzgebungsverfahren werde durch die Undurchsichtigkeit der Fachmaterie für Abgeordnete erschwert. Deswegen erließen Ministerien Richtlinien für das Verfahren mit Embryonen und verhängten Verwaltungssanktionen gegen Zuwiderhandlungen. Die Zuständigkeitsbereiche von Ministerien seien allerdings oft nicht eindeutig voneinander abgegrenzt, was in mehreren Richtlinien verschiedener Organe zu gleichen Regelungsmaterien resultiere. Takayama plädierte für einen Embryonenschutz, bei dem Verwaltungssanktionen ausreichend seien.

Im nächsten Vortrag dieser Sektion analysierte Prof. Dr. Witold Kulesza (Łódź) die im polnischen Strafrecht vorgesehenen Straftaten der Propagierung von totalitären Staatssystemen und des öffentlichen Aufrufens zum Hass. Er zeigte dabei Schwächen des ersten Tatbestands auf und wies einerseits auf Verurteilungen von Tätern hin, die aus niedrigen Beweggründen handeln, ohne auch nur Grundwissen über das betreffende Staatssystem zu besitzen, sowie andererseits auf Freisprüche von Tätern, die bei Demonstrationen rassistische Parolen präsentierten und die Einführung eines nationalistischen Staat forderten. Der Referent forderte daher eine Reform der Vorschrift, die die Propagierung verbrecherischer Inhalte des Totalitarismus und nicht der Staatsform als solcher sanktionieren solle. Kulesza bezeichnete weiter als geschütztes Rechtsgut dieser Deliktsnormen das nationale Andenken. Er berührte dabei auch die Problematik der Mehrdeutigkeit von Symbolik, die durch totalitäre Systeme umgedeutet würde. Der Inhalt der Symbolik müsse daher im Lichte des nationalen Andenkens ermittelt werden. Der Referent stand auch auf dem Standpunkt, dass eine ausdrückliche Rechtfertigung wegen Kunst-, Wissenschaft- oder Sammlungszwecken nicht erforderlich sei, weil dann bereits die Propagierungsabsicht fehle. Schließlich solle die Strafbarkeit des Aufrufens zum Hass mit nationalem, ethnischem, religiösem und rassistischem Hintergrund um den Hass wegen der Sexualpräferenz erweitert werden.

In der 5. – strafprozessrechtlich geprägten – Sektion besprach Prof. Dr. Dres. h. c. Makoto Ida (Tokyo) das unlängst in Japan durch eine Gesetzesreform eingeführte sog. SaibanIn-System, das die Laienbeteiligung im Strafprozess regelt und einen Kompromiss zwischen der deutschen und der amerikanischen Lösung darstelle. Das Schöffengericht bestehe – im Gegensatz zu den USA – aus Berufs- und Laienrichtern. Die Laienrichter seien aber in der Mehrheit. Sie würden auch nach dem Zufallsprinzip für das konkrete Verfahren gewählt. Sie seien Berufsrichtern grundsätzlich gleichgestellt, nur die Frage der Gesetzesauslegung bleibe den Juristen vorbehalten. Der Autor stellte verschiedene Konsequenzen eines solchen Strafprozesssystems dar.

In dem nächsten Referat dieser Sektion befasste sich Doz. Dr. Erdal Yerdelen (Istanbul) mit der Problematik des Täter-Opfer-Ausgleichs im türkischen Strafverfahrensrechts. Er stellte die dort bestehenden Schwierigkeiten heraus und plädierte zugleich für eine Reform der einschlägigen Vorschriften des türkischen Rechts, um dieses Instrument der Friedensstiftung, dessen Voraussetzungen nach dem türkischen Recht er im Einzelnen schilderte, in Strafrechtsfällen noch effektiver einsetzen zu können.

In derselben Sektion erläuterten Prof. Dr. Piotr Kardas und Prof. Dr. Włodzimierz Wróbel (beide Kraków) das seit dem 1. 7. 2015 aufgrund einer umfassenden Strafprozessreform geltende neue Modell der polnischen Strafprozessordnung. Besprochen wurden konsensuale Institute des Antrags des Angeklagten an den Staatsanwalt auf eine Bestrafung sowie der Versöhnung des Täters mit dem Opfer, die den Täter bei der Strafzumessung begünstigen und das Verfahren beschleunigen. Hinsichtlich der Gerichtsverhandlung werde das Offizialprinzip eingeschränkt und das Gericht werde zu einem passiven Schiedskörper in einem kontradiktorischen Prozess. Das Prinzip der materiellen Wahrheit werde durch die Bewahrung der unparteiischen Stellung des Gerichts erhalten und der Konsensualismus verwirkliche die Kompensationsfunktion.

Die 6. und letzte Sektion war zunächst dem Reformbedarf des türkischen Umweltschutzstrafrechts gewidmet. In seinem Referat hierzu besprach Dr. Baris Atladi (Istanbul) die Problematik des Umweltschutzstrafrechtes vor dem Hintergrund einer genaueren Bestimmung des geschützten Rechtsgutes. Dann wurden die strukturellen Probleme (wie z. B. die Strafbarkeit der Unterlassung) im vorliegenden Kontext genannt und diskutiert. Im nächsten Teil seines Referats bestimmte Atladi das Verhältnis des Umweltschutzstrafrechts zum Umweltverwaltungsrecht und die damit verbundenen Akzessorietätsprobleme. Der Referent führte auch Argumente für und gegen eine Strafbarkeit juristischer Personen in diesem Zusammenhang an und erläuterte die aus seiner Sicht defizitäre Praxis in der Türkei bei der Bekämpfung der Delikte, durch deren Begehung die Umwelt verschmutzt oder sogar zerstört wird.

In dem nächsten Beitrag zu dieser Sektion stand die Thematik der Verkehrsdelikte im Vordergrund. Prof. Dr. Maciej Małolepszy (Słubice/Zielona Góra) stellte in seinem Referat die Frage, ob das polnische StGB ein neues Gefährdungsdelikt gegen Raser brauche. Die Frage erscheine vor allem wegen der sehr hohen Anzahl der Opfer von Autounfällen in Polen begründet. In seinen Ausführungen stellte der Autor die gegenwärtige Rechtslage auf dem Gebiet des polnischen Straßenverkehrsrechts dar und plädierte für die Einführung eines neuen Gefährdungsdelikts in das polnische StGB nach dem deutschen Muster, wodurch bereits eine Gefahrherbeiführung für höchstpersönliche Rechtsgüter unter Strafe gestellt wäre.

Abschließend stellte Frau Prof. Dr. Masami Okaue (Tsukuba) die Rechtslage und die Unfallstatistiken in Japan, die das Land als eine der am meisten motorisierten Gesellschaften ausweist, in einen Zusammenhang. Sie zeigte Probleme des geltenden Rechts auf, wie etwa Beweisschwierigkeiten bei Kausalzusammenhang und Vorsatz hinsichtlich von Alkohol- bzw. Drogeneinwirkung, die Ungleichbehandlung zwischen Fahrern von Autos und von anderen Fahrzeugen und kritisierte die Strafbarkeit des sog. Nachtrunks als Verletzung des *nemo-tenetur*-Grundsatzes sowie die harte Bestrafung von Fahranfängern. Eine optimale Lösung sah die Referentin in einer Abstandnahme vom Vergeltungsgedanken zu Gunsten der Resozialisierung und befürwortete die Herabsetzung der Strafandrohungen.

Zusammenfassend kann festgestellt werden, dass während der Tagung der Reformbedarf des Strafrechts aus sehr unterschiedlichen Perspektiven diskutiert wurde. Das Treffen der Wissenschaftler/innen aus unterschiedlichen Ländern (sogar aus unterschiedlichen Rechtskulturen) ermöglichte vielseitige Diskussionen, die im Rahmen eines rein nationalen Diskurses so nicht möglich wären. Die Ergebnisse der Tagung werden in einem Tagungsband veröffentlicht.

*Maciej Małolepszy*

**Rezension – Recension**

Rezension – Recension

Confronting the Internet's Dark Side: Moral and Social Responsibility on the Free Highway by *Raphael Cohen-Almagor*

What would Aristotle think about JuicyCampus.com? Not much according to *Confronting the Internet's Dark Side: Moral and Social Responsibility on the Free Highway* by Raphael Cohen-Almagor, a new book which attempts to provide a philosophically sound critique of all things nefarious on the Internet. From child sexual abuse material, to racism, hate speech and bullying, there are numerous examples of bad things happening on the Internet that are discussed in the book. The author calls upon Internet users (or Netusers as they are termed in the book), states and, private companies to take their respective moral and social responsibility seriously in order to make the Internet a better place. Without this kind of "responsible cooperation, Net abusers will prevail and our children will suffer" (Cohen-Almagor 2015:304).

Having spent large parts of my academic career working on the boundaries of freedom of expression, I find the ideas discussed in this book very appealing and they make the book interesting to read. Often they manage to elucidate the conflicts we face in moral and ethical dilemmas around speech such as John Durham Peters' excellent *Courting the Abyss* (2005); or they can provide fascinating perspectives on how freedom expression, gender and sexuality actually interact, such as Uladzislau Belavusau's work on *European and American Constitutional Models* (2011). They also touch upon global perspective on new networked users rights like Rebecca MacKinnon does in *Consent of the Networked* (MacKinnon 2012) and provide additional understanding on how to ensure effective corporate social responsibility like John Morrisons' *The Social License* (Morrison 2014).

The core conflict of speech on the Internet is identified correctly as a conflict between universal internet platforms and non-universal speech norms. The book provides reasonable philosophical arguments against the universality of norms, but many of the claims made in the book read less like a philosophical treatise and more like a reflection of frustrations about novel communications environments. Readers are told that Internet users "do not invest in building relationships with their virtual friends that are based on the love and respect that characterize their offline companion relationships" (2015:93) and that users are confronted by "trivial information floods" (2015:93), that "abusive language might lead to depression and suicide" (2015:111) or simply that "bullying affects us all" (2015:111).

One of the challenges readers will encounter reading the book is Cohen-Almagor's ambivalent position on who is responsible for remedying all of the bad things that happen on the Internet. Cohen-Almagor exhorts the Internet business sector to monitor "websites that attract criminals to post their criminal ideas and criminal intentions" (2015:65) and calls on government agencies to monitor "websites that are likely to be used for creating social support groups for potential criminals" (2015:271). He suggests that "evolving technology increases the criminals and terrorists opportunities to participate in global and unlimited actions" (2015:305). He also writes that it is "not hard for governments to take steps to alter Net architecture, and, in so doing, help regulate Net behavior" (2015:271). The book demonstrates the need for cooperation to "prevent the translation of murderous thoughts into murderous actions" (2015:146) and even suggests the need for the creation of an "international information agency" (2015:312). All of these areas suggest the need for stronger governance mechanisms. Yet for all of these regulatory concerns Cohen-Almagor is also deeply concerned with restrictions on speech or limitations of liberal democracies and it remains unclear as a reader how this tension can be resolved.

One of the strong points of the book is that it identifies a number of ethical dilemmas in areas that are insufficiently discussed. Addressing suicide risks in particular and their linkage to available information is far less debated than questions of child sexual abuse material or terrorism online but an important public policy issue. The same goes for raising awareness around the lack of transparency and accountability in existing mechanisms of filtering and blocking software. However by attempting to go beyond legal definitions of rights and focussing on moral or social responsibilities, the book constantly seems to be trying to argue for the restriction of perfectly legal but "antisocial content" (2015:65), or "illegitimate expression" (p. 16). The arguments made throughout the book thus seem anything but liberal, which is surprising given that Raphael Cohen-Almagor also argues for "autonomous human beings who exercise self-determination" (2015:55). There are doubtless reasons in which such restrictions might be legitimate and could be justified, but the consistent confusion between human rights on the one hand and moral or social responsibilities on the other is not helpful in identifying them.

## Bibliography

*Belavusau*, Uladzislau: Freedom of Expression: European and American Constitutional Models for Central and Eastern Europe. European University Institute, Florence 2011.

*Cohen-Almagor*, Raphael. Confronting the Internet's Dark Side: Moral and Social Responsibility on the Free Highway. Cambridge: Cambridge Univ Press 2015.

*MacKinnon*, Rebecca: Consent of the Networked: The World-Wide Struggle for Internet Freedom. New York NY: Basic Books 2012.

*Morrison*, John: The Social License. Palgrave Macmillan 2014.

*Peters*, John Durham: Courting the Abyss: Free Speech and the Liberal Tradition. University of Chicago Press 2005.

*Ben Wagner*

# Autoren- und Herausgeberverzeichnis

*Beck,* Susanne, Prof. Dr., Gottfried Wilhelm Leibniz Universität Hannover, Lehrstuhl für Strafrecht, Strafprozessrecht, Strafrechtsvergleichung und Rechtsphilosophie, Königsworther Platz 1, D-30167 Hannover
E-Mail: susanne.beck@jura.uni-hannover.de

*Bernat,* Erwin, Prof. Dr., Karl-Franzens-Universität Graz, ReSowi-Zentrum, Universitätsstraße 15/D4, A-8010 Graz
E-Mail: erwin.bernat@uni-graz.at

*Boldt,* Joachim, PD Dr. phil., Stellvertretender Direktor, Institut für Ethik und Geschichte der Medizin, Albert-Ludwigs-Universität Freiburg, Stefan-Meier-Str. 26, D-79104 Freiburg
E-Mail: boldt@egm.uni-freiburg.de

*Brownsword,* Roger, Professor of Law and Director of TELOS, Honorary Professor in Law at the University of Sheffield, King's College London, Strand, London WC2R 2 LS, UK-London
E-Mail: roger.brownsword@kcl.ac.uk

*Cohen-Almagor,* Raphael, Prof., DPhil, Oxon, Director of Research, Director, Middle East Group, School of Politics, Philosophy and International Studies, The University of Hull, Cottingham Road, UK-Hull, HU6 7RX
E-Mail: R.Cohen-Almagor@hull.ac.uk

*Demko,* Daniela, Prof. Dr. LL.M. Eur., Universität Leipzig, Juristenfakultät, Burgstr. 27, D-04109 Leipzig
E-Mail: daniela.demko@uni.leipzig.de

*Dörr,* Dorothee, Dr. med. M. A., Universitätsmedizin Mannheim GB Ärztliche Direktion/ZKE, Klinische Ethikberatung, Theodor-Kutzer-Ufer 13, D-68167 Mannheim
E-Mail: dorothee.doerr@umm.de

*Duttge,* Gunnar, Prof. Dr., Georg-August-Universität Göttingen, Abteilung für strafrechtliches Medizin- und Biorecht, Platz der Göttinger Sieben 6, D-37073 Göttingen
E-Mail: gduttge@gwdg.de

*Geismann,* Georg, Prof. (em.) Dr., Elßholzstraße 15, D-10781 Berlin; auch erreichbar unter: www.georggeismann.de
E-mail: georggeismann@georggeismann.de

*Hofmann,* Elisabeth, Ludwigs-Maximilians Universität München, Wissenschaftliche Mitarbeiterin am Lehrstuhl für Strafrecht, Strafprozessrecht, Rechtsphilosophie und Rechtssoziologie, Ludwigstr. 29, D-80539 München
E-Mail: Elisabeth.Hofmann@jura.uni-muenchen.de

*Hohendorf,* Gerrit, Prof. Dr. med., Institut für Geschichte und Ethik der Medizin der Technischen Universität München, Ismaninger Straße 22, D-81675 München
E-Mail: gerrit.hohendorf@tum.de

*Hruschka*, Joachim, Prof. (em.) Dr., Universität Erlangen, Institut für Strafrecht und Rechtsphilosophie, Schillerstraße 1, D-91054 Erlangen

*Joerden*, Jan C., Prof. Dr. Dr. h. c., Europa-Universität Viadrina Frankfurt (Oder), Lehrstuhl für Strafrecht, insbesondere Internationales Strafrecht und Strafrechtsvergleichung, Rechtsphilosophie, Große Scharrnstraße 59, D-15230 Frankfurt (Oder)
E-Mail: joerden@europa-uni.de

*Kreß,* Hartmut, Prof. Dr., Universität Bonn, Evang.-Theol. Fakultät, Abt. Sozialethik, Am Hof 1, D-53113 Bonn
E-mail: hkress@uni-bonn.de

*Lindemann*, Michael, Prof. Dr., Universität Bielefeld, Fakultät für Rechtswissenschaft, Lehrstuhl für Strafrecht, Strafprozessrecht und Kriminologie, Universitätsstraße 25, D-33615 Bielefeld
E-Mail: michael.lindemann@uni-bielefeld.de

*Maio*, Giovanni, Prof. Dr., Direktor des Instituts für Ethik und Geschichte der Medizin, Stefan-Meier-Str. 26, D-79104 Freiburg
E-Mail: maio@ethik.uni-freiburg.de

*Małolepszy*, Maciej, Prof. Dr., Lehrstuhl für Polnisches Strafrecht, Europa-Universität Viadrina Frankfurt (Oder), Große Scharrnstraße 59, D-15230 Frankfurt (Oder) und Collegium Polonicum, Słubice, Ulica Kościuszki 1, PL-69-100 Słubice
E-Mail: malolepszy@europa-uni.de

*Mevis*, Paul, Prof. Dr. P.A.M., Criminal Law and Criminal Procedure, Erasmus School of Law, Erasmus University Rotterdam, NL-3062 PA Rotterdam, The Netherlands
E-Mail: mevis@law.eur.nl

*Mitsch,* Wolfgang, Prof. Dr., Universität Potsdam, Strafrecht mit Jugendstrafrecht und Kriminologie, August-Bebel-Straße 89, D-14482 Potsdam
E-Mail: wmitsch@uni-potsdam.de

*Oduncu*, Fuat S., Prof. Dr. Dr. M.A., EMB, MBA, Klinikum der Universität München, Medizinische Klinik und Poliklinik IV, Leiter der Hämatologie und Onkologie, Ziemssenstr. 1, D-80336 München
E-Mail: fuat.oduncu@med.uni-muenchen.de

*Rosenau,* Henning, Prof. Dr., Martin-Luther-Universität Halle-Wittenberg, Interdisziplinäres Wissenschaftliches Zentrum Medizin – Ethik – Recht, Lehrstuhl für Strafrecht, Strafprozessrecht und Medizinrecht, Universitätsplatz 6, D-06108 Halle
E-Mail: henning.rosenau@jura.uni-halle.de

*Rubeis,* Giovanni, Dr. phil., Universität Ulm, Institut für Geschichte, Theorie und Ethik der Medizin, Parkstraße 11, D-89073 Ulm
E-Mail: giovanni.rubeis@uni-ulm.de

*Rothhaar,* Markus, Prof. Dr., Katholische Universität Eichstätt-Ingolstadt, Lehrstuhl für Bioethik, Ostenstr. 26, D-85071 Eichstätt
E-Mail: markus.rothhaar@ku.de

*Scheinfeld,* Jörg, Prof. Dr., EBS Law School, Lehrstuhl Strafrecht II: Strafrecht, Strafprozessrecht, Wirtschaftsstrafrecht, Gustav-Stresemann-Ring 3, D-65189 Wiesbaden
E-Mail: www.ebs.edu

## Autoren- und Herausgeberverzeichnis

*Schicktanz,* Silke, Prof. Dr., Kultur und Ethik der Biomedizin, Universitätsmedizin Göttingen, Abt. Ethik und Geschichte der Medizin, Humboldtallee 36, D-37073 Göttingen
E-Mail: silke.schicktanz@medizin.uni-goettingen.de

*Schroth,* Ulrich, Prof. Dr., Ludwigs-Maximilians Universität München, Lehrstuhl für Strafrecht, Strafprozessrecht, Rechtsphilosophie und Rechtssoziologie, Ludwigstr. 29, D-80539 München
E-Mail: Ulrich.schroth@jura.uni-muenchen.de

*Schweda,* Mark, PD Dr., Zentrum Psychosoziale Medizin, Ethik und Geschichte der Medizin, Universitätsmedizin Göttingen, Humboldtallee 36, D-37073 Göttingen
E-Mail: mark.schweda@medizin.uni-goettingen.de

*Steger,* Florian, Prof. Dr., Universität Ulm, Direktor des Instituts für Geschichte, Theorie und Ethik der Medizin, Parkstraße 11, D-89073 Ulm
E-Mail: florian.steger@uni-ulm.de

*Wagner,* Ben, Dr., Centre for Internet & Human Rights, Europa-Universität Viadrina, Große Scharrnstraße 59, D-15230 Frankfurt (Oder)
E-Mail: bwagner@europa-uni.de

*Wale,* Jeff, Bournemouth University, Department of Law, Weymouth House W217, Talbot Campus, Fern Barrow, Poole, BH12 5BB, United Kingdom
E-Mail: jwale@bournemouth.ac.uk

*Westphal,* Kenneth R., Prof. Dr., Boğaziçi Üniversitesi, Department of Philosophy, 34342 Bebek, TR-Istanbul
E-Mail: westphal.k.r@gmail.com

*Wiesemann,* Claudia, Prof. Dr., Direktorin des Instituts für Ethik und Geschichte der Medizin, Universitätsmedizin Göttingen, Humboldtallee 36, D-37073 Göttingen,
E-Mail: cwiesem@gwdg.de

*Wolf,* Christoph, Ass. iur., EBS Law School, Lehrstuhl Strafrecht II: Strafrecht, Strafprozessrecht, Wirtschaftsstrafrecht, Gustav-Stresemann-Ring 3, D-65189 Wiesbaden
E-Mail: www.ebs.edu

# Personenverzeichnis / Index of Names

Anciaux, Bert 351
Aristoteles 242, 246, 495
Arnold, Uwe Christian 398
Aschenberg, Reinhold 446
Aspöck, Florian 12, 17
Atladi, Baris 490

Baranzke, Heike 434, 436
Baum, Manfred 417
Beauchamp, Tom L. 100, 201 f., 268 ff.
Beaumont, Paul 6 f., 26
Belavusau, Uladzislau 495
Bernat, Erwin 3 ff., 15, 17 f., 22, 26 ff.
Bernstein, Stephanie 333
Bernstorff, Jochen von 297
Beulke, Werner 297
Bilsen, Johan 355
Birnbacher, Dieter 428
Borasio, Gian Domenico 399
Bossuyt, Nathalic 353
Brand, Michael 399 f.
Brännström, Mats 123, 128, 133, 139 f.
Braun, Kathrin 293
Broadie, Alexander 432

Carnap, Rudolf 453
Cartesius, Renatus 421
Childress, James F. 100, 201 f., 268 ff.
Chitty, Lyn 31
Church, George 99
Claus, Hugo 351
Coester-Waltjen, Dagmar 5 f., 10, 16, 21, 27 f.
Cohen-Almagor, Raphael 459 f.
Cosyns, Marc 352
Ćwiąkalski, Zbigniew 489

Damschen, Gregor 292
DeGrazia, David 428
Descartes, René 421
Dewey, John 481
Distelmans, Wim 348 ff.
Dörflinger, Thomas 399

Dreier, Ralf 438
Drexler, Eric 99
Dürig, Günter 232, 294
Dutta, Anatol 4, 6 ff., 13, 20 f., 26 f.
Duttge, Gunnar 488
Dworkin, Ronald 40

Ebbinghaus, Julius 417, 426, 443
Enders, Christoph 295

Fichte, Johann Gottlieb 302 f.
Filbinger, Hans 439
Fischer, Gerfried 233 f.

Garrison, Marsha 27
Giezek, Jacek 487
Goethe, Johann Wolfgang von 447
Golombok, Susan 29
Gottwald, Peter 4, 6 f., 13, 20 f., 26 f.
Greely, Henry T. 43
Griese, Kerstin 299
Grünewald, Bernward 444, 446

Habermas, Jürgen 300, 454
Hakeri, Hakan 487
Hale, Lady 41
Hegel, Georg Wilhelm Friedrich 303, 451 ff.
Heiderhoff, Bettina 6, 10, 12 f., 17, 21
Helms, Tobias 6, 10, 12 f., 21
Henrich, Dieter 4, 6 f., 10, 13, 20 f., 26 f.
Herndl, Lukas 12, 17
Herremans, Jacqueline 351
Heun, Werner 292, 294, 296
Hill, John Lawrence 24, 27
Hintze, Peter 399
Hippokrates 238, 266 f.
Hobbes, Thomas 451, 455, 462, 464, 468 f.
Hoerster, Norbert 432
Höffe, Otfried 226, 428, 430, 439, 454
Höfling, Wolfram 292, 294, 296
Horn, Christoph 291, 483

Hörnle, Tatjana 82, 85 ff., 294
Hume, David 451 ff., 455, 460, 462, 468, 481

Ida, Makoto 490

Jahr, Fritz 413 f., 416, 420, 433
Joerden, Jan C. 135, 413 ff., 419, 424 f., 427 f., 432 ff., 488
Jox, Ralf 399

Kant, Immanuel 136, 245, 296, 298, 302 f., 413 ff., 451 ff., 457 ff., 468, 470 ff., 476 ff.
Kardas, Piotr 490
Karneades von Kyrene 476
Kevorkian, Jack 350
Kluge, Hans-Georg 438, 446
Kopetzki, Christian 3
Korsgaard, Christine 413, 421, 432
Kreß, Hartmut 113, 118 ff., 125, 129, 131 f., 134, 136, 138 ff.
Kriele, Martin 438 f.
Krijnen, Christian 446
Kulesza, Witold 489
Künast, Renate 399
Kusch, Roger 393, 396

Laterre, Pierre-Francois 345
Lauterbach, Karl 399
Locke, John 479
Löhnig, Martin 4, 6 f., 13, 20 f., 26 f.
Lübbe, Weyma 230
Lurger, Brigitta 3, 11 f., 16 ff., 20, 23

MacKinnon, Rebecca 495
Maio, Giovanni 238
Małolepszy, Maciej 490
Malthus, Thomas Robert 480
Mann, Erika 265
Mann, Katia 265
Mann, Klaus 265
Mann, Thomas 265, 286
Margalit, Avishai 291
Marx, Karl 480
Meeussen, Koen 353
Melcher, Martina 11, 20, 23
Mielke, Fred 197
Mitscherlich, Alexander 197

Montgomery, Frank Ulrich 32, 37, 40 ff., 47, 395
Morrison, John 495

Nelson, Leonard 428, 437, 439
Niakan, Kathy 143, 146, 151
Nitschke, Philip Haig 350

Okaue, Masami 491
O'Neill, Onora 458

Peters, John Durham 495
Pfordten, Dietmar v. d. 419, 428, 433
Pollmann, Arnd 291
Pybus, Elizabeth M. 432

Radin, Margaret 25 f.
Rawls, John 229, 238, 454, 480
Regan, Tom 413, 420, 430, 432 f., 439
Reich, Klaus 417, 419
Reimann, Carola 399
Roellecke, Gerd 438
Rollin, Bernard E. 414
Rousseau, Jean-Jacques 451, 453, 455, 456 f., 459, 461 f., 464 f., 468, 474, 476 ff., 483

Sacksofsky, Ute 293
Savigny, Carl Friedrich von 16, 278
Scharfenberg, Elisabeth 399
Schleiermacher, Friedrich Daniel Ernst 136, 420
Schönecker, Dieter 292
Schopenhauer, Arthur 413, 420
Schwab, Dieter 4, 6 f., 13, 20 f., 26 f.
Schweitzer, Albert 116
Sensburg, Patrick 399
Siehr, Kurt 21
Siep, Ludwig 118
Simmel, Georg 136
Singer, Peter 428
Sitte, Petra 399
Snellman, Johan Vilhelm 481
Sokrates 451 f.
Spaemann, Robert 291, 439
Spittler, Johann Friedrich 397
Starck, Christian 438
Steger, Florian 433
Steinfath, Holmer 329

Stoecker, Ralf 291
Storm, Theodor 265
Storrow, Richard F. 22, 27
Svoboda, Toby 434
Szwarc, Andrzej J. 488

Takayama, Kanako 489
Taupitz, Jochen 399
Taurek, John 230
Tetens, Johann N. 427 f.
Tolstoi, Leo 420
Tomlinson, Emily 352
Trimmings, Katarina 6 f., 26
Tugendhat, Ernst 433

Ünver, Yener 489

Van den Block, Lieve 353
Van Esbeen, Amelie 349
Verbessem, Marc and Eddy 349

Verhelst, Nathan 347 ff.
Vincent, Jean-Louis 347
Vogler, Katrin 399

Wagner, Hans 446
Wagner, Richard 420
Weber, Max 420
Wessels, Johannes 210, 297
Wiesemann, Claudia 333
Wiesing, Urban 399
Wildt, Andreas 302
Wöhrl, Dagmar 399
Wolf, Ursula 420, 432
Wróbel, Włodzimierz 490

Yamanaka, Keiichi 487
Yerdelen, Erdal 490

Zoll, Andrzej 488
Zypries, Brigitte 293

# Sachverzeichnis / Index of Subjects

Abortion 32, 34, 44 f., 345
Abortion act 1967 45
Abstammungsrecht 3 ff.
Advance Care Planning 181 f., 236
Advance directives 347
Advance Research Planning 182
Aktive Sterbehilfe 390, 403 ff.
Alkoholeinwirkung 491
Altern 336
Amniocentesis 32
Andenken, nationales 489 f.
Anerkennung, wechselseitige 303
Anerkennungsprinzip, kollisionsrechtliches 16 f.
Anerkennungstheorie 302 ff., 459, 464
Angebotsrechtsordnung 8, 20 ff.
Angehörige 120, 127, 138, 170 ff., 177 f., 393, 399 f., 403, 405, 408 f.
Anthropologie (bei Kant), praktische 470 ff.
Anthropozentrismus 431
Anti-Aging-Medizin 338
Arzneimittelprüfung, klinische 224, 230, 232, 235, 238
Ärztlich assistierter Suizid 389, 396, 403 f., 406 f.
Ärztliche Aufklärung 57 f., 166, 256, 274 f., 286
Ärztliche Selbstverwaltung und Organverteilung 318 f.
Ärztlicher Heileingriff 253 ff.
Arzt-Patienten-Verhältnis 266, 321
Attorney General's Reference No 3 of 1994 34
Aufklärung 57 f., 72, 74, 126, 137, 151 f., 158, 166 ff., 173, 203, 236, 254 ff., 259 f., 265 ff., 270, 272 ff., 407
Aufklärung, ärztliche 57 f., 166, 256, 274 f., 286
Autonomie, Paradox der 406 f.
Autonomie-Schutz 202 f., 206, 213 ff., 220

Begriff des Rechts 300, 425, 428
Behandlungsabbruch (Discontinuation of Treatment) 259, 266, 376 ff., 391
Beihilfe zur Selbsttötung/Suizid 390, 392 f., 395 f., 398 ff., 404
Belgian Federal Control and Evaluation Commission for Euthanasia 343, 349, 351 f.
Belgian Society of Intensive Care Medicine Council 344, 346, 356
Belgium 343 ff.
Beliebigkeitsthese 452
Benachteiligung einer Patientengruppe 226, 228
Beneficence 100, 103, 202, 346 f.
Beratung, psychosoziale 122, 131 f.
Beschneidung 67 ff., 488
Besitzrecht 455, 457, 460 ff.
Betreuer 237
Bewährungsstrafe 488
Big Data 99, 238
Biomarker 161 f., 173, 175, 183 f.
Biomedizinkonvention 238
Biozentrische Ethik 102 ff., 110
Bolam (test in) 40
Bundesärztekammer, Richtlinien der 309 ff., 318 ff., 326
Bundesärztekammer, Stand der medizinischen Erkenntnisse der 321
Bürgerlicher Zustand 440 ff.

Capacity 281 ff., 288
Chancengleichheit, Gebot der 324
Chimären 118 f., 135, 489
Chimärismus 117 ff.
Chorea Huntington (Huntington's Disease) 35, 153, 171, 173 f.
Chorionic villus sampling 32
Conflict of interest 350 f.
Consent 38, 43, 265 ff., 344, 346 f., 352, 375 ff., 379, 384

Convention on Human Rights and Biomedicine 36
Corruption 350
Crispr/Cas9 110, 114, 144 ff., 150

Defensivmedizin 284, 288
Demenz (dementia) 161 ff., 170, 172 ff., 344, 351 f., 366, 369, 408
Deontologie/deontologisch 213, 300 f.
Deontologische Ethik 227, 230, 234
Depression 172, 177, 272, 351 f., 397, 495
Diskriminierungsverbot/Gleichbehandlung 67 f., 74, 76, 78 ff., 89, 94, 227 f.
Diversität 106
DNA 144 ff., 159, 287
Dominospenden 139
Down syndrome 31
Drogeneinwirkung 491

Eigentum 137, 442 ff., 465 ff., 478
Einwilligung 57, 67, 72 f., 75 f., 85, 92, 126, 154, 158, 166 ff., 173, 181, 236, 253 ff., 271 f., 274, 277 f., 280, 282, 287, 289, 391
Einwilligung, freiwillige 194, 196, 203, 213, 216
Einwilligung, hypothetische 254, 261 ff., 285 f., 288
Einwilligung, mutmaßliche 254 f., 257, 258 ff.
Einwilligung der Versuchsperson 213 ff.
Einwilligungsfähigkeit 181, 203, 224, 228, 230, 258, 282, 393 f.
Einwilligungswiderruf 257 f., 263
Elternverantwortung 83, 87, 89
Emancipated minors 345, 356
Embryo 5, 11, 18, 118, 123, 128, 139, 143 f., 147 ff., 158, 292 f., 305, 333
Embryonenforschung 149 f., 291
Embryonenschutz 489
Embryonenschutzgesetz (ESchG) 147, 150, 152, 154
Embryonentransfer 129, 139
Empfindungsfähigkeit 421, 430, 435 f., 436, 438 f.
Empirismus 419 f.
End of life 346 f., 352, 355 f., 357, 359, 364, 368, 370, 373
Enhancement 144, 147 f., 152, 155 ff., 337

Erziehungsrecht 73, 83, 86 f., 90
Ethik, biozentrische 102 ff., 110
Ethik, deontologische 227, 230, 234
Ethik und Recht 164, 194 ff., 205, 218 f., 432
Ethikkommission 132, 159, 205, 223, 234 f., 238
Ethische Neutralität (des Staates) 85
ET-Manual 309 ff., 326
Eurotransplant 309 ff., 325
Euthanasia 343 ff., 347 ff., 354 ff., 357 ff., 363, 365, 367 ff., 372 ff., 384 ff.
Euthanasie, freiwillige 407
Euthyphron, Frage an 452
Exzeptionalismus, genetischer 286

Flemish Palliative Care Federation 355
Folter 78, 295
Forschung, eigennützige 167, 206 f., 210 f., 213 ff.
Forschung, fremdnützige 167 f., 182, 206 f., 211 ff., 215, 220, 223 ff., 235, 238
Forschung, medizinische 223 f., 231, 235, 237, 276
Forschungsverfügung 165, 182, 235 f.
Fortpflanzungsmedizingesetz (österr.) 3 ff.
Fortpflanzungsmedizinrechts-Änderungsgesetz 2015 (österr.) 4
Framing 58, 106
Freiheit 419 f., 423 ff., 437, 441, 443 ff., 447 ff.
Freiheitsgrade 415 f., 419, 427 f.
Full surrogacy 4, 7
Futile treatment 346, 353

GCP-Richtlinie 2001/20/EG 225
Gebärmutter 122 ff., 126 ff., 133, 136, 138 ff., 272
Gebot der Chancengleichheit 324
Gefährdungsdelikt 491
Gefühlsmoral 420
Gen, Gene 143 f., 150 ff., 287
Gendiagnostikgesetz (GenDG) 166, 169 ff., 286 f.
Genetische Diagnostik 165 f., 169, 173, 282
Genetischer Exzeptionalismus 286
Genitalverstümmelung 78, 92
Genom 143 ff., 147, 151, 153

Sachverzeichnis / Index of Subjects

Genome Editing 143 ff.
Gentherapie 144 f., 147 ff., 151 ff., 159
Gesamtbesitz 440 f., 444, 449
Gesetz zur Strafbarkeit der geschäftsmäßigen Förderung der Selbsttötung 380 f.
Gestational surrogacy 4
Gesundheitsschutz 129, 131, 133
Gewerbsmäßige Suizidbeihilfe 398
Gleichbehandlung / Diskriminierungsverbot 67 f., 74, 76, 78 ff., 89, 94, 227 f.
Great Ormond Street Hospital 31
Grundaufklärung 288
Grundrechte, mittelbare Drittwirkung der 321 f., 325
Gruppennutzen 211, 224, 233
Güterethik 419

Handlungsfreiheit 280, 304, 425, 455 f., 461 f.
Heileingriff (ärztlicher) 253 ff., 271, 276
Hippokratischer Eid 266
Hirntod 113, 115, 120, 128 f., 134, 138
Hoheitsrechte bei der Organverteilung 313 f.
Homo noumenon 421 f., 424
Homo phaenomenon 421 f., 427
Human fetus, status of relative to mother 34
Hypothetische Einwilligung 254, 261 ff., 285 f., 288

Idee des „ursprünglichen Vertrags" 442
Ideological physicians 350
Indirekte Sterbehilfe 391 f.
Individualethisch 194, 200 ff., 211 f., 215
Informationelle Selbstbestimmung 166, 170
Informed consent 120, 237, 265 ff., 270 ff., 276 ff.
Institutionelle Absicherung 203 ff.
Instrumentalisierung 147, 149 ff., 154 ff., 294
Instrumentalisierungsverbot 147, 158, 232, 234
Interesse(n) 415 f., 419, 421, 425, 428 f., 434
Internationales Privatrecht 8, 11, 16
Internationales Zivilverfahrensrecht 8, 11, 13 ff., 23
Intimbereich 73, 76 f., 85, 90, 94 f.
In-Vitro-Fertilisation 29, 130, 143, 150 f., 157 f.
iPS-Zellen 152, 157

Kategorischer Imperativ 136, 413 f. 416 f., 420, 422, 433
Keimbahn (-zellen, -therapie) 147 f., 152, 153 ff., 157, 331
Kinder als Organempfänger 120
Kinderbräute 489
Kinderrechte 135
Kinderrechtskonvention 94
Kinderwunsch 113, 124, 128, 130, 133, 136 f.
Kindeswohl 19, 23, 56 f., 61, 73 f., 83 f., 86, 90, 94 f., 129, 135 f.
Kindheit 328, 330, 332, 334, 336
Klinische Arzneimittelprüfung 224, 230, 232, 235, 238
Kodifikation 277 f.
Kollektivethisch 194 ff.
Konkordanz, praktische 90, 269
Konsequentialismus 226 ff., 300 f., 304
Körperverletzung 73, 76 f., 81, 83, 88, 94, 253 f., 259, 271 f., 278 f., 283, 289, 296, 298, 309
Kriegsverbrechen durch Versuche am Menschen 205 ff.
Kulturkampf 90 ff.

Laienrichter 490
Lebensrecht 291 ff., 304 f.
Leihmutterschaft 4 ff., 136, 139
Leihmutterschaft (de lege ferenda) 24 ff.
Leihmutterschaft (de lege lata) 3 ff.

Medizinethischer Normenkreis 218 ff.
Menschenbild 231 f.
Menschenrechte 229, 293 ff., 303 ff.
Menschenwürde 101, 103, 105, 110, 134 f., 194, 196, 198, 200, 202 f., 214, 225, 227, 231, 249, 267, 291 ff., 438
Menschheit 414, 418 ff., 427, 434, 436 f., 444 f., 447 f., 459, 462
Mensch-Zweck-Formel 413 f., 416, 418 f., 425
Milde Sunna 76 f., 79
Minimal risk / minimal-burden 234 f.
Mittelbare Drittwirkung der Grundrechte und Organverteilung 321 f., 325
Montgomery v Lanarkshire Health Board 32, 37, 40 ff., 47
Montgomery v Lanarkshire Health Board, new approach 40 f.

Montgomery v Lanarkshire Health Board, right not to know 42 f.
Montgomery v Lanarkshire Health Board, right to know 41 f.
Moralautonomie 451
Moral(ir)realismus 453, 481
Moralische Grundnormen 452 f., 469
Moralkonstruktivismus 451 ff., 468 f., 474, 481
Moralprinzip 423
Mord(merkmale) 488
Multikulturalismus und Strafrecht 488
Musterberufsordnung für Ärzte 395
Mutmaßliche Einwilligung 254 f., 257, 258 ff.
Mutterschaft 6 ff.

Nachfragerechtsordnung 8, 20 ff.
Nachtrunk 491
Nationales Andenken 489 f.
Naturalistischer Fehlschluss 233
Naturrecht 229, 442 f., 451 ff., 462, 468 f., 473, 481
Naturzustand 427, 440, 442, 468
Neutralität (des Staates), ethische 85
Next generation sequencing 287
Nichteinwilligungsfähige Personen 55, 61, 120, 223 ff.
Nichtwissen, Recht auf 169 ff.
Nihil nocere 71
Non-invasive prenatal testing (NIPT) 31 ff., 42 f., 46 f.
Normenkreis, medizinethischer 218 ff.
Normenkreis, völkerstrafrechtlicher 218 ff.
Notfallpatienten 224, 231
Notrecht 433, 476
Notstand, rechtfertigender 254 f.
Notwehr 291, 297 ff., 415
Nuffield Council on Bioethics 46, 101
Nürnberger Kodex 194 ff., 200 f., 212 f., 216, 220

Ökonomisierung 237
Operation, kosmetische 276
Operation, sex change 344, 347
Ordre public 10 ff.
Organisierte Suizidbeihilfe 396 ff.

Organverteilung 309 ff.
Organverteilung, Hoheitsrechte bei der 313 f.
Organverteilung, Rangverhältnis der Kriterien der 317
Organverteilung, Wesentlichkeitstheorie und 316 f.

Pain 95, 345 f., 348 f., 352, 354 f., 360, 367, 375 f.
Palliative care 346 f., 354 f., 381, 403
Palliative Sedierung 360, 365, 367 f., 405 f.
Palliativmedizin 390, 399, 403 ff., 409
Paradox der Autonomie 406 f.
Partial surrogacy 4 f., 7
Passive Sterbehilfe 367, 374, 390 f.
Paternalismus (paternalism) 41, 44, 244, 266, 275, 334, 344, 347
Patientenautonomie (patient autonomy) 100, 266, 269 f., 280 f., 288, 343 ff., 356, 373, 378 f., 384, 389, 400, 403, 406
Patientengruppe, Benachteiligung einer 226, 228
Patientenrechtegesetz 277, 488
Patientenverfügung 165, 178 ff., 225, 236 f., 334, 377, 391, 488
Person 413, 421 ff., 431, 433 f., 446, 448
Persönlichkeitsrecht 73, 77, 90, 93, 128, 138, 172, 279 f., 289
Pflichtenkollision 254, 415
Physician assisted suicide 343, 354, 384, 386
Prädiktionsforschung 162
Präimplantationsdiagnostik (PID) 132, 159, 293
Praktische Anthropologie (bei Kant) 470 ff.
Praktische Konkordanz 90, 269
Praktische(n) Vernunft, rechtliches Postulat der 461
Pränatalmedizin 143 f., 146, 148 f.
Precautionary principle (Prinzip der Vorsicht) 102, 105
Prevention of abuse 344, 375
Prinzipienethik 201
Privatbesitz 440 f., 444
Privatrecht, internationales 8, 11, 16
Proviso for lawful and proper purposes 39
Psychosoziale Beratung 122, 131 f.
Pyrrhonisches Kriteriendilemma 454

Rangverhältnis der Kriterien der Organverteilung 317
Realisierung eines Begriffs 473, 477
Recht auf Nichtwissen 169 ff.
Rechtfertigender Notstand 254 f.
Rechtliches Postulat der praktischen Vernunft 461
Rechtsprinzip 300, 303, 423 f., 437, 458 f., 464, 470
Rechtsschutzgarantie 232
Reformbedarf, strafrechtlicher 487 ff.
Religionsfreiheit 73, 80 ff., 90, 132 f.
Reproduktionsmedizin 7, 25, 29, 113, 125 f., 128, 139, 146, 149, 157, 329, 331
Richtlinien der Bundesärztekammer 309 ff., 318 ff., 326
Richtlinien der Bundesärztekammer, Bindungswirkung der 315 ff.
Right (not) to know 32 ff.
Right (not) to know, agency 39
Right (not) to know, consent 38
Right (not) to know, plausibility 33 ff.
Right (not) to know, privacy 37
Right (not) to know, property 37
Right (not) to know, public interest 39 f.
Right (not) to know, responses and counter-responses to claimed right 36 ff.
Risikoaufklärung 274 f., 289
Risikomanagement 178
RNA 143 f.

Salus aegroti 266 f., 271
Schöffengericht 490
Schönheitsoperation/kosmetische Operation 276
Schöpfungstheologie 419, 438
Schwangerschaftsabbruch 119, 291, 293, 305
Sedierung, palliative 360, 365, 367 f., 405 f.
Selbstbestimmung 131 ff., 147, 171, 181 f., 226, 235, 266, 270, 279 f., 286, 289, 389, 398, 400 f., 406 f., 463, 471
Selbstbestimmung, informationelle 166, 170
Selbstbestimmung, sexuelle 73, 77
Selbstbestimmungsaufklärung 273 ff.
Selbstbestimmungsfähigkeit 226, 282, 397
Selbstbestimmungsgrundrecht 120, 126, 132
Selbstbestimmungsrecht 32, 226, 232, 237 f., 254, 256, 266 f., 272 ff.

Selbsttötung, Beihilfe zur 392 f., 395 f., 398 ff.
Selbsttötung, geschäftsmäßige Förderung der 380 f., 390, 399 f.
Sex change operation 344, 347
Sexualpräferenz 490
Sexuelle Selbstbestimmung 73, 77
Shared decision making 49, 57 f., 63, 270
Sickest-First-Prinzip 322 ff.
Solidaritätspflicht 231
Speziesismus 431
Stammzellen 118, 125, 140, 143, 147, 151 f.,
Stammzellgesetz (StZG) 147, 152
Stammzelllinien 125, 140, 151
Sterbefasten 381
Sterbehilfe 357 ff., 389 ff.
Sterbehilfe, aktive 390, 403 ff.
Sterbehilfe, indirekte 391 f.
Sterbehilfe, passive 367, 374, 390 f.
Sterbekultur 409
Sterben in Würde 396, 408 f.
Sterbenlassen 391
Strafmilderung, außerordentliche 489
Strafprozessrechtsreform 490
Strafrechtsreform, deutsche 487 ff.
Strafrechtsreform, japanische 487 ff.
Strafrechtsreform, polnische 487 ff.
Strafrechtsreform, türkische 487 ff.
Straßenverkehrsrecht 491
Subjektivität 137, 231, 302 f., 477
Subsidiaritätsgrundsatz 4 ff.
Suffering 345 ff., 351 ff., 358, 361, 363 ff., 385
Suicide, physician assisted 343, 354, 384, 386
Suizid, ärztlich assistierter 389, 396, 403 f., 406 f.
Suizid, Beihilfe zum 390, 392, 395, 400, 404
Suizid, freiverantwortlicher 393 ff., 397, 399 f., 402
Suizidbeihilfe, gewerbsmäßige 398
Suizidbeihilfe, organisierte 396 ff.
Suizidprävention 400 ff.
Surrogacy, full 4, 7
Surrogacy, gestational 4

TALEN 144, 159
Täter-Opfer-Ausgleich 490
Terminally ill patients 343, 345 f., 352 f., 381
Therapiefreiheit 265
Tierethik 115, 122, 125, 413, 416, 420 f., 431, 438, 446
Tierheit 418, 420
Tierrecht(e) 414 f., 424, 427 f., 433, 437 ff., 446
Tierversuche 116 f., 125 f., 438, 448
Tired of life 346, 349
Tötung auf Verlangen 375 f., 390, 392, 404 f., 407
Tötungsdelikte, Reform der 488
Traditional surrogacy 4
Transplantationsgesetz 128 f., 137 f.
Tugendprinzip 423 f.

UK National Screening Committee 31
Umweltschutzstrafrecht 490
Unabhängigkeitsbedingung der Legitimität 457, 464 f., 478 f.
Unantastbarkeit 292 ff., 296, 304
UNESCO Declaration on the Human Genome 36
Unterlassene Hilfeleistung 81, 393
Unverfügbarkeit 153, 303, 339
Urrecht 304
Ursprünglicher Vertrag 442
Uterustransplantation(en) 113, 123 ff., 131 ff., 138 f.
Utilitarismus 104, 198, 229 f., 300 f.

Vaterschaft 22, 27 f.
Vaterschaftsanerkenntnis 6, 8, 27 f.
Verständiger Patient 275
Versuch am Menschen 207, 210
Vier-Prinzipien-Ethik 100
Völkerstrafrechtlicher Normenkreis 218 ff.
Voluntas aegroti 266
Vulnerabilität 226, 281

Wesentlichkeitstheorie 137
Wesentlichkeitstheorie und Organverteilung 316 f.
Wet toetsing levensbeëindiging op verzoek en hulp bij zelfdoding 358
Wille, allgemeiner 440 ff., 449
Wohl-Schutz 202, 204, 206, 215, 216 ff., 220
Würde 116, 134, 136, 149, 154 f., 229, 231, 279, 296, 396, 402, 408, 414 f., 419, 421, 423, 427, 431, 436, 438, 446 f.

Xenotransplantation 113, 114 ff., 137

Zeitlichkeit des Lebens 327 ff.
Zinkfinger-Nukleasen (ZFN) 144
Zivilisation 447 ff.
Zivilverfahrensrecht, internationales 8, 11, 13 ff., 23
Zurechnungsfähigkeit 421 f., 434, 439, 446
Zweck an sich selbst 416 ff., 422 f., 431
Zybride 135

# Hinweise für Autoren

Manuskripte sollten als Word-Datei mit Fußnoten (nicht Endnoten) eingereicht werden.

Es müssen jeweils zwei Kopien der Manuskripte eingereicht werden, von denen eines den Namen des Autors *nicht* wieder gibt. Eingesandt werden können nur Originalbeiträge, die keinem Copyright anderer Herausgeber oder Verlage unterliegen.

Mit der Einsendung des Manuskripts erklärt der Verfasser zugleich, im Falle der Annahme des Manuskripts zur Veröffentlichung sämtliche Rechte an dem Beitrag auf den Verlag zu übertragen; der Verfasser ist bis zur Entscheidung über die Annahme seines Beitrages an diese Erklärung gebunden.

Beitragstitel und – falls vorhanden – Untertitel sind deutlich voneinander abzusetzen. Die Überschriften sind im Text in der Abstufung I., 1., a) usw. zu bezeichnen. Falls keine Überschriften vorgesehen sind, kann diese Bezeichnungsfolge auch für die Textgliederung (sog. Absatznumerierung) verwendet werden.

Absätze im Text, insbesondere bei Seitenübergängen, müssen im Manuskript durch entsprechenden Zeilenabstand gekennzeichnet werden. Nachträgliche Änderungen (Teilung eines Absatzes in zwei Absätze oder Zusammenziehen mehrerer Absätze zu einem Absatz) sind kostspielig und werden dem Autor ggf. in Rechnung gestellt.

Im Kleindruck (Petit) zu setzende Textteile, Aufzählungen und Übersichten sind entsprechend zu formatieren.

Hervorhebungen sind durch Kursivsatz (Schrägdruck) kenntlich zu machen. Im Text sollen Namen in Normalschrift, zitierte Titel in Kursivschrift erscheinen; bei Literaturangaben in den Fußnoten wird der Autorenname kursiv hervorgehoben. Titel von Artikeln und Überschriften von Buchabschnitten sollen sowohl im Text als auch in den Fußnoten in Anführungszeichen gesetzt werden.

Bei der Zitierweise ist zu beachten, dass die Zitate den Namen des Autors, den Titel des Buches oder Artikels (gefolgt von dem Titel des Buches, in dem der Artikel erschienen ist), den Ort der Veröffentlichung (bei mehr als einem Ort zwischen den Orten einen Schrägstrich): den Verlag, das Jahr und die Seitenangabe (S.) aufweisen. Wenn Artikel aus Sammelwerken zitiert werden, sollte(n) der (die) Name(n) des (der) Herausgeber(s) (in Normalschrift) nach einem vorangestellten „in:" und gefolgt von „(Hrsg.)" angegeben werden. Zwischen zwei oder mehr Herausgebernamen sollte jeweils ein Schrägstrich (/) eingefügt werden. Sofern ein Buch nur unter dem (den) Namen des (der) Herausgeber(s) zitiert wird, sollte(n) der (die) Name(n) kursiv hervorgehoben sein.

Beispiele:

*Name*, Buchtitel, Ort/Ort: Verlag, Jahr, Seitenzahl.

bzw.

*Name*, „Titel des Artikels", in: Name/Name (Hrsg.), Buchtitel, Ort: Verlag, Jahr, Seitenzahl.

Sofern ein Werk zum zweiten oder wiederholten Male zitiert wird, sollte die Abkürzung „Ebd." oder „Ibid." verwendet werden, wenn der Nachweis sich auf eine unmittelbar vorausgehende Zitierung bezieht, und nach einem Komma die Seitenangabe folgen. Wenn auf eine weiter zurückliegende Zitierung Bezug genommen werden soll, sollte der Name des Autors (kursiv gesetzt) wiederholt und in Klammern auf die Fußnote, die die erste Zitierung des Werkes aufweist, hingewiesen werden: *Name* (Fn.\*), Seitenzahl.

Seitenhinweise auf die eigene Arbeit sind aus Kostengründen zu vermeiden und durch Gliederungshinweise zu ersetzen.

Von dem gesetzten Manuskript erhält der Autor nur *einen* Korrekturabzug. Korrekturen müssen dabei auf das Notwendige beschränkt bleiben; Kosten für nachträgliche Änderungen gehen zu Lasten des Autors.

Autoren erhalten ein Belegexemplar des betreffenden Bandes des Jahrbuchs und jeweils 15 Sonderdrucke ihres Beitrages kostenlos. Die Autoren können weitere Exemplare mit einem Nachlaß von 25 % vom Ladenpreis und weitere Sonderdrucke zu einem Seitenpreis von 0,15 € beim Verlag beziehen.

Das Manuskript bitte an folgende Anschrift einsenden:

> Jahrbuch für Recht und Ethik
> Lehrstuhl für Strafrecht und
> Rechtsphilosophie
> Europa-Universität Viadrina
> Postfach 17 86
> D-15207 Frankfurt (Oder)
> Tel.: 03 35/55 34-23 36
> email: joerden@euv-frankfurt-o.de

# Information for Authors

Manuscripts should be send as a Word-file with footnotes (not endnotes).

Two copies of the manuscript must be submitted, one of which should *not* include the author's name. Manuscripts must be original and subject to no other copyright claims. Submission of the manuscript represents the simultaneous transfer of the author's copyright to the publisher unless and until the manuscript is rejected by the editors for publication.

The title of the article should be clearly indicated and separated from any subtitles. Section titles in the text should be ordered: I., 1., a), etc. This convention may also be used to separate text sections even without accompanying section titles.

New paragraphs in the text should be indicated by skipping a spaced line. Changes made after the manuscript is in the printing process (dividing paragraphs, combining several paragraphs into one, etc.) are expensive and the additional costs will be charged to the author.

Text parts, quotations, outlines, etc. that are to be printed in petit type should be formatted accordingly.

Emphasized words and phrases should be indicated by italics. Book titles should be *italicized* in the text and in normal type in the footnotes. Author's names should be in normal type in the text. When combined with a citation to their works in the footnotes, author's names should be italicized. Titles of articles or parts of books should be in quotation marks both in the text and in the footnotes.

Citations should include the author's name, the title of the book or article (followed by the title of the book in which the article appeared), the city of publication (if more than one city, then each city separated by a slash): the publisher, year, page (p.). In case articles from edited books are cited, the name(s) of the editor(s) (in normal type) should be preceded by "in:" and followed by "ed(s):". In the case of several editors, their names should be separated by a slash (/). If a book is cited only under the name of the editor(s), then the editor'(s') name(s) should be italicized.

Examples:

*Name*, Book Title, City/City: Publisher, Year, Page.

*Name*, "Article Title", in: Editor/Editor, eds: Book Title, City: Publisher, Year, Page.

Citations to U.S. law review articles and legal materials should follow Blue Book conventions.

When a work is cited the second and subsequent times "Ibid." should be used if the reference is to the immediately preceding citation and should be followed by a comma and the page reference. If the subsequent reference is not to the immediately preceding citation, the author's name should be re-cited (italicized) and followed by (op. cit. fn.\*), p.\*.

Cross references to one's own article should be made to sections and subsections of the text and not to page or footnote numbers.

Authors will receive only one set of proofs for correction. Corrections must be limited to what is absolutely necessary. Excessive alterations are costly and will be charged to the author.

Authors will receive one copy of the entire volume in which their articles appear and 15 reprints of the individual article free of charge. Authors may purchase additional volumes at 25% off the retail price and additional reprints at a price of 0,15 € per printed page from the publisher.

Manuscripts should be sent to:

Jahrbuch für Recht und Ethik
Lehrstuhl für Strafrecht und
Rechtsphilosophie
Europa-Universität Viadrina
Postfach 17 86
D-15207 Frankfurt (Oder)
Germany
Tel.: 0 11/49/3 35/55 34-23 36
email: joerden@euv-frankfurt-o.de

Christina M. Berchtold

# Der Wandel genetischer Information

Personalisierte Medizin zwischen Informations- und Verschwiegenheitsinteressen

Gegenstand der Arbeit ist der Wandel genetischer Informationen, der sich gegenwärtig im Kontext der personalisierten Medizin vollzieht. Die Besonderheit genetischer Information spiegelt dabei das Spezifikum diagnostischer und prädiktiver Gendiagnostik wider: Sowohl der Drittbezug der gendiagnostischen Ergebnisse als auch die auf Wahrscheinlichkeiten und Risikoabschätzungen beruhenden Diagnosen konfrontieren den Einzelnen mit multipolaren Interessenkonflikten, die nationale und auch europäische Normen zu adressieren suchen.

Die zentrale Herausforderung einer gesetzlichen Regulierung der Genmedizin ist insoweit eine angemessene diagnostische Wissensbalance, die den Konflikt zwischen Information und Verschwiegenheit von Betroffenen und Angehörigen im Einzelfall auflöst. In Zeiten der Postgenomics wird ein persönlich-kooperatives und informationsrechtlich umhegtes Miteinander einer freien, individuell geführten Abwägungsentscheidung über genetisches Wissen oder Nichtwissen zum rechtlichen Maßstab einer Neugestaltung des Arzt-Patienten-Verhältnisses.

Schriften zum Gesundheitsrecht, Band 40
Tab., zahlr. Abb., 389 Seiten, 2016
ISBN 978-3-428-14811-0, € 89,90
Titel auch als E-Book erhältlich.

www.duncker-humblot.de

Sophie Catherine Sitter

# Grenzüberschreitende Leihmutterschaft

Eine Untersuchung des materiellen und internationalen Abstammungsrechts Deutschlands und der USA

Die Arbeit behandelt die Frage der rechtlichen Abstammung eines von einer ausländischen Leihmutter geborenen Kindes. Die Autorin untersucht diese Frage anhand eines Vergleichs des deutschen und US-amerikanischen Rechts. Dabei stellt sie fest, dass sowohl das deutsche Abstammungsrecht als auch das Abstammungsrecht zahlreicher US-Bundesstaaten den betroffenen Kindern eine Abstammung von ihren Wunscheltern häufig verwehrt. Anhand einer kritischen Würdigung beider Rechtsordnungen prüft die Autorin deshalb, ob das geltende Abstammungsrecht noch zeitgemäß ist und wie *de lege ferenda* mit der Abstammung nach Leihmutterschaft sowie mit dem Problem hinkender Statusverhältnisse umgegangen werden kann. Dabei kommt sie zu dem Ergebnis, dass insbesondere die Menschenwürde des Kindes und das Gebot der Rechtssicherheit und Rechtsklarheit die Zulässigkeit der Leihmutterschaft erforderlich machen. Die hinter dem gesetzlichen Verbot stehenden Bedenken könnten durch entsprechende gesetzliche Regelungen ausgeräumt werden.

Schriften zum Internationalen Recht, Band 216
328 Seiten, 2017
ISBN 978-3-428-14939-1, € 99,90
Titel auch als E-Book erhältlich.

www.duncker-humblot.de